安徽省开发区年鉴

（2014–2016）

图书在版编目（CIP）数据

安徽省开发区年鉴(2014—2016)/邢军,徐本纯主编.—合肥：合肥工业大学出版社，2017.9

ISBN 978-7-5650-3560-9

Ⅰ.①安… Ⅱ.①邢… ②徐… Ⅲ.①经济开发区—安徽—2014—2016—年鉴 Ⅳ.①F127.54

中国版本图书馆CIP数据核字（2017）第231187号

安徽省开发区年鉴(2014—2016)

邢　军　徐本纯　主编

责任编辑　张　燕　章　建

统筹策划　安徽嘉朗文化传媒有限公司

出版发行　合肥工业大学出版社

地　　址　（230009）合肥市屯溪路193号

网　　址　www.hfutpress.com.cn

电　　话　总　编　室：0551-62903038

　　　　　市场营销部：0551-62903198

开　　本　889毫米×1194毫米　1/16

印　　张　27.5　　　彩　　插　3.625

字　　数　420千字

版　　次　2017年9月第1版

印　　次　2017年11月第1次印刷

印　　刷　安徽联众印刷有限公司

书　　号　ISBN 978-7-5650-3560-9

定　　价　450元

编辑说明

一、为深入贯彻党的十八大及十八届三中、四中、五中、六中全会和习近平总书记系列重要讲话精神，全面落实安徽省人民政府《关于促进全省开发区改革和创新发展的实施意见》，《安徽省开发区年鉴》编委会确定续编《安徽省开发区年鉴(2014—2016)》，本卷为第4部。《安徽省开发区年鉴》是全面系统记载全省开发区发展情况的综合性、权威性、学术性和实用性全书，计划以后每年编纂一部。

二、《安徽省开发区年鉴》坚持以中国特色社会主义为指导，旨在全面展示全省开发区建设的发展历程和对外形象，客观记载开发区建设取得的巨大成就和创新经验，系统反映开发区的投资环境和发展前景，将开发区建设成为我省新型工业化发展的引领区、高水平营商环境的示范区、大众创业万众创新的集聚区、开放型经济和体制创新的先行区。

三、《安徽省开发区年鉴》由《安徽省开发区年鉴》编委会组织编纂，省直有关部门、各市和各级各类开发区参加编写。同时，采用约请专家学者撰稿、采集媒体志鉴材料、综合分析研究等方法，以拓宽信息渠道，提高年鉴理论水平，丰富年鉴内容。本卷年鉴资料由各市及各级各类开发区提供，但是到征稿截止日期仍有部分开发区未能及时提供相关材料，特此说明。

四、《安徽省开发区年鉴》采取分类编辑法，全书主体内容按篇目、栏目、条目三个层次编排。部分篇内容为文章体或资料体。全书十九个篇目，依次是专论、合肥市、淮北市、亳州市、宿州市、蚌埠市、阜阳市、淮南市、滁州市、六安市、马鞍山市、芜湖市、宣城市、铜陵市、池州市、安庆市、黄山市、政策法规选辑和统计资料。与以往不同的是，《安徽省开发区年鉴(2014—2016)》中各开发园区的主体资料，不分级别与类型，主要以各市为单元、按来稿时间先后编排，资料信息更忠实于各开发园区提供的原始稿件。

五、本卷主体资料年限为2014年1月1日至2015年12月31日，部分资料时限适当上溯或下延。由于统计指标范围、口径的变化，以及报送单位的不同，部分数据存在差异。计量单位采用国家公布的公制和国际单位制，少数非统计意义的计量单位仍使用市制。

六、《安徽省开发区年鉴》力求图文并茂，用文字、图片和表格客观记载全省开发区发展全貌。全书约100万字，选登120幅图片、100多张表格和有关开发区信息资料。

七、本书编纂得到了安徽省社会科学院的高度重视，并得到了省直有关部门、各市和各开发区的大力支持，尤其是安徽省社会科学院提供了优质科研条件和强力学术支撑，其当代安徽研究所将《安徽省开发区年鉴》作为学科建设的重大项目集中攻关，在此一并表示感谢。由于时间紧迫、资料缺乏、编辑水平有限，差错在所难免，恳请读者批评指正。

《安徽省开发区年鉴》编辑部

着力加强改革和创新　提升开发区发展水平

安徽省人民政府省长　李国英

开发区对促进经济体制改革、改善投资环境、引导产业集聚、发展开放型经济具有不可替代的作用。要积极贯彻国家关于促进开发区改革和创新发展的若干意见，把握目标定位，精准有效施策，努力打造新型工业化发展的引领区、高水平营商环境的示范区、大众创业万众创新的集聚区、开放型经济和体制创新的先行区。

抓好开发区改革和创新发展，关键要采取有针对性的政策和措施。要强化政策对接，推进产业和技术、平台和企业、金融和资本、制度和政策四大创新支撑体系在开发区优先落地，广泛集聚人才、技术等创新要素。要创新招商方式，构建招商引资新模式、新机制、新平台。要优化营商环境，持续深化“放管服”改革，激发开发区活力，让各类市场主体创新愉快。要强化金融支持，完善多元投入机制，打造多种形式投融资平台，优化企业融资结构。要注重培育孵化，大力发展各类众创空间、孵化器和加速器，培育更多具有技术领先优势的创新型企业。要推进优化整合，完善开发区布局，提升开发区产业集中度和资源集约节约利用水平。要加强队伍建设，广泛吸引事业心强、熟悉业务、精通政策、善于管理的优秀人才，建设专业化、创新型的招商、管理、运营团队，为提升开发区发展水平提供有力支撑。

2017年5月23日省政府专题会议讲话摘要

《安徽省开发区年鉴（2014–2016）》编纂委员会

赵春云（安徽萧县经济开发区管委会副主任）
许乃秀（安徽泗县经济开发区管委会主任）
马　雷（安徽宿州埇桥经济开发区管委会主任）
倪志品（宿州马鞍山现代产业园区管委会主任）
郑晓东（安徽蚌埠工业园区管委会主任）
孟庆伟（安徽固镇经济开发区管委会主任）
毕春田（安徽怀远龙亢经济开发区管委会主任）
刘玉建（安徽阜阳经济开发区管委会主任）
滕　敏（安徽界首高新技术产业开发区管委会常务副主任）
赵　伟（安徽太和经济开发区管委会主任）
苏　宇（安徽颍上经济开发区管委会主任）
贾鹏飞（安徽颍州经济开发区管委会主任）
蒋青松（安徽凤台经济开发区管委会主任）
黄　坤（安徽（淮南）现代煤化工产业园管委会主任）
赵光华（安徽明光工业园管委会主任）
戴　勇（安徽定远经济开发区管委会主任）
王德文（安徽来安经济开发区管委会主任）
郭勇刚（安徽来安汊河经济开发区管委会主任）
李继斌（安徽滁州琅琊经济开发区管委会主任）
徐保月（苏滁现代产业园管委会主任）
李　磊（安徽裕安经济开发区管委会主任）
杨华胜（安徽叶集经济开发区管委会主任）
李小平（安徽舒城经济开发区管委会主任）
李志刚（安徽霍山经济开发区管委会主任）
陈宗银（安徽舒城杭埠经济开发区管委会主任）
丁德武（安徽金安经济开发区管委会主任）
魏邦军（安徽当涂经济开发区管委会主任）
李永俊（安徽和县经济开发区管委会主任）
陶恩春（安徽马鞍山雨山经济开发区管委会主任）
吴晓东（马鞍山郑蒲港新区现代产业园区管委会主任）
何向阳（安徽芜湖长江大桥综合经济开发区管委会主任）

梁海晶（安徽灵璧经济开发区管委会副主任）
李振平（安徽砀山经济开发区管委会主任）
祖钧公（安徽宿州高新技术产业开发区管委会副主任）
王传鹏（安徽蚌埠经济开发区管委会主任）
随学文（安徽怀远经济开发区管委会主任）
顾为国（安徽五河经济开发区管委会主任）
赵开荣（蚌埠铜陵现代产业园区管委会主任）
郑海涛（安徽颍泉经济开发区管委会主任）
刘庆安（安徽临泉经济开发区管委会主任）
刘　斌（安徽阜南经济开发区管委会主任）
蒋　杰（安徽颍东经济开发区管委会主任）
吴爱国（阜阳合肥现代产业园区管委会副主任）
陈永多（安徽淮南高新区（山南新区）管委会主任）
张　雷（安徽天长经济开发区管委会主任）
戴学礼（安徽全椒经济开发区管委会主任）
葛治武（安徽凤阳经济开发区管委会主任）
王中前（安徽滁州南谯工业开发区管委会主任）
李福顺（安徽天长秦栏经济开发区管委会副主任）
戚建华（安徽定远盐化工业园区管委会主任）
杨岸峰（安徽凤阳宁国现代产业园管委会主任）
曹克仁（安徽寿县工业园区管委会主任）
傅长发（安徽霍邱经济开发区管委会主任）
杨传银（安徽金寨经济开发区管委会主任）
李永海（安徽霍山高桥湾现代产业园管委会主任）
刘居胜（安徽寿县新桥国际产业园管委会主任）
宁世明（寿县蜀山现代产业园区管委会主任）
王守波（安徽含山工业园区管委会主任）
马恒生（安徽含山经济开发区管委会主任）
刘　军（安徽博望高新技术产业开发区党工委书记）
洪志强（安徽芜湖鸠江经济开发区管委会主任）
许有龙（安徽芜湖新芜经济开发区管委会主任）

方序保（安徽芜湖三山经济开发区管委会主任）
刘希水（安徽无为经济开发区管委会主任）
李宗海（安徽芜湖孙村经济开发区管委会副主任）
唐开强（安徽省江北产业集中区管委会主任）
罗正军（安徽广德经济开发区管委会主任）
张剑平（安徽泾县经济开发区管委会主任）
倪彩文（安徽旌德经济开发区管委会主任）
黄　彬（安徽宣州狸桥经济开发区管委会主任）
李　明（安徽泾县云岭经济开发区管委会主任）
黄　海（安徽铜陵大桥经济综合开发区负责人）
吴　峰（铜陵市承接产业转移集中示范园区管委会主任）
叶云生（安徽东至经济开发区管委会主任）
章天南（安徽池州大渡口经济开发区管委会主任）
李建华（安徽省江南产业集中区管委会主任）
马宜来（安徽怀宁经济开发区管委会主任）
刘　丰（安徽省潜山经济开发区管委会主任）
谢长兵（安徽宿松经济开发区管委会主任）
李文胜（安徽安庆高新技术产业开发区管委会主任）
孟文俊（安徽岳西经济开发区管委会主任）
沈金明（安徽宿松临江产业园区管委会主任）
余金苗（安徽潜山源潭经济开发区管委会主任）
金　涛（安徽黄山经济开发区管委会主任）
邵接后（安徽休宁经济开发区管委会主任）
程朝胜（安徽徽州经济开发区管委会主任）
巫　军（安徽南陵经济开发区管委会主任）
朱为熙（安徽繁昌经济开发区管委会主任）
朱希宝（芜湖许镇镇经济开发区管委会主任）
许新胜（安徽宣州经济开发区管委会主任）
吕海波（安徽郎溪经济开发区管委会主任）
章泽民（绩溪县生态工业园区管委会主任）
吴　轶（安徽宁国港口生态工业园区管委会主任）
宗　杨（安徽郎溪十字经济开发区管委会主任）
崔后继（安徽狮子山高新技术产业开发区管委会主任）
戴茂平（安徽铜陵金桥经济开发区管委会主任）
程卫生（池州市高新技术产业开发区管委会主任）
尚良智（安徽青阳经济开发区管委会主任）
方文生（安徽贵池前江工业园区管委会主任）
娄雪松（安徽安庆长江大桥综合经济开发区管委会主任）
罗成圣（安徽枞阳经济开发区管委会主任）
赵俊杰（安徽太湖经济开发区管委会主任）
曹晓革（安徽望江经济开发区管委会主任）
章洪海（安徽安庆临港经济开发区管委会主任）
王四青（安徽桐城双新经济开发区管委会主任）
余泽红（安徽望江桥港经济开发区管委会主任）
郑　迎（安徽歙县经济开发区管委会主任）
何孔龙（安徽黄山工业园区管委会主任）
操贵心（安徽黟县经济开发区管委会主任）
汪皆兵（安徽歙县北岸经济开发区管委会主任）

主　编：邢　军　徐本纯

《安徽省开发区年鉴（2014—2016）》编辑部

主　任：郝加郎　许　为

编　辑：徐李俊　崔执平　童地轴　祝凤鸣　赵　胜　段金萍　占小凤
　　　　何　懿　黄　毅

第十届中博会和2017年徽商大会5月17日开幕 安徽16市集中创新元素书写“美好安徽”

2017年5月17日第十届中国中部投资贸易博览会中央展区

省委书记李锦斌视察宁国经济技术开发区

省长李国英视察安徽秸秆综合利用产业博览会枞阳万华项目展区

安徽省委常委、组织部长、常务副省长邓向阳调研苏滁现代产业园

安徽省委常委、政法委书记姚玉舟（右二，时任滁州市委书记）参观凤阳宁国现代产业园规划馆

国家级宁国经济技术开发区

美丽的合肥高新区

安庆经济技术开发区新貌

安徽舒城经济技术开发区

安徽潜山经济开发区

安徽郎溪经济开发区

目 录

专 论

区域发展报告

合肥市

淮北市

亳州市

宿州市

蚌埠市

阜阳市

淮南市

滁州市

六安市

马鞍山市

芜湖市

宣城市

铜陵市

池州市

安庆市

黄山市

政策法规选辑

统计资料

“十二五”安徽省开发区发展评述及“十三五”展望

“十二五”时期，可以说是中国经济增速起伏较大、形势变化和政策调整较快的一个时期，也是中国经济开始正式进入中高速增长的新常态，由依赖资源和要素投入的粗放增长向结构转型、产业升级、创新集约的内生增长转变的关键时期。安徽作为后发的中部地区，通过抢抓机遇和自身努力，经济建设仍然取得了高于全国、领先中部的优异成绩，基本完成了“十二五”目标任务。“十二五”时期，安徽省生产总值突破2万亿元、年均增长10.8%，财政收入突破4000亿元、年均增长14.2%；三次产业结构由14：52.1：33.9调整为11.2：51.5：37.3；进出口总额2143.8亿美元、年均增长15%；累计利用省外资金33172.4亿元、年均增长17.2%，实际利用外商直接投资519.2亿美元、年均增长22.1%。这其中，全省开发区功不可没。正是由于开发区建设的快速推进和园区经济的高速增长，才保证了全省每年万亿元级的固定资产投资，才保持了年均两位数的工业增速，从而带动了全省产业的健康成长和经济规模的持续扩大。

一、“十二五”安徽省开发区发展情况

（一）园区数量继续壮大，发展空间不断拓展

“十二五”以来，为加快高新技术产业发展、推进皖江示范区和中原经济区规划，安徽省先后批准设立了26家开发区，截至2015年底，全省共有各类开发区175家（其中国家级开发区19家、省级开发区71家、省级筹建开发区64家，新型园区21家），实现了市、县、区省级以上开发区全覆盖。开发区占地面积达4479.9平方公里，其中建成区面积1822平方公里，分别为2010年底的1.5倍和1.4倍；区内集聚各类企业8.8万家，其中工业企业3.5万家，分别为2010年底的3倍和2倍。

（二）投资建设稳步推进，基础设施日趋完善

五年间，全省开发区固定资产投资40247.7亿元，年均增长19.8%，占全省比重由2010年的35.9%提高到2015年的43.8%。其中，工业投资27074亿元，年均增长20.9%，占全区投资额的比重由64.6%提高到67.8%；基础设施投资4626.5亿

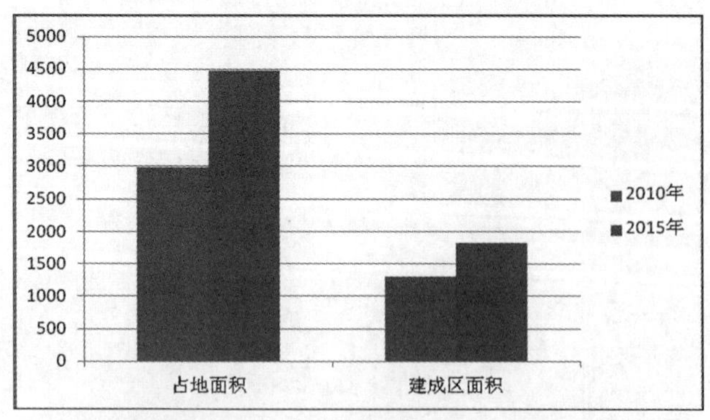

图1：“十二五”期间安徽全省开发区面积增长情况

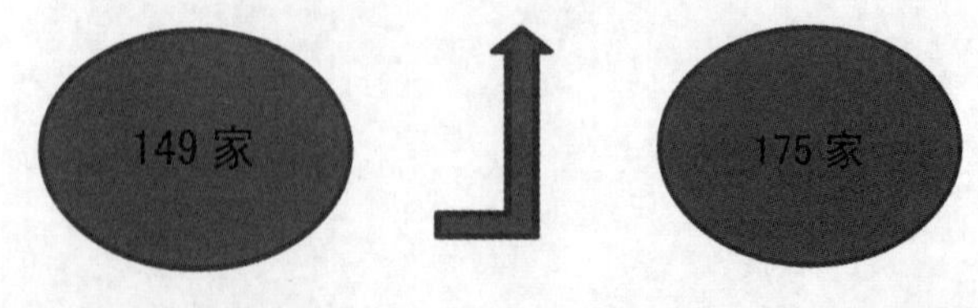

图2：“十二五”期间安徽全省开发区数量增长情况

元，年均增长9.5%，占比由15.8%下降到10%。经过多年的建设，大多数园区基础设施建设标准基本达到“七通一平”，有的甚至达到“九通一平”，园林绿化、环境保护、企业服务等公用工程和公共服务基础设施也基本完备，园区承载能力进一步增强。

（三）经济规模持续扩大，质量效益有所提升

2015年，全省开发区实现经营（销售）收入37235.9亿元，为2010年的3.1倍，年均增长25.2%；其中经营（销售）收入超百亿的有88家，比2010年增加63家。五年间新增合肥高新区、合肥新站实验区、芜湖高新区和安庆经开区4家经营（销售）收入超千亿元的开发区，加上合肥经开区、芜湖经开区，千亿级开发区达6家。开发区财政收入1456.9亿元，为2010年的2.5倍、年均增长20.2%，占全省的36.3%、比2010年提高8.2个百分点；税收总额1099.9亿元，为2010年的2.7倍、年均增长21.5%，占33.3%、提高8.6个百分点。“十二五”时期，安徽省开发区整体来看，无论是单位投资强度、单位投资收益，还是单位土地税收贡献，均比“十一五”有明显提升。

（四）工业经济仍占主导，结构调整步伐加快

“十二五”期间，安徽省开发区围绕“工业强区”战略，不断扩大产业规模，2015年规模以上工业销售收入25662.4亿元，占全区经营（销售）收入的68.9%，比2010年下降4个百分点；规模以上工业增加值6527.6亿元，为2010年的2.5倍、年均增长19.9%，占全省的66.5%、比2010年提高19.5个百分点。着力推进产业结构调整，工业机器人、轨道交通等14个省级战略新兴产业基地全部落户开发区，2015年高新技术产业产值13329.4亿元，为2011年的2.1倍、年均增长19.8%，占规上工业总产值的50.8%、比2011年提高2.6个百分点。

（五）主导产业日益突出，产业集群初步形成

“十二五”期间，安徽省开发区注重发挥比较优势，突出主导产业培育，2015年开发区前三位主导产业实现经营（销售）收入20799亿元，占全区经营（销售）收入的55.9%，比2011年提高4.2个百分点。坚持特色发展，一批产业集群初步形成，如无为高沟开发区聚集电线电缆制造企业300多家，2015年产值近500亿元；合肥新站试验区依托合肥京东方科技积极打造国家级新型平板显示产业基地，2015年产值突破300亿元；谯城经济开发区已形成以济人药业、广印堂药业等为代表的现代中药制造产业集群，2015年产值达150亿元。

（六）招商引资态势良好，对外贸易增势迅猛

2015年，安徽省开发区实际利用外商直接投资96.2亿美元，为2010年的2.6倍、年均增长21.2%，占全省的70.7%；亿元以上项目实际到位省外境内资金4850.7亿元，为2010年的3倍、年均增长24.6%，占全省的54.1%、比2010年提高14.3个百分点。一批像联宝电子、晶澳新能源等行业领军型企业落户开发区，有力促进了全省对外贸易的发展，2015年进出口总额290.5亿美元，为2010年的2.4倍、年均增长19.4%，占全省的59.5%、提高10.2个百分点；其中出口220亿美元，为2010年的3.2倍、年均增长25.9%，占66.4%、提高10.4个百分点。

（七）创新驱动深入实施，创新能力显著增强

“十二五”期间，安徽省开发区加大科技经费的投入力度，着力打造科技创新公共服务平台，中科大先进技术研究院、清华公共安全研究院、合工大智能制造研究院、中国家电研究院安徽分院等创新和成果转化平台先后落户开发区。2015年研究与实验发展（R&D）经费支出262.4亿元，相当于全区经营（销售）收入的0.7%，比2011年提高0.1个百分点；申请专利7.6万件，为2011年的2.9倍、年均增长30.4%，占全省的59.2%、提高5.4个百分点；授权专利4.1万件，为2011年的2.3倍、年均增长23.3%，占68.9%、提高15个百分点。

（八）集约水平不断提升，低碳发展意识增强

随着国家相关政策的趋紧及资源环境的约束，“十二五”期间，安徽省开发区更加注重土地节约集约利用，积极清理闲置低效土地，推进标准化厂房建设，叶集经开区获批国家循环化改造试点示范园区，芜湖经开区获批国家生态工业示范园区。2015年，全省开发区每平方公里（按开发区建成面积计算，下同）经营（销售）收入20.4亿元，比2010年增加10.8亿元，年均增

长16.3%；工业产值15.5亿元，增加7.6亿元，年均增长14.4%；税收总额6037万元，增加2740万元，年均增长12.9%；进出口1595万美元，增加644万美元，年均增长10.9%。

（九）产城一体快速推进，融合发展逐步形成

在产城一体化试点建设的推动下，安徽省各开发区不断强化城市服务功能，逐步迈入产城融合的良性发展轨道。到2015年底，全省开发区集聚人口590.6万人，为2010年底的1.8倍，年均增长12.6%。人口集聚带动了服务业的发展，2015年开发区服务业增加值达1629.5亿元，为2011年的2.3倍，年均增长23.1%。合肥经开区、合肥高新区、芜湖经开区等省内发展较好的开发区，通过引进和培育商务服务、研发信息咨询等生产性服务业完善产业支撑服务体系，配套建设服务于高科技人才和产业工人的生活服务设施，已经成为城市的新城区。

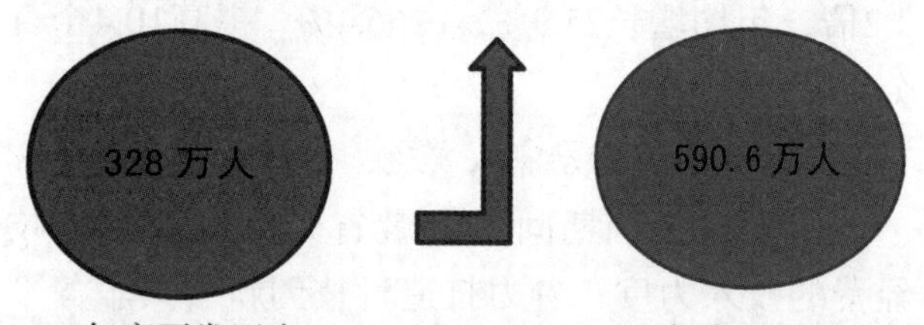

图3：“十二五”期间安徽全省开发区人口

“十二五”时期，是安徽省工业化、城镇化加速推进的重要时期。开发区作为招商引资的前沿阵地和产业发展的集聚基地，其作用和地位进一步彰显。无论是销售（经营）收入、财政收入，还是固定资产投资、城区（建成区）面积等，其增长速度在全国处于较好水平，开发区经济指标占全省的比重也在持续上升。尤其是开发区在促进工业经济增长中，更是起到了无可替代的主导作用。“十二五”期间，我省工业增速一直处于全国第一方阵，中部领先。2011—2015年规模以上工业年增速分别为21.10%、16.2%、13.7%、11.2%和8.6%，位居全国第4、第3、第1、7位和第7位；在中部，2011—2013年位居第1位，2014—2015年位居第2位。冰箱、空调、彩电、洗衣机、水泥、汽车等优势产品产量稳居全国前列。这些产业基本上都是布局在开发区，有些产业正是由于开发区引进了本行业的领军龙头企业和关键骨干企业，才使得产业有了质的提升和飞跃式发展。在开发总量增长和规模扩张的同时，发展质量和经济效益也在不断提升。有些园区开展了低碳工业园建设试点，积极推广工业节能环保新技术、新装备和新产品，支持重点节能与资源综合利用项目建设，实现能源资源节约集约利用。同时，想方设法降低企业运营成本，如建立涉企收费清单制度，实施结构性减税和普遍降费；加强电力需求侧管理，降低工商业用电价格0.0276元/度；扩大担保融资规模，设立续贷过桥资金，专门设立中小微企业融资平台等，通过各种努力，支持实体经济发展，切实提高了园区企业效益。

安徽省开发区在发展过程中，受发展阶段、经济实力以及宏观环境和体制机制的影响，还存在一些问题，需要进一步提升和完善。如产业雷同而没有相应的分工合作而导致的同质竞争问题，区域发展不平衡而导致的南北差距拉大的问题，自主研发和创新能力不足而导致的产业层次和产品结构低下的问题，园区经济与社会文化事业发展不同步而导致的产城脱节问题，开发区与所在城市发展不协调而导致相互割裂不能共建共享的问题等。这些问题在安徽开发区中或多或少都出现过，尤其是那些后成立、发展水平不高的开发区，问题更为突出，严重影响了开发区的长远发展。

二、“十三五”安徽省开发区发展趋势及思路

“十三五”时期是我国全面建成小康社会目标的“收官”之年，也是落实“五位一体”的中国特色社会主义总布局，实现中华民族伟大复兴的中国梦的开端之际。但“十三五”时期面临的国内外宏观环境发生了很大变化，也将深刻地影响着安徽的发展进程。

从国际环境看，“逆全球化”和贸易保护主义有所抬头，国际市场萎缩可能长期存在，坚持出口导向经济困难加剧。尽管对外贸易存在一系列不确定性，但中国对外开放的历程不可逆转。中国必须加快内部改革，调整战略部署，以全新开放格局来适应国际形势的变化。建设“丝绸之路经济带”和“21世纪海上丝绸之路”（“一带一路”）正是这一理念下的战略布局。“一带一路”将进一步打通中国向西向南开放的通道，营

造有利的周边环境。安徽在谋划“十三五”外贸发展时，应主动调整战略重点，积极参与这些区域的经贸合作和市场竞争。同时，无论是招商引资和市场拓展，要把着眼点更多地放在国内，重点在长三角和西部地区。

从国内形势看，经济发展仍是首要任务，但更加重视发展质量和持续性，更加重视经济、政治、文化、社会、生态文明的协调发展。这一点从2014年4月23日国家发改委公布的25个“十三五”规划前期研究重大课题得到验证，其中涉及经济转型升级、创新驱动、结构调整、现代农业发展、生态文明建设、区域协调发展、企业“走出去”战略等内容。中央一些权威机构和领导同志也明确提出，在今后一个时期，着力打造中国经济升级版。“十二五”以来，国家区域发展战略实现重大调整，由东部沿海开始发力，逐步转向沿海、沿江（河）并重，并向内陆拓展，以促进区域协调发展。2014年，中央开始部署长江经济带建设和“一路一带”战略，以此支撑全国的开放发展。安徽处于国家中长期重大战略布局多个政策叠加区域，可以享受诸多区域发展优惠政策。

结合国内外形势和安徽实际，“十三五”时期，安徽发展面临着较为复杂的外部环境，发展的艰巨性明显增大。但同时也迎来国际经济复苏、国内区域政策调整、国家加大支持民生和内需发展等重大机遇。总体而言，机遇大于挑战，“十三五”仍是安徽加快发展、全面发展的良好时期，完全有信心实现全面建成小康社会的宏伟目标。安徽“十三五”规划应积极响应国家宏观政策的调整，坚持稳中求进、转型升级、全面发展的基本原则，以改革创新为主线，进一步提升发展质量和区域竞争能力。围绕国家重大战略部署，可以新型城镇化建设作为发展主引擎，通过城镇化建设扩大投资、拉动内需，为经济持续增长提供内生动力。以产业升级和技术创新作为发展手段，确保安徽经济结构持续优化，质量提高，竞争力和持续发展潜力增强。以绿色发展作为战略取向，在绿色发展框架下实现经济、社会与环境系统和谐互益、协调发展。以体制机制改革作为制度保障，同时通过提过对外开放水平和国际竞争能力，为安徽发展营造更适宜、更完善的制度环境和外部支持条件。

基于此，“十三五”期间，安徽开发区在发展理念、办区模式、管理方式等方面都发生深刻变化，实现由追求速度向追求质量转变、由政府主导向市场主导转变、由同质竞争向差异化发展转变、由硬环境见长向软环境取胜转变。其转型发展思路主要体现五个方面：一是创新驱动，高端发展。在加快传统产业升级改造的基础上，积极发展高新技术产业、战略性新兴产业，及有地方优势和特色的高成长性产业，加快产业水平升级。把引智、引才作为招商引资重点，在引进产业和资本的同时，优先吸收应用外地先进技术，激励企业自主创新，加强关键核心技术研发，培育自主知识产权和自主品牌，抢占产业链高端和发展主动权。二是彰显特色，错位发展。坚持因地制宜，引导和支持开发区依托自身优势，科学确定产业定位和发展方向，选准主导产业，完善产业链，培育特色鲜明的产业集群，促进开发区相互配套、分工协作。三是产城融合，协调发展。满足加工制造业对现代服务业日益增长的需求，大力发展生产性服务业，完善配套生活性服务业，强化城市功能，提高综合配套服务能力，促进开发区与所在城镇融合发展。四是环保节能，绿色发展。加强开发区生态环境保护，推进土地、能源、资本等资源要素的节约集约利用；大力发展低碳经济、循环经济和生态经济，建设资源节约型和环境友好型园区，实现经济社会与环境的协调发展。五是资源整合，合作发展。统筹规划不同区域、不同类型和不同层次开发区的发展，压缩开发区数量，推进园区合作共建；突破行政区划制约，创新合作方式，探索建立利益共享机制，推进全方位、多领域合作共建，形成资源共享、合理分工、联动发展的新格局。

“十三五”是安徽省开发区转型升级、实现跨越发展的关键时期，为进一步发挥开发区产业集聚、科技孵化、引资平台、开放窗口、新城开发的综合作用，使之成为引领区域经济发展的强劲引擎，传统的开发区发展思路和运作模式必须尽快转变，特别是在以下几个方面：

（一）优化全省开发区空间布局，构建“四大板块”开发区群

遵循“全面覆盖、疏密适度，突出重点、层级合理，沿线展开、连片成带”的布局原则，统筹皖江城市带、皖北地区、合肥经济圈、皖南皖西地区开发区协调发展，构建“四大板块”空间格局。

皖江城市带开发区。加快推进《皖江城市带承接产业转移示范区开发园区发展规划纲要》的实施，加密沿江开发区布点，打造一批国家级开发区，加强马芜、铜池枞、安庆组团内开发区之间的分工协作，促进开发区扩区升级和组团式发展，形成沿江连片发展的开发区格局。巩固提升原材料、轻纺等传统优势产业，大力发展装备制造、电子信息、精细化工等先进制造业，努力在战略性新兴产业培育方面实现大的突破，成为带动示范区乃至全省经济结构调整和发展方式转变的强大引擎，为中西部地区大规模、集群式承接产业转移提供示范。

皖北地区开发区。围绕加快皖北地区发展，积极依托蚌埠、阜阳、亳州、淮南、淮北、宿州等中心城市，进行据点式开发，着力壮大开发区规模，努力提高投入产出强度，形成重点突出、以点带面、分工协作的开发区格局。充分发挥皖北地区煤炭、农副产品和劳动力资源优势，主攻资源深加工产业和劳动密集型产业，加快形成阜阳—亳州—宿州农副产品深加工及新兴能源经济带、宿州—阜阳服装鞋帽产业带、亳州—太和—阜阳现代医药产业带。

合肥经济圈开发区。以合肥建设在全国有较大影响力的区域性特大城市为统领，依托合肥高新区、合肥经开区、合肥出口加工区等国家级开发区以及合肥集中示范园区，整合周边省级开发区，加快合淮、合六、合芜、合安工业走廊建设，突出自主创新和新兴产业培育，联合打造电子信息、新能源、家用电器、汽车及零部件、装备制造等区域性的产业集群，打造辐射全省、接轨长三角、在全国有影响力的品牌开发区，成为全省的产业高地、合肥经济圈一体化的重要纽带。

皖南皖西地区开发区。皖南开发区立足生态功能区建设和皖南国际旅游文化示范区定位，围绕生态产业，优化开发区布局，推动开发区分工协作，加快开发区转型升级，逐步调整与旅游文化关联度不高的加工制造业，突出发展绿色林特产品、旅游工艺品、文化创意产品、康体保健产品等，形成休宁—徽州—歙县—黄山区生态产业密集带，打造全国重要的特色旅游文化产品加工制造基地。皖西开发区依托山区农林、旅游资源和矿产资源，积极发展生态农产品深加工、旅游工艺品制造、原材料产业和机械制造业，着力打造成合肥经济圈的产业配套、农产品生产加工供应基地。

（二）明确开发区各自产业定位，促进区域化特色化品牌化发展

根据比较优势，合理确定开发区产业定位，突出特色主导产业，进一步完善产业链，壮大企业主体，加强品牌运作，创建一批主导产业明晰、投资环境优越、综合竞争力强的品牌开发区。加大开发区产业规划执行力度。各开发区要坚持规划先行，加快编制产业发展规划，科学选择2~3个主导产业，明确1个首位产业。加大产业规划执行力度，加强考核，引导各开发区突出发展首位产业。制定特色专业开发区认定办法。符合开发区设立及管理的相关规定，主导产业明确，产业链清晰，龙头、重点企业带动作用突出，战略性新兴产业比重较高，特色鲜明、产业集聚的开发区，可认定为特色专业开发区。特色专业开发区优先获得省级各项政策支持，重点项目优先列入省“861”行动计划。

强化开发区品牌建设与营销。加强开发区形象设计和推广，支持龙头企业申请注册地理标志、证明商标或集体商标，努力提高知名度。积极发挥驰名商标、著名商标作用，加强对相关产品品牌的整合，塑造开发区品牌形象。积极争创特色专业开发区、投资环境最优区、科学发展示范区、生态发展示范区，提升对外吸引力。加强与外部品牌开发区联合，开展品牌输入和培育，加快在重点领域、重点行业打造一批在全国乃至世界上有一定影响力的品牌开发区。结合时代要求和各自发展阶段，进一步明晰各类开发区发展方向，促进开发区之间分工协作，形成功能清晰、分工明确、优势互补、共同发展的局面。

（三）突出科技创新与信息引领，提升园区核心竞争能力

完善创新驱动的产业体系。以打造省级、国家级创新型开发区为目标，培育和集聚创新要素，激发各种要素创新活力，提升经开区整体技术创新能力。一是加快传统产业改造升级，鼓励企业加强产品研发和创新，鼓励企业开展多种形式的技术合作和引进吸收，迎合互联网+、智能制造的发展趋势，切实改变传统制造业的产品设计模式、技术研发模式、推广营销模式，不断提高产业竞争力和利润率。二是大力培植新能源汽车、现代医药、电子信息、环保等新兴产业，推进新兴产业培育与传统产业优化升级有机结合，力争在高端产品开发上取得实质性突破，迅速形成规模和技术优势。三是促进工业倾向信息化深度融合，鼓励开发区企业借助信息化手段提升产业层次。如利用互联网系统加强用户需求分析和市场服务跟踪，加强个性化、定制式产品的研发设计和品牌培育，进行更大范围的分工协作；推广和应用计算机集成制造系统、精益生产、清洁生产模式等先进制造模式，提高制造过程的自动化、智能化水平，及时调整产品门类和规格，提高产品档次和技术含量。同时，加快发展研发、销售、信息、金融、物流、科技服务等生产性服务业，推动现代服务业的发展和集聚，实现服务业和制造业协调并进。

建立产学研用协同创新平台。通过政策和资金引导，帮助经开区企业与高等院校、科研机构、龙头企业建立长期合作关系，以技术推广试验、技术入股参股、知识产权交易等方式，成立各种形式的利益联合体，合作研究、共同开发，利益共享、风险共担。经开区管理机构也要加快公共服务平台建设，可以行业协会或龙头企业出面，结合创业孵化器建设，组建或合建产业公共技术研发中心、设计中心、技术培训中心等，以此作为区域创新的技术基础。

制定科技创新促进政策。围绕创新的关键环节，深入推进科技体制改革。以加速科技成果转化为中心，充分调动科技人员积极性和创造性，鼓励科技人员兼职、在岗创业，放宽职务发明成果处置、收益权，允许采取转让、许可、作价入股等方式转移转化科技成果，让科技人员持有股权期权。建立多元化、多渠道、多层次的科技创新投入体系，有效解决科技创新的资金瓶颈制约。经开区财政以直接参股、直接参股配套、配套支持等方式积极引导金融与社会资金进入，引导设立多只创业投资基金，不断扩大基金规模；根据企业的不同成长阶段，采取信用担保、天使基金、风险投资等方式加以扶持。

（四）深入推进开发区管理体制改革，重塑园区比较优势

安徽省开发区在资源、能源、土地、人力等要素上曾具有较大优势，但受到宏观形势、管理体制、运行机制等因素制约，导致交易、物流、研发等商务成本升高，也在很大程度上削弱了资源要素的优势。在新一轮深化改革大潮中，要取得区域竞争的绝对优势，必须以提高资源配置效率和政府服务水平为导向，全方位推进改革开放，激发市场活力。一方面，强化巩固传统要素资源优势，切实降低企业运营成本。如加大交通等基础设施建设，改善交通条件和物流服务水平；煤、电等能源工业应多为当地产业发展服务，推进直供电试点，提供优廉安全的能源保障；推广职业教育，提高劳动力素质等。另一方面，通过改革创新，将加快与发达地区的政策协调和市场对接，在商品、物流、产权、金融、认证、信息等方面衔接共享，提高综合服务水平，使企业能够在更大范围内实现资源共享和分工协作。

深化开发区投融资体制改革。坚持“政府引导、市场运作、企业经营”，大力盘活存量，积极扩大增量。以投融资平台为桥梁，以具体项目为核心，以资金流向为路径，形成资金闭环反馈系统，构建“投融资决策科学化、投融资主体多元化、投融资渠道多样化、项目建设法人化、项目监管法制化、资源配置市场化”的投融资体制。

（五）推动更深层次更广领域对外开放，创新区域合作模式

扩大对外开放，参与区域合作，是经济发展的必然趋势，也是开发区实现跨越发展的重要途径。但不同时期、不同区域对合作对象的选择要有所侧重。安徽省开发区一方面要响应国家外贸策略的调整，积极参与“一带一路”重点区域的开放合作；另一方面，也要加强与国内经济比较发达、产业对外梯度转移较为明显的区域开放合

作，如长三角、珠三角、环渤海等地。鼓励和支持开发区与国内外尤其是苏浙沪政府、开发区、战略投资者等主体合作共建开发区，深化区域合作，探索产业承接的新途径。

结合各开发区实际情况，按照"市场导向、自愿合作，优势互补、利益共享"的原则，积极探索园中园、共管园、托管园以及技术合作、项目合作、服务外包、委托加工等合作共建方式，特殊情况可一企一议、一例一策。鼓励采取设立国别园区或港澳台园区等方式，积极吸引国（境）外政府、跨国公司或其他战略投资者兴办专业开发区。鼓励开发区吸引外商直接投资，探索利用国外政府贷款支持开发区配套基础设施建设。建立利益共享机制。本着互利共赢的原则，协商确定合作方式，明确权利和义务，妥善处理好相关方的利益。共建开发区的发展成果由合作双方分享，一定期限后的收益由双方按协议分成。合作双方政府可协商确定将增值税、所得税的地方留成部分按一定比例让渡给产业转出方政府。双方可按照投入比例商定开发区产出的统计、税收分成等。建立跨区域合作共建平台。加强与国家部委的衔接沟通，密切与沿海地区的联系，争取在长三角地区合作与发展联席会议框架内设立开发区合作共建组，协商解决跨区域合作共建重大事项。

（六）大力发展社会服务业，促进产城融合发展

开发区要主动接受主城区的辐射带动，与主城区的统一规划、有机融合、协同发展，实现与主城区的互补和对接，使开发区成为区域城市化发展新的增长点。加强规划引导，促进产业发展、商贸服务、社区建设合理布局，交通、能源、环保等基础设施配套衔接，二、三产业协调互动，努力满足居民生产生活的需要。加快区内社会事业发展和社会管理。加强区内公共服务机构、场地和设施建设，加快教育、卫生、文化等社会事业发展，健全基层管理体制，完善公共服务体系和社区服务网络，提高服务和管理水平。妥善处理各种群体利益关系，不仅要妥善解决好失地农民的生活、就业、社会保障等问题，而且要充分满足高层次创新创业人才的各种需求问题，营造和谐稳定的社会氛围和宜居宜业的园区环境。

各级开发区应多方争取资金，加大园区基建投入，完善相关配套条件，提高生产生活服务水平。针对有些开发区建设资金有限的现状，可在统一规划的前提下，实行分期开发、滚动发展、组团推进、逐步延伸的策略。在园区建设上，要有适度的超前谋划，严要求、高标准、高效率，有些建设项目要满足5~10年的产业集聚、人口集聚的需要。按照高起点规划、高标准建设、高档次配套的原则，加快实施园区基础设施建设，提高公共设施的利用率和经济社会效益，以此提升园区承载能力。

（七）设置产业目录和进入门槛，实现绿色可持续发展

为保障开发区生态环境建设和可持续发展，应围绕产业发展目标和重点，提早编制产业目录，分为"急需发展、支持发展、限制发展、禁止发展"等若干等级，制定相应的进入门槛，杜绝高能耗、高排放、产能过剩的企业项目进入，不以牺牲生态环境和过度消耗能源资源来保持经济高速增长。

以推行清洁生产，资源循环高效利用为目标，系统设计规划园区的产业链结构，调整产业布局，加强不同类型企业共生耦合关系，保证产业网络的生态稳定性。相关部门要加强对园区招商工作的监督力度，确保引进的项目能够融入园区的工业网络，保证与园区的生态发展目标相吻合。各开发区应积极推进清洁生产和科技节能降耗工作，严格节能评估审核，大力发展循环经济，完善循环经济链条。在园区开发建设中，积极开展节能低碳建筑示范，推行节能新技术新产品新设备，使开发区成为安徽新型工业化城镇化中绿色发展的示范区。

（安徽省社会科学院课题组　程宏志　许　为）

2015年安徽省开发区建设和发展情况概述

2015年是"十二五"规划的收尾之年，与2010年底相比，中国大部分地区的经济发展形势和特点都发生了翻天覆地的变化。面对复杂严峻的宏观环境，全省开发区主动适应经济发展新常态，加快调结构转方式促升级，加大招商引资力度，创新发展模式和手段，提升经济建设的效益和质量，推动了区内经济社会的平衡较快发展。2015年，安徽全省实现生产总值22005.6亿元，规模以上工业实现增加值9817.1亿元，财政收入4012.1亿元，固定资产投资23965.6亿元。在这些指标中，全部开发区占全省的比重（或者说贡献率），均有不同程度的上升。

一、2015年全省开发区建设和发展基本情况

（一）经济规模和园区数量持续扩大

截至2015年底，全省共有省级以上各类开发区175家。其中，国家级开发区19个，省级正式开发区71个，省级筹建开发区64个，新型园区21个。开发区数量及其增速位居全国前列，国家级经开区数量位居中西部第一、全国第四。2015年，全省开发区实现经营（销售）收入37235.9亿元，比上年增长11.2%，平均每个开发区实现经营（销售）收入231.3亿元。其中经营（销售）收入超百亿的有88家，比上年增加7个；超千亿的6家，分别为合肥经开区、芜湖经开区、合肥高新区、合肥新站实验区、芜湖高新区和安庆经开区。分类别看，国家级开发区全部经营（销售）收入15968.2亿元，增长8.5%；省级开发区全部经营（销售）收入15504.2亿元，增长14.5%；省级筹建开发区全部经营（销售）收入5219.1亿元，增长9.7%；21个新型园区全部经营（销售）收入544.4亿元，增长16.1%。

表1：省级以上开发区主要经济指标

项目	单位	2010年	2014年	2015年
全区经营（销售）收入	万元	106648759	282860369	314724127
#规模以上工业销售收入	万元	76160676	191140114	211910986
工业总产值（当年价格）	万元	86688472	207554983	231681702
#规模以上工业企业	万元	80245963	195236387	216569300
#高新技术产业产值	万元		97883269	114541963
第二产业增加值	万元	24996921	56503124	61773723
#工业增加值	万元	23036230	53644035	58313362
#规模以上工业增加值	万元		50112858	53910545
进出口总额	万美元		2428540	2582213
#出口额	万美元	627112	1695376	1938440
#进口额	万美元	491467	733164	643773
税收总额	万元	3699792	8044382	8909247
财政收入	万元	5164713	11394334	11939449
#土地收入	万元	1577733	2911299	2644345
固定资产投资总额	万元	36269297	73953260	80265373
#工业投资	万元		48638707	53633066
#基础设施投资	万元	5452776	6946563	6873101
当年新批进区外商投资企业	个	191	120	139
当年实际利用外商直接投资额	万美元	341308	675320	792249

续表

内资项目个数（在建亿元以上项目）	个		1903	1948
到位省外境内资金额	万元		31423286	33644733
专利申请量	个		52225	64168
专利授权量	个		28610	34993

资料来源：《安徽省统计年鉴2016年》以上指标包括国家级开发区和省级正式开发区，不含省级筹建开发区，（下同）

表2：全省开发区按经济规模分类（2015年）

全区经营（销售）收入	2015年数量（个）	比上年增加数量（个）	皖江示范区（个）	皖北六市（个）	国家级（个）
1000亿元以上	6	3	6	0	5
500亿～1000亿元	10	0	9	1	2
100亿～500亿元	72	4	40	24	9
100亿元以下	87	-7	42	21	3

资料来源：《2016年安徽年鉴》

表3：各市省级以上开发区主要经济指标（2015年）

地区	全区经营（销售）收入（万元）	#规上工业销售收入（万元）	工业总产值（万元）	#规模以上工业企业总产值（万元）	第二产业增加值（万元）	#工业增加值（万元）	财政收入（万元）
合肥市	106068022	66847531	70499146	67464377	18666199	17324643	4997923
淮北市	5692356	5060205	5385174	5233960	1324540	1303455	111399
亳州市	9092222	4344325	4726596	4471030	1296479	1243584	243053
宿州市	4402701	3015516	3172515	3076138	849715	796432	206915
蚌埠市	21540488	15098729	16446127	15538810	4463711	4231946	599640
阜阳市	21944295	11726511	14367931	12130544	4070512	3806346	693073
淮南市	3114817	1465780	1643030	1532702	514577	467604	117417
滁州市	15013028	10743735	12971669	10949450	3330585	3159101	580837
六安市	11402312	6967574	8271564	7185368	2364888	2181781	382404
马鞍山市	13800148	10312777	11203669	10498992	3079030	2935620	387865
芜湖市	50046393	38708141	40762187	39965271	10383114	10032535	1755041
宣城市	10186288	7017054	8914824	7299326	2339121	2188830	504206
铜陵市	13485586	10026536	11275391	10396569	2605240	2514413	469320
池州市	3970900	2761535	3206151	2783614	1019960	850641	249847
安庆市	23355185	16501361	17420724	16698617	5121000	4941440	602989
黄山市	1609386	1313675	1415003	1344533	345052	334991	37520

接上表：各市省级以上开发区主要经济指标（2015年）

地区	出口总额（万美元）	进口总额（万美元）	税收总额（万元）	固定资产投资总额（万元）	#基础设施投资（万元）	新批进区外商投资企业（个）	实际利用外商直接投资（万美元）
合肥市	748588	363486	2933475	24072472	2239173	58	155697
淮北市	26576	2993	107987	2397971	31380	1	28849
亳州市	42467	4652	234073	3195774	523874	4	5931
宿州市	17187	2760	185079	1741386	164965	3	23708
蚌埠市	83592	6436	433921	6741053	408933	4	103132
阜阳市	99833	6891	544520	3829164	448799	5	14867
淮南市	14668	4228	113320	1160000	129502	1	6554
滁州市	103708	52146	542210	3906455	491088	1	58637
六安市	30908	2133	344511	2719813	485280	8	25763
马鞍山市	51886	13048	339892	5055018	325445	11	93692
芜湖市	448074	119114	1740738	12824446	401548	18	176962
宣城市	120611	7836	460718	2623541	428793	9	58005
铜陵市	45682	29122	356712	3828059	99574	3	14203
池州市	13947	11721	180287	1896998	216592	5	11765
安庆市	83786	17040	357195	4080313	454905	8	11307
黄山市	6927	166	34610	192910	23250		3177

接上表：各市省级以上开发区主要经济指标（2015年）

地区	亿元以上省外境内投资项目数（个）	亿元以上项目到位省外境内资金额（万元）	专利申请量（件）	专利授权量（件）
合肥市	262	7120960	19923	12407
淮北市	46	413474	418	208
亳州市	77	1371436	1623	899
宿州市	53	775260	405	202
蚌埠市	181	3936994	4507	1957
阜阳市	113	1001829	2907	1381
淮南市	29	388826	203	211
滁州市	114	1902236	3374	1718
六安市	28	842293	2191	1269
马鞍山市	215	2550269	4154	2289
芜湖市	284	6317132	13698	7190
宣城市	170	2043572	2277	1309
铜陵市	126	1737291	2965	1559
池州市	74	742340	1467	744
安庆市	158	2319121	3915	1520
黄山市	18	181700	141	130

资料来源：《安徽省统计年鉴2016年》

（二）工业经济运行平稳

2015年，各开发区坚持以产业发展为主要目标，工业仍是园区利润增长和收入的主要来源。以省级以上开发区汇总数字计算，规模以上工业销售收入占全区经营（销售）收入的比重基本保持67%左右。截止2015年底，全省开发区共有工业企业3.5万家，比上年底增长9.9%；其中规模以上工业企业超万家，达10267家，比上年底净增907家。全年开发区规模以上工业增加值6527.6亿元，增长10%，增幅高于全省1.4个百分点，对全省工业增长的贡献率达76.5%；总量占全省的66.5%，比上年提高0.9个百分点。

（三）投资建设稳步推进

2015年，全省开发区完成固定资产投资10504.3亿元，增长8.4%，总量占全省的43.8%。其中，工业投资7118.7亿元，增长10.8%；基础设施投资1055.4亿元，增长0.1%。经过多年的建设，开发区道路、供水、园林绿化等基础设施建设基本完成。

（四）税收增长较快

2015年，全省开发区共实现税收总额1099.6亿元，增长11.8%，增幅高于全省4.8个百分点；开发区税收总量占全省的33.3%，比上年提高1.4个百分点。全省开发区共实现财政收入1456.9亿元，增长6.4%，增幅低于全省3.1个百分点；开发区财政收入占全省比重为36.3%，同比下降1个百分点，主要是由于土地收入下降所致。2015年，全省开发区土地收入317.5亿元，同比下降11.7%。

（五）招商引资力度不减

2015年，全省开发区实际利用外商直接投资96.2亿美元，增长17.9%，增幅高于全省7.5个百分点；总量占全省的70.7%，比上年提高4.5个百分点。亿元以上省外境内投资项目2858项，实际到位省外境内资金4850.7亿元，增长10.3%，占54.1%。

（六）外贸出口逆势增长

2015年，全省开发区实现进出口总额290.5亿美元，增长7.9%（全省为下降0.8%），总量占全省的59.5%，比上年提高4.8个百分点。其中，出口220亿美元，增长14.4%、增幅比全省高9.2个百分点，占66.4%、提高5.3个百分点；进口70.5亿美元、下降8.3%、降幅低于全省3个百分点，占45%、提高1.5个百分点。

二、2015年皖江示范区经济发展情况

自国家批准皖江示范区整体作为承接产业转移示范基地以来，皖江示范区成为安徽经济最活跃、开发开放程度最高的区域，也是安徽开发区最集中的区域。从某种意义上说，皖江示范区就是安徽最大的开发区。2015年，皖江示范区经济运行总体平稳，主要指标继续保持领先全省的态势，全年GDP、工业、财政收入等指标增速快于全省，产业升级和结构转型情况优于全省，但部分指标增速有所回落。

（一）全区生产总值和财政收入平稳增长

示范区全部GDP占全省比重有较大提高。2015年，示范区生产总值14639.3亿元，占全省的66.5%，同比增长9.6%，高于全省0.9个百分点，比皖北地区高1.8个百分点，继续领跑全省。八市中合肥、芜湖GDP分别增长10.5%、10.3%，分列全省前两位。但与之同时，示范区财政收入增势减缓。2015年，全区财政收入2616.3亿元，增长10.4%，增幅比上半年、前三季度分别回落0.6个和1.7个百分点，高于全省0.9个百分点。其中，地方财政收入1505.5亿元，增长11%，高于全省0.4个百分点。财政支出2581.8亿元，增长11.1%，低于全省1个百分点。八市中合肥、滁州财政收入分别增长13.5%和13.1%，分列全省前两位，马鞍山由上年下降10.3%转为增长3.6%。

（二）工业增长快于全省但整体效益有所回落

2015年，全区11153户规模以上工业企业实现增加值6676.6亿元，增长10.1%，增幅比上半年、前三季度分别回落0.2、0.3个百分点，比全省高1.5个百分点。从40个工业行业看，有35个行业增加值增长，其中12个行业增长10%以上，黑色金属矿采选业、计算机通信电子设备制造、铁路船舶航空航天和其他运输设备制造业分别增长28.4%、24.4%和21.9%。从产品产量看，汽车、彩电、钢材、十种有色金属、水泥分别增长29%、95.4%、1.5%、1.3%和0.6%，服装、饮料酒、平板玻璃分别下降7.9%、9.1%和5.1%。八市中合肥、滁州工业增加值分别增长11.3%和11.1%，分列全省前两位。但工业企业效益出现回落。2015年，全区规模以上工业企业利润总额1478.4亿元，增长0.7%，增幅比上半年、前三季度回落4.8、7.2个百分点，比全省低3.5个百分点。利润总额较大的行业中，计算机通信电子设

备制造增长0.8%、同比回落38.9个百分点，农副产品加工业、非金属矿物制品业分别由上年的增长18%、8.1%转为下降6.9%、22.9%。

（三）招商引资和固定资产投资增幅下滑

2015年，全区固定资产投资16504.7亿元，增长12.2%，增幅比一季度、上半年、前三季度分别回落1.7、1和0.8个百分点，比全省低0.5个百分点。其中工业投资7305.5亿元，增长12.4%，比前三季度回落0.6个百分点；全区重点产业中装备制造业、轻纺产业、现代服务业和现代农业投资分别增长11.2%、13.5%、29.6%和51.3%。全区房地产开发投资2844.2亿元，增长1%，比全省低1个百分点。八市中滁州、铜陵、芜湖、安庆四市固定资产投资增速高于全省，分别增长16.8%、13.5%、13.2%和13.1%，其余四市比全省低0.1～2.3个百分点。2015年，全区实际利用外商直接投资93.6亿美元，占全省的68.7%；增长11.3%，增幅比上半年、前三季度分别回落2.4、0.8个百分点，比全省高0.9个百分点。受此影响，亿元以上投资项目数量减少。2015年，全区在建项目（不含房地产）25222个，在建项目投资规模25746.3亿元。其中亿元以上在建项目2841个，同比减少485个，占全部项目比重由上年同期的15.7%下降到11.3%，占全省亿元以上项目比重由64.7%下降到64.5%。亿元以上项目投资规模由17394.2亿元缩减至16603.6亿元。

（四）外贸受压导致进出口总额下降

受全球经济持续低迷、外贸需求不振的影响，示范区对外贸易难度加剧，进出口总额下降明显。2015年，全区进出口总额415.5亿美元，同比下降0.8%，降幅与全省持平。其中，出口271.1亿美元，增长7.8%，比全省高2.6个百分点。八市中，芜湖、宣城、池州、安庆进出口略有增长，其余4市均有较大幅度下降。

（五）产业升级和结构优化趋势明显

从示范区三次产业结构看，第一产业增加值1109.5亿元，增长4.2%；第二产业增加值8204.5亿元，增长9.6%；第三产业增加值5325.3亿元，增长10.7%。其中，三产增幅比上半年、前三季度均提高0.3个百分点。三次产业比由上年的8.3:58:33.7变为7.6:56:36.4，一产、二产占比分别下降0.7和2个百分点，三产占比提高2.7个百分点。新兴产业发展较快。2015年，全区实现战略性新兴产业产值6825.4亿元，占全省的76.5%；增长17.8%，增幅比上半年、前三季度分别回升0.2、2.1个百分点，比全省高0.2个百分点。示范区大力实施创新驱动战略。2015年，全区技改投资增长12.9%，新型显示、机器人两个国家级战略性新兴产业集聚基地建设深入推进，智能语音、新能源汽车、现代农机等首批11个战略性新兴产业集聚发展基地启动建设。

三、2015年全省开发区发展的主要特点和趋势

（一）优势主导产业地位进一步突出

2015年全省开发区主导产业实现经营（销售）收入20799亿元，比上年增长13.3%、增幅高于全区经营（销售）收入2.1个百分点，总量占55.9%、比上年提高1.1个百分点。全省开发区排名前3 位的主导产业实现经营（销售）收入2.1万亿元，占到开发区全部实现经营（销售）收入的56.8%，比上年提高2.3个百分点。开发区之间更加注重分工协作和协同发展，围绕当地比较优势和产业定位，共同培育区域主导产业，打造特色产业园区和产业集群。如合肥、芜湖、马鞍山三市联合打造机器人产业区域集聚区，埃夫特、翡叶、福德等知名机器人制造企业先后进驻，产业集聚效应明显。蚌埠高新区、合肥新站综合试验区突出发展以平板显示为核心的电子信息产业，宿州经开区初步形成皮革加工、鞋材配套、整鞋生产等现代制鞋全产业链，来安汉河经开区与苏浙合作，加快轨道交通装备制造产业集聚。

（二）创新意识和创新能力逐年增强

在国家创新工程试点省、合芜蚌自主创新试验区以及战略性新兴产业集聚区建设的推动下，2015年，中科院技术创新工程院、清华公共安全研究院、合肥工业大学智能制造研究院、中国家电研究院安徽分院等创新和成果转化平台先后落户安徽省开发区，新型平板显示、工业机器人、生物医药等战略性新兴产业快速发展，带动了全省开发区产业结构的提升。2015年底，全省开发区拥有科技企业孵化器155个，企业技术研发中心1476个。全年研究与实验发展（R&D）经费投入392亿元,增长11.9%，增幅高于全省3.5个百分点，总量占全省的60.7%，比上年提高1.8个百分点;申请专利7.6万件,增长20.4%，总量占全省的59.2%；授权专利4.1万件，增长19.5%，总量

占全省的68.9%。同时，开发区更加注重技术引进、改造和创新不断推动产业升级，产业结构持续优化。2015年，全省开发区高新技术产业增长较快，全年实现产值13329.4亿元，增长16.2%，增幅高于规上工业5.3个百分点，总量占规上工业的50.8%、提高2.3个百分点。

（三）节约集约经营水平不断提升

随着外部政策要求和自身发展需要，2015年，开发区节约集约经营的理念进一步强化，各开发区都在积极推进土地清理整顿和标准化厂房建设工作。全省开发区亩均累计投资强度达到156万元（按开发区已建成计算，下同），比上年提高8万元；全省开发区每平方公里经营（销售）收入20.4亿元，比上年增加4864万元，增长2.4%；工业用地亩均税收3.9万元，比上年提高0.1万元。合肥经开区、池州经开区开展国家低碳工业示范园区建设，马鞍山集中示范区开展国家新能源应用示范产业园区，叶集经济开发区成为全国循环化改造试点园区。

（四）部分经济指标增速有所回落

2015年，全省开发区仍保持高于全省的经济增长速度，但与全省及全国情况一样，部分经济指标增速出现回落情况。不管是招商引资、固定资产投资，还是工业增速或进出口总额，其增速均有所回落，开发区经济开始进入中高速增长的新常态。如2015年全区经营（销售）收入增幅比上年回落3个百分点，规上工业增加值增幅回落4.8个百分点，固定资产投资总额增幅回落7.8个百分点。即便是发展情况最好的皖江示范区，2015年，全区固定资产投资16504.7亿元，增长12.2%，增幅比一季度、上半年、前三季度分别回落1.7、1和0.8个百分点，比全省低0.5个百分点；全区财政收入2616.3亿元，增长10.4%，增幅比上半年、前三季度分别回落0.6个和1.7个百分点；全区进出口总额415.5亿美元，同比下降0.8%，降幅与全省持平。出现这种趋势与全国经济下行和国家主动下调经济增速的形势是密切相关，甚至会延长相当一段时间。这也有利于促进开发区发展更注重于质量效益提升和结构转型升级，

（五）产城融合的理念开始确立和推广

随着新型工业化和城镇化的加速推进，开发区建成区面积不断增加，人口不断聚集。2015年底，全省开发区建成区面积1822平方公里，总人口590.6万人，分别比上年底增长8.5%和5.9%。开发区城市功能不断完善，服务业发展较快，全年服务业增加值1629.5亿元，增长16.5%；其中现代服务业增加值960.3亿元，增长21.6%。大部分开发区都在抓紧编制"十三五"建设和发展规划，进一步完善宜居环境和产业配套条件。如合肥经开区、铜陵经开区、宁国经开区等规划较大的开发区，都通过培育和引进现代物流、商务服务、研发信息咨询等生产性服务业，完善产业支撑服务体系，大力发展教育文化、医疗卫生、休闲娱乐等生活服务业，配套建设服务于高科技人才和产业工人的生活设施，部分开发区已成为所在城市的产业新城和新城区。

（六）开发区发展不平衡现象仍较为突出

尽管整体上看，全省开发区发展较快，但开发区之间发展不平衡的问题仍较为突出。主要表现为：一是地区差距明显。开发区发展情况与其所在的市、县（区）的经济发展水平密切相关。如合肥及沿江地区的开发区发展速度较快，基础设施建设和产业成长情况较好，而皖北一些开发区发展迟缓，对地方经济的贡献度也不高。二是不同类型或级别的开发区发展水平差异也较大。2015年，安徽全省国家级开发区平均经营（销售）收入923亿元，分别是省级正式开发区和省级筹建开发区的4倍和10.5倍，一些市、县一级的开发区体量就更小了。再如皖江示范区平均每个开发区实现经营（销售）收入257.5亿元，而皖北六市平均每个开发区仅实现159.1亿元，仅相当于皖江示范区的61.8%。三是园区内部发展不平衡，如有的开发过于注重经济指标，社会事业和公共服务发展滞后，出现宜业与宜居失衡；有的开发区在产业发展中，没有充分考虑产业配套和生产性服务业发展问题，出现主辅产业发展失衡；有的开发偏重于招商引资而不重视当地产业和民营经济的发展，出现内外产业发展失衡等。当然，这些很多都是开发区发展初期遇到的典型问题，跃过这个阶段，大多会在园区自身的调整、转型和完善中得到解决，如合肥、芜湖等一些发展较早的国家级经济技术开发区，早就开始考虑和统筹解决这些问题。

（安徽省社会科学院课题组　程宏志　许　为）

区域发展报告

合肥市

合肥市开发区发展报告

1.合肥国家高新技术产业开发区（简称高新区）。合肥国家高新技术产业开发区是1991年经国务院批准的首批国家级高新区，管辖面积128平方公里，常住人口20余万。高新区是合芜蚌自主创新综合试验区核心区，是首批"中国亚太经济合作组织科技工业园区"、全国首批光伏发电集中应用示范区、"国家新型工业化产业示范基地"（军民结合）、首批国家级文化和科技融合示范基地。先后获得全国模范劳动关系和谐工业园区、国家生态工业示范园区、国家创新型科技园区、国家知识产权试点园区、全国首家综合性安全产业示范园区等称号，2015年，在全国高新区综合排名中位居第8位。

高新区区位优势突出。北接4E级新桥国际机场，南临AAAA级紫蓬山森林公园，东距合肥高铁南站约10公里，西至六安市区仅半小时车程。合淮阜高速、长江西路高架贯穿而过，地铁2号线和规划中的4号、7号、8号线直通市中心。基础设施和综合配套完善，"七纵六横"骨干道路体系全面建成，拥有合肥七中、合肥加拿大国际学校、安医附院高新医院、砂之船奥特莱斯等优质配套，坐拥"生态绿肺"大蜀山国家森林公园，柏堰湖、王咀湖交相辉映，城区绿化覆盖率达45%。

高新区产业体系完善。是安徽省最大的高新技术产业化基地，已形成智能家电、汽车及装备制造、新能源、公共安全、电子信息、节能环保、文化创意、生物医药、智能语音、新材料等高新技术产业集群，获批建设国家公共安全应急产业示范基地、国家新兴产业"双创"示范基地、省智能语音产业集聚发展基地和省集成电路产业集聚发展基地。园区高新技术企业迅速聚集，培育了科大讯飞、四创电子、安科生物、阳光电源、量子通信等高新技术企业，引进了格力电器、美的电器、惠而浦（中国）、大陆轮胎、长安汽车、晶澳、美国3M、日本NSK等知名龙头企业，一大批企业的技术水平处于行业领先水平。园区企业14000余家，其中规上企业179家，外商投资企业400余家，世界500强投资企业19家。自主培育国家高新技术企业460家，国家及省市创新型企业285家，上市企业16家，新三板挂牌企业27家。

高新区科教资源丰富。集聚了中科大先研院、合工大智能院、中科院创新院等重大协同创新平台，园区企业建成省级以上技术（工程）研究中心109家，集聚国家"千人计划"18人，战新产业领军人才99人，海外留学人员和外国专家千余人。区内建有合芜蚌自主创新综合试验区合肥创新平台，建成众创空间15家，各类孵化器19家，总面积260万平方米，在孵化企业2300余家。建设区域性金融中心，集聚基金30余支，总规模超300亿元，提供天使投资基金、省青年创业引导资金、创新贷、助保贷等全方位、全周期的投融资服务。在高新区开展风险投资业务的公司20余家，各类科技服务机构320家，为区内企业提供了良好的创新创业平台。

"十二五"期间，高新区累计实现GDP 1987.1亿元，是"十一五"的2.7倍，年均增长

16.7%；实现工业总产值4654.4亿元，是“十一五”的2.9倍，年均增长16.4%；实现工业增加值1382.6亿元，是“十一五”的2.6倍，年均增长13.3%；完成固定资产投资1639.8亿元，是“十一五”的2.7倍，年均增长16.9%，其中工业投资961.1亿元，是“十一五”的4倍；累计招商引资超过900亿元，年均增长11.2%；完成全口径财政收入295.4亿元，是“十一五”的3.2倍，年均增长22.2%；城镇常住居民人均可支配收入29410元，农村常住居民人均可支配收入15880元。

2015年，实现GDP506亿元，增速11.2%。实现规模以上工业产值1169.2亿元（分成前1527.6亿元）；实现工业增加值330亿元，增速11.3%。完成固定资产投资415.3亿元，增速12.4%；其中工业投资236.3亿元，增速9.8%。实现社会消费品零售总额94亿元，增速10.8%；完成进出口总额23.6亿美元，增速20.4%；完成招商引资239.5亿元，其中，外商直接投资4.6亿美元，工业招商引资191亿元；全口径财政收入完成81亿元，公共财政预算收入24.8亿元，同比增长21.3%。规模以上工业企业实现利润95亿元，同比增长12%，增幅居全市首位；全区单位GDP能耗同比下降4%。

“十三五”时期，高新区将按照“工业发展主引擎，创新发展新高地”的发展定位，以提高发展质量和效益为中心，以加快调结构转方式促升级为抓手，以增进人民福祉、促进人的全面发展为出发点和落脚点，重点实施“创新驱动，产业引领，开放发展，产城融合”四大战略，倾力打造合肥国家综合性科学中心和产业创新中心核心承载区，激发各类创新主体活力，合力营造创新创业生态，把高新区建设成为创新驱动示范区、大众创业引领区、产城融合样板区、开放发展先行区、中部崛起增长极，实现“财富高新、和谐高新、美丽高新”的美好愿景。

2.合肥经济技术开发区。合肥经济技术开发区建立于1993年4月，1997年被列为全国首批行政管理体制和机构改革试点单位，2000年2月被国务院批准为国家级经济技术开发区。合肥经开区建区以来，始终坚持项目是生命线，带领群众致富是立身之本，改革创新是永恒的主题，不断优化投资环境，强力推进“工业立区”战略，经济社会实现健康快速发展。2010年，合肥经开区成为安徽省首个千亿开发区；2012年，全区综合发展水平在全国国家级经济技术开发区中位居第13位，在全国省会城市开发区中排名第4位，再次蝉联中西部开发区第一。工业经济领跑合肥发展。产业积聚效应日益显现，形成以日立建机、合力叉车、合肥锻压、熔安动力为代表的装备制造，以海尔、长虹、美菱、格力为代表的家电电子，以江淮、佳通、纳威司达为代表的汽车及零部件，以联合利华、可口可乐、统一、华泰为代表的快速消费品等四大支柱产业。近年来，以联宝、三菱捷敏、宝龙达为代表的电子信息，以杰事杰、铜冠、库尔兹为代表的新材料，以远大、宇辉、西伟德等为代表的住宅产业化，以赛真拜通、天麦科技、尼普洛为代表的生物医药及医疗器械等四大新兴产业强劲勃发。和谐开发区建设成果凸显。基本完成“住房、就业”两个安置，建立了居民基本生活和基本医疗保障体系，为被征地农民建立起“老有所养，少有所学，壮有所为，病有所医、住有所居”的多重社会保障和服务体系，构建新型城市社区管理体制，有效解决“三农”问题，此做法被国家商务部誉为“合肥经开区模式”，并向全国推广。综合投资环境不断优化。坚持“大项目立区、高新技术强区、优化环境兴区”的方针，努力构建“投资环境最佳，创业环境最佳，人居环境最佳”的国家级生态工业示范区。成功获得国家新型工业化家电产业示范基地、国家住宅产业化示范基地等国家级荣誉并获准创建国家生态工业示范园区，2012年成功启用合肥出口加工区。

3.合肥出口加工区。2010年7月5日，国务院正式批准设立合肥出口加工区。出口加工区位于经济开发区南部的新港工业园，规划面积1.42平方公里。未来开发区将围绕出口加工区以及派河港建设大港口、大物流、大型制造业和加工贸易业互动发展的新格局。合肥出口加工区规划面积2128亩，拥有加工制造、保税物流、研发、检测和维修等多种功能，享受“境内关外”的政策优势，入驻企业可同时享受海关特殊监管区域和国家级经济技术开发区的优惠政策。

4.合肥新站高新技术产业开发区（原合肥新

站综合开发试验区）。合肥新站高新技术产业开发区（原合肥新站综合开发试验区）位于合肥市城区东北部，是合肥市“1331”空间发展战略的重要组成部分。1992年与合肥新火车站同步开工建设，1995年被安徽省政府正式批准为省级开发区，1996年被国家建设部列为全国首家城市综合开发试点区。新站区自设立以来，先后经历了四次区划调整，辖区面积由6平方公里扩展到204.73平方公里，现辖七里塘、磨店、三十头、瑶海、站北五个社区，户籍人口约40万。伴随着区划调整，新站区推动了多次转型发展：第一次是2003—2006年由商贸流通为主向工业化转型，第二次是从2008年开始由传统工业向战略性新兴产业转型，当前新一次的转型是由单一工业区向产城融合方向发展。

近年来，新站区聚焦“芯屏器合”，全面建设“三城三区一基地”，致力打造“产业新城、生态新城、智慧新城”，建设国家产城融合示范区、国家高新技术产业开发区、国家生态工业示范园区，推进高教基地在2020年实现20所院校、20万在校生的“双20”目标。目前，新站区已先后荣获国内唯一的“新型平板显示国家新型工业化产业示范基地”、全省唯一“新一代信息技术国家科技兴贸创新基地”以及“合肥市承接产业转移集中示范园区”称号，并获批安徽省首批战略性新兴产业集聚发展基地，成为合芜蚌国家战略性新兴产业集聚发展试点工作核心园区。2016年6月14日，获安徽省人民政府批复，正式更名为合肥新站高新技术产业开发区。

量质双优的“产业新城”。围绕新型显示（集成电路）、智能装备制造、新能源、新材料四大主导产业，先后引进了京东方6代线、8.5代线、10.5代线，彩虹、长虹、海润、惠科、中车、欣奕华、力晶等核心项目以及世界500强法液空、住友、康宁等一大批配套项目。目前京东方6代线、鑫晟8.5代线保持较好盈利状态，京东方10.5代线、康宁玻璃基板、力晶12英寸晶圆制造等重大项目顺利开工建设。彩虹、乐凯、国轩高科等企业持续投资扩产，欣奕华、惠科、三利谱、德电、江丰靶材等项目快速推进。奥特莱斯、京商商贸城等具有代表性的商贸项目成功入驻，华润置地、绿地、文一、家天下、力高等知名房地产企业纷纷落地，已形成集多功能、多层次、一站式都市消费于一体的商业商务集群。

宜居宜业的“智慧新城”。以七里塘、陶冲湖、少荃湖、高教基地等四大片区为着力点，实现城市管理精细化、网格化、智能化。水、电、气、热等基础设施系统加速升级，逐步形成“轨道交通+主干道+支线道路”的路网新格局。医疗教育、商务办公、商贸街区等生活性服务配套布点日臻日趋完善，名师名校、名医名院及全民文体活动中心等社会公共服务设施加快引进建设。高教基地已发展成为全省职业教育规模化发展的品牌示范基地，目前入驻院校达19所，在校学生10万多人。

环境优美的“生态新城”。坐拥“三河四湖一渠”，陶冲湖、少荃湖、鹤翔湖、双龙湖四湖交融，滁河干渠、二十埠河、板桥河河湖相连，“三河四湖”规划水域面积达3958公顷。天水公园、站北文化广场、陶冲湖公园、瑶海公园等建设、改造完成，少荃湖湿地公园、坝东公园、铁路公园、二十埠河廊道公园等生态工程正在规划建设。绿化养护、环境保护等工作成效显著，完成“十二五”污水管网工程91公里，陶冲湖污水处理厂正式运营，新站区首个空气质量监测站建成投入使用。

创新发展的“开放平台”。以综保区、国际物流公司为代表的外向型经济发展平台日臻完善。2014年3月17日，国务院正式批准在新站区设立合肥综合保税区，这是安徽省首家综合保税区。2015年3月17日，合肥综保区顺利通过国家联合验收并正式封关运行，全年监管进出口货值3.5亿美元，实现进出口贸易1164万美元。“合新欧”班列实现常态化运行。全区外贸结构已从靠设备进口拉动总量转变成为出口远大于进口，新站区也成为合肥市乃至安徽省重要的外贸增长点。

5.合肥巢湖经开区（简称合巢经开区）。合肥巢湖经开区作为合肥市管四大开发区之一，位于合肥市东南部，是合肥东部发展极和合芜产业带的核心，管辖面积61平方公里（其中：温泉旅游度假区31平方公里），常住人口5万余人

（其中：巢湖学院、合肥职业技术学院在校大学生共3万人）。拥有“中国温泉之乡”“中国合肥安全食品产业示范基地”“中国成长力百强园区”“全国首批实体企业单品电子商务产业孵化基地”“安徽省新型工业化产业示范基地”“安徽省级旅游度假区”“第十届安徽省文明单位”等称号，半汤郁金香高地为国家4A级景区。

交通方便快捷。合巢芜高速、常合高速、合福高铁、商合杭高铁（在建），合肥新桥机场、南京禄口机场，以及巢湖、芜湖、郑蒲等港口，构筑了通江达海的立体交通网络。历史文化悠久。作为有巢氏文化和古巢国历史的核心区域，是古人类的发源地、古文化的发祥地，三国曹操练兵的操兵塘、关公试刀的试刀山，宋代商贾云集的十里长岗，向人们展示着几千年来的文化积淀与历史辉煌。生态资源优越。半汤三面环山、一面临水，拥有中国四大古温泉之一的半汤温泉（水温45℃～62℃，日出水量3700吨），与冷泉相伴相依（常年20℃，日出水量近万吨，属优质偏硅酸矿泉水），自古被誉为“龙凤宝地、九福之地”。同时，按照“望得见山、看得见水、留得住乡愁”的要求，以“古巢国、古温泉、古村落”为目标，加快园林绿化、水环境治理、美丽乡村建设，打造了以郁金香高地、半汤湖公园为核心的休闲旅游度假区，多塘体系和游步道、绿道、徒步道等生态交通体系基本建成，AAAA级景区郁金香高地以其独特的美景吸引着来自省内外的游客，成为全市乃至全省旅游的新热点、新品牌。

产业层次高端。近年来，坚持走科技创新、生态绿色和差异化发展之路，以“面向全国、接轨世界”为目标，来开展招商引资、招才引智，落户了全球首个生物经济实验区、世界第一抗体药生产基地、全国首个安全食品产业示范基地，以及国内一流的高端装备制造产业园、高技术服务业和“双创”基地，正在建设合肥国家综合大科学中心第七大中心、国家燃气轮机产业基地、国家食物营养与健康重大工程中心等一批国家级科学创新平台、工程中心，大健康、高端装备制造、高技术服务业和文化旅游等主导产业已初具规模。“十三五”期间，全力建设成为世界级产业集聚区、接轨世界的开放高地和国际化“双创”基地，打造“实力、活力、魅力”的美丽开发区。

6.合肥庐阳工业园区。合肥庐阳工业园区位于合肥市北部，总规划面积13.53平方公里，南至城市北二环、北至长丰县、东至淮南铁路线、西至蒙城北。合肥庐阳工业区南北长约6.2公里，东西宽约3公里。园区规划选址依“城”贴“区”、交通便捷，距老城区仅6公里。合肥市向北两条快速通道傅阳北和蒙城北路贯穿园区，城市北外环高速公路擦园而过。铁路交通尤其便利，合肥铁路货运北站坐落园区，并且园区内拥有10公里铁路专用线。合肥庐阳工业区处于合肥市“141”发展战略中北部城市组团和打造北部工业带的腹地位置，紧邻国家级合肥新站开发区和省级双凤工业区，有利于产业聚集和开发区之间互动发展。园区于2006年10月20日通过ISO9001质量管理体系认证和ISO14001环境管理体系认证。2006年12月被安徽省印刷集团批准为安徽省唯一一家出版物印刷产业基地。2010年以来合肥庐阳工业区先后荣获“安徽省新型工业化产业示范基地（印刷包装）”“2013年度安徽省专业商标品牌基地（家居装饰）”称号。

7.合肥蜀山新产业园区。合肥蜀山新产业园区2006年4月通过国家发改委的开发区设立审核，经安徽省人民政府批准为省级合肥蜀山经济开发区。开发区地处大蜀山北麓，蜀山湖南岸，合肥科学分院路以西，合肥外环高速公路以东，行政区域面积20平方公里，一期规划面积3.47平方公里，二期规划面积5.49平方公里，是合肥国家科技创新试点市示范区的重要组成部分。长江西路、合宁、合淮阜高速公路交汇贯通，距合肥新桥国际机场仅15公里，至合肥高铁南站仅半小时车程。交通、通讯便捷，物流、信息汇集，蕴藏着无限商机。

开发区山水环绕，绿树成荫，风景秀丽，人杰地灵。南依大蜀山森林公园、北靠蜀山湖（董铺水库），占地4平方公里的四季花海城市公园，犹如一条绿丝带把山湖有机地串联在一起。沿蜀山湖南岸营造600公顷生态林，沿长江西路边建设20米宽的绿化带，开发区整体绿化覆盖率超过50%，正是“园在林中，林在园中”的自然生态园区。2012年5月被商务部评为全国首批国家电子商务示范基地；2012年5月被中国呼叫中心高峰论坛授予2011—2012年度中国最佳呼叫中心基地奖；2013年4月被省经信委评为省两化融合示范区；2013年5月被国家信息中心评为国家唯一的中国呼叫中心产业能力建设管理规范专业园区示范单位；2013年12月被省商务厅评为安徽省服务外包示范区；2014年5月被省教育厅、商务厅评为安徽省高校电子商务人才实训基地；2014年5月被省商务厅评为安徽省电子商务培训基地；2014年10月经省政府同意，合肥海关、省商务厅批准蜀山经济开发区设立安徽首家安徽（蜀山）跨境电子商务产业园；2014年12月，经合肥市海关批准，成立我省第一个海关监管场所。2016年1月合肥以安徽（蜀山）跨境电子商务产业园为支撑，被国务院批准为中国（合肥）跨境电子商务综合试验区。3月，国际邮件互换局获批。国内领先的跨境电商生态圈基本形成。

8.合肥市包河经济开发区。合肥市包河经济开发区前身包河工业区，创建于2002年5月，2006年被省政府批准为省级开发区。开发区范围为东至巢湖南路，南至十五里河，西至合安高速，北至312国道。开发区创建12年以来，先后经历3次扩区，目前行政管辖面积37.33平方公里，今年2月份省政府正式批复面积17.05平方公里。开发区与骆岗街道实行“区街合一”体制，两块牌子，一套人马，分工负责，相互协作，下辖12个社区（村），辖区人口约10万人。开发区管委会负责发展任务，街道办事处负责社会事务。拥有合肥港、骆岗通用航空、地铁1号线和5号线、包河大道高架，紧邻合肥高铁南站、包河大道出入口。区位上风上水，濒临巢湖、南淝河、十五里河，紧邻东大圩国家4A级旅游景区，拥有淝河公园、繁华公园。

包河经开区先后获得“国家新型工业化产业示范基地、国家科技兴贸创新基地、国家电子商务示范园区、全国首批青年创业示范园、省级两化融合示范园区、省级投资环境十佳开发区、省级服务外包示范园区、省级物流园集聚区、省级青年电子商务园区、省级创新型园区、省知识产权培育示范园区”等10多个省级以上的荣誉称号。

9.安徽长丰双凤经济开发区。安徽长丰双凤经济开发区成立于1993年，是长丰县域经济的龙头，也是合肥市“1331”空间发展战略北部组团的重要组成部分。行政管辖区域总面积50平方公里，现辖十个社区，常住人口12.8万人。开发区位于合肥北二环和外三环之间，蒙城北路、阜阳北路、淮南北路等三条城市一级主干道与市区无缝对接，通过三环高速直接连接合徐、合宁、合芜、合六、合安、合淮阜等高速，到新桥机场仅需15分钟，高铁客运北站和北站货场紧邻开发区，阜阳北路高架直达开发区。开发区分为三大功能板块：蒙城北路以西，依托万亩生态保护区建设体验式休闲、旅游观光综合利用区；蒙城北路、双凤大道沿线，建设高档房产、高端服务和现代化商务办公区；铁路沿线及以东区域，建设新型工业化集聚区。

经过多年的努力与发展，开发区已初步形成了节能环保、家电及配件、食品及农副产品深加工、汽车及机械加工等四大主导产业。开发区坚持把企业作为创新转型的立足点，在扶持企业壮大规模的同时，始终坚持狠抓企业科技水平和质量培育。我区是全省首家高新技术产业园区，也是安徽省新型工业化产业示范基地和安徽省信息化与工业化融合示范区，以此为抓手，开发区加大政策引导扶持力度，拉高标杆，由点及面，扩大示范带动效应。目前已形成国家级高新技术企业47家，省级品牌示范企业和省级两化融合示范企业各4家，企业技术中心18个，企业工程技术研究中心20个，博士后工作站2个，省级院士工作站、重点实验室各1个，中国驰名商标3个，安徽省著名商标28个，安徽省名牌产品18个，安徽省质量奖6个。

10.肥东经济开发区。肥东经济开发区于2002年9月启动建设，2005年经安徽省政府批准为省级开发区，2013年12月省政府下发《关于同意安徽肥东经济开发区扩区的批复》（皖政秘〔2013〕251号），肥东经济开发区由原来的7平方公里扩大至14.26平方公里（至2020年）。截至目前，园区建成面积已达12平方公里。开发区位于合肥市瑶海区与肥东县城店埠镇之间。目前，辖5个社区，建有商业小区及拆迁安置小区14个，常住人口51125人，其中农业人口12465人，区内从业人员38857人，工业企业从业人员32554人，城镇化率达75.7%。

建区12年来，开发区累计建成道路总里程达51.6公里，其中包公大道、临泉东路、新安江路东段、长江东路四条主干道（均为双向八车道）直达市区，与合肥市无缝对接，并有5条城市公交线路连通市内，未来的合肥市地铁2号线将经过园区。通过12年的发展壮大，开发区形成了以食品及农副产品深加工、机械装备制造、家电制造为支柱的先进制造业发展体系。先后获得“全国第二批农产品加工创业基地”“首批国家农业产业化示范基地”“安徽省农业产业化农产品加工示范园区”“安徽省首批农业产业化示范区”“安徽省新型工业化产业示范基地”“安徽省两化融合示范园区”“安徽省产城一体试点园区”等荣誉称号。如今的肥东经开区已建设成为肥东县域工业的聚集区、制造加工业的配套区、新型的物流商贸区和建设发展中的新城区，形成产城一体协同发展的良好格局。

11.安徽合肥商贸物流开发区。安徽合肥商贸物流开发区位于肥东县，2010年经省人民政府批准设立，是安徽省唯一以商贸物流业为主导产业的省级开发区。开发区成立以来，以不断加快转变物流发展方式为主线，紧抓全国示范物流园区成功申报的历史机遇，坚持世界眼光、国际标准，发挥本土优势，以市场需求为导向，以先进技术为支撑，加快构建以陆路为主、辅以铁路、水运、空运的物流体系。同时，该开发区不断优化开发区发展布局，突出绿色食品、日用商品、建筑装饰材料、工程机械、工业原料、快递物流六大专业物流集聚区建设，加强物流品牌主体培育，积极营造有利于商贸物流业发展的政策环境，坚持以优质高效的物流服务促进商贸、会展、金融、商务等产业发展，致力把开发区打造成为立足合肥、服务安徽、辐射全国的现代商贸物流中心。

12.安徽肥西桃花工业园区。安徽肥西桃花工业园区成立于1991年，规划面积41平方公里，建成面积23平方公里，基本形成汽车、家电、机械装备、新型材料及生物医药等5大产业集群。配套功能齐全。园区路、水、电、气、污等基础设施与国家级开发区全面对接。标准化厂房、商务办公楼、学校、市场等配套设施齐全，与大学城、众多科研机构相邻，内设科技孵化器、人力资源市场等。2011年获批合肥国家级“两化融合”试验区示范园区，自主培育安利股份上市。2012年在全省首家发行8亿元企业债券，获批省创新型园区，引进华南城、TCL等大项目。

13.安徽巢湖富煌工业园。安徽巢湖富煌工业园位于巢湖市黄麓镇。2006年5月被省政府批准为省级开发区（工业园区），批准规划面积2.05平方公里。

14.安徽居巢经济开发区。安徽居巢经济开发区起步区坐落在旗山脚下、裕溪河畔，临港而建，2010年8月经省政府批准筹建为省级开发区，并更名为安徽居巢经济开发区。目前，经开区形成了南北片区的格局，南区将做优食品产业，发展装备制造产业，培育文化创意产业；北区重点发展镁基轻质合金材料产业。

15.安徽庐江经济开发区。2006年2月经安徽省人民政府批准设立安徽庐江经济开发区为省级开发区。区内合铜公路、军二路穿区而过，合铜黄高速在开发区西侧设有南北两个出口（军铺及庐江南道口），我省的引江济淮、合安九高铁工程也在开发区西侧如火如荼地展开。目前，开发区起步区基础设施建设已累计投入达8.5亿元，完成5平方公里范围内的征地拆迁和安置工作,其中5平方公里区域内完成道路10公里路网、供电、排水等基础设施完善，绿化、亮化已同步到位。

16.安徽庐江龙桥工业园区。安徽庐江龙桥工业园区是安徽省人民政府2010年10月批准成立的省级工业园区（筹建），位于合肥市庐江县龙桥镇境内。园区自成立以来，加大基础设施建设，完善配套功能。目前已完成了长3.8公里的工业园区硫基化工大道、1.8公里的园区主干道纬一路、800米长园区支路沈圩路工程、日供水10000吨的水厂建设。正在建设的项目有滨河路（6.8km）、经三路（2.6km）和纬一路二期（1.2km）、年吞吐量为450万吨的西河码头、日处理5万吨工业污水处理厂、220kV变电站等。

附：合肥安徽省开发区年度情况表一

开发区	年度	一、开发区占地面积	二、开发区已建成面积	其中:工业用地面积	其中:当年新增工业用地面积	三、全区经营（销售）收入	其中：规模以上工业销售收入	资质以内建筑业经营收入	房地产业经营收入	规模以上服务业企业销售（经营）收入	其中：主导产业经营(销售)收入
合肥	2014	674.42	276.77	138.8666	10.0796	97124005	60974889	7985095.3	3696083	4842889	45638300
合肥高新技术产业开发区	2014	128.32	54.3	26.5	1.2	19839751	11320530	2075061	681680	2357460	7710168
合肥经济技术开发区	2014	35.5	35.5	15.62		34671515	24037025	2517192	602415	501790	17594547
合肥出口加工区	2014										
合肥新站综合开发试验区	2014	204.73	58.7	22.0656	3.7136	9459780	5836880	1113227	397553	60976	4250923
安徽巢湖经济开发区	2014	61	18.52	7.434	0.857	1050000	672500	15347	52914	21842	335197
合肥庐阳工业园区	2014	11.92	9.67	5.13	0.06	3206623	1270118	284516	222964	36764	2120676
合肥蜀山经济开发区	2014	11.4	10.17	5		2843080	717644	11491.2	252082	666683	1545736
合肥包河工业园区	2014	37.33	15.09	6.447	0.179	5508808	1982276	895027	292850	941857	1347947
安徽长丰双凤经济开发区	2014	42.99	32.09	19.57	1.29	5785551	4679993	137480	609194	163722	3089001
安徽肥东经济开发区	2014	15.05	12.2	8.05	0.25	5577358	3614089	471703.8	327025	5203	2504270
安徽合肥商贸物流开发区	2014	55	7.12	3.42	0.5	2605272	1724059	122549	42670	31608	672251
安徽肥西桃花工业园区	2014	19.1	9.57	9.26	1.26	5089705	3946875	285265	144561	48260	3381726
安徽巢湖富煌工业园区	2014	2	1.79	1.32		617990	609775		2459		604320
安徽居巢经济开发区	2014	6.08	2.76	1.86	0.06	371057	207475		34099		192615
安徽庐江经济开发区	2014	20	5.69	3.89	0.31	397985	265151	53268.3	33617	2361	198424
安徽庐江龙桥工业园区	2014	24	3.6	3.3	0.4	99530	90499	2968		4363	90499
合肥	2015	752.55	313.8068	163.977	11.706	109534347.2	69185061.4	8075853.5	3760596	6503006.9	51382412
1.合肥高新技术产业开发区	2015	128.32	57.6	27.8	1.3	22463829	13100439	2394337	935448	2527166	9450688
2.合肥经济技术开发区	2015	35.5	35.5	19.2		38165942	26732809	2490110	825921	556134	19124795
3.合肥出口加工区	2015										
4.合肥新站综合开发试验区	2015	204.73	63.7	24.34	2.27	10440531	6909213	1170157	470518	73690	5145910
5.安徽巢湖经济开发区	2015	61	19.87	8.134	0.7	1150000	764039	15479	42037	41433	313603
6.合肥庐阳工业园区	2015	11.92	9.7	5.14	0.01	2722027	1442424	2341	188752	98380	1689776
7.合肥蜀山经济开发区	2015	11.4	10.17	5		4803547	702980	15690.1	118290	1790526	2585731
8.合肥包河工业园区	2015	37.33	15.3168	6.633	0.186	6505129	1996854	896650	228281	1060228	1451498
9.安徽长丰双凤经济开发区	2015	42.99	32.9	20.1	0.53	6629819	5501751	139530	546065	208909	2479512
10.安徽肥东经济开发区	2015	15.05	12.5	8.19	0.14	6154827	4044451	477076.9	250352	6650.8	3025580
11.安徽合肥商贸物流开发区	2015	55	7.75	3.72	0.3	2905922	1960283	123026	41250	44354	759054
12.安徽肥西桃花工业园区	2015	97	31.5	22.12	3.04	5852497	4621013	277195.5	30765	87515.1	4062122
13.安徽巢湖富煌工业园区	2015	2	1.79	1.32		691215	686402		2893		686402
14.安徽居巢经济开发区	2015	6.08	5.15	4.02	2.16	456446	283512		26836		263071
15.安徽庐江经济开发区	2015	20.23	6.2	4.4	0.51	488659.2	345156.4	71016	51718	2514	250935
16.安徽庐江龙桥工业园区	2015	24	4.16	3.86	0.56	103957	93735	3245	1470	5507	93735

其中：主导产业一	主导产业二	主导产业三	四、工业总产值	其中：规模以上工业总产值	其中：高新技术产业产值	五、第二产业增加值	其中：工业增加值	其中：规模以上工业增加值	六、第三产业增加值	其中：现代服务业增加值	七、进出口总额	出口额
28298490	9344059	7995751	64281252	61780121	33810382	17845917.7	16355733.7	15250500	4792709	3725081	1006069	591083
6263850	749943	696375	10559185	10259185	7104686	3529622	3231637	3009480	913735	793332	165981	105794
10649563	2360876	4584108	24602929	24602929	13284710	6614397	6136688	5824511	1054049	1054049	445955	268455
1917655	1829365	503903	6575242	6155242	4715333	1694075	1419616	1419616	400999	341904	240478	81268
140550	102466	92181	750000	722309	243078	180933	177180	166769	74527	46561	11000	9500
1429025	459255	232396	1667979	1587647	434278	478923	433579	405369	7843	5431	16100	16100
830224	607758	107754	832775	736576	475520	366931	366931	197158	542683	486988	4883	4468
1051399	194027	102521	2088023	2007716	1425477	501126	486092	461787	409563	409563	28000	17278
1422479	1107772	558750	5468621	4849758	1285956	1346276	1315642	1169075	231726	162208	19755	18143
1019781	1113710	370779	4174456	3807496	1472123	1174630	951776	899703	464860	233426	8584	8216
198297	239902	234052	2031707	1787887	462517	539178	504716	443320	361962	176228	854	254
2462569	475371	443786	4218663	4068943	2766495	1061578	997892	960271	268703	5588	43067	41091
595438	4077	4805	622996	617886	14185	150229	149519	149124	2056	2012	5419	5419
163666	18184	10765	258803	207336	20714	64699.7	64699.7	40926	26450		8714	7978
63495	81353	53576	337803	277843	105310	108375	85416	69187	32462	7791	7279	7119
90499			92070	91368		34945	34350	34204	1091			
32294776.8	10667915	8419720.2	73223797	69863165.4	40354076	19386784.6	18013473.6	16925770.6	5642183	4567832	1116636	751821
7453101	1351135	646452	12349592	11692594	8301742	3887119	3557942	3300046	1168581	1013952	236260	167990
11714519	2596963	4813313	27166310	27166310	16945999	6973045	6706136	6418444	1148920	1148920	474580	295040
2844671	1704172	597067	7922000	7502000	5364450	1877881	1609872	1609872	406608	355383	242767	147474
114178	106993	92432	851210	828593	214992	204520	201210	195142	79047	49822	12933	11236
990130	470736	228910	1688018	1563994	435998	451380	406057	352848	12391	8578	13400	13400
1342551	1125340	117840	888166	710532.9	522062	306003	244853	195883	787149	787149	30058	27761
1142371	201788	107339	2186160	2019274	1334436	518665	503105	467176	503762	503762	29000	18701
1154262	789200	536050	6542055	5822429	1615729	1603489	1563551	1397382	322468	225728	25006	22911
1265586	1354621	405373	4789250	4285447	1654251	1325841	1096782	989846	448237	236515	7116	6611
194796	283186	281072	2289064	2037327	531898	599706	567951	505193	419885	221342	1836	1243
3017699	562282	482141	4990674	4813555	3340161	1230285	1156468	1135999	292292	7078	28604	25312
679202	4620	2580	697140	695436	15843	166920	166617	166287	2206	2152	5789	5789
217286	23096	22689	339349	265223	20267	84835.6	84835.6	66304	17993		2726	1990
70689.8	93783	86462.2	428571	364212.5	56248	121051	112050	89304.6	31213	7451	6561	6363
93735			96238	96238		36044	36044	36044	1431			

开发区	年度	进口额	八、税收财政收入情况	1.税收总额	2.财政收入	其中：土地收入	九、固定资产投资总额	其中：工业投资	基础设施投资	其中：财政投入
合肥	2014	414986		2788384.3	4456510.8	1521731.76	23968828	13888582	2227868	1266932
合肥高新技术产业开发区	2014	60187		762086	1100519	311485	3750426	2205839	734347	440608
合肥经济技术开发区	2014	177500		941755	1408608	367565	5115766	2804120	245195	130700
合肥出口加工区	2014									
合肥新站综合开发试验区	2014	159210		197327	668294	425774	2800969	1644039	183777	
安徽巢湖经济开发区	2014	1500		39337	45353		932055	605745	138500	138500
合肥庐阳工业园区	2014			58516	91807	32634	888534	468877	57837	25511
合肥蜀山经济开发区	2014	415		90312	90926	524	1095462	435451	143280	12000
合肥包河工业园区	2014	10722		147710	206325	58615	1613201	801231	271970	205217
安徽长丰双凤经济开发区	2014	1612		127357	214749	87392	2486869	1512011	103680	60680
安徽肥东经济开发区	2014	368		78400	220852	135126	1437213	1031855	98590	98590
安徽合肥商贸物流开发区	2014	600		39407	39715	39431	609947	318811	86149	54283
安徽肥西桃花工业园区	2014	1976		265010	307796	42786	2187496	1272750	34755	34755
安徽巢湖富煌工业园区	2014			4366	4366		159032	88210	15140	15140
安徽居巢经济开发区	2014	736		11449	13684.8	2235.76	303777	250498	33548	33548
安徽庐江经济开发区	2014	160		11592.3	29756	18164	457991	335055	65100	1400
安徽庐江龙桥工业园区	2014			13760	13760		130090	114090	16000	16000
合肥	2015	364815		3002098.8	5062421.3	1938076.7	25445106	14117577	2374738	1351264
1.合肥高新技术产业开发区	2015	68270		797523	1426246	605990	4152976	2362557	384551	230730
2.合肥经济技术开发区	2015	179540		1026030	1521290	408570	5670654	3005339	268720	143270
3.合肥出口加工区	2015									
4.合肥新站综合开发试验区	2015	95293		236095	902301	613611	3200070	1828636	308261	
5.安徽巢湖经济开发区	2015	1697		43875	48217	1140	1210628	705000	322490	322490
6.合肥庐阳工业园区	2015			62808	98858	36050	906342	475660	73948	28026
7.合肥蜀山经济开发区	2015	2297		96452	103520	6868	1307960	450675	153325	13000
8.合肥包河工业园区	2015	10299		166732	225513	58781	1721550	780542	353261	220341
9.安徽长丰双凤经济开发区	2015	2095		135534	195552	60018	2001638	1036293	90545	50545
10.安徽肥东经济开发区	2015	505		64719	73169	6101.9	1394893	970587	106542	106542
11.安徽合肥商贸物流开发区	2015	593		45811	39026	38737	734819	381463	88953	66259
12.安徽肥西桃花工业园区	2015	3292		281527	365764	84237	1942482	1285893	97530	97530
13.安徽巢湖富煌工业园区	2015			7891	7891		19800	14600		
14.安徽居巢经济开发区	2015	736		11558	14217	2659.3	461056	293013	10650	10650
15.安徽庐江经济开发区	2015	198		14288.8	29602.3	15313.5	543479	386522	80000	25919
16.安徽庐江龙桥工业园区	2015			11255	11255		176759	140797	35962	35962

银行贷款	十、利用外商直接投资情况	1.新批进区外商投资企业	2.合同外资金额	3.当年实际利用外商直接投资额	十一、利用省外境内资金情况	1.当年新批进区省外境内项目	2.在建省外境内投资项目个数	其中：亿元以上省外境内投资项目个数	3.在建省外境内投资项目总投资额	其中：亿元以上省外境内投资项目投资总额	4.当年实际利用省外境内资金额	其中：亿元以上项目到位省外境内资金额	十二、专利申请授权情况	1.专利申请量	2.专利授权量
489018		41		135178		474	528	360	33975494	31991026	15154826	12891457		15359	8794
293739		11		42046		36	95	83	6655048	6533055	2342768	2245172		4924	2501
		12		42019		34	47	27	1645000	1604255	1696331	1654122		2898	1472
		3		12015		28	91	16	6788462	6058677	2694287	1990785		1640	587
		1		8503		70	43	26	2472000	2472000	1406400	1406400		108	60
21886		4				26	6	5	660000	620000	516000	507000		492	331
33524				3014		59	38	25	1266854	1035545	735264	303247		744	684
54100		5		4000		74	22	16	4258000	3950600	1258000	1188000		1270	851
43000		1		4446		61	36	27	2725265	2302769	1126701	566327		695	592
				6300		4	40	32	2324566	2324566	731840	731840		428	229
16226				444		11	20	20	844319	844319	288287	288287		162	55
				7157		32	52	50	3076454	3076454	1290300	1060000		1761	1288
						7	6	3	146974	65624	82950	60250		34	26
				2000		6	9	9	477000	477000	440340	440340		53	16
26543		4		3234		24	18	16	449053	439663	434868	339197		150	102
						2	5	5	186499	186499	110490	110490			
407755		60		159713		669	678	424	44403993	35785004	15854762	14156363		20270	12515
153821		22		45005		42	117	88	7076034	6937929	2107622	2024844		6749	3712
		18		45001		33	53	39	2018675	1990100	1857720	1723000		3931	2119
		4		13000		170	159	16	13979000	6926577	2979165	2679409		1855	747
		1		10500		37	57	52	3218500	3182500	1706490	1670490		349	130
45922		2				27	8	7	690580	685580	690580	685580		523	347
32587				5066		61	46	35	1300612	1076352	575583	235411		751	694
80524		7		7711		165	44	27	5360000	4850000	1296000	1025000		1165	864
40000		1		6480		58	39	30	2834225	2353518	1008952	690059		830	689
				10000		5	38	35	2211814	2165247	802602	794102		753	293
16901				1000		15	22	22	928819	928819	343675	343675		324	97
				8314		25	47	32	2801634	2758982	1380000	1280000		2814	2678
						3	2	2	51000	51000	39200	39200		54	26
		2		3016		5	19	19	734200	734200	431676	431676		23	11
38000		3		4620		22	22	15	494700	440000	494700	393120		149	108
						1	5	5	704200	704200	140797	140797			

附：合肥安徽省开发区年度情况表二

开发区	年度	一、开发区入区企业个数	其中：高新技术企业个数	其中：工业企业个数	其中：规模以上工业企业个数	其中：资质以内建筑业企业个数	其中：限额以上服务业企业个数	其中：出口型企业个数	其中：上海来皖投资企业个数	其中：浙江来皖投资企业个数	其中：江苏来皖投资企业个数
合肥	2014	26204	869	7470	1408	190	285	702	266	329	292
合肥高新技术产业开发区	2014	8071	365	2130	173	56	111	280	30	56	34
合肥经济技术开发区	2014	5692	85	917	239	28	51	119	36	15	21
合肥出口加工区	2014										
合肥新站综合开发试验区	2014	5088	38	841	130	21	16	49			
安徽巢湖经济开发区	2014	221	6	132	45	3	5	53	3	6	11
合肥庐阳工业园区	2014	1210	27	299	69	9	5	18	7	1	4
合肥蜀山经济开发区	2014	854	152	213	53	3	10	15	74	68	70
合肥包河工业园区	2014	1379	39	333	86	21	43	43	32	19	15
安徽长丰双凤经济开发区	2014	640	41	566	214	12	10	49	22	70	31
安徽肥东经济开发区	2014	1151	28	867	140	12	9	26	29	38	63
安徽合肥商贸物流开发区	2014	603	27	325	52	7	9	8	16	21	14
安徽肥西桃花工业园区	2014	938	47	610	147	11	11	19	4	14	7
安徽巢湖富煌工业园区	2014	21	4	19	4	1		2	1	1	
安徽居巢经济开发区	2014	153	2	66	13			4	1	2	
安徽庐江经济开发区	2014	161	7	137	40	5	2	17	11	18	20
安徽庐江龙桥工业园区	2014	22	1	15	3	1	3				2
合肥	2015	33605	1051	8644	1461	191	384	732	287	366	322
1. 合肥高新技术产业开发区	2015	9972	460	2733	179	57	139	342	39	62	38
2. 合肥经济技术开发区	2015	7210	80	1026	237	21	82	93	29	16	18
3. 合肥出口加工区	2015										
4. 合肥新站综合开发试验区	2015	6785	52	981	131	25	22	45			
5. 安徽巢湖经济开发区	2015	236	7	141	42	3	7	16		2	7
6. 合肥庐阳工业园区	2015	1239	29	348	69	9	10	20	9	3	5
7. 合肥蜀山经济开发区	2015	1026	197	206	50	3	21	20	78	78	80
8. 合肥包河工业园区	2015	2802	39	437	88	23	55	37	37	19	15
9. 安徽长丰双凤经济开发区	2015	686	47	618	233	12	10	54	25	78	38
10. 安徽肥东经济开发区	2015	1326	27	903	145	12	11	35	33	47	71
11. 安徽合肥商贸物流开发区	2015	752	45	375	61	7	8	9	19	24	15
12. 安徽肥西桃花工业园区	2015	1190	52	623	161	11	13	36	5	16	8
13. 安徽巢湖富煌工业园区	2015	21	4	19	4	1		1	1	1	1
14. 安徽居巢经济开发区	2015	155	2	68	13		1	6	1	1	1
15. 安徽庐江经济开发区	2015	181	9	149	45	6	2	18	11	19	23
16. 安徽庐江龙桥工业园区	2015	24	1	17	3	1	3				2

二、全区总人口	其中：农业人口	三、全区从业人员	其中：工业企业从业人员	其中：规模以上工业企业从业人员	其中：具有大专以上学历人员	其中：具有高、中级职称人员	其中：研究与试验发展(R&D)人员	四、全区从业人员工资总额
1221222	450018	838229	593918	434291	288423	81605	43081	3672959
87090	23318	159942	95000	84051	44784	19193	12795	795691
444609	188722	179051	140225	130511	80337	27041	13527	785904
146080	89809	134164	69635	52206	39593	11543	2261	547427
48900	23985	16823	8795	6954	2708	303	182	42556
42038	1993	28534	22395	19974	5013	695	1903	121513
60334	1874	25474	8433	5433	21854	6073	2057	89287
88468	14850	46849	39190	22723	37950	3005	3701	310500
105932	15380	55304	51496	42741	15772	2559	2310	265442
53257	10152	39864	34167	20509	10857	1523	342	118197
52105	32316	15401	6324	3682	2273	526	262	56786
47375	20550	109752	95645	30223	19146	7903	2681	439608
7920	3210	7020	6350	6045	3520	185	582	44650
		4762	3876	2383	1588	89	31	14600
11035	2985	10811	8517	5560	2416	850	407	29553
26079	20874	4478	3870	1296	612	117	40	11245
1354706	319717	924036	621788	450943	310235	85160	50135	3943881
87918	1538	187511	102301	91613	46841	19871	17931	859000
518915	72362	183000	138500	128900	82108	27638	13926	789200
160658	88167	153228	73790	49830	45219	13183	2610	599432
41000	24400	18944	9904	7433	2894	323	195	49919
44139	1584	29966	22071	20666	6281	738	2012	131851
62542	1778	33650	8228	5247	31854	7885	2866	117942
88794	14133	66652	55422	31590	42258	3801	4201	326025
106779	15503	58323	54404	45360	16598	2680	2760	335918
54062	9874	40265	34362	20953	11263	1548	381	132454
52742	32243	17312	6589	3792	2465	538	273	67248
87159	29127	107510	93534	29931	13958	5683	1883	433453
7790	3100	6810	6250	5952	3590	198	613	43540
		4928	3409	2636	1753	94	35	15147
15552	5110	10951	8667	5700	2500	859	408	29607
26656	20798	4986	4357	1340	653	121	41	13145

附：2014年1—12月合肥市开发区（工业园区）有关情况统计表

序号	开发园区名称	招商引资情况							
		内资项目	外资项目	实际利用省外内资			实际利用外资（万美元）		
				完成数量	去年同期	同比增长(%)	完成数量	去年同期	同比增长(%)
1	高新技术开发区	117	11	234.28	216.84	8.04	42046	40042	5
2	经济技术开发区	104	17	169.63	154.66	9.68	42019	42008.00	0.03
3	新站综合开发区	4	0	269.43	218.19	23.48	12015	10039.00	19.68
4	巢湖经济开发区	70	6	140.64	122.50	14.81	8503	7005.00	23.7
5	包河工业园区	74	5	125.8	109.34	15.05	8530	7084.00	20.41
6	庐阳工业园区	26	4	51.6	44.80	15.18	0	1568.00	—
7	蜀山新产业园区	59	2	73.53	91.61	-19.74	3014	4677.00	-35.56
8	肥东经济开发区	7	0	73.18	60.83	20.3	6300	570.00	1005.26
9	龙岗经济开发区	4	0	32	27.47	16.49	0	800.00	—
10	双凤经济开发区	61	1	112.67	132.74	-15.12	4446	1355.00	228.12
11	桃花工业园区	32	0	129.03	108.01	19.46	7157	6913.00	3.53
12	合肥商贸物流园	20	1	28.83	25.31	13.91	444	750.00	-40.8
13	巢湖富煌工业园区	9	0	8.3	8.64	-3.94	0	0.00	—
14	居巢经济开发区	15	0	44.03	31.60	39.34	2000	3000.00	-33.33
15	庐江经济开发区	24	4	43.49	38.65	12.52	3234	4299.00	-24.77
16	庐江龙桥工业园	5	0	11.05	9.04	22.23	0	0.00	—
	合计	631	51	1547.49	1400.23	10.52	139708	130110.00	7.38

注:1.此表根据各开发园区提供数字进行统计。2.“同比增长”栏“—”表示去年同期数为零。

续表

序号	开发园区名称	主要经济指标情况						
		生产总值			工业总产值	工业增加值		
		完成数量	去年同期	同比增长(%)		完成数量	去年同期	同比增长(%)
1	高新技术开发区	444.7	397.40	11.9	1055.92	323.16	281.78	14.69
2	经济技术开发区	740	660.80	11.99	2460.29	613.67	555.48	10.48
3	新站综合开发区	210.11	185.67	13.16	664.81	159.15	134.45	18.37
4	巢湖经济开发区	20.4	12.60	61.9	75	15.91	13.43	18.47
5	包河工业园区	101.46	96.31	5.35	208.8	48.61	58.93	-17.51
6	庐阳工业园区	59.53	55.27	7.71	166.8	43.36	41.32	4.94
7	蜀山新产业园区	102	79.50	28.3	83.28	36.69	48.17	-23.83
8	肥东经济开发区	164.95	145.25	13.56	417.45	95.18	79.50	19.72
9	龙岗经济开发区	25.67	23.13	10.98	13.2	2.9	5.02	-42.23
10	双凤经济开发区	157.8	143.33	10.1	546.86	131.56	118.16	11.34
11	桃花工业园区	157.33	137.47	14.45	417.61	87.45	86.02	1.66
12	合肥商贸物流园	95.53	81.27	17.55	203.17	50.47	41.75	20.89
13	巢湖富煌工业园区	62.69	55.97	12.01	62.3	14.95	13.95	7.17
14	居巢经济开发区	9.11	10.31	-11.64	25.88	6.47	8.04	-19.53
15	庐江经济开发区	9.14	8.20	11.46	33.78	8.54	7.72	10.62
16	庐江龙桥工业园	3.62	4.83	-25.05	9.21	3.44	4.54	-24.23
	合计	2364.04	2097.31	12.72	6444.36	1641.51	1498.26	9.56

续表

序号	开发园区名称	主要经济指标情况					
		税收收入			固定资产投资		
		完成数量	去年同期	同比增长(%)	完成数量	去年同期	同比增长(%)
1	高新技术开发区	76.21	50.37	51.3	375.04	330.62	13.44
2	经济技术开发区	94.18	87.27	7.92	511.58	447.45	14.33
3	新站综合开发区	19.73	14.71	34.13	280.1	247.85	13.01
4	巢湖经济开发区	3.93	3.74	5.08	93.21	70.69	31.86
5	包河工业园区	14.77	12.81	15.3	161.32	139.17	15.92
6	庐阳工业园区	5.85	5.29	10.59	88.85	72.67	22.27
7	蜀山新产业园区	9.03	5.74	57.32	109.55	99.68	9.9
8	肥东经济开发区	7.84	7.01	11.84	143.72	124.07	15.84
9	龙岗经济开发区	3.53	4.20	-15.95	75.61	57.06	32.51
10	双凤经济开发区	12.74	15.97	-20.23	248.69	238.13	4.43
11	桃花工业园区	26.5	22.16	19.58	218.75	131.72	66.07
12	合肥商贸物流园	3.94	3.79	3.96	60.99	47.60	28.13
13	巢湖富煌工业园区	0.44	0.42	4.76	15.9	8.66	83.6
14	居巢经济开发区	1.14	1.03	10.68	30.38	18.71	62.37
15	庐江经济开发区	1.16	1.02	13.73	45.8	37.90	20.84
16	庐江龙桥工业园	1.38	1.91	-27.75	13.01	12.01	8.33
	合计	282.37	237.44	18.92	2472.5	2083.99	18.64

附：2015年1—12月合肥市开发区（工业园区）有关情况统计表

序号	开发园区名称	招商引资情况							
		内资项目	外资项目	实际利用省外内资			实际利用外资（万美元）		
				完成数量	去年同期	同比增长(%)	完成数量	去年同期	同比增长(%)
1	高新技术开发区	117	42	211	234	-10.04	45005	42046	7.03
2	经济技术开发区	183	21	203.5	169.6	19.9	47106	47001	0.22
3	新站综合开发区	0	0	297.92	260.42	14.4	13042	12015	8.55
4	合巢经济开发区	31	1	172.25	148.9	19	10585	8499	24.53
5	包河经济开发区	39	15	150.4	125.8	19.55	6250	4000	56.2
6	庐阳工业园区	27	2	68.56	51.6	32.8	2200	3640	—
7	蜀山经济开发区	35	0	75.05	73.5	2	3400	3014	13
8	肥东经济开发区	5	0	80.26	73.18	9.7	10000	6300	58.7
9	双凤经济开发区	35	1	100.89	112.67	-10.46	5863	4446	31.87
10	肥西桃花工业园	71	0	138	129.03	6.95	7780	7157	8.7
11	合肥商贸物流园	15	1	34.37	28.83	19.22	1000	444	125.23
12	巢湖富煌工业园区	8	0	9.02	8.3	8.67	0	0	—
13	居巢经济开发区	19	2	73.42	47.7	56.02	3016	0.2	50.8
14	庐江经济开发区	22	3	49.47	45.5	8.7	4420	3260	35.6
15	庐江龙桥工业园	1	0	14	11.05	26.69	0	0	—
	合计	608	88	1677.87	1520.36	10.4	159667	141822	12.58

注:1.此表根据各开发园区提供数字进行统计,部分数据为预估数据，仅供参考。

2.“同比增长”栏“—”表示去年同期数为零。

续表

序号	开发园区名称	生产总值			工业总产值	工业增加值		
		完成数量	去年同期	同比增长(%)		完成数量	去年同期	同比增长(%)
1	高新技术开发区	506	456.67	11.2	1234.96	355.79	323.1637	10.09
2	经济技术开发区	819.6	740	11.6	2757.9	660	588	12.3
3	新站综合开发区	232.4	211.2	14	792.2	161.98	141.9616	18.8
4	合巢经济开发区	26.2	15.9	14.5	82.2	21.1	18.90	13.4
5	包河经济开发区	95.5	91.2	4.7	208.8	50.54	48.6	4
6	庐阳工业园区	59.8	59.53	0.1	168.8	45.13	44.30	1.8
7	蜀山经济开发区	110	102.2	7.6	87.85	26.4	36.7	-28.1
8	肥东经济开发区	208	194	7.5	478.93	109.68	95.1776	15.23
9	双凤经济开发区	192.6	157.8	22.1	654.2	156.36	131.56	18.85
10	肥西桃花工业园	173.28	146.48	18.3	499.07	115.65	87.6	32.02
11	合肥商贸物流园	110.12	97.33	13.14	228.91	56.8	50.47	12.54
12	巢湖富煌工业园区	69.9	62.69	11.5	69.71	16.31	14.95	9.1
13	居巢经济开发区	45.64	37.11	18.71	33.93	8.48	6.47	31.07
14	庐江经济开发区	12.4	9.31	33.2	35.7	12.1	8.5	42.3
15	庐江龙桥工业园	3.03	3.6	-15.8	9.62	2.89	3.43	-15.7
	合计	2664.88	2384.97	11.74	7342.78	1799.21	1599.78	12.5

续表

序号	开发园区名称	税收收入			固定资产投资		
		完成数量	去年同期	同比增长(%)	完成数量	去年同期	同比增长(%)
1	高新技术开发区	80	76	4.7	415.3	375.0426	10.73
2	经济技术开发区	120	101	18.8	567.1	504.1	12.5
3	新站综合开发区	23.61	19.73	19.7	320.01	276.0206	15.9
4	合巢经济开发区	4.82	4.30	12.1	121.1	93.20	32
5	包河经济开发区	18	14.70	22.4	172	163	7.5
6	庐阳工业园区	6.28	5.85	6.8	90.63	88.85	2
7	蜀山经济开发区	9.6	9.03	6.3	130.6	109.5	19.3
8	肥东经济开发区	6.47	7.84	-17.5	140.45	143.7213	-2.28
9	双凤经济开发区	13.55	12.74	6.4	200.16	248.69	-19.5
10	肥西桃花工业园	28.15	26.50	6.23	182.81	218.75	-16.43
11	合肥商贸物流园	4.58	3.94	16.24	73.48	60.99	20.48
12	巢湖富煌工业园区	0.79	0.61	29.5	10.78	15.9	-32.2
13	居巢经济开发区	1.16	1.14	1.75	46.1	30.4	51.6
14	庐江经济开发区	1.43	1.15	24.3	57.23	45.79	24.9
15	庐江龙桥工业园	1.13	1.37	-17.5	17.67	13	35.9
	合计	319.32	286.11	11.6	2545.41	2386.95	6.6

合肥市开发区重点介绍

【合肥国家高新技术开发区】合肥高新技术产业开发区（以下简称“高新区”）位于合肥市西部，是1991年经国务院批准的首批国家级高新区，所辖面积128平方公里，常住人口20余万。2016年6月，在全国高新区的最新综合排名位居第7位，相比2015年再进一位，稳居全国10强。

高新区区位优势突出，北接4E级新桥国际机场，南临4A级紫蓬山森林公园，东距合肥高铁南站约10公里，西至六安市区仅半小时车程。合淮阜高速、长江西路高架贯穿而过，地铁2号线和规划中的4号、7号、8号线直通市中心。基础设施和综合配套完善，“七纵六横”骨干道路体系全面建成，拥有合肥七中、合肥加拿大国际学校、安医附院高新医院、砂之船奥特莱斯等优质配套，坐拥“生态绿肺”大蜀山国家森林公园，柏堰湖、王咀湖交相辉映，城区绿化覆盖率达45%。

高新区产业体系完善，是安徽省最大的高新技术产业化基地，已形成智能家电、汽车及装备制造、新能源、公共安全、电子信息、节能环保、文化创意、生物医药、智能语音、新材料等高新技术产业集群，获批建设国家公共安全应急产业示范基地、国家首批区域“双创”示范基地、侨梦苑暨侨商产业集聚区、安徽省智能语音集成电路、生物医药和高端医疗器械产业集聚发展基地。园区高新技术企业迅速聚集，培育了科大讯飞、四创电子、安科生物、阳光电源、量子通信等高新技术企业，引进了格力电器、美的电器、惠而浦（中国）、大陆轮胎、长安汽车、晶澳、美国3M、日本NSK等知名龙头企业，一大批企业的技术水平处于行业领先水平。目前，园区企业16000余家，其中规上企业179家，外商投资企业400余家，世界500强投资企业19家。自主培育国家高新技术企业460家，国家及省市创新型企业285家，上市企业16家，新三板挂牌企业43家。

高新区科教资源丰富，集聚了中科大先研院、合工大智能院、中科院创新院等重大协同创新平台，园区企业建成省级以上技术（工程）研究中心109家，集聚国家“千人计划”21人，战新产业领军人才123人，海外留学人员和外国专家2000余人。区内建有合芜蚌自主创新综合试验区合肥创新平台，建成众创空间22家，各类孵化器19家，总面积260万平方米，在孵化企业2300余家。建设区域性金融中心，累计集聚基金70余支，总规模近800亿元，提供天使投资基金、省青年创业引导资金、创新贷、助保贷等全方位、全周期的投融资服务。在高新区开展风险投资业务的公司20余家，各类科技服务机构300余家，为区内企业提供了良好的创新创业服务。

“十二五”期间，高新区累计实现GDP 1987.1亿元，是“十一五”的2.7倍，年均增长16.7%；实现工业总产值4654.4亿元，是“十一五”的2.9倍，年均增长16.4%；实现工业增加值1382.6亿元，是“十一五”的2.6倍，年均增长13.3%；完成固定资产投资1639.8亿元，是“十一五”的2.7倍，年均增长16.9%，其中工业投资961.1亿元，是“十一五”的4倍；累计招商引资超过900亿元，年均增长11.2%；完成全口径财政收入295.4亿元，是“十一五”的3.2倍，年均增长22.2%；城镇常住居民人均可支配收入29410元，农村常住居民人均可支配收入15880元。

2015年，实现GDP506亿元，增速11.2%。实现规模以上工业产值1169.2亿元（分成前1527.6亿元）；实现工业增加值330亿元，增速11.3%。完成固定资产投资415.3亿元，增速12.4%；其中工业投资236.3亿元，增速9.8%。实现社会消费品零售总额94亿元，增速10.8%；完成进出口总额23.6亿美元，增速20.4%；完成招商引资239.5亿元，其中，外商直接投资4.6亿美元，工业招商引资191亿元；全口径财政收入完成81亿元，公共财政预算收入24.8亿元，同比增长21.3%。规模以上工业企业实现利润95亿元，同比增长12%，增幅居全市首位；全区单位GDP能耗同比下降4%。

【安徽庐阳经济开发区】 经济社会发展特点。近年来，庐阳工业区由中低端制造业向科技创新型产业转型，由传统服务业向二三产融合互促的高端高新服务业转型，由布局单个企业向跨产业链布局集群发展转型，由重点服务单个企业到全面提升区域创新创业环境转型。在产业选择方面，着力打造高技术服务产业发展格局，即大力扶持培育数字内容、信息技术、研发设计、检验检测、大健康等高端服务业。在产业集聚发展方面，围绕文化产业、智能装备、电子商务等产业，以研发中心和运营总部为主，盘活现有资源，参照中科大“IE果园”“研发+中试”模式，形成工投•创智天地、中辰•互联网+园、康富•动漫园等一批特色“区中园”。在创新招商模式方面，积极调动联盟、协会、业主、龙头企业的积极性，开展合作招商活动。

主导产业。印刷包装、电工电气、钢构及钢材剪切等传统产业转型升级步伐加快。骨干印刷企业印刷装备绿色化、智能化改造快速推进，劳动生产率进一步提升，庐阳工业区被确定为安徽省印刷包装新型工业化产业示范基地。钢材剪切加工业用地规模逐步压缩。闲置土地清理工作积极推进，部分企业土地转性工作取得重要突破，有效拓展了产业发展空间。智能装备制造业、光电产业等新兴产业快速发展，已形成以华林模具为代表的航空配套制造业，以正远科技、奥瑞数控为代表的自动化控制装备制造业，以天维仪表为代表的智能装备制造业。都市工业载体建设快速推进，以工投创智天地、中科大校友企业创新产业园等为代表的都市科技园区基本形成。

“十三五”重点发展方向。一是明确转型路径。提升印刷企业技术装备水平和创新服务能力。大力发展绿色印刷、积极发展数字印刷、积极促进印刷业与云计算、大数据、文化创意产业融合发展。

二是搭建产业合作平台。充分发挥中科大校友企业家联合会、中小企业服务中心等平台作用，积极引进一大批中科大校友企业入区创新创业。围绕都市工业发展重点领域，积极探索与省内外著名大学共建产业技术研究院。

三是加快发展特色高技术服务业。围绕合肥市高技术服务业发展重点领域、薄弱环节，加快发展创业服务、检验检测、研发设计、电子商务等相关产业，加快培育一批特色高技术服务业集群。

四是积极扶持和培育本土创业服务机构发展。积极鼓励民间创业服务机构的发展，鼓励和引导创业投资机构、优秀的民营科技企业、有条件的战略性新兴产业行业组织、创业成功人士等进入我区创办创业服务机构。

五是加快建设中央商务区。开发建设中央商务区,打造现代服务业交融汇聚的平台，形成庐阳区“商业副中心”。积极对接合肥市轨道交通5号线，积极培育地铁经济。

六是建设阜阳北路沿线和蒙城北路沿线现代服务业发展集聚区。推动铁路北货场改造提升，发展现代物流业。积极推动阜阳北路沿线老工业区改造提升，规划建设综合性与专业性相结合的都市科技工业楼宇，加快形成现代服务业发展集聚区。

2016年总结及2017年重点工作。一、2016年工作完成情况。1～3季度主要经济指标完成情况：GDP51.11亿元；工业总产值105.63亿元；工业增加值28.73亿元；利用外资5000万美元；进出口额9045万美元；固定资产投资76.59亿元；实现税收6.74亿元，完成地方财政收入1.67亿元。全年主要经济指标预计完成情况： GDP 68.15亿元；工业总产值141亿元；工业增加值32亿元；利用外资5000万美元；进出口额12060万美元；固定资产投资103亿元；预计全年实现税收8.5亿元，完成地方财政收入2亿元。重点招商引资项目进展情况：（1）IE果园孵化器、加速器。IE果园项目利用兴庐科技园2#、8#，合计18000平方米面积，打造孵化器、加速器。截至目前，引进入驻成立公司项目的88个，总注册资金6.4亿，累计创造营业收入超过2.95亿元，纳税2683万。赛达、和佳寰宇两家公司通过并购方式实现上市。累计引进海内外院士2人，千人计划、中科院、科大及工大教授等15人，国内博士创业11人、海归创业13人，连续2年均有项目入选安徽省高层次科技人才团队，创造就业岗位1738个。（2）科大创新园。作为孵化器、加速器成熟项目载体的科大校友创新园项目占地面积62.88亩，总建筑面积6.57万平方米，总投资10亿元。创新园计划于2016年底竣工交付，正在进行配套施工。第一批入驻的科大企业家联合会产业联盟团队主要从事的是移动互联、卫星通信、电商、物联、大数据等领域的技术开发与应用，打造云技术，打通云端、网关、传感器。目前已有19家企业提出了厂房申购，其中慧图软件、赛达科技、数地空间三家公司已确定；创诚、宏恩机电、沃特普尔等6家企业待年底数据达标后，签订出售协议；其他10家企业申购权保留至孵化期满后，再行考核。（3）工投创智天地。“创智天地”位于合肥市阜阳北路与北城大道交口，占地320亩，规划建设面积约54万平方米，规划有高层研发中心、总部独栋、商务配套、公租房等设施，目前一期18万平方单体已全部建成投入使用。二期18万平方已全面启动建设，三期15万平方明年3月即将开工建设。公司通过跨境电商生态圈的营造，以互联网+外贸为内容，计划将“创智天地”打造成跨境电商双创基地及科技创新产业示范基地。目前已初步形成跨境电商、汽车后市场服务、大健康等相关产业的集聚。跨境电商板块已初步构建了跨境电商生态圈，吸引了包括省进出口商会、天津禾下平行进口车等项目的入驻；汽车后市场服务板块，全国最大的二手车交易网瓜子网已成功入驻；大健康板块，安龙基因、温斯罗普等一批海外背景的基因检测项目也即将签约入驻。截止到目前已签约企业20家，签约面积近5万平方，跟踪意向面积约10万平方。（4）中辰创富工坊。①互联网+园中辰创富平台。项目位于中辰创富工坊1#、2#，总面积约2万平方米。目前入驻平台分园的电商项目20家，涉及连锁便利店、动漫衍生品、网络软件研发及跨境电商等多个领域，剩余招商面积约1400平方米。目前平台企业入驻协议及电商园管理办法已出台，下一步由区商务局落实签约项目的政策兑现事宜。②双创大赛承接基地。2015年11月18日庐阳区首届双创大赛结束后已确定4#楼为承接双创大赛获奖项目载体，目前经工业区接洽，意向入驻工业区项目有12个，语音速记本等9个项目入驻中辰创富工坊4号楼。（5）鑫翰科技园。项目总建筑面积6万平方米，已入驻企业15家，引进项目包括：智工场、普力通、圣宝新能源及凯川电力等高科技项目，目前剩余招商面积10750平方米。（6）富邦国际创新科技产业园。项目规划建设面积约21万平方米，计划2017年初整体交付使用，项目定位为科技创新、通信、软件、集成电路、智能科技产业聚集区，目前拟签约入驻项目5家。园区已初步拟定正对项目招商的一事一议政策，待报区政府研究后确定。（7）DT产业园。项目总用地面积366亩，规划建设面积约32万平方米。计划依托大数据、互联网技术，建设集大数据互联网+产业基地、办公、产业孵化、配套服务等为一体的数据化信息技术产业园。庐阳区国投已与大连亿达集团达成合作意向，亿达集团参与软件园的建设和运营，待合作协议签署后，项目即可开工建设。（8）中外运供销物流园。项目总面积约142亩，计划打造功能先进、配套齐全、业态规范、管理专业的现代化中转、仓储、展示物流平台，提供专业化冷链物流服务。目前项目合资公司中国外运物流发展合肥有限公司已成立，注册资本1.5亿元，项目入园协议已通过工业区党政联席会研究。下一步将跟进项目方管理团队调整情况，并积极推进推进土地指标办理。（9）温斯罗普项目。该项目位于创智天地12号楼（约2200平方米），由美国哈佛大学麻省总医院著名病理学家吴群力教授发起。公司前期主要引进国际领先、国内急需的有关前列腺癌及肾癌诊断专利技术，后期逐步引进、研发其他系列涉及多种肿瘤先进诊断、筛查技术，服务中国市场，提高国内医学水平，带动合肥及庐阳相关产业发展。项目已签订入园协议，并与工投初步洽谈相关租售条款，下一步工业区将督促项目方与工投签订租售协议并制定公司装修计划。（10）安龙基因项目。项目位于创智天地6号楼（约4800平方米），以基因测序和生物芯片为基础，依托清华大学医学院、北京大学科技开发部和中科院等强大的技术团队和平台，致力于基因检测、精准医疗及生物技术的转化应用。计划在庐阳区搭建一个集医学检验所、司法鉴定所及三类医疗器械生产车间于一体的综合性生物医学转化应用产业平台。目前，项目已进场装修，正在办理消防、项目医疗机构执业许可证。下一步，工业区将积极协调办理项目医疗机构执业许可证并依据协议及企业实际装修采购情况准备补助兑现。（11）瓜子网项目。项目位于创智天地9号楼，致力于打造全国最大的二手车交易平台及衍生服务平台，项目预计在落户六年内可实现累计6.6亿元的营业收入。目前，项目已注册，工业区正在协调办理资本金到位相关手续及楼顶标识树立报批相关手续。（12）东方国信项目。东方国信是电信领域最大且最为专注的BI应用软件和服务提供商，项目具有国内领先的大数据产业整合布局能力。项目计划在庐阳区打造大数据产业基地。目前安徽大数据产业协会正在报请省民政厅及省经信委批准，庐阳区大数据产业发展规划正在同步制定论证过程中。

主要工作举措和取得的主要成效。庐阳工业区在区委、区政府的正确领导下，高举引领时尚的国际化首善之区大旗，围绕产城一体的发展思路和“1341”发展战略，以建设全省高技术服务示范区为目标，积极探索和充分发挥经贸局职能推进产业转型升级和项目建设等工作，园区经济运行总体平稳有序，经济总体运行质量逐步提高。

（1）经济指标完成情况稳重有进，规模以上工业企业增加值完成情况，全社会固定资产投资完成情况，战略新型产业完成情况都超序时进度。

（2）认真做好企业服务各项工作，积极为企业提供融资平台，积极宣传、落实各类经济政策，做好项目跟踪服务，推进“园中园”平台项目建设，认真做好企业统计业务基础工作，开展各项科技工作。

（3）近年来，庐阳工业区坚持服务至上，持续提高园区产业服务水平。目前，工业区以庐阳中小企业服务中心和IE果园十大服务中心为基础，逐步完善了高技术服务业项目从孵化、加速最终进入产业化的培育服务体系，在2016年，通过积极协调，成立了合肥市工商局庐阳工业区注册分中心，极大地方便了园区项目企业的引进，提高了项目服务的效率，对项目的投资、落地形成了较强的吸引力。

（4）通过建立覆盖辖区各有关职能部门和社区的综合治税工作网络，在强化征管的同时，做好为企服务工作，辖区企业税收较上年同期大幅增长，截至9月底，地方财政收入同比增长41.53%，预计超量完成年度目标任务。

存在问题。

（1）工业增速放缓。一是受企业自身发展需求及园区土地资源稀缺矛盾影响，部分优质企业外迁设厂导致生产分流。二是市场激烈竞争下部分行业企业被淘汰，停产、半停产企业增加。

（2）零售业发展后劲不足。目前，园区商贸限上企业共26家，其中零售业15家，零售重点企业主要集中在汽车零售行业，占零售总额的80%。今年，宝马、大众等汽车价格下滑约20%，在销售数量没有增长的情况下，销售收入同比下降。

（3）园区今年税收主要依靠房地产市场的走红。随着国家对房地产市场的调控及园区可用土地资源的限制，预计明后年税收会受到较大影响。园区高技术服务业仍处于发展初创期，税收相对较少。

2017年工作安排。1.主要经济指标预定目标。GDP72亿元；工业总产值135亿元；工业增加值30.7亿元；利用外资2200万美元；进出口额12904万美元；固定资产投资110亿元；地方财政收入1.9亿元。2.重点工作。（1）做好政策引导和企业服务工作。面向企业及时宣传国家、省市级各项政策，引导企业从传统企业向科技型企业转型升级，实现产业创新。加强企业走访，做好企业服务，计划组织开展产需对接、银企对接、人才对接等一系列专题活动，为企业应对复杂经济形势、保持正常生产经营提供要素支持，促进企业增产、增效。加强对规模企业的监测监控，进一步搞好分析、分类、汇总、预测预警工作，及时协调解决企业生产经营中遇到的困难和问题。抓好规模以下企业的发展培植工作，引导企业加入到大企业的分工协作和生产配套体系，借助大企业的市场技术和品牌优势，增强自我发展能力，壮大一批专业配套企业，新增一批规模以上企业。（2）进一步推进高技术服务业载体平台的建设。工业区将进一步按照庐阳区“1341”战略的发展思路，以科技产业园建设为载体，积极打造高技术服务业项目引进和培育的空间平台。（3）进一步推进高技术服务业项目引进平台的建设。在推进各个科技产业园建设的同时，庐阳工业区将进一步改进招商方式，立足自身优势和资源，着力加强与产业培育机构的合作和招引，打造庐阳工业区高技术服务业项目的引进孵化平台。一是依托以IE果园为代表的具备优质项目资源的社会组织，构建综合性、专业性并举的高技术服务业项目引进和孵化平台，开拓了从欧美先进地区及北、上、广、深等经济发达地区引进项目、孵化项目的通道。二是依托以三元联创、大连亿达、阿里跨境电商第三方平台为代表的专业招商机构，借助专业平台，做强产业招商。（4）做好重点税源企业的调度和储备工作，围绕园区产业转型升级工作，重点扶持高技术服务业的发展壮大，实现依靠高技术服务业税收增长的可持续发展局面。

【合肥包河经济开发区】包河经济开发区创建于2002年5月（前身为包河工业区），2006年2月经省政府批准为省级开发区，批准建设面积6.18平方公里。2015年2月经省政府批准同意更名并扩区，总体规划面积扩大至17.05平方公里（东到合肥市总体规划中心城区边界，南到锦绣大道，西到包河大道，北到绕城高速），行政管辖面积37.33平方公里，下辖12个社区（村），人口约8.8万人。

包河经开区具有6大独特优势：

一是综合实力强。2013年，综合实力排名安徽省级开发区第一位。2014年，排名安徽投资环境十佳开发区第一位。2015年，包河经开区拥有各类企业3000家，实现营销收入651亿，完成引资总量94亿，增长7%，其中，利用外资8281万美元；规上工业产值210亿，增长6.6%；全社会固定资产投资172亿，增长11%；社会消费品零售总额170.2亿，增长18%；财政收入22.55亿，增长9%；税收16.67亿元，增长13%。

二是距离省级政务中心近。全省唯一紧邻省级政务中心的开发区，居于合肥市老城区和滨湖新区交汇的咽喉要道，距离省委、省政府直线距离约2公里，是省府圈的“北花园”。

三是水陆空立体交通全。拥有合肥港、骆岗通用航空、地铁1号线和5号线、包河大道高架，紧邻合肥高铁南站、合宁高速包河大道出入口，距合肥高铁南站仅10分钟车程。

四是产业特色鲜明。划分9大产业板块：江淮新车谷、国际化文创小镇、智慧健康城、合肥保税港、服务外包园、工业总部基地、商贸金融小镇、影视科技生态城、通用航空园。滨湖新区、老城区、高铁站片区辐射带动力强，水电路、绿化、地下管网等功能设施最完善。

五是生态环境佳。区位上风上水，濒临巢湖、南淝河、十五里河，紧邻东大圩国家4A级旅游景区，拥有淝河公园、繁华公园。

六是产城融合优。辖区内拥有喜来登、明悦2个四星级酒店，安粮总部、宝文广场、徽商总部广场、万泓中心4个商业综合体，贡街、国际汽车城、茶博城3个特色街区，银行金融网点12个，合肥实验学校、大地中学等中小学校4所，并新规划配套7所中小学校于2020年前建成使用。

近两年来，包河经开区先后获得“国家新型工业化产业示范基地、国家科技兴贸创新基地、国家电子商务示范园区、全国首批青年创业示范园、省级两化融合示范园区、省级投资环境十佳开发区、省级服务外包示范园区、省级物流园集聚区、省级青年电子商务园区、省级创新型园区、省知识产权培育示范园区、长江经济带国家级转型升级示范开发区”等10多个省级以上荣誉称号。

附：包河经开区历年获得国家、省级荣誉

第四批国家科技兴贸创新基地（2012年9月商务部、科技部认定）

全国青年创业示范园区（2014年11月团中央认定）

国家新型工业化产业示范基地（2015年2月工信部批准）

国家电子商务示范基地（2015年7月商务部批准）

安徽省汽车整车制造及关键零部件产业示范基地（2010年7月安徽省人民政府批准）

第一批安徽省新型工业化产业示范基地（2011年2月省经信委认定)

2012年全省152家开发区综合竞争力评价中位列第11位（前10位为国家级开发区）。

第三批安徽省工业化和信息化融合示范区（2013年12月省经信委认定）

安徽省服务外包示范区（2014年1月省商务厅、发改委、经信委等五部门认定）

安徽省创新型园区（2014年10月省科技厅认定）

安徽省青年电子商务示范园区（2014年10月省商务厅认定）

2013年度安徽投资环境十佳县（市、区）暨

十佳开发区（2014年11月安徽省市长协会认定）

安徽省青年创业示范园区（2015年7月省人社厅、团省委认定）

安徽省第一批战略性新兴产业新能源汽车聚集发展基地（2015年9月安徽省人民政府批准）

安徽十大信用开发区（2015年10月省信用研究中心、经信委、商务厅等部门认定）

安徽省检验检测认证服务产业聚集区（2015年12月省发改委认定）

首批安徽省知识产权示范培育园区（2016年4月省科技厅、发改委、经信委等五部门认定）

【合肥龙岗综合经济开发区】 1.园区基本情况。合肥龙岗开发区于1992年元月经合肥市政府批准设立，2001年10月经省政府批准晋升为省级开发区，更名为“合肥龙岗综合经济开发区”，属肥东县管辖，2009年11月1日，龙岗开发区划归瑶海区管辖，面积22平方公里，辖14个社区，总人口约20万人。龙岗开发区位于合肥市东大门，东接肥东经济开发区，北与新站综合试验区为邻，地理位置优越，对外交通便捷，是合肥市融入长三角的桥头堡，合肥市“1331”城市发展战略的重要组成部分。

近年来，龙岗开发区按照“商居新区、东城明珠、产业新城”的发展定位，主动融入合肥打造长三角世界级城市群副中心、合肥东部新中心建设大格局，坚持抓管理、保稳定、促建设、谋发展的工作思路，强力推进城中村改造、道路网建设，大力发展现代服务业和都市工业，全面提升城市综合承载力，加快产城一体进程，都市新区建设初具规模。开发区前期主导产业以新能源新材料、家电及配件、农副产品深加工、服装加工等为主，随着开发区产城一体化推进，经济结构逐步升级为现代都市产业、高端服务业、总部经济为主，逐步打造成合肥东部组团的重要节点和区域发展的重要增长极。

“十二五”建设发展情况。1、坚持规划刚性引领。强化规划引领和刚性约束作用，完成了城市总体规划、土地利用总体规划审批及区域控制性详规编制工作，坚持高起点规划设计、高标准建设管理，加快与主城区无缝对接，以创新驱动、生态优先、集约节约、产业提升等措施落实新发展理念，重点打造“三区一走廊”。核心商务区，沿二十埠河两侧，临泉东路以南、郎溪路以东、王岗路以西布局城市综合体项目、酒店金融、精品商业、教育培训、信息咨询等现代服务业；生活服务区，规划新安江路以北、大众路以西的精品商业、居住区，不断细化完善支路网系统，规划建设城市人性化服务设施、步行街道空间环境；工业集聚区，明皇路以北的现状都市产业区，及大众路以东的规划产业用地区，重点发展污染小、容积率高、形象好的都市型工业；总部经济走廊，在新安江路、龙岗路、长江路等主干道节点区域，规划发展综合体项目，重点引进金融、建筑、健康等总部经济项目，打造总部经济走廊。

2.奋力推进“一改一建”。“十二五”期间，龙岗抢抓合肥市加快东部组团路网建设的发展机遇，突出以道路建设搬迁和城中村改造相结合的模式，道路建设和城中村改造齐头并进，城市基础设施和环境面貌发生质的飞跃。共启动征迁项目86个，搬迁面积198.54万平方米，占到全部城中村面积的三分之二，已拆除190.45万平方米，有效保障了轨道二号线、道路网、学校、复建点、招商项目等建设和地块上市工作。完成标准化道路建设50余公里，是建区20年道路建设总里程的2倍多。新安江路、龙岗路、临泉东路等“三横三纵”主路网框架已经形成，建成、在建支路网项目30多个。通过多年打基础、蓄能量，已经形成马岗尚大郢片区、大彭二号线停保场片区、大店新十中片区、油坊尚荣产业园片区、罗岗卫朱郢片区、史城李郢片区共六大片区综合配套发展态势。在这些片区，搬迁工作全部完成，路网已经建成或正在建设中，土地资源有序释放，同时以教育、公园、游园、公交等公共配套均在建设或规划之中，为“十三五”期间转型发展打下坚实基础。

3.力促产业转型升级。加快招商载体建设，积极开展产业招商和以商招商工作，着重招大引强，加快培育新兴都市工业、现代服务业、总部经济等产业发展，走集约集聚发展道路。完成272亩的瑶海都市科技产业园一期、二期项目建设，初步形成物联网研发生产、节能环保、电子商务等产业基地；正在建设投资15亿元的合肥尚荣医疗产业园项目，集新兴医疗产业及其配套产品生产、研发、孵化、物流配送等于一体，填补全省医疗产业集群发展的空白；有力保障上海尚喜、国泰国瑞医药、中节能、文一总部、养老产业等重点项目建设，实施带动牵引，引领产业转型和经济结构优化调整，做大经济增量；积极围绕地铁经济做文章，完成国风地块升级转型，积极谋划中盐集团、省水泥制品厂等重点地块转型发展城市综合体项目，提升城市软实力；谋划低效工业地块腾退收储，实施优化整合，提高存量产出率；有序推进精品房地产业发展，完成土地上市交易1216亩，保利、海尔、恒大、禹州等房地产企业强势登陆，催生一批高端住宅项目，既为城市建设发展提供了财力支撑，也扎实推进城市化进程，提升了城市品质品位和美誉度。“十二五”期间，开发区共完成税收16.4亿元，年均增幅45.4%；完成招商引资到位内资121.6亿元，年均增幅14%；完成固定资产投资261.8亿元，年均增幅30%；完成工业总产值115.2亿元，年均增幅15%；实现限上商贸零售总额37.2亿元，年均增幅15%。

4.推进社会管理创新。坚持市容管理、社会治安、安全生产、信访稳定“四位一体”，相互促进、相互保障的模式，狠抓社会管理。以创建文明城市为契机，强化数字化城管、三线三边整治、农环检、文明居民小区等城市创建措施，落实属地、网格责任和奖惩机制，加大临泉东路、长江东路、集贸市场、小街巷、物业小区、商业街等重要节点、重点区域的综合整治，强化环境秩序、市容卫生管理，狠刹城市“八乱”现象；落实街所联动、民兵巡逻等治安管理措施，加大不稳定因素动态排查，严厉打击黄赌毒和非法传销，大幅压降四类可防性案件；突出抓好烟花爆竹、食品安全、职业卫生、危化企业等领域安全生产整治，扎实推进安全生产规范化建设，严防重特大事故发生；充分发挥龙岗综治维稳中心联动应急工作机制，有效处置各类突发性、群体性事件，共化解了各类矛盾纠纷95起，切实维护社会和谐稳定。

5.强化民生服务保障。健全完善服务保障体系，着力解决群众生活、出行、就业、入学、医疗等服务难题。按照谋划一批、建设一批、回迁一批的目标，全面加快复建点建设和安置步伐，已完成安置35.74万平方米，即将交付安置41.6万平方米，在建复建点75.1万平方米，正在规划建设复建点58.5万平方米，有力改善了群众居住条件。结合河流、铁道、高压廊道“三多”的特点，努力打造绿色生态龙岗，完成二十埠河、小板桥河综合整治工程，投入资金近1亿元规划建设高压廊道、铁路绿色长廊、河道景观带，新建湿地公园、城市公园、游园13处，新增6所学校、4个公交首末站、4个大型购物中心、3个商业街，城市服务保障能力显著提升。认真实施市、区民生工程，落实好惠民帮扶政策，利用财政奖补资金1000多万元，实施天然气改造、自来水改造等10多项“一事一议”民生工程，发放计生、五保、高龄、助残等各类奖补资金1400多万元，强化失地农民保障、医疗、养老、就业等保障措施，办理征地农民养老保障8898人，养老、医保参保人数达到3.7万人，扎实开展创业基金、技能培训、“春风行动”等就业帮扶，努力做好居民就业服务工作，稳步提升群众的满意率和获得感。

“十三五”期间发展重点。“十三五”期间，龙岗开发区将紧紧围绕“商居新区、东城明珠、产业新城”的发展定位，全力以赴加快龙岗都市新区建设，与合肥东部新中心建设同步规划、等高对接，坚持以产兴城、以城促产，打造合肥东部组团的重要节点和区域发展的重要增长极。加大征迁力度，加快推进新安江路沿线区域开发建设。强化城市功能，完善市政配套设施建设，缓解区域承载压力。统筹实施城中村改造项目，建设高压廊道、铁路沿线绿色长廊项目和城市公园游园等。做强区域经济，盘活存量土地，强化项目引领和支撑，大力发展现代服务业和都市工业。

雄关漫道，始于脚下。当前，龙岗开发区正处于转型发展、跨越赶超的绝佳机遇期。我们将坚持“抓管理、保稳定、促建设、谋发展”的工作思路，抢抓机遇，乘势而上，奋勇争先，全力以赴推进龙岗都市新区建设，为瑶海全面振兴发展和合肥市“大湖名城•创新高地”建设做出新的更大的贡献。

【安徽长丰双凤经济开发区】 安徽省级双凤经济开发区成立于1993年5月，是长丰县域经济的龙头，也是合肥市“1331”空间发展战略北部组团的重要组成部分。行政管辖区域总面积50平方公里，规划面积33.1平方公里，现辖十个社区，常住人口15万人以上。2012年，荣获“安徽省新型工业化产业示范基地”、“安徽省信息化与工业化融合示范区”两块金字招牌。

区位交通。位于合肥北二环和外三环之间，蒙城北路、阜阳北路、淮南北路等三条城市一级主干道与市区无缝对接，通过三环高速直接连接合徐、合宁、合芜、合六、合安、合淮阜、合铜黄等七条高速，到新桥机场仅需15分钟，高铁客运北站和北站货场紧邻开发区，阜阳北路高架直达开发区。

功能规划。三大功能版块，蒙城北路以西，依托万亩生态保护区建设体验式休闲、旅游观光综合利用区；蒙城北路、阜阳北路沿线，建设高档房产、高端服务和现代化商务办公区；铁路沿线及以东区域，建设新型工业化集聚区。

产业发展。初步形成了节能环保、食品及农副产品深加工、汽车及机械加工等三大主导产业，聚集了伊利乳业、宝湾物流、万和集团、鸿路集团、恒大江海泵业、中粮集团、金诚科技、志邦家居、荣事达电子电器等一批知名企业。园区主导产业产值已占全区工业总产值近4/5，产业集聚效应凸显。

招商引资。开发区重点推进精准招商、信息招商、产业招商、亲情招商、以商招商等多种方式，取得了良好成效。截至2016年10月底，全年新签约项目累计20个，其中新购地亿元以上工业项目 10个，投资10亿元以上项目2个、5亿～10亿元工业项目4个、1亿～5亿元工业项目4个，在大项目签约上实现了重大突破。

项目建设。截至2016年10月，引进项目600余个，其中规上企业215家。现有国家级高新技术企业47家，企业技术中心20家，企业工程技术研究中心25家，博士后工作站2个，省级院士工作站、重点实验室各1个，中国驰名商标3个，安徽省著名商标28个，安徽省名牌产品18个，安徽省质量奖6个,两化融合示范企业27家。我区是全省首家省级高新技术产业园区，高新技术企业产值占全区工业总产值的1/3强。

扩区升级。2013年8月，双凤扩区规划获省政府批复，以“一区两园”方式，在原有9.3平方公里规划用地基础上，扩区发展双墩园区13.8平方公里、下塘园区10平方公里两个新区，扩区总面积约23.8平方公里，扩区后总规划批准面积33.1平方公里。双凤开发区围绕“超高对接主城区，打造北城升级版”目标，全力推进晋升国家级开发区工作。

【安徽肥西桃花工业园】 基本情况。1991年5月28日，合肥市桃花工业区办公室成立；8月6日，合肥市人民政府批复同意建立合肥市桃花工业区。1993年5月26日，成立合肥市桃花工业区管委会。1997年，更名为肥西县桃花工业园。2000年10月11日，更名为合肥经济技术开发区桃花工业园管理委员会。

2006年，桃花工业园经省政府批准为省级开发区。率先全省县域开发区，2007年产值突破100亿元，2009年税收达到10亿元，2011年获批合肥国家级两化融合试验区示范园区。2012年、2014年，两次以全省首家县域融资平台共发行16亿元企业债券，获评省创新型园区，位列县域园区综合实力第一名。2013年，获批省新型工业化产业示范基地，扩区11平方公里。2014年，园综合竞争力在全省175个省级以上开发区（含17个国家级）中跻身第4位。2015年规上工业产值突破1000亿元大关，加入中国开发区协会，通过ISO9001、ISO14001体系认证。目前正全力争创国家级开发区，已进入培育期，排名全省首位。

发展成果。进入2016年，桃花工业园的基础设施进一步完善，区位优势进一步显现，优势产业进一步集聚，经济社会不断进步。

主导产业优势明显。已形成汽车、家电、智能装备、生物医药、新能源新材料等5大主导产业。近年来，高新技术产业产值占比保持在85%

以上，战略性新兴产业增加值成倍增长，三产服务业占比不断上升，产业层次进一步提高。

战新产业培育加速。根据省市扶持战略性产业导向，紧紧围绕申报的“智能物流装备、生物医药”两大战新产业，积极制订战新产业发展总体规划，明确发展目标、总体思路、实施区域、保障机制等。制订产业推进方案，明确总体步骤、时间节点、工作路径、产业方向。摸排十强龙头企业名单，实行精准招商，寻找核心配套企业，引进研发机构及产业技术联盟。

实现集约节约发展。加大科技孵化投入，1万平方米省级科技创业服务中心已累计孵出企业60家，现购置2万平方米标准化厂房用于扩容。2007年与合肥工投合作，已建设两期60万平方米科技创新平台，现全部租售完毕，一期亩均产值620万元，亩均税收47万元，成为全省集约发展的典范。目前正规划实施三期工程，占地500亩，大力推进实施大众创业、万众创新。

招商引资成效明显。一大批国内外知名企业、世界500强企业入驻园区发展，合肥华南城一期、TCL冰洗总部一期项目建成运营，江汽轻卡、联东U谷、唯真电机、常青机械、悦康制药、亿帆鑫富、怡丰自动化、皖新传媒等重大项目快速推进。

项目服务快速高效。分阶段调度。从签约到建成投产的六个环节，分别确定4个部门对应帮扶，坚持每周现场调度和每月集中调度两个制度，有效解决各类实际问题。分类型转化。针对低效闲置、资金困难、对外租赁等项目，分别实施招商嫁接、兼并重组、对接融资、约谈退出。分人员包保。每个阶段 1 名班子成员包保、每个项目 1 个专人联系、每个环节1个部门对应，实施全程服务。

平台建设稳步推进。方兴大道、创新大道、206国道改线、派河大道、玉兰大道、集贤路、深圳路等16条道路陆续投入使用，为园区发展来开了骨架，插上了腾飞的翅膀。新型片区、新港南区两个承接平台增长加快建设，推进各类基础设施与市政管（路）网无缝对接。占地8000多亩的北京产业园用地、整个新港南区均已完成80%拆迁量，西部组团污水厂、特勤消防站、江汽轻卡110kv供电专用线等工程正在建设。

社会事业全面进步。新型家园小学和幼儿园，今秋投入使用；兴建桃花工业园中学（60个班）、桃花工业园小学（48个班）、新港南区学校、桃花潭学校和幼儿园。年初回迁安置新型家园一期2495套、21万平方米、4800人，二期、三期在建。新港南区安置点一期40万平方米将于2017年底竣工。翡翠家园、顺美二期在建，共30万平方米。交付使用桃花、新型、顺美3处公租房，共1100多套、8万多平方米，新港南区公租房在建。实施金寨南路沿线三个“城中村”环境面貌提升工程，深入推进各项文明创建作；依托桃花潭、紫云湖，规划游乐休闲项目，打造宜居生活空间。

“十三五”发展计划。“十三五”期间，桃花工业园将按照国家级开发区标准，进一步优化空间布局、提升承载能力、增强服务水平，积极承接全市工业大项目布局。加快老区改造和“退二进三”步伐，加快引进现代服务业，形成合肥西南版块现代产城融合示范区。持续推进“调转促”，推动园区产业由一般制造业向高端制造业转型、由传统产业向战新产业转型，建设成全市乃至全省重要的战略性新兴产业基地和转型升级先导区。

将着力打造“2+2”产业战略新体系。即推动转型升级，发挥龙头企业辐射带动作用，集聚汽车、家电“2大主导产业”；加大培育支持力度，不断提升产业竞争力，持续壮大智能物流装备、生物医药“2大战略性新兴产业”。

将围绕“按照国家级开发区标准全面承接大项目”相关要求，进一步增强服务水平、提升承载能力、加快转型升级。力争到“十三五”末实现规上工业产值2000亿元，实现“园区经济总量翻一番，迈进国家级开发区50强”奋斗目标。

【安徽庐江经济开发区】 安徽庐江经济开发区地处狮子山脚下，庐江南高速道口东侧，移湖水库之滨，环境优美。2006年2月经省人民政府、国家发改委批准设立的省级经济开发区，是庐江县域工业经济的龙头，也是合肥市“1331”空间发展战略南部副中心的重要组成部分。

庐江经开区规划面积35.86平方公里，园区已累计投入8.5亿元完成起步区4.5平方公里区域内路网、供电、给排水、绿化、亮化等基础设施建设配套建设，完成8平方公里范围内的征地拆迁和安置等工作，为承接产业专业，抢占工业发展制高点奠定了坚实的基础。

经开区交通便利，位置优越，坐落在南京、合肥、芜湖、马鞍山、铜陵、安庆等长江经济带城市群之间，是合肥南部副中心重要交通节点；坐拥长岗和庐江南两大高速出入口，距上海、杭州、南京、苏州等长三角都市群在4小时经济圈内,距合肥新桥国际机场60分钟车程，距南京禄口国际机场120分钟车程。

东靠合铜一级公路，南有直通庐城的快速通道、合铜黄高速，西邻合安九高铁、庐铜铁路、合九铁路、沪蓉高速、京台高速，北依一级公路军二路，国家重点水利工程“引江济淮”运河将在西侧贯穿而过。

经开区基础设施配套能力较强，供电充裕，天然气，光纤宽带通讯、给排水管网一应俱全，实现水、电、路、绿化、亮化等基础设施同步到位。区内拥有110kV变电所1座，35kV供电所2座，日处理4万吨污水处理厂一座。

园区现有企业140多家，其中规上企业34家。产业发展初具规模，形成国轩高科、国能动力为代表的新能源产业；以国投高科、凯迪电厂为代表的环保循环产业；以安风风机、恒泰动力、德科电气为代表的机械制造与汽配企业；以世巨科技、豪威光电、吉新照光电、泽源钢业、银联文化为代表的电子与新材料企业；以恩度食品、重庆啤酒、纽斯康为代表的现代食品企业等企业落户园区。

取雄踞皖中之势，得北融东接之先。站在新的起点上，庐江经开区着力打造安徽省现代制造业和现代服务业基地，庐江中心城市产业新城，围绕“大湖名城，创新高地”的战略目标，致力于创新驱动，产业兴园——着力打造全县工业发展主战场。

2016年全年预计实现工业总产值62.5亿元，增长75%，工业增加值完成18.5亿元，增长52.9%，规上工业总产值完成50亿元，增长101%，固定资产投资完成56亿元，增长3.1%，工业投资完成43.4亿，增长11.8%。实现税收2.48亿元，同比增长73%。

【合肥商贸物流开发区】安徽合肥商贸物流开发区位于安徽省合肥市肥东县撮镇镇，2010年，经安徽省人民政府批准（皖政秘〔2010〕184号文）设立，是全省唯一以商贸物流业为主导产业的省级开发区，采取“两个机构、一套人员”的“镇区合一”管理模式。是安徽省重点打造的省级现代服务业集聚区。开发区总体规划面积55平方公里，其中一期规划面积为7.4平方公里。截至2015年，开发区建成区面积7.12平方公里。历年来，撮镇镇先后荣膺国家重点镇、国家改革发展试点镇和安徽省产业集群专业示范镇等多项荣誉称号，是全县镇域经济发展的排头兵，2016年被合肥市确定为合肥主城区的重要组成部分。连续五年，被合肥市评为科学发展先进乡镇、肥东县乡镇（园区）综合考评第一名。2016年7月，获得国家级示范物流园区荣誉称号。现在园区被批准为省级现代服务业集聚区和合肥市快递产业园，发展定位明确为：合肥东部商品展示交易、公铁水运货运枢纽、区域内物流配送、面向各优势产业的加工、多元化配套仓储、国际贸易及公共信息平台，并努力建成区域物资转运、物流信息服务和文化休闲人居“三大中心”。开发区产业结构正加快向以商贸物流为主导、以现代制造业为基础的格局转变。

截至2016年10月，安徽商贸物流开发区建成区面积达7.14平方公里，仓储总面积达到269万平方米。物流运营总收入148.5亿元，创造利润3.75亿元，就业人数1.75万人，带动相关产业就业岗位超百万。园区货运量达1642.6万吨、吞吐量达5678.6万吨，单位面积物流强度达到650万吨/平方公里•年，投资强度280万元/亩，实现税收总额4.8亿元。入驻深国际、普洛斯等各类企业达361家，规模以上工业企业达69家，其中入驻重点物流企业达52家，年营业收入超过2亿元的物流企业7家，AAAAA级1家，AAAA级3家，A级及以上物流企业20家。

一、主要经济指标

2015年全区物流运营总收入132.3亿元，较上年增长17.81%，仓储总面积达到260万平方米，货运量达1454.8万吨、吞吐量达5287.7万吨；全区从业人员1.6万人；2016年，1—10月份，规模以上工业企业产值230.6亿元，同比增长12.63%；1—10月份，固定资产投资完成71.3亿元，同比增长27.12%；1—10月份，共完成省外到位资金28.1亿元，比去年同期增长10.24%；1—10月份，财政税收完成9.4亿元，同比增长26.11%。

二、重点行业及重点项目情况

2016年以来，园区依托重点行业、重点企业和重点项目,大力发展冷链物流、商贸物流、工业物流、快递物流四大专业物流，提升专业物流服务水平，着力打造全省领先、华东一流的特色物流园区。以大宗鲜活农产品产地预冷、初加工、冷藏保鲜、冷链运输为重点，建成了以新世界果品、东方果品、大众食品、谷之润、康益、绿益和胜鼎等为代表的一批冷链类物流项目，成为合肥乃至全省重要的冷链物流基地。大力发展超市配送、批发零售等日用商品物流，以宇航物流、永辉华东物流园、永辉华东城市生活广场、合肥浙商城二期、华东（国际）建材仓储综合物流中心（部分投入运营）、宝湾物流（华东）高端电子商务运营中心等为代表的一批商贸物流类大项目相继建设运营。重点发展工业原料物流服务外包，引进了一批以普洛斯（合肥）物流园、传化公路港物流项目、深国际综合物流园（在建）、深国际二期综合物流园（正在办理供地手续）、中国•裕隆物流智慧城项目、红星美凯龙电子商务物流交易结算中心、中环智慧物流港总部基地、安徽动高“高铁通”电商物流园和安徽迅捷物流总部等为代表的工业物流类大项目。重点建设电子商务快递物流园、邮政速递物流邮件处理中心，申通、佳吉、中通、圆通、百世网络、国通、佳吉快运等国内20余家知名快递有限公司等一大批快递物流项目已全部投入使用,正在洽谈的快递企业有韵达快递、天天快递。

三、园区创新发展情况

园区将以合肥建设全国流通领域现代物流示范城市和一级物流园区布局城市为契机，进一步优化开发区发展布局，加快构建以陆路为主、以铁路、水运、空运为辅的物流体系，突出冷链物流、商贸物流、工业物流、快递物流四大专业物流集聚区建设，为适应新常态发展，紧密围绕“互联网+”工程，将园区建设成为高度信息化现代物流园区，充分营造有利于现代物流业发展的政策环境，把开发区建设成为立足合肥、服务安徽、辐射长三角和中部地区的现代物流基地。按照科学规划、完善功能、突出特色、做大做强”的要求，高标准完善以水、电、燃气为重点的合肥商贸物流开发区基础设施建设，与合肥市实现等高对接，不断增强开发区的综合承载力，把园区建设成为商贸服务型物流示范区、快递物流集聚发展先导区和产城融合发展引领区。

优化空间布局。着力建设绿色食品、日用商品、建筑装饰材料、工程机械、工业原料、快递物流六大专业物流集聚区建设，按照经济园区化、园区产业化、产业聚集化要求，明晰产业定位，集中安排同源、同类、关联度高的项目，引导园区向专业化、规模化方向发展，建设市场影响力大、产业配套能力和创新活力强的商贸物流产业基地，形成我镇产业竞争新优势。

推动园区转型升级。以科技含量、环境影响、投资强度、产业效益作为选资标准，提高入园项目档次和质量，完善项目进入和退出机制。推进节约集约用地，严格规范土地出让行为，盘活闲置和低效利用土地，提高单位土地面积投资强度的要求，提高单位土地面积产出。通过股权转让、“腾笼换鸟”等方式，逐步盘活闲置资产。加快建设园区现代化仓储设施、多式联运设施和信息服务平台，推广集装箱运输、托盘化单元装载和智能化管理技术，提高物流效率，降低储运损耗。积极发展国际物流。

促进产城融合发展。充分考虑人口、土地、资源、环境等各方面的承载能力，将园区纳入城市总体规划控制范围，按照城市新区的建设要求规划建设，统筹安排各项建设用地布局。市政基础设施和公共服务设施与产业发展、城市建设同步规划、同步实施，统筹安排交通、能源、给水、排水、电力、通信、燃气等基础设施建设，共建共享。统筹安排文化、娱乐、教育、卫生等公共服务设施布局，以城市功能完善吸引产业集聚，以产业集聚促进人口集中，实现产业、生态、人口、文化、空间的多向融合，形成以产兴城、依城促产、产城互动发展格局，建设集实体经济发展、生活服务配套为一体的城市新区。

四、公共服务平台建设情况

开发区物流信息化平台建设成效显著。安徽合肥商贸物流网已运营上线，平台每日点击率达到24.6万人次，平台网页（PR值）达到5级。联合阿里云大数据团队共同打造了“货车帮”APP、“物流QQ-APP”平台，依托阿里云强大的大数据能力和货车帮海量的公路运输数据，全面掌握我国领土范围内公路物流货物运输流向、货物分布情况、车辆分布情况。“货车帮APP”平台针对司机端推出，服务涵盖查找货源、发布空车、货运保险、车辆保险、新车团购、钱包金融、二手车交易、维修救援、汽配购买、代收回单等。“物流QQ-APP”针对货主端推出，服务涵盖找货找车，发布货源、发布车源、身份验证、货运保险、在线车库、车辆定位、物流名片、钱包金融等。平台每天发布货源信息3000余条，对接全国100万辆车源，实现了货源与车源信息的有效匹配，平台日均交易成交成功数达千单左右。现代化物流方式广泛应用，条形码、智能标签、自动拣选、无线射频识别等先进适用的物流技术逐步得到推广应用，集装箱运输、甩挂运输及多式联运等现代化运输方式快速发展。开发区先后引进了普洛斯、南山集团、深国际等一批国内100强物流地产商和永辉、腾辉以及迅捷等有影响力的第三方物流企业，物流服务专业化、规模化水平明显提高。园区内物流企业大专以上就业人员达到0.9万人，占全部就业人员的60%。开发区30分钟里程内有合肥工业大学、中科大、安徽大学等著名学府，以及合肥职教城（磨店职业教育基地）内的职业院校25所，开发区内有安徽水利水电职业技术学院、合肥艺术学校、合肥华夏旅游学校、三联学院和合肥红十字卫校等五所职业院校，年培养电子商务、现代物流等各类专业人才10万人，可以保障开发区人才需求。开发区内物流企业研发新技术、新装备支出占运营收入比重达到1.4%。

【安徽居巢经济开发区】 安徽居巢经济开发区起步区坐落在亚父街道旗山脚下、裕溪河畔，临港而建，2010年8月经省政府批准筹建为省级开发区，并更名为安徽居巢经济开发区。目前已初步形成了南北两大片区，规划总面积约21平方公里。

经过多年发展，共引进实体企业180家，其中规上企业26家，高新技术企业8家，重点企业有富煌集团、中粮粮油、中粮米业、云海镁业、杭州娃哈哈、浩森印刷、天意环保、菲力克斯等。2015年，居巢经开区“一区三园”累计实现工业总产值132亿元，工业增加值31亿元；完成全社会固定资产投资79.9亿元，工业固定资产投资42.9亿元；完成税收约5.5亿元。其中，亚父园区完成全社会固定资产投资46.1亿元，同比增长51.8%，其中，工业固定资产投资29.3亿元，同比增长17%；完成工业总产值33.93亿元，同比增长25.8%，规上工业总产值26.5亿元，同比增长27.9%；完成税收1.2亿元，同比增长5.2%。

2016年1—9月份，安徽居巢经济开发区累计实现工业总产值108.44亿元，同比增长12.88%，规上工业总产值103.05亿元，同比增长18.87%；完成全社会固定资产投资75.14亿元，同比增长71.95%，工业固定资产投资39.65亿元，同比增长49.12%。其中：南区（亚父园区）实现工业总产值27.54亿元，同比增长30.13%，规上工业总产值24.05亿元，同比增长47.56%；完成全社会固定资产投资48.89亿元，同比增长27.67%，工业固定资产投资30.53亿元，同比增长44.29%；完成税收入库数8058万元。

下一步，安徽居巢经济开发区南区（亚父园区）将做优食品产业，发展装备制造产业，重点打造绿色食品、光机电和中科先进制造创新产业园等特色园区；北区（夏阁园区）重点发展镁基轻质合金材料产业，打造新材料产业园。2016年，我们将努力实现工业总产值151亿元，工业增加值35亿元，完成全社会固定资产投资87亿元，完成税收6亿元；力争到“十三五”末，实现500亿元产值、300亿元固定资产投资和20亿元财政收入，挺进安徽省级经开区十强，真正成为巢湖产业立市的“长子”、经济发展的“门户”。

淮北市

淮北市开发区发展报告

2015年，在市委、市政府的坚强领导下，我市积极面对严峻复杂的外部环境和困难挑战，抢抓省委、省政府支持皖北地区振兴发展的重大战略机遇，紧紧围绕建设“精致淮北”目标，努力探索制度创新，做大做强经济规模，全面提升发展质量和综合效益，园区建设平稳发展，对全市经济社会发展带动作用明显。

一、2015年全市开发区建设发展情况

（一）经济总量稳步提升。2015年全市7个省级开发区（含濉芜现代产业园），已建成面积67.04平方公里，其中工业面积38.3平方公里；全市开发区企业个数979个，增长6.53%，全市开发区新增入区企业60家，其中新增规模以上工业企业3家；全市开发区实现经营（销售）收入1206.7亿元，增长4.33%，其中主导产业经营（销售）收入781.7亿元，增长3.91%；实现规模以上工业增加值265.9亿元，增长2.33%，占全市的比重为53.8%；完成固定资产投资381.4亿元，增长14.05%，占全市的比重为41.2%；税收总收入22.6亿元，增长6.85%。

（二）主导产业快速集聚。全市开发区新增入区企业60家，其中新增规模以上工业企业3家。全市开发区结合各自产业项目集聚现状，提升产业集聚水平，发挥比较优势，推进错位发展，初步形成了自身特色的集聚产业。淮北经济开发区电子信息、新材料等战略性新兴产业全年完成产值117亿元，同比增长16%。安徽（淮北）新型煤化工合成材料基地积极建设“煤–焦–化–电–材”循环经济示范园区，打造新型煤化工合成材料产业基地。濉溪经济开发区现有铝业龙头企业6家，重点打造濉溪铝基新材料战略性新兴产业集聚基地，目前正积极争取进入省第二批战略性新兴产业集聚发展基地。凤凰山经济开发区以发展绿色食品为依托，已打造成为省内首家新型的、集群式的食品制造业基地。杜集经济开发区重点发展装备制造、高端农业机械等产业，打造国家级煤矿机械产业示范基地。烈山经济开发区积极发展电子信息产业，着力打造现代物流园区。濉芜现代产业园建设装备制造业基地。

（三）园区载体不断完善。淮北经济开发区新区二期安置房房屋工程竣工验收，分配安置房979户1643套；龙湖新村公租房正在进行配租出售；新区二期标准化厂房中综合楼工程主体完工。安徽（淮北）新型煤化工合成材料基地完成基地北路配套绿化工程，启动焦化二期卫生防护距离内及中利三期周边5个村的拆迁安置工作，开工建设产业大道工程，公租房、企业孵化器工程投入使用。濉溪经济开发区科创大厦已入驻金融、贸易等服务机构10家，公租房投入使用；园区先后入驻大型商超、信用联社等单位，逐步发展成为产城融合示范区。凤凰山经济开发区正在编制《淮北凤凰山开发区控制性详细规划》；完成栖凤路西侧、凤霞路、凤冠路西延绿化工程；加快推进相凤路、仪凤路、凤竹路等道路及污水管网建设；大力推进小任庄综合服务区安置房建设。杜集经济开发区采用PPP合作模式加快园区管网工程建设，努力实现新建项目区供水、供气管网全覆盖。烈山经济开发区完善了“园中园”干路支路道路网及绿化、路灯等配套设施，提升了开发区景观环境；加快“园中园”生活配套区建设。濉芜现代产业园山茶路、牡丹路、紫藤路等3条道路已建成通车，园区3横7纵路网已形成；1987套濉芜星城安居房即将分配入住；华东商品博览城一期7栋已完成预售，二期预售中。

（四）土地利用日趋集约。各开发区充分挖掘区内现有建设用地潜力，积极推进土地优化配置利用。淮北经济开发区认真盘点龙湖高新区休克企业、低效闲置厂房和土地等资源，通过资本嫁接、项目置换、股权合作等方式，引入新项目，盘活老企业。濉溪经济开发区对于区内已获取土地指标的企业逐一排查，在2014年对正德生物、徽源铝业、亿德金属等项目共计700余亩土地实施了收储盘活的基础上，2015年又收储了济仁药业、顺通玻璃等闲置土地近200亩。凤凰山经济开发区全面盘点闲置厂房，积极对接上海、广东等地产业转移，依托开发区标准化厂房、低效闲置土地大力开展“零土地招商”，努力实现破解用地瓶颈和促进产业转型升级的良好局面。杜集经济开发区以华盛能源盘活土地为切入点，通过引进项目，切实解决土地、厂房等资源资产长期闲置问题，实现企业“二次创业”。促成扬帆金属搬迁，实现投产；积极协调佰思威和超强建材2家停建企业尽快复工，最大限度提高土地利用率。

（五）招商引资水平明显提高。全市开发区实际利用省外资金130.8亿元，外资3.1亿美元。我市利用中国（淮北）食品工业博览会、第六届石榴文化旅游节、安徽•淮北首届新型煤化工产业发展研讨暨项目对接会等会展平台，进行招商推介和洽谈活动。全面推进“全员招商、以商招商、协会招商、定向招商”，积极向长三角、珠三角、京津冀等地区外出招商，邀请上海电气、申能集团、均瑶集团等大企业来淮参观考察。积极联系扬州化工园、宜兴化工园等友好园区，互通招商信息，做好承载产业转移准备。积极推进华润啤酒、天津乐吧薯片、乐百氏（广州）饮料有限公司、广州完美集团等知名企业入驻。开工建设共创汽配、中建汽配和塞利汽配和亿洁能源等招商引资项目。促成海螺集团与淮海公司投资的4500t/d熟料项目签约。

二、存在的主要问题

2015年，全市开发区总体保持平稳发展势头，主要经济指标实现了增长，但在全国经济增速放缓以及煤炭行业效益下滑的大背景下，全市开发区仍然面临了较大的经济下行压力。主要表现在：一是经济较快增长面临压力。全市开发区多数经济指标增幅仍低位运行。二是园区承载能力有待提升。开发区商贸、物流、教育、医疗卫生、休闲等配套设施不足，产城融合发展滞后，有待提升。三是要素瓶颈制约严重。用地难，开发区土地指标紧张和土地粗放利用同时存在，土地专项清理工作仍须加强。融资难，一方面银行基于自身风险控制原因，对民营企业怕贷、惜贷、慎贷；另一方面国家严控地方债务，导致开发区基础设施建设融资难。招商难，受宏观经济形势下行、国家对地方招商引资优惠政策进行清理等因素影响，企业投资意愿不足，招商项目落地难。

三、2016年工作思路

2016年，我市开发区将按照省、市加快开发区转型升级的各项决策部署，创新思路，强化举措，破解难题，积极打造精良产业，努力开创开发区建设发展新局面。主要抓好以下几个方面的工作：

（一）强化招商引资力度。创新招商模式，通过设立产业投资基金、土地租赁、股权引导等方式，加快推进一批重大招商项目落地建设。完善招商方式，以产业集聚、龙头项目的产业延伸和内涵发展为目标，实现精准招商；瞄准产业转移的热点地区，大力开展驻点招商；充分利用好当地企业、各类商会、协会等资源，强化以商招商。建立健全项目风险防控、违约退出机制，切实提高项目质量。

（二）推进重点项目提质增效。加强项目管理，加快龙头项目建设。进一步健全日常调度、进度管理、信息收集、跟踪服务等工作机制，强化统筹协调，提升管理效率，确保项目开工、建设、投产的各个阶段环环相扣，衔接有序。

（三）推动园区产城融合发展。按照产城一体原则，合理谋划工业、商贸服务、市政设施功能分布，完善综合配套功能，提升开发区的吸引力和承载力。加快完善开发区供电配网等基础设施建设，全力确保项目具备入驻条件。稳步实施安置房、公租房、标准化厂房建设。加强开发区治安维稳、道路交通、卫生保洁，美化亮化园区环境，为项目入驻创造优良的投资环境。

（四）加快闲置土地集约利用。加大开发区低效闲置用地清理、盘活力度，通过采取对闲置土地立案查处、低效土地协议收回、提高土地使用税、完善配套政策和辅助措施等方式，加快形成倒逼机制，有效盘活闲置土地资源。按照“清理一块、使用一块”的原则，同步推进项目清退和新项目的入驻。积极做好项目清退后新项目的入驻，严把“二次用地”关口，防止出现“二次闲置”。

（五）优化投资发展环境。优化项目审批机制，实行开发区行政事务“封闭运行”，实现“一站式”审批服务，全面提升办事效率。理顺行政管辖关系，实现人员管理与社会事务管理相统一，为项目建设营造良好的外部发展环境。积极探索开发区管理模式创新，按照“管企合一”的模式，通过企业化运作，建立起按市场经济运行的高效快捷的管理运行机制。

淮北市开发区重点介绍

【安徽淮北经济开发区】

一、2015年重点工作完成情况。2015年，在市委、市政府的坚强领导下，市开发区积极应对宏观经济下行挑战，锐意改革创新，着力攻坚克难，园区经济运行呈现出增长动力转换、结构优化改善、发展质量提升的新态势。全区累计完成规模以上工业增加值64.6亿元，同比增长13.3%；新增规模以上工业企业18户；固定资产投资155.8亿元，同比增长13%；进出口总额1.02亿美元，同比增长19.8%；财政总收入2.55亿元、区级收入1.1亿元，同比分别增长24%、23%；认定招商引资规模项目20个，实际利用外资1.2亿美元。一是招商引资稳步推进。认真学习领会国务院有关政策文件精神，探索推进项目落地的新方法、新途径。围绕主导产业，实施精准招商、定向招商，强化驻点招商、以商招商、委托招商，不断加强与各类协会商会，以及上海电气、申能集团、均瑶集团等大企业的交流合作。二是抓帮扶稳增长成效明显。开展帮联企业专项行动，累计帮助企业解决问题50余个，争取各类专项资金1337万元，通过委托贷款、担保和反担保等方式，帮助企业融资近4亿元，代办各类行政审批事项500余件，解决企业用工2022人。三是企业上市工作取得突破。出台《关于进一步推动企业上市和直接融资的意见》，丰盛泰重工等3家企业在省股权交易中心挂牌，千一机械近期将在“新三板”挂牌，龙波电气、中意胶带正在抓紧推进股权改造工作。四是战略性新兴产业快速发展。电子信息、新材料等战略性新兴产业全年完成产值117亿元，同比增长16%。海聚科技、天路航空获批国家级高新技术企业。五是园区配套功能优化提升。新区二期安置房房屋工程竣工验收，分配安置房979户1643套；龙湖新村公租房正在进行配租出售；新区二期标准化厂房中综合楼工程主体完工。六是体制机制不断完善。推动开发区行政事务“封闭运行”，增设环保分局和安监分局，协调市直有关部门对各派驻机构的审批管理权限进行明确和下放。

尽管去年以来，在复杂困难的形势下，开发区建设取得了积极成效，但工作中还存在着诸多问题和不足，主要表现为：一是招商引资工作成效不明显，落户园区的大项目、好项目较少；二是园区产业基础较差，培育新产业、凝聚新动能尚需时日；三是宏观政策制约较多，在产城一体建设模式、投融资等方面办法不多，大胆创新的力度不够。

二、2016年工作思路。2016年，市开发区将以党的十八大和十八届三中、四中、五中全会精神为指导，以提高发展质量和效益为核心，以实施调转促行动计划为抓手，坚持问题导向，深化改革创新，着力破解发展难题，全力加快项目引进、产业培育和转型升级，努力在招引大项目、培育大企业、发展大产业上实现新突破，为“十三五”发展开好局、起好步。

全年经济发展主要预期指标是：规模以上工业增加值72.4亿元，同比增长12%；全社会固定资产投资170亿元，同比增长10%；进出口总额1.07亿美元，同比增长5%；招商引资完成规模项目固定资产投资额20亿元；引进固定资产投资规模5亿元以上项目2个，实际利用外资1.2亿美元。重点抓好以下工作：

（一）凝聚各方力量，全力以赴抓招商。一是调整招商方式，设置长三角、珠三角区域招商中心和现代服务业招商中心，在上海、东莞等地长期开展驻点招商，同时派驻招商人员到上海市通讯制造业行业协会和东莞电子信息行业协会进行挂职，加强工作交流，及时掌握投资动态。各招商中心分别由管委会一名副主任牵头负责，每月在驻点地开展招商活动不少于一周。二是借助上海产业合作促进中心第一联系单位有利身份，梳理预备转移“出沪”企业名单，建立招商引资项目库、重要客商信息资源数据库，锁定一批带动能力强，辐射效应好的行业龙头企业，大力推动园区共建，架设项目出沪入淮直引直落、群聚发展的通道。三是运用市场化手段，采取委托招商、代理招商、以商招商等方式，充分调动各类招商资源，有效发挥企业主体作用，形成社会各界共同为开发区招商的良好氛围。四是认真盘点龙湖高新区休克企业、低效闲置厂房和土地等资源，通过资本嫁接、项目置换、股权合作等方式，引入新项目，盘活老企业。

（二）依托在谈在建重大项目，加快培育主导产业。一是立足在谈的总投资20亿元的杉杉负极材料一体化项目、总投资5.5亿元的锂离子动力电池项目，谋划打造开发区锂离子电池生产基地。二是依托在建的海聚信息、相邦复合材料等龙头企业，推动相邦“2+2”四个项目，深圳赛尔康电源适配器等一批重大项目尽快落地，推动14个重点谋划项目和44个电子信息产业、新材料产业工程包项目加快实施，全力打造电子信息产业、新材料产业。三是对照《省战略性新兴产业集聚发展工程实施方案》要求，进一步明确园区产业发展的重点、方向和实施步骤，积极申报省战略性新兴产业集聚发展基地。

（三）加大产城一体投入，凝聚人气商气。一是采取合作建设、PPP、工业地产等模式，开工建设新区一期创业园剩余3.6万平方米标准化厂房，以及二期8万平方米标准化厂房、厂区道路、商贸综合体等功能性基础设施，提升园区承载轻资产招商项目的能力。实施龙支河生态综合治理工程，完善龙湖污水管网；启动鼎湖土地征用、治理工程；开工建设秸秆发电厂。二是围绕在谈在建重大项目，谋划引进一批与园区企业相配套的金融邮政、信息咨询、人力资源等现代服务业，引进一批国内外知名的专科医院、民营学校、国际双语学校等医疗、教育机构。加快智慧园区建设。

（四）探索直供电模式，着力打造电价优势。与大唐淮北发电厂洽谈大用户电力直接交易合作方案，通过协商确定合适的电价（目标是0.5元/度），由大唐淮北发电厂铺设供电线路、建设变电所、直接和园区内企业进行电力交易，从而提高发电企业售电价格、降低园区企业用电成本，打造开发区电价比较优势，达到三方共赢的局面。

（五）拓展融资渠道，积极筹措园区建设资金。一是重点跟踪落实好徽商银行2.1亿元“城镇化1号基金”申办工作；二是谋划好龙发建投、鸿福公司市场化运作，整合两公司资产，拓展公司业务，积极与各家金融机构对接，通过融资租赁、申办贷款等方式，力争融资6000万元；三是积极协调对接市财政债务办，争取全市2016年新增地方政府债券分配额度。

（六）抓好企业帮扶，稳定实体经济增长。一是深入开展“一对一”干部帮联企业活动，及时掌握企业生产经营情况、园区经济运行和产业发展动态，切实为企业排忧解难，帮助企业渡过难关。二是全面落实中央、省、市稳增长促发展的政策措施，帮助企业用好用活各类宏观经济政策，促进企业降本增效。三是积极探索财政资金引导放大使用方式，加强与各商业银行、担保公司合作，发挥龙兴担保公司作用，开展“税融通”业务，设立电子信息产业出口退税资金池、企业贷款过桥资金池，有效化解企业融资难题。四是加大企业上市工作力度，确保千一机械、淮矿勘探在“新三板”挂牌，加快推进龙波电气、中意胶带、天路航空等企业“新三板”挂牌工作。五是强化人才支持，制定开发区引进紧缺高层次人才暂行办法，依托人才服务“四个合作平台”，为企业提供多样化、定制化服务。

（七）创新服务模式，优化投资发展环境。一是设立重点项目推进办公室，整合调度各类服务资源，统筹项目建设全过程，促进项目建设各个环节衔接有序、高效推进，力争项目早开工、早建成、早投产。目前机构人员已经调整到位。二是抓好开发区行政事务封闭运行，进一步推动驻区分局行政审批权限落实，明确服务流程，建立起“一站式”审批体系。三是实施电子监察智慧政务计划，建立起分工明确、权责清晰、奖惩分明的工作体系。四是优化园区发展环境。积极推动新区20平方公里范围内剩余居民的拆迁安置和龙湖新村公租房配租出售等工作。深入推进平安园区、文明园区建设，着力抓好文明创建、农民工工资清欠、社会治安综合治理等社会事务管理，努力为企业营造良好的外部发展环境。

（八）狠抓作风建设，大力营造干事创业氛围。一是坚持以党建工作统领经济社会发展全局，加大宣传教育培训力度，不断提高机关党员干部的政治素质和业务能力，进一步提振精神，凝聚合力，激发干事创业热情。二是全面落实党风廉政建设“两个责任”，着力抓好廉洁从政教育、制度建设、监督惩处等工作，突出作风效能建设，坚决整治“慵懒散软”和懒政怠政等行为。三是积极探索企业化管理模式，建立健全与开发区建设发展相适应的用人机制、考核机制、分配机制、激励机制，大力营造干事创业氛围。

【安徽（淮北）新型煤化工合成材料基地】 2015年以来，在市委、市政府的正确领导下，基地管委会以加快基地建设为中心，以推进产业延伸为抓手，围绕全年目标任务，突出循环经济理念，提升基地服务水平，目前项目建设、融资保障、土地征迁、基础设施、招商引资等重点工作正在扎实推进。2015年基地实现工业总产值150亿元，实现地区生产总值（规模工业增加值）37.5亿元，上缴税收12亿元，完成固定资产投资20亿元，经济运行整体平稳。

一、全力开展招商引资。一是搞好项目储备，谋划大项目。委托东华院编制80万吨煤制甲醇、30万吨煤制烯烃项目，委托中科院山西煤化所编制煤制芳烃、煤制油品、煤制液化气、煤制α烯烃等项目可研报告，为寻找合作伙伴提供重要项目储备。二是紧盯央企、民企合作，推动大项目。积极寻求煤制甲醇、煤制烯烃、煤焦油深加工、大宗固体废弃物利用等大项目与央企和国内知名民企的合作，特别是把神华集团、华谊集团、中节能集团、上海宝钢和富德能源、上海弘旗、中泰国际、江苏索普等作为重点跟踪对象，努力开展精准招商。三是借助化工协会，捕捉招商信息。积极与中石化联合会煤化工专委会、园区专委会及上海化工协会建立合作关系，延伸招商触角，扩大招商覆盖面。2015年5月份基地获评“全国十大最具发展潜力化工园区”称号。四是打造产业技术平台，开展项目对接。去年12月3日，举办首届安徽·淮北新型煤化工产业发展研讨暨项目对接会，积极开展研讨交流、招商推介与技术合作。

二、加快工业项目建设。一是做好在建项目服务工作。目前基地在建规模项目7个。焦化二期项目，正在进行试生产，预计2016年4底全面投产。铁路物流项目，计划投资4亿元，老站区筛焦楼主体工程已完工，维修车间已建成，正在进行新增用地报批工作，组卷基本完成。上海宝钢气体空分项目，计划投资1.5亿元，建设一套1.6万方/小时的氮、氧分离装置。项目前期手续已完成，建设基本完成，与焦化二期项目同步投产。混合芳烃加氢己内酯项目，计划投资11亿元，一期建设20万吨/年混合芳烃加氢装置，预计2016年2月底投产。二期环己酮联产己内酯项目已启动项目用地征收。相淮水泥技改项目，计划投资1.2亿元，去年4月开工，装备已投产运行，正在进行配套料场建设。深度水处理项目，投资1.1亿元，去年2月初开工，已基本建设完成，正在进行试运行。蒸汽岛项目，总投资1.1亿元，建设210吨/小时蒸汽供应设备，共分两期，已经开工建设，基础施工完成，目前锅炉正在安装，预计与混合芳烃加氢项目同步建成。淮北华醇18万吨煤焦油加氢和5万吨针状焦项目，已签约，去年10月22日黄市长主持召开了项目推进会，12月28日进行厂前区开工典礼，环评等各项前期工作正在积极开展。二是积极推进基地现有企业资产盘活。为引入外来资本，盘活现有存量资产，加大基地煤矸石综合利用的能力和水平，拟引进北京中泰国际与新宇建材合作成立合资公司，借助其技术和市场，提高基地建材产品的档次和市场竞争力，已签订合作框架协议。随着焦化二期空分项目的落地，一期空分正在洽谈收购事宜，上海宝钢气体与焦化公司已确定方案，正运行资产评估。

三、做好基础环境建设。为服务项目建设，提升基地环境，基地管委会启动了一批基础设施项目。一是基地北路配套绿化工程。已于去年5月份全部完工并投入使用。二是启动焦化二期卫生防护距离内及中利三期周边5个村的拆迁安置工作。项目计划总投资1.5亿元，去年5月份正式启动搬迁工作，一期搬迁工作已结束。三是开建产业大道工程。总投资0.5亿元，主路面和人行横道建设已经完成，下一步进行配套绿化建设，年底配套亮化结束。四是公租房已全面投入使用。五是企业孵化器工程，去年7月底已投入使用。六是污水处理项目，中国节能集团、安信中保等多家单位已到基地开展前期调研，近日已与弘旗信息安全技术（上海）有限公司签订合作协议。七是道路交通安全及治安监控系统，设计方案已完成，已进入招标程序，招标书正报财政局待审，近期可进行政府招标采购。

2016年，煤化工基地将继续秉承生态基地的发展理念，以循环经济为路径，以培育千亿煤化工产业为目标，积极构建新型煤化工产业链，以项目为抓手，积极推动项目开工建设，以要素为支撑，积极构建土地、规划、政策保障，努力打造“五个一流”的新型煤化工合成材料基地。2016年基地预计实现工业总产值165亿元，实现销售收入164亿元，实现地区生产总值（规模工业增加值）41亿元，上缴税收14亿元，实现利润8亿元，完成固定资产投资22亿元。

（一）突出多元招商，全力推动招商引资

一是积极推进多元化招商机制以商招商，开拓招商渠道。加大与淮矿集团协调力度，大力开展协同招商。借助现有落地企业，进一步搜集招商信息。产业招商，发挥资源优势。充分利用煤焦油、甲醇、焦炉尾气、氢气、蒸汽等资源优势，吸引产业对口项目落地。技术招商，搜索技术源头。寻找重点化工项目技术源头，开展技术招商，用技术吸引投资。协会招商，扩大基地影响力。借助中石化联合会、上海化工协会、省重化办的影响力，开展对外招商活动。全力配合驻沪办、驻浙办开展招商活动。跨区合作，承接产业转移。积极联系扬州化工园、宜兴化工园等友好园区，互通招商信息，做好承载产业转移准备。

二是全力做好项目服务工作。做好在建项目服务工作，全力保证按时建成投产。做好项目线索梳理，在跟踪、洽谈、签约、落地等环节进行任务分解，缩短落地时限。转变思路，加强与民企合作。在积极寻求与神华、华谊等央企合作的同时，全力寻找国内实力较强、规模较大的民营化工企业，加大合作力度。

（二）突出项目建设，努力做大产业规模

一是加快推进在建项目。临涣焦化二期，该项目自去年2月7日全面开工以来，炼焦、备煤、运焦、化产系统等土建正紧锣密鼓施工中，部分设备已订购，年底一台焦炉投入运行，今年4月份全部建成。明年的重点是加大建设力度和进度，做好建设服务，确保按期竣工并做好环保验收工作。相淮水泥技改项目，原计划今年年底前能够全部建成投产，因新征的30亩地批复落后于序时进度，堆场、料场的建设将顺延至明年。下一步将加快土地征收，保障项目建设要求，确保明年能够投产达产。铁路站场改造项目，土地征收结束后，明年将集中施工路基、桥涵、轨道等大量工程。宝钢气体空分项目，明年完成设备订购、安装及调试工作，争取今年4月份与焦化二期同步建成。卓泰化工项目，20万吨混合芳烃加氢工程，今年2月份基本建成投产。

二是努力谋划一批大项目。

1.50万吨/年甲醇制烯烃项目。该项目是产业规划中重要节点项目，管委会始终坚持高位推进，在市委、市政府领导下，多次与神华集团、上海华谊等央企对接洽谈。近期在朱市长带领下，又赴富德集团洽谈煤制烯烃项目合作，近期富德能源将来淮考察。

2.LNG工业用气及管网建设项目。计划投资3亿元，建设加气站、工业供气及管网工程。正在进行华润集团和国皖邦文公司方案比选，预计年内可开工建设。

3.地下管廊预制材料加工项目。项目计划投资1亿元，由中泰国际控股集团与新宇公司合资成立公司，对原建材厂进行改装，生产地下管廊预制材料。目前双方已签订战略合作协议，正在准备具体合作条款。

4.绿色节能建筑材料项目。项目计划投资5亿元，由安信中保上海弘旗信息安全技术有限公司投资建设，新建绿色节能建筑材料生产线。粉煤灰试验于9月中旬结束，近期继续对接。

5.煤矸石综合利用建材项目。项目计划投资7.36亿元，由淮海集团投资建设，规划千亩新型建材园。目前项目备案、规划、环评、用地预审等前期手续已经办理，规划初稿已完成。

6.2×350MW煤泥矸石发电项目。该项目计划投资25亿元，由淮北矿业集团公司投资建设，新建2台350MW煤泥矸石发电机组。目前正在进行前期工作，项目用地范围内的拆迁工作已全部完成，预计明年可开工建设。

（三）突出基础设施建设，致力打造生态基地

继园区基地北路、公租房、防护林等陆续建设以来，基地基础设施逐步完善，为服务项目建设，提升基地环境，明年将重点建设一批基础设施项目。一是临白路扩建工程。项目对淮北煤化工基地范围内临白路进行扩建，建设长度2.2公里，红线宽度45米。项目总投资5000万元，其中征迁补偿费1000万元。二是建设3万吨/日污水处理厂。建设一座日处理能力达到3万吨的污水处理厂及其配套管网。项目总投资13000万元，征迁补偿费3000万元。三是安置房项目。建设1000套安置房，建筑面积5.4万平方米，项目总投资14500万元。四是产业路桥项目。建设一座跨越孟沟桥梁，设计长度60米，红线宽度45米，北接产业大道南段，南接基地仓储片区。项目总投资2000万元。五是绿化亮化环境治理。对基地规划区内7.5公里基地北路进行亮化，对2公里产业大道绿化及基地北路两侧堆场整治等。项目总投资5000万元。六是安全环保中心项目。建设基地安全环保监测中心及监测网络，建设面积约400平方米。项目总投资1000万元。七是公共管廊项目。建设2公里公共管廊。项目总投资15000万元。八是孟沟治理项目。对基地规划区内孟沟西段2公里进行综合整治，项目总投资2000万元。

【安徽淮北杜集经济开发区】 2015年，面对经济下行压力继续加大，煤炭市场疲软和矿山装备制造产业下滑的严峻形势，杜集经济开发区以问题为导向，坚持“改革、创新、规范、增效”工作理念，深入贯彻区委、区政府关于园区建设的总体要求，以严的标准、实的作风，扎实推进开发区“二次创业”,园区经济总体运行平稳。全年规模以上工业企业实现产值123.5亿元，同比增长6.7%，规模以上工业增加值达32.83亿元，同比增长6.8%；固定资产投资达18.16亿元，同比增长11%；全年新增发明专利申请量177件，授权量39件，新增高新技术企业4家，被国家科技部认定为“国家火炬高端矿山装备特色产业基地”称号。

一、重点工作完成情况

（一）突出招商引资，增强发展后劲。逐步完善招商引资组织推进机制，建立园区招商风险抵押金，科学谋划产业链招商，重视以商招商，坚持走出去，引进来，重拾以前客户资源，重建新的招商关系。与浙江永康众泰集团洽谈投资新能源电动汽车（整车）以及汽摩配项目；推进安徽矿机利用现有机电生产装备资源开展立体停车和军工融合项目；与江苏溧阳申芝电梯达成生产安装和光伏节能标准化厂房建设项目投资意向；促进海螺集团与淮海公司投资的4500d/t熟料项目成功签约。

（二）落实“四督四保”，加快项目建设。千方百计抓开工、促在建、保投产。落实项目包保制，及时解决项目推进过程中遇到的规划、环评、土地、监理以及项目单位与施工单位之间的经济纠纷，努力创造优良投资环境。今年以来，中安矿机、吉祥科教、阳光管业、金达材料等

项目建成投产；新立机电新厂区重新启动，基础建设、设备安装同步推进，部分车间已开始试生产；金途矿山部分设备已进场，锦昌工贸正抓紧推进厂房等基础建设，开始考察设备。全年完成工业投资14.81亿元，同比增长12.5%。

（三）开展资产盘活，促进集约发展。积极探索闲置资产盘活和项目的退出机制，开展“腾笼换鸟”行动。开发区联合相关职能部门，认真开展企业闲置资源排查统计，细致摸排，规范操作，以华盛能源盘活土地为切入点，通过引进项目，切实解决土地、厂房等资源资产长期闲置问题，实现企业“二次创业”。通过开展活动，扬帆金属已搬迁，实现投产；矿大选煤正在开发新型浮选柱，进行产品调试数据收集和申请技术专利；佰思威和超强建材2家因资金链断裂和经济纠纷导致停建的企业，正积极协调，促其尽快复工，最大限度提高土地利用率。

（四）抓好投资服务，促进产业发展。认真宣传落实省、市、区扶持产业发展政策，积极协调市、区职能部门为项目办理各类手续，减少运作时间，提高办事效率。2015年，共发放办证服务联系函15份，为落地项目办理环评、规划、土地等事项36件。对天相电缆、凯瑞矿山等5家企业协调融资资金2300万元，缓解企业资金短缺难题。采取“借转补”等方式支持项目建设，累计扶持资金3400万元，协调解决阳光塑业、恒亚矿机两家企业土地招拍挂周转资金1600多万元。

（五）完善基础配套，提升承载能力。创新投资模式，与北京大悦、中国现代和上海季邦三家咨询公司对接洽谈PPP合作模式。推进新办公新场所规划建设，已完成选址、规划设计，近期开始招投标。加快管网工程建设。供水管网按照“谁投资、谁受益”的原则，由淮北市鸿德供水有限公司对园区现有水资源和设施进行整合、改造和提升，新建项目区供水管网实现全覆盖，部分企业已接入管网；与市燃气公司加强沟通协调，燃气管网继续向北、向西延伸，解决企业用气需求。目前阳光塑业、金达材料均已正常供水、供气。

（六）加强自身建设，营造风清气正环境。扎实推进开发区体制机制的改革创新，健全管理制度，坚持用制度管人管事，用制度促进机关效能的提升。认真落实党政权力规范运行试点工作成果，厘清工委及管委会权力清单、责任清单，园区决策、运行和监督机制逐步健全，重大事项决策权力规范运行。加强队伍建设，结合“三严三实”专题教育，扎实开展“三个专项”活动，规范开展廉政承诺，全面落实“八项规定”，转变作风，提高效能，强化落实，全体机关人员精气神明显提升。

二、存在的问题

（一）主导产业发展乏力。园区煤炭装备制造业呈现出订单减少，产值下降，投资减少等局面。近年来，虽然引进一批项目，但支撑园区快速发展的大项目、好项目没有。

（二）企业流动资金短缺。受企业贷款难，企业三角债以及应收账款回收难等影响，企业流动资金短缺，严重影响企业扩大再生产和转型升级。

（三）企业转型难度大。长期形成的经营理念和管理模式，企业对转型升级彷徨迷茫。加上资金不足，科技投入不大，研发能力薄弱，转型升级难度大。

（四）创新驱动不强。创新人才匮乏，产学研平台建设投入不足。园区缺乏规范高效的投融资平台、电子商务平台、产权交易平台，园区产业发展创新驱动力严重不足。

（五）政策落实缺乏力度。为加快园区建设、招商引资和产业发展，市、区制定或承诺一系列优惠政策。但政策落实和兑现上力度不够，落实难，实效慢。

（六）产城一体发展滞后。园区住宿、餐饮、商贸、物流、金融等公共商业服务功能滞后直接影响了园区经济健康发展。

三、2016年工作打算

（一）工作思路

2016年是开发区实施“调转促”和“十三五”规划开局之年，也是开发区推进“二次创业”的起步之年。开发区以区委、区政府关于杜集工业园区体制改革意见为指导，秉承“改革、创新、规范、增效”工作理念，以争创第二批省战略性新兴产业集聚发展基地为突破口，以调结构转方式促升级为主线，以招商引资和项目建设为抓手，解放思想，创新思路，强化举措，破解难题，努力实现开发区建设发展的新跨越。

（二）重点工作

1.加快园区体制机制改革。加快推进园区管理体制改革。按照区委、区政府“释放园区体制活力，破解发展瓶颈，做优做强做大园区经济”体制改革目标，围绕“一区三园”大规划布局，结合修编园区新的总体规划，科学谋划，规范推进，加快杜集开发区“一区三园”的整合进度。进一步健全管理体制，创新用人体制机制，加快园区新机制规范有效运行。

2 .推进战略性新兴产业集聚基地建设。实施招大引强战略，坚持大项目带动、骨干企业拉动，推动园区机械装备制造产业向集群化、特色化、高端化方向发展。以安徽矿机、山河矿装等企业为龙头，大力发展智能化综采综掘装备、现代农业机械和节能环保装备等高端装备制造业。推进项目建设，落实“四督四保”。抓好已落地项目的组织实施，加大督促协调，增强部门责任，促进在建项目尽快建成投产。重点抓好锦昌工贸、金途矿山等项目建设，搞好跟踪服务和调度，促其如期建成投产。对浩康汽配、淮孚气体、水泥4500吨等已签约项目，协调有关部门单位，及时完善报批手续，落实建设条件，促其按期开工建设。

3.实现招商引资新突破。牢固树立招商引资第一要事理念，坚持传统产业的改造提升和引进培育战略性新兴产业并重，聚焦重点区域、重点产业、重大项目，理清招商思路，夯实招商基础，创新招商方式，强化组织推进，开创招商引资新局面。今年，把上海、杭州、宁波、金华以及京津冀作为主攻方向，突出全员招商、产业招商、以商招商和委托招商，抓住沿海发达地区和国有民营重点企业产业转移机遇，主动出击，承接转移，抓出成效，为园区发展提供后劲。

4.实施园区转型升级工作。引导企业转型发展。促进传统优势产业与战略性新兴产业融合，优化园区产业结构。做大做强主导产业，支持企业引进新设备、新工艺和新技术，加大新产品研发力度，推进产品质量提升，促进矿山机械制造向工程机械、农业机械、环保设备等高端装备制造业延伸。围绕战略性新兴产业集聚发展基地实施方案，引进智能装备、新能源、新材料和生物工程等战略性新兴产业。鼓励和支持企业通过兼并、联合、重组等方式，培育一批主业突出、拥有自主品牌、区域竞争力强的龙头企业，为园区转型发展提供强大支撑。强化土地节约集约，实施项目双向约束制度，严格落实新上项目容积率、建筑密度、亩均税收等硬性指标。加大闲置土地清理回收力度，开展土地利用综合评估，建立健全项目退出机制。做好招商引资与现有企业的融合对接，挖掘现有企业的土地、厂房、设备等闲置资产，通过招商引资、项目引进予以盘活。重点推进新起点、华辰材料、中高矿山等一批企业实现“腾笼换鸟”和“二次创业”。

【安徽淮北凤凰山经济开发区】 2015以来，在区委、区政府的坚强领导下，凤凰山经济开发区严格按照“442”转型升级计划的部署，围绕建设“六好”精致园区，打造“国家级食品产业基地”这一目标，坚持以招大引强为动力，以项目建设为抓手，以强化服务为支撑，深入开展各项工作，园区经济和各项事业继续保持良好的发展势头。

一、2015年主要工作开展情况

（一）稳步运行，综合实力不断增强。2015年，开发区新增规模以上工业企业7家，总数达到87家。全年累计210.68亿元，同比增长13.8%；完成规模以上工业增加值43.19亿元，同比增长13.4%；固定资产投资完成40.53亿元，同比增长50.25%，其中工业投资完成28.67亿元，基础设施投资完成1.65亿元；完成进出口2347万美元。实现税收7500万，其中本级财政收入3040万元。开发区主导产业主要为农产品深加工、肉制品深加工、焙烤类和酒饮料类食品，主导产业完成工业产值157亿元，占总产值的75%，同比增长20.1%，为开发区工业经济发展提供强有力的支撑。2015年，开发区先后被评为国家农业科技园区，全省投资环境十佳开发区，在全省59个筹建开发区中，率先批准升格为副县级建制单位，开发区发展上升了新的台阶。

（二）创新方式，招商选资成效显著。开

发区坚持“选商选资、招大引强”理念，以京津冀、沪浙闽、广深台为主攻方向，进行“点对点”精准招商，与广东达能、香港徐福记、四川豪吉等20余家重点跟踪企业建立了交流合作平台，保持了良好互动关系。其中广东达能、四川豪吉等企业已有明确投资意向。开发区与弘运食品、智信堂、中淮饮品、中农批、新供销社电子商务等9家企业签订正式协议或投资意向书，签约金额达 20亿元。成功举办2015肉蛋制品专委会年会，邀请江苏雨润、福建光阳等30余家省级以上农业产业化龙头企业负责人参加会议，部分企业对来淮投资表现出浓厚兴趣，开发区正积极沟通，跟踪衔接，争取意向项目早日签约。此外，达能饮料、潮安食品工业园、上海恒沃、山东天博卡已达成投资意向，近期有望签约。

（三）加大协调，项目建设积极推进。开发区以项目建设为核心，一手抓挖潜，一手抓在建，把提高土地利用效率，狠抓项目建设摆在更为突出、更加重要的位置。大力开展“腾笼换鸟”，依托园区标准化厂房、低效闲置土地，成功引进天津大海、辽宁大好大、台湾弘运等项目，既挖掘增量，又盘活存量，实现了破解用地瓶颈和促进产业转型升级的双赢。在建项目中，思朗保健饼干、周氏蜂蜜、优乐食品等项目已经投产，华浩食品正在试运营；天德医药物流园项目工程接近尾声，正在进行最后装修工作，近期可投入运营；海福盛项目厂房建设完成，正在协商补充协议；金富士正在进行主体厂房封顶，设备已订购；中易物流园项目主体工程已完工；见龙置业五栋厂房年底前可交付使用；四期标准化厂房（原圣祥项目）正在完善手续，走招标程序；中淮果蔬加工项目已开工。

（四）深化服务，不断破解发展难题。紧紧围绕以投资者为中心，全方位服务好存量企业这一宗旨，为园区企业提供精准服务。组织百余家企业与金融机构对接，累计帮助企业融资5.8亿元。联合证券公司等金融机构通过“一对一、点对点”的方式上门服务，召开上市融资培训会8次，帮助企业开展上市准备工作，目前，已有极速时代、天瑞科技、鑫乐源、亿隆等四家企业顺利在安徽省股权交易中心挂牌上市。积极引导企业申报省、市龙头企业，安徽省著名商标，淮北市知名商标，省、市知名产品等工作，鼓励校企合作，开展科技创新工作，全年共举办驰著名商标培训会、科技培训会8次，正大源“小草”、康宏园“心润”和徽香昱原“贝乐得”等3个商标被评为中国驰名商标。新认定“贝乐得及图”“浩大及图”“昆玉”等3件安徽省著名商标。安徽曦强乳业集团被评为国家级高新技术企业，新增真棒、徽香昱原2家省级诚信企业，新增金冠玻璃、松源食品、正大源公司等7家省级“守合同重信用”企业。帮助新选择产品出口美国，打破了我市建市以来生产企业直接向国外出口即食食品“零”的突破。

二、2016年发展思路

2016年是“十三五”发展规划的开局之年，也是凤凰山食品经济开发区建设“六好”精致园区、打造国家级食品产业基地的关键之年。纵观当前发展形势，一方面，开发区经过几年的快速发展，已具备良好产业基础，食品工业处于可以大有作为的重要战略机遇期。另一方面，对比先进开发区，开发区存在产业结构不优，综合配套不足，产业核心竞争力还不强，项目推进速度不快等问题。

综合当前形势，2016年开发区主要工作思路是：紧抓调转促机遇，按照“建章立制、规范管理、盘活存量、提高质量”的指导思想，围绕一个目标，抓好四项工作，努力实现开发区建设发展新面貌。

围绕一个目标就是：就是围绕“争创省级绿色食品产业集聚发展基地”这一目标，全面推进转型跨越发展。抓好四项工作就是：以项目拉动、产城互动、产业联动、规范带动为重点，不断提升园区发展质量与效益，确保 “十三五”规划开局良好。

一、突出抓好项目拉动，提升食品产业集聚力。抓好招商引资做优增量。积极对接上级部门，认真完成第五届中国淮北食品工业博览会各项工作。主动适应招商形势新变化，围绕产业链延伸、供给侧结构性改革，全力推进产业招商、存量招商、补链招商，积极推进华润啤酒、天津乐吧薯片、乐百氏（广州）饮料有限公司、广州完美集团等知名企业入驻开发区；抓好项目建设增加体量。发扬“钉钉子”精神，拿出更多的精力研究项目、调度项目、推进项目，定期召开企业座谈会，听取企业意见，帮助企业排忧解难。年内重点推动金富士、中淮饮品、智信堂等项目建成投产，中农批农产品批发物流市场项目、香飘飘食品项目、台湾弘运食品等项目启动建设。抓好零地招商盘活存量。全面盘点闲置厂房，将占地、建筑面积、厂房结构、租售价格和优惠政策成册，积极对接上海、广东等地产业转移，依托开发区标准化厂房、低效闲置土地大力开展“零土地招商”，努力实现破解用地瓶颈和促进产业转型升级的良好局面。

二、突出抓好产城互动，提升载体平台吸引力。一是深化规划设计。牢固树立产城融合发展理念，突出规划工作引领作用，根据开发区现实状况和产业特色，结合市、区“十三五”发展规划，修订、完善总体规划和各项专业规划，尽快完成《淮北凤凰山开发区控制性详细规划》编制和审批，增强产业园区、商务区、住宅区、休闲娱乐区、生态保护区等板块布局的科学性、合理性，使各板块的功能得到充分发挥，形成规划上下一张图。二是优化管理体制。为合理配置资源，统筹区域发展，加快开发区产城融合步伐，实行开发区内经济建设与社会事务的区内切块剥离，不断强化开发区社会事务服务中心社会化服务功能；三是完善综合配套。在与主城区充分对接的基础上，加快推进相凤路、仪凤路、凤竹路等道路及污水管网建设。3月份前，完成栖凤路西侧、凤霞路、凤冠路西延绿化工程。加快推进小任庄综合服务区安置房建设，争取2016年底启动搬迁工作。四是提升文明指数。以创建文明城市为契机，不断完善“诚信”等主题广场建设，加大企业文明创建力度，着力创新食品工业旅游的文化内涵，挖掘食品特色文化元素，融会到企业和园区发展，创造独特旅游人文环境。

三、突出抓好产业联动，提升产业核心竞争力。一是通过实施品牌战略引领产业升级。实施科技、品牌、文化“三创新”工程，推进园区、产业、企业“三升级”，加快产业转型步伐，保障企业做大规模，持续发展，带动开发区整体健康发展。在培优、扶强、引大上下功夫，利用区内现有企业品牌优势，推动思朗食品、曦强乳业等重点企业进行规模扩张，积极开展商标战略品牌示范区创建工作，鼓励企业创建中国驰名商标，省著名商标和名牌产品，努力打响“凤凰山制造”品牌；二是通过铺天盖地的小项目积蓄产业潜能。积极推进大众创业，万众创新，通过举办创业大赛、优化创新创业平台、建设创客空间等举措，挖掘优秀青年创客，培育一批在细分领域中处于领导地位的行业小巨人企业；三是通过二三产的密切联动延伸产业链条。积极发展生产性服务业，加快研发、设计、销售、服务等两端项目的引进，提升服务业占比，促进产业从“微笑曲线”中间向两端延伸，不断完善产业体系，抢占发展制高点。积极实施“优二进三”战略，增强二三产之间的良性互动。推动园区食品企业，成立电商部门，开设网上旗舰店、专营店，加快京东商城淮北特产馆运营，将优质特色产品通过线上推向全国市场，扎实做好互联网+食品文章。

四、突出抓好规范带动，提升要素保障支撑力。坚持用规范的管理，提供发展保障，用改革的举措，破解制约发展障碍。一是建章立制促规范。牢固树立用制度管人的理念，不断建立健全各项制度，更加注重加强效能建设，突出治庸、治懒、治散、治奢，全面提高工作效率，将“严”“实”贯穿于开发区队伍管理的全过程，努力锻造一支富有战斗力、创新力和团结力的优秀团队。二是优化服务促规范。主动加强与市直相关部门的沟通，认真梳理最新企业办事程序及优惠政策，完善开发区服务企业流程图，确保合理、高效的工作，让企业“不花冤枉钱、不走冤枉路”，进一步优化园区投资环境。依托智诚人力资源，规范招工用工服务大厅运营，服务企业招工用工。整合省市区专项资金，加快建设开发区信息化平台，完善标杆管理的指标体系，加强存量企业间沟通联系，增强产业链优势互补，实现园区内资源有效整合，不断提升科学服务管理企业能力。二是破解难题促规范。加强企业调研摸底，全面掌握企业生产经营、科技创新、技术改造、人才引育、战略合作等情况及发展需求，帮助企业解决实际困难和问题。加大各级各类政策宣传力度，发动企业积极申报各级各类资助项目，激发企业发展活力。统筹整合人才、资金、土地等要素资源，形成发展合力，在鼓励中小企业上新三板、通过场外融资，创新实施PPP、私募债券、融资租赁等融资新模式的同时，加强金融风险防控，坚决守住不发生区域性、系统性风险的底线。

【安徽淮北烈山经济开发区】 烈山经济开发区始建于2000年，总规划面积11平方公里，主导产业为电子信息产业、商贸物流产业、高端装备制造（汽车配件）产业。在区委、区政府的正确领导下，开发区全力以赴主攻重大项目，加快产业集聚，增强创新活力，全面推进招商引资、园区建设、工业经济、管理服务、党建等工作，取得了显著成效。开发区初步形成了新蔡工业园、刘庄工业园、宝迪工业园、青龙山商贸物流园和市开发区烈山“园中园”的“一区五园”发展格局。

一、大力实施基础设施建设，园区承载能力不断提高。自筹建以来，开发区按照“打基础、利长远”的发展思路，按照产城融合一体化的发展理念，高标准推进园区供水、供电、道路、通讯、排水等基础设施建设，集中力量打造我区工业发展平台，截至目前，开发区初步建成面积达5.8平方公里。

二、全力抓好招大引强，园区开放水平不断提升。开发区始终把招商工作当作第一要务来抓，千方百计，不遗余力，积极用创新思路的方法攻坚克难，实现园区招商工作新的突破。开发区多年来坚持以产业招商不动摇，围绕园区产业定位以及符合我区发展的大工业，以长三角和珠三角为招商重点，主攻一批关联度大、聚集度高、带动力强的大项目，注重引进规模较大的机械电子、商贸物流和电子商务企业。目前，园区共落地企业68家，开发区已初步形成了以金龙机电、新骏电子为代表的机械电子产业，以宸宇汽配、圣方机械汽配等为代表的装备制造产业，以传化物流、格力物流为代表的商贸物流三大主导产业。

三、强力推进项目建设，不断提高产业集聚。开发区引进帮办服务理念，前置服务，通过完善联系人和责任人制度，协调解决重点项目建设过程中发现和需要解决的问题，通过完善约谈、督查、倒排工期和“承诺书制”等多种形式，加快项目进展步伐。2012年以来，园区的项目建设速度加快，新开工项目28个，其中，竣工项目25个，在建项目4个,完成建筑面积200多万平方米，完成投资约50亿元。

四、倾力抓好环境建设，完善服务功能。开发区积极落实市、区关于转作风、提效能工作举措，以抓铁有痕、踏石留印的韧劲，切实改进工作作风，深化效能服务，以积极主动的态度开展服务工作，在企业需要的地方，帮助解决企业最关心、最直接、最迫切需要解决的问题。通过举办政银企座谈会，加强银行金融机构与企业的沟通联系，建立更加紧密合作关系,切实解决企业“贷款难、融资难”问题,积极通过“税融通”、“4321”新型政银企担保体系等方式帮助企业融资。树立企业的发展信心，真正做到政府搭台，企业唱戏，银企双赢，共同发展。

五、加强党建工作，助推园区经济健康发展。坚持将党建工作与企业发展有机融合，不断提升非公企业党组织和党员引领示范作用，使党建工作成为推动园区科学发展的内在动力。通过开展岗位比武、业务竞赛，在企业经营和技术研发中展示先进性，激发个人发展潜力，提高企业的科技创新能力；发挥青年双创微课堂头脑风暴作用，激发创新创业思维；创新开展车间党课微课堂，将服务企业、促进经济发展作为出发点，通过搭平台、建阵地、提升服务质量，帮助企业制定科学发展规划，引导企业走创新驱动、转型发展道路，助力企业强大发展。

六、廉洁有为从政，保障园区转型崛起。从严治党永远在路上，把纪律摆在首位，树立大局意识、政治意识、核心意识、看齐意识，制定了开发区工作十条，“一岗双责”风控节点，签订党风廉政目标责任书，规范大家行为，时刻警醒大家，促进大家依法高效按程序工作，做到踏踏实实做事，明明白白做人，为开发区转型崛起提供坚强保障。

下一步，烈山经济开发区继续围绕五大发展新理念，根据省、市、区决策部署，认真落实省、市、区加快调结构转方式促升级行动计划精神，实施开发区“456”行动方案，打造政策洼地，服务高地，投资宝地。加快推进企业提档升级，大力推进企业上市工作和名牌战略，打造特色园区，发力精准招商，优化经济运行，提升帮办服务，开展非公党建，强化廉洁保障发展。围绕延伸产业链，壮大产业集群，走专业化、集群化、智能化的发展道路，努力形成集中度大、关联性强、集约化水平高的优势产业集群。

【濉溪芜湖现代产业园区】 濉芜产业园是2012年8月经省政府批准成立的全省“3+7”南北合作共建产业园区，三年来，在省委省政府的正确部署下，在两市市委、市政府及两县县委、县政府的坚强领导下，在省皖北办的业务指导下，在省直相关部门的大力支持下，濉芜产业园坚持以党的十八大和十八届三中、四中、五中全会精神和科学发展观为指导，认真贯彻“四个濉溪”的战略部署，坚持以产城一体为方向、以体制机制创新为动力，从零起步、稳步推进各项工作。

一、园区建设成就

截至2015年底，园区各项工作均取得一定成绩，园区连续两年在省财政厅、审计厅组织独立中介机构进行的发展成效考核中，获得县级共建园区第一名的好成绩。主要成绩包括：

（一）争取土地指标方面。园区累计完成房屋征收43.6万平方米、土地征收4058亩，发放征地补偿款、拆迁补偿费、安置过渡费等3.79亿元，土地获批4515亩、待批168亩。

（二）产业项目开工建设方面。当前，园区开工产业类项目15个，分别为华东商品博览城、艾瑞库车业、富厚电气、超快物流、万润新材料、博城包装、海韵新材料、亚星重工、中建机械、赛宇汽配、共创模具、通利金属、奥川机车部件、企兴轮业、西联子车业，试生产项目2个，园区已拥有规模以上企业6家。品豪汽配、奔皓汽配、亿利洁能、威达涂装设备等一批产业特色鲜明、成长性好的项目正在有条不紊推进。

（三）基础设施建设方面。山茶路、牡丹路、紫藤路等3条道路已完成通车，园区3横7纵路网已形成；濉芜园区入口景观工程完工；1987套22万平方米濉芜星城安居房即将分配入住；华东商品博览城一期7栋已完成预售，二期预售中。

（四）财政收入方面。截至2015年12月底，园区累计到位资本金3.6亿元、银行贷款4亿元；园区累计完成财政收入1.76亿元，税收5649万元，其中2015年度完成财政收入8379万元，税收3833万元。

（五）招商引资方面。为提高招商引资成效，在全面梳理招商线索和认真分析招商规律的基础上，进一步优化招商引资驻点基地，完善招商引资奖惩考核机制。细化招商引资人员、车辆和经费管理，招商人员全年外出驻点招商100余天，上门拜访企业120余家，接待来园区考察客商80余批300余人。

（六）服务机制方面。在项目建设中，克服人少事多的矛盾，充分利用现有的24名工作人员，建立了对接服务机制，实行“三个一”责任包保制度，园区班子成员及副科级以上干部每人至少联系一个重点在建项目、一个洽谈签约项目、一个村庄，实施联薪考核、倒逼问责；推行行政审批及便民服务代理代办制度，畅通项目审批绿色通道，打造园区“一站式”高效服务品牌。

二、园区建设和发展中存在的困难和问题

（一）发展空间受限。园区总规面积为14.98平方公里，启动区约为4平方公里，经过三年多的开发建设，启动区面积已被保障房、道路等基础设施建设及入驻的近20个产业项目建设基本占用，发展空间受限，必须启动二期征拆建设。

（二）建设资金短缺，负债率高。当前，园区已完成投资4.9亿元1987套22万平方米濉芜星城安居房工程建设，完成总投资1.9亿元银桦路、海棠路、紫藤路、山茶路、牡丹路、胡桃路、苏铁路、芙蓉路、翠柳路、荷香路等3横7纵路网道路工程建设，已发放征地补偿款、拆迁补偿费、安置过渡费等3.79亿元，除了3.6亿元资本金、4亿元银行贷款外，其余全部为负债，加之园区处于起步阶段入园企业不多财政收入少，园区基础建设资金十分紧缺，财务负担较重。

（三）融资困难。一是国家逐步改变依靠高

投资拉动经济的政策取向，加大对地方政府负债的控制，增加平台贷款的难度，园区建设资金融资困难。二是面对经济下行压力加大、企业利润空间下降的严峻形势，企业融资渠道变窄，中小微企业或多或少都面临着因规模小、贷款抵押不足值、无反担保措施等而导致的融资难、融资贵问题。

（四）招商引资竞争激烈。一是专业招商力量薄弱，与周边一些先进的开发区相比，招商人才尤其是懂经济、懂外语、懂专业的复合型人才依然不足。二是政策限制因素增加。各地开发区同质化竞争严重，为引进大型企业，各地开发区都有一系列优惠政策，相互之间同质化竞争严重，政策优势逐渐弱化。我省现有17个国家级开发区，园区作为省级开发区，在品牌、资源、要素等方面面临不小的竞争压力。

（五）园区服务水平和手段有限。受体制和运行机制的制约，多种行政审批权在县直相关部门手中，导致园区缺乏有效的服务手段，对投资者的服务基本上停留在日常生活和代办手续等“初级阶段”，无法向深层次延伸，离投资者的需求和企业的发展要求还有很大差距。

（六）人员少、干部思想不稳。当前，园区基础建设、项目建设征拆矛盾等社会事务问题较多急需处理，而园区仅有24名工作人员，加之芜湖县干部轮换，有六名已期满，其中两名已返回芜湖县工作，其余四名即将返回。园区当前人员少事务多，存在一人从事多项工作或一人跨部门兼顾工作的现象，人员不足已严重影响园区工作的开展。

三、发展计划

（一）拓展发展空间，提升园区承载力和吸引力。

2016年启动园区二期即对向阳村仲小庄、百善镇石楼等村庄的拆迁征地工作，不断拓展园区发展空间，确保招商引资项目及时落地建设。不断完善园区基础设施、物流配送、公共服务等综合服务保障体系，提升园区的承载力。下大力气，集中财力，完善最基本的硬件设施，提高园区吸引力。

（二）切实解决基础设施建设资金不足问题。

一是积极争取贷款和基金扶持园区基础设施建设和落地工业项目建设，加快建设步伐。二是争取资金扶持。与县直相关部门即发改委、财政局、环保局、经信委等紧密配合，积极争取中央、省对园区基础设施、环境保护、可再生能源利用等方面的项目资金。认真研究国家、省扶持补贴政策，做好项目的论证、筛选、申报工作。三是要按照“谁投资、谁经营、谁受益”的原则，通过创新投融资体制吸引社会参与投资。可探索采取PPP或BOT等模式市场化运作，吸引社会各界投资参与园区基础设施建设。四是县财政适当增加对园区基础建设的投入。省皖北办已向省委省政府建议县级共建园区的省级资本金由5000万增加至1亿元，建议县财政适当增加资本金投入。

（三）完善和探索园区建设投融资新体制。

一是创新融资方式。突破“一靠财政，二靠银行”的思维定式，既要因地制宜、因地生财，又要瞄准国内资本市场及其发展态势，努力拓宽园区社会公益项目和城市基建项目融资渠道。二是建立财政专项资金。发挥财政资金的扶持、引导作用，加大对高新技术项目、循环经济项目、特色产业核心项目和环保优先项目的财政贴息力度。三是协调各商业银行扩大对园区企业的贷款规模，鼓励金融机构增加对成长性好的中小企业的流动资金贷款。

（四）聚合招商要素，做大总量提升质量。

一是不断创新招商引资方式，突出重点行业和重点项目招商，并主动承接发达地区及淮海经济区的产业转移；二是突出招商重点项目的跟踪问效，在大企业引进、产业链延伸、优势产品配套加工上下功夫，引导工业企业相对集中、连片发展，形成规模聚集效应；三是主动参与区域合作，加强与科研院所、有合作意向的企业集团等的洽谈与合作；四是坚持引资和引智相结合。在引进项目的同时，引进现代企业的经营理念和管理模式，着力吸纳具备高、精、专知识技能的各类人才，促进园区企业管理水平整体提升。

（五）在提高服务质量上出实招，合力优化投资环境。

一是要压缩审批时限。建议县直相关部门要

优化审批流程，减少审批环节，压缩审批时间，把该减的环节坚决减掉，把该放的权限坚决放下去，把该压的时限坚决压到位。二是要畅通项目审批通道。严格执行重大项目审批“绿色通道”制度，实行并联、集中、限时办结的审批方式，对拒绝参加或不接受牵头单位协调的，实行“缺席默认制”，在承诺时限内未办结的，实行“超时默认制”。三是要从严打击破坏投资环境的行为。对个别部门在项目审批过程中出现的“衙门作风”要严肃处理，并予以追究领导责任；对县直部门下设的涉企审批的中介机构要统一在行政服务中心设立窗口集中受理和办理业务，没有相关文件规定的，一律不准要求企业指定中介机构服务。

（六）加快体制机制创新，促进园区可持续发展。

一是参照2012年园区集中拆迁会战的做法，成立临时性园区建设指挥部，由县委县政府明确一名分管领导直接指挥，从县直部门抽调人员、园区全力以赴组成工作组专门处理征拆矛盾等社会事务。二是根据园区有机构无编制这一实际情况，县编委应尽快核定园区编制性质及编制数，并对已派驻的濉溪干部根据组织需要和自愿原则，愿意留下的把编制转到园区，不愿意的予以交流到其他工作岗位。

【安徽濉溪经济开发区】 濉溪经济开发区1993年成立，1998年批准成为省级开发区。近年来，开发区在市委、市政府的关怀下，在县委、县政府的正确领导下，奋力开拓、锐意进取，投资环境发生了根本性的改变，已逐步成为功能齐全、设施完善、环境优美、经济飞速发展的新型现代化工业区、优秀企业的摇篮，先后荣获“中国中小企业创新服务先进单位”“浙商最具投资价值开发区”“全国首批创建生态文明典范园区”“中国百佳科学发展示范园区”“省装备制造产业化示范基地”“省创新型园区”“省铝基高端金属材料战略性新兴产业集聚发展基地”“省投资环境十佳开发区”“省知识产权示范园区”等称号。

目前濉溪经济开发区已入驻企业230余家，其中规模企业89家，国家级高新技术企业20家。初步形成了三大主导产业：即以富士特铝业、华中天力、美信铝业等为代表的（铝基）新材料产业，以矿山机器、高罗装备为代表的机电装备制造产业和以鸿源煤化、巨成化工为代表的精细化工产业。

尤其是铝基新材料产业，目前濉溪开发区内有20余家铝加工企业，在建铝加工项目10余个，具备年加工各类铝材约70万吨的能力，依据《安徽省有色金属产业调整和振兴计划》等文件精神，开发区围绕铝型材、铝板带箔、铝压铸件、轨道铝材、铝结构件等核心产品开展招商引资和项目建设，设立安徽省铝制品质量监督检验中心，举行铝产业招商发展论坛，积极创建全省铝基高端金属材料战略性新兴产业集聚发展基地。力争用3–5年时间，把濉溪打造成中国知名的铝基材料高新技术产业基地，使濉溪县拥有40家以上铝材加工企业，具有年加工各类铝材100万～150万吨，实现产值300亿～500亿元的产业规模，打造成中国知名的铝基新材料高新技术产业基地，为濉溪铝产业千亿板块的目标打下坚实基础。

开发区在金属表面处理中心、污水处理厂、华润燃气、科创大厦等项目已投入运营的基础上，将加快推进物流中心、工业地产等生产性服务项目建设进度，在医院、学校、银行、大型商超、星级酒店等项目已入驻的基础上，加速推进金融投资平台、休闲娱乐等生活服务配套项目的建设进度，形成工业企业与服务配套企业良性互动、协调发展的良好格局，使园区承载能力不断提升。

2015年，在省、市商务部门的精心指导下，在县委、县政府的坚强领导下，濉溪经济开发区牢牢以科学发展观为指导，以工业经济为基础，以建设产城融合、宜业宜居的现代化园区为方向，努力把开发区打造成主业突出、特色鲜明、和谐有序、充满活力的现代化、创新型工业新城，全力争创国家级经济技术开发区，努力为“四个濉溪”建设做出积极贡献。

工业经济。1—12月规模工业企业产值完成259.7亿元，同比增长13.9%；规模工业企业销售产值252.1亿元，同比增加14.9%；规模工业增加值完成65.2亿元，同比增长17.3%；战略新兴产业产值96.8亿元，完成序时进度的104.6%；固定资产投资累计完成84亿元，完成序时进度的100%；其中工业投资完成78.2亿元；工业技术改造投资完成42亿元，完成序时进度的107.7%。外贸进出口总额19418万美元，同比增长8.2%，其中出口总额18306万美元，同比增长5.1%，进口总额1112万美元，同比增长113.8%。

招商引资。1—12月完成内资21亿元；完成外资 11800万美元；签约项目 12个；亿元以上项目8个，分别是安徽恒兴汽车零部件公司、安徽宝泰汽配部件公司、安徽富厚电器公司、安徽弘昌新材料公司、通达机电公司、安徽中建缸盖公司、安徽赛宇汽车配件公司、淮北市鹏晟彩印包装有限公司。

商业服务业。开发区限上商业13家，销售收入6.6亿元，同比增长28%；服务业2家，营业收入9860.6万，同比增长7.2%；限上商业培育4家，已申报5家(福田辰茂酒店、那个饭店、恒茂商贸公司、泰宏贸易、百晟贸易),完成序时进度的125%。

财政收入。1—12月份开发区财政收入预计完成4.335亿元，完成年度预算。

主要工作措施。

1.积极推进升级工作，加快争创国家级。2015年1月份，经过积极争取，开发区成为中国开发区协会会员单位。2月初，中国开发区协会、省商务厅开发区处、省统计局等部门负责同志到濉溪经济开发区考察座谈，就开发区升级工作给予指导。2月底，根据省商务厅关于与沪浙苏国家级开发区开展合作对接文件精神和国家级开发区新的综合评价体系要求，开发区积极对接，与绍兴柯桥经济开发区签署了合作共建协议。全力以赴争创国家级，力争用最短的时间获批为国家级经济技术开发区。

2.积极打造铝业基地，推动战略性新兴产业集聚。现有铝业龙头企业6家，其中高精铝板带箔生产企业3家（华中天力铝业等），生产能力30万吨；新型工业铝材企业3家（富士特铝业等），生产能力20万吨；目前在建涉铝项目7个，总投资57.4亿元；安徽省质监局铝制品检测中心并审批待挂牌。根据省战略性新兴产业集聚发展基地建设工作领导小组文件精神，开发区积极申报濉溪铝基新材料战略性新兴产业集聚基地，组织国家发改委研究中心专家及清华大学教授编制实施方案，于6月份，由县政府主要领导带队赴合肥参加省政府组织的战略性新兴产业集聚发展基地评审答辩会议。目前正积极争取进入省第二批战略性新兴产业集聚发展基地。

3.强化企业监管与服务，推动企业上市工作。对区内80余家规模企业继续实施包保责任制，积极主动为企业解决生产经营中的土地、资金、创新、市场等方面存在的困难和问题，促进企业做大做强。今年以来，开发区加强对企业上市的培育和辅导，目前已有上市企业3家，为安徽口子酒业股份有限公司、安徽理士电源技术有限公司和安徽广博机电有限公司；正在辅导2家企业上市，分别是安徽巨成化工有限公司和安徽顺和消防有限公司；培育13家企业上市。

4.强化招商引资工作，积极推进项目建设。围绕开发区铝基新材料等主导产业，开展招商引资与项目对接活动，于3月下旬在广东东莞成功承办了濉溪投资环境说明会，会上邀请近百名广东客商参加，会上签约项目6个，协议资金20余亿元。

积极推动签约项目开工建设，对区内近30个在建项目实施领导包保责任，在项目征地、证件办理、开工许可、规划设计、水电协调、施工安全、竣工验收等方面给予帮助，确保项目建设顺利推进，早日建成投产。近期开工的项目有共创汽配、中建汽配和塞利汽配和亿洁能源。

5.强化园区配套设施建设，推进产城一体化。按照“工业新城、县城新区、产城一体”的发展理念，开发区的功能服务和配套设施不断完善。生产性服务配套工程建设不断强化，工业地产已投入使用，现入驻企业5家，科创大厦已入驻金融、贸易等服务机构10家，公租房已竣工并投入使用；生活服务配套项目不断完善，福田辰茂酒店投入运营，欧斯华、真棒、好又多、亿家汇等大型商超开门营业，信用联社、金福达担保公司等金融服务机构先后入驻，开发区逐步发展成宜工、宜商、宜业、宜居的产城融合示范区。

6.强化科技创新水平，加速推进转型升级。

推进高新技术企业培育及认定工作，扩大高新技术产业规模，到目前高新技术企业总数达到19家，占全县23家高新技术企业的82.6%。坚持引导企业走自主知识产权、自主品牌、自主创新之路，大力构建以企业为主体、市场为导向、产学研相结合的技术创新体系，年初被省商务厅、科技厅评为全省首批知识产权培育示范园区。

7.强化土地集约节约，清理盘活闲置低效用地。对于区内已获取土地指标的企业，按照协议逐一排查，同时要求企业倒排工期列出工程进度表，敦促监督企业全面及时开工，有效督促了相恒化工、海源机电等项目及时开工；针对存在土地部分闲置的企业，开发区积极推进土地优化配置利用，可以继续建设的，监督其尽快增加投资，入驻新项目，无法继续建设的，对其闲置无法利用的土地将进行收储，在去年对正德生物、徽源铝业、亿德金属等项目共计700余亩土地实施了收储盘活的基础上，今年又收储了济仁药业、顺通玻璃等闲置土地近200亩。

2016年工作计划。全面学习宣传贯彻党的十八届三中、四中、五中全会精神，以市、县《关于贯彻〈加快调结构转方式促升级行动计划〉的实施方案》为指导，加快调转促步伐，推进“三城同创”工作，以工业经济为基础，以建设产城融合、宜业宜居的现代化园区为方向，核心抓工业，重点抓项目，突出抓招商，强力抓环境，奋力打造实力开发区、魅力开发区、活力开发区、和谐开发区，为“四个濉溪”建设和精致淮北建设做出积极贡献，全力争创国家级经济技术开发区。

1.以国家级开发区为目标，加快争创工作步伐，在打造皖北地区县域经济主阵营上做出新贡献。开发区各项经济和社会事业发展等指标已达到国家级开发区标准，在省商务厅有关领导的鼎力支持和大力帮助下，国务院已将升级请示文件批转至商务部。下一步将对照国家级经济技术开发区各项指标要求，围绕经济发展、科技创新、集约节约、生态环保和社会责任等6大指标类别，18项具体指标，积极开展争创工作，力争率先在全市乃至皖北地区升级为国家级经济技术开发区，以填补淮北市、皖北地区空白。

2.以产业招商为抓手，着力推动产业结构优化升级，在打造产业精良之区上实现新跨越。一是促进现有企业加快发展，通过干部帮扶企业活动深入实施，全面摸排筛选一批有发展潜力的中小型企业，如广博机电、宇鑫材料、协力矿机等科技型企业挂牌“新三板”，重点培育，集中支持，促进企业产品升级，产能放大。二是进一步完善重点产业重点项目推进工作机制，加大对招商项目的跟踪服务和监管力度，建立动态管理台账，定期集中督查，严格督促项目方切实履行好项目投资额度、建设进度和达产达效能力，对未能履约企业实行追责。三是进一步做大做强主导产业。预计今年三大主导产业产值均超80亿元；再发展10到15家年产值超10亿元的骨干企业；培育3到5家企业上市。四是聚焦高端项目，尤其是重点引入高精铝板带箔、铝基合金铸件、铝基汽车配件、高端装备制造项目，推动招商引资质量升级，为实现铝基新材料千亿板块打基础。

3.加快集聚创新资源要素，在实现创新驱动发展战略上实现新突破。加快实施科技强区和人才强区工程，提升科技、人才对经济发展的支撑和带动作用。一是加快科技创新平台建设，利用省科技厅创新平台专项扶持资金和科创大厦、工业地产等软硬条件，着力完善适合创新创业的体制机制和环境，加大培育中小企业力度，力争用2~3年时间，使区内科技创新型企业占比达80%以上。二是鼓励引导企业通过技术改造升级，提高高新技术产业产值比重，提升园区专利申请数量和质量，扶持区内企业争创名牌。三是加快人才队伍建设。探索建立高层次人才引进机制，研究出台人才引进奖励补贴实施办法，确保高层次人才招得来、留得住。

4.提高土地节约集约利用水平，在拓展园区发展空间上迈出新步伐。提高节约集约利用意识，珍惜园区现有土地资源。一是集约现有土地资源，内部挖潜，淘汰落后项目，盘活闲置低效用地，加快新的工业项目和商业配套项目入驻步伐。二是切实引导企业节约集约利用土地，鼓励企业提高亩均投资强度，提高建筑密度和容积率，提高土地使用率。三是加快推动扩区步伐。研究制定园区拓展规划方案报批，力争实现新一轮扩区增容。

5.提升规划建设水平，在打造宜工宜商、宜业宜居的现代化园区上再上新台阶。以推进开发区一体化发展为核心，着力加快开发区产城融合建设步伐。一是高标准、高起点细化园区规划。强化规划引领，细化深化建设方案，加大执行力度，确保规划落实到位。二是高水平推进基础设施建设。继续加大投入力度，尽快推动鸿源直供电、亿利集中供热等工程建设，逐步完善园区功能，全面提升开发区形象和承载能力。三是坚持建管并重，提升园区精细化管理水平，建立适应开发区发展和城市化需要的管理新体制。努力将开发区建设成软件一流、硬件一流、服务一流的现代化园区。

亳州市

亳州市开发区发展报告

2014年，全市开发区在市委、市政府的坚强领导下，按照国家和省对开发区发展的各项工作部署，充分发挥开发区载体作用，积极引导产业集聚，大力发展高新技术和战略性新兴产业，全力推动开发区转型升级，全市开发区实现持续快速健康发展。目前，开发区已成为我市制造业和现代服务业发展的重要载体，成为我市经济持续快速健康发展的重要增长极，成为“活力亳州、美丽亳州、幸福亳州”现代化建设梦想的重要支撑。

一、2014开展的主要工作

（一）加强规划引领。一是在规划制定上，坚持“规划一张图、建设一盘棋”，积极推进“多规合一”，围绕特色产业、资源优势、区位条件、发展基础，强化功能分区，合理安排开发时序，统筹规划产业集群布局。二是在项目选择上。舍弃与主导产业无关的项目，争取上一批有助于完善主导产业链的项目。三是在项目落地上，本着“专业、集群”的原则，相对集中布置，不断形成集聚新优势。四是在政策引导上，将有限的精力、资金、土地等要素资源投入到与主导产业相关的项目上。

（二）强化园区建设发展的考核引导。研究出台《关于加快推进项目建设转型升级的实施意见》（亳发〔2014〕8号），将加快园区转型升级，全面提升发展内涵作为重要内容。制定《亳州市2014年项目建设考核评分细则》，在发展成效、转型升级、节约集约三大方面设置考核指标，进一步引导开发区转型升级发展。

（三）不断加大基础设施建设力度。2014年，全市开发区完成固定资产投资282.54亿元，同比增长14.78%；其中基础设施投资50.67亿元。亳州经济开发区全年征收房屋30万平方米，征收土地5927亩；谯城经济开发区完成征地4450亩，拆迁26.95万平方米，新通扩区路网8公里。各园区扩建道路配套设施逐步到位。

（四）大力开展招商引资工作。开发区始终坚持招商引资“第一要事”“一把手工程”不动摇，凝心聚力、攻坚克难，大力实施招商引资转型升级工程，扎实开展项目建设百日攻坚活动，招商引资呈现良好发展态势。2014年，全市园区实际利用省外内资193.02亿元、增长8.67%。目前，全市六家开发区入园项目总数达1101个，其中2014年新入园项目287个。永润生物科技、杭州亿多森科技、步长集团、佳华糖业、容大(双联)冷链物流及熟食加工、白云山和黄大南药大健康双产业基地、鼎基鞋材、安徽九洲方圆药业、天津医药集团中新制药、四川科健健康产业城等一批重大项目落户各开发区。

（五）推动开发区开展更名升级工作。为促进园区产城一体化建设，推进园区转型升级，提升园区管理服务职能，推动我市相关开发区开展更名升级工作。2014年，安徽亳州工业园区更名升级为安徽谯城经济开发区，安徽利辛工业园区更名升级为安徽利辛经济开发区，涡阳工业园区更名升级为安徽涡阳经济开发区。目前，我市所有省级工业园区均完成了更名升级工作。

（六）实施节约集约发展。坚持“以人为本、生态优化，节约集约、保护保障”的原则，引导资源利用由粗放型向集约型转变，不断提高单位土地投资强度和产出效益。目前，各开发区对企业违反出让合同约定，长期闲置的土地，依法通过收取闲置费、协议收回、无偿收回、公开出让等方式予以处置。鼓励企业使用工业标准厂房，节约用地空间，2014年，全市5个省级开发区（不含亳芜产业园区）新建成标准厂房超过30万平方米，其中谯城经济开发区4.4万平方米、涡阳经济开发区5.6万平方米、蒙城开发区10万平方米、利辛经济开发区7.8万平方米。

二、建设发展情况及存在的问题

（一）园区经济快速发展。2014年，全市开发园区实现经营（销售）收入684.85亿元，同比增长31.32%；实现工业总产值433.35亿元，同比增长27.62%，其中规模以上工业产值415.31亿元，同比增长26.7%；全年实现税收收入21.04亿元，同比增长28.35%。

（二）产业集中度逐步提高。我市开发区主导产业销售收入434.67亿元，占开发区全年销售收入的63.47%。亳州经济开发区已形成以康美药业、九方制药等为代表的现代中药产业，以重庆啤酒、星家福食品为代表的农副食品加工产业，以为实权光电、兰必得科技为代表的电子信息产业；谯城经济开发区形成以济人药业、协和成药业为代表的现代中药制造产业，以联滔电子、怡科电子为代表的电子机械产业，以五得利面粉、华海食品、曹操食品为代表的农副产品精深加工产业；涡阳经济开发区形成以三星煤化工、涡北煤矿代表的煤电煤化工产业，以财富康达等企业为代表的机械制造产业和以黑娃炒货、于氏德霖为代表的食品加工产业；蒙城经济开发区形成以江淮安驰、佳仕龙机械、兆鑫集团为代表的汽车和零部件加工产业，以大顺化纤、富士特为代表的轻工纺织产业，以宏健食品、雨润食品为代表的农产品加工产业；利辛经济开发区形成以恒盛食品、良夫工贸为代表的食品加工产业，以扬天汽车、凯盛汽车为代表的汽车改装和零部件加工产业，以富亚纱门、芳泽服饰为代表的丝网服饰产业。

（三）转型升级取得新突破。全市开发园区实现高新技术产业产值176.45亿元，同比增长34.09%；高新技术产业产值占全部工业总产值的比重达40.72%。研究与发展经费占园区销售收入的比重达　0.99%，比上年提高0.12个百分点。税收收入占财政收入的比重达93%，比上年提高14个百分点。

（四）合作共建园区取得新进展。2014年，亳芜现代产业园区各项工作全面提升。全年完成固定资产投资25亿元，其中，基础设施6.6亿元，项目投资18.4亿元；新增规模工业2家，限额以上商业企业3家；引进项目23个，其中亿元以上项目15个；新开工项目17个，已运营投产项目17个；完成财政收入1.17亿元。园区30平方公里控制性详规已于2014年9月获市政府批准，调整后的总规和控规正在编制之中。总投资1.4亿元、长约5公里的绕城快速汤王大道至105国道段建成并投入使用；东二路等四条支干道路建设完成，起步区8平方公里的路网已全部建成。

一年来，我市开发园区建设发展取得了一定成效，但仍存在一些问题和不足。一是基础设施有待完善，产业配套水平亟待提高。园区经济是典型的“候鸟经济”，基础设施和配套服务是重要的“气候条件”之一。随着招商引资项目的不断进入，对园区内供水、供电、供气、采暖、通信、污水处理等硬设施，以及商贸、物流、仓储、金融、文化、娱乐、咨询、研发、设计等软服务的配套标准提出新的更高要求。二是产业结构层次低，创新能力不强。从现有入园项目来看，总体上存在“三多三少”现象，即传统项目多、高新技术项目少，小项目多、大项目少，粗加工型项目多、高附加值项目少。部分园区虽在报批时明确了产业发展方向，但在实际操作中对一些项目未能按照产业链和产业集群发展的要求把好入园关，产业集聚效应不显著，园区投入产出比偏低，效益不尽理想，还贷存在较大压力。三是要素制约作用明显。从当前看，土地、资金、人才、环境容量、能耗指标仍是制约园区发展的最大制约。

三、2015年工作安排

（一）化解难题，加快园区转型升级发展。

认识加快开发区建设的重要性和紧迫性，进一步解放思想、凝心聚力，合力破解难题，强势推进开发区发展。一是做好征迁工作，为重点项目顺利推进提供有力保障。二是善于创新，精准把握国家宏观政策微调的有利条件，创新融资方式，拓展融资渠道，加快供地速度，优化资源配置，千方百计克服土地制约。三是精于挖潜，深入研究挖掘有关开发区的政策资源和战略机遇，推进谯城经济开发区申报国家级经济技术开发区工作。四是加大招商引资和招才引智力度，促进产业和高端人才的集聚，推动开发区又好又快发展。

（二）节约集约，推动园区标准厂房建设。继续将节约集约用地考核纳入我市开发区年度发展情况考核，强化考核引导功能，促进土地节约集约利用监督制度化、规范化，坚决遏制“占而不用、多批少用、改作他用”现象。要强化措施，完善土地出让合同，对不按时开工、竣工，投资额不达标的项目追究违约责任，切实保证土地集约、高效利用和优化配置。鼓励园区以标准厂房建设为载体，提高土地利用效率，不断强化园区中小企业集聚孵化作用，力争2015年全市开发区新建标准厂房40万平方米以上。

（三）稳中求进，促进招商引资转型升级。进一步创新招商方式，推广集群式承接、补链式招商，努力提升产业层次。大力推行专业招商、专题招商、以商招商，坚持招商引资与招才引智相结合，结合重大项目招商，积极引进国内外高层次人才和创新团队。积极联系省属企业和央企，争取来我市产业布局。充分发挥行业协会、商会的桥梁纽带作用，搭建产业转移促进平台。充分利用徽商大会、广交会、高交会、西洽会及各类投资贸易会展，高水平策划招商活动，努力提高招商引资实效。

（四）加大力度，打造专业园区建设。按照“产业集聚、布局集中、用地集约”的原则，围绕我市现代中药、食品及农副产品深加工、机械制造、汽车及零部件等产业，不断加大招商引资力度，吸引更多的优质资源向专业园区集聚，培育形成一批特色鲜明、功能突出、产业集聚力强的区中园。

（五）结合实际，提高企业服务质量。加快提升园区服务能力，围绕园区企业实际需求，依托园区企业服务机构等平台，在企业服务、融资、招工、咨询、信息平台等方面，做好为开发区企业服务工作。支持开发区充分发挥网站、杂志、简报的信息发布作用，进一步优化网站，完善信息发布平台，加强园区宣传。

亳州市开发区重点介绍

【安徽亳州经济开发区】 亳州经济开发区是1993年4月经省政府批准成立的省级开发区，2013年7月，为进一步整合资源，壮大发展平台，加快发展步伐，原亳州经济开发区和市南部新区进行整合，成立了新的亳州经济开发区。现经济区域面积50平方公里，人口11.1万人，下设6个管理区，辖19个村（社区），184个自然村。

亳州经开区按照“产城一体”的发展思路，坚持“中华药都核心区、功能完善主城区、宜居宜业低碳区、改革创新先行区”的战略定位，围绕“以现代医药制造业、农产品加工制造业和中医药贸易物流业为三大主导产业，适度发展以医疗器械为主的装备制造业、以劳动密集型为主的轻工电子业”的产业定位，遵照“一心、三组团、四轴、四带”的空间功能布局，聚焦“招商引资、项目建设、企业服务和社会事业”等重点工作，不断理顺体制机制，激发内生动力，加快发展步伐，取得显著成效，正在迅速成长为亳州市经济社会发展的重要增长板块。

经济增速领跑全市。2015年，全区实现工业总产值60亿元，同比增长30.2%；实现规模工业增加值10.4亿元，同比增长32.3%；实现商贸服务业营业收入300亿元,同比增长15.4%；实现财政收入7.92亿元，同比增长27.7%；完成固定资产投资130.7亿元，同比增长25.4%，其中完成工业投资35.亿元， 同比增长25%；完成进出口7360.5万美元,同比增长63%。

主导产业：

1.医药制造业：以修正药业、康美药业、宛西制药、蜀中制药、精华制药、太安堂、天祥药业为代表。

2.农产品加工制造业：以康仕嘉食品、星家福食品和食品产业园企业为核心。

3.中医药贸易物流业：以华佗国际中药城、珍宝岛药业、九州通、昌升中药城为代表。

要素成本：

水：3.1元/立方米；电：0.822元/千瓦时（一般工商业及其他用电）；天然气：3.45元/立方米；蒸汽：190元/吨；最低工资标准：市区月最低标准1250元，非全日制用工小时最低工资标准为13元，小时最低工资标准调整为12元；工业用地基准地价：市本级11.2万/亩。

获得荣誉：2015年9月成功申报现代中药产业集聚发展基地，成为安徽省首批14家新兴产业发展基地之一。

“十三五”重点发展方向：

“十三五”时期，按照全面建成小康社会总体要求，深入贯彻落实省委、省政府和市委、省政府关于加快调转促决策部署，大力实施“4105”行动计划，以现代中药产业集聚发展基地建设为突破口，围绕“中华药都•养生亳州”品牌建设，着力打造亳州经开区建设成“中华药都的核心区、成产城融合的示范区、功能完善的新城区、改革创新的先行区”，全面实现园区建设转型升级，积极争创国家级开发区，为亳州“奋力走在皖北振兴前列”提供强有力的支撑。力争到2020年，实现千亿元级开发区发展目标。预计实现产值1300亿元，工业产值达到500亿元，服务业销售收入达到800亿元，其中，药业工业产值350亿元以上，药业商贸收入650亿元以上。地区生产总值超过200亿元，年均增速34%以上，工业增加值超过130亿元；五年累计固定资产投资超千亿元，年均增速15%以上，财政收入超过20亿元，科技研发经费投入超6亿元。

附：亳州经开区发展情况简表

批准成立时间	1993年4月	2015年进出口额	7360.5万美元
原批准面积	10.46平方公里	2015年出口额	6380.6万美元
审核通过面积	5.66平方公里	2015年进口额	979.9万美元
批准扩区时间	2012年2月	2015年实际利用外资	5931万美元
批准扩区面积	11.2平方公里	累计实际利用外资	1.88亿美元
已建成面积	16.86平方公里	2015年固定资产投资	130.7亿元
2015年ＧＤＰ	46.3亿元	投资强度	200万元／亩
2015年工业增加值	15亿元	2015年高新技术企业产品产值	13.3亿元
2015年财政收入	7.92亿元	当年通过ISO14001认证企业数	12个
2015年工业总产值	60亿元	当年区内世界500强投资企业数	1个

【安徽利辛经济开发区】　安徽利辛经济开发区原为安徽利辛工业园区，2006年2月被批准为省级开发区，位于利辛县城西北部3公里处。2014年11月经省政府批准更名为安徽利辛经济开发区，县委、县政府举全县之力建设经开区，使经开区步入一个快速发展时期。目前，经开区共入驻工业企业152家，已投产企业140家，规模以上工业企业70家，累计完成实际投资额46.7亿元，占地面积4708亩。

利辛经济开发区始终围绕着农副产品加工、服装服饰及丝网纱门、汽车改装及零部件制造、绿色光源等优势产业，着力打造特色产业园建设。目前，农副产品加工产业重点发展食品生产、饲料加工，其代表企业有恒盛实业、浩翔农牧、上上酒业等，同时加快推进德通食品产业园建设（该项目计划投资13.46亿元，现已开工建设标准化厂房14栋，建筑面积78000平方米）；服装服饰及丝网纱门产业以丝网服饰为重点，其代表企业有名珂尔服饰、富亚纱网、京威纺织等，进一步充实国际丝网产业园（其中一期项目已建成，标准化厂房面积144000平方米，陆续入驻企业120多家；二期项目即将建成，为规模企业加工区，现已入驻企业1家）；特种车辆及汽车零部件加工业以特种车辆生产基地、扬天汽贸城为重点，规划建设特种车辆及汽车零部件加工产业园。

2015年，利辛经开区在县委、县政府的正确领导下，利辛经济开发区党工委、管委会凝心聚力、抢抓机遇、创新发展，着力推进项目建设和招商引资，全面优化发展环境，区内经济持续健康发展。经济指标平稳较快增长。2015年，开发区内规模企业完成工业总产值70.03亿元，同比增长11.38%；实现工业增加值15.25亿元，同比增长11.43%；进出口总额5088万美元，占全县进出口总额的91.5%；完成固定资产投资12.5亿元。目前，经开区共入驻工业企业162家，已投产企业140家，规模以上工业企业70家。产业竞争力逐步增强。始终围绕着农副产品加工、服装服饰及丝网纱门、汽车改装及零部件制造等主导产业，着力打造特色产业园建设。目前，农副产品加工产业重点发展食品生产、饲料加工，同时加快推进德通食品产业园建设（该项目计划投资13.46亿元，现已开工建设标准化厂房14栋，建筑面积78000平方米，目前已入驻企业2家）；服装服饰及丝网纱门产业以丝网服饰为重点，进一步充实国际丝网产业园（其中一期项目已建成，标准化厂房面积144000平方米，陆续入驻企业120多家；二期项目即将建成，为规模企业加工区，现已入驻企业1家）；特种车辆及汽车零部件加工业以特种车辆生产基地、扬天汽贸城为重点，规划建设特种车辆及汽车零部件加工产业园。招商引资提质增效。坚持把招商引资作为经济结构调整和产业转型升级的重要途径，继续创新完善招商机制，围绕“招大引强”的招商目标，坚持“兼大顾小”的招商办法，2015年经开区新入驻徽源电杆、腾国滤网、国林服饰、强英鸭业、嘉利网业、亿鑫服饰等20个项目，其中，亿元以上项目4个，协议投资18.6亿元，实际完成投资5.4亿元。新建成投产华金味食品、德通食品、恒福药业、天鑫玻璃、飞亚强磁等16个项目。规模工业企业培育顺利。不断加大对企业的培育和支持力度，帮助企业解决发展中遇到的问题，全力推进企业创新、跨越发展。不断做大做强现有优势企业，让规模以下工业企业成功转变为规模以上工业企业。不断加快推动重大项目建设，培养新的经济增长点，为我县工业经济发展注入新的活力。2015年经开区成功申报京清蓉服饰、创流玩具、舒香食品、华艾生物、宏怡服饰、华金味、恒福药业、奥斯博打印、徽源电杆、征程食品、雅泰木制品、盈泰纺织、丰禾织造等13家企业为规上企业。服务企业水平不断提高。一积极解决企业用工问题。针对企业招工难、用工难，经开区利用节期农民工返乡过节的有利时机，及时开展招聘活动，累计为企业招工1800多人。二是缓解企业融资难题。积极搭建银企合作平台，及时掌握国家产业政策，帮助企业进行融资、贷款抵押等工作。2015年累计帮助洋轮化工、九州天极、扬天集团、华楠木业等30余家企业办理他项权证及设备抵押贷款6亿多元，有效缓解了企业资金难题。三是加强企业安全生产。2015年全年经开区共开展隐患排查41次，专项检查2次，检查企业219家，排查各类安全隐患310处，区内企业无较大或重特大安全生产事故发生。四是大力开展经开区大讲堂。2015年经开区共组织开展了新《安全生产法》培训、电子商务公开课、金融与税收讲座等三期大讲堂，累计培训企业负责人及其他人员400余人次。节约集约用地不断加强。针对低效利用土地的企业，经开区对照投资协议约定逐项进行梳理统计建档，采取督促企业投资、部分收回等方式，清理低效用地。对收回的土地采取“腾笼换鸟”或政府收回建设标准厂房对外招商等方式，实现有效盘活低效利用土地，确保入驻项目健康持续发展。截至目前，经开区已累计清理收回森威家私、洁源科技、富达钢构等20余家企业1100亩土地，重新安置了华艾生物、永和胶业等20多家新项目入驻，用效的盘活了存量土地。机制体制改革不断推进。2015年，经开区进一步完善机制体制，逐步理顺管委会和相关部门的职能关系，按照精简统一高效的原则，强化招商引资、帮扶帮办等职能，实现精细化管理和个性化服务。经开区对入驻项目确定专门人员帮助企业办理相关证件。经开区管委会领导班子每周进行一次现场调度，每月召开一次项目调度会议，通过与相关部门沟通联系，及时协调解决企业在项目建设前期过程中的用电、用水等各类问题，协助企业做好项目开工建设的前期工作，力争项目早日开工投产。

存在问题：一是新入驻项目少，体量小。受经济形势下行的影响，部分行业产能过剩，市场前景不乐观，部分新上项目暂停，未能按计划开工建设。二是项目建设资金不足。部分工业项目经济实力不强，导致项目建设进度缓慢。

2016年工作计划：2016年，经开区将继续发挥自身优势，主动适应经济发展新常态，坚持以项目建设和招商引资为重点，扩大总量，优化结构，增强后劲，提升形象，努力实现各项工作新突破。

1.主要目标。实现工业总产值85亿元，工业增加值18.8亿元，财政收入6000万元，完成进出口额6000万美元，固定资产投资10亿元。新增规模工业企业10家，帮助企业融资贷款7亿元。

2.工作重点：强力推动招商引资。不断优化投资发展环境，继续创新完善招商机制，积极搭建招商平台，全力做好配套服务。加快推进项目建设。力争全年新入驻项目20个，建成投产15个，进一步做好国林服饰、强英鸭业、腾国滤网、嘉利网业等一批在建项目跟踪服务工作，进一步落实在建项目干部包保责任制，严格落实投资主体责任，督促企业按照协议约定的建设进度和投资强度加快项目实施。

充分挖掘经开区内部潜力。积极配合城关镇、西潘楼镇协调土地征迁工作，加大已批准使用土地的征迁力度，解决无地可用的问题。进一步整合区内现有的闲置厂房，协调安排小型企业入驻生产。

【安徽蒙城经济开发区】 蒙城经济开发区始建于2001年，2006年3月经省政府批准为省级开发区，2013年7月经省政府批准，开发区面积由原来审核的1.3平方公里扩展到23.79平方公里。分为东区和南区，其中东区位于城区东侧，规划面积13平方公里，建成面积10平方公里；南区位于城区南部，规划面积10.79平方公里，基础设施覆盖面积8平方公里。2014年被列为“安徽省第五批新型工业化示范基地”和“亳州市汽车产业人才聚集示范区”，同年获得亳州市园区转型升级考核第二名。2015年底开发区各类企业达到223家，其中工业企业147家，2000万元以上的规模工业企业87家。全区各类企业实现经营销售收入120亿元，同比增长15.04%；实现规模工业总产值84.73亿元，同比增长12.97%；完成规模工业增加值21.18亿元，同比增长11%；实现财政收入5.4亿元，同比增长20%。2016年上半年开发区入驻各类企业达到234家，实现规模工业总产值45.8亿元，同比增长15.8%，占全县规模工业总产值的50.3%；完成规模工业增加值11.5亿元，同比增长17.0%；完成财政收入3.9亿元，同比增长18.1%。

经过多年的发展，开发区已基本形成汽车及机械加工制造、农副产品加工、轻纺织造三大主导产业。其中，以江淮汽车集团投资13.6亿元的年产15万辆微车项目、北汽集团一期投资20亿元的现代农业装备制造项目为代表的汽车及机械加工制造企业有16家；以雨润宏健五洲牛肉制品项目、蚌埠雪茄卷烟厂蒙城生产部、东升食品公司为代表的农副产品加工企业有22家；以美格塑业、大顺化纤、福士特服饰为代表的轻纺织造企业有36家。2015年三大主导业实现规模工业总产值72亿元，占全区工业总产值的85%，形成了产业集聚发展的良好态势。“十三五”期间，开发区将坚持创新驱动、集群发展、绿色集约、产城融合、示范带动，推进开发区转型升级，着力打造汽车和现代农业装备制造、食品制造及农产品加工、新型建材及智能家居三大主导产业，形成汽车及零部件制造、现代农业装备制造2个“百亿”产业集群，努力把开发区发展成为产业集群发展和转型升级的主要平台，充分发挥开发区在全县经济社会发展中的示范引领作用，为争创国家级开发区打下坚实基础。

至2015年底，全区各类企业达到225家，其中2000万元以上的规模工业企业87家。全年各类企业实现经营销售收入120亿元，同比增长7.14%；

规模工业企业达到87家，规模以上工业总产值80亿元，同比增长6.7%；完成工业增加值21亿元，同比增长5.9%；财政收入5.4亿元，同比增长20%。

招商引资扎实开展。2015年开发区新签约入驻项目13个，项目协议总投资约40亿元，已完成投资8亿元（年度计划投资20亿元），续建工业项目完成投资4.2亿元。其中亿元以上项目10个，分别是北汽现代农业装备生产项目、强英鸭业产业化项目、安徽国瑞达医疗器械生产项目、北方国建建材生产项目、宝业建筑工业化项目、恒美麻将机生产项目等；5000万以上项目3个分别是臻善阁药业中药饮片生产项目、旭丰灭茬播种一体机生产项目、茂盛打捆机生产项目。正在洽谈的有塑料挤出机及配套辅机生产项目、年产100万平方米电泳项目、年产6亿AH新能源电池生产项目、上海慧谷高新产业园区项目等8个意向项目。

主导产业发展壮大。近年来，我区立足本地资源优势和产业基础，坚持龙头项目带动，积极开展招商引资，加大政策倾斜支持，加快促进产业壮大，已基本形成汽车及机械加工制造、农副产品加工、轻纺织造三大主导产业。其中，以江淮汽车集团投资13.6亿元的年产15万辆微车项目、北汽集团一期投资20亿元的现代农业装备制造项目为代表的汽车及机械加工制造企业有16家；以雨润宏健五洲牛肉制品项目、蚌埠雪茄卷烟厂蒙城生产部、东升食品公司为代表的农副产品加工企业有22家；以美格塑业、大顺化纤、福士特服饰项目为代表的轻纺织造企业有36家。2015年三大主导业实现规模工业总产值72亿元，占全区工业总产值的85%，产业规模不断壮大，产业集聚效应全面显现。其中，汽车及机械制造加工业产值达到22亿元，占全区的25.8%，江淮安驰、佳仕龙等企业发展势头较好，汽车产业链周边项目辐射作用明显增强；农副产品加工业36亿元，占全区经营销售收入的42%，邦基饲料、雪茄烟厂、金冠面粉发展平稳；轻纺服装加工业实现产值14亿元，占全区产值的16.47%，美格塑业、福士特服饰等项目已形成较大规模。

坚持绿色集约发展。一是坚持生态立区。积极协调配合环保局、经委等部门，申请国家、省治污扶持资金、节能与资源综合利用专项资金等政策资金，鼓励引导企业节支降耗、淘汰落后产能，推动企业转型升级。探索建立综合运用经济、法律、行政及市场手段的倒逼机制，对资源依赖强、能源消耗高、环境影响大的产业逐步进行限制淘汰，为新兴产业和先进产能腾出环境容量和发展空间。二是加快创业园建设。开发区致力于打造专业化、特色化、链条化的创业园区群，搭建创业平台，集约节约利用土地，“十二五”期间，共投资6.46亿元建设5大创业园，总占地806亩，目前标准厂房、轻工产业园、电子商务产业园已投入使用，累计入驻小微企业50家，农村淘宝进入皖北蒙城，实现工业总产值10.5亿元，实现税收2400万元，用工2000人左右。三是加快推进企业重组。依法有序开展闲置土地处置工作，进一步提升土地节约集约利用水平。目前，雅泰服饰、天源太阳能、财富汽车三家公司闲置地块已依法收储，宏基汽车零部件项目部分土地和厂房重组给讴神公司、湘工工具重组给明智电气项目。下一步将加快推进博鸿纺织、雁湖金谷工贸有限公司、金岳彩印等其他不良项目重组工作。

体制机制不断创新。按照县委、县政府下发的《关于进一步加强蒙城经济开发区建设的若干意见》，进一步理顺开发区建设与管理体制，明确开发区的职责、权利、事务的承担主体，促进开发区的快速发展。主要包括以下几个方面：一是理顺开发区和庄周办事处关系。开发区党工委书记兼任庄周办事处党委第一书记，庄周办事处党委书记兼任开发区管委会副主任，并赋予开发区在规划编制、经济管理、开发建设方面对庄周辖区的管辖权。二是开发区管委会下设“一室五局”，即党政办公室、招商局、经济发展局、规划建设局、农村工作局、财政局，均为副科级建制，主要负责人可高配为正科级。三是县国土、地税等部门在开发区设立分局（所、庭、大队），受部门和开发区的双重领导。

项目建设快速推进。坚持以项目为抓手，班子成员联系包保重点项目，进一步理顺项目办事服务流程，为项目提供保姆式服务，全力促进意向项目抓紧落地、落地项目尽快开工、在建项目加快进度。广美钢业、欣瑞特木塑、信合汽车、蓝博供水、京涛食品等13个续建项目建成投产，江淮供应集、万龙冲压焊接件、育田机械、上元新型家居、宝业住宅产业化、讴神机械、臻善阁中药饮片等7个新开工项目进展顺利，北方国建、海王医药、国瑞达医疗器械等3个项目近期将开工建设。同时，突出抓好项目谋划，全年共谋划项目30多个，其中工业项目20多个。

基础设施持续完善。坚持规划引领，认真开展经济开发区东区控制性详细规划编制工作。“两区”道排、绿化、水系景观、道路亮化等基础设施加快完善，实施完成投资约1.25亿元纬一路、逍遥路、经十四路等10条长约8.6公里的道排工程；完成投资3360余万元高速出口西公园、“两区”道路绿化等工程；完成投资约2000万元乐土路、西外环、望月路等15条约37公里道路亮化工程。同时，完成了开发区创业园一期主体工程建设，完成了投资2亿元齐山路等8条约9公里道排工程设计及招标工作。

服务管理全面提升。坚持“围绕发展抓党建、抓好党建促发展”的工作思路，推进开发区非公企业党建工作，实现了企业党组织全覆盖，进一步提升服务企业水平。实行班子成员联系企业制度，班子成员坚持每月至少2次到企业进行调研，协调解决企业发展和项目实施中的各种困难和问题。推进开发区党员服务中心与开发区人才劳务中心合并运营，为企业组织人才招聘15000余人次，实现就业近5000人。组织企业党组织积极帮助企业困难职工申请公租房、廉租房；建立了职工子女学习基金，资助家庭困难的职工子女上学；对急需用钱的员工，无偿提供无息贷款，让广大企业职工感受到党组织的关怀，为企业解决后顾之忧。

存在的主要问题。一是产业总体实力不强。目前，开发区首位度发展的汽车制造及零部件产业产值仅占全区工业总产值的20%，江淮安驰今年以来生产各类汽车21000多辆,预计全年产量3万辆，短期内难以达到年产15万辆的设计产能。总体来看，三大主导产业中的龙头企业规模不大，发展不快，带动性还不强。开发区企业产品档次普遍较低，创新意识不强，经营能力处在较低水平等方面问题尤为突出。

二是项目建设仍不平衡。招商引资大项目不多，项目整体质量不高，特别是附加值高、科技含量高的大项目引进不多。有的招商企业投资不到位，生产内容未落实，存在部分土地和厂房闲置现象，目前已盘活重组项目土地面积195亩（湘工、宏基），收回企业闲置土地60多亩（财富、天缘太阳能），已经过成初步意向回收土地面积315亩（雨润）。三是产业配套不够完善。新引进的项目周边基础设施建设跟不上园区的发展需要，部分项目水、电、燃气、通讯等基础设施配套仍不齐全。特别是开发区内金融、商业、文化娱乐等服务配套不足，不能满足开发区企业和职工生产、生活需要。四是体制机制有待创新。开发区发生了很大变化，从开发建设阶段逐步转向产业集聚发展、企业提质增效、服务管理提升的新阶段，而现行的在开发建设阶段适用的体制机制已经不能满足新的发展形势的需要，亟待进一步改革创新。

2016年工作计划：2016年，力争开发区规模工业企业总数达到100家,实现规模工业总产值100亿元，完成工业增加值25亿元，实现财政收入6.37亿元。大力发展三大主导产业，力争汽车制造及零部件加工产业产值增速在35%以上，轻工纺织服装产业产值增速在25%以上，农副产品加工产业产值增速在15%以上，新增产值10亿元以上企业1家，产值亿元以上的企业8家以上。主要措施：1.突出重点，抓紧抓好招商引资。出台开发区工业项目入驻有关政策，鼓励和吸引投资者在开发区投资新建工业项目。重点围绕汽车及零部件加工制造业、现代农业装备制造业、建材家居业，扎实开展产业招商、以商招商、精准招商，全年外出推介不少于3次，每次推介组织参与企业不少于15家。力争全年开发区新增签约并落地项目不少于16个，其中亿元以上工业项目不少于12个，5亿元以上项目2个，实现招商引资不低于40亿元。同时，认真做好项目谋划工作，全年谋划优质项目不少于20个，其中汽车及机械加工制造业项目不少于12个。2.强化措施，全面推进项目建设。实行主要领导不定期调度、分管领导周调度、现场专人负责制，及时解决项目存在问题，为项目落地及建设提供全程服务。将项目建设与政策兑现、产业扶持等严格挂钩，确保项目按照合同要求推进建设。以“八月行动计划”为抓手，按照意向项目促落地、在建项目促竣工、竣工项目促投产的要求，明确分工，细化责任，倒排进度，着力推进北汽现代农业装备制造、中凯汽车零部件产业园、安徽鑫元实业股份等重点项目建设，围绕中凯汽车零部件、北汽集团等重点工业企业项目，做好开发区企业项目的规划设计服务工作。同时，做好开发区东区、食品工业园规划设计、两区基础设施前期设计及工业企业前期规划设计指导工作。3.完善规划，加快产城融合发展。围绕产城融合、转型升级发展思路，高标准做好《经济开发区东区控制性详细规划》的编制工作，在完善产业功能布局的同时，重点加大生活性服务设施和生产性服务设施比重，着力提升园区配套服务水平。加快“两区”扩区升级，2016年计划投资约4.6亿元实施仁和路、齐山路、濮水路等20条约26公里道排及绿化工程建设，投资约2500万元实施纬一路、仁和路、濮水路等31条约46公里的道路亮化工程；投资约6180万元实施啄沟、横四河等水系景观及道路红线外绿化工程；启动实施邻里中心、庄周派出所改迁建工程、食品工业园基础附属设施工程、创业园一期供电配套工程、梦蝶路电力线路新建工程等。同时,做好前期已建成未移交道路、绿化等工程的竣工验收、审计、移交工作。4.提升服务，不断优化发展环境。完善服务机制，加强对入园企业的梳理分析调度，做到每月有台账，每月有调度，每月有督查，集中交办、限时办结企业发展过程中存在的困难和问题，并在网上和公开栏公布进展情况。积极构建开发区金融服务平台，充分利用省金融办税融通业务有关政策，更好地为企业提供金融服务。做好人才工作。出台人才引进有关政策，充分发挥开发区劳务市场的作用，积极协调人社部门和有关乡镇，采取有效的措施切实解决企业用工难的问题。鼓励引导企业加大科技创新，开展高新技术企业一对一培训服务，争取2016年新增高新技术企业4家以上，制定专利发明奖励办法，力争发明专利增长10%。5.加强管理，提高园区发展质量。按照开发区企业（项目）整合提升实施方案，依法有序推进低效企业和项目整合提升，积极盘活闲置厂房及低效用地，挖掘发展潜力。严把项目准入关，加快推进小微企业孵化基地、标准厂房建设，进一步提高土地利用效率。严格落实企业安全生产主体责任，认真开展企业安全生产大检查活动。严格执行环评制度，严控污染企业入园，认真落实环保设施建设“三同时”，高标准建设园区企业环保设施，鼓励引导企业节支降耗、淘汰落后产能。加强开发区企业环境综合整治，重点对在建项目规划落实、安全文明施工等情况进行监管，对私搭乱建、乱堆乱放等问题限期整改，切实提高园区文明程度。

【安徽谯城经济开发区】 概况。2006年4月经省人民政府批准，设立省级亳州工业园区，核准面积5.6平方公里。2014年8月省政府批准更名为“安徽谯城经济开发区”，批准扩区面积13.07平方公里。在城市规划区内6.22平方公里，现规划面积24.89平方公里，建成区约20平方公里。总体规划在空间布局结构上形成“一轴、两核、三带、五大片区”。重点培育三大主导产业：现代中医药制造业、食品及农副产品加工业、劳动密集型电子鞋服加工制造业。申报国家级经开区工作2015年8月省政府上报国务院已批转商务部。

谯城经开区设置了党工委（辖1个非公党委、2个机关支部、28个企业支部）和纪工委。管委会内设规划建设局、经济发展局、办公室及管理服务中心，并设有经开区派出所、地税分局、市场监督管理分局、行政执法分局。

2014年11月被评为“第三届安徽省投资环境十佳开发区”。2015年9月被省政府批准为安徽省战略性新兴产业（现代中药）集聚发展基地。2015年10月被省科技厅、经信委、商务厅、知识产权局确定为第二批省知识产权示范培育园区。2015年12月被科技部批准为“安徽亳州国家农业科技园区”。

基础设施建设。区委、区政府按照产城一体化的思路，加大投入、加快建设。拆迁30多个村庄和单位，面积100多万平方米，征地3.2万亩，实现了路、水、电、燃气、热力、通信、有线电视“七通一平”，绿化、亮化、交通信号、电子监控全覆盖。总长82.5公里的“六纵十二横”路网全部贯通，与市经开区、亳芜产业园、北部新城区、十八里镇工业功能区融为一体。

2014年完成征地4450亩，拆迁26.95万平方米。新修道路8公里，配套设施全部到位。2015年完成征地1366亩，拆迁14.8万平方米，完成扩区路网7.5公里。

规划建设保障性住房和安置还原小区8个，续建安置还原小区187万平方米，新开工安置还原小区112.3万平方米。恒大城、金色名城、绿水家园等商住小区7个。可容纳1万名师生的亳州二中、容纳近6000名师生的亳州第十六中学及附设的小学、幼儿园已投入使用。投资3亿元设置1000张床位的三甲级谯城人民医院正在建设。

完成了谯西线、五得利面粉、九洲方圆制药、食品产业园等9条供电线路架设及迁移改造工程。投资3800万元，新增36条（段）道路绿化；投资620万元新修非机动车道18000平方米、人行道3600平方米；投资1760万元，新装LED节能路灯1020盏，完善更新了所有道路交通标识、标牌、标线。投资3000万元，建设经一路污水提升泵站、4座垃圾中转站、东风沟景观带。

招商引资和项目建设。现进驻各类企业和项目237家，其中已投产企业170家中工业企业133家，规模以上工业企业106家。在建和签约项目67个，其中固定资产投资亿元以上项目54个。在建和投产药业项目158家，其中取得GMP饮片生产企业75家、中药提取企业6家，取得GSP医药销售企业59家。投产企业取得各类发明专利153项，省部级科技成果奖16项，安徽省著名商标16个，国家级、省级名牌产品56个，建立院士工作站2个，博士后科研工作站3个，省级以上技术研发中心9家，省认定企业技术中心10家。2015年签约入园项目16个，其中超亿元项目10个，合同资金76亿元，完成招商引资53.27亿。新增规模企业9家。

2015年五得利面粉第二条日加工1500吨小麦生产线、珍宝岛药业仓储物流、博通供应链公用型保税仓库、怡科电子、安踏鼎基服饰、光临宠物工艺品、宝马汽车4S店等18家建成投产；广药集团白云山和记黄埔大南药大健康基地、养生天下保健食品、海鲸王子新型材、天福康药业中药提取等8个项目试生产；九洲方圆制药、天津医药中新药业亳州产业园一期、井泉药业、宏信药业、众诚食品、华佗国药、浦天春药业等9个项目主体工程完工；中小企业孵化器标准厂房、6#、7#还原小区、百岁堂药业、纪淞堂药业、天天向上药包材、安踏喜宝鞋服二期、碧桂园等13个项目开工建设；北京同仁堂科技亳州制药项目、五洲制药项目、泰乐康药业、普润药业、尚佳药用包材、麦淇果酒、创源电力设备、福建龙豪鞋业亳州公司等项目成功签约。

经济发展。2014年完成固定资产投资61.6亿元，增长10.2%；经营收入245.7亿元，增长44.1%；工业总产值185.5亿元，增长44.2%；进出口总额1.56亿美元，增长4.6%；税收收入8.06亿元，增长37.1%；实现就业3.25万人。

2015年实现地区生产总值81.5亿元，增长10%；完成固定资产投资70亿元，增长13.6%；经营收入301亿元，增长17.9%；规上工业总产值185亿元，增长10.5%；进出口总额1.5亿美元，增长2.6%；税收收入9亿元，增长11.6%；实现就业4.1万人。

项目管理服务。加大对项目的跟踪服务，加快推进建设进度。把每一个入区项目都分包到工作人员，落实责任机制，分包人员深入到工地，实行一线工作法，解决项目建设中存在的问题200多件次。配合区商务局对新增外贸企业进行培训，对外贸出口手续办理等方面存在的问题给予现场答疑。积极帮助企业融资，协调召开两次银企对接会。联系政府涉经部门争取上级扶持政策，帮助企业做大做强。对入园项目实行双向约束机制，严格兑现合同，实现高效集约节约用地。婉拒6个不符合产业发展规划和有污染的项目入园，确保清洁生产和环境优美。加大宣传力度，引导本市、区劳动力在家门口就业。在各乡镇办事处、区人社局等单位共同努力下，为企业组织招工18000多人。

2015年主要实绩。2015年谯城经开区凝心聚力、抢抓机遇、创新发展，着力推进招商引资和项目建设，全面优化发展环境，开发区整体形象和经济运行质量明显提升，保持了持续快速发展的势头。申报国家级经开区工作2015年8月省政府上报国务院已批转商务部。2015年9月被省政府批准为安徽省战略性新兴产业（现代中药）集聚发展基地。2015年10月被省科技厅、经信委、商务厅、知识产权局确定为第二批省知识产权示范培育园区。2015年12月被科技部批准为安徽亳州国家农业科技园区。①经济发展。2015年底实现地区生产总值81.5亿元，增长10%；经营收入301亿元，增长18.3%；完成固定资产投资70.5亿元，增长13.6%；规上工业总产值205亿元，增长12.5%；进出口总额1.8亿美元，增长2.6%；税收收入9.05亿元，增长11.6%。②主导产业培育。按照上级“调结构转方式促升级”行动计划，紧紧围绕“引进一批、上市一批、合作一批、孵化一批”的目标要求，充分发挥自身优势，主动适应经济发展新常态，以创建国家级经济技术开发区为中心，以现代中药产业集聚发展基地为抓手，重点培育现代中药、计算机通信电子设备制造、农副产品加工业三大主导产业。努力打造工业化、信息化、城镇化和农业现代化协调发展先行区和城乡一体、宜居宜业的现代化新城区。现进驻各类企业和项目237家，其中已投产企业170家中工业企业133家，规模以上工业企业106家。在建和签约项目69个，其中固定资产投资亿元以上项目54个。在建和投产药业项目143家，药业产值比重占68%，其中取得GMP饮片生产企业75家、中药提取企业6家，取得GSP医药销售企业59家。投产企业取得各类发明专利153项，省部级科技成果奖16项，安徽省著名商标16个，国家级、省级名牌产品56个，建立院士工作站2个，博士后科研工作站3个，省级以上技术研发中心9家，省认定企业技术中心10家。③招商引资及项目建设。2015年签约入园项目16个，其中超亿元项目10个，合同资金76亿元，完成招商引资53.27亿。新增规模企业9家。五得利面粉二期日加工1500吨小麦生产线、珍宝岛药业仓储物流、博通供应链公用型保税仓库、怡科电子、安踏鼎基服饰、光临宠物工艺品、宝马汽车4S店等18家建成投产；广药集团白云山和记黄埔大南药大健康基地、养生天下保健食品、海鲸王子新型材、天福康药业中药提取等8个项目试生产；九洲方圆制药、天津医药中新药业亳州产业园一期、井泉药业、宏信药业、众诚食品、华佗国药、浦天春药业等9个项目主体工程完工；中小企业孵化器标准厂房、6#、7#还原小区、百岁堂药业、纪淞堂药业、天天向上药包材、安踏喜宝鞋服二期、碧桂园等13个项目开工建设；北京同仁堂科技亳州制药项目、五洲制药项目、泰乐康药业、普润药业、尚佳药用包材、麦淇果酒、创源电力设备、福建龙豪鞋业亳州公司等项目成功签约。④企业创新发展情况。鼓励引导企业加大研发投入，加快建设研发中心等创新平台，加大技术改造力度，提高产品附加值，增强企业核心竞争力。积极创造条件，搭建银企合作平台，推动各商业银行给予企业融资政策倾斜;鼓励支持企业通过上市、发行中小企业集合票据、资本重组、品种引进等渠道解决融资难问题。引导企业走出去，加强与知名品牌企业合作共赢、资源共享，提高企业的科技创新能力和核心竞争力，加快自身发展。2015年培育主板上市公司1家，已在外省新主板上市公司1家（珍宝岛药业），新三板挂牌企业5家、区域性股权交易中心挂牌企业6家。进一步营造尊重、关心、爱护企业外来人员的浓厚氛围，引导企业通过改善工作环境、提高工资待遇、保障合法权益等营造用人留人的良好环境。落实好市、区政府关于对招商引资企业外来高管及务工人员的优惠政策。⑤绿色集约发展。在产业培育和招商引资工作中，坚决杜绝不符合主导产业发展方向的项目落地，新建项目“三同时”执行率、新建企业环评率均达到100%，因环保问题婉拒入区企业13家。建立健全主要污染物总量减排监测体系，引导和鼓励企业在生产、流通、销售各个环节节约资源，促进传统产业升级改造，实施清洁生产。清理一批闲置低效项目。对入园项目实行双向约束机制，严格兑现合同，实现高效集约节约用地，清理一批未完成建设规划闲置的项目用地及低效益项目用地。按照占地较多“割”地，经营不善“嫁”地，中途变化的“收地”三种思路，采用“腾笼换鸟”盘活土地,对擅自私自转让的企业加大处罚力度。

进区企业与项目：①安徽济人药业有限公司。安徽济人药业有限公司规划占地306亩，建筑面积20万平方米。一期传统中药饮片生产项目，占地42亩，建筑面积8000平方米，年生产加工中药饮片2000吨。二期现代中药新药产业化项目，规划占地107亩，投资2.8亿元，建筑面积7.8万平方米。前处理车间、中药提取车间、中药固体制剂车间、质检中心、原料库和职工宿舍等已建成投入使用。主要生产疏风解毒胶囊和欣怡胶囊、盆腔泰胶囊、化痰降气胶囊，其中抗流感新药疏风解毒胶囊获得第十六届中国专利金奖。2014年12月，新开工建设艾迪康唑原料车间、制剂车间、前处理车间、半成品冷库、辅料包材库、中药配方颗粒提取车间6栋2.7万平方米，目前主体工程完工，设备已订购。三期年产10000吨精品中药饮片生产线项目，占地33亩，投资8700万元，建筑面积3.68万平方米。2014年6月开工建设，目前饮片车间、综合车间、包装车间、原料库、质检楼、仓库及配套设施主体工程完工，正在进行设备安装。预计2016年3月试生产。2015年实现销售收入12.6亿元，税收5000万元，就业人数1100人。②安徽珍宝岛药业亳州基地项目。黑龙江珍宝岛药业集团投资，建设中药材前处理、药材提取和中成药制剂生产线、智能化仓储物流中心及行政会议中心、科研中心。项目规划占地620亩，投资30亿元，建筑面积43.5万平方米。分三块建设：安徽珍宝岛医药药材贸易有限公司项目，占地182亩，建筑面积8.75万平方米，投资5亿元，建设成品库2栋、设备库2栋、药材库2栋。成品仓库存储量可达120万件，药材库存储量可达4万吨。该项目已通过GSP认证投入使用。安徽九洲方圆制药有限公司项目，占地349亩，建筑面积29万平方米，投资20亿元。建设前处理、提取、固体制剂、饮料、保健品制剂、口服液制剂车间共8栋及研发、检测等辅助配套设施。该项目2013年10月开工，2016年8月投入生产。投产后，前处理车间可年处理中药材(含中药饮片)30000吨，提取车间可年处理中药材30000吨，年产口服液制剂7.5亿支、胶囊剂20亿粒、片剂12亿片、颗粒剂7500万袋、丸剂5000万瓶、饮料4.8亿瓶。年产值可达100亿元以上。行政会议及科研中心，占地面积89亩，建筑面积5.75万平方米，投资5亿元。行政会议中心建成后将融办公、会议、会展为一体，可接待1400人的大中型会议。科研中心建成后将设立博士后流动站，组建以业界优秀人才为学科带头人，以博士、硕士研究生及各专业人才组成的研发队伍，为公司的未来发展提供强劲的后续动力保障。③广药集团大南药、大健康双产业基地项目。由广药集团旗下的白云山制药股份有限公司与李嘉诚先生旗下的和记黄埔公司合资成立的广州白云山和记黄埔中药（亳州）有限公司投资，占地345亩，建筑面积26.3万平方米，投资10亿元，建设年提取中药提取物3万吨、生产颗粒剂2万吨、片剂100亿粒的中药现代化全产业链基地及广药集团区域物流中心。主要产品有板蓝根颗粒冲剂、复方丹参片、脑心清片等。全部建成投产后，可实现年营业收入16亿元，税收1亿元，安排就业2000人。一期工程2013年11月开工建设，投资3.2亿元，建筑面积9万多平方米，2016年3月试生产。这标志着世界500强的香港和记黄埔和中国500强的广药集团进驻谯城，将进一步提升“中华药都、养生亳州”的品牌影响力。④五得利集团亳州面粉有限公司。由世界面粉产能第一的河北省五得利面粉集团投资，占地126亩，建筑面积15.4万平方米，投资3.3亿元。一期日加工小麦1500吨生产线，2014年4月投产。二期日加工小麦1500吨生产设备2014年10月开始安装，2015年4月中旬投入生产，目前已形成日加工小麦3000吨生产能力。2015年1—11月份实现销售收入14亿元，税收460万元，安排就业270人。⑤安徽养生天下保健食品项目。由安徽养生天下食品科技有限公司与台湾酵素村伍鑫酵素工业集团合作，占地100亩，建筑面积8.47万平方米，投资1.83亿元，建设年产10000吨养生保健食品生产线。该项目2014年2月开工建设，引进台湾技术和设备，生产植物性发酵饮品。目前3F原料库投入使用；2F保健食品生产车间投入使用；3F草本饮料生产车间、3F养生系列食品车间主体完工；3F食堂主体完工，2016年1月试生产。全部建成投产后，可实现年销售收入5亿元，税收3000万元，安排就业400人。⑥安徽亳州喜宝鞋服有限公司项目。占地203亩，投资4亿元，建筑面积14万平方米，建设年产1200万双安踏运动鞋生产线12条。该项目一期2013年7月投产运营，现有生产线5条，工人1300名，日产安踏运动鞋2.8万双。魏岗镇试验厂，现有生产线2条，工人550名，日产运动鞋5000双。2015年公司实现销售收入3亿元，税收1000万元。该项目二期2015年6月开工建设，投资4000万元，建设标准厂房4栋1.7万平方米及大门、道路、景观配套等设施。目前主体工程完工，预计2016年6月投入使用。项目全部建成投产后，可实现年销售收入12亿元，税收3000万元，安排就业4000人。⑦亳州联滔电子有限公司。由深圳立讯精密股份有限公司投资兴建，建设年产1.5亿件电子通信产品和电脑配件生产线。项目占地118亩，投资6亿元，建筑面积6万平方米。该项目于2011年4月开工建设，2011年12月投入生产，2014年实现销售收入达6亿元，税收3880万元，进出口总额2100万美元，安排就业3700人。2013年11月，在古城镇建设分厂，占地11亩，建筑面积2500平方米，2014年有工人350名，实现产值2500万元。⑧杉杉（亳州）时尚产业园项目。杉杉（亳州）时尚产业园项目，由中国杉杉控股集团有限公司投资，建设高档针织面料及服装生产线。一期工程2012年4月开工，建筑面积11万平方米，建设织造、染整、印花、水洗、绣花、制衣车间各一栋，职工宿舍2栋及动力、污水处理等配套设施。目前一期已建成投入生产。2014年实现销售收入5亿元，税收500万元，安排就业1300人。⑨亳州春雨国际汽车博览城项目。总占地720亩，总投资10亿元，由安徽春雨集团投资，建设20家知名品牌汽车4S店、1200间汽车2S店（包括汽配、汽修、美容装潢、汽车用品）及二手车交易、汽车会展、汽车创意产业等10多个业态，同时配套有车辆检测、上牌、保险、金融、汽车文化和休闲娱乐、餐饮、写字楼等设施，以完整的汽车产业链打造皖西北地区汽车后市场产业集群。项目一期占地237亩，目前上海大众、斯柯达、东风标致、江淮重卡、北京现代、东风风神等7家4S店已建成营业；二手车交易市场获批投入运营；统一润滑油，壳牌润滑油，米其林轮胎，邓禄普轮胎，上海腾马汽保、恒权汽配、深圳富威导航，蚌埠滤清器，许昌传动轴，燕飞汽车装饰精品店等知名品牌和商家纷纷进驻，沿紫苑路20家汽车品牌2S店2013年8月正式运营。项目二期已完成规划设计，总投资2.6亿的4家知名品牌4S店、汽车文化风情街和汽车创意产业园将成为春雨国际汽车博览城的新亮点。2015年实现销售收入7.9亿元，税收2860万元，安排就业约1500人。⑩天运现代物流园。由亳州天运物流公司与哈尔滨神州物流公司合资兴建，总占地500亩，总投资10亿元，其中一期占地268亩，投资4亿元，建筑面积20万平方米，已全部建成投入使用，建设接待服务中心、综合信息中心、仓储用房、物流业务营业房、大型智能停车场等。该项目已投入运营，目前进驻运输公司213家，2015年实现运输量80万吨，营业收入3.2亿元，税收1600万元，安排就业2000人。全部投入运营后可实现年运输量达100万吨，年营业收入2.75亿元，税收2475万元，安排就业3300人。

【安徽涡阳经济开发区】 涡阳经开区于2015年1月28日在原工业园区的基础上，整合了南部新区，托管了城东、城西、涡北11个社区，经省政府批准成立。成立初衷是打造涡阳经济发展的先行区，城镇化、工业化的主战场、主引擎。两年来，我们按照征地拆迁先行、规划先行、基础设施先行、项目建设先行的原则，通过抓政风带民风，初步实现了“一年打基础，两年上台阶”的目标。

一、征地拆迁先行。在坚持完善政策、把政策交给群众、公开公平公正操作的基础上，两年来共拆迁村庄27个，拆迁面积近200万平方米，征地近1.5万亩，为项目落地及城市发展提供了保障。

二、规划先行。在县城总体规划的基础上，制定了城南新区控制性详规、工业园区产业规划、一区五园总体规划、环境保护规划，切实做到在规划引领的基础上开展工作。

三、基础设施先行。新建及续建安置小区11个，可容纳安置人口4.8万人。新建道路14条，完善水、电、气配套设施，完成育英河水系建设，有力保障城市建设的需要。

四、项目建设先行。两年来，共完成招商引资总额130亿，签约项目47个，其中亿元以上19

个，完成了续建和新建工业项目20个。光机电、现代中药及绿色食品加工、绿色生态建筑、循环经济科技四个产业集聚区相继启动，三鑫光电、修正健康饮品、恒明新材料等一批战新项目先后建成投产，产业结构更加优化。

另外，两年来经开区共清理盘活闲置低效用地1200亩，清退盘活僵尸企业11家，基本上没有通过新征用土地就实现了工业项目用地需要。

2015年度经开区发展情况及做法

（一）坚持培育主导产业，推进建设产业化园区

涡阳经开区以市政府批准设立的化工集中区（工业园A区）化工产业园、富有特色的农产品加工、具有一定聚集度的汽车制动器生产为支撑，构筑皖北地区先进的化工、农产品、汽车零部件业集聚高地。目前化工集中区重点发展以永煤集团年产30万吨氨醇、52万吨大颗粒尿素项目，使三星化工产业园成为高效、节能、链条完整的大型煤业化工基地，发展空间巨大。同时以现有的12家机械加工企业为依托，重点推进财富康达年产50万套盘式制动器、浙江浩泽汽车零部件等项目建设；积极推进园区汽车零部件企业重组，依托江汽集团，打造汽车零部件龙头企业，推动延链补链、抱团发展。充分利用涡阳县农业资源大县的优势，大力发展农副产品加工产业，重点发展黑娃炒货、高公糖蒜、义门苔干等我县特色产品，扩大生产规模，提高产品质量，创新产品包装；依靠周边林木资源优势，大力发展板材、门窗、家具、木制工艺品等，重点推进安徽成骏家居制造年加工65万套木制工艺品生产线等项目建设。

（二）坚持招商引资，增强园区发展后劲

经开区实施全员招商，制定了招商引资月考核制度，坚持奖惩兑现。一年来，经开区主要领导带队招商，多次赴山东、浙江、黑龙江、北京、上海等地，主动与项目单位洽谈，招商引资取得实质性突破。2015年，共签订招商引资项目24个，总金额24.88亿元。其中，修正健康饮品、新诚达服饰等亿元以上项目7个，安徽谷神种业、百禾堂药业等5000万元以上工业项目7个，16个项目陆续开工建设，为园区发展注入了新的活力。

（三）坚持工业发展，实现一年打基础目标

经开区成立后，将2015年作为企业服务年，制定为企服务实施方案，筹建为企服务大厅，为企业办事提供全程帮办；制定企业空置建筑物管理暂行办法，开展企业空置建筑物租赁专项整治，清理8万多平方米空置厂房用于工业项目入驻；组织3次银企对接活动，帮助企业解决融资难题；开展安全生产隐患排查治理专项整治，对4家存在重大安全隐患的企业进行了停电停业整顿，提高了企业运行质量。2015年，完成规模工业总产值28.6亿元，同比增长21.6%，完成工业固定资产投资14.85亿元，同比增长34.8%，实现财政收入2.23亿元。

（四）坚持征地拆迁，拓展发展空间

高度重视征地拆迁工作，细化征迁政策，统一补偿标准，全面实施阳光征迁，坚持全程公开，严格执行“三级确认、两榜公示”，一把尺子量到底，得到了干部群众的一致认可，彻底破解征迁难题。2015年度，完成土地征迁5000余亩，拆迁房屋80万平方米，完成各类征迁项目36个（整村搬迁项目5个），组织集中拆违执法行动5次，拆除各类违法建设8.5万平方米，保障了各类项目的用地需求。

（五）坚持推进绿色发展，建设集约园区

为在有限的土地上创造更大的价值，经开区成立后十分注重控制入园企业的质量和效益，出台招商引资项目落户评议机制，严格把关入园企业的投资强度和税收贡献度，对不达要求的低效项目坚决说“不”，在源头上推动了产业升级。围绕重点项目，强化建设监管，制定项目建设行事历，规划建设局全程跟进，每周调度，每月通报，确保项目完成序时施工进度；加大闲置低效用地清理，重点整顿圈而不建、建而不产、产而无效等项目，一企一策，分类处置，逐步实施。其中，引进恒明新材料和昆山华凯项目盘活了启航矿山，引进成骏家居项目盘活了方荣钢构，引进创酷电子项目盘活了华华印业，按照计划下步将重点推进天运木业和皖美服饰的清理盘活工作。2015年，共清理盘活闲置低效土地1020亩，在没有新增工业用地的情况下，解决了新入园项

目用地问题，土地节约集约利用工作取得了实质性突破。采取建设标准化厂房、对容积率要求达到硬性规定、引导企业建设多层厂房等措施，确保节约集约用地取得实效。

（六）坚持体制机制创新，建设高效园区

经开区成立之初既无成熟经验可借鉴，又无完备体制可遵循，通过一年逐步摸索探讨，体制机制创新不断取得突破。一是建立规章制度，明确了7项部门工作职责，细化权力清单，解决了有人办事的问题；制定14项工作制度，规范工作流程，解决了规范办事问题；建立9项工作实施意见和考评方案，明确目标任务，解决如何办事问题，确保了开发区的正常运转，实现了“属地、人权事权、财权事权、责任服务”四个统一；二是深化干部考核机制，全力开展创先争优活动，明确党员干部经济发展、先锋表率两大任务，实行每月一考评一通报、一季一兑现、年终大总结制度，激发了全体党员干部参与工作的积极性，提高了干部的决断力、执行力、处置力；三是全力建设一站式服务大厅，实行一次性告知、限时办结制；建立企业帮办制度，首创“模拟代理服务”、“并联审批制度”，从企业立项审批到落地投产全程帮扶，专人帮办，从根本上优化了企业办事流程，提高了办事效率，减少了行政审批成本，真正做到了为企业减负。

存在的问题

（一）产业转型升级方面存在的问题

与先进开发区相比，涡阳经济开发区发展还存在一定的问题和差距。在经济规模上，经开区经济总量较小，2014年总产值只有43亿元。经济发展的速度、质量和效益上还不够高，主要经济指标在省级开发区中还处于下游水平。在项目建设上，现有项目还不足以支撑经济的持续快速增长，亿元以上的工业项目依然偏少。在要素支撑上，用地受限、资金紧张、人才缺乏等问题不同程度的存在。特别是随着城市化进程不断加快和项目引进数量不断增多，在功能配套、基础设施建设方面，还需要进一步建设完善。在自主创新上，企业创新意识普遍不强，自主创新能力较弱，增长方式粗放，区内研发机构较少。在产业结构上，主要以机械、食品、纺织、建材等劳动密集型产业为主，几乎没有高精特新等高科技、高附加值产业，企业大多处于产业链和价值链的低端，缺乏龙头企业带动。新上煤化工项目没有投产，形不成产能，对经开区经济暂时形不成拉动作用。

（二）集约发展方面存在的问题

经济开发区节约集约发展也存在不少困难和问题，制约了发展的步伐：一是规划起点不高，空间布局较为散、乱，资源利用率不高；二是发展空间受限。园区规划面积37.1平方公里，经过多年开发，加之现实土地现状，真正可利用土地资源不多；三是产业层次偏低。产业发展相对滞后。

（三）主导产业培育方面存在的问题

经开区主导产业经济效益总体偏低，对拉动园区和县域经济发展的带动作用还很有限，主导产业存在起点较低、规模较小、发展速度慢、尚未形成产业集群等问题。从其所需相应的体制机制来看，一是企业尚未真正成为技术创新的主体，产学研用相结合的机制没有形成；二是企业服务中介机构缺失。

2016年发展实绩和举措

1—11月完成工业固定资产投资26亿元，同比增长74.82%，占序时进度的141.56%,预计全年完成28亿元;完成基础设施及房地产投资48.4亿元,同比增长59.54%,占序时进度的94.10%,预计全年完成52亿元。规模工业总产值完成37.53亿元，同比增长44.21%，占序时进度的107.76%,预计全年完成41亿元。限上商贸流通销售额完成6001万元，同比增长41.77%，占序时进度的112.95%,预计全年完成7500万元。全年新增规模工业企业10家、新增限上商贸流通企业3家,完成全年目标任务。完成财政收入3.62亿元，同比增长208.93%，占序时进度的138.94%,预计全年完成3.9亿元。

征地拆迁。2016年先后启动了6次整村拆迁行动（不含李马社区李庄、马庄、崔庄、刘庄），全面实施阳光征迁，严格落实征迁政策，始终坚持公平、公正、公开原则，完成了王庄、潘庄、陈庄、董小、史新、蒋庄、孙庄、丁新庄、小场、殷庄、东尹、西尹、十里韩、董寨、史老、史小、申庄、六里庄、青树行、柳林子、方庄、马大庄整庄及八里丁社区部分房屋拆除涉及23个村庄，征迁群众4541户，拆迁人口12616人，拆除面积超过了100万平方米，实现了征地5000余亩，有效地保障了重点项目的建设。八里桥整村拆迁从启动到房屋全面拆除用时45天，何大、何小用时36天，杨王、田庄用时35天，王庄、潘庄、陈庄用时31天，董小、史新、蒋庄用时29天，孙庄、丁新庄用时30天，殷庄、东尹、西尹用时20天，尤其是小场整村征迁，为保障我县光机电项目用地需要，在政策透明、宣传到位、资金保障到位的前提下，仅用时15天就做到了协议全部签订、补偿款全部结算、房屋全部征收并实施拆除。

招商引资。1—12月经开区上报招商引资到位资金91.48亿元，占全年任务的140.74%。1—11月县招商局认定内资65亿元，完成全年任务的118%。

项目任务完成情况。县招商局年初下达项目任务6个：固定资产投资5亿元以上工业项目1个、固定资产投资1～5亿元以上的工业项目5个。完成情况：1—12月份，引进10亿元以上项目1个，总投资16亿元的涡阳县盛鸿科技有限公司（工业）；5亿元以上工业项目2个，分别为：总投资6.2亿元的涡阳鸿纬翔宇新型建材科技有限公司、总投资5亿元的安徽亚宸光能有限公司；亿元以上项目11个：涡阳力麟光电有限公司投资3.5亿元的手机模组及手机盖板生产项目（工业）、安徽三鑫光电科技有限公司投资2亿元的手机触摸屏生产线项目（工业）、安徽亚宸光能有限公司投资3亿元的太阳能电池片生产及组装项目（工业）、安徽军辉电子材料有限公司投资2亿元的半导体材料生产项目（工业）、涡阳县宏祥游乐管理有限公司投资3亿元的水上乐园项目（服务业）、台州添盈工艺品制品有限公司投资1.5亿元的工艺品加工项目（工业）、安徽国隆玻璃科技有限公司投资1.3亿元的特种玻璃加工项目（工业）、安徽省华鑫木业有限公司投资1.2亿元的胶合板生产项目（工业）、安徽绿徽置业有限公司投资10亿元的房地产开发项目（房地产）、涡阳县碧桂园房地产开发有限公司投资4.5亿元的房地产开发项目（房地产）、涡阳县碧波酒店管理有限公司投资1.5亿元的五星级酒店项目（服务业）。新入驻标准化厂房项目14个：安徽唛盛无线技术有限公司、安徽祥龙卫浴有限公司、涡阳县力麟光电有限公司、安徽谷水餐饮管理服务有限公司、涡阳县佳杰服饰有限公司、安徽羿能新材料有限公司、安徽亚宸光能有限公司、安徽浩峰汽车科技有限公司、涡阳县万宜纺织有限公司、安徽泰丰机械有限公司、涡阳县瑞华纺织有限公司、涡阳长圣服装有限公司、安徽三鑫光电科技有限公司、涡阳县欣芯服饰有限公司。

大项目完成情况。根据县统计局、县招商局反馈的数据，2016年1—12月份完成固定资产亿元以上的工业项目11个，分别是：万安塑料、国隆玻璃、新诚达时装、华鑫木业、成骏家居、三鑫光电、修正健康饮品、恒明新材料、创酷手机、鸿纬翔宇新型建材（光机电标准化厂房）、亚宸光能。

招商引资项目形成固定资产。县招商局年初下达的固定资产任务50亿元，截至11月份完成38.2亿元，仍差11.8亿元，原因主要是房地产项目减半计算。

项目建设。现经开区范围内共有32个在建项目。其中工业项目16个，分别是光机电集聚区起步区、标准化厂房三期、蓝基自动化、安徽谷神种业、修正健康饮品、绿园新型建材、国隆玻璃、华鑫木业、亚辰光能、力麟光电、善德堂药业、无锡中硅、仁济药业、添盈工艺品、新诚达服装加工、绿色装配式建筑产业集聚区；房地产项目3个，分别是碧桂园、绿城、美的酒店；基础设施项目10个，分别是阳光医院、站前路及华都大道绿化、供电双回路、职教中心、兴业路污水管网、一区五园、五馆三中心、双创中心、示范住宅小区、消防训练基地；服务设施项目3个，分别是游乐场、污水处理厂、公墓。

严格落实班子成员重点项目包保制度，每周对各在建项目进行集中调度建设进度，查摆问题，分析原因。针对光机电集聚区、标准化厂房三期、修正健康饮品、亚宸光能、力麟光电、善德堂、蓝基自动化等7家在建项目存在的问题，采取约谈企业负责人及施工负责人、签订三方协议、限期施工等措施，督促企业按照合同约定建设施工。

企业管理。安全生产：2016年度，通过重大节日和重要时间节点开展安全生产隐患排查整改，结合平时的日常检查，排查整改一批安全生产隐患，确保全年无重特大安全生产事故发生。制定春季、夏季安全生产大检查工作方案，并召开会议进行安排、部署、实施。召开企业负责人和社区负责人会议，签订2016年度企业和社区安全生产责任书。开展租赁生产经营企业、劳动密集企业、标准化厂房生产经营企业安全生产大检查，排查整治一批安全生产隐患。组织开展成品油安全整治活动，关闭取缔5家成品油违法经营企业。

环境保护。开展经开区环境保护专项整治，对7家排污企业进行停电停产治理；对15家未批先建企业进行环保审批；启动经开区污水处理厂建设。通过整治，经开区的环境保护状况得到明显改善，环境保护工作得到明显提升。

精准扶贫。组织召开经开区全体工作人员及社区两委成员、扶贫专干会议，由包点班子成员带队，深入一线，亲自到岗到户开展工作。完成建档立卡贫困人口“回头看”的数据清洗工作以及新增贫困人口和漏登人口的工作。对县扶贫办检查反馈的问题与不足进行全方位整改，按质按量彻底整改到位，将扶贫工作纳入经开区月考核，结合县扶贫办对各乡镇考核内容，对社区进行考核。做好省第三方评估的迎查准备工作，组织行政包点干部及社区两委成员、扶贫专干到户为16年脱贫贫困户算收入和支出账，确保16年的脱贫贫困户的出列。各社区对16年预脱贫贫困户名单进行再次确定，扶贫办对脱贫贫困户在国办系统进行标注，并将收入在系统内进行更改。16年脱贫378户，全部经过省评估组验收合格。

流动摊点整治。充分利用新闻、广播、悬挂标语、发放通知书等形式加大宣传力度，发放《涡阳县人民政府关于依法取缔经济开发区流动摊点的通告》1000余份。开展全天集中整治行动，依法取缔流动摊点60余处，先行暂扣摊点车辆42辆，全面掀起依法取缔流动摊点行动的热潮。经开区联合公安、市场、城管等部门，成立综合执法工作组，对学校周边及重点路段进行不定期巡查执法，共依法取缔流动摊点100余处，先行暂扣摊点车辆69辆。同时对辖区范围内的私搭乱建进行全面清除。下一步经开区将建立完善整治制度，明确职责，建立定期检查、监督制度，形成长效监管机制，为市民营造一个整洁有序的城市环境。

展望2017年及十三五期间的工作，经开区将继续坚持建城和建园齐头并起，继续实施城镇化和工业化追赶战略，加快“一区五园一城”的融合步伐。

工业方面，围绕三年百亿和五年双百亿的工业产值目标，依托四大产业集聚区，培育战新产业，实施精准招商，实现产业集聚效应，带动5个乡镇工业园向特色产业功能区升级，形成“一区五园”相互协作、联动开发的工业发展格局。预计2017年规模企业数达到68家，工业产值达到55亿元，财政收入达到3.9亿元。

城镇化方面，2017年新城区“六横八纵”的主干网络将全面贯通，新增德和、南外环两水系，五馆三中心、农商大厦、社区服务中心等公共服务项目基本建成。碧桂园龙城、凤凰酒店，绿城蘭园、青牛广场，城改天河金街、示范小区等一大批高端商住项目落户城南新区，城市形象品位不断提升；新建4所学校和1家医院，社会事业配套日趋完善。

2017年工作计划。按照县委“1358”发展战略的统一部署，打造工业平台，以经开区建设为突破，打造全县工业化、城镇化的首要引擎。进一步理顺和落实经开区体制机制，加快经开区转型升级，实现经开区封闭式运行和“一区五园”协同发展，力争2017年经开区规模企业数不少于68个、工业总产值不少于55亿元，财政收入不少于3.9亿元。1.科学制定规划,加强规划引领作用。①按照“产城融合、宜居宜业”的思路，制定经济开发区“十三五”发展规划。②按照“一区五园、统建统管、产业聚集、镇区共赢”的思路，规划实施“一区五园”总体规划和环境评价，将义门、龙马（龙山、马店）、高炉、楚店、西阳五个乡镇工业园纳入县经开区统一管理，整合资源、优化配置，积极探索园区统建、资源共享的运营模式，实现相互协作、联动开发。2.加持围绕项目抓征迁，快速拓展建设发展空间。拟征迁七里朱、五里湾、十里丁、新城、王大、七里顾等6个社区，涉及七里朱、张小寨、邢庄、五里湾、八里丁、十里丁、姜大、宋庄、花行、罗行、李小、西四里园、王大、小张庄、七里顾等15个村庄，共涉及拆迁群众3432户（其中货币化安置2080户）、12172人，拟征收土地12762亩，拆除建筑面积117万平方米。3.增强项目带动能力，促进项目提质增效。①建立园区转型升级工程动态项目库。②建立“四督四保”项目推进机制（督查推进新建项目，保证开工率；督查推进续建项目，保证竣工率；督查推进竣工项目，保证达产率；督查推进储备项目，保证转化率），推进重点项目建设。③对开发区内符合条件的项目，申报纳入省、市重点项目库。④对开发区内符合条件的项目，积极申报国家、省、市专项建设基金，最大限度争取专项建设基金对经开区重点领域投资项目的支持。4.加快产业转型，促进主导产业集聚发展。①明确园区主导产业，规划建设现代中药及绿色食品产业园、光机电产业园、生态建筑产业园和循环经济科技产业园。继续推进四大产业集聚区有序建设，加快光机电集聚区起步区标准化厂房、人才公寓等项目建设，力争明年初步形成产业集聚效应。促进鸿路钢构钢结构产基地建成投产，作为绿色生态建筑产业集聚区起步区积极培育产业发展。五园逐步向“食品加工、现代中药、白酒酿造、服装加工”等特色产业园升级。②培育壮大战略性新兴产业，积极开展新能源汽车、中药、绿色低碳等产业的招商引进和培育。③开展技术创新示范企业培育，督促、帮助企业开展认定工作。④培育壮大战略性新兴产业，积极开展战略性新兴产业集聚发展基地申报。⑤围绕主导产业开展招商引资工作，研究制定招商引资企业分类入园协调机制，引导招商项目向专业园区集聚。5.加大政策扶持力度，提高经开区自主创新能力。①建设以开发区企业为主体覆盖园区的公共创新平台。支持建设工程（技术）研究中心、工程（重点）实验室、企业技术中心和工业设计中心。重点支持恒明新材料、修正健康饮品等企业建立实验室、技术中心，致力于技术创新。

②支持园区企业联合高等院校和科研院所开展有针对性的产学研用合作。③按照成熟期、成长期、初创期分类实施高新技术企业培育计划。重点鼓励修正健康饮品、恒明新材料、三鑫电子、亚宸光能等具有自主创新能力的企业，争创高新技术企。

④规划建设孵化器、众创空间、创业基地、农民工返乡创业园，推进皖北双创示范基地建设，打造线上线下相结合的大众创业、万众创新载体。⑤支持企业加大新产品开发力度，加快功能性、结构性、智能型的新产品开发，致力于产品创新。⑥开展“互联网+”行动试点示范，引导企业不断创新商业模式，大力开展电子商务、网上营销等，致力模式创新。⑦加快推进企业信息化建设，发展工业物联网，提高工业生产自动化、智能化程度。⑧加快传统产业改造升级，积极鼓励和引导现有企业加快兼并重组、技改升级，进一步做优存量。⑨坚持创新驱动，充分发挥科技、金融、人才支撑作用，抓好科技小巨人企业、企业上市和高层次人才团队三项培育工作，推动产业转型升级。⑩完善基础设施建设，解决经开区供水、供气、污水处理等基础设施欠账问题，实施道路、绿化提升工程；加快推进教育、医疗、市政公用设施、公共安全等公共服务设施建设，提升经开区整体发展水平。6.加快产城融合步伐,打造城市综合性新区。①以“提升物流、拉动人流、促进宜居”为目标，根据经济开发区未来的人口规模、发展目标，加强与主城区资源共享。优化人居功能，加快完善居住、教育、医疗、商业、服务业等配套服务设施，增强城市功能；不断完善水、电、气、路、讯等基础设施，查缺补漏。②加快开发区由单一生产型向产城新区转变，继续推进我县“产城一体”化试点工作，通过经济开发区行政办公、中央商业、新区次中心、文体服务、综合居住等五大功能区建设，打造全新的城市综合性新区。7.开展对接合作，构筑开放型经济新优势。加快推进与合肥高新区合作共建产业园区建设，探索合作共建新模式。8.多措并举，推进绿色集约发展。开展一区五园规划环评工作；加快推进一区五园污水处理厂建设；开展开发区内10蒸吨/每小时及以下燃煤锅炉淘汰工作；加快多层标准化厂房建设进

度，引导中小项目向标准化厂房集中；创新经开区闲置土地盘活方式，探索存量建设用地二次开发机制。9.深化开发区改革，提高保障能力。①加强组织保障。成立由经济开发区主要负责同志任组长的领导小组，领导小组下设办公室，办公室设在经济发展局，具体承担协调落实领导小组议定的各项任务和日常服务工作。②优化发展环境。按照“一次性受理、一次性告知、一个窗口承办、一站式服务”模式，封闭运行，提高办事效率，优化发展环境。③强化政策扶持。出台经济开发区转型升级指导意见和奖励扶持政策，采取政策引导、市场运作、多元投入等方式，对“一区五园”实行一园一策、分类指导和重点培育，引导各园区完善基础设施配套，提升承接产业转移和产业集聚能力。④统筹布局产业项目。完善招商项目预审机制，对新建重大产业项目，根据其产业类型，统筹安排落地至相应的特色产业园区，引导企业向特色园区迁移，有效提高各园区主导产业的首位度。⑤加强督查调度。加强督导考核，建立压力传导机制，确保各项工作真正落到实处，开创经开区跨越发展新局面。

附：2014年亳州市开发区基本情况表

开发区		一、开发区占地面积	二、开发区已建成面积	其中：工业用地面积	其中：当年新增工业用地面积	三、工业项目建筑面积	其中：当年新增工业项目建筑面积	四、总人口	其中：农业人口	五、企业个数	其中：高新技术企业个数	其中：工业企业个数
亳州	2014	153.38	68.2	49.64	5.57	3099.6	505.8	220462	156777	1101	59	813
	2013	153.38	61.57	46.57	7.09	2593.8	596.93	168039	119135	814	55	648
1. 安徽亳州经济开发区	2014	50	25	17.5	2.5	866	128	115324	104225	275	19	237
安徽亳州经济开发区	2013	50	22	17.5	1.5	738	108	71263	64055	199	17	187
2. 亳州芜湖现代产业园	2014	30	6.43	3.63	0.43	150.7	29.7			74	14	51
亳州芜湖现代产业园	2013	30	6	3.2	1.07	121	23.03			45	14	40
3. 安徽谯城经济开发区	2014	25	17.07	11.62	0.89	813	178	23572	5912	248	20	181
安徽谯城经济开发区	2013	25	15.57	10.73	1.78	635	268	18654	7540	201	19	165
4. 安徽涡阳工业园区	2014	14.99	6.9	5.85	0.25	524.8	28.8	40636	33800	92	1	77
安徽涡阳工业园区	2013	14.99	6.7	5.6	1.1	496	60	40576	33756	73	1	66
5. 安徽蒙城经济开发区	2014	24.19	7.9	7.2	1.1	581	120	25190	8660	215	4	122
安徽蒙城经济开发区	2013	24.19	6.8	6.1	1.2	461	114	24166	9664	170	3	99
6. 安徽利辛工业园区	2014	9.2	4.9	3.84	0.4	164.1	21.3	15740	4180	197	1	145
安徽利辛工业园区	2013	9.2	4.5	3.44	0.44	142.8	23.9	13380	4120	126	1	91

附表

开发区		其中：规模以上工业企业个数	其中：资质以内建筑业企业个数	其中：限额以上贸易企业个数	其中：限额以上服务业企业个数	其中：出口型企业个数	其中：上海来皖投资企业个数	其中：浙江来皖投资企业个数	其中：江苏来皖投资企业个数	六、全区从业人员	其中：工业企业从业人员	其中：规模以上工业企业从业人员	其中：具有大专以上学历人员
亳州	2014	350		78	53	73	39	47	42	76739	58001	47542	15717
	2013	346		58	37	70	36	44	37	64743	48972	39116	10866
1. 安徽亳州经济开发区	2014	76		11	6	7	8	9	7	16809	12946	10213	4026
安徽亳州经济开发区	2013	68		6	6	6	7	8	6	11395	7192	6827	2377
2. 亳州芜湖现代产业园	2014	2		3			1	2	4	1318	802	460	784
亳州芜湖现代产业园	2013	1					1	2	2	698	618	80	320
3. 安徽谯城经济开发区	2014	99		20	28	28	8	9	12	20246	13095	11132	4454
安徽谯城经济开发区	2013	94		15	20	25	8	8	10	16963	11535	9248	3012
4. 安徽涡阳工业园区	2014	31		7	7	8		3	2	6836	5724	5371	1549
安徽涡阳工业园区	2013	62		7	1	12		1	1	6820	5865	5490	1453
5. 安徽蒙城经济开发区	2014	77		24	11	15	20	24	17	19970	15004	12301	3010
安徽蒙城经济开发区	2013	64		22	10	14	19	23	16	19607	14502	10021	2704
6. 安徽利辛工业园区	2014	65		13	1	15	2			11560	10430	8065	1894
安徽利辛工业园区	2013	57		8		13	1	2	2	9260	9260	7450	1000

附：2015年亳州市各园区基本情况年度报表

名称			全市开发区			亳州经济开发区			亳州芜湖现代产业园			安徽谯城经济开发区			安徽涡阳工业园区			安徽蒙城经济开发区			安徽利辛工业园区开发区		
指标	代码	单位	本年	同期	增减(%)	本年	同期	增减(%)	本年	同期	增减(%)	本年	同期	增减(%)	本年	同期	增减(%)	本年	同期	增减(%)	本年	同期	增减(%)
一、开发区占地面积	1	平方公里	179.41	153.38	16.97	50	50		34.32	30	14.4	25	25		37.1	14.99	147.5	23.79	24.19	-1.65	9.2	9.2	
二、开发区已建成面积	2	平方公里	79.02	68.2	15.87	30	25	20	6.77	6.43	5.29	20.15	17.07	18.04	7.5	6.9	8.7	9.3	7.9	17.72	5.3	4.9	8.16
其中：工业用地面积	3	平方公里	53.03	49.64	6.83	17.5	17.5		3.85	3.63	6.06	12.9	11.62	11.02	6.14	5.85	4.96	8.4	7.2	16.67	4.24	3.84	10.42
其中：当年新增工业用地面积	4	平方公里	5.99	5.57	7.54	2.6	2.5	4	0.22	0.43	-48.84	1.28	0.89	43.82	0.29	0.25	16	1.2	1.1	9.09	0.4	0.4	
三、工业项目建筑面积	5	万平方米	3495.5	3099.6	12.77	936	866	8.08	173.8	150.7	15.33	936	813	15.13	548.8	524.8	4.57	711	581	22.38	189.9	164.1	15.72
其中：当年新增工业项目建筑面积	6	万平方米	475.9	505.8	-5.91	70	128	-45.31	23.1	29.7	-22.22	203	178	14.04	24	28.8	-16.67	130	120	8.33	25.8	21.3	21.13
四、总人口	7	人	185652	220462	-15.79	75254	115324	-34.75				27568	23572	16.95	41524	40636	2.19	25306	25190	0.46	16000	15740	1.65
其中：农业人口	8	人	122776	162019	-24.22	68011	104225	-34.75				3049	5912	-48.43	39462	39042	1.08	8054	8660	-7	4200	4180	0.48
五、企业个数	9	个	1225	1101	11.26	281	275	2.18	106	74	43.24	267	248	7.66	109	92	18.48	223	215	3.72	239	197	21.32
其中：高新技术企业个数	10	个	62	59	5.08	19	19		14	14		21	20	5	2	1	100	4	4		2	1	100
其中：工业企业个数	11	个	906	813	11.44	240	237	1.27	81	51	58.82	192	181	6.08	92	77	19.48	134	122	9.84	167	145	15.17
其中：规模以上工业企业个数	12	个	391	350	11.71	77	76	1.32	3	2	50	106	99	7.07	40	31	29.03	87	77	12.99	78	65	20
其中：资质以内建筑业企业个数	13	个																					
其中：限额以上贸易企业个数	14	个	94	78	20.51	15	11	36.36	3	3		28	20	40	5	7	-28.57	28	24	16.67	15	13	15.38
其中：限额以上服务业企业个数	15	个	63	53	18.87	6	6					36	28	28.57	7	7		13	11	18.18	1	1	
其中：出口型企业个数	16	个	77	73	5.48	7	7					29	28	3.57	9	8	12.5	17	15	13.33	15	15	
其中：上海来皖投资企业个数	17	个	42	39	7.69	8	8		2	1	100	8	8		2			22	20	10		2	
其中：浙江来皖投资企业个数	18	个	56	47	19.15	9	9		3	2	50	10	9	11.11	7	3	133.33	25	24	4.17	2		
其中：江苏来皖投资企业个数	19	个	44	42	4.76	7	7		6	4	50	8	12	-33.33	4	2	100	19	17	11.76			

续表

名称			全市开发区			亳州经济开发区			亳州芜湖现代产业园			安徽谯城经济开发区			安徽涡阳工业园区			安徽蒙城经济开发区			安徽利辛工业园区开发区		
指标	代码	单位	本年	同期	增减(%)	本年	同期	增减(%)	本年	同期	增减(%)	本年	同期	增减(%)	本年	同期	增减(%)	本年	同期	增减(%)	本年	同期	增减(%)
六、全区从业人员	20	人	82240	76739	7.17	16832	16809	0.14	1706	1318	29.44	24248	20246	19.77	7319	6836	7.07	20035	19970	0.33	12100	11560	4.67
其中：工业企业从业人员	21	人	62366	58001	7.53	12953	12946	0.05	1035	802	29.05	15683	13095	19.76	6015	5724	5.08	15680	15004	4.51	11000	10430	5.47
其中：规模以上工业企业从业人员	22	人	51486	47542	8.3	10218	10213	0.05	586	460	27.39	13332	11132	19.76	5574	5371	3.78	13276	12301	7.93	8500	8065	5.39
其中：具有大专以上学历人员	23	人	17551	15717	11.67	4031	4026	0.12	826	784	5.36	5334	4454	19.76	1684	1549	8.72	3316	3010	10.17	2360	1894	24.6
其中：具有高、中级职称人员	24	人	1921	1776	8.16	414	413	0.24	102	98	4.08	527	476	10.71	389	372	4.57	229	201	13.93	260	216	20.37
其中：研究与开发人员	25	人	2166	1968	10.06	576	573	0.52	51	45	13.33	986	863	14.25	175	158	10.76	150	140	7.14	228	189	20.63
七、当年科技活动经费支出总额	26	万元	88346	75128	17.59	26001	25439	2.21	996	786	26.72	33988	32065	6	5579	5048	10.52	6182	5090	21.45	15600	6700	132.84
其中：研究与发展经费（R&D)	27	万元	78210	67473	15.91	22113	21786	1.5	996	786	26.72	33018	30573	8	5127	4889	4.87	4956	4069	21.8	12000	5370	123.46
其中：规模以上工业企业研究与发展经费	28	万元	64513	55969	15.27	20608	20513	0.46	562	260	116.15	23346	21617	8	5127	4889	4.87	4870	4000	21.75	10000	4690	113.22
八、全区从业人员劳动报酬	29	万元	266387	229414	16.12	42079	42022	0.14	5872	4644	26.44	101236	78573	28.84	24152	22056	9.5	55296	49520	11.66	37752	32599	15.81
其中：在岗职工工资总额	30	万元	252680	214135	18	40400	40379	0.05	5872	4644	26.44	96488	72287	33.48	24152	22056	9.5	48016	42170	13.86	37752	32599	15.81
九、项目建设情况	31		——	——		——	——		——	——		——	——		——	——		——	——		——	——	
1.当年开工项目数	32	个	126	133	-5.26	27	27		14	18	-22.22	19	28	-32.14	18	10	80	32	31	3.23	16	19	-15.79
2.当年开工项目总投资额	33	万元	2161393	3110480	-30.51	640010	638420	0.25	466129	407800	14.3	141654	1274560	-88.89	202900	80600	151.74	564700	539100	4.75	146000	170000	-14.12
3.当年开工项目征地总面积	34	亩	10634.2	10053.6	5.78	2780	2776	0.14	1133.2	1367.6	-17.14	3062	2585	18.45	442	371	19.14	2560	2340	9.4	657	614	7
十、环保情况	35		——	——		——	——		——	——		——	——		——	——		——	——		——	——	
1.环保执行率	36	%	100	100		100	100		100	100		100	100		100	100		100	100		100	100	
2.“三同时”执行率	37	%	100	100		100	100		100	100		100	100		100	100		100	100		100	100	
3.能评执行率	38	%	100	100		100	100		100	100		100	100		100	100		100	100		100	100	

附：2015年亳州市各开发园区主要经济指标统计表

名称			全市开发区			亳州经济开发区			亳州芜湖现代产业园			安徽谯城经济开发区			安徽涡阳工业园区			安徽蒙城经济开发区			安徽利辛工业园区开发区		
指标		单位	本市	同期	增减(%)	本年	同期	增减(%)	本年	同期	增减(%)	本年	同期	增减(%)	本年	同期	增减(%)	本年	同期	增减(%)	本年	同期	增减(%)
一、全区经营（销售）收入	1	万元	9195830	7562666	21.6	3500010	2592660	35	103608	54761	89.2	3015892	2557097	17.94	415138	338198	22.75	1196544	1125020	6.36	964638	894930	7.79
其中：规模以上工业销售收入	2	万元	4381027	3761934	16.46	532993	417172	27.76	36702	11436	220.93	1965144	1674326	17.37	280987	228550	22.94	833715	781860	6.63	731486	648590	12.78
资质以内建筑业经营收入	3	万元																					
限额以上贸易企业销售(经营)收入	4	万元	2435615	1684194	44.62	1710032	1083320	57.85	7974	6589	21.02	244210	174116	40.26	8745	4628	88.96	349982	319021	9.71	114672	96520	18.81
房地产业经营收入	5	万元	966620	1243825.6	-22.29	425542	677116	-37.15				437460	436547	0.21	78018	66682.6	17				25600	63480	-59.67
限额以上服务业企业销售收入	6	万元	426782	284825	49.84	138041	94903	45.45				263520	172108	53.11	5874	4518	30.01	12847	9136	40.62	6500	4160	56.25
其中：主导产业经营(销售)收入	7	万元	6743289	5658469	19.17	2975008	2320039	28.23	36702	11436	220.93	1940753	1767355	9.81	186129	120851	54.02	1007327	908575	10.87	597370	530213	12.67
其中：主导产业一	8	万元	2710312	2341107	15.77	518023	415170	24.77	23196	8684	167.11	1556778	1406726	10.67	66288	45894	44.44	208853	144390	44.65	337174	320243	5.29
主导产业二	9	万元	3207236	2591472	23.76	2387950	1836884	30	13506	2752	390.77	164295	162438	1.14	55200	23301	136.9	459820	450577	2.05	126465	115520	9.47
主导产业三	10	万元	825741	725890	13.76	69035	67985	1.54				219680	198191	10.84	64641	51656	25.14	338654	313608	7.99	133731	94450	41.59
二、工业总产值	11	万元	4785530	4156419	15.14	600000	461300	30.07	58934	26145	125.41	2096152	1855340	12.98	315361	259126	21.7	850692	803272	5.9	864391	751236	15.06
其中：规模以上工业总产值	12	万元	4507732	3977611	13.33	545957	449600	21.43	36702	11436	220.93	2054341	1818006	13	283825	233214	21.7	834223	781860	6.7	752684	683495	10.12
其中：高新技术产业产值	13	万元	2388953	2004451	19.18	454690	359680	26.42	13506			1320423	1119182	17.98	13229	6700	97.45	338720	291058	16.38	248385	227831	9.02
三、第二产业增加值	14	万元	1358957	1188896	14.3	229700	185841	23.6	62478	54281	15.1	566375	505341	12.08	71806	59598	20.48	217650	201354	8.09	210948	182481	15.6
其中：工业增加值	15	万元	1258317	1102553	14.13	187900	147952	27	14733	6536	125.41	564280	504632	11.82	71806	59598	20.48	217650	201354	8.09	201948	182481	10.67
其中：规模以上工业增加值	16	万元	1163206	1025604	13.42	158327	130004	21.79	9542	3087	209.1	542291	479904	13	64626	53639	20.48	212593	200568	6	175827	158402	11
四、第三产业增加值	17	万元	683301	599278	14.02	230000	207394	10.9	9842	5621	75.09	352780	296513	18.98	2089	1506	38.71	51897	47202	9.95	36693	41042	-10.6
其中：现代服务业增加值	18	万元	469554	407941	15.1	107900	82957	30.07	6874	3820	79.95	307682	278648	10.42	1880	1355	38.75	43593	40121	8.65	1625	1040	56.25
五、进出口总额	19	万美元	47119	40050	17.65	7361	4514	63.07				25662	25204	1.82	5476	3096	76.87	3445	2824	21.99	5175	4412	17.29
其中：出口额	20	万美元	42467	34189	24.21	6381	2832	125.32				23646	21949	7.73	4860	2354	106.46	3445	2824	21.99	4135	4230	-2.25
进口额	21	万美元	4652	5861	-20.63	980	1682	-41.74		0		2016	3255	-38.06	616	742	-16.98				1040	182	471.43
六、税收财政收入情况	22		——	——		——	——		——	——		——	——		——	——		——	——		——	——	
1.税收总额	23	万元	248202	210352	17.99	65975	52221	26.34	14129	11340	24.59	90533	80593	12.33	21975	17138	28.22	49320	42893	14.98	6270	6167	1.67
其中：国税收入	24	万元	90464	80101	12.94	15125	8789	72.09	2436	431	465.2	46337	41759	10.96	2718	5313	-48.84	19728	19100	3.29	4120	4709	-12.51
其中：工业税收（国税）	25	万元	64254	65196	-1.44				2065	208	892.79	42681	41215	3.56	1268	5008	-74.68	14120	14056	0.46	4120	4709	-12.51
地税收入	26	万元	157738	130251	21.1	50850	43432	17.08	11693	10909	7.19	44196	38834	13.81	19257	11825	62.85	29592	23793	24.37	2150	1458	47.46

续表

名称			全市开发区			亳州经济开发区			亳州芜湖现代产业园			安徽谯城经济开发区			安徽涡阳工业园区			安徽蒙城经济开发区			安徽利辛工业园区开发区		
指标		单位	本市	同期	增减(%)	本年	同期	增减(%)	本年	同期	增减(%)	本年	同期	增减(%)	本年	同期	增减(%)	本年	同期	增减(%)	本年	同期	增减(%)
其中：工业税收（地税）	27	万元	44100	38781	13.72				990	778	27.25	24683	23303	5.92	5575	4591	21.43	10702	8651	23.71	2150	1458	47.46
2. 财政收入	28	万元	257592	226205	13.88	66006	52588	25.52	14539	11716	24.1	95513	85740	11.4	22351	17335	28.94	52913	46519	13.74	6270	12307	-49.05
其中：土地收入	29	万元	4980	11287	-55.88							4980	5147	-3.24								6140	
七、固定资产投资总额	30	万元	3499318	2982492	17.33	1306688	1100909	18.69	303544	258489	17.43	704784	616433	14.33	482297	350206	37.72	554505	537805	3.11	147500	118650	24.32
其中：工业投资	31	万元	1819289	1494612	21.72	349552	280172	24.76	196956	161491	21.96	530640	456827	16.16	150141	94877	58.25	465500	406515	14.51	126500	94730	33.54
基础设施投资	32	万元	618962	506733	22.15	169001	168862	0.08	95088	63704	49.27	168985	158510	6.61	88657	18632	375.83	76231	73105	4.28	21000	23920	-12.21
其中：财政投入	33	万元	455992	354188	28.74	169001	168862	0.08	32688	16204	101.73	68415	53465	27.96	88657	18632	375.83	76231	73105	4.28	21000	23920	-12.21
银行贷款	34	万元	162970	129545	25.8				62400	47500	31.37	100570	82045	22.58									
八、利用外商直接投资情况	35		——	——		——	——		——	——		——	——		——	——		——	——		——	——	
1. 当年新批进区外商投资企业	36	个	4	3	33.33	2	1	100		1		2	1	100									
2. 当年建成投产企业	37	个	3	3					1	2	-50	2	1	100									
3. 新批外商投资项目投资总额	38	万美元	53900	45940	17.33	26900	17800	51.12		6140		27000	22000	22.73									
其中：合同外资金额	39	万美元	53900	41028	31.37	26900	17800	51.12		1228		27000	22000	22.73									
4. 当年实际利用外商直接投资额	40	万美元	6332	4300	47.26	5931	4000	48.28	401	300	33.67												
九、利用内资情况	41		——	——		——	——		——	——		——	——		——	——		——	——		——	——	
1. 当年新批进区省外境内项目	42	个	127	118	7.63	37	37		16	16		24	21	14.29	11	5	120	36	36		3	3	
2. 当年建成投产项目	43	个	101	105	-3.81	26	26		10	13	-23.08	18	17	5.88	9	11	-18.18	23	22	4.55	15	16	-6.25
3. 在建省外境内投资项目个数	44	个	140	133	5.26	49	48	2.08	24	25	-4	36	34	5.88	7	3	133.33	22	21	4.76	2	2	
其中：亿元以上省外境内投资项目个数	45	个	123	112	9.82	46	46		24	19	26.32	28	26	7.69	5	2	150	19	19		1		
4. 在建省外境内投资项目总投资额	46	万元	6872746	6245751	10.04	2818740	2705900	4.17	586756	567491	3.39	2578650	2218760	16.22	267600	185600	44.18	605000	553000	9.4	16000	15000	6.67
其中：亿元以上省外投资项目投资总额	47	万元	6519442	5693711	14.5	2804416	2693300	4.13	586756	516467	13.61	2365470	1996884	18.46	263800	180000	46.56	489000	297060	64.61	10000	10000	
5. 当年实际利用省外境内资金额	48	万元	2234083	1930244	15.74	802387	624900	28.4	169652	146642	15.69	659412	587625	12.22	68472	39567	73.05	468560	460250	1.81	65600	71260	-7.94
其中：亿元以上项目到位省外资金额	49	万元	2014388	1666874	20.85	798407	624800	27.79	169652	138492	22.5	503647	399585	26.04	65472	38117	71.77	468560	460250	1.81	8650	5630	53.64
十、专利申请授权情况	50		——	——		——	——		——	——		——	——		——	——		——	——		——	——	
1. 专利申请量	51	件	1628	1346	20.95	234	90	160	5			561	502	11.75	105	90	16.67	570	518	10.04	153	146	4.79
2. 专利授权量	52	件	903	707	27.72	182	54	237.04	4	2	100	326	301	8.31	77	64	20.31	185	169	9.47	129	117	10.26

宿州市

宿州市开发区重点介绍

【安徽宿州经济技术开发区】 近年来，宿州经济技术开发区紧紧围绕争创“国家级经济技术开发区”的奋斗目标，坚持“思想解放的先行区、特色产业的示范区、优质要素的富集区、幸福生活的新城区”的“四区”定位，园区基础设施渐趋完善，主导产业及经济总量日益壮大，社会事业显著发展。

宿州经开区是2001年经安徽省人民政府批准成立的省级开发区，批准面积6.8平方公里，2006年基本建设完成。2016年6月26日省政府批准同意经开区扩区至27.2平方公里。目前经开区托管面积47.5平方公里，辖金海街道办事处、4个社区、10个村，总人口约10万人。2015年8月9日，经省政府批准，宿州经开区加挂“安徽宿州现代制鞋产业园”牌子。

一、经济总量稳步提升

自批准设立以来，宿州经开区共签约项目395个，建成或部分建成项目245个。其中，高新技术企业15家，规模以上工业企业91家，产值超亿元企业33家。2015年，宿州经开区实现地区生产总值55.08亿元，同比增长5.4%；财政收入15.06亿元，同比增长15.3%；固定资产投资88.76亿元，工业投资54.45亿元，规模以上工业增加值37.94亿元，战略性新兴产业产值34.26亿元。全年新引进项目36个，新建成项目31个。

二、园区配套日益完善

宿州经开区自成立以来，大力推进园区基础设施和配套综合服务设施建设，不断完善园区配套功能。按照产城一体的总体要求，经开区规划体系逐步完善，主体功能区规划、土地利用总体规划、城市总体规划“三规”协调发展。园区基础设施建设渐趋完善，近5年累计投入基础设施建设资金近60亿元，建成区32平方公里范围内，已建成道路42条，共86.92公里，交通网络基本实现全覆盖；园区现有22万千伏变电所2个，11万千伏变电所3个；日处理能力10万吨的污水处理厂一个、5万吨的自来水厂一个；可实现日供气11万方的燃气公司两家，供热每小时110吨的热力公司1家；区内已建成标准化厂房7.25万平方米；建成安置房21.63万平方米，廉租房9440平方米，在建公租房16.5万平方米、职工宿舍房8.6万平方米，建成商品房约120万平方米；区内绿化总面积达200万平方米，已建成节点公园、广场13个；区内现有中学3座，小学7座，幼儿园12座，二甲医院1座，设有公交线路7条，金融网点6家，已形成7个专业市场，商贸餐饮80余户，宿州国际大酒店已投入使用。

三、产业体系加速培育

经过多年发展，经开区逐步形成了生化医药、鞋服制造两个首位产业以及新材料新能源、高端装备制造两个主导产业的“2+2”产业体系。2015年，四大产业实现产值150亿元，占全年工业总产值的96%，四大产业工业增加值占宿州经开区工业增加值超90%，形成了较强竞争力的特色产业集群。

生化医药首位产业园。已入驻项目51个，建成投产项目28个。安特食品、皖北药业、亿帆药业等一批龙头企业先后入驻经开区，并相继建成投产。亿帆药业作为上市公司亿帆鑫富集团投资的集中药品生产基地，近期正在将集团公司名下130多个药品生产许可证转移至宿州；安特食品、皖北药业、雪龙纤维等公司，作为宿州本土培育成长的化工企业，产品技术水平及规模在国内具有一定影响。作为全省首批2家化工园区之一，目前，生化医药产业园已建设成为皖北地区唯一具有集中供中压蒸汽、管道燃气、污水集中处理及双回路供电园区。2015年，生化医药产业园19家首位产业规上企业实现产值52.33亿元，同比增长9.9%；实现税收1.54亿元。引进生化医药工业企业10家，建成投产企业12家，其中投资5亿元以上企业1家。

宿州现代制鞋产业城。由中国轻工业联合会、中国皮革协会、安徽省人民政府、宿州市人民政府四方共建。2013年12月，安徽省经济和信息化委授予宿州现代制鞋产业城“安徽省新型工业化产业示范基地”称号；2014年8月，中国轻工业联合会、中国皮革协会、安徽省人民政府正式授予“中国现代制鞋产业城•宿州”称号，成为经开区首家“国字号”产业园区。目前鞋城已入驻百丽、康奈、鸿星尔克、东艺、泰马、野力等百余家制鞋及配套企业，其中47家企业已正式投产运营，26家正在建设。根据中国皮革协会统计，2014年宿州现代制鞋产业城在全国特色制鞋产业聚集区中位列第九位，已成为全国重要的制鞋产业基地。2015年，鞋城实现工业总产值65亿元，实现财政收入6.95亿元，完成固定资产投资44.79亿元，工业增加值15.45亿元，工业投资33.48亿元。

新材料新能源产业规划区。已入驻项目17个，投资总额75亿元，全部达产后可实现年产值124亿元，实现利税约16亿元。其中：湛蓝光电、冠军建材、首文高新等项目已相继落户并建成投产。

高端装备制造产业规划区。已入驻项目66个，投资总额74.6亿元，全部达产后可实现年产值11.4亿元，实现利税约6.7亿元。其中：大盘压力容器、电光防爆电气、淮海矿机、江淮重工机械等项目已相继落户并建成投产。

【安徽萧县经济开发区】 萧县经济开发区是省政府于2006年2月批准设立的省级经济开发区，原批准面积为2平方公里。2007年开始动工建设，截至目前园区已入驻企业110余家，其中规模以上企业50家，培育了天瑞水泥、龙津陶瓷、华龙耐材、正兴合成革、典跃建材、正民车业、凯奇化工等数十家支柱企业。2013年7月，萧县经济开发区扩区申请得到省政府批准，扩区后规划面积20.7平方公里,2014年萧县经济开发区被商务部评为“改革开放三十年最具发展潜力”和“最具投资价值”开发区。

近年来，萧县积极实施市政府“3111”工程，以“工业强县、工业富县”为根本，以园区建设为抓手，创新思维，统筹谋划，在县经济开发区现有新型建材、绿色合成革、精细化工三大主导产业的基础上，深入调研分析，广泛征求意见，结合我县资源及产业优势，确定首位产业，绘就萧县新型建材和绿色合成革两大百亿元产业的“3121”工程发展壮景。

依托县经济开发区的核心带动作用，建设了一批专业特色园区，形成了经济开发区、轻化工业园、食品工业园、循环工业园、萧泉（萧县和徐州市泉山区）共建园、萧县张江高科产业园“一区五园”的发展格局。

轻化工业园。该园以“中国防腐第一县”为依托，重点发展防腐化工，适度发展精细化工、化工新材料，建成实力园区、科技园区、生态园区、和谐园区，打造成全省乃至全国闻名的防腐产业基地。

萧泉（姬村）工业园。该园积极迎接产业结构调整，进行梯度建设，主动对接徐州经济圈；将园区打造成布局优化、产业集聚、用地集约、匀度发展为特色的新型现代工业园。园区产业发展定位为工程机械、矿山机械装备制造业，积极培育机械研发及再制造业。

食品工业园。该园立足萧县周边地市丰富的绿色产品资源优势，聚集休闲食品龙头企业，大力发展高档休闲食品、饮料、保健品、禽、蛋制品、肉制品等食品工业，形成休闲食品产业集群，建立皖北第一家休闲食品基地，为拓展国内外食品市场奠定了良好的产业基础。

循环经济工业园。该园立足资源集聚优势，以造纸工业、玉米深加工业为主导产业，依托园区内相关龙头企业，将当地及周边地区玉米资源与废纸资源充分利用，以主要产品为原料不断延伸产业链条引进相关下游企业，将园区工作全面纳入循环经济轨道。

张江萧县高科技园区。该园依托上海张江高新区较高的国际化、市场化、多样化的特征，结合宿州市丰富的资源优势、广阔的市场腹地和业已形成的产业平台等优势，以战略融合的方式，将萧县纳入到上海张江高新区的发展链条中，鼓励和支持上海张江高新区各分园将萧县作为产业战略布局、战略扩张、功能整合、产业转移的承接地。

【安徽宿州埇桥经济开发区】 宿州市埇桥经济开发区坐落在曹村镇北部，毗邻江苏徐州市铜山区。埇桥经济开发区于2006年9月经安徽省人民政府批准建设，总规划用地面积15.35平方公里。

2015年全年招商引资到位资金39.1亿元，同比增长4.6%；引进了晶科光伏、旭强光伏、正品科技、谷原饲料等18个新签约项目，新开工项目13个，新投产项目10家，待建项目4个，亿元以上重点在谈项目19个，涉及工程机械、高新建材、地产开发、高档家具等多个领域。初步形成了以新远大木业为龙头的板材加工产业，以龙华机械、光环托辊为支撑的机械制造产业，以海螺水泥为龙头的建材产业。

一、2016年发展情况

（一）1—3季度主要经济指标完成及全年指标完成情况

开发区现有企业60家，规模以上企业20家，预计本年工业产值30亿，固定资产投资预计完成22亿，招商引资到位资金30.81亿元。经济运行总体保持较好的稳定增长态势。

（二）重点招商引资项目进展情况

为积极适应经济发展新常态，强化招商引资对开发区经济转型升级，根据区委、区政府关于招商引资的相关政策，开发区创新聘用新远大木业、九洲龙电器等6家企业董事长为开发区首批招商专员。专员将根据开发区的规划及产业布局招引相关企业入驻园区建设发展。同时开发区以徐州推介会为契机，充分采取“以商招商”“委托招商”“外包招商”等方式多举措招商，效果显著。

截至目前，开发区项目指挥部新建、续建项目26个，培育申报安徽汉龙化工科技、晶科电力有限公司光伏发电项目、雁山养老度假村项目等规模企业7家；新竣工投产回转支承淬火设备生产、嘉益制辊、五氯化磷生产项目3个，谋划电动汽车产业园、洗涤服务工业园、科创中心项目等20个。

（三）主要工作举措及取得成就

2016年，按照上级“六个集中”的发展举措，开发区又迎来了发展的新机遇。一是顺畅的管理服务机制，园区主抓经济发展，以招商引资为导引，以项目建设为抓手，经发局、服务中心、国土等各部门全方位跟进，全程服务，各项社会事务由曹村镇负责；二是精准的项目推进机制，规范项目立项、环评、规划、土地报批、备案等工作；三是科学的投融资机制，成立了开发区投融资公司，积极推动园区项目建设；四是灵活的干部进出制，用专业的人做专业的事，不断探索建立中层干部聘用制以及绩效考核奖励激励机制；五是完善的职能服务机制，设立城管、国土、财政职能部门，市场监管、税务等部门入驻开发区，开发区职能不完善短板得到改善。

2016年，开发区本着“筑巢引凤”的发展理念，不断优化园区配套。一是加快自来水厂进度建设项目推进，以及园区管网的重新规划设计工作；二是完成新能源路及中山北路绿化、亮化工作，加快推进彭祖路、新能源路以及中山北路的绿化工作；三是加快G206国道开发区段及S301省道的扩建工作；四是对园区所有企业进行排查，就违规企业、闲置土地进行了梳理；五是加快苏皖界点以及开发区主要节点的绿化工作，同时参照徐州山东商会、徐州策划协会的形象策划设计，对园区标识、道路标识等进行改善。

同时，就开发区内部管理进行了调整，充

分发挥了党群服务大厅职能，以经济为抓手，同步抓好党建工作，行政服务中心、规划局、经发局、国土所等职能部门入驻开发区党群服务大厅，结合党群服务职能，充分实现“一条龙”服务，树立“项目有人跟、问题有人办”的服务理念。

2016年开发区秉着“走出去、引进来”的招商原则，开发区外出招商95次，接待外商考察100余次，积极参与淮海经济区一体化建设，不断深化与徐州开发区、高新区、铜山区以及中国矿大科技园的对接合作。以埇桥区第四届招商引资推介会为契机，同中国矿业大学科技园洽谈，采取园中园的形式进行合作，目前已经拿出框架协议。

（四）存在问题

1.形象改善慢

开发区2016年形象虽有改善，但工作推进比较慢，形象提升没达到预期效果。

2.对外推介缺

10月21日徐州招商推介会圆满完成，效果显著，大大提升了埇桥区及埇桥经济开发区知名度，但近年来招商推介会议次数偏少，使园区对外宣传以及招商工作效果不明显。

3.项目落地少

2016年以来，受经济下行的大环境影响，同时因园区形象及配套设施不够完善等原因，使2016年落地投产项目少。

4.人员不够专

经区委区政府研究同意，完善了各职能部门，但是开发区招商引资、经济发展、规划建设等专业人员较少，不能满足工作需要。

5.服务不够优

开发区服务较以往有很大改善，但是关系到企业发展、经济运行中出现的各种情况和问题，还需要更科学、更专业、更优质的服务。同时，开发区金融网点少，学校、餐饮等商业服务较少，在为企服务服务中出现了短板。

6.作风不够实

开发区远离主城区，园区工作生活环境虽有改善，园区工作人员作风效能建设虽有提升，但是距区委区政府的目标要求仍有差距，开发区工作作风还需进一步提升。

二、2017年工作安排

（一）规划修整布局再完善

1.总体规划再修整

在原化工园区基础上向西（京沪线以西）扩展至S404，北至S301，南至小山口，面积约5000亩，备用土地10000亩，依托S404观光大道的规划设计，科学规划，明确产业布局，增强开发区的拓展后劲，加快融入徐州经济圈，打造徐州产业转移的承接地。

2.道路规划再完善

园区内道路布局总体按“三纵三横”为框架进行完善，“三纵”为S404旅游观光大道，G206国道，以及迎宾大道（尚桥环镇路北延原规划宿徐开发区快速通道）；“三横”一是S301东延，贯穿园区东西，连接埇桥东北部。二是人民路西延至S404，建立立交桥，横跨京沪线。三是滨河路东至迎宾大道，西至京沪铁路。总体构成开发区发展规划主框架。

3.产业布局再优化

重点推进创业大厦、创业园项目的建设，大力推进开发区电动汽车产业园、洗涤服务工业园、新型材料工业园以及化工园区等园中园建设，同步配套仓储，宾馆、餐饮、学校等服务公益设施，努力打造成徐州生产生活服务园。

（二）环境加快推进再提速

2017年开发区将进一步优化园区现有路网的亮化绿化工作，进一步完善配套管网的铺设，同时以“树驮桥”为推介，打造宋秦沟、老淝河、望洲河景观绿化带建设。进一步商谈公交与地铁等的交通衔接，大力推进雁山养老度假村项目建设，闵祠孝文化园建设，大力提升园区的投资旅游环境，打造成徐州休闲旅游的后花园。

（三）招商加大力度再发力

开发区充分发挥招商引资推介会的影响力，每年举行至少两次招商推介会，借助开发区招商专员以及各合作商会的人脉资源，在客商邀请上更加精准，在会议规模上更加务实，在会议效果上更加显著。同时，在招商力量上再加强，招商水平上再提高。

（四）项目尽快落地再加鞭

下一步开发区积极督促各项目包保人员对所包保项目进展情况、项目建设中存在的问题进行汇总，并及时解决。对太阳能电池、中国矿业大学科技园以及开发区园区园建设等重点项目加大跟进力度，明确专人跟进服务，确保项目早落地、早建设、早竣工、早投产。

（五）干部充实优化再专业

根据职能进一步调整开发区内设机构，加强各职能部门之间联系，进一步细化责任分工，切实做到专业人干专业事，充分树立“能者上、庸者下、劣者淘”的局面。

附：宿州埇桥经济开发区简要信息

批准成立时间	2006年9月	2015年进出口额	1615万美元
原批准面积	8.35平方公里	2015年出口额	978万美元
审核通过面积	8.35平方公里	2015年进口额	637万美元
批准扩区时间	2013年8月	2015年实际利用外资	5000万美元
批准扩区面积	15.35平方公里	累计实际利用外资	1.2亿美元
已建成面积	3平方公里	2015年固定资产投资	26.1亿元
2015年GDP	26亿元	投资强度	120万元/亩
2015年工业增加值	亿元	2015年高新技术企业产品产值	亿元
2015年财政收入	2200万元	当年通过ISO14001认证企业数	个
2015年工业总产值	25.5亿元	当年区内世界500强投资企业数	个

蚌埠市

蚌埠市开发区发展报告

2015年，全市开发区立足科学发展，积极完善配套功能，促进发展要素集聚，扎实推进项目建设，呈现出规模不断扩大、承载力不断提高、发展后劲不断增强、综合效益不断提升的良好态势。

一、开发区建设发展情况

2015年，全市9个省级以上开发区经济运行总体保持平稳较快增长。全年开发区经营（销售）收入首次突破2000亿元大关，达到2211.3亿元，同比增长16.6%；其中，规模以上工业销售收入1558.2亿元，同比增长20.2%。

（一）工业生产持续快进。全年开发区实现工业总产值1702.1亿元，同比增长19.65%（其中高新技术产业产值567亿元，同比增长17.19%）。规模以上工业增加值412.7亿元，同比增长20.69%。各开发区加快主导产业培育发展，形成了15类主导产业集群，汽车制造、农副食品深加工、纺织服装服饰等三大主导产业销售收入均突破200亿元。

（二）运行效益明显改善。随着开发区加快转型升级和开发区企业优惠政策逐渐到期，开发区经营效益稳步提高，财税结构稳步改善。全年开发区实现税收总额44亿元，同比增长11.5%。税收占财政收入比重达到72.1%，呈逐步上升趋势，较2014年提高18.2个百分点。

（三）经济活力不断增强。全年开发区实现进出口总额9.2亿美元，同比增长19.6%；其中出口8.5亿美元，同比增长22%；贸易顺差7.9亿美元。当年实际利用外商直接投资10.4亿美元，同比增长22.1%。亿元以上项目实际到位省外资金464.6亿元，同比增长9.8%。中建材电子信息显示超薄基板、德豪润达LED产业化基地、大富机电射频器件等一批项目建成运营，中科电力装备产业园、北方通用MEMS产业基地、国电二期等项目加快建设。

二、2015年全市开发区开展的主要工作

（一）推进开发区扩区提质。按照省级开发区扩区管理办法，协调推进固镇经济开发区、蚌埠工业园等升级开发区扩区，其中，固镇经济开发区扩区至8平方公里正式获得省政府批准。谋划推进五河县域铜陵市合作共建产业园区，牵头办理沫河口工业园区划调整遗留问题以及沫河口经济化工高新产业基地扩区工作。积极支持蚌埠经开区升级国家级经济技术开发区。

（二）加快开发区转型升级。按照省、市调结构转方式促升级战略部署的要求，出台《蚌埠市园区转型升级工程实施方案》，明确了加快园区调转促的6项主要任务和17项主要措施，储备实施园区转型升级亿元以上重大项目74个，总投资890亿元左右。

（三）深化开发区招商合作。面对当前经济新常态，我市各开发区不断创新招商引资工作方法，大力推行驻点招商、以商招商、产业链招商、会展招商等招商方式，积极深化和拓展招商合作，招商引资成效显著。2015年内先后引进了铜铟镓硒薄膜太阳能电池、豪威科技交互式电子白板、淮商电子商务等一批重点项目，新洽谈台

湾瀚彩液晶显示面板、台湾富士康节能空调、正威国际文化产业园等产业集聚发展重大项目，全市开发区入园企业数达到6280家。

（四）强化开发区创新驱动。依托合芜蚌自主创新综合试验区平台，全市各开发区大力推进自主创新，强化创新驱动。2015年蚌埠高新区在全国147家国家级高新区综合排名上升到57位，较上年前移15位，是安徽省进位最多的国家高新区。国家创新型特色园区建设获科技部火炬中心批准，蚌埠高新技术创业服务中心获批首批国家小型微型企业创业创新示范基地；“WM众创智慧谷”被列为安徽省科技计划项目，并升格为国家级众创空间，创新平台优势日益凸显。

（五）积极承接产业转移。《蚌埠市城区老工业区搬迁改造实施方案》获省政府批复，我市以此为契机加快推进丰原集团、中粮生化等重点化工企业退市进园。蚌埠工业园、固镇经济开发区作为产业转移的主要承接地，积极推进排水管网、污水管网、供热管网、污水处理、垃圾处理、道路绿化等配套基础设施建设，为城区老工业区企业退市进园提供保障。

（六）加大战略性新兴企业帮扶力度。依托现有开发区和专业园区，加快建设千亿级硅基新材料产业集聚发展基地，启动市级战新基地建设，对基地给予财政资金扶持的同时，启动2016年选派“政治素质好、组织协调能力强、业务工作经验丰富”的干部赴丰原集团、中科电力等12家企业开展为期一年的脱岗帮扶。

三、存在的主要问题

我市开发区保持较快发展的同时，仍存在着一些问题不容忽视，主要有以下三方面。

（一）产业转型步伐仍有待加快。2015年全年开发区高新技术产业产值保持了两位数增长，但增速低于全部工业总产值，占比与2014年比较下降1.5个百分点，产值较高的主导产业仍以传统产业居多，产业转型升级任务依然艰巨。

（二）投资增速高位趋缓。2015年全市开发区共完成固定资产投资696.4亿元，同比增长6.61%。在经济新常态的发背景下，投资增速同比有小幅提高，但由于受到基础设施融资渠道单一、资金短缺等因素影响，园区基础设施投资同比仍为负增长。

（三）产城一体化程度不够高。部分开发区内商业住宅及服务中心、生活休闲娱乐场所、学校、医院和物流中心等生产、生活性公共服务设施建设不足，无法满足入驻企业及职工的生活、娱乐需求，也在一定程度上造成开发区人才流失，加快产城一体化发展任务依然较重。

四、2016年工作打算

2016年是“十三五”的开局之年，也是深入贯彻落实省“调转促”园区转型升级实施方案的关键之年。我市将从五个方面推进全市开发区加快发展。

（一）促进开发区扩容整合。加快推进怀远经济开发区、蚌埠工业园扩区工作，积极争取市经开区申报升级为国家级经济技术开发区。做大做强开发区优势特色产业，形成百亿产业、千亿园区。加快开发区相互融合发展，支持蚌埠工业园、怀远经济开发区等距离相近、产业互补的开发区联动合作，推进国家级开发区和实力较强的省级开发区整合周边乡镇工业集聚区。提升结对合作水平，以固镇现代产业园建设为起点，在加快完善基础设施、培育优势产业的基础上，下大力气谋划推进五河现代产业园建设步伐。

（二）加强项目建设与投资。重点做好园区亿元以上工业项目调度，运用市重点项目调度平台，围绕《蚌埠市园区转型升级实施方案》中谋划推进的重大项目，按照“四督四保”推进机制的要求，分层次分类推进项目建设。积极发挥各级园区投融资平台，加大融资力度，盘活存量资产，同时鼓励和引入部分社会资金进入园区基础设施建设领域。

（三）强化园区招商引资。一是引导现有企业资源整合、科技提升，或通过引进外地企业对现有企业增资扩股、并购重组等方式，减少对土地的占用，提高土地利用效率，环节土地要素制约。二是提高招商水平。确定开发区主导产业，有针对性地开展精准招商，建立招商信息共享机制，引导关联产业集群发展。继续完善园区水电气、通讯、排污等工程配套建设，优化项目入驻条件。三是加强对外合作，引进和培育处于产业链关键环节的企业，发挥资源和政策优势，提升招商项目的影响力和带动性。

（四）加快产城融合发展。按照产城一体化原则，优化园区产业功能、城市功能、生态功能，合理确定产业、公共服务、居住和生态用地比例。坚持基础设施建设适度超前，完善开发区在廉租保障房、学校、医院、就业和社保服务、生活娱乐设施、物流中心等基础设施建设，继续争取国家产城融合示范区建设和申报。

（五）建立科学的考核体系。按照省政府办公厅《关于促进全省开发区转型升级的实施意见》（皖政办〔2015〕7号）要求，强化园区转型升级在市级党政目标中的考核，参照《全省开发区转型升级评价方案》内容，科学制定蚌埠市省级以上开发区考核办法，加强对开发区主要经济指标调度和通报，增强对各开发区转型升级评价的客观性和公正性。

蚌埠市开发区重点介绍

【安徽蚌埠工业园区】 安徽蚌埠工业园区位于蚌埠市淮上区，南临淮河，北靠宁洛高速公路，307省道穿境而过，离合徐和宁洛两条高速公路出入口分别只有3公里和4公里，同时还有朝阳路淮河大桥和大庆路淮河大桥把工业园区与主城区紧紧相连，地理位置非常优越，交通极为便利，为企业的入驻和发展提供了良好的条件。蚌埠工业园于2006年被安徽省人民政府确立为省级经济开发区，同年被省政府命名为“中小企业集聚示范区”， 2007年被中国光彩协会授予“中国光彩工业园”称号。园区总体规划面积41.2平方公里，建成区内水、电、路、气、通讯等“七通一平”已全部建成，企业入驻的各种配套已经齐备。基本形成了环保设备、硅基、新能源汽车及高端装备制造三大产业板块。目前园区已成为蚌埠市承接产业转移的重要载体，是安徽省新型工业化产业示范基地（环保产业）。

截至目前，共有入园企业数300余家，其中规上企业90家。园区年产值亿元以上项目有特步、意义环保、城市药业、今上导电膜等54家企业。重点项目主要有特步产业园二期、宝岛电动车、中小企业产业园、新知科技产业园、城市药业水针塑瓶研发生产基地、华光太阳能玻璃基板、防火阻燃特种电缆等项目。

未来，蚌埠工业园区将围绕“建设千亿产业园区，争创国家级开发区”目标，积极实施淮上区“331”工程，按照“大项目-产业链-产业聚集-产业基地”的发展思路，以集群化、规模化、高端化、链条化为方向，完善产业上下游，培育壮大战略性新兴产业，改造提升传统产业，打造工业经济升级版。 预计到2020年，园区建成面积不低于30平方公里，累计入园企业500家以上，规上企业160家，实现产值600亿元以上，培育超亿元企业100家以上，超10亿元企业10家以上，争取新上市5家以上企业。进一步加大招商引资力度，高标准、高质量建设完善基础设施，使园区功能更加齐全，设施更加完备，给入驻企业创造一个更加宽松的发展环境，努力将蚌埠工业园区打造成蚌埠领先、皖北一流的省级高新技术园区。

【安徽五河经济开发区（城南工业区）】 五河经济开发区（城南工业区）始建于2003年，2006年3月被省政府批准为省级经济开发区，总规划面积61平方公里，其中城南工业区规划面积16平方公里，2014年1月，经省政府批准城南工业区由1.505平方公里扩区为12.505平方公里，目前建成区面积7平方公里。沫河口工业区规划面积45平方公里，位于蚌埠东郊15公里，沫河口镇境内，已完成规划面积15平方公里。2013年市委、市政府决策部署实行部分行政区划调整，将五河县沫河口镇及沫河口工业区划入淮上区， 县委、县政府于2014年筹备建设“蚌埠铜陵（五河）产业园”，2016年7月26日获省政府批复。

截至2016年10月，城南工业区共有入园企业155家，其中投产117家，在建23家，待建15家。全区共有规模以上企业97家，比2015年底净增16家。高新技术企业11家；战略性新兴企业7家，新增1家。

2016年前三季度，完成固定资产投资35.87亿元，同比增长14.43%；基础设施投入3.7亿元，同比增长4.29%；实现规上工业总产值182.35亿元，同比增长24.3%；招商引资到位资金59.13亿元，同比增长16.8%；财政收入2.57亿元，同比增长3.07%。预计2016年底，完成固定资产投资41.38亿元；基础设施投入5.21亿元；实现规上工业总产值242.25亿元；招商引资到位资金71.36亿元；财政收入3.13亿元。

【安徽怀远龙亢经济开发区】　安徽怀远龙亢经济开发区位于怀远县西部，宁洛高速穿境而过，并在开发区设有道口，提升改造后的一级公路S307省道横贯东西，毗邻京台高速，京沪、京福高铁，G206国道。淮河、涡河、茨淮新河常年通航直达全国，离规划选址的蚌埠机场仅20公里，离南京禄口机场210公里，离合肥新桥机场160公里，离徐州观音机场200公里。

安徽怀远龙亢经济开发区包含龙亢产业园和白莲坡食品科技产业园，采取"一区两园"的管理模式，归口龙亢经济开发区管委会管理。开发区规划总面积36.73平方公里（含白莲坡食品科技产业园8.73平方公里），到2016年底，建成区面积1.6平方公里（不含龙亢农场建成的产业园），在建面积12.93平方公里。

龙亢经济开发区2013年9月开始筹建，2014年1月经省政府批准，将原马城经济开发区（筹）平移到龙亢更名为"怀远龙亢经济开发区"，园区定位"产城一体"，主导产业：粮食食品精深加工、机械装备、电子商务物流。规划总面积28平方公里。已完成起步区5.8平方公里的控规设计、专家评审。自来水厂、污水厂正在推进前期工作。另外，对开发区土地利用规划正在进行修编；为了推进怀远县龙亢副中心建设，正在对开发区规划、龙亢农场试验区规划、龙亢镇规划三个规划进行统筹合并成为一个规划。

白莲坡食品科技产业园一期规划面积1.6平方公里，位于环城西路东侧。目前已完成了基础设施建设，累计投入11065万元，建成"3纵5横"的道路网。围绕粮食和农副产品精深加工业的主线，已形成"原料种植基地建设－仓储－初加工－精深加工－副产品综合加工利用－物流"的农业产业链。白莲坡食品科技产业园二期规划位于荆山镇中部，沿307省道两侧，面积7.13平方公里，纯产业用地面积5100亩。

开发区坐落于蚌埠龙亢国家农业科技示范园、龙亢农场全国农村改革试验区核心区域内，与全国农垦现代农业示范区的龙亢农场无缝对接，是怀远县政府和龙亢农场合作打造的一座宜商、宜居、宜业、产城一体化的现代化产业新区，开创了我省探索垦地合作的一种新模式,是开发开放和体制创新的先行区。开发区重点发展先进制造业、食品精深加工、机械电子和现代物流业等主导产业。目前入园企业约90家，其中在园区有实体的企业39家。2016年预计全年实现工业总产值46亿元；固定资产投资32亿元;完成财政收入2500万元。

开发区按照高标准规划，高起点建设，高效率运作的要求，基本实现开发区5.8平方公里起步区范围内"七通一平"（供水、供电、道路、排水、通讯、宽带网、有线电视网和土地自然平整）。

怀远龙亢经济开发区区位优势明显，服务周到细致，管理科学规范，必将已成为全县招商引资的重要平台和县域经济发展的西部增长极，欢迎海内外有志之士到怀远龙亢经济开发区参观考察、投资兴业！

【蚌埠铜陵现代产业园区】　基本概况。2015年，实现固定资产投资13.6亿元，同比增长15%；招商引资到位资金6.9亿元，同比增长12.4%；融资到位资金3.2亿元，同比增长14.3%；财政收入1.01亿元，同比增长140.9%,拥有规上企业9家,实现工业总产值10.5亿元,同比增长11.11%；工业增加值2.8亿元,同比增长10.21%。对标赶超的含山经济开发区连续第三年保持增速领先。

基础设施。加大有效投入，按照计划推进建设，　6平方公里的启动区全面建成，编制完成产业发展规划，通过省皖北办组织的专家论证和审查。园区6纵3横总计9条15公里的内循环路网投入使用，配套的道路标示、红绿灯、监控全部安装到位；一期10栋5.5万平方米安置房、公租房入住率达到90%以上，二期18栋8万平方米安置房、二期4栋2万平方米公租房全部完成主体建设；1

万伏双回路过渡用电和二期供电线路全线接入使用；高压线路迁改已竣工验收并通电使用；11万伏变电站正在抓紧建设；日供水2.5万吨第二自来水厂、日处理2万吨污水处理厂已招标建设。年内，园区投入基础设施资金6.2亿元。

招商引资。引进工业项目18个，总投资49.7亿元。其中冠旗艺术玻璃、环锐新材料、宝鼎集装箱装备制造、浩天机械制造、三星生物工程、中小企业孵化园6个重点项目已投产运营；永牧机械科技、大北农饲料、恒特冷制粒机械制造、安居消防器材、元一高低低压电气、沃特邦不锈钢水泵、科喜食品、卓立家居饰品、宏源管道科技等9个项目正在施工建设；中储粮物流园、艾尔特包装机械制造2个项目已正式签约入驻。6栋3层框架结构厂房，3栋4层框架结构孵化器，1栋8层企业服务中心及500多余套公寓的中小企业产业园已全面招商。百奥秘科生物医药（天津大学）、德亿鑫铜门、源动力锂电池、宏盛服饰、乐力滤清器、玺帝滤清器、君鼎艺术玻璃制品、美奇家居、申通快递、荣华物流、凤凤自行车11个中小项目入驻。完成投资1.5亿元的长淮家园建成使用，投资2亿元的锦绣华庭22栋主体建设完成，投资2亿元的龙凤新城设计方案完成并通过固镇县规委会审核。投资5000万元种植面积达2000亩的葡萄、草莓、山楂及优质小麦良种繁育的雨荷生态农业项目，实现收入700多万元；投资6000万元占地1010亩的特色无公害有机蔬菜种植及深加工的绿源现代农业项目实现收入850多万元；投资1亿元年出栏400万只专供肯德基、麦当劳的肉鸡养殖项目实现收入1570万元，投资2000万元的沃得现代农业开发项目实现收入140多万元。

发展要素。与农发行、徽商银行、中国银行签订融资合作协议，共筹措资金3.2亿元。向农发行申请的整区域城镇化建设的10亿元贷款项目已被蚌埠市人大常用委会批准列入蚌埠市财政预算担保。持续实施的“暖企”行动，为冠旗艺术玻璃、铜陵营造等企业提供融资信用担保3600万元。全年累计完成净地征收1550亩，拆迁720户、10850平方米，拆除违法建筑2700平方米，支付补偿款1亿元，完成建设用地报批914亩，支付土地报批费用3700万元。

机制创新出台蚌埠铜陵现代产业园区全面深化重点领域改革的方案，稳步推进5项专项改革。成立园区综合服务中心，加强对园区国有资产管理和运营，探索道路、桥梁、楼宇、广告牌、围墙等公用设施的冠名权、经营权、使用权的转让或租赁方式；“三公”经费和财政预决算依法公开，“三公”经费支付同比下降21.8%。管理体制改革向纵深推进，采用政府购买公共服务的方式整治城市环境，对园区道路实行16小时保洁，中小企业产业园和长淮家园实行8小时保洁，全密闭管理垃圾收集运输，对园区绿化景观实行划区分段养护管理；出台园区机关效能建设方案，明确奖惩考核体系，加强机关运行管理水平。

附：蚌埠市省级以上开发区基本信息表

序号	开发区名称	原目录代码	地　址	批准机关	设立时间	批准文号	核准面积（公顷）
1	蚌埠高新技术产业开发区(安徽蚌埠高新技术产业开发示范园区)	S348020	蚌埠市禹会区	国务院（省政府）	2010.11（2011.12）	国函〔2010〕138号(皖政秘〔2011〕424号)	6074
2	蚌埠经济开发区	S347019	蚌埠市（龙子湖区蚌山区）	省政府	2006.04	皖政秘〔2006〕69号	400
3	安徽蚌埠工业园区	S347021	蚌埠市淮上区	省政府	2006.02	皖政秘〔2006〕22号	271
4	安徽怀远经济开发区	S347022	蚌埠市怀远县	省政府	2006.02	皖政秘〔2006〕22号	221
5	安徽五河经济开发区	S347023	蚌埠市五河县	省政府	2006.02	皖政秘〔2006〕22号	1250.5
6	安徽固镇经济开发区	S347024	蚌埠市固镇县	省政府	2006.02	皖政秘〔2006〕22号	800
7	安徽怀远龙亢经济开发区		蚌埠市怀远县	省政府	2014.01	皖政秘〔2014〕16号	97.3236
8	蚌埠铜陵现代产业园（蚌埠台湾产业园）		蚌埠市固镇县	省政府	2012.04	皖政秘〔2012〕192号	1387

续表

序号	开发区名称	核准四至范围	坐标实测面积（公顷）	管辖总面积（公顷）	管理机构类型
1	蚌埠高新技术产业开发区(安徽蚌埠高新技术产业开发示范园区)	蚌埠高新技术产业开发区 区块一：东至张公山路，南至燕山路、长征路，西至禹功路，北至长乐路、大庆路；区块二：东至黑虎山路，南至周蔡路，西至规划外环路，北至206国道；安徽蚌埠高新技术产业开发示范园区东至迎宾大道、朝阳路，南至南高速出入口，西至合徐高速，北至东海大道、涂山路	4507.52（蚌埠高新技术产业开发区674.05，省级示范园区3833.47）	13700	政府派出机构
2	蚌埠经济开发区	区块一：东至城市排水大明沟，南至东海大道，西至现代汽车专营店东侧、施徐村东侧，北至体育路；区块二：东至解放四路，南至中陈路，西至陶山，北至燕山路	320	9000	政府派出机构
3	安徽蚌埠工业园区	东至朝阳路、南至金牛路、西至大庆路、北至双墩路	265.64	1400	政府派出机构
4	安徽怀远经济开发区	东至淮上区交界，南至淮河堤，西至合徐高速，北至涡北乳泉大道（原涂山大道）	173.48	1800	政府部门
5	安徽五河经济开发区	区块一四至范围为东至徐明高速，南至南环线，西至柿马村西侧，北至龙潭湖大沟；区块二四至范围为东至郜湖高排沟，南至南环线，西至徐明高速，北至惠民路	1241.4	1250.5	政府直属事业单位
6	安徽固镇经济开发区	东至京沪高铁、南至纬九路、西至101省道、北至门东路；	800	1312	政府部门
7	安徽怀远龙亢经济开发区	东至规划的6号路、南307省道、西至规划的2号路、北至规划的7号路	97.32	3673	政府部门
8	蚌埠铜陵现代产业园（蚌埠台湾产业园）	东至十三号路东侧，南至新马大道，西至S101道路，北至X015县道	883.59	3324	政府派出机构

续表

序号	开发区名称	地 址	管理机构类型	基础设施建设情况	主导产业
1	蚌埠高新技术产业开发区(安徽蚌埠高新技术产业开发示范园区)	蚌埠市禹会区	政府派出机构	已形成完善的交通道路网、上下水、电、蒸汽管、天然气管网、通信网络、宽带、有线电视到户、土地净地平整后交付	汽车零部件与装备制造、电子信息、新材料与新能源
2	蚌埠经济开发区	蚌埠市（龙子湖区、蚌山区）	政府派出机构	通上下水、通路、通电、通邮、通气、通讯、宽带、有线电视、土地平整	现代服务业、硅基新材料、电子信息
3	安徽蚌埠工业园区	蚌埠市淮上区	政府派出机构	园区内16平方公里范围内通路、通电、通上下水、通邮、通宽带、通有线电视、天然气管道园区内主干路通达。园内土地现状平整，部分为建设用地和建成道路高层一致。	节能环保、新能源汽车及汽车零配件、电子电器设备及电子材料制造
4	安徽怀远经济开发区	蚌埠市怀远县	政府部门	通上下水、通路、通电、通邮、通气、通讯、宽带、有线电视、土地平整	电子信息、装备制造及汽配、纸制品及彩印包装
5	安徽五河经济开发区	蚌埠市五河县	政府直属事业单位	通上下水、通路、通电、通邮、通气、通讯、宽带、有线电视、土地平整	纺织服装、机械制造、农产品加工
6	安徽固镇经济开发区	蚌埠市固镇县	政府部门	通上下水、通路、通电、通邮、通气、通讯、宽带、有线电视、土地平整	生物化工、农副产品加工、机械装备制造
7	安徽怀远龙亢经济开发区	蚌埠市怀远县	政府部门	通上下水、通路、通电、通邮、通气、通讯、宽带、有线电视、土地平整	农副产品加工及食品饮料、农业及食品装备制造、生物科技
8	蚌埠铜陵现代产业园（蚌埠台湾产业园）	蚌埠市固镇县	政府派出机构	通上下水、通路、通电、通邮、通气、通热、通讯、宽带、有线电视、土地平整	高端装备制造、新材料、信息技术

附：2014年蚌埠安徽省开发区情况统计表

指标	代码	单位	本年	同期	增减(%)
一、开发区占地面积	1	平方公里			
二、开发区已建成面积	2	平方公里			
其中:工业用地面积	3	平方公里			
其中:当年新增工业用地面积	4	平方公里			
三、全区经营（销售）收入	5	万元	18563929.2	15079620	23.11
其中：规模以上工业销售收入	6	万元	12610916	10033975	25.68
资质以内建筑业经营收入	7	万元	2708415	2141367	26.48
限额以上批发零售业销售收入	8	万元			
限额以上住宿餐饮业营业收入	9	万元			
房地产业经营收入	10	万元	707274	633700	11.61
规模以上服务业企业销售（经营）收入	11	万元	344720	300832	14.59
其中:高新技术企业经营(销售)收入	12	万元			
其中：主导产业经营(销售)收入	13	万元	12333778	9720470	26.88
其中：主导产业一	14	万元	6732294	5233919	28.63
主导产业二	15	万元	3169358	2700980	17.34
主导产业三	16	万元	2432126	1785571	36.21
四、工业总产值	17	万元	13819767	11190405	23.5
其中：规模以上工业总产值	18	万元	12981390	10354347	25.37
其中：高新技术产业产值	19	万元	4804703	3822041	25.71
五、第二产业增加值	20	万元	3695488	3017092	22.49
其中：工业增加值	21	万元	3523622	2853857	23.47
其中：规模以上工业增加值	22	万元	3339337	2701035	23.63
六、第三产业增加值	23	万元	1128563.4	1005121	12.28
其中：现代服务业增加值	24	万元	380914	332266	14.64
七、进出口总额	25	万美元	76750.65	57597.81	33.25
出口额	26	万美元	69910.79	51681.77	35.27
其中:高新技术企业出口额	27	万美元			
进口额	28	万美元	6839.86	5916.04	15.62
其中:高新技术企业进口额	29	万美元			
八、税收财政收入情况	30		—	—	

续表

指标	代码	单位	本年	同期	增减(%)
1.税收总额	31	万元	393855.12	304917.38	29.17
其中：工业税收	32	万元			
其中：高新技术企业税收	33	万元			
2.财政收入	34	万元	730933.14	639726.38	14.26
其中：土地收入	35	万元	311782.02	323903	-3.74
九、固定资产投资总额	36	万元	6455483	6098025	5.86
其中：工业投资	37	万元	4153234	3474036	19.55
基础设施投资	38	万元	552827	608999	-9.22
其中：财政投入	39	万元	258126	283166	-8.84
银行贷款	40	万元	151740	192391	-21.13
十、利用外商直接投资情况	41		----	----	
1.新批进区外商投资企业	42	个	6	3	100
2.合同外资金额	43	万美元			
3.当年实际利用外商直接投资额	44	万美元	85408	70737	20.74
十一、利用省外境内资金情况	45		----	----	
1.当年新批进区省外境内项目	46	个	274	240	14.17
2.在建省外境内投资项目个数	47	个	306	260	17.69
其中：亿元以上省外境内投资项目个数	48	个	206	177	16.38
3.在建省外境内投资项目总投资额	49	万元	15410432	11833258	30.23
其中：亿元以上省外境内投资项目投资总额	50	万元	13459061	11292730	19.18
4.当年实际利用省外境内资金额	51	万元	5507824	4266690	29.09
其中：亿元以上项目到位省外境内资金额	52	万元	4588851	3542731	29.53
十二、专利申请授权情况	53		----	----	
1.专利申请量	54	件	3872	4546	-14.83
2.专利授权量	55	件	1809	2280	-20.66

附：2015年蚌埠安徽省开发区情况统计表

指标	代码	单位	本年	同期	增减(%)
一、开发区占地面积	1	平方公里	341.97	338.54	1.01
二、开发区已建成面积	2	平方公里	136.84	130.3076	5.01
其中：工业用地面积	3	平方公里	63.4301	57.156	10.98
其中：当年新增工业用地面积	4	平方公里	7.1201	7.5646	-5.88
三、全区经营（销售）收入	5	万元	22112950	18971493.2	16.56
其中：规模以上工业销售收入	6	万元	15582332	12964986	20.19
资质以内建筑业经营收入	7	万元	2755037	2708415	1.72
限额以上批发零售业销售收入	8	万元			
限额以上住宿餐饮业营业收入	9	万元			
房地产业经营收入	10	万元	709001	707274	0.24
规模以上服务业企业销售（经营）收入	11	万元	405839.6	362055.3	12.09
其中：高新技术企业经营(销售)收入	12	万元			
其中：主导产业经营(销售)收入	13	万元	14939820	12687200	17.76
其中：主导产业一	14	万元	7754926	7071504	9.66
主导产业二	15	万元	3827409	3183570	20.22
主导产业三	16	万元	3357485	2432126	38.05
四、工业总产值	17	万元	17020979	14225376	19.65
其中：规模以上工业总产值	18	万元	16101129	13378586	20.35
其中：高新技术产业产值	19	万元	5669648	4838154	17.19
五、第二产业增加值	20	万元	4585288	3850846	19.07
其中：工业增加值	21	万元	4353523	3643708	19.48
其中：规模以上工业增加值	22	万元	4126564	3419111	20.69
六、第三产业增加值	23	万元	1282060.5	1138239.4	12.64
其中：现代服务业增加值	24	万元	453042	381670	18.7
七、进出口总额	25	万美元	91753.26	76750.65	19.55
出口额	26	万美元	85317.43	69910.79	22.04
其中：高新技术企业出口额	27	万美元			
进口额	28	万美元	6435.83	6839.86	-5.91
其中：高新技术企业进口额	29	万美元			

续表

指标	代码	单位	本年	同期	增减(%)
八、税收财政收入情况	30		----	----	
1. 税收总额	31	万元	440446.62	394993.55	11.51
其中：工业税收	32	万元			
其中：高新技术企业税收	33	万元			
2. 财政收入	34	万元	613131.04	732071.57	-16.25
其中：土地收入	35	万元	130654.42	311782.02	-58.09
九、固定资产投资总额	36	万元	6964046	6531973	6.61
其中：工业投资	37	万元	5168612	4221724	22.43
基础设施投资	38	万元	483771	557327	-13.2
其中：财政投入	39	万元	219530	259676	-15.46
银行贷款	40	万元	129542	154690	-16.26
十、利用外商直接投资情况	41		----	----	
1. 新批进区外商投资企业	42	个	6	6	
2. 合同外资金额	43	万美元			
3. 当年实际利用外商直接投资额	44	万美元	104247	85408	22.06
十一、利用省外境内资金情况	45		----	----	
1. 当年新批进区省外境内项目	46	个	260	246	5.69
2. 在建省外境内投资项目个数	47	个	291	276	5.43
其中：亿元以上省外境内投资项目个数	48	个	214	194	10.31
3. 在建省外境内投资项目总投资额	49	万元	15835656	15410432	2.76
其中：亿元以上省外境内投资项目投资总额	50	万元	13675834	13459061	1.61
4. 当年实际利用省外境内资金额	51	万元	5331766	5154208	3.44
其中：亿元以上项目到位省外境内资金额	52	万元	4646190	4230035	9.84
十二、专利申请授权情况	53		----	----	
1. 专利申请量	54	件	4551	3920	16.1
2. 专利授权量	55	件	1985	1830	8.47

阜阳市

阜阳市开发区发展报告

阜阳经济开发区。1993年5月经省政府正式批准设立，批准规划面积8.3平方公里。2006年6月省政府整合原阜阳经济技术开发区、颍州区工业园区为阜阳经济开发区。开发区管委会为政府派出机构。目前，园区初步形成装备制造和专用汽车及汽车零部件制造业、纺织服装业、农副产品及食品加工业。2015年，园区实现全区经营（销售）收入284.14亿元，完成固定资产投资45.4亿元，工业增加值14.9亿元，财政收入10.3亿元。

阜阳合肥现代产业园区。2011年12月12日，安徽省人民政府正式批准设立省级阜阳合肥现代产业园区，园区为安徽南北合作共建园区。园区位于阜阳市南部，颍州区袁集镇、三十里铺镇范围内，规划面积25.1平方公里，近期建设面积18平方公里，起步区建成面积6.2平方公里，起步区内已实现“八通一平”。2015年，园区实现全区经营（销售）收入16.52亿元；完成固定资产投资25.9亿元，同比增长27.4%；招商引资到位资金25.63亿元，同比增长28%；工业总产值14.8亿元，同比增长72%；财政收入2.03亿元，同比增长42.9%。园区重点发展汽车及机械制造、家电及电子信息、食品及农产品加工等主导产业。

安徽颍州经济开发区（筹）。安徽颍州经济开发区（筹） 2009年3月经省人民政府批准筹建，有关政策比照省级开发区执行，核准面积6平方公里。2014年10月30日经省人民政府批准同意扩区，总体规划面积增至10.69平方公里，另0.38平方公里为控制区域。开发区管委会为政府派出机构。多年来，开发区实现“八通一平”全覆盖。园区的主导产业为农副产品精深加工和机械加工、物流等。2015年，开发区实现全区经营（销售）收入96.54亿元，实现工业总产值68.798亿元。2010年以来，开发区先后四次被评为“全市工业园区综合评比先进单位”，并荣获“安徽省新型工业化产业示范基地”等荣誉称号。

安徽颍泉经济开发区。安徽颍泉经济开发区成立于2003年，2014年1月经省政府批准同意安徽阜阳工业园区更名为安徽颍泉经济开发区，并以“一区两园”方式扩区，总体规划面积由1.2平方公里扩大至12.6平方公里，另1.5443平方公里为控制区域。目前园区主区基础设施建设已达到九通一平。开发区管委会为政府派出机构。目前，园区初步形成了以轻工纺织、机械电子、板材家具为主导的产业体系，主导产业占比约72%。2015年，园区实现全区经营（销售）收入269.92亿元，工业总产值808486万元，实现税收47441万元。2013年，园区通过评审正式列入全国纺织产业转移试点园区。

安徽颍东经济开发区（筹）。安徽颍东经济开发区（筹）于2008年12月经省人民政府批准筹建，有关政策比照省级开发区执行，规划面积8.3平方公里。2015年12月经省政府批准同意扩区，总体规划面积增至12.5平方公里。开发区管委会为政府派出机构。多年来，开发区实现“七通一平”全覆盖。园区的主导产业为农副产品深加工、机械电子、煤基新材料及精细化工。2015年，开发区实现全区经营（销售）收入243.11亿元，实现工业总产值179.31亿元，完成固定资产投资30.2亿元，实现税收收入19.9亿元。2010年以来，开发区先后获得全国农业化示范区、安徽省新型工业化示范基地、安徽省小微企业创业基地、安徽省重点扶持文化产业示范园。

安徽太和经济开发区。安徽太和经济开发区2006年4月经省政府批准设立，核准面积5.13平方公里。2013年7月，经省政府批准扩区，园区总体规划面积由原5.13平方公里扩大至13.21平方公里（至2020年）。开发区基础设施相对较为完善，实现八通一平。太和开发区管委会为县政府派出的副县级机构。目前，开发区形成了以生物医药（含医药化工）、轻工工业（含工业滤布、发艺文化、纺织服装）、农副产品深加工为主导的产业体系。2015年，园区实现全区经营（销售）收入657.1亿元，完成工业产值320亿元，税收12.6亿元，固定资产投资85亿元。近年来，开发区荣获"国家外贸转型升级专业型示范基地""安徽省太和生物医药和物流高新技术产业基地""安徽省新型工业化（生物医药）示范基地""国家火炬计划安徽太和现代医药特色产业基地""太和经济开发区现代医药产业集聚发展基地""安徽省知识产权示范园区"等荣誉和称号。

安徽界首高新技术产业开发区。安徽界首经济开发区为省政府2006年2月批准设立的省级开发区，2013年8月经省政府批准以"一区三园"方式扩区，开发区经省政府批准规划面积14.33平方公里，2014年1月正式更名为安徽界首经济开发区。2016年7月10日，经安徽省人民政府批准更名为安徽界首高新技术产业开发区。园区管委会属于政府派出机构。开发区主导产业为循环经济、绿色食品和生物医药等产业，主导产业占比79.6%。2015年，开发区实现全区经营（销售）收入477.69亿元，工业总产值398.14亿元，税收收入21.6亿元。截至2015年底，开发区内已成功申报国家级高新技术企业25家，拥有省级工程技术研究中心8个，省级企业技术中心16个。开发区先后被国家、省授予"国家循环经济试点园区""国家城市矿产示范基地""全国循环经济先进单位""国家循环经济教育示范基地""安徽省新型工业化产业示范基地"和"首批安徽省知识产权示范培育园区"等荣誉称号。

安徽阜南经济开发区。安徽阜南经济开发区是2006年2月经省政府批准设立的省级开发区。2013年4月，经省政府批准安徽阜南工业园区更名为安徽阜南经济开发区，2014年1月，省政府批准安徽阜南经济开发区总体规划面积由2平方公里扩大至13.3911平方公里。园区建成区内实现七通一平。开发区管委会是县政府的派出机构。园区柳木文化、纺织服装和机械电子为主导的产业格局基本形成。2015年，园区实现全区经营（销售）收入191.01亿元，完成工业总产值173.51亿元，同比增长25.7%；实现工业增加值47.3亿元，同比增长17.4%；完成固定资产投资64.12亿元；全年累计上缴税金3.937亿元，同比增长48.7%。园区2011年被省人社厅、省总工会、省企业联合会、省工商业联合会授予"全省模范劳动关系和谐工业园区"称号。

安徽颍上经济开发区。安徽颍上经济开发区是2006年12月经省政府批准设立的省级开发区。2012年11月，省政府批准开发区总体规划面积由1.5平方公里扩大至10.5平方公里。2014年5月，省政府批准安徽颍上工业园区更名为安徽颍上经济开发区。园区建成区内实现七通一平。开发区管委会是县政府的派出机构。轻纺食品、机械电子和新能源为主导的产业格局基本形成。2015年，园区实现全区经营（销售）收入208.88亿元，累计完成工业总产值203.6亿元，实现工业增加值51.3亿元，完成固定资产投资42.6亿元，实现财政收入6.35亿元。

安徽临泉经济开发区（临泉庐阳现代产业园）。临泉经济开发区是2006年经省政府批准成立的省级开发区。2013年1月，省政府批复临泉经济开发区"一区三园"扩区规划，即临泉经济开发区、泉北食品工业园、鲖城皮革循环经济产业园、南部产业园，扩区后总面积11.5平方公里。2013年9月，省政府批复安徽临泉工业园区更名为安徽临泉经济开发区。临泉庐阳现代产业园位于临泉县城东，2014年经省政府批准成立，为南北合作共建园区。临泉经开区基础设施完善，已基本实现“七通一平”。临泉经开区管委会代表县政府行使县级经济管理权。2013年9月，省经信委认定临泉经开区为安徽省电子信息产业园。2014年10月，省经信委认定临泉经济开发区为第五批安徽省新型工业化产业示范基地（电子信息）。开发区基本形成了以机械电子、皮革加工、化工为主导的产业发展格局。2015年，园区实现全区经营（销售）收入107.69亿元，实现工业总产值101.43亿元，工业增加值25.73亿元，完成固定资产投资20.69亿元，税收3.08亿元，财政收入5.25亿元。

阜阳市开发区重点介绍

【安徽太和经济开发区】 太和经济开发区于2006年4月经省政府批准设立，行政辖区面积32平方公里，建成区面积10.53平方公里。开发区先后荣获“安徽省现代医药产业集聚发展基地”“安徽省新型工业化生物医药产业示范基地”“安徽太和生物医药和物流高新技术产业基地”“安徽省信息化和工业化融合示范区”“全国农产品加工创业基地”“国家火炬安徽太和医药高端制剂特色产业基地”等称号。

开发区现入驻企业335家，已投产运营265家,其中规上企业103家，高新技术企业10家，初步形成了以生物医药为龙头，纺织服装及工业滤布、发艺文化等竞相发展的产业体系。“十二五”期间，全区累计完成工业产值599亿元，工业增加值184亿元，税收14亿元，固定资产投资200亿元。其中2015年开发区完成工业产值188亿元，工业增加值57亿元，税收4.5亿元，固定资产投资62亿元。今年1—9月，完成工业产值173亿元，工业增加值51亿元，税收4亿元，固定资产投资60亿元。

2016年，开发区以“城市建设提升年”和“基地建设突破年”为抓手，按照县委、县政府“皖北排头兵、安徽十强县”的要求，实现“十三五”开门红，确保“十三五”末实现“千亿园区”发展目标，充分发挥“医药高地、诗画太和”优势，努力打造华东最大的医药生产基地、全国最具影响力的发艺文化产业基地，使开发区成为转型升级的示范区、特色产业的集聚区、产城融合的新城区。

【安徽界首高新技术产业开发区】 安徽界首高新技术产业开发区，2016年7月经安徽省人民政府批准由界首经济开发区更名设立，坐落在京九经济带中段，泛长三角经济区与中原经济区交汇处、素有“小上海”之称的中原古驿界首市，沙颍河黄金水道、南洛高速、漯阜铁路穿城而过，郑合高铁设站城南2019年通车。

高新区总体规划面积32.78平方公里，辖田营、西城、光武、东城四个产业园和工业投资公司、中小企业担保公司2家融资服务平台，建有省级科技孵化器、创业广场和出口加工基地、机械产业园、铝基产业园等特色产业平台，以资源循环利用、营养与健康、机械智能制造、纺织服装等为主导产业，现入驻规上企业288家，吸纳就业5.5万人。预计2016年，完成工业产值518亿元、税收14.56亿元、外贸进出口额11028万美元，其中高新技术企业40家，完成产值264亿元，在全省开发区综合实力排名位居第11位、皖北第3位。

“十三五”期间，界首高新区将以“双千双百、四区同创”为统领，以传统产业升级和战略性新兴产业壮大为重点，集聚要素，优化环境，加快建成出口加工基地、机械产业园、皮具产业园和2处就业创业园，推进工业、装备、产品创新，加强产业、基地、品牌塑造，促进产城融合。到2020年，入驻企业500家，其中高新技术企业100家，高新技术产业产值比重超过60%，打响循环经济产业全国品牌、营养与健康产业区域品牌、先进机械制造产业特色品牌、纺织服装产业地区品牌，打造“双创高地、产业新城”。

【安徽阜南经济开发区】 阜南经济开发区在县委、县政府坚强领导下，面对复杂多变的宏观经济环境和三期叠加的国内经济形势，坚持以科学发展为第一要务，以招商引资为第一抓手，以项目建设为第一支撑，以保障民生为第一责任，统筹推进政治、经济和社会建设，序时完成了年初各项目标任务，为早日晋升国家级开发区奠定了坚实基础。

一、2015年经济社会发展情况

坚持发展为先，呈现逆势而上的良好态势。工业企业运行平稳。1—10月份工业总产值累计完成129.4亿元，工业增加值37.6亿元，分别同比增加18.9%、18.6%，其中：规模工业总产值累计完成105.2亿元，规模工业增加值30.7亿元，分别同比增加21.2%、20.8%；预计2015年可完成工业总产值156亿元、工业增加值45.5亿元，分别同比增加13.1%、12.9%，其中：规模工业总产值累计完成130亿元，规模工业增加值38亿元，分别同比增加18.1%、18.6%。经济外向度显著提升。1—10月份开发区进出口总额7046万美元，同比增加10.2%，预计2015年全年进出口总额为9500万美元。固定资产投资增长迅速。1—10月份完成固定资产投资47.7亿元，同比增加26.4%。其中，工业固定资产投资26.7亿元，同比增加15.6%。预计2015全年完成固定资产投资58亿元，同比增加32.1%。其中，工业固定资产投资30亿元，同比增加13.9%。招商引资成效显著。引进工业项目17个，协议总投资12.1亿元。旗虹铝业、民安人防、山水新材料等一批优质企业入驻开发区。发展质效不断攀升。翰沃家俬、煜源电气、华誉实业、中驰卫浴、宜东鞋业、山水新材料等一批在建重点项目进展顺利，三六五电器、喜宝高分子、宏远电镀一期工程主体基本完工；雪雨洁具、爱姆恩智能电子、天亿工艺品等二期扩建项目主体工程接近尾声；大德中电、斯威达建材等项目相继建成投产；投资5亿元的齐耀新能源、投资3亿元的泰力电器、投资1.8亿元的旗虹铝业项目近期即将开工建设。一批重大项目相继开工建设及建成投产，成为拉动开发区经济增长的重要引擎。

坚持做强载体，强化转型升级的平台保障。安置房投入加大。六里二期B区、姬庄一期6栋、白果二期16栋、阜东二期5栋、杨庄二期二批次11栋等安置房工程，均为11~17层的高层建筑，总建筑面积约54.44万平方米，总投资7.29亿元，建成后可安置拆迁户约4300户。配套工程进展顺利。总占地93亩、总建筑面积22万平方米、总投资3.5亿元的白领公寓项目一期工程已扫尾，二期工程主体基本完工；总占地60亩、总建筑面积11.5万平方米、总投资2.23亿元的蓝领公寓主体建设如期进行；投资4600万元的二期三批次道路和投资1200万元的环北路改造工程建成通车，形成了纵横交错、四通八达的路网体系。绿化亮化相映生辉。总投资2600万元、绿化面积19.01的运河东路绿化已完工养护；总投资1900万元的相树三期、六里A区、杨庄二期室外道排硬质景观工程基本完工；投资490万元的六里B区室外配套工程和投资1128万元的白果二期棚户区A地块南区室外配套工程开工建设。

坚持优化民生，营造和谐稳定的发展环境。规范日常管理。加强农村低保的规范化和动态化管理，实现低保对象“一户一档”，核减了117人；完成205人空巢老人及661人留守儿童统计建档，开展残疾人基本状况和需求的专项调查，为586人办理残疾证。完成贫困人口建档立卡450户、667人。完善供养机制。贯彻落实《农村五保供养工作条例》，完善221户农村五保供养机制，做到“应保尽保、按标施保”，完成80周岁以老人、百岁老人、6424人失地农民养老保险的各项补贴工作。办理老民办教师180卷，老拖拉机手4卷，老兽医7卷，老农村技术员3卷，老公路养护员2卷。加大殡改力度。贯彻执行《殡葬管理条例》，以乱葬坟墓清理和狠刹偷葬为重点，通过强化宣传、教育引导、惩治结合，提高殡改水平。强化优待优抚。做好3户“三属”、74名“带病回乡退伍军人”、37名60周岁老兵等享受定补人员的定期补助金发放工作，春节、八一期间深入开展“爱心献功臣行动”，走访慰问优抚对象。坚持扩大就业。通过残联搭建就业平台，获取就业帮扶资金，帮助4名重度残疾人再就业，推荐近百名贫困人口进企上岗。加强综合治理。认真贯彻落实各级政法工作会议精神，大力开展综治维稳和平安创建活动，不断增强社会治安防控能力，加强矛盾纠纷排查调处工作，做好吸毒、贩毒、社戒人员管控，营造和谐稳定的社会环境。

坚持开源节流，释放财政收入的支撑效应。

加强财税入库。2015年财政收入计划完成3.1亿元，截止10月31日完成财政税收2.63亿元，比去年同期增长41.9%，完成序时进度的84.8%。加大民生投入。1—10月份共发放各类民生资金395.6万元，其中农机补贴54.7万元、残疾人保障27.56万元、新农合外传病人110.6万元、粮食综补直补123.04万元，惠及1.9万群众。提升企业融资。在银根紧缩的情况下，借助“转贷通”平台，解决中小企业融资难题，缓解了企业运行压力，有效保障了正常生产。

存在问题及原因分析：在多种不利因素交织的环境下，开发区坚定不移实施工业强区战略，以提质增效为中心，着力优化投资环境，明确主导产业定位，强化企业运行管理，工业经济发展质量和效益稳中有升，但与中央“调转促”政策要求和2016年晋升国家级开发区的总体愿景相比，仍然存在一些问题和一定差距，主要表现在：一是起步晚，建区时间短，经济发展总量仍然偏小，发展质量仍然偏低；二是政策优惠受限，缺乏硬支撑，招大引强举步维艰；三是产业集聚不明显，特色园区的支撑作用还有待增强；四是转型升级步伐还不够快。

二、2016年经济社会发展情况

把握新常态，始终保持顺势而动的良好态势。抓生产促投资，经贸发展平稳向上

1—9月份工业总产值累计完成128.06亿元，增加值36.98亿元，分别同比增加12.2%、10.94%，其中：规模企业总产值累计完成104.24亿元，增加值30.27亿元，分别同比增加10.5%、10.0%。累计完成固定资产投资50.36亿元，同比增加5.4%。其中：工业企业固定资产投资26.1亿元，同比下降10.1%；第三产业固定资产投资9.47亿元，同比下降11.1%；基础设施完成投资14.79亿元，同比增长82.9%。累计出口5299万美元，占全县总出口比值28%，同比增长19.8%。抓基础优环境，招商引资成效明显。1—9月份签约企业29家，协议金额达14.01亿元。安徽辉翔铝制品、蓝盾科技、好多多饮品、淮河湾农品企业签约入驻。其中，征地建设项目12家，租赁生产企业17家，企业逐步走向轻资产化运营，外埠投资企业明显减少。涉外招商活动稳步推进，开发区与省商务厅合作，成功举办阜南县人民政府产业转移推介会。借助G20峰会时机，紧抓杭州地区产业转移机遇，在浙江党山举办浴室柜企业产业招商引资推介会，近10家阜南籍浴室柜企业创业者有意回乡创业。抓创新促改革，企业产业双翼齐飞。推进创新创牌。天祥粮油、天亿工艺、雪雨洁具申报2阜阳市科技进步奖；协助牛郎织女、美凯服饰、华祺汽车申报知名商标与名牌产品；天亿工艺、天祥粮油、特立电子获批省级认定企业技术中心。今年1—9月份，企业申请专利突破300件，授权专利突破100件，拨付申报专利与授权专利企业进行补贴专项资金27.6万元；全区研发费用占营业收入比重达到1.59%，6家企业申报国家级高新技术企业。深化服务水平。精简服务流程，缩短办事周期，提升服务效能。为12家企业解决公租房70套，近700名企业中层以上管理人员和一线职工入住白领公寓；包点联系人走访企业累计达1200余次，解决实际问题70余项。推动产业升级。确立柳木文化产业为开发区首位产业，大力发展柳编工艺品、户外家居、家居用品、中高密度纤维板等中高端柳木产品，鼓励企业进行科技创新，推进传统产业升级改造。建立了集展览、设计、研发、生产、总部经济为一体，占地3.8平方公里的柳木文化产业园。将有力带动柳木产业向“高、精、尖”方向转型发展，进一步扩大柳木产业的知名度，增强柳编产业发展的外向度，促进传统柳木产业向现代家居工艺、文化创意方向转型，带动传统订单模式向互联网+模式转变，力求做精做深柳木文化。龙头企业华宇集团与清华大学开展纤维研究合作，拟建立博士后工作站，产品远销欧美，实现出口额近2000万美元，8月份在新三板挂牌上市，成为中国柳编第一股。为提升纺织服装产业的发展水平，开发区通过PPP项目模式，规划建设了纺织服装产业园，融合设计、营销、商务、贸易等一体化功能，推动传统产业向高端化发展。做减法，淘汰老产业。对高耗能、高污染、低附加值产业“关、停、并、转”，加大了僵尸企业的处置步伐，为发展赢得了新空间、释放了新要素。开发区以投资公司为平台，成功处置陆发

微电机、杰冠制衣等闲置企业，完成资产对接，盘活了存量资产。做乘法，打造新平台。鼓励纺织服装产业延伸产业链条，规划建设了占地300亩的纺织服装科技园，配套了综合性的三产服务设施，建成后将成为生产、生活与公共服务合为一体的新型综合园区。做除法，提高新水平。加大环保督查力度，严格准入门槛，提高亩均投资强度与亩均产出等方式，不断提升节约集约发展水平。固定资产投资低于6000万元、亩均投资强度低于150万元、年度亩均税收低于10万元的项目，原则上不再单独供地。万众创业成效显著。开发区紧紧围绕国家双创战略，推进万众创业。电子商务企业蓬勃发展，近20家电商企业入驻电子商务孵化基地，初步形成了农产品、图书、化妆品等电商新业态。华宇集团、雪雨卫浴、王家坝生态农业等开设自营网上店铺，开拓线上市场，积极与京东、邮乐等电商平台开展合作，推进企业触网行动。

坚实筑平台，致力强化转型升级的载体保障。抓工期重管理，项目建设进程加快。强化日常管理和质量监督，六里二期、姬庄一期、白果二期、阜东二期、杨庄二期二批次、相树四期等安置房工程项目均已基本建成，总建筑面积约67.77万平方米。白领公寓、蓝领公寓等配套工程总投资约5.66亿元，总建筑面积约33.8万平方米，完工后将全面解决企业一线职工、中层以上管理人员的住宿难题，为人才“引得进、留得住、发展好”提供了便利条件。抓规划重设计，项目谋划有序推进。物流园791.74亩的规划设计已完成，正进行其中366.56亩物流集中区的施工图设计。白果三期占地125.996亩、建筑面积257186.33平方米，阜东三期占地面积188亩、建筑面积240000平方米的设计工作准备上县规委会和专家评审会。柳木文化产业园、纺织服装产业园设计方案已报送县规划委员会审核，可行性研究报告编制完成，施工图纸正在会审图；开发区5.6平方公里详细控规招标完成，进入设计环节。抓市政重配套，基础设施日臻完善。永清河 3109米、苗南河5112米、北城河2380米、东城河2037米河道清淤工程的完成和南阳大道雨水干管工程的完工，为2016年防汛工作提供有力支撑；设计标准为9万立方米的污水提升泵站完成招标，正在进行设备采购、项目部建设；相树小区路面改造、停车位硬化、北区管道埋设和屋面防水改造工程近期开工，预计年底完成。

合力保民生，着力构建和谐稳定的发展环境。抓日常重政策，社会事业协同并进。认真宣传贯彻落实《农村五保供养工作条例》，建立完善106户农村五保供养机制，做到“应保尽保、按标施保”；完成80周岁以老人、百岁老人、6108名失地农民养老保险等各项补贴工作；其中，征地农民养老保险档案管理模式，被县农保局采用并全县推广。贯彻执行《殡葬管理条例》，重点治理乱葬、偷葬现象，火化尸体97具（其中起尸火化1例）。做好3户“三属”、74名“带病回乡退伍军人”、37名六十周岁老兵等享受定补人员的定期补助金的发放工作。组织做好白内障患者复明手术，落实好困难白内障患者扶助措施，完成4类白内障复明手术。完成城乡居民养老保险和新农合筹资；做好五老人员上报工作。大力开展综治维稳和平安创建活动，不断增强社会治安防控能力，全年共投入70余万元，安排专门办公场所、购买巡逻用电动车、设备器材等，成立40人的综合治理协管员队伍，完善管理考评制度。加大不良贷款清欠工作宣传力度，已收回欠款97笔，本金1302420.00元，利息386078.00元。抓扶贫重帮扶，精准扶贫扎实推进。完成贫困人口建档立卡663户、1714人，全部一对一帮扶，细化帮扶计划，明确脱贫时间。同时，根据省委、省政府脱贫攻坚十大工程安排，积极做好项目跟进，为663户贫困户量身打造产业项目，以商贸流通为重点，申报扶贫产业奖补资金；与入区企业对接，设立“扶贫车间”，为有劳动能力和就业意愿的贫困户提供就业机会。加快光伏选址、征迁、建设、并网速度，力争2017年1月输送电力。抓规范重调度，征迁安置阔步前进。坚持阳光征迁、让利于民、服务建设的基本原则，根据重点项目建设需要和开发区发展规划的客观实际全面推进征迁安置工作。建立拆迁工作包保责任制度和周六调度汇报制度，便于拆迁安置工作阳光操作、规范推进，累计完成28个居民组整体拆迁任务，累计拆迁1519户、面积达275500平方米。拆迁过程中，开发区在坚持安置到位的基础上深入到户宣讲政策，耐心细致做好积极做好稳控，确保不因拆迁发生一例上访量，为全县重点项目建设扫清了障碍，营造了良好环境。

突出抓征管，释放财政收入的支撑效应。积极争取项目资金，完成总投资82625.5万元的阜南县棚户区改造二期工程农发行贷款审批及项目实施；加强财税征收调度，培育挖掘财税增长源，1—10月完成财政收入32532.39万元（国税19558.5万元，地税14638.61万元），完成全年计划的91.64%，同比增长23.74%，预计全年可完成财政收入35500万元；发放各类民生资金发放430.7024万元，其中贫困户救助31万元，五保低保发放188.1960万元。1—10月份三公经费34.8543万元，同比下降6%。

存在问题及原因分析：在多种不利因素交织的环境下，开发区坚定不移实施工业强区战略，以提质增效为中心，着力优化投资环境，明确主导产业定位，强化企业运行管理，加强经济运行调度，合力推动征迁安置，工业经济发展质量、社会环境效益稳中有升，但与中央“调转促”的政策要求和早日晋升国家级开发区的总体愿景相比，仍然存在一些问题和一定差距，主要表现在：一是起步晚，建区时间短，经济发展总量仍然偏小，发展质量仍然偏低；二是政策优惠受限，招商引资举步维艰；三是产业集聚不明显，特色园区的支撑作用还有待增强；四是转型升级步伐还有待提升等。

三、2017年经济社会发展计划

2017年是“十三五”规划的发力之年，也是脱贫攻坚的关键之年，在党的十八届六中全会精神和省、市、县党代会精神的指引下，统筹好、谋划好、落实好全年各项目标任务至关重要，对贯彻落实“调转促”、加快转型升级、实现晋升目标意义重大，尤为关键，影响深远。开发区将深入贯彻“创新、协调、绿色、开放、共享”的发展理念，重点处理“有”与“优”的两大关系，做优增量，做大存量，实现稳中求进、进中就好、好中求快的高水平发展。力争实现工业总产值增幅达12%以上，工业增加值同比增幅达13%以上，固定资产投资增幅12%以上，税收增幅19%以上。

坚持科学发展主线不动摇，提升产业发展新水平。加快传统产业改造升级。通过科技创新、互联网+、新产品开发等手段，对传统产业进行改造提升。一是从柳木加工到柳木文化延伸。对传统柳木加工产业进行升级，融入现代科技与艺术，与文化创意产业相结合，提升产品品位。二是推进纺织服装向高端迈进。提高产品附加值，由来料加工逐步向服装设计、营销、高端制造方向发展。三是推进机械电子产业纵深发展。立足现有企业，进行建链、补链、强链，增强企业配套能力，推进机械产业形成高水平的生产能力；以信息电子产业为基础，扶持企业走品牌发展道路，扩大入区企业的市场影响力和竞争力。注重战略产业挖潜培育。根据开发区企业发展现状，着力培育战略型新兴产业。依托大德中电、爱慕恩智能电子、泰力电器等企业，培育发展智能家居产业；依托沪千公司、华宇集团、齐耀新能源等公司，大力发展循环经济产业。通过2—3年的努力，使战略新兴产业初具雏形，逐步发展成为支撑开发区转型升级的支撑性产业。科学定位主导产业发展方向。进一步聚焦开发区主导产业，放大柳木文化产业、适度发展纺织服装产业、培育机械电子产业。依托现有柳编企业，整合乡镇柳编企业，实现柳编企业的再集聚、再提升，引导柳编企业向户外家居、家具方向转型。对纯加工、非品牌、管理差的服装类企业限制发展，鼓励企业傍大企业、靠大品牌、拿大订单，提升企业的盈利水平。对机械电子企业，加大培育力度，坚持市场导向，注重科技创新，引导企业坚持走自主品牌发展之路。加快现代服务业发展步伐。强化开发区现代服务业发展，重点发展信息服务等基础性服务业，大力发展金融、物流、批发、电子商务、咨询等生产和市场服务业，鼓励发展教育、医疗、住宿、餐饮、房地产、商品零售等个人消费服务业，加大公共服务投入力度，强化公共服务管理、基础教育、公共卫生等社会性服务事业。持续推进转型升级。实施企业转型工程，以企业转型升级带动开发区转型发展。鼓励企业引进人才，推动科技创新，实现产品升级换代；鼓励企业创新管理方式，实现资本社会化、公司专业化、经理职业化、发展本土化；鼓励企业利用现代信息技术与手段，构建互联网时代下新兴管理模式；鼓励企业设备升级、技术提升改造、推行节能减排。

围绕招商引资抓手不放松，激发经济发展活力。围绕主导产业定位，借助人力资源优势，通过区域招商、专业招商、领导招商、产业招商，积极把握长三角、珠三角等发达地区产业转移机遇，实施精准招商，努力引进10家以上科技含量高、市场前景好、拉动能力强的技术密集型企业，争取实现3—5家国内500强或行业龙头企业入驻，通过招大引强的深入实施，积极吸引外来投资，壮大投资规模，带动区内中小企业滚动发展。

强化项目建设支撑不改变，锻造一流发展平台。加快白果二期Ⅰ、Ⅱ标段、相树四期、蓝领公寓、杨庄二期二批次、六里B区3#、4#楼、姬庄二期等基础设施建设步伐。力争使白果二期、杨庄二期、六里B区、蓝领公寓于2017年上半年建成投入使用。完成污水提升泵站、运河东路、经十路及纬四路雨水干管等市政工程建设。推动阜东三期、白果三期、田集路地下管廊的设计建设任务。配合安徽路网公司推进柳木文化产业园、纺织服装产业园建设，协调和谐置业推进相树四期保障房建设。

完善财税征管手段不松懈，提高发展保障能力。合理挖掘税收增长点，积极培植税源，计划完成财政收入43000万元，同比增幅21%。计划实施棚户区改造三期工程，计划总投资15亿元，规划建设面积68.6万平方米，预计建设安置房4900套，全面满足失地群众安置需求。计划对机械电子产业园、白领公寓公租房、蓝领公寓公租房进行资产评估，做大做强开发投资有限公司，扩展业务范围，为开发区建设提供资金保障。

【安徽临泉经济开发区】 临泉经济开发区是2006年经省政府批准成立的省级开发区。2013年1月，省政府批复临泉经济开发区“一区三园”扩区规划，即临泉经济开发区、泉北食品工业园、鲖城皮革循环经济产业园、南部产业园。2013年8月，被省经信委认定为小微企业创业中心基地。2013年9月，省政府批复更名为安徽临泉经济开发区。2013年9月，省经信委认定临泉经开区为安徽省电子信息产业园。2014年10月，省经信委认定临泉经济开发区为第五批安徽省新型工业化产业示范基地（电子信息）。

经开区总规划面积31.34平方公里，现建成区面积7.4平方公里。现有企业219家，其中规上企业82家，限额以上批发贸易业13家。基本形成了以机械电子、农副产品深精加工、皮革加工、化工为主导的产业发展格局。

经开区基础设施完善，水、电、通讯等配套设施齐全，基本实现“七通一平”。经开区为入区投资企业提供全程代理、一站式服务，实行限时办结，努力打造一流的投资环境。

2016年1—11月份实现工业总产值104.9674亿元，同比增长13.96%；工业增加值26.8229亿元，同比增长15.56%；完成固定资产投资30.8291亿元，同比增长75.8%；税收2.7536亿元；财政收入7.1218亿元。

2014年以来重大落地项目介绍：1.阜阳大旗电子科技有限公司“年生产产品150万台DVB、IPTV、OTT等智能家居终端产品”项目。阜阳大旗电子科技有限公司成立于2014年2月8日，注册资金1000万元，是深圳市大旗科技有限公司投资建设，公司位于经开区电子信息产业园内，规划面积100亩（其中一期规划建设50亩），计划总投资2.66亿元，建设生产车间 58000平方米,总建筑面积 86000平方米；建设研发楼、办公楼、职工住宿楼等配套设施28000平方米，配套建设厂区道路、绿化、消防、环保等设施；年生产产品150万台DVB、IPTV、OTT等智能家居终端产品，年出口额预计1亿美金。年销售收入达到8亿元人民币，实现利税3000万元，解决就业 3000人。公司旗下三大品牌daqi、Q-sat、Nusky产品已销往全球60多个国家和地区。目前公司在国外已经拥有 600多万的活跃终端用户，2015年度实现销售总额7.6亿元人民币。

2.贵州省晴隆县海权清真肉羊食品加工有限公司“临泉县牛羊产业园”项目。临泉县牛羊产业园由贵州省晴隆县海权清真肉羊食品加工有限公司投资建设。总投资13亿元。其中一期工程投资6.9亿元，占地约145亩，建设年屠宰20万头肉牛生产线，年屠宰150万只肉羊生产线及冷链物流电商等，预计年产值30亿元。该项目是经开区首个五亿元以上规模项目，该项目落地标志经开区重大项目建设取得新的突破，对于临泉县加快打造中原牧场具有重要意义，将对县域经济和社会发展起到重要推动作用。

3.安徽弘翔药业有限公司“年产中药饮片6000吨，中药大健康产品1500吨”项目。安徽弘翔药业有限公司项目总占地312亩，项目总投资 5 亿元，项目建成后可达到年产中药饮片6000吨，中药大健康产品1500吨的生产规模，解决200人就业，带动发展3万亩以上的中药材种植，年创税收1亿元。

4.临泉县昊晟皮革有限公司“年加工1000万皮制品建设”项目。该项目位于县经济开发区、临鲖路南侧、汇泉路西侧，占地面积50亩，总建筑面积34000平方米。项目总投资12000万元，引进裁断机、铲皮机、胶水机、平缝机等先进设备。项目建成达产后，预计实现销售收入72000万元，税收5725.44万元，可直接带动本县劳动力就业，提高本县经济发展水平，具有显著的社会效益。

5.临泉经开区路网建设工程项目。该项目共建设九条道路，分别是：兴业路段、于王沟路、汇泉路、白沟东路、创新路、人民东路、兴园路、前进路改造等，建设内容包括：道路工程、桥梁工程、给排水工程、照明工程、交通工程等，总投资概算约5亿元。2016年12月完成招标，由安徽新建控股集团有限公司承建。该项目是临泉县持续深入推进“交通先行”战略，促进经开区提速发展，形成新老城区互动的重要举措；建设目的是完善城区保障性住房周边配套市政道路，接通断头路，优化园区路网结构，改善交通环境，方便百姓出行，提高居民生活质量，促进园区经济发展。

【安徽颍州经济开发区】 安徽颍州经济开发区是2009年4月经省政府批准设立的省级开发区，位于阜阳城东南，东临合阜高速入口，西连阜阳市经济技术开发区，南接阜合现代产业园，北靠阜阳目前最大港口—颍州港，距阜阳机场和高铁站仅15分钟车程，区位优越、交通便捷。

园区总体定位是打造一流的新型工业化示范区和产城一体新城区，主导产业为机械电子、纺织服装、家居建材等。园区起步区5.89平方公里已全部建成，2014年10月30日省政府批复了11.07平方公里的扩区规划，中期规划到2020年建成20平方公里，远期规划到2030年建成30平方公里。颍州经济开发区紧紧围绕加速构建“新型工业示范区和产城一体新城区”的战略目标，始终坚持强基础、优服务、重创新、严管理，有力地促进了园区快速健康发展，已经多年被评为“工业园区综合评比先进单位”，并荣获“安徽省新型工业化产业示范基地”“2016中国产业园区营商环境百佳”等荣誉称号。

截至目前，建成区面积已达7.8平方公里，形成了“十纵六横”路网框架，通车总里程达38公里，给水、排水、绿化、亮化、燃气、蒸汽、强电、弱电等配套设施得到了进一步完善,基本实现“八通一平”全覆盖，园区承载能力明显提高。上半年，新签入园项目8个，总投资40.5亿元，累计入驻项目176个，总投资261.5亿元；新开工项目9个，开工项目累计96个；新投产项目6个，投产项目累计77个。园区初步形成了机械电子、服装鞋帽、家居磁材、食品医药四大产业集群。

一、2015年发展情况

2015年开发区新签入园项目14个，合同金额84.68亿元。经初步测算，实现GDP12.5亿元，同比增长20.9%；实现工业总产值45.11亿元，同比增长21.9%；实现规上工业总产值43.05亿元，同比增长20.9%；实现规上工业增加值10.12亿元，同比增长20.9%；实现固定资产投资27.08亿元，同比增长24.5%；实现财税收入3.2亿元，同比增长16%；外贸进出口11895万美元，同比增长31.6%；新增规上企业10家，累计规上企业已达51家。主要工作：

1.加强经济运行监测，培育支柱产业，促进工业经济平稳增长。在对新投产企业加大扶持力度，促其提效上规的同时，积极做好51家规上工业企业经济运行调度工作，及时监测企业运行情况，助推企业产品提档升级。经过开发区管委会和入驻企业的共同努力，2015年开发区工业总产值、规上工业总产值、固定资产投资、财税收入、利用外资等主要经济指标均呈两位数的速度递增，园区工业经济运行继续呈现“平稳提升、预期向好”的态势。从产业集聚来看，机械电子、服装鞋帽、家居建材、彩印包装等支柱产业集聚效应逐步显现，上述产业的总产值已达到园区工业总产值的77.2%，也为产业招商和延伸产业链筑实了基础。

2.推进基础设施配套，提升园区承载力，实现“八通一平”全覆盖。根据省政府扩区规划批复要求，紧紧围绕加快建设特色鲜明、有较强竞争力的产业集聚区，开发开放和体制创新的先行区，以及功能完善、环境优美的新城区总目标，坚持基础设施先行，加快推进园区配套完善。截至目前，凡具备开工条件的道路均已开工建设。其中：华山路、岱山湖路、颍十一路、州十七路南延段、州九路（颍七路—阜颍路）全部建成通车，州二十一路、颍三路处治土正在施工，颍七路（州二十一路—州三十一路）地下管线已施工完成。滨河路（州九路—港口路）正在施工。州十三路、州二十三路、州二十七路、华山路、颍五路东延段10kV线路已投入使用。园区集中供热工程正顺利推进。园区“八通一平”基本实现了全覆盖。

3.实行包联制度，加速竣工投产，促进项目建设提质增效。按照“一个项目、一个领导、一套班子、一抓到底”的包联制度要求，对项目实行全程跟踪、全方位服务，积极帮办前期手续、掌握项目进度、紧盯节点规划落实，千方百计帮助企业解决项目建设中遇到的问题，确保项目建设顺利推进并如期投产达效。中石油物流园、利来包装、粤颍家居、柏瑞特家居、鸿星钢构、北矿磁材二期已投产，美连德电子已迁新厂生产，恒利源食品、柽柳科技、好咏乐食品、鼎极纺织、金鸿业汽配、护苗食品、真真食品、国润科技、金昊天电器、银立方科技、鼎强药业二期、浩宇装饰二期等主体工程已竣工；金种子产业园清选楼、立仓、制曲楼、存曲楼、酿造车间已经竣工，正在安装机器设备；泰美玻璃、艺童游乐设备、利生药业、孙氏粮油等项目正加快建设。园区配套商住小区东方明珠已建成交付使用，新城华府建销两旺。

4.做好用工招聘，帮助企业融资，促进要素保障持续增强。积极落实支柱产业、重点企业扶持措施，确保土地、资金等要素向带动力强、投资规模大、科技含量高、经济效益好、发展后劲足的项目集中，全力做好生产要素保障工作。据统计，2015年共帮助国润科技（二期）等10个项目办理了用地手续，满足了项目开工建设需要。其中;利生药业、三宝文化产业园、精力工具、孙氏粮油、翔飞电子、公路工程处、港航堆场、昆仑鞋业、皖西沥青等项目用地已经摘牌，后续手续正在办理；天顺电器、金源家居（二期）等2个项目土地卷宗已组齐，等待挂牌。同时，围绕企业用工、融资等需求，积极帮助企业解决生产中遇到的问题，多次与工行、徽行等金融机构联系，召开了政银企对接会，帮助柽柳科技、大正建材等企业融资4000万元，参加用工招聘会18场次，接待有务工意向的人员28批次3100人次，已有926人办理了入职手续。

5.强势整治安全隐患，依法加强税收征管，促进园区管理逐步提升。在抓好企业职工安全教育的基础上，严格贯彻落实安全生产“一岗双责”、安全生产责任制和责任追究制，健全安全生产管理网络，全面推进消防安全网格化管理，加强对各企业定期进行消防安全检查和日常巡查，强势整治安全隐患。全年共开展专项检查5次、消防演练2次，定期、不定期检查及复查行动共200多人次，查出安全隐患共65处，责令当场整改的52处，限期整改13处。同时，积极协助区国税局、区地税局等相关单位进一步加强税收征管。2015年实现税收3.2亿元，同比增长16%。值得一提的是，税收占财税收入的半壁江山，税收占比逐年提升，财税收入质量明显改善。另外，加大市容管理和违建防控力度，做到路面清洁，垃圾归类，及时储存运送，依规建设，“车辆乱停乱放、建材占道堆放、摊贩占道经营”等三乱现象得以进一步治理。

6.深入开展党建工作，优化经济发展环境，促进园区环境风清气正。抓好非公党组织建设，目前园区企业单独建立8个党支部，联合建立2个党支部，新发展党员3名，党员已达50多人，实现了非公企业党的组织建设和党的工作的“双覆盖”目标。根据中央八项规定精神，开展整治“庸、懒、散、奢、贪”及不作为、慢作为、乱作为之风活动，进一步提升服务客商水平，打造敬业、奉献、廉洁、高效的服务型机关。突出加强党风廉政建设，推进惩防体系和党风廉政建设，强化教育监督和经费支出管理，落实科级干部个人重大事项申报制度。随着园区硬件设施和服务机制的逐步完善，开发区发展环境得到了进一步优化。同时，计生工作得到加强，园区无一人违反计生政策，维稳、双拥、综治、宣传及精神文明建设等各项工作顺利推进。

二、存在的不足

虽然取得了一定的成绩，但是我们也要清醒地认识到，开发区的发展还面临着一些亟待解决的困难和问题：一是受全球经济大气候影响，企业融资困难、投资缓慢、项目落地不快；二是虽然国务院就税收等优惠政策暂不清理出台了25号文件，但投资客商仍有所担忧，前来考察的投资客商明显减少；三是项目开工前的土地、规划和建设审批时限较长、手续烦琐，导致项目迟迟不能开工；四是由于产业规划调整及征地拆迁不到位等原因，导致建园之初签订的部分项目投资合同无法落实，合同解除的遗留问题有待解决；五是企业普遍存在招工难的问题，导致部分企业不能如期投产运营；六是服务发展的意识有待进一步增强，发展环境有待进一步优化。

三、2016年发展计划

2016年是“十三五”规划的起步之年，也是开发区奋力赶超的攻坚之年。新的一年，我们将以十八大及十八届五中全会和中央经济工作会议精神为指针，积极适应经济发展新常态，紧盯年度目标任务（即新开工项目达到20个，新投产工业项目达到15个，工业总产值52亿元，财税收入实现4亿元，固投32亿元），全力推进“386”工程（即实现平台建设、大项目引进、主导产业集聚三大突破，抓好规划管理、项目建设、基建配套、要素保障、税收征管、运行调度、安全生产、机关效能等八项主要工作，着力提升发展速度、发展质量、发展效益和结构优化、功能配套、产城一体水平），为打造颍州工业基地，引领颍州工业发展，实现工业强区做出应有的贡献。

实现上述目标，要着力抓好以下八项主要工作：

（一）抓规划，持续引领园区科学发展。一要高标准规划临港经济区（港航物流园），及时启动开发区“去筹转正”工作，力争省级开发区得以顺利审批。二要围绕产业规划，打造机械电子、轻工纺织、服装鞋帽等产业集群。三要加快三产配套建设，推进产城融合发展。

（二）抓配套，有效提升园区承载能力。一要按照交通便捷、配套完善的思路，进一步加快滨河路（颍五路—港口路）、颍七路东延（港口路—州三十一路）、州五路和G105国道以南路网建设。二要加快园区强弱电网建设力度，提升质量。尽快启动园区110千伏变电所、供电双回路建设，努力实现供电网络区格化管理。同时推进通讯、宽带、天然气、绿化、亮化等随道路同步建设。

（三）抓项目，不断壮大园区经济。一要结合“十三五”规划，加强项目编制，丰富完善项目库。二要在做好金种子产业园、北矿磁材等重大项目服务的同时，力争引进超5亿元以上工业项目2个。三要继续抓好经济运行调度，挖掘增长潜力，培育发展动力，厚植发展优势，拓展发展空间，推动经济总量上台阶，力争新增规上企业6家，累计达到57家。

（四）抓要素，着力破解瓶颈制约。一要积极争取用地指标和协助三十里铺镇征地拆迁，为项目落地创造条件。二要加快形成政府主导、市场运作、社会投资多元化的融资机制，帮助企业解决融资难题。三要针对投产企业的用工需求，积极协同区人社局和各乡镇街道办事处，为园区企业用工提供保障。

（五）抓征管，大力做好税收工作。一要协同国税、地税等部门，认真摸排税源，完善数据库，建立企业纳税档案。二要根据实际情况，制定征收目标和有效征收措施，做到应收尽收。力争实现税收超千万元企业3家，超500万元企业4家，超100万元企业6家。

（六）抓管理，继续提升园区服务水平。一要全面贯彻十八届五中全会精神，积极推进调转促工作，促进园区规范管理。二要在加强市容管理，有效治理“三乱”（车辆乱停、建材乱堆、垃圾乱放）的基础上，继续抓好人口和计划生育、信访维稳、安全生产等项工作，进一步提升园区管理水平。

（七）抓宣传，全面展示园区面貌。一要继续利用网络、《开发区》杂志等形式，及时宣传园区大建设、大发展蓬勃向上的态势，扩大影响。二要做好园区和企业文明创建宣传工作，弘扬正能量，展示新风貌，增强园区软实力，力争园区企业通过文明验收10个以上。

（八）抓效能，致力完善服务功能。一要进一步加强党建工作，尤其是非公企业党建工作，实现“双覆盖”，促进大发展，以十八大和十八届五中全会精神为指导，加强体制、机制、人才、队伍建设。二要以“三严三实”教育活动为动力，进一步打造“高效、廉洁、公平、规范”的服务型管委会。三要继续推行“一站式、全程化、终身制、保姆型”全程代理服务，形成长效机制，做好全方位服务。

附：2014年阜阳市各开发园区基本情况表

开发区		一、开发区占地面积	二、开发区已建成面积	其中：工业用地面积	其中：当年新增工业用地面积	三、工业项目建筑面积	其中：当年新增工业项目建筑面积	四、总人口	其中：农业人口	五、企业个数	其中：高新技术企业个数	其中：工业企业个数	其中：规模以上工业企业个数	其中：资质以内建筑业企业个数	其中：限额以上贸易企业个数	其中：限额以上服务业企业个数	其中：出口型企业个数	其中：上海来皖投资企业个数	其中：浙江来皖投资企业个数	其中：江苏来皖投资企业个数
阜阳	2014	217.726	113.06	63.8932	5.8932	3353.02	743.61	420928	214623	3652	65	1855	759	23	140	28	161	100	411	182
	2013	219.526	103.93	57.86	9.463	2903.817	827.574	421073	232691	3330	106	1619	572	17	107	19	120	90	362	151
1.安徽阜阳经济开发区	2014	47	25	4.82	0.12	274.9	36.2	80193	26154	1639	2	197	39	6	47	2	29	27	36	26
安徽阜阳经济开发区	2013	47	24	4.7	0.25	238.7	25.9	90816	33018	1663	3	185	33	7	46	2	22	25	33	24
2.阜阳合肥现代产业园	2014	25.1	6.2	2.98		192.5	108.8	56285	49085	98		58	3		2			2	1	1
阜阳合肥现代产业园	2013	25.1	6.2	2.98	2.98	83.7	47.7	53285	50058	82		49	3		2			2		
3.安徽颍州经济开发区	2014	13.46	9.11	6.33	0.67	63.65	48.9	8993	7339	236	11	195	44	1	8		7	17	72	14
安徽颍州经济开发区	2013	15.86	8.68	5.66	1.003	37.96	35.3	7021	5682	232	9	183	42	1	5		5	14	66	10
4.安徽颍东经济开发区	2014	8.3	7.05	6.47	0.71	776.4	132.7	41544	37785	180	4	178	91	4	4	1	20	5	14	14
安徽颍东经济开发区	2013	8.3	6.95	6.37	1.95	643.69	197.25	41255	38516	169	65	169	74		2		17	5	13	13
5.安徽颍泉经济开发区	2014	26.3	8.86	4.48	0.17	170.7	31.7	35950	13000	181	6	118	66	1	12	6	11	4	12	4
安徽颍泉经济开发区	2013	25.7	7.63	4.31	0.1	133	29	35200	15600	170	3	112	54	1	9	6	11	3	12	4
6.安徽临泉经济开发区	2014	25.03	6.7	4.85	0.62	474	85	33888	16082	159	5	136	62		15	2	12	6	4	6
安徽临泉经济开发区	2013	25.03	5.98	4.23	0.85	412	97	33301	26624	136	3	122	52		13		10	5	4	5
7.安徽太和经济开发区	2014	13.206	9.01	7.2	1.51	129.7	50.4	30286	22945	424	10	315	121	6	36	7	24	8	24	18
安徽太和经济开发区	2013	13.206	7.5	5.7	0.6	79.3	40.26	51972	22712	314	5	253	87	6	19	5	13	7	17	15
8.安徽阜南工业园区	2014	20	16.33	6.0432	0.3032	80.97	52.4	43761	26731	207	5	185	93	2	6	6	18	19	98	34
安徽阜南工业园区	2013	20	15.33	5.74	0.54	48.78	33.59	35716	26466	189	1	175	80	2	5	6	13	19	96	30
9.安徽颍上经济开发区	2014	25	13	9.12	0.99	836	99	33624	15502	246	5	228	71		4		21	9	137	51
安徽颍上经济开发区	2013	25	10.5	7.37	0.8	737.0368	80.004	30129	14015	180	5	176	48		3		16	7	108	45
10.安徽界首经济开发区	2014	14.33	11.8	11.6	0.8	354.2	98.51	56404		282	17	245	169	3	6	4	19	3	13	14
安徽界首经济开发区	2013	14.33	11.16	10.8	0.39	489.65	241.57	42378		195	12	195	99		3		13	3	13	5

续表

开发区		六、全区从业人员	中：工业企业从业人员	其中：规模以上工业企业从业人员	其中：具有大专以上学历人员	其中：具有高、中级职称人员	其中：研究与开发人员	七、当年科技活动经费支出总额	其中：研究与发展经费（R&D）	其中：规模以上工业企业研究与发展经费	八、全区从业人员劳动报酬	其中：在岗职工工资总额	九、项目建设情况	1.当年开工项目数	2.当年开工项目总投资额	3.当年开工项目征地总面积	十、环保情况	1.环保执行率	2."三同时"执行率	3.能评执行率
阜阳	2014	273748	205058	139807	50726	23329	8838	593243.5	579780	412037.8	797170	740279		307	4334858	14779.49		100	99.6	100
	2013	217313	163638	110085	35828	15123	6640	132229.3	123554	103152.4	597408	547583		305	3884583	14107.23		100	99.5	100
1.安徽阜阳经济开发区	2014	31015	13209	8687	5867	842	576	2013	1790	1638	102350	98389		11	135743	532		100	100	100
安徽阜阳经济开发区	2013	25956	11900	7263	3451	702	481	1830	1755	1560	65669	62465		26	400841	1015.33		100	100	100
2.阜阳合肥现代产业园	2014	12306	2206	227	232	123	26	12243	12243	26	25236	18108		25	532100	2300		100	100	100
阜阳合肥现代产业园	2013	10255	1839	219	194	99	2	10203	10203	3	21030	15090		68	514010	1700		100	100	100
3.安徽颍州经济开发区	2014	8472	6072	4863	848	447	29	989.5	927	854	27344	24726		34	700080	2821		100	100	100
安徽颍州经济开发区	2013	6568	5236	4192	721	368	27	869.3	786	621	20184	18227		27	547180	2394		100	100	100
4.安徽颍东经济开发区	2014	17611	17611	14689	4615	838	601	16765	13519	12708	53192	51248		54	490420	1063		100	100	100
安徽颍东经济开发区	2013	14487	14458	12083	4237	871	513	11807	8817	7231	42711	42593		48	800000	1770		100	100	100
5.安徽颍泉经济开发区	2014	13150	9863	8730	2203	238	434	710	463	440	36286	36286		33	564690	1693		100	100	100
安徽颍泉经济开发区	2013	12200	9481	8100	1900	210	375	570	350	330	33650	33650		28	392000	1730		100	100	100
6.安徽临泉经济开发区	2014	19967	14626	6911	1700	312	280	14000	14000	11960	47918	42637		11	217963	555		100	100	100
安徽临泉经济开发区	2013	17869	13401	6598	1564	301	273	11000	11000	9160	42914	36116		12	228194	598		100	100	100
7.安徽太和经济开发区	2014	35195	23451	18266	8031	1941	539	63868	56657	53508	105585	81206		56	420673	1568		100	100	100
安徽太和经济开发区	2013	29260	20346	17316	7149	1819	498	51926	47611	46236	76953	54373		34	272000	1146		100	100	100
8.安徽阜南工业园区	2014	40616	26701	16359	4914	1278	652	14619	12145	12145	99509	92103		27	300119	1007.99		100	100	100
安徽阜南工业园区	2013	36938	23547	13593	1885	755	378	9885	8893	8893	88651	84213		26	285300	1201.6		100	100	100
9.安徽颍上经济开发区	2014	39012	34915	24686	9580	12343	3548	446076	446076	298336	105801	101627		25	396070	2118.5		100	96	100
安徽颍上经济开发区	2013	21402	21052	13438	5100	6215	2215	19742	19742	15793	59926	55131		18	110500	1200		100	95	100
10.安徽界首经济开发区	2014	56404	56404	36389	12736	4967	2153	21960	21960	20422.8	193949	193949		31	577000	1121		100	100	100
安徽界首经济开发区	2013	42378	42378	27283	9627	3783	1878	14397	14397	13325.4	145720	145720		18	334558	1352.3		100	100	100

附：2014年阜阳市各开发园区主要经济指标表

开发区		一、全区经营（销售）收入	其中：规模以上工业销售收入	资质以内建筑业经营收入	限额以上贸易企业销售(经营)收入	房地产业经营收入	限额以上服务业企业销售（经营）收入	其中：主导产业经营(销售)收入	其中：主导产业一	主导产业二	主导产业三	二、工业总产值	其中：规模以上工业总产值	其中：高新技术产业产值	三、第二产业增加值	其中：工业增加值	其中：规模以上工业增加值	四、第三产业增加值	其中：现代服务业增加值
阜阳	2014	20124600	11649868	190022	4705729	617000	561076	13164773	8922923	2370345	1871505	13831454	11964033	3733134	3876141	3690408	3221582	756211	257247.3
	2013	15545500	9304618	147370.2	3658966	515502.1	440537.8	10098532	6973842	1962913	1161778	10544253	9319804	2598704	2957004	2838459	2501880	551828.1	175434.8
1. 安徽阜阳经济开发区	2014	2597316	753317	58049	1259790	147798	3769	1494976	1259824	124924	110228	817876	764789	203983	209745	183657	167646	112228	45249
安徽阜阳经济开发区	2013	1798667	719196	68366	695360	197457	3416	932074	695360	141709	95005	799298	741439	202266	192615	168933	156245	84708	44586
2. 阜阳合肥现代产业园	2014	76000	12849			38000		17151			17151	86880	13152		24200	21000	2716	16000	720
阜阳合肥现代产业园	2013	15320	15320					15320			15320	19000	17386		6000	5720	4640	5000	380
3. 安徽颍州经济开发区	2014	749027.1	567651.7	26753	109193.8	12785		444352.2	232498.8	119051	92802.4	609324.3	557452.7	165195.1	153565.8	143244.8	128614.1	32397.1	5065.9
安徽颍州经济开发区	2013	636766.3	471382.5	23242	82192.7	23179		329915.1	189591.8	86390.6	53932.7	517153.6	459451.5	120486	127990.2	120246.2	106928.2	25221.7	3869.5
4. 安徽颍东经济开发区	2014	1695688	1606561	17058	46120	19405	4514	1447152	784563	201168	461421	1661299	1631079	650737	490077	490077	481168	31507	10623
安徽颍东经济开发区	2013	1340608	1269211		24069			806337	536588	174345	95404	1169982	1098876	471358	345145	345145	325263		
5. 安徽颍泉经济开发区	2014	2169320	474600	7000	1245360	105000	218000	1421525	1200000	111000	110525	508585	437201	120480	155146	131146	108315	120000	15000
安徽颍泉经济开发区	2013	1739861	349766	6000	1024400	101500	185000	1169770	988000	102500	79270	414800	340828	87199	132260	111860	87825	102000	12570
6. 安徽临泉经济开发区	2014	996872	866582		81175	16095	766	744918	418805	254850	71263	938127	905444	439563	236467	234531	225455	8129	1564
安徽临泉经济开发区	2013	915765	776848		97595	14508	681	666164	385121	216998	64045	813614	793767	390220	202798	201946	194782	6768	1287
7. 安徽太和经济开发区	2014	5016041	1935616	52352	1867036	168789	314521	2814970	1867036	546946	400988	2426667	2024444	1216641	779103	715866	597211	301341	124562
安徽太和经济开发区	2013	4028914	1423247	43994	1678181	152063	247654	2372040	1678181	383015	310844	1784313	1477696	927401	590229	526372	435923	262035	90262
8. 安徽阜南工业园区	2014	1547487.9	1067268.3	7541	12451	64854	5582	827656.3	317843.4	246792.6	263020.3	1380329.1	1094834.7	295204.4	406109.4	403163.4	320415.3	70492.6	22527.5
安徽阜南工业园区	2013	1184405.3	807219.9	5768.19	9286	26795.05	3786.8	550343.9	221585.7	195359.1	133399.1	1002751.6	821831.6	138323.4	300776.16	299045.7	246272.8	49216.44	13649.27
9. 安徽颍上经济开发区	2014	1486923	1193345		53885			935060	472578	256682	205800	1504379	1221031	52350	354246	354246	283245	28270	14980
安徽颍上经济开发区	2013	1005794	807359		47882			805350	372820	245064	187466	1050196	836322	40046	243971	243971	194137	16879	8831
10. 安徽界首经济开发区	2014	3789925	3172077.5	21269	30718	44274	13924	3017012	2369775	508931	138306	3897987.2	3314605.5	588980.7	1067481.6	1013476.7	906797	35846.3	16955.9
安徽界首经济开发区	2013	2879399.1	2665068.6					2451218	1906594	417532	127092	2973144.5	2732206.5	221404.6	815219.9	815219.9	749864.4		

续表

开发区		五、进出口总额	其中：出口额	进口额	六、税收财政收入情况	1. 税收总额	其中：国税收入	其中：工业税收（国税）	地税收入	其中：工业税收（地税）	2. 财政收入	其中：土地收入	七、固定资产投资总额	其中：工业投资	基础设施投资	其中：财政投入	银行贷款	八、利用外商直接投资情况	1. 当年新批进区外商投资企业
阜阳	2014	131222.3	118222.3	13000		631243.6	482084.8	379704.2	149158.8	58297.65	958111.9	300481.1	4145190	2365004	653255	469538	106786		10
	2013	105923.7	85735.7	20188		351571	253156.4	203141.4	97245.63	43917.9	612993	240838	2829310	1797735	494863.4	415044.4	76472		10
1. 安徽阜阳经济开发区	2014	27498	26004	1494		110217	64412	15618	45805	3048	171483	53340	469431	58753	84530	8599			
安徽阜阳经济开发区	2013	20692	17492	3200		56463	26709	8470	29754	5509	137914	73072	313582	57430	15520	2113	13407		
2. 阜阳合肥现代产业园	2014	1700	556	1144		14527	2801	73	11726	305	52590	38063	203612	72721	100036	76036	24000		1
阜阳合肥现代产业园	2013	500	500			8503	2300	60	6203	161	8600		250285	71835	145680	125680	20000		
3. 安徽颍州经济开发区	2014	14654.3	12035.3	2619		23590	10502	8267	13088	2482	78246	54656	400704	282843	36069	36069			
安徽颍州经济开发区	2013	15117.9	10078.9	5039		14083	4183	2024.4	9900	3046.3	58055	43118	277581	186603	31426	31426			
4. 安徽颍东经济开发区	2014	5547	4033	1514		161447	157069	157069	4378	4378	178175	16577	338924	265336	73588	73588			1
安徽颍东经济开发区	2013	9946	8739	1207		43914	42053	42053	1861	1861	58029	13446	278472	221546	56926	56926			
5. 安徽颍泉经济开发区	2014	5410	5319	91		34710	25323	7173	9387	3027	56428	10038	378500	65219	6850	5850			3
安徽颍泉经济开发区	2013	5094.8	4371.8	723		24571	20884	5074	3687	1581	42524	8802	228625	95892	4537	4037			2
6. 安徽临泉经济开发区	2014	4361	4361			29632	19992	14059	9640	8801	35641	4429	164362	112117	39272	39272			
安徽临泉经济开发区	2013	2352	2352			26533	16438	13829	10095	8612	37447	9714	138120	77502	37402	34975			
7. 安徽太和经济开发区	2014	32923	29384	3539		83128	71074	61123	12054	7683	96994	12846	656691	504755	80189	19898	60291		3
安徽太和经济开发区	2013	24972	18208	6764		62634	52909	48898	8556	5121	72061	9427	452891	341050	59495	16010	43065		2
8. 安徽阜南工业园区	2014	7822	7356	466		26473.77	14233.25	7721.4	12240.52	1599.4	85223.77	58750	688675	424800	121196	121196			1
安徽阜南工业园区	2013	3363	3152	211		20003	10094.52	6576.2	9908.48	1362.6	70013	50010	394773.05	309793.64	84979.4	84979.4			4
9. 安徽颍上经济开发区	2014	9350	9232	118		26184	18536	16218	7648	7459	40635	14451	307426	252214	55212	55212			
安徽颍上经济开发区	2013	6759	6634	125		13651	10222	8793	3429	2812	19725	5840	197611	166593	31018	31018			1
10. 安徽界首经济开发区	2014	21957	19942	2015		121334.83	98142.59	92382.79	23192.24	19515.25	162696.09	37331.07	537865	326246	56313	33818	22495		1
安徽界首经济开发区	2013	17127	14208	2919		81215.99	67363.84	67363.8	13852.15	13852	108625	27409.01	297370	269490	27880	27880			1

续表

开发区		2. 当年建成投产企业	3. 新批外商投资项目投资总额	其中：合同外资金额	4. 当年实际利用外商直接投资额	九、利用内资情况	1. 当年新批进区省外境内项目	2. 当年建成投产项目	3. 在建省外境内投资项目个数	其中：亿元以上省外境内投资项目个数	4. 在建省外境内投资项目总投资额	其中：亿元以上省外投资项目投资总额	5. 当年实际利用省外境内资金额	其中：亿元以上项目到位省外资金额	十、专利申请授权情况	1. 专利申请量	2. 专利授权量
阜阳	2014	9	18175.2	10925.2	7509.9		213	137	282	173	5214989	3881763	2765080	2010363		2380	959
	2013	10	15102.5	13911.5	8950.5		193	122	270	135	4462586	3282835	1743653	1208543		2254	1258
1. 安徽阜阳经济开发区	2014						19	8	11	7	560000	450000	270000	180000		53	40
安徽阜阳经济开发区	2013				2793		13	4	12	12	940636	837144	238659	96390		22	21
2. 阜阳合肥现代产业园	2014		1300	1300	1.7		6	5	5	5	359000	359000	125825	125825			1
阜阳合肥现代产业园	2013						4	5	5	5	349000	349000	35362	35362			
3. 安徽颍州经济开发区	2014				1659.2		33	26	25	25	707095	586632	288808	235444		58	37
安徽颍州经济开发区	2013				1647.5		13	16	40	14	531419	394220	217115	137990		45	27
4. 安徽颍东经济开发区	2014		1111	1111	589		21	18	54	18	960000	490420	265336	265336		271	92
安徽颍东经济开发区	2013	1			480		42	30	48	21	800000	300273	221546	221546		277	246
5. 安徽颍泉经济开发区	2014	4	4000	4000			3	8	7	4	250000	200000	233000	200000		130	61
安徽颍泉经济开发区	2013	3	3667	3667			2	6	9	3	155000	110000	132000	110000		120	57
6. 安徽临泉经济开发区	2014						16	6	10	8	305766	278822	137376	108229		70	59
安徽临泉经济开发区	2013						14	6	12	12	236794	228194	105674	85220		312	103
7. 安徽太和经济开发区	2014	3	2135	2135	1069		65	35	51	42	583743	501629	363817	302729		236	143
安徽太和经济开发区	2013	2	2000	2000	1136		50	21	36	24	455826	366866	225836	216885		145	72
8. 安徽阜南工业园区	2014	1	1629.2	1629.2	803		18	14	48	37	684005	596005	415753.2	221641		195	94
安徽阜南工业园区	2013	2	4935.5	4935.5	585		29	20	41	23	451200	337673	281604.3	101310.38		79	56
9. 安徽颍上经济开发区	2014				2536		20	11	46	12	513070	191183	235834	191183		406	182
安徽颍上经济开发区	2013	1	3500	2309	2309		18	11	45	9	322100	181700	149793	89765		325	151
10. 安徽界首经济开发区	2014	1	8000	750	852		12	6	25	15	292310	228072	429331	179976		961	250
安徽界首经济开发区	2013	1	1000	1000			8	3	22	12	220611	177765	136063.2	114075		929	525

附：2015年阜阳市各开发园区基本情况表

指标	单位	本年	同期	增减(%)
一、开发区占地面积	平方公里	221.256	217.726	1.62
二、开发区已建成面积	平方公里	120.55	113.06	6.62
其中：工业用地面积	平方公里	68.49446	63.8932	7.2
其中：当年新增工业用地面积	平方公里	7.69926	5.8932	30.65
三、工业项目建筑面积	万平方米	3970.84	3353.02	18.43
其中：当年新增工业项目建筑面积	万平方米	701.85	743.61	-5.62
四、总人口	人	446697	420928	6.12
其中：农业人口	人	206428	214623	-3.82
五、企业个数	个	5003	3652	36.99
其中：高新技术企业个数	个	82	65	26.15
其中：工业企业个数	个	2139	1855	15.31
其中：规模以上工业企业个数	个	1008	759	32.81
其中：资质以内建筑业企业个数	个	35	23	52.17
其中：限额以上贸易企业个数	个	171	140	22.14
其中：限额以上服务业企业个数	个	48	28	71.43
其中：出口型企业个数	个	253	161	57.14
其中：上海来皖投资企业个数	个	102	100	2
其中：浙江来皖投资企业个数	个	429	411	4.38
其中：江苏来皖投资企业个数	个	186	182	2.2
六、全区从业人员	人	312085	273748	14
其中：工业企业从业人员	人	241911	205058	17.97
其中：规模以上工业企业从业人员	人	172641	139807	23.49
其中：具有大专以上学历人员	人	61970	50726	22.17
其中：具有高、中级职称人员	人	25584	23329	9.67
其中：研究与开发人员	人	10943	8838	23.82
七、当年科技活动经费支出总额	万元	284457.5	191774.5	48.33
其中：研究与发展经费（R&D）	万元	262195	178311	47.04
其中：规模以上工业企业研究与发展经费	万元	233296.6	143534.8	62.54
八、全区从业人员劳动报酬	万元	1043031	806804	29.28
其中：在岗职工工资总额	万元	980690	749913	30.77

续表

指标	单位	本年	同期	增减(%)
九、项目建设情况		—	—	
1.当年开工项目数	个	504	357	41.18
2.当年开工项目总投资额	万元	4837747.8	3951404	22.43
3.当年开工项目征地总面积	亩	15102.1	14779.49	2.18
十、环保情况		—	—	
1.环保执行率	%	100	100	
2.“三同时”执行率	%	100	99.6	0.4
3.能评执行率	%	100	100	

附：2015年阜阳市各开发园区主要经济指标表

指标	单位	本年	同期	增减(%)
一、全区经营（销售）收入	万元	25506008.5	20124600	26.74
其中：规模以上工业销售收入	万元	14192671.95	11649867.5	21.83
资质以内建筑业经营收入	万元	509627	190022	168.19
限额以上贸易企业销售(经营)收入	万元	6513760.1	4678378.8	39.23
房地产业经营收入	万元	1048579.6	634059	65.38
限额以上服务业企业销售（经营）收入	万元	869856	561076	55.03
其中：主导产业经营(销售)收入	万元	16947033	13683818.5	23.85
其中：主导产业一	万元	11101709	8803522.2	26.11
主导产业二	万元	3507562.3	2725952.6	28.67
主导产业三	万元	2337761.7	2154343.7	8.51
二、工业总产值	万元	17021258.5	13831453.6	23.06
其中：规模以上工业总产值	万元	14600206.3	11988037.9	21.79
其中：高新技术产业产值	万元	5763013.9	4133134.2	39.43
三、第二产业增加值	万元	4837683.2	3876140.8	24.81
其中：工业增加值	万元	4525858.1	3690407.9	22.64
其中：规模以上工业增加值	万元	3878983.6	3226958.4	20.21
四、第三产业增加值	万元	1165851.6	756211	54.17
其中：现代服务业增加值	万元	466162	257247.3	81.21
五、进出口总额	万美元	139616.7	131222.3	6.4
其中：出口额	万美元	126282.5	118222.3	6.82
进口额	万美元	13334.2	13000	2.57
六、税收财政收入情况		----	----	
1.税收总额	万元	786961.09	631243.6	24.67
其中：国税收入	万元	587993.13	482084.84	21.97
其中：工业税收（国税）	万元	487472.36	379704.19	28.38
地税收入	万元	198967.96	149158.76	33.39
其中：工业税收（地税）	万元	84168.65	58297.65	44.38
2.财政收入	万元	1006738.69	958111.86	5.08
其中：土地收入	万元	217379.9	300481.07	-27.66
七、固定资产投资总额	万元	4758045.79	4091822	16.28
其中：工业投资	万元	2609060.1	2313291	12.79
基础设施投资	万元	590296	650600	-9.27
其中：财政投入	万元	382106.7	466883	-18.16

淮南市

淮南市开发区重点介绍

【安徽（淮南）现代煤化工产业园】

一、园区概述

安徽（淮南）现代煤化工产业园是2010年12月省政府批准筹建的省级开发区，规划面积12.7平方公里，位于潘集区祁集镇、平圩镇境内。2013年2月省政府印发《安徽省新型化工基地发展纲要》，确定重点建设全省三大新型化工产业基地，其中淮南新型煤化工产业基地为唯一的煤化工基地。2014年4月，《安徽淮南新型煤化工基地总体发展规划》获省政府批准，规划面积94.98平方公里（规划期限2013—2030年），规划以新型煤化工产业为主线，充分发挥淮南市煤炭、水、市场、区位、交通等综合优势，走煤炭清洁高效转化利用道路，按照规模化、高端化、精细化、一体化原则，推动产业集中、企业集群、土地集约、要素集聚。重点发展煤基石化、替代燃料、高端化工、基础化工四大产品板。基地近期（2013—2020年）建设主要依托安徽（淮南）现代煤化工产业园。2014年3月，省政府和中石化签订新一轮战略合作协议，将淮南煤化工基地纳入中石化产业布局规划，规划在淮南整体形成年产百万吨煤制烯烃、百万吨煤制乙二醇生产规模。2015年12月，省政府（皖政办秘〔2015〕220号）同意淮南新型煤化工基地作为省级特别政策区。到2030年，将建设成为国内领先、特色明显、高端发展的现代煤化工产业基地。淮南市将煤化工园区作为淮南城市“调转促”、实施“1235”发展战略、推进“双轮驱动”“做精做优煤电化产业链”的重要载体，举全市之力推进园区建设；把中安煤化一体化项目列为市“一号工程”，专门成立项目建设指挥部，市主要领导出任指挥长，实行月调度制度，细化阶段性重点任务，落实责任，明确完成各项任务的时间表、路线图，及时协调解决项目推进中遇到的问题。

二、基础设施

以“绿色、低碳、清洁、高效”的发展理念，实行最严格的土地和水资源管理，集约节约利用土地资源和水资源。制定基础设施和公用工程建设计划，根据入驻企业落地和建设需求加快推进。截至目前，园区基础设施和公用工程配套投资已达44亿元，正在实施的配套项目预计投资将达50.9亿元。已建成年孔李淮河大桥、12.5公里园区主干道路、日取水能力46万吨的取水设施及日供水能力10万吨的净水厂、4个1000吨级的散货码头、2个1000吨级的液体码头、1个最大吊装能力为500吨的大件码头等工程；改造了园区内多处强电及弱电工程；特勤消防站（派出所）工程即将完工投用；经八路南段、煤化工大道延伸段、排涝渠、污水处理厂等工程将陆续开工建设。

三、项目推进

中安煤化一体化项目是安徽省与央企合作的战略性项目，由皖北煤电和中石化共同投资建设。一期投资267亿元，建设170万吨/年煤经甲醇转化70万吨/年烯烃，配套建设400万吨/年煤矿。

目前，配套朱集西煤矿已投入试生产，已生产原煤114万吨；化工项目总体进度完成30.37%，76个主项开工34个，开工率45%。完成化工项目安全卫生防护距离范围内612户房屋丈量、登记及附着物清点工作。

煤制天然气项目总投资约300亿元，规划占地约3300亩，建设规模为40亿立方米/年煤制气。由皖能集团牵头筹建。2011年5月，列入国家“十二五煤炭深加工十五个示范项目规划”；2012年11月，列入国务院批复的《中原经济区规划》（2012—2020年）重大项目；2014年4月，国家发改委批复同意开展前期工作。2015年6月，建设地点由凤台县杨村调整到煤化工园区。目前，项目核准所需要相关支持性文件或专家评审基本完成。已完成1670户需拆迁房屋的放线、丈量、登记和固化工作。

安徽远达脱硝催化剂再生项目2016年3月开工建设，现已建成并投入生产试运转；高性能树脂项目、国Ⅴ高品质生物柴油项目、车用尿素、有机硼酸、甲基丙烯酸甲酯、分散染料及染料中间体、三苯基膦和潘集港区水上综合服务区等项目已开展一系列项目建设前期工作。

四、招商引资

坚持大化工理念，对符合国家产业政策和支撑园区发展的一系列化工项目，全面实施战略招商、产业链招商、专业招商、精准招商、以商招商、驻点招商。一是狠抓战略招商。紧盯盯紧符合园区产业规划、具有引领支撑基地发展作用的重大项目，密切跟踪国内外化工企业，争取在大项目上有所突破，以龙头项目引领基地发展。二是重抓精细化工招商。瞄准市场前景好、附加值高的精细化工产品，如全降解高分子材料等，积极打造基地精细化工产业集聚区。三是做好产业链招商。围绕龙头企业、龙头产品，瞄准目标企业积极开展产业链招商，以延伸产业链，提高附加值。四是延续专业招商。继续加大与专业机构、其他化工园区和外地商会对接力度，利用他们在化工领域特有的人脉和相关资源，实施专业招商、精准招商、以商招商。五是安排专人赴外驻点招商，积极摸牌周边企业投资发展信息，主动拜访，推荐宣传园区。六是积极协助做好主城区化工企业退城进园工作，与淮化集团、德邦化工等企业全面沟通对接，及时做好进入煤化工基地建设的服务工作。近两年来，园区先后签约了11个项目，总投资约35亿元；正在跟踪洽谈的项目8个，总投资近200亿元。

【安徽凤台经济开发区】 安徽凤台经济开发区位于淮南市西部，淮河之滨，交通便捷，区位优势明显，水路有淮河、西淝河，陆路商杭高铁、淮阜铁路、合徐高速公路、合阜高速公路、济祁高速公路，距淮南东站20余公里、合肥新桥国际机场百余公里，与合肥、淮南、阜阳、蚌埠几大城市相邻。

安徽凤台经济开发区设立于2003年5月，原名为凤台县凤凰工业园区，行政区划面积20.63平方公里，区总规划面积10平方公里，一期规划5.5平方公里，二期规划4.5平方公里；总人口1.8万余人。2006年，经国家发改委和安徽省人民政府批准，凤台县凤凰工业园区更名为安徽凤台经济开发区，升级为省级经济开发区。2007年、2009年凤台经济开发区连续两届荣获安徽省投资环境十佳开发区荣誉称号。2008年，开发区和大山镇合并成立经济开发区管委会，作为凤台县委、县政府的派出机构，并将原大山镇所属的10个村改为社区（黑龙潭、芦塘、西魏、淮丰、夏湾、山赵、淮滨、灯塔、拐集、胜利）交由开发区管委会代管。2013年10月，开发区管辖的十个社区整建制划归八公山区；2015年7月又划回凤台县管辖。目前，开发区“七通一平”基础设施到位面积约7平方公里。全区共有入园企业82家，其中，规模以上工业企业10家。

2015年，开发区财政收入累计完成5655万元；工业总产值累计完成100109万元，其中，规上工业总产值81704万元；工业增加值累计完成30033万元，其中，规上工业增加值完成25377万元；固定资产投资累计完成2933万元。

近年来，开发区为优化环境稳招商，组建了项目施工环境保障组织机构，对干扰企业生产、蓄意滋事、吃拿卡要等影响企业发展的行为予以零容忍、狠打击、严查处。建立健全了企业服务中心运行机制，按照“一个项目、一名帮办联络员、责任单位牵头、职能部门配合”的帮办要求，帮助企业代办用地、规划、报建等一系列行政审批手续，直至项目投产达效。

开发区经过多年努力，初步形成以海螺水泥、中煤亚太、国力液压、瑞达机械、新建制衣、恒远电子、垂直轴发电、皖能垃圾发电、温州鞋业等项目为主的工业聚集板块；以亿联•皖北五金城项目为龙头的商贸流通板块；以东湖新城、东方国际、中城国际、金域龙湾等项目为主的生活宜居板块。未来的凤台经济开发区，将紧紧围绕招商引资和项目建设，突出打造智能装备制造业，主动承接东部产业转移，实现资源城市的转型发展和社会与经济的腾飞。

园区重点企业及项目简介：

1.亿联•皖北五金家居城项目。亿联控股集团是国内一家拥有22家全资控股公司的大型开发公司，截至目前在全国总开发面积达680万平方米，总投资达280亿元人民币。2011年度，集团业务涉及天津、河北、山东、安徽、陕西、江苏、上海、浙江、四川、重庆等省市，主营业务收入达55亿元人民币，纳税总额达4.13亿人民币。亿联•皖北五金家居城项目是亿联控股集团在淮南凤台投资开发的一个大型商贸城项目，该项目目前是淮南市政府、凤台县政府招商引资的重点项目，已被列为凤台县“双十工程”之一。项目一期用地面积约240亩，建筑面积约20万平方米，预计总投资约6亿元人民币。项目建成后将成为集展示、交易、仓储、物流、研发、培训、商务办公及休闲等功能为一体的综合性、专业性、现代化五金家居城。

2.淮南市西部城区生活垃圾焚烧发电项目。淮南市西部城区生活垃圾焚烧发电项目是安徽皖能环保发电有限公司投资建设运营管理的环保发电项目，主要从事淮南市西部城区生活垃圾焚烧处理、余热发电。该项目于2011年8月11日经安徽省发改委核准，建设规模为2×500t/d循环流化床锅炉+2×12MW汽轮发电机组，项目核准总投资32304万元，厂址位于安徽省淮南市凤台县经济开发区。该项目是安徽省“861”项目，安徽省城市生活垃圾处理设施建设重点工作实施计划项目，凤台县“双十”项目。项目工期24个月，2012年4月16日参加了淮南市委和市政府主办的集中开工仪式。计划2013年8月第一台机组投产发电。项目施工单位中国电力建设工程咨询公司。项目的建成将提高淮南市生活垃圾处理水平，有利于于资源综合利用和发展循环经济，推进经济与环境的协调发展，产生良好的社会效益。

3.安徽六和同心风能设备有限公司。安徽六和同心风能设备有限公司成立于2013年1月，注册资金壹仟万圆整。公司坐落在凤台经济开发区芦塘社区，现有包括中高级职称的员工共76人，拥有1.8万多平方米的生产基地和办公楼，是一家专业从事新型能源路灯的生产与销售的综合型高科技企业，主要生产的是双凸极垂直轴螺旋形风力发电系统，该系统的主要特点是低风速启动、广谱转化风能、系统低能耗、免维护。公司新型能源风光互补离网型系统路灯，获得中华人民共和国国家知识产权局授予的十一项实用新型专利权和一项知识产权，是哈尔滨工业大学、中国空气动力研究与发展中心、北京航空航天大学、第二炮兵工程大学的产学研基地。

公司产品已进入西班牙、韩国、美国、沙特、英国、俄罗斯、法国、中国香港等地区，5kW通讯基站专用系统获得了中国移动集团优秀科研成果奖。国内预计年销售5万套左右，年产值达到10亿。

4.淮南国力液压装备有限公司。公司创建于2005年，位于安徽省凤台县经济开发区6#路凤淮公路北侧。主要从事于工业液压检测设备、光学智能检测设备、智能工业装备的研发、制造与销售。用户遍及军工、工程机械、煤矿矿山、铁路、汽车等行业。国力装备紧紧抓住创新技术研发理念，在固有传统技术领域广开思路，大力投入先进技术新品研发，密切注重产学研合作，先后与中国科技大学、安徽理工大学的相关专业导师签订了技术研发协议，确定了产学研关系。使公司研发队伍有了强大的技术理论保障。从而产生了一系列在国内首次面世，技术先进的液压检测设备，其中为三一集团设计制造的ZSY1800型立柱加载试验设备是国内首创及缸径的立柱试验设备。主要用户有神华集团、陕煤集团、阳煤集团、三一重工装备、三河智能装备、江铃汽车、空军装备部机场、河南531工厂等全国知名企业。公司占地6万余平方米，拥有“淮南市液压检测设备工程技术研究中心”“中科大机械科学学院矿山智能机器人技术研发中心”“企业技术研发技术”“产品检测中心”3万多平方米标准化产品制造车间等一批基础设施。每年申请发明专利5项以上，实用新型专利10项以上。从而带动公司新产品的不断推出面世。配合公司不断建立成熟的市场销售网络，从而实现公司高端产品的产业化、规模化生产。

【安徽寿县工业园区】 寿县工业园区于2006年2月被安徽省人民政府批准为省级开发区。工业园区位于国家历史文化名城寿县西城区，紧邻合淮阜高速和310、102、203三条省道及即将开工建设的济-祁高速，距安徽新桥国际机场70公里，商杭高铁寿县站在园旁而建，离省会合肥仅一小时车程，与国家能源城市淮南隔河相望，交通便捷，区位优势明显。园区规划面积6.2平方公里，建成区面积4.8平方公里，入园工业企业62家。目前园区已有金峰财富集团、安徽盛华纺织集团、安徽华祥食品集团、安徽豪润置业公司、廷龙食品有限公司、裕皖制衣有限公司等一批规模企业入驻，初步形成汽车零部件、纺织服装、机械电子、农副产品及食品精深加工等特色产业群。根据现有园区建设实际，已规划建设工业园区的九龙、双桥两个拓展区。其中拓展区30平方公里的总体规划及5平方公里的启动区控制性详规已编制完成，拓展区的建设将为园区发展提供广阔空间，为在“十三五”期间实现既定的发展目标奠定了基础。

附：2014年淮南安徽省开发区基本情况表

指标	代码	单位	本年	同期	增减(%)
一、开发区入区企业个数	1	个	1413	682	107.18
其中：高新技术企业个数	2	个	71	49	44.9
其中：工业企业个数	3	个	796	461	72.67
其中：规模以上工业企业个数	4	个	238	201	18.41
其中：资质以内建筑业企业个数	5	个	8	6	33.33
其中：限额以上批发零售业企业个数	6	个			
其中：限额以上住宿餐饮业企业个数	7	个			
其中：房地产业企业个数	8	个			
其中：规模以上服务业企业个数	9	个	12	4	200
其中：出口型企业个数	10	个	54	61	-11.48
其中：上海来皖投资企业个数	11	个	41	41	
其中：浙江来皖投资企业个数	12	个	42	37	13.51
其中：江苏来皖投资企业个数	13	个	40	37	8.11
二、开发区当年注册企业个数	14	个			
其中：当年注册工业企业个数	15	个			
三、开发区服务机构数量	16		—	—	
研发机构数	17	个			
创新服务机构数	18	个			
金融服务机构数	19	个			
工业设计机构数	20	个			
物流仓储机构数	21	个			
四、全区总人口	22	人	195631	170512	14.73
其中：农业人口	23	人	85906	70308	22.19
五、全区从业人员	24	人	57853	51185	13.03
其中：工业企业从业人员	25	人	48725	44683	9.05
其中：规模以上工业企业从业人员	26	人	37181	31480	18.11
其中：资质以内建筑业企业从业人员	27	人			
其中：限额以上批发零售业企业从业人员	28	人			
其中：限额以上住宿餐饮业企业从业人员	29	人			

指标	代码	单位	本年	同期	增减(%)
其中：房地产业企业从业人员	30	人			
其中：规模以上服务业企业从业人员	31	人			
其中：具有大专以上学历人员	32	人	6099	5527	10.35
其中：具有高、中级职称人员	33	人	2183	2159	1.11
其中：研究与试验发展(R&D)人员	34	人	918	904	1.55
六、全区从业人员工资总额	35	万元	169368	157064.42000000	7.83
其中：规模以上工业企业从业人员工资总额	36	万元			
其中：资质以内建筑业企业从业人员工资总额	37	万元			
其中：限额以上批发零售业企业从业人员工资总额	38	万元			
其中：限额以上住宿餐饮业企业从业人员工资总额	39	万元			
其中：房地产业企业从业人员工资总额	40	万元			
其中：规模以上服务业企业从业人员工资总额	41	万元			
七、利润总额	42	万元			
其中：高新技术企业利润总额	43	万元			
其中：规模以上工业企业利润总额	44	万元			
其中：资质以内建筑业企业利润总额	45	万元			
其中：限额以上批发零售业企业利润总额	46	万元			
其中：限额以上住宿餐饮业企业利润总额	47	万元			
其中：房地产业企业利润总额	48	万元			
其中：规模以上服务业企业利润总额	49	万元			
八、研究与试验发展（R&D）经费内部支出	50	万元			
其中：规模以上工业企业研发经费支出	51	万元			

附：2014年淮南安徽省开发区主要经济指标表

指标	代码	单位	本年	同期	增减(%)
一、开发区占地面积	1	平方公里			
二、开发区已建成面积	2	平方公里			
其中：工业用地面积	3	平方公里			
其中：当年新增工业用地面积	4	平方公里			
三、全区经营（销售）收入	5	万元	3789557.4	3726341.22000000	1.7
其中：规模以上工业销售收入	6	万元	1925133.56	2019558.48	-4.68
资质以内建筑业经营收入	7	万元	29712	12712	133.73
限额以上批发零售业销售收入	8	万元			
限额以上住宿餐饮业营业收入	9	万元			
房地产业经营收入	10	万元	151512	162690	-6.87
规模以上服务业企业销售（经营）收入	11	万元	207172.1	24918.3	731.41
其中：高新技术企业经营(销售)收入	12	万元			
其中：主导产业经营(销售)收入	13	万元	1479553.19	1523077.6	-2.86
其中：主导产业一	14	万元	668106.46	644929.9	3.59
主导产业二	15	万元	330394.23	329069	0.4
主导产业三	16	万元	481052.5	549078.7	-12.39
四、工业总产值	17	万元	2162203.6	2299329.1	-5.96
其中：规模以上工业总产值	18	万元	2005187.05	2106578	-4.81
其中：高新技术产业产值	19	万元	789968.7	787554.75	0.31
五、第二产业增加值	20	万元	620295.96	687873.22	-9.82
其中：工业增加值	21	万元	615838.96	685966.22	-10.22
其中：规模以上工业增加值	22	万元	566240.97	603506	-6.17
六、第三产业增加值	23	万元	131755.57	115089	14.48
其中：现代服务业增加值	24	万元	103567.2	88958	16.42
七、进出口总额	25	万美元	29708.4	38422.5	-22.68
出口额	26	万美元	22244.4	28760.6	-22.66
其中：高新技术企业出口额	27	万美元			
进口额	28	万美元	7464	9661.9	-22.75
其中：高新技术企业进口额	29	万美元			
八、税收财政收入情况	30		—	—	

指标	代码	单位	本年	同期	增减(%)
1.税收总额	31	万元	117798.66	114586.73	2.8
其中：工业税收	32	万元			
其中：高新技术企业税收	33	万元			
2.财政收入	34	万元	133404.36	157036.45	-15.05
其中：土地收入	35	万元	8348.08	34580.12000000	-75.86
九、固定资产投资总额	36	万元	2118489	1913759	10.7
其中：工业投资	37	万元	1382039	1246845	10.84
基础设施投资	38	万元	402693	243235	65.56
其中：财政投入	39	万元	295665	198464	48.98
银行贷款	40	万元	8888		
十、利用外商直接投资情况	41		—	—	
1.新批进区外商投资企业	42	个	4	3	33.33
2.合同外资金额	43	万美元			
3.当年实际利用外商直接投资额	44	万美元	7032	6678	5.3
十一、利用省外境内资金情况	45		—	—	
1.当年新批进区省外境内项目	46	个	45	61	-26.23
2.在建省外境内投资项目个数	47	个	89	64	39.06
其中：亿元以上省外境内投资项目个数	48	个	71	51	39.22
3.在建省外境内投资项目总投资额	49	万元	6483078	5771194	12.34
其中：亿元以上省外境内投资项目投资总额	50	万元	5769063	5714201	0.96
4.当年实际利用省外境内资金额	51	万元	2197426	1226905	79.1
其中：亿元以上项目到位省外境内资金额	52	万元	1758323	1037095	69.54
十二、专利申请授权情况	53		—	—	
1.专利申请量	54	件	320	655	-51.15
2.专利授权量	55	件	218	268	-18.66

附：2015年淮南安徽省开发区基本情况表

指标	代码	单位	本年	同期	增减(%)
一、开发区入区企业个数	1	个	1556	1413	10.12
其中：高新技术企业个数	2	个	70	71	-1.41
其中：工业企业个数	3	个	803	796	0.88
其中：规模以上工业企业个数	4	个	214	238	-10.08
其中：资质以内建筑业企业个数	5	个	9	8	12.5
其中：限额以上批发零售业企业个数	6	个			
其中：限额以上住宿餐饮业企业个数	7	个			
其中：房地产业企业个数	8	个			
其中：规模以上服务业企业个数	9	个	16	12	33.33
其中：出口型企业个数	10	个	56	54	3.7
其中：上海来皖投资企业个数	11	个	50	41	21.95
其中：浙江来皖投资企业个数	12	个	51	42	21.43
其中：江苏来皖投资企业个数	13	个	48	40	20
二、开发区当年注册企业个数	14	个			
其中：当年注册工业企业个数	15	个			
三、开发区服务机构数量	16		—	—	
研发机构数	17	个			
创新服务机构数	18	个			
金融服务机构数	19	个			
工业设计机构数	20	个			
物流仓储机构数	21	个			
四、全区总人口	22	人	241345	195631	23.37
其中：农业人口	23	人	102656	85906	19.5
五、全区从业人员	24	人	49789	51553	-3.42
其中：工业企业从业人员	25	人	39758	42395	-6.22
其中：规模以上工业企业从业人员	26	人	35719	38272	-6.67
其中：资质以内建筑业企业从业人员	27	人			
其中：限额以上批发零售业企业从业人员	28	人			
其中：限额以上住宿餐饮业企业从业人员	29	人			
其中：房地产业企业从业人员	30	人			

指标	代码	单位	本年	同期	增减(%)
其中：规模以上服务业企业从业人员	31	人			
其中：具有大专以上学历人员	32	人	7589	6099	24.43
其中：具有高、中级职称人员	33	人	2345	2183	7.42
其中：研究与试验发展(R&D)人员	34	人	981	918	6.86
六、全区从业人员工资总额	35	万元	188138	165146	13.92
其中：规模以上工业企业从业人员工资总额	36	万元			
其中：资质以内建筑业企业从业人员工资总额	37	万元			
其中：限额以上批发零售业企业从业人员工资总额	38	万元			
其中：限额以上住宿餐饮业企业从业人员工资总额	39	万元			
其中：房地产业企业从业人员工资总额	40	万元			
其中：规模以上服务业企业从业人员工资总额	41	万元			
七、利润总额	42	万元			
其中：高新技术企业利润总额	43	万元			
其中：规模以上工业企业利润总额	44	万元			
其中：资质以内建筑业企业利润总额	45	万元			
其中：限额以上批发零售业企业利润总额	46	万元			
其中：限额以上住宿餐饮业企业利润总额	47	万元			
其中：房地产业企业利润总额	48	万元			
其中：规模以上服务业企业利润总额	49	万元			
八、研究与试验发展（R&D）经费内部支出	50	万元			
其中：规模以上工业企业研发经费支出	51	万元			

附：2015年淮南安徽省开发区主要经济指标表

指标	代码	单位	本年	同期	增减(%)
一、开发区占地面积	1	平方公里	119.4543	118.87	0.49
二、开发区已建成面积	2	平方公里	56.62980000	46.47840000	21.84
其中：工业用地面积	3	平方公里	29.39350000	24.507	19.94
其中：当年新增工业用地面积	4	平方公里	3.15650000	2.2364	41.14
三、全区经营（销售）收入	5	万元	3432850.02	3766426.4	-8.86
其中：规模以上工业销售收入	6	万元	1758528.2	1896265.56	-7.26
资质以内建筑业经营收入	7	万元	29546.66	29712	-0.56
限额以上批发零售业销售收入	8	万元			
限额以上住宿餐饮业营业收入	9	万元			
房地产业经营收入	10	万元	121938	151512	-19.52
规模以上服务业企业销售（经营）收入	11	万元	167352	207172.1	-19.22
其中：高新技术企业经营(销售)收入	12	万元			
其中：主导产业经营(销售)收入	13	万元	1358827.96	1401422.59	-3.04
其中：主导产业一	14	万元	651061.1	656417.46	-0.82
主导产业二	15	万元	232379.25	238747.23	-2.67
主导产业三	16	万元	475387.61	506257.9	-6.1
四、工业总产值	17	万元	1973432.38	2137371.6	-7.67
其中：规模以上工业总产值	18	万元	1830983.98	1974489.05	-7.27
其中：高新技术产业产值	19	万元	726369.15	770984.7	-5.79
五、第二产业增加值	20	万元	600786.85	646393.96	-7.06
其中：工业增加值	21	万元	553813.85	601394.96	-7.91
其中：规模以上工业增加值	22	万元	503029.08000000	551549.97	-8.8
六、第三产业增加值	23	万元	156084.6	131755.57	18.47
其中：现代服务业增加值	24	万元	108827.98	103567.2	5.08
七、进出口总额	25	万美元	19562.1	29708.40000000	-34.15
出口额	26	万美元	15149.2	22244.4	-31.9
其中：高新技术企业出口额	27	万美元			
进口额	28	万美元	4412.9	7464	-40.88
其中：高新技术企业进口额	29	万美元			
八、税收财政收入情况	30		—	—	

指标	代码	单位	本年	同期	增减(%)
1.税收总额	31	万元	133677.66	117798.66000000	13.48
其中：工业税收	32	万元			
其中：高新技术企业税收	33	万元			
2.财政收入	34	万元	144319.09	133404.36000000	8.18
其中：土地收入	35	万元	5693.71000000	8348.08	-31.8
九、固定资产投资总额	36	万元	2626065	2471212	6.27
其中：工业投资	37	万元	1890501	1552717	21.75
基础设施投资	38	万元	257618	412933	-37.61
其中：财政投入	39	万元	214167	305905	-29.99
银行贷款	40	万元	5000	8888	-43.74
十、利用外商直接投资情况	41		—	—	
1.新批进区外商投资企业	42	个	1	4	-75
2.合同外资金额	43	万美元			
3.当年实际利用外商直接投资额	44	万美元	6554	7032	-6.8
十一、利用省外境内资金情况	45		—	—	
1.当年新批进区省外境内项目	46	个	47	45	4.44
2.在建省外境内投资项目个数	47	个	102	89	14.61
其中：亿元以上省外境内投资项目个数	48	个	85	71	19.72
3.在建省外境内投资项目总投资额	49	万元	8400056	6483078	29.57
其中：亿元以上省外境内投资项目投资总额	50	万元	7365896	5769063	27.68
4.当年实际利用省外境内资金额	51	万元	1906593	2197426	-13.24
其中：亿元以上项目到位省外境内资金额	52	万元	1466807	1758323	-16.58
十二、专利申请授权情况	53		—	—	
1.专利申请量	54	件	271	320	-15.31
2.专利授权量	55	件	250	218	14.68

滁州市

滁州市开发区重点介绍

【安徽明光经济开发区】 安徽明光经济开发区始建于2003年，2006年正式批准为省级工业园区。经过近十年的发展，园区规模从无到有，从小到大，由2006年批准的3平方公里发展到13平方公里。2015年9月，经省政府批准安徽明光工业园区升级为安徽明光经济开发区。2016年2月，经省政府同意，省发改委正式批准安徽明光经济开发区加挂安徽明光肥西现代产业园牌子。

截至目前，开发区入驻企业140家，其中，投产企业120家，规上企业53家，亿元以上企业19家。初步形成机械电子、食品饮料、日用化工和新能源材料四大主导产业，2016年1—7月份，经开区实现规上工业总产值42.7亿元，同比增长11.4%；规上工业增加值9.83亿元，同比增长8%；固定资产投资24.5亿元，同比增长137.8%，其中工业固定资产投资完成9.1亿元；完成进出口总额2215万美元，增长2.5%；实现税收2.4亿元（国税1.17亿元、地税1.22亿元），同比增长79.7%。

根据明光市空间发展战略规划调整，2013年明光市委、市政府制定出“跨越宁洛高速”建设产城新区的发展战略。产城新区位于明光城区东侧，宁洛高速公路以东、规划104国道以西，紧邻宁洛高速公路明光东出入口，309省道穿境而过。产城新区规划面积15.5平方公里，规划人口5万人，可提供10万个就业岗位。目前，产城新区已完成3平方公里基础设施建设，建成路网22公里，绿化、亮化、水、电等配套设施同步推进。

2014年，规划面积3.75平方公里的明光化工集中区获批。目前，“五纵十横”的道路施工设计已完成，已征地1800亩，纬一、纬二、经四路正在加快推进建设，城东污水处理厂PPP项目、城东自来水厂项目同步启动，榄菊产业园、国祯生物质发电等项目正在开展入驻前期工作。

当前，经开区以“转型升级、产城融合”为目标，按照建设“美好新明光”的总体要求，紧紧围绕建设产业新城、精细化工集中区的功能定位，加快建设产城互动、配套完善、宜居宜业、生态和谐的现代园区。

【安徽定远经济开发区】 定远经济开发区（原定远工业园区）系2006年经安徽省人民政府批准的省级开发区，位于定远县城南部，西连合蚌路，北靠定滁路，距省城合肥90公里，离合徐高速永康道口25公里，到京沪高铁定远站仅17公里，交通便捷。总体规划面积32.6平方公里，批准面积13.1平方公里，建成区面积10平方公里，下辖3个社区，辖区内常住人口3万多人。建成道路53公里，形成五纵七横路网框架，区内实现了道路、供水、供电、供气、排水、排污、通讯和场地平整等“七通一平”。此外，还为中小企业孵化园建设了6万平方米标准化厂房和相关配套设施。

目前，入区项目143个，其中，投产项目109个，规上企业50家，拥有著名商标6家、高新技术企业4家、战略性新兴产业7家、新三板上市企业1家。区内主要企业有德轮橡胶、铭源建材、扬子地板、嘉恒木业、亚兰密封、爱迪节能、安瑞升能源、安远塑胶、声扬服饰、颉良服饰、杰仕达体育等。在建重点项目有亿利净化、昊晖光伏、合肥工投、金盛粮油等。经过多年的发展，定远经开区按照产城一体、城乡统筹、节约用地、优化生态、以人为本、宜居宜业的要求，产业定位为重点发展装备制造、轻纺服装和农林副产品精深加工三个主导产业，并将装备制造业确定为首位产业。

“十二五”期间主要指标完成情况

“十二五”期间，定远经开区完成扩区升级，税收收入由2011年的0.46亿元增加到2015年的2.1亿元，年均增长 46.2%；规上工业总产值由2011年的14.5亿元增加到2015年的31亿元，年均增长20.9%；全区经营销售收入由2011年的13.4亿元增加到2015年的52亿元，年均增长40.4%。2015年完成固定资产投资21.8亿元，年均增长25.3%；2015年实现高新技术产业产值8.3亿元，年均增长56.2%；安瑞升新能源登陆“新三板”，实现企业上市挂牌“零”的突破，主要经济指标年均保持两位数以上增长，综合实力显著提升。

“十三五”规划情况

发展目标。到2020年，全区经营（销售）收入达到200亿元，年均增长38%；工业总产值达到150亿元，年均增长33.6%；规模以上工业总产值到达到120亿元，年均增长34%；固定资产投资40亿元，年均增长7.8%；招商引资到位资金达到60亿元；实现税收10亿元，年均增长36.63%；高新技术企业达到15家；新三板上市企业达到10家。

支撑措施。突出产业支撑。到2020年，一是装备制造业产值由2015年7亿元发展到86亿元；二是农副产品精深加工产业产值由2015年10亿元发展到28亿元；三是服装球类加工业产值由6亿元发展到16亿元；四是新材料新能源产业由2015年7亿元发展到20亿元；五是现代服务业由2015年10亿元发展到50亿元。

突出项目支撑。重点围绕已经形成的主导产业和着力培育的战略性新兴产业、高新技术企业、现代服务业，排出产业承接目录，强化项目对接，力争在较短的时间内解决产业集中度不高、核心链条缺失等制约问题。到2020年，集中力量打造以德轮橡胶、爱迪节能、亚兰密封等为代表的装备制造业；以金盛粮油、梦缘食品、扬子木业、嘉恒木业等为代表的农林副食品精深加工业；以颉良服饰、声扬服饰等总部经济为代表服装加工业；以鑫宇体育、杰仕达体育等为代表的球类加工业；以安瑞升总部经济、昊晖光伏等为代表的新能源产业；以铭源建材、安远塑胶等为代表的新材料产业，力争打造出若干个10亿元、20亿元、30亿元以上的大企业；使高新技术企业达15家；新三板上市企业达10家。

突出“双创”支撑。实施创新平台建设工程，搭建由研发机构、高校科研机构、龙头企业研发中心、双创孵化平台、技术转移转化中心等构成的创新平台体系，完善产学研用协同创新机制，增强创新源头供给。支持亿利博士工作站建设，打造一批有影响力的省级以上重点实验室和工程技术研究中心。发挥大众创业、万众创新和“互联网+”效应，做优做强电商产业园，支持高新技术企业和科技型中小企业实施股权、期权和分红激励，吸引集聚高层次创新人才和领军人才。

突出实体支撑。把推动实体经济健康发展作为实施供给侧结构性改革的出发点、落脚点，坚持问题导向，做好靶向施策，激发实体经济新的生命力。去产能，坚持企业主体、政府推动、市场引导、依法处置原则，构筑“僵尸企业”和过剩产能退出机制。去库存，坚持因类施策，化解企业产品库存。去杠杆，坚持促发展与防风险并举，进一步优化金融服务，降低企业融资成本。降成本，坚持完善企业帮办帮扶服务，以降低企业生产要素成本为重点，强化综合施策、精准发力，切实帮助企业降本增效。补短板，坚持补齐发展短板，保持有效投资力度，围绕产业转型升级、基础设施、生态环境保护等重点领域，谋划、实施一批重大项目。

突出环境支撑。在加强硬环境建设的同时，进一步完善软环境建设，完善各种配套服务功能，规范项目的各项管理。牢固树立示范区是特区的理念，在体制机制上大胆先行先试，不断清理、减少和规范行政许可，精简各项业务流程，推行“零收费、零障碍”“一站式”和全程帮办服务等制度。围绕投资、工商、财税、金融、土地、环保、社会保障和人力资源等重点领域，制定出更加灵活、更加优惠的突破性支持政策，服务示范区建设发展，营造更加优良的投资发展环境。

突出管理支撑。建立完善的项目引进和退出机制。创新开发管理模式，营造良好的政策和服务环境，真正把定远经开区建设成为我县产业的集聚区、开放的先行区、创新的试验区、城市的高新区、物流的核心区。

总之，未来几年，定远经开区将抓住纳入皖北地区发展政策扶持范围的机遇，以融入合肥经济圈为契机，落实相关优惠政策，推进合作共建，坚持招大引强，强化帮办帮扶，着力打造“一区多园”模式，重点打造机电装备与电子信息、农副产品精深加工、木制品加工、服装、体育用品、新能源新材料等六大制造产业园以及电商和现代服务业两大服务业产业园。努力把开发区打造成项目建设的主平台、二三产业发展的聚集区，产城一体宜居宜业的生态文明新城区。

【安徽来安经济开发区】 安徽来安经济开发区于2003年5月开工建设，2006年8月经省政府批准其为省级经济开发区。开发区地处南京一小时都市圈核心层，坐落在来安县城西南部，位于宁洛高速公路滁州来安出口处，距南京市50公里、上海市350公里、合肥市150公里；距南京禄口机场80公里、南京港40公里、京沪高铁滁州站20公里、铁路滁州北站10公里。区位优越，交通便捷。

开发区总体规划面积50平方公里，省政府批准面积13.6平方公里，目前建成区面积12.1平方公里。园区主次干道路网骨架已经形成，配套设施日益完善。先后被评为浙商、苏商最佳投资开发区。

开发区目前已入驻企业171家，其中规模以上工业企业51家，其他限上企业7家。区内高新技术企业11家，战略性新兴产业企业8家，2家企业在“新三板”挂牌。中国文具产业示范区获批省特色产业基地、小微企业创业基地。2015年全区工业总产值首次突破百亿元大关，其中规模以上工业实现产值89亿元，占全县规上工业企业产值的42.8%。

近年来，开发区认真贯彻落实省市县“调转促”和深化供给侧结构性改革工作部署，加大特色产业培育，改造提升传统产业，促进企业焕发新活力，逐步形成了文具礼品、新能源、食品加工三大特色产业。以中联能源为龙头的新能源产业、以新贝发为龙头的文具礼品产业、以嘉吉公司为龙头的食品加工产业产值占开发区工业产值的74.6%。

安徽来安经济开发区将在县委、县政府的坚强领导下，紧紧围绕“调转促”和供给侧结构性改革，大力实施转型升级，努力把开发区打造成为特色产业集聚平台、高端智造承接平台、创新创业孵化平台，为建设宜居、宜业、宜游、富足、安宁的美丽来安提供坚实的动力支撑。

【安徽滁州琅琊经济开发区】 琅琊经济开发区位于滁州市城北区域，于2010年8月启动建设，2010年11月获省政府批准筹建省级经济开发区。开发区规划总面积12.5平方公里，主园区5.2平方公里，发展方向区7.3平方公里。其中主园区工业用地5160亩，商业用地80亩，基础设施、生产防护绿化等用地2560亩。截至目前，已供工业用地2950亩，批而未供用地1600亩（包括腾笼换鸟企业300亩）。共入驻企业86家，已投产企业73家（其中租赁企业27家），规上企业36家，限上商业企业4家。

一、招商引资与进出口

截止2015年底，共引进内资项目86个，其中年产值亿元以上项目有金春股份、昇兴包装、顺鑫盛源、夏子包装、信尔德科技、全丰物资等，投资商主要来自江苏、浙江、福建等。上市公司有金春股份、昇兴包装。

2015年主要出口企业金春股份、顺鑫盛源、润泰食品、泓顺源、优立光学、天和星光、华晟机械等，主要出口商品为无纺布、食用级蛋白粉、蜂蜜、树脂镜片、家用电机等。主要进口企业有金春股份、昇兴包装等。

二、主导产业

健康食品及食品包装产业：以顺鑫盛源、泓

顺源、昇兴包装等为代表的健康食品及食品包装产业集群；

装备制造产业：以信尔德、华晟机械等为代表的装备制造产业集群；

无纺布产业：以金春股份为龙头打造无纺布产业园。

【安徽滁州汊河新区】 汊河新区坐落于县城南部，为大滁城建设“131”组团的片区之一，是连接滁州乌衣新区、苏滁现代产业园和国家级南京江北新区的节点区域，是安徽东向发展、承接产业转移的桥头堡。全区辖一个省级经济开发区、14个行政村和3个街道居委会，国土面积120平方公里，现有人口8.2万人。于2009年1月被省政府批准为筹建省级开发区，目前已开发面积13.6平方公里。

汊河新区区位独特，交通便利。距离南京市中心新街口28公里，属南京半小时都市圈，是中国版图上距离外省省会最近的省级开发区。104国道贯穿全境，5分钟即可进入南洛、宁连高速，半小时到达南京新街口、南京火车站和南京新生圩外运港，1小时抵达南京禄口国际机场。距南京地铁3号线林场站仅6公里，距长江纬三路隧道连接口18公里，南京602路公交车直达开发区。建设中的汊河港年通货能力1200万吨。

汊河新区产业完备，特色明显。开发区重点打造的轨道交通装备（汽车配件）、现代商贸物流产业两大主导产业已初具规模。与中车集团合作建设的轨道交通装备产业园填补了安徽省轨道交通装备产业空白，在国家铁路总公司和中车集团具有一定的知名度，轨道交通装备七大部类168个主要部件中，产业园现可生产70个主要部件，已成为中车集团零部件重要生产加工基地。汽车配件产业园正在进行规划修编，目前已与上汽、一汽大众、奇瑞、长安及北京现代等国内外汽车厂家进行零部件供应合作。商贸物流产业。由南京湾商贸物流总部基地项目和金太阳装饰城项目组成，为省级服务业集聚区，目前已入驻限上商贸企业44家，个体商贸经营户812户。

汊河新区厚积薄发，潜力无限。2015年8月，来安县人民政府与华夏幸福基业正式签署《关于整体合作开发建设经营安徽省来安县约定区域的合作协议》。该项目是华夏幸福紧抓国家长江经济带发展战略的又一重要举措，也是安徽省的第一个产业新城PPP项目。项目总投资500亿元，合作开发区域面积180平方公里，其中，首期开发面积约50平方公里。双方将采取“政府主导、企业运作、合作共赢”的市场化运作模式，为汊河在新型工业化和城镇化建设方面提供人才和资金支持。项目坚持以绿色生态为底板、以建设幸福城市为载体、以创新驱动为内核、以产业集群集聚为抓手，依托汊河独特的区位、现有的产业基础，打造全新的宜居宜业产业新城。

汊河未来发展充满了无限商机，是投资者的家园、创业者的乐土，开放包容的汊河新区必将给所有有胆识的创业者、有谋略的企业家提供创新创业创造的发展平台。

【安徽天长秦栏经济开发区】 安徽天长秦栏经济开发区前身为安徽省科技厅批准设立的天长省级民营科技企业示范区，2003年3月启动征地建设，2009年8月经省政府批准筹建省级经济开发区，先后被省发改委授予“安徽天长光伏产业基地”、省科技厅授予“安徽省高新技术产业基地”、省商务厅授予“安徽省电子产品出口创汇基地”、省经信委授予“安徽省新型工业化产业示范基地”荣誉称号。

一、地理位置

安徽天长秦栏经济开发区位于天长市最东部的秦栏镇，地处皖苏两省、三市（天长、高邮、仪征）交界处，东距扬州36公里，南距南京95公里，省道312一级公路及正在建设中的宿扬高速均从开发区通过，具有东部的区位和中西部的成本优势，从属于我国最发达的“江浙沪经济板块”和“南京一小时经济都市圈”。

二、园区概况

安徽天长秦栏经济开发区批准规划控制面积8平方公里，现已开发5.97平方公里，累计投入开发建设资金4.7亿元，形成“六纵五横”的路网结构，基本实现了“六通一平三配套”。目前，入园企业已达231家，其中规上企业45家。企业固定资产投资总额达94亿元，总注册资本达30亿元。

三、产业导向

安徽天长秦栏经济开发区坚持科学定位，注重项目选择，重点发展三大主导产业。一是电子产业，目前已有这类企业156家，围绕遥控器、电动车充电器、控制器和变压器以及相关配套产品的生产经营，产业链已比较完整。二是新能源新材料产业，已有18家企业入驻，新材料方面主要从事新型装饰材料、保温材料、化纤材料、高档乳胶制品等，目前已初具规模，成为开发区新的经济增长点；新能源方面主要以光伏配套产品为主，生产单晶、多晶切片、太阳能电池组件以及光伏发电项目，正努力拓展光伏上下游产业链。三是汽车、摩托车零部件产业，现有企业10家，主要生产汽车、摩托车部件、配套电子产品以及小型汽油机等。

四、公共服务

安徽天长秦栏经济开发区按照区镇合一、互动并行的开发区领导体制，坚持“小机构，大服务”的原则，着力提升服务保障能力。成立综合服务中心和企业帮办中心，确保入园项目建设顺利、快速、规范推进；依托“英才劳务输入服务中心”，帮助企业招工和引进人才，先后从安徽科技学院、巢湖学院、蚌埠学院等高校引进毕业生280多名；组建了天秦小额贷款公司，目前已在新三板挂牌上市，成为安徽小贷第一股，为开发区企业融资增加了新的渠道。此外，开发区加强中小企业促进中心、标准化厂房片区、物流中心和开发区公共租赁住房的建设，打造邻里中心，满足了不同类型企业的生产和生活需求。

【安徽凤阳宁国现代产业园】 一、产业园简介 凤阳宁国现代产业园是省委、省政府为实施振兴皖北、加速崛起战略而建设的四个县域现代产业园之一。产业园2012年3月经省政府批准建设。园区以原有的安徽凤阳硅工业园为基础，由凤阳县与宁国市合作共建，力争通过3—5年努力，着力建设一个“产城一体、宜业宜居、特色鲜明、配套完善”的现代新城。

园区交通区位优越。产业园位于凤阳县板桥镇境内，园区背倚“两淮一蚌”，面朝“南京都市圈”和长三角经济核心区，距凤阳县城15公里，离“农村改革发源地”——小岗村8公里。园区西部沿淮河建有“千里淮河第一港”——凤阳港，北部宁洛高速设有凤阳、小岗村出口，307省道、京沪铁路穿境而过，距高铁蚌埠南站仅30分钟车程。

园区规划体系健全。产业园规划面积约22平方公里，东起板桥河，西滨淮河黄金水道，南临京沪铁路，北沿宁洛高速。规划以凤宁大道形象展示轴、钟离大道产城联系轴、307省道公共设施发展轴、淮河大道产业发展轴和沿淮观光风景带、沿板桥河生态绿带，形成“四轴两带”的发展脉络。北部发展以硅加工制造业、现代物流业为主导、特色鲜明的产业园；南部建设以商业、居住为主导、配套完善的新城区，形成“北园南城”的空间布局。

园区基础设施完善。建成道路近20公里，建成安置房工程9万平方米。220kV洪武变电站、35kV变电站及开关站、70万立方米／日的天然气管网、1万吨／日的取水泵站、0.7万吨／日的生活用水、1.5万吨／日的工业用水管网以及污水处理厂一期工程先后建成投入使用。

园区产业特色鲜明。按照“大定位、大项目、大招商”的产业定位，园区在坚持狠抓硅产业和现代物流业两大主导产业的同时，大力引进产业关联度高的中小企业。目前，园区累计签约项目61个，协议总投资近425.2亿元；新开工项目48个，投资额78亿元；建成企业28家，其中规模以上企业6家。世界最大的单体玻璃生产线、最大的单体“白炭黑”生产线、最大的硅酸钙板生产线均建成投产。项目全部建成后，园区将成为全国最大最先进的浮法玻璃生产基地和硅酸钙板生产基地、全国重要的光纤光缆生产基地和光伏玻璃生产基地、皖北沿淮地区重要的物流基地。

园区要素瓶颈破解。土地方面。省政府每年直接下达园区土地指标1250亩，专项用于园区建设与发展。融资方面，省政府每年投入5000万元，宁国市政府每年投入3000万元，凤阳县政府每年投入5000万元，连续投入5年。同时，省农发行每年提供不少于3个亿的融资额度。

合作共建期间，现代产业园将按照“高起点规划、高品位建设、高水平承接、高强度投入、高效率服务、高效益产出”的原则，立足“皖北打头阵、率先求突破、园区争一流”的发展目标，依托优质的石英砂资源和坚实的硅产业基础，坚持开发区与新城区“双轮驱动”、制造业与服务业“两业并举”，努力将园区建设成为全省提高资源产出率示范园区、循环经济示范园区和安徽省南北合作共建示范园区，打造凤阳的“城市副中心、产业主战场”，中国的“绿色硅都，千亿元硅产业基地”。

二、2016年发展简况 2016年1—11月，园区实现规上工业总产值25.4亿元，同比增长39.4%，高于序时进度6个百分点；完成工业增加值7亿元，同比增长32.6%；完成固定资产投资28.38亿元，同比增长29.3%，高于序时进度3个百分点；招商引资到位资金34.5亿元，同比增长16%，高于序时进度7个百分点；完成财政收入2.03亿元，同比增长45.75%。总体上看，园区各项经济指标均实现了两位数增长，主要指标继续保持高位运行，发展态势强劲有力。

基础设施建设进一步完善。加快推进园区路网建设。续建洪山路、闻贤路北段、凤祥路等工程，完成了凤宁大道、郭圩路等七条共6.5公里道路验收；新开工建设钟离大道安置区2万平方米；完成6栋多层标准化厂房二层主体建设；完成临洪线等4条35kV线路和洪板线10kV线路迁移和敷设；污水处理厂已建设完成，并与运营商签订了招标协议。

整体发展后劲进一步夯实。继续实行领导联系重点项目制度，园区制定了《凤阳宁国现代产业园（硅工业园）2016年招商引资行动方案》，由主要领导和分管领导带队，多次赴江浙沪等发达地区开展招商引资工作，先后拜访人民电器集团、南方玻璃、正大生物饲料、国机集团、北京华信电子集团、华西村集团、中国航天集团、四川柯美特等企业，接待来凤考察客商600余人次。此外，在宁波国际汽车城设立招商信息站，通过宁波汽车零部件协会、铸件协会平台开展委托招商。1—11月份完成新签约项目17个，计划总投资36.5亿元，完成任务数100%；实现到位资金34.5亿元，完成任务数98.6%。先后引进福莱特光伏玻璃、恒世春中空玻璃、柯美特新型建材、鑫鹏汽车零部件等项目，对我县主导产业延伸、产业调转促具有重大意义。认真做好企业帮扶。召开福莱特、光大国际、石材城等项目建设指挥部会议18次，组织保障性施工6次；举行了“艾美特新材料项目开工仪式”“东都苑项目开工庆典”“光大国际凤阳城乡一体化项目开工庆典”“福莱特光伏玻璃开工仪式”“宏立城市综合体开工仪式”等活动。1—11月份，新投产项目5个，计划总投资7亿元；新开工项目10个，计划总投资66.4亿元。福莱特光伏玻璃、光大城乡一体化、远东石材城、艾美特新材料等项目进展顺利，宏立城市综合体项目也于10月12日正式开工建设。

发展要素进一步强化。资金保障能力进一步增强。进一步拓展融资渠道。今年以来先后通过中安、德润和上海浦发等金融机构融资1.97亿元，有力保障了征地拆迁和基础设施建设工作。用地保障基础进一步坚实。2016年，按照园区管委会统一部署，紧紧围绕项目和基础设施建设用地需要，认真做好园区征迁工作。年初以来，为扎实有效的做好征迁工作，园区先后多次召开征迁工作现场推进会，明确征迁工作任务，并细化分工、责任到人，确保多地块同时开展工作。努力推进园区征迁工作进程，为项目建设奠定坚实基础。截至11月，累计完成拆除房屋88户；完成新征地累计1134亩，其中包括新建李二庄中心小学征地18.553亩，福莱特项目征地447.866亩，晶华电子项目征地50.216，中通北斗项目135.885亩，洪山路东段征地29.532亩，洪山路、凤祥路用地进行已测量，累计征地165.475亩。征收工作有序推进，拆迁工作依法开展。主动与县国土资源局、县法院、县房屋征收办公室对接，扎实稳妥履行好法定的程序和材料，力争在本年度底依法强拆几户，并力争征迁工作逐步走上依法征收的路子。

2017年，园区将继续认真贯彻落实省皖北办、滁州市委、市政府和凤阳县委、县政府的工作部署，坚持开拓创新，坚持稳中求进，全面做好各项工作。2017年，园区预计完成固定资产投资35亿元，规模以上工业总产值34亿元，工业增加值9亿元，招商引资实际到位资金40亿元，引进亿元以上招商引资项目19个以上。

继续推进基础设施建设。加快推进洪山路、闻贤北路、凤祥路等三条道路建设；续建凤港路、濠州路东段等道路工程；完成工业标准化厂房6栋主体工程建设；完成钟离大道安置区建设，启动桥西安置区四期工程；完成淮滨公园一期950亩建设工程；完善园区供电、给排水网络体系，启动福莱特11万伏双回路线路设计和施工工作；新建污水收集管道6.5公里，污水处理厂正式投入运行；加大沿线整治和绿化提升力度，新增绿化面积 12万平方米。

继续强化资金与土地保障。加强园区项目资金管理。进一步加大融资力度，为园区建设提供资金保障，认真做好园区和投资公司的财务管理工作。组织好园区财政收入，协调国税、地税部门抓好税收征收工作，认真组织好非税收入的收缴工作。进一步突破征迁制约瓶颈。积极配合项目推进责任人及时解决项目推进中存在的征地或拆迁矛盾，确保项目顺利推进；继续做好失地养老保险的审核和发放工作；做好项目建设、南部新城区道路建设征地的发款和土地平整工作。

继续拓宽招商领域。在做好江浙沪宣传推介的基础上，提高对外宣传的针对性、实效性。充分利用落户企业的客户群、销售网来凤考察、洽谈业务的时机，开展小型招商推介活动，切实做好招商项目的引进、跟进和对接工作。重点跟踪人民电器、南方玻璃、正大生物饲料、横店白炭黑等等一批储备项目，争取早签约、早实施。做好招大引强的同时，切实做好项目跟进、帮办相关工作，确保项目早开工、早投产。加大与央企名企合作力度,梳理县内潜力企业和成长性项目，鼓励和引导与央企、世界500强企业、上市企业、知名民企、军工企业等开展合资合作、兼并重组，扩大规模，转型升级。积极拓展欧美发达国家及东南亚，特别是港、澳、台地区，加强与境内外知名商会协会、投资促进机构的联系合作，充分利用其会员、客户资源和渠道招商。

【苏滁现代产业园】 苏滁现代产业园是苏州工业园区走出江苏省实行市场化合作共建的第一个工业园区，位于滁州市区东南部，规划面积36平方公里，由苏州中新集团和滁州市人民政府合作共建，计划通过10—15年的努力，完成基础设施投资约300亿元，带动区域投资约1300亿元，建成一个总人口25万人，其中就业人口14万人的现代化新型园区。园区于2011年12月27日正式签订框架协议，2012年4月28日举行开工仪式，2012年8月全面开工建设。

四年多来，园区在省委、省政府和市委、市政府的正确领导下，按照“中新合作的新实践、安徽园区建设的新探索、打造安徽版苏州工业园区和新型城镇化试验田”的目标定位，全力推进各项工作，取得了阶段性成果。顺利完成了规划编制和18平方公里、56万平方米房屋征迁工作。累计完成投资100亿元，共建设各类项目124个，竣工项目74个，其中：建设道路50公里，河道14公里，绿化51万平方米，9平方公里范围实现了“九通一平”。建设南京鼓楼医院、国际商务中心、标准化厂房、蓝白领公寓、安置房、垃圾中转站、公交首末站、一级消防站等配套项目28个，建筑面积达到150万平方米。园区共签约引进项目81个，协议引进资金超300亿元，其中10亿元以上项目8个，外资项目16个，上市公司投资项目8个，注册成立企业91家，在建工业项目15个（含租赁厂房），竣工投产企业27家。

六安市

六安市开发区重点介绍

【六安经济技术开发区】 六安经济技术开发区始建于1992年，1993年5月被批准为省级经济技术开发区，2013年3月晋升为国家级经济技术开发区，是安徽省省级新型工业化产业示范基地、“产城一体化”试点开发区、首批知识产权示范园区,皖江承接产业转移示范区、大别山革命老区振兴发展核心区、合肥都市圈组成部分。园区功能定位为“工业园、科技园、生态园和新城区”，规划控制面积90平方公里，建成区面积30平方公里。先后荣获“全国百佳科学发展示范区”“安徽省投资环境十佳开发区”“投资中国首选开发区”“魅力中国·十大最具投资价值开发区”“最佳投资服务环境开发区”等称号。

园区现有企业800多家，其中工业企业400多家，规模工业企业104家，产值亿元以上企业42家，10亿元以上企业5家，培育形成了以博微长安电子、星瑞齿轮、江淮永达机械、瑞普数控为代表的先进装备制造业，以索伊电器、华润雪花啤酒、华润怡宝饮料、艾莱依服饰、星星服装、海洋羽毛为代表的轻工纺织业，以长江精工钢构、中财管道型材、墙煌彩铝、伟宏钢构、瀚海新材料为代表的材料和新材料产业，以九仙尊霍山石斛产业园、五粮泰生物、华源制药、奔马先端科技为代表的生物医药产业，以及以六安曙光铂尊大酒店、金三角国际汽车城、金太阳国际会展中心、居然之家为、传化信实公路港、中国云谷电商产业园为代表的现代服务业等五大产业板块。2015年，实现地区生产总值62.7亿元，同比增长8.2%；实现财政收入13.37亿元，同比增长13.5%；规模工业增加值44.1亿元，同比增长8.2%。

站在新的历史起点，六安开发区将坚持以党的十八大和十八届三中、四中、五中、六中全会精神为指导，认真贯彻落实“创新、协调、绿色、开放、共享”五大发展理念，围绕六安市委市政府绿色振兴发展、建设东部新城的战略部署，抢抓长江经济带、皖江示范区、合肥都市圈建设深入推进机遇，坚持稳中求进总基调，以提质增效为中心，以改革创新为动力，以扩大投入为支撑，以调转促为抓手，以产城融合为引领，以民生改善为目标，着力突破招商引资，着力提升产业层次，着力完善基础配套，着力创新体制机制，全力打造六安开发区经济社会发展升级版，加快建成六安产业转移示范区、产城一体新城区、体制机制创新先行区和区域发展核心增长极，更好地发挥国家级经济技术开发区在全市经济发展中的窗口、示范和辐射、带动作用。

【安徽舒城经济开发区】 安徽舒城经济开发区是2006年经省政府批准建立的省级开发区，系国家农产品加工创业基地、安徽省新型工业化童车童床示范基地、安徽省50家创业基地和九家循环经济园区之一。园区是合肥经济圈和皖江城市带承接产业转移示范区。

舒城经济开发区位于县城北部，总规划面积60平方公里，2002年开始筹建，2006年2月被省政府正式批准为省级开发区，批准规划面积为2平方公里，2012年11月，省政府批准开发区扩区升级，同意扩区至13平方公里，目前已建成区面积10平方公里，下辖7个村、一个社区，常住人口3.8万人。

舒城经济开发区是县城规划区重要组成部分，与县城核心区紧密相连，是产城一体化园区。近年来，舒城经济开发区累计完成基础设施建设投入13亿元，实现了路、水、电、气、网络通信、亮化、绿化全覆盖。园区内医院、学校、商场、公租房等生活设施应有尽有，为工业发展提供丰富的配套元素；拥有110万千伏及35万千伏变电所2座，拥有日供水4万吨自来水厂和日处理1万吨污水处理厂各1座。园区规划和建设了中小企业创业园、新马食品产业园、电动车产业园、童车童床产业园和五金产业园。初步形成了以三乐童车为代表的童车童床类、以快乐蜂食品为代表的食品加工类和以汇联机械为代表的汽摩配件类三大主导产业。园区产业布局合理、功能齐全、相互促进。

至2015年底，入区企业152家，其中规模企业60家，年产值亿元以上企业20家；全年实现工业总产值100亿元，税金4亿元。2016年，舒城经济开发区全力以赴，努力实现工业总产值120亿元，实现各类税收5亿元，完成固定资产投资25亿元以上；新增标准化厂房项目20万平方米，新引进亿元以上项目10个以上；到年底实现入区企业达170家，其中投产企业达150家，规模以上工业企业达65家。

【安徽叶集经济开发区】 安徽叶集经济开发区总规划面积20平方公里，位于叶集城区东部和北部，目前已形成了以木竹加工、轻纺食品、商贸物流等为主，其他加工制造业相配套的产业体系。截至目前，开发区规模以上企业89家，其中从事木竹加工生产企业达67家，产业集中度达75%以上，产业呈集群式发展。

2013年，叶集开启了打造“中国中部家居之都”的大幕，叶集中国中部家居产业园总规划面积13.3平方公里，规划家具生产区、商业配套区、辅料加工区、仓储物流区、生活办公区、生态休闲区等六大功能区，着力打造创新型、人文型、生态型的现代化家居产业基地。2015年底已完成建成面积7平方公里，共入驻各类家居类项目67家，完成投资40亿元，实现工业总产值103亿元。已入驻投资亿元以上项目有丽人木业、合和人造板、森美源家具、美之然木地板、佳成工艺品、欣佳门业、中至信家具、国享家具、恒泰木地板等等，主要生产仿古家具、工艺家具、钢木家具、精品木门、中纤板、刨花板、多层板、实木地板、强化地板、生态板、多层地板等家居生活产品。2015年6月，叶集经济开发区成功申报国家循环化改造示范试点园区。11月，中国中部（叶集）家居产业园成功通过“中国家具新兴产业园区”专家组评审，成为安徽省第一家通过评审的新兴家具产业园区。叶集经济开发区以木材加工产业成功入围全国“产业集群区域品牌建设试点”，成为安徽省2015年唯一入围单位。

“十三五”期间，叶集经济开发区将以邓小平理论、“三个代表”重要思想、科学发展观和党的十八大精神为统领，以发展为第一要务，解放思想，开拓创新，突出“一大战略”：招商引资主战略；坚持“两业并举”：工业和商贸流通业齐头并进，工商联动；推动“三区同创”：按照“工业集中区，市场集聚区，未来新城区”目标，建设开发区；力求“四大突破”：力争实现开发区平台建设上的突破，大项目大开发的突破，产业集群发展的突破，产业转移承接的突破，把开发区建成为循环经济的示范区，外向带动先行区，产业转移融入区，和谐发展生态区，力争在省级开发区中竞中争上。

在“十二五”的基础上，到“十三五”末将努力实现经济社会跨越式发展，实现园区工业总产值和建成面积翻一番；地区生产总值达到60亿元，年均增幅10%；实现工业增加值38亿元，年均增幅15%，固定资产投资50亿元，年均增幅10%；财政收入达到5亿，年均增幅10%；进出口努力突破亿元大关。

叶集经济开发区是叶集区经济发展的主引擎，是承接产业转移的主平台，是招商引资的主战场。2016年，开发区在区委、区政府的坚强领导下，以科学发展观为统领，深入学习贯彻十八届四中、五中、六中全会和省第十次党代会精神，认真落实区第一次党代会要求，围绕把开发区建成为“工业集中区、市场集聚区、未来新城区”的目标，解放思想、优化服务、强化责任、狠抓落实，努力实现平台建设、项目引进、集群发展、产业承接等方面的新突破，加快建设创新协调绿色开放共享的美好叶集。

2016年经济社会发展指标完成情况：前三季度实现GDP28.9亿元，工业总产值110亿元，其中规模工业产值102亿元，增加值18.8亿元，财政收入2.2亿元，利用外资373万美元，进出口额2076万美元，累计完成固定资产投资33亿元，其中工业固投13.8亿元，实现税收1.86亿元。预计全年实现GDP38.6亿元，工业总产值165亿元，其中规模工业产值145亿元，增加值29亿元，财政收入3.2亿元，利用外资500万美元，进出口额2800万美元，累计完成固定资产投资42亿元，其中工业固投18.3亿元，实现税收2.5亿元。

重点工作开展情况：

1.园区循环化改造工作。一是认真组织学习国家发改委和财政部的相关要求，按照《安徽叶集经济开发区循环化改造实施方案》梳理项目推进时间、进度和目标任务。二是按照《安徽叶集经济开发区循环化改造实施方案》和批复要求，建设园区环境监测平台，结合智慧园区建设，新建信息发布监控中心，实现环保检测、园区大数据发布（物流、产品原材料动态价格）、企业服务中心、统计、综治、互联网+等功能，利用循环化改造项目资金建设，总投资约1500万元。三是对园区污水处理厂、金叶碳素、林星化工、生物质热电联产项目、恒能生物、映山红生物科技9个项目组织实施项目改造，并收集完善基础资料，截至目前已完成改造任务3.7亿元。四是启动循环化改造展示厅建设，宣传我区循环化改造成果，展厅面积约500平方米，投资约100万元，已开工建设，将于12月初竣工投入使用。同时做好迎检资料的收集整理装订工作，迎接中期验收。五是积极与发改部门协调沟通，全力做好改造项目调整工作，确保国家项目补助资金发挥最大效用。

2.化工集中区建设工作。开发区化工集中区于2015年11月22日经市政府批准设立。目前，化工集中区规划选址论证、安评、环评、能评、社会风险稳定评估、产业发展规划、控制性详规编制工作已全部完成，并获得市直相关部门批复；化工集中区管理办公室为开发区管委会下属事业单位，“三定”规定已按要求上报区编办待批。为了做好化工集中区项目入驻，还亟须完善道路、消防、供电、污水处理等市政配套设施。

3.基础设施建设工作。2016年，开发区继续加大基础设施建设力度，完善建成区路网及配套工程，计划新增通车里程约8215米。一是上半年开工建设道路5条，总长约4870米，11月底建成通车，并完成绿化、亮化等配套设施。二是下半年拟建设道路5条，总长约3345米。目前已开工建设，计划2017年2月底建成通车。三是香樟森林公园已完成绿化、亮化、循环路、停车场、管理用房等施工建设，已具备开园条件，正在进行绿化补植等工作。开发区污水处理厂项目已完成立项、环评、初设等前期工作，目前已挂网招标，预计将于11月底开工建设。

4.停产企业和停建项目处置工作。自5月9日区停产企业和停建项目处置工作领导小组办公室第一次会议以来，开发区紧锣密鼓、多措并举、有序推进项目处置工作。截至目前，已完成广厦钢构、华润油脂、兴杰木业、汇丰源彩涂板等停产企业、停建项目处置工作，盘活了闲置土地231亩，取得了阶段性成果。

5.在建项目建设情况。按照区委、区政府的“高效运转、行为规范”要求，切实转变作风，加强与各职能部门沟通，建立了快速联动机制，实行项目管理精细化，项目服务点对点，提高工作效能，全力促进入驻项目建成投产。①中至信家居项目。项目总投资10亿元，占地540亩，总建筑面积40万平方米。目前已全面完成研发中心、宿舍楼、食堂、一期厂房及内部道路建设，机器设备已安装调试，一期项目已正式投产。二期厂房已完成主体钢结构施工，正在进行内部道路及绿化等相关配套施工，预计将于12月底建成。②双渡物流园项目。项目总投3.8亿元，规划用地336亩，总建筑面积约30万平方米。分两期实施，其中一期用地185.9亩，建筑面积近19万平方米。是一个集电子商务创业孵化中心、物流信息交易中心、自动化仓储中心、物流专线、零担货运、快递快运、品牌实体展销和商品交易、商业和生活配套、大型停车场等十大功能配套于一体，实现“基地+网络+物流+商贸+金融”等最佳资源配置的现代电商物流产业综合园区。目前，资物流专线（3层）2680平方米，物流专线已进入收尾阶段，11月底竣工交付；展示中心、办公楼（地下1层地上12层）15050平方米，主体结构已封顶，目前进入内墙砌筑阶段；信息中心（7层）10600平方米，7层结构施工，11月底结构封顶；室外配套工程同步施工。③光大生物质热电联产项目。项目总投资3.5亿元，占地面积180亩，目前该项目可研、安评、环评、立项备案等前期手续已全部办理完毕，项目规划已批准，施工许可证已办理完毕，主体工程已于11月15日正式开工建设。④华隽羽绒项目。项目总投资8000万元，占地面积40亩，目前该项目4栋生产用房、1栋办公用房及锅炉房等主体工程已竣工，生产设备采购均已到位。现正在实施厂区内水电、道路、消防等设施配套和设备安装，预计12月底前正式生产。

6.标准化厂房及公租房入驻工作。标准化厂房及公租房已完成绿化、亮化、供电、消防等配套工程，物业管理公司已进驻。目前，标准化厂房已入驻企业6家，公租房已开始分配入驻。配套项目邻里中心主体工程已5层封顶。

7.产业集群区域品牌建设试点工作。叶集经济开发区以木材加工产业成功入围全国产业集群区域品牌建设试点，成为安徽省2015年唯一入围单位。开发区将按照《叶集家居产业集群品牌培育试点工作方案》要求，全力推进品牌建设，积极打造全国性家具生产基地，建成中国中部家具采购中心。

8.招商引资工作。开发区抽调精干力量成立两个招商引资小组，由主要负责同志担任组长。目前，开发区派驻招商人员已进驻长三角地区开展招商活动。先后接待省内外客商来访10余批次，储备意向项目10个。总投资9亿元的家居博览中心项目已于10月签订意向投资协议书，投资方已在叶集注册成立项目公司，11月17日签订正式投资协议书；安徽东君新能源有限公司投资建设的分布式光伏发电项目已成功签约；开发区与六安新闻和六安工商企业网建立战略合作关系，建立中国中部家居产业园网站和国家循环化改造示范试点园区网站，探索以“互联网+”模式，打开信息沟通渠道，革新招商方式。2016年1—10月在今日头条、新浪、凤凰网、六安新闻网、六安工商企业网累计发布转发叶集宣传新闻820条，进一步提升了叶集的知名度。

主要工作举措：

1.狠抓项目招商。一是认识再提高。坚持责任导向、问题导向、成事导向，加强协调协作，把招商引资工作列为重中之重，提到突出位置。二是任务再明确。以工业项目为主，围绕主导产业，利用国家循环化改造示范试点园区的优势，加大中国中部家居产业园的招商，完成区委、区政府下达的目标和任务。三是投入再加大。在人力、财力特别是精力上给予保证，做到从领导到一般人员人人肩上有指标。四是方法再改进。学习和利用多种招商形式，广泛收集信息，主动出击，登门招商，委托招商，以商招商，组织专题招商，抓出成效。

2.落实项目推进。对当前在建项目，实行跟班作业，日督促周调度，促成项目早日建成投产增效；对已签约入驻项目，及时做好项目建设前的各项准备工作，督促其早日开工建设；对目前已有投资意向的项目，指派专人跟踪服务，直至落地入驻。加强对项目建设的规范管理，及时兑现各类优惠政策，打造诚信开发区。

3.推进产业转型。围绕木竹加工首位产业补链强链、转型升级，切实采取“一企一策”“一事一议”帮扶措施，努力提升企业运行质态，加快产业转型发展步伐。切实落实好园区循环化改造，引导企业与互联网对接，探索以“互联网+”模式推动企业生产方式变革。进一步拉长延伸产业链条，推动绿色发展，加强资源综合利用，发展循环和低碳经济，打造集约、节约、环保、安全、可持续发展的新型园区。

4.加强功能配套。大力实施道路提升、管网完善及“绿化、亮化、美化、净化”工程，完成多路段污水管网连接等重点工程，提升完善基础设施。以园区转型升级为重点，推进公租房一期及配套工程、标准化厂房入驻等功能性项目快出形象。着力抓好中国中部家居产业园建设，完善运营管理模式，打造木竹加工首位招商园区。以国家循环化改造示范试点园区平台建设为抓手，对接项目改造，全面增强以技术、质量、品牌、服务为核心的竞争新优势。

5.优化园区服务。一是突出党的建设。大力完善硬件设施，加快推进开发区党群活动中心建设，创新党员活动思路，扎实做好结对共建工作。二是树立廉政风尚。认真履行党要管党、从严治党的政治责任，健全教育、制度、监督、查处并重的惩防腐败体系，营造风清气正的政治新常态。着力开展好学习型机关创建活动，提高执行力，依托开发区党组学习、领导干部上党课等重要节点等载休开展廉政教育活动，注重廉政教育的时代性、多样性和广泛性，不断强化全员廉洁从政意识。三是提升社会化服务。引导社会服务机构对项目包括规划、环评、审计、咨询、教育、培训、安评、融资等多个方面提供优质服务。进一步拓宽融资渠道，以中小企业作为主要服务对象，发放贷款以“小额、分散”为原则，支持中小企业更好更快发展。

存在的问题：

1.规划建设滞后，园区建设与城市功能脱节。虽然过去做过园区规划，但仅仅是一种宏观的指导性规划，开发区位移及扩区工作未能有实质性突破，并影响到园区环评及化工集中区的设立审批。园区规划站位不高，谋划不细，建设缺乏城市功能、公共设施、服务体系等方面的配套和支撑，未能做到产城融合。

2.招商机制不活，围绕产业链招商引资不够。从招商数量上看，引进项目在谈的多，落地的少；从招商质量看，小项目多，大项目少；从招商服务上看，存在着“重签约，轻服务”，“重建设，轻投产”，“重项目引进，轻基础设施配套”等问题；从引进的产业档次来看，产业关联度不高，互补性不强，产业链缺乏，严重影响了园区企业的生存和发展。

3.园区投入不足，平台建设不优。近年来虽加大了园区的基础设施建设力度，但由于资金来源渠道少，园区主干道、水、电等基础设施建设投入仍满足不了项目建设需求，造成征地拆迁、基础设施、公共服务建设等滞后，功能不完善，很大程度上制约了招商引资和项目建设的推进。

4.土地集约节约利用率低。一是园区部分企业投资强度较低；二是部分引进项目未能按照协议建成投产，造成土地资源利用率低。三是部分已征地未能入驻项目，造成征而未用。

2017年经济社会发展目标：

2017年是十三五规划的发轫之年，开发区将继续贯彻落实党的十八届四中、五中、六中全会和省十次党代会精神，按照区第一次党代会要求，继续突出“招商引资”主战略，坚持“工业和商贸流通”两业并举，做好“平台建设、招商引资、基础配套、项目推进、社会事务”等方面工作，以加快“三区同创”的步伐，全力推进园区实现创新绿色发展。2017年经济发展预期目标为:完成地区生产总值41亿元，增长10%；完成工业总产值165亿元，其中，规模以上工业产值155亿元、增加值28亿元，同比增长12%、10%；基础设施投资达到4亿元，新增建成区面积1.5平方公里，全年入驻开发区项目15个，投资超亿元的项目不少于3个。重点工作如下：

1.推进招商引资，实现跨越发展。一是提高认识，增强忧患意识和压力感，把招商引资工作列为重中之重，提到突出位置。二是明确任务，以工业项目为主，抓好中国中部家居产业园的重点招商工作，培育家居首位产业，突出传统产业的集聚升级和产业的延伸，全力推进园区循环化改造工作，促进企业转型升级，完成各项目标任务。三是按照“时间过半、经费过半、人员过半”的要求，全力做好驻外招商引资工作。四是改进方法，在原有的驻点招商和以商招商的方法基础上，学习利用多种招商形式，广泛收集信息，主动出击，实现招商引资新突破，促进园区跨越发展。

2.强化项目支撑，坚持创新发展。项目是经济工作的总抓手。系统性、科学性、有规划性抓项目刻不容缓。我们将继续对在建项目实行跟班作业，日督促月调度，促成中至信家具、华隽羽绒、光大热电联产等项目早日建成投产增效；对已签约入驻项目，及时做好项目建设前的各项准备，督促家居博览中心、林星板业搬迁等早日开工建设；对目前已有投资意向的项目，指派专人跟踪服务，直至落地入驻。积极引导企业与互联网对接，探索以“互联网+”模式推动企业生产方式变革。同时，加强对项目建设的规范管理，及时兑现各类优惠政策，实现开发区工作新突破。

3.完善平台建设，推动绿色发展。按照开发区扩区升级的要求，完善开发区基础设施建设。明年继续做好五方面工作。一是土地收储，力争完成开发区内在建道路的征地扫尾工作和项目征地工作，拟新征土地2000余亩。二是新修道路工程5.1公里，完成相应配套、给排水、绿化、亮化工程，确保香樟大道、金柏路等道路通车任务完成。三是全力推进家居产业园服务平台建设。建设中国中部家居博览中心项目，项目总投资人民币9亿元，其中固定资产投资约6亿元，运营、品牌招商等流动资金3亿元，建设约15万平方米中国中部家居博览中心（会展、家居产品销售、电商、商业配套、休闲旅游综合体），项目占地总面积约140亩；建设中国中部木竹产品交易大市场项目，以原木交易、木材粗加工、模板销售、衍生产品交易、木竹深加工5大核心产业链，形成物流平台、信息平台、金融平台、研发平台、生活服务平台。总规划面积2000亩。四是继续推进园区循环化改造工作。完成园区循环化改造信息平台建设项目，主要包括为全面实现平台各功能所进行的软件及系统平台的开发，配套相关仪器设备。和为支撑平台高效、稳定、安全运转所配套建设的相应基础设施，包括数据中心机房、监控管理中心、环境检测实验室、循环化改造成果展厅等；建成园区工业污水处理厂并投入使用。五是全力推进化工集中区项目入驻工作，提升家居产业园配套能力。

4.提升服务水平，实现共享发展。一是不断加强党组织建设，继续深化“两学一做”，进一步增强党员的党性意识、宗旨意识和服务意识。二是提升企业服务水平，落实定期走访企业制度，了解企业生产经营存在的困难和问题，为园区企业排忧解难。三是进一步提升企业创新发展意识，加强宣传国家、省市关于鼓励企业技术创新的优惠政策，提升服务水平，使政策真正“被企业所知、为企业所有”，激发企业增加技术开发投入资金的积极性。四是组织开展园区企业招聘活动，解决企业招工难题，促进就业创业，坚持就业优先战略，推动产业扶贫，实施产业脱贫攻坚工程，让人民共享发展成果。积极推动园区产业结构调整，在继续保持园区原有产业定位的基础上，优化提升产业层次。五是推动开展园区企业和金融机构的对接，加强对园区中小企业，特别是高新技术成长型企业的融资服务。

【安徽舒城杭埠经济开发区】

一、开发区简介

杭埠镇位于六安市最东部，紧邻合肥，是长三角地区产业集聚和合肥经济圈南向发展的重点区域。交通、区位十分特殊，先后被确立为全国发展改革试点镇、全省扩权强镇试点镇，2010年被省政府批准为省级经济开发区。杭埠开发区规划面积30平方公里，目前建成区面积7平方公里，按照现代化新型产业的标准在进行建设。开发区入园企业近百家，其中已建成投产企业96家，上市公司2家，省级创新型企业1家、省级高新技术企业3家、省级企业技术中心3家，规模以上工业企业22家，超亿元产值企业13家。电子信息、模具和自动化、新能源汽车三大战略新兴产业集群快速崛起，全市重要制造加工基地地位日益显现，已经成为省内投资最集中的区域之一。主导产业为：电子信息、模具和自动化两大类。

电子产业园：总规划面积5000亩，一期2000亩。主要是以胜利精密为骨干的电子信息及其配套产业。目前入驻企业28家，总投资78亿元。其中，已投产企业11家，在建9家。一期建成投产后，产值可达500亿元。

模具产业园：总规划面积2000亩，一期500亩，入驻企业25家，总投资 12亿元。目前，工贸区一期4万平方米已基本建成，7家模具企业已开工建设或安装设备，全面建成后将成为我国中部地区规模较大、品种齐全的模具生产基地和机器人研发中心。

二、经济社会发展

近几年，杭埠主要经济指标保持高速稳定增长。2015年全镇实现工业总产值70亿元，是2010年19亿元的3.7倍；财政收入首次突破亿元大关，达到1.08亿元，是2010年1850万元的5.8倍；全年招商引资实际到位资金突破50亿元，是2010年4.7

亿元的10.6倍；农民人均纯收入突破12000元，是2010年5865元的2倍。目前开发区入园企业近百家，其中已建成投产企业78家，上市公司2家，规模以上工业企业22家，超亿元产值企业11家，综合经济实力跃居全市前列。

2016年截至9月份，杭埠完成税收6000万元，同比增长26%,实现工业产值48.93亿元，同比增长31.9%，规模工业增加值9.96亿元，同比增长52.29%，固定资产投资26.95亿元，其中基础设施投资5.3亿元。招商引资实际到位资金35亿元，同比增长65.6%，其中新建项目投资16.2亿元，亿元以上工业项目23个。开发区续建项目16个，项目总投资额98亿元，新建项目19个，总投资额95亿元。

三、主要做法

早在2003年，杭埠就开始了工业发展之路的尝试，锣声敲得响，摊子铺得大，但是效果却寥寥。像农产品加工、羽绒制衣、彩印包装等产业，附加值低，没有核心竞争力，还没等发展起来就已经逐渐被淘汰。作为全省最后一个获批的省级经济开发区，杭埠起步晚，基础差，很长一段时间，一直处于“遥望”合肥迅猛发展，自己停滞不前的状态。经过长时间的摸索和尝试，近年来，杭埠镇党委、政府在市、县有关领导的指导下，根据发展大环境和杭埠自身实际，调整思路，抢抓机遇，团结一致，锐意进取，最终走上一条快速发展的新型工业化路子。

1.坚持科学的发展思路

2010年获批筹建省级经济开发区以来，杭埠上下均为未来的发展殚精竭虑，并通过抓住合肥市“退二进三”的有利时机，引进了国风建材等龙头项目。但是传统产业的发展渐渐走进了“死胡同”，杭埠未来的发展之路仍然笼罩在层层迷雾之中。在这个关键的时刻，2011年5月8日，市委书记、市人大常委会主任孙云飞第一次来杭埠视察，针对杭埠的特点，提出了“一要融入合肥，二要绿色发展”的两点要求。舒城县委、县政府高度重视，认真贯彻落实孙书记的重要指示精神，经过讨论和调研，首次提出了“围绕合肥抓配套，完善配套引龙头”的发展思路，开创了杭埠经济开发区产业结构调整和转型升级的道路。

2.坚持产业集聚发展

通过精心谋划，科学布局，杭埠针对新兴主导产业，创新招商方式，培育产业集群，全力推进电子产业园、模具产业园、新能源汽车产业园三大园区的产业招商和项目建设工作，扩大项目底盘，延伸上下游产业链，发挥产业集聚效益。

胜利精密制造项目由上市公司苏州胜利精密制造科技股份有限公司投资建设，项目占地面积约705亩，总投资64亿元。项目目前实际投资到位39亿元，一期工程43万平方米已竣工投产。投资7亿元的子项目智胜光学和投资14亿元的智能终端已正式投产。项目二期增加投资5亿元的5万平方米3D玻璃厂房正在紧张建设中。预计项目全面达产后可实现产值1000亿元。以胜利精密为核心，针对电脑、手机、电视、智能宽带设备等电子终端产品的配套，杭埠大力推进产业招商，英力电子、瑞雅电子、胜辉电子、信陆科技等大小30多家配套企业落户，总投资达100多亿元，初步形成了电子信息产业的全产业链闭环，各类项目从2015年8月份以后，陆续投产。

安徽中鑫模具产业园由福建、浙江等地知名模具企业组团投资，总规划面积2000亩，首期启动500亩，一期投资12亿元。园区实行统一规划，分期建设，建设期限三年。产业分布主要是模具设计制造加工、五金机电、机床设备、电子电器、工业原料、商贸物流、电子商务于一体的大型模具产业综合体。目前已有25家模具企业签约入园。其中8家企业已陆续竣工投产，已签约的另外17家企业即将陆续开工建设，预计明年建成投产。40000平方米的工贸区基本建成，已有139家企业申请投资入驻，一期已接纳100家配套厂商入驻工贸区。模具产业园的不断完善与扩大，带动了机器人和自动化产业的发展，且一落户就展示了强大的生命力，得到了市场的认可，分别与联想、江淮、奇瑞、航嘉等知名企业建立了合作关系。

沃特玛新能源汽车产业园项目在杭埠计划投资50亿元，占地面积1500亩，项目于8月28日正式开工建设。一期已经有深圳蓝海华腾、常州隆翔、安徽吉美、苏州奥杰、华菱新马、南京越博、江苏苏通、中通电气等公司以及动力总成、涂装、移动补电车等整车工艺落户，已注册入园的联盟企业达18家。项目实行统一规划建设，一期主要产品包括钢壳、盖帽、铝车身、充电桩、移动补电车等五大类，预计建成达产后可实现年产值超500亿元。

3.坚持完善园区配套。

几年来，杭埠镇累计投入16.7亿元，先后完成了26公里的道路建设和相关配套，初步形成“五横四纵”的方格网道路格局（五横：石兰路、海棠路、金桂路、六舒三公路、351快速通道；四纵：香樟大道、玉兰路、胜利大道、唐王大道），建设了标准化厂房，扩建了自来水厂，建成了污水处理厂、110变电站，改造了供电线路，启动了杭埠河码头一期工程，并对建成区域进行了全面的绿化、亮化、美化，正在建设6万吨的自来水厂和1万平方米的公共保税仓库。目前，开发区已建成区面积7平方公里，核心区域4.6平方公里，基本实现了“五通一平”。特别值得一提的是，杭埠从企业提出需求，到正式通电，仅用6个月时间，就建成了一座110KV变电站，创造了全省同类变电站建设速度之最。真正实现了高效率开发、高标准建设、高水平配套的目标。

为进一步加快发展速度，2015年12月25日舒城县政府与国内最大的产业新城投资运营集团——华夏幸福签订与了战略合作备忘录，5年内，华夏幸福在杭埠的投入将不少于260亿元，建设一座产业新城。华夏幸福的入驻，将从根本上改变杭埠的发展轨迹，加快杭埠的发展步伐。目前项目已于2016年7月1日正式开园建设。一期建设内容主要包括展馆、酒店、道路、公园等基础设施投资项目，以及110亿元的信利半导体、50亿元的ATIP集成电路、50亿元的中震聚能、9.2亿元的环绿新能源汽车，还有芯瑞达电子、凯世通、汽车小镇等500亿元的产业投资项目。

四、经济发展的启示

2013年以来，杭埠经济开发区进入了“井喷”式的发展阶段。转型升级伴随艰辛汗水，发展成就来之不易。几年的发展巨变，蕴含的经验启示弥足珍贵，值得倍加珍惜。

1.始终紧抓招商引资

杭埠始终把招商引资视为实现跨越发展的生命线，放在各项工作的重中之重，坚持不懈地抓紧抓好抓实，着力创新招商方式。突出以商招商、产业招商，深入核心企业，了解掌握产业状况及资源优势，认真分析产业招商机遇，有的放矢的做好项目的开发和储备,取得了良好效果。

在胜利精密项目落户前，舒城县委主要负责人带领相关部门主动上门，多次拜访，才感动了胜利精密，答应来杭埠看一看。“当初答应到杭埠看一看，只是碍于情面，到了现场，感觉也很一般。但在与舒城县负责同志的接触和交流过程中，我们感受到了他们的诚意和信心，在项目前期的工作中，我们见识到了杭埠干部的热情和干劲，这才是我们决定投资的真正原因。”胜利精密负责人说。如今，胜利精密不仅顺利落户，而且从试探性的投资3亿元逐步追加到14亿元，再到现在的39亿元，下一步集团还将加大投资开展二期建设。

在项目引进上，坚持高起点、专业化和全产业链的原则，注重产业的联动性。在此基础上，重点围绕电子信息产业、模具制造产业和新能源汽车产业，打造电子产业园、模具产业园和新能源汽车产业园，培育壮大优势产业群。只要是产业链条上需要的企业，不管规模大小、投资多少，杭埠都想尽办法把它引进来、发展好；只要是产业链条以外，能耗高、附加值低的企业，不管规模多大，投资多少，杭埠一概不予接纳。

经过三年的努力，杭埠成功实现了从传统产业为主向电子信息配套、模具与自动化、新能源汽车三大战略新兴产业转变；从高污染、低附加值、无核心竞争力向高技术含量、高附加值转变；从块状经济、粗放发展向产业集聚、集群发展转变，使杭埠成为全市经济发展大框架中的重要版块。

2.着力提升服务水平

项目来了，怎么样服务好，是杭埠在长期工作中探索的一个课题，而且初步形成了自己的特色，除了严格实行一线工作法和全程代理制以外，还真正做到与企业“同呼吸、共命运、心连心”。

为企业服务不分大事小事，不讲分内分外。

企业从无到有、从小到大的过程中，只要是企业需要的，保证及时做到做好，但凡是政府能够帮助的，绝不推诿拖拉。在杭埠，不仅企业的登记、注册、规划、审批等业务由政府全程代理，甚至企业家属的医疗，子女的入学等等切身问题，政府都会尽一切努力帮助协调解决。就这样，企业与政府的关系逐渐融洽，甚至达成了感情上的共识，齐心协力，共谋发展。

随着经济的发展，企业对政府服务的全面性、专业性都提出了更高的要求。杭埠一是向上争取，在县、市的编制招考、分配中给予政策的倾斜；二是高薪聘请专业人才，可以说在杭埠的干部队伍中收入最高的不是级别最高的书记、镇长，也不是工龄最长、资历最老的干部，而是这些拥有专业技能的技术人才。

3.打造高效干部队伍

一支高素质的团队，是开发区建设的坚强保障。杭埠着力加强干部作风建设，制定了严格的机关效能管理制度，长期在干部队伍中开展“五讲一比”教育，即讲理想信念，讲无私奉献，讲责任担当，讲科学方法，讲扎实苦干，比工作成绩。时间再紧，工作再忙，每月都召开一次镇村干部形势分析大会，点评上月工作，布置当月任务，及时兑现奖惩。在杭埠，领导班子成员和一般干部同甘共苦，同进同出，同奖同罚。干部任用，以实绩论英雄，群众推荐，集体研究，确保做到公开公平公正，营造了风清气正、干事创业的政治生态，打造了一支作风正派、吃苦耐劳、专业水平高、服务能力强的高素质干部队伍。如企业服务上，杭埠真正做到全程代理，所有企业都安排专人进行跟踪服务，主动与客商联系沟通，全程代办各项手续，及时解决企业建设发展中遇到的问题。

下一步，开发区将继续在县委县政府的坚强领导下，加大工业发展和招商力度，在“一座新城、两大产业、三大突破”上集中发力，努力实现全面发展。

“一座新城”指的是抓住华夏幸福合作的有利契机，围绕项目建设，打造一座产业新城；“两大产业”指的是完善和壮大电子信息，模具、自动化两大主导产业，拓展产业链条延伸，发挥产业集聚优势；“三大突破”，一是实现经济总量的突破，完成千亿元产值、十亿元税收的远景目标。二是实现城市建设的突破，进一步完善公共服务配套，完成由乡镇到城市的转型。三是管理体制的突破，不断加强干部队伍建设和机制创新，打造最优投资环境和发展氛围。到2020年，将杭埠建成一个千亿元园区、百亿元企业的国内知名、省内一流的省级经济开发区，经济发达、社会文明的现代化镇级市。

【安徽霍山经济开发区】 安徽霍山经济开发区成立于2002年7月，2006年4月被批准为省级开发区。开发区位于霍山县城东部，地理位置优越，济广高速和105国道分别穿区而过，距宁西、合武高铁、六安火车站40公里，合肥新桥国际机场70公里，对外交通便捷。园区规划面积20.6平方公里，建成区面积13平方公里。

安徽霍山经济开发区遵照绿色发展的理念，引进项目以高新技术产业、绿色食品加工及其他生态型工业项目为主。经过多年的发展，园区初步形成了电光源、新材料、农副产品加工三大主导产业。2015年，入园企业总数达430家，全年实现经营总收入219亿元，增长8.5%；实现工业总产值156亿元，增长5.2%，其中规模工业总产值130亿元，增长5.8%；完成500万以上固定资产投资49亿元，增长15.6%；招商引资到位资金64亿元，增长15.2%。安徽霍山经济开发区是安徽省县域重点开发区，安徽省出口创汇基地，先后被评为“安徽省投资环境十佳开发区”“安徽省新型工业化示范基地”“安徽省创新型园区”“安徽省劳动关系和谐园区”“全国科学发展百佳示范园区”“安徽省城镇化、信息化‘两化’融合示范园区”“安徽省知识产权示范园区”“全国园区循环化改造重点支持备选园区”。

“十三五”期间，霍山经济开发区将按照总体规划，着力发展以新能源和新材料为重点的战略性新兴产业，加快供给侧结构改革、加强循环化经济改造、加大转型升级力度,提升园区经济总量、扩大园区经济规模，实现创建国家级开发区的目标。

马鞍山市

马鞍山市开发区重点介绍

【马鞍山经济技术开发区】 马鞍山经济技术开发区成立于1995年10月，1999年3月正式启动建设，2010年3月经国务院办公厅批准升级为国家级开发区，2010年5月经省政府批准成立省级高新技术开发区，2012年成为全省首家省级电子信息产业园，2014年1月被国家工信部批准为国家新型工业化产业示范基地，2014年10月被国家环保部、商务部和科技部批准建设国家生态工业示范园区，2015年8月成为首批省战略性新兴产业集聚基地——轨道交通装备制造产业基地。现辖区面积43平方公里。

经开区自启动建设以来，通过提供良好的环境和高效的服务，吸引了一大批知名企业如蒙牛乳业、福建达利、江苏雨润、广东科达等来此投资兴业并获得长足发展；西安开米、台湾正崴、格力电工、康佳照明等一批国内知名企业成功落户；星马华菱汽车、方圆回转支承、泰尔重工、中钢天源等一批本土企业茁壮成长并成为行业中的领军企业。目前，已形成了汽车及汽车零部件制造业、食品加工业、装备制造业三大优势主导产业，电子信息、节能环保等产业集聚也已初具规模。

一、经济发展

2016年，马鞍山经开区实现规模以上工业企业产值333.07亿元，同比增长12.7%；实现工业增加值78.48亿元，同比增长15.5%；实现战略性新兴产业产值74.73亿元，同比增长20.8%；实现限上商贸企业社会消费品零售总额28.74亿元，同比增长12%；实现财政收入15.87亿元，同比增长4.9%；实现外贸进出口总额3.32亿美元。经开区在贯彻五大发展理念、推进创新驱动、加速转型升级方面，概括为“六个加”。

招商力度加大。配齐配强招商力量，组建了7支共50人的专业招商团队，分管领导带头招商，全面掀起“大招商”热潮。全年中辆新能源总装基地、国轩新能源汽车动力电池等116个项目签约，投资规模619.15亿元；实际利用外资4.8亿美元。

产业集聚加速。注重转型发展战略性新兴产业，重点推动新能源电池、轨道交通、节能环保、智能制造等新兴产业发展。全年中兴科技产业园、兴美利健康产业园、嘉锦汽车滤清器、科达新能源汽车、普益电池等57个项目开工建设，茂迪太阳能组件和电池、威博新能源供暖及热水设备、燊泰智能设备等28个工业项目竣工投产，完成固定资产投资199亿元。

自主创新加快。加大企业创新扶持力度，不断提高创新成果质量，围绕存量企业生产线升级、产品换代等需求，鼓励引导企业技术升级。培育科技“小巨人”5家、高新技术企业8家，建设高层次人才团队4个，帮助企业申报高新技术产品46个，发明专利授权172件。

企业服务加劲。加大企业融资扶持力度，华骐环保公司已通过主板上市审核，将于2017年上市；天工科技等3家企业成功在新三板挂牌。兑现“营改增”、工业倍增计划配套等政策资金1.7亿元，帮助企业落实“固投贷”“税源贷”资金1亿元，落实应急周转金1.2亿元。

要素保障加力。全年完成征迁2627户、5525

亩。按照“优化北区、开拓南区、完善功能、保障发展”的要求，南区全面建成“五纵七横”路网框架，北区绿化改造提升园区形象。“三线三边”环境综合整治、农村清洁工程、控违拆违、秸秆禁烧等各专项工作也取得阶段性成效。

二、2017年发展计划

2017年，马鞍山经济技术开发区将坚持“创新驱动、开放带动”战略，以提升园区经济总量为核心，以塑造产业核心竞争力为主线， 以调整产业结构、加快产业集聚为抓手，注重质量效益提升、注重创新创业环境营造、注重城乡统筹发展，加快实现“千亿级园区”奋斗目标。具体抓好六方面工作：

聚焦新兴产业，坚持招商带动。一是坚持产业集聚。抢抓国家大力培育战略性新兴产业的有利机遇，重点瞄准光伏新能源和新能源动力电池、轨道交通装备、节能环保、智能制造等产业开展招商，实现整体发力。以茂迪太阳能为龙头，普益电池、国轩电池等项目带动，打造新能源电池产业集聚基地；以中辆新能源有轨电车为突破口，形成轨道交通完整产业链，打造轨道交通装备产业集聚基地；以正崴六轴机器人、泰尔搬运码垛机器人、大青智慧马达为基础，打造智能制造产业集聚基地。二是加强产业研究。按照“高门槛把关、高标准引进、高效率推进”的原则，重点瞄准科技含量高、资源消耗低、经济效益好、带动能力强的行业龙头型项目，增强“抢”商“争”资的竞争意识和能力。三是优化招商队伍。提升招商信息捕捉能力、综合分析能力和迅速出击能力，培育一支懂经济、会谈判、擅招商的专业招商队伍。

狠抓项目落地，坚持项目推动。一是推进重点项目进度。全力推动稀宝玉产业园、亿思达激光电视等项目开工建设。加快推进普益电池、嘉锦汽车滤清器、全地形空气动力艇制造、智能VR眼镜、艾德声电子技术、赛佩克新能源等一批在建项目建设。加强与中兴环保集团、台湾环保协会合作，共建两岸环保产业园；与深圳台商协会合作，共建台商创新科技园；与台湾部分高校、协会组织合作，共建台湾青年创业园，积极申报“海峡两岸青年创业基地”。二是全力保障项目用地。创新征迁工作体制，加大征迁安置工作全过程监管力度，在各社区探索建立征迁安置监督和指导员制度，探索从项目前期调查、套算、补偿、拆除、安置房分配等实行全流程征迁安置工作监管和指导模式，确保征迁工作高效、规范、有序推进，保障入区项目用地。三是加快标准化厂房建设。加快与十七冶集团标准化厂房建设，2017年上半年完成宝庆高新产业园、长山高新产业园和龙山高新产业园、电池产业园四地块标准化厂房建设，及时交付入区项目，确保按时落地投产。四是开展“重点项目建设年”活动。认真落实“四督四保”制度，强化督办机制，每月对省市重点项目进行督办，通过领导、局室对口联系重点项目、专班协调重点项目、分级协调服务重点服务等措施，确保招商项目早开工，开工项目早建设，建设项目早竣工，竣工项目早投产。

强化科技培育，坚持创新驱动。一是增强企业创新主体地位。大力推进科技“小巨人”企业培育和创新能力提升计划，重点在高端人才引进、打造科技创新平台、鼓励创新创业、股权激励等方面求实效，着力培育一批创新能力强、成长性好的科技“小巨人”企业。二是增强企业科技创新能力。加大企业创新扶持力度，不断提高创新成果质量，围绕存量企业生产线升级、产品换代等需求，加强鼓励引导企业技术升级，加快技改项目实施。三是积极打造“人才高地”。大力引进国家“千人计划”、省“百人计划”专业类人才，全面对接高校科研院所科技人才团队，鼓励支持企业组建产业技术研究院。四是指导企业做好兼并重组。通过政策引导，搭建平台，精准帮扶，鼓励企业腾笼换鸟，盘活闲置资产；鼓励企业借壳重生，嫁接经营；鼓励企业收购重组、增资扩股，实现强优联合，以强补弱，持续经营。五是深入推进“大众创业、万众创新”。积极搭建各类创业孵化平台，为青年创业者提供物业、物流、互联网、资金、创业导师等要素保障。

推进产城融合，坚持要素联动。一是启动金山湖环境综合整治。根据“工业主导、产城一体、宜业宜居”的城市发展总体要求，着力开发南部金山湖区域，打造湖东南路城市发展轴上的重要景观节点，营造人与自然和谐共处的良好水生态环境，加快推进开发区“产城一体化”建设。二是完善园区基础设施功能配套。完善路网建设，启动超山东路、银塘路、兴马大道、同心路的建设。完成场地平整2500亩，确保入区项目按期开工建设。同步加强绿化、路灯、雨污水管网、燃气、自来水及供电等内在功能提升。三是推行“项目限时落地建设制度”。全力保障对入园项目用地、金融、电力、给排水等要素，加强对项目的投资率、竣工率、达产率的考核，确保签约项目按时开工。四是积极引进风险投资机构，加速集聚创新创业人才，促进经济与科技、金融、产业、人才紧密融合，打造创新高地。

提升服务效能，坚持服务互动。一是加强企业服务平台建设。通过实现企业服务大厅职能部门“全派驻”、多渠道筛选中介服务单位充实企业超市内容，为项目提供从商谈、签约、注册、开工、建设、竣工到投产的一站式、一条龙服务。二是继续推行服务企业、服务项目秘书活动。全程跟踪服务项目落地工作，深入企业了解诉求、宣传惠企援企政策，梳理存在问题，随时调度，限时办结。三是积极打造“诚信园区”。以提高办事效率为重点，推行首问负责制，建立服务承诺体系，按时办结服务事项；坚决兑现政府扶持企业政策，有力促进以商招商。

【安徽当涂经济开发区】 安徽当涂经济开发区创建于2002年5月18日，2006年5月升格为省级开发区，规划控制面积63平方公里，建成区26平方公里。建区以来，先后被评为安徽省投资环境十佳开发区、长三角最具投资价值开发区、长三角园区共建联盟试点园区、安徽省文明单位、安徽省创新型园区、安徽省装备制造新型工业化产业示范基地、安徽省知识产权示范培育园区和安徽省循环化改造园区试点。2013年11月正式启动申报国家级开发区，2014年4月经省政府请示上报国务院，并批转至商务部。

当涂经济开发区承载配套功能完善。建区以来，基础设施建设累计投入40多亿元，具备“八通一平”条件，亮化、绿化、美化同步推进，县城与开发区循环公交车线开通；建成2座110千伏、2座220千伏变电站；天然气主管道沿园区主干道全部铺设到位；马鞍山当涂发电公司具备200吨/小时变温变压蒸汽供应能力；建成2座污水处理厂，日处理能力分别达到1.5万吨和4万吨；供水能力达8万吨/日。

当涂经济开发区已形成健康美丽（生物医药）产业、新材料、核心基础零部件三大战新主导产业，吸引了英国利洁时、意大利百乐得、中国大唐、江苏红太阳、科达洁能、北京首创、广东泰恩康、华菱星马、鼎泰新材等一批国内外知名企业落户。截至目前，开发区拥有各类企业625家，规模以上工业企业130家、自主上市公司4家、上市公司投资全资子公司11家、世界500强企业2家。

当涂经济开发区坚持科技引领、创新驱动，拥有国家高新技术企业34家（其中国家火炬计划企业2家），省战略新兴产业企业30家，省级创新型（试点）企业5家；国家级博士后工作站2个，国家技术中心1个，国家级重点实验室1个，省级各类研发机构22个；省著名商标18件，中国驰名商标2个，省名牌产品22件。隶属国家水利、交通、能源部的南京水利科学研究院投资的12亿元南科院当涂科研试验及科技产业基地是目前安徽省建立在县域开发区投资规模最大、科研水平最高的产学研合作平台。

当涂经济开发区人力科技资源丰富。所在马鞍山市范围内现有安徽工业大学、河海大学文天学院、当涂安工大工商学院等各类高等院校6所，中专、中职和高中几十所，专业分布齐全，培养层次高中低具备，乡镇人力资源充足。马鞍山市是国家新材料高新技术产业化基地、国家知识产权试点城市、全国创业型城市试点市，各类科研机构和服务平台数量众多，全市科技人才总量近20万人，每万人拥有专业技术人员820人、授权发明专利2.1件，位居全国同等规模城市前列。

当涂经济开发区坚持绿色发展理念，严把“环境保护关、产业特色关、投资强度关”，严格落实建设项目环境影响评价、“三同时”制度、排污申报登记和排污许可证等工作，并在全省市、县一级开发区中率先通过了区域环评和ISO14001环境管理体系认证。开发区高度重视土地合理规划，注重发展质量，节约集约利用土地，《当涂经济开发区土地集约利用评价报告》的土地利用集约度位列省开发区前列。

未来五年,当涂经济开发区将以“全省争第一、争创国家级”为奋斗目标，紧抓“产城一体、加快转型”为主线，全力推进“一千双百”（千亿园区、百亿产业、百亿企业）工程，把开发区建设成为合作共建的样板区、产城一体的先行区、产业集聚的创新区、高效开发的示范区。

【安徽马鞍山雨山经济开发区】

一、情况简介

雨山经济开发区是在2002年市政府批准建设的雨山工业园基础上扩建而成，2010年10月正式获省政府批准筹建省级开发区，规划总面积33平方公里，建成区面积10.2平方公里。自建成后，先后被评为全国模范劳动关系和谐园区、国家级再生资源集散市场、国家863计划新材料成果产业化基地、省级现代服务业集聚区、省级文化产业示范基地、省级科技企业孵化器、省新型工业化产业示范基地。

园区坚持科技引领、创新驱动，按照“转型升级、加快发展”的要求，积极培育壮大主导产业，加快推进制造业与服务业融合发展，不断增强产业综合竞争力，现已形成智能装备制造、电子信息、节能环保三大主导产业，汽车及零部件交易产业园、电子信息产业园、安全应急产业园、青年电商产业园、化工新材料产业园和雨山现代农业示范园等六大特色园区也已初现雏形。目前，累计入驻各类企业760余家，规模以上工业企业90家，国家高新技术企业20家，上市公司9家（港华燃气、首创水务、青岛啤酒、亚星锚链、中钢天源、雨山冶金、黄河水处理、云天冶金、威龙再制造）。

2015年，完成固定资产投资55.4亿，同比增长11.91%；完成财政收入7.01亿元（其中税收5.21亿元，非税收入1.80亿元），与去年同期相比基本持平；完成规上工业总产值135.5亿元，与去年同期相比基本持平；新增规上企业7家，另有7家正向国家统计局申报，正在等待审批。实际利用外资3.03亿美元，同比增长102%；实际利用内资124.4亿，同比增长12.57%；新签约项目52个，其中工业项目47个；新开工项目34个，其中工业项目30个；竣工项目20个，其中工业项目17个。新开工工业项目实现固定资产投资15.384亿元，工业类项目14.81亿元；续建项目实现固定资产投资21.6亿元，其中工业类项目20.4亿元；完成社会消费品零售总额7.8亿元，新增限上企业数1户。外贸进出口总额3228万美元，同比增长43.4%；新发展中小企业42户，个体私营企业纳税2.316亿元；各项经济指标均达到或超过去年同期水平。

园区始终坚持以转型升级为主线，以科技创新为动力、以持续发展为目标，以区“324”转型升级计划为抓手，积极贯彻落实省市“调转促”会议精神，聚焦工业倍增，坚持规划引领、产城融合，着力机制创新、市场运作，提升承载能力、综合效益，努力把开发区建设成为新型工业集中区、优质企业集成区、现代产业集聚区、产城融合示范区。

二、2014—2015年重点工作开展情况

雨山经济开发区围绕招商引资、项目建设、企业服务等工作为中心，以“4105”和“585”行动计划为抓手，以开展“四年活动”为契机，全面加快实施“324”转型升级计划，园区各项工作取得了较大进步。

经济总量跃上新台阶，综合经济实力明显提升。

2014年，全年完成固定资产投资49.51亿，同比增长20.32%；完成规模以上工业产值135.15亿，同比增长20.42%；完成工业增加值37.83亿元，同比增长22.03%；实际到位境外资金1.50亿美元，同比增长20.08%；实际到位境内资金110.50亿元人民币，同比增长10.09%；需要特别报告的是，由于园区建安企业、再生资源骨干企业及其他服务业企业纳税大幅下降，2014年入库税收4.81亿元，同比下降1.43%，但是工业企业税收同比增长36.93%，成为拉动税收的主要动力。

2015年，园区完成财政收入7.01亿元，完成固定资产投资55.4亿，同比增长11.91%；完成规上工业总产值155.5亿元，与去年同期相比基本持平；完成社会消费品零售总额7.8亿元，新增限上企业数1户；完成外贸进出口总额3228万美元，同比增长43.4%；实际利用外资3.03亿美元，同比增长102%；实际利用内资124.4亿，同比增长12.57%；新开工项目34个，其中工业项目30个；竣工项目20个，其中工业项目17个；新增规上企业7家，达到80家。

招商引资成果丰硕，六大特色园区初具规模。

自园区成立以来，园区始终把招商引资作为园区工作的重中之重，坚持在区委区政府的坚强领导下，以夯实招商项目、创新招商机制、营造投资环境、狠抓项目落地为重点，大力开展精准招商、产业招商、以商招商。2011—2015年共引进项目198个，总投资近500亿元。逐渐形成以南京新康达、艾芮科、戴博光电等为代表的电子信息产业园；以汇恒汽车、北京商汇海聚等为代表的汽车及零部件交易产业园；以世界村绿色再生胶、科兰建筑材料、金雪驰等为代表的化工新材料产业园；以中尧网络、味全食美、恒川投资等为代表的青年电商产业园；以安产协会、安徽斯顿、防撞护栏等为代表的安全应急产业园；以沪宁消防机器人、方宏自动化、华创智能为代表的智能装备产业园。六大特色园区累计涉及项目163个，实际到位资金395.33亿元，除现代农业示范园还在建设，尚无企业竣工投产外，其余5大特色园区近140余家企业均已投产达效，超50%以上企业为规上企业、限上企业。

主导产业构架基本形成，项目建设有序推进。按照市委市政府“一基地四园区”和区“324”转型升级计划的战略部署，采取激活民资、政策扶持、科技引领、鼓励上市的方式，重点扶持电子信息、智能装备制造和生产性服务业三大主导产业。截至目前，双益机械、博宇重机、华创智能、亚星锚链等装备制造规模以上企业达26家，省冶金装备制造基地企业8家，年产值已突破30亿元；“再制造”龙头企业威龙科工贸公司与天一重工修复轧辊技术，达到国内同行企业先进水平；中钢天源、鑫洋永磁、新康达等磁性材料和关键元器件等核心技术超国内领先水平，成为同类产品行业标准，市场占有率稳居前三；截至2015年末，智能装备制造、电子信息、生产性服务三大主导产业产值超78亿元，成为引领园区发展的龙头支柱产业。

两年来，青年电商园、戴博光电、世界村再生胶、马钢奥瑟亚一期、泰鲸包装、方宏机器人、华晨环保等61个项目加快推进；宝庆模具、云天冶金、翔龙电力、展鸿电力、亚太储运等30个项目相继竣工，并投产达效；方宏自动化、皓泉实业、工业设计中心等45家企业相继入驻东、西标准化厂房。

要素保障充分有力，服务企业精准有力。2014年、2015年两年时间，共报批土地677.6亩，保障了重点项目的用地需求；开展土地清理，共清理出违规用地21起约447亩，成功盘活闲置土地2处约70亩，解决企业用工400余人。帮助预立精工、泰鲸包装等8家企业争取上级扶持资金7000多万元，帮助双益机械、鑫洋永磁等9家企业申请税源贷、固定资产投资贷5000多万元，走访园区重点企业163次，梳理企业难题68条，帮助企业办理工商注册、行政审批等42件，解决企业融资贷款、项目申请等问题68条。通过税源贷，固定资产投资贷等新型贷款融资渠道，帮助云天冶金、博宇重机等企业切实解决融资需求；积极利用区国有资产公司担保功能，为沪宁机械制造、威龙科工贸等骨干企业提供融资担保或反担保。通过校企合作、举办专场招聘会等办法，积极引进和培养人才，优化人才环境，缓解企业用工难。此外，积极引导企业进行技术改造，研发高效技术产品。

基础设施建设日益完善，区域承载能力显著提升。

园区按照“高起点、高规格、高标准”的要求，快速推进园区基础设施建设，始终把完善硬件设施作为优化投资环境，吸引客商投资的重要抓手。根据《雨山经济开发区总体规划（2010—2020）》总体部署，因地制宜、因势制宜、逐步实施、逐项推进，全面完成了园区道路、绿化、环保、水电气网及相关配套设施建设。一是三大路网系统全线贯通。原雨山工业园“七横三纵”路网、采石河南片“四横两纵”路网、新区“四横四纵”路网等三大路网系统，共新建新庄路、磁山路、雨翠路、雨园路、纬六路、转水路、超山路等11条近15公里，所有道路均全线通车，沿路给排水、电力、燃气、通讯、广电等配套实施也随路同时下地。二是配套设施全面建成。公交调车场、加油站、加气站等配套设施正在建设，职工住宿楼、超市、医院、银行等周边生活娱乐设施配套完善。实施园区2015版总规修编调整工作，竣工并验收东区智能装备标准化厂房，新建4回40千伏外线电网建设工程，新建雨园路北段、创新路东、西段等道路约1000米，并建成通车，沿路绿化、亮化等配套设施同步建设完成。三是绿化美化全面覆盖。坚持“开发与节约并举，发展经济与环境保护同步，规模与效益协调一致”的理念，把好项目准入关，杜绝污染企业入驻。提高开发区绿化覆盖率，构建充满生机和绿色的生态园区。目前，园区已完成种植树木11万棵，约20万平方米，绿化覆盖率达20%。

创新环境不断完善，科技创新能力提升。

园区企业科技创新实力进一步壮大，2015年园区企业研发经费支出占生产总值比重达到4.2%，涌现出鑫洋永磁、预立精工、黄河水处理等20余个企业研发科研团队，高新技术产业增加值占生产总值比重超过20%，高新技术工业总产值占全区工业总产值比重超过30%。建设了江东工业设计中心、华创工业机器人、威龙院士工作站等一批科技载体项目。在再生资源、工业自动化、新材料等领域展示了良好的发展前景。

积极培育发展园区智能装备制造、节能环保两大战新基地建设，工业设计中心、预立精工等3家企业被评为省高科技创新团队。甬兴模塑、双益机械、华东连铸等35个，总投资20.6亿元的工业技改项目相继完成。截至2015年末，园区高新技术企业23家，国家级重点实验室、院士工作站等各类研发机构26个，黄河水、天一重工等18家企业获“科技小巨人”称号，预立精工等40余家企业获科技创新券，鑫洋永磁等53家企业取得科技创新重大成果。

【安徽含山工业园区】 安徽含山工业园区成立于2000年8月，2006年2月经省政府批准为省级工业园区，位于马鞍山市含山县林头镇境内，园区规划总面积7.8平方公里，现已建成5.0平方公里。园区内基础设施和生产配套完善，园内拥有110kV变电站2座，天然气橇装站1座，日供水量1万吨自来水厂1座，建有表面处理中心和污水处理厂，能源供给和生产配套能力充足。

含山工业园区以机械铸造为首位产业，重点发展环保装备和轨道交通两大主导产业。是安徽省重点扶持的铸造产业集群，新型工业化产业示范基地之汽车零部件基地。拥有“华东铸造之乡”“绿色铸造基地”美誉。截至2016年10月，入园区企业146家，其中规上企业55家，高新技术企业10家，从业人员12000余人。

园区的发展定位是以“精致园区”为目标，打造以绿色铸造为特色的中高端装备制造产业园。力争到2020年，建成中部地区最大的轨道交通器材产业基地和华东地区有较强影响力的节能环保装备生产基地。

【安徽含山经济开发区】 含山经济开发区创建于2007年3月，2010年7月被安徽省人民政府批准为省级开发区（筹），总规划面积26平方公里，目前，已建成4.5平方公里，入园企业135家，有国企、知名非公企业和一批成长性较好的民营企业，先后引进了上海海立集团、斯贝达机械、朗迪集团、上海华谊集团等知名企业落户开发区，逐步形成了以空调制冷配件、绿色食品、轻工纺织以及电子电器等产业为主导的开发区。

近年来，含山县委、县政府将含山经济开发区确定为全县承接产业转移的核心区，集中资金、土地和政策等要素，全力支持开发区建设发展，开发区平台建设逐步加快，发展后劲逐步增强，一批投资规模较大，贡献较高的项目纷纷落户开发区。为加快开发区基础设施建设步伐，今后5年开发区将保持每年2亿元以上的基础设施投入，拉开框架、膨胀规模、完善配套。

我们按照“工业强园、科技立园、扩区升级、转型发展”的思路，进一步拓空间、拉框架、建平台、扩总量、上水平，力争通过5年的努力，将含山经济开发区建设成为重大项目的承接区、高新技术试验区，创业就业集聚区，和谐发展示范区。

【安徽博望高新技术产业开发区】

一、博望高新区简介

安徽博望高新技术产业开发区位于安徽省马鞍山市博望区，于2011年12月正式获省政府批准。高新区规划面积23平方公里，包含“机械装备产业园、科技创新示范园、新材料产业园和特钢锻造产业园”四个特色产业园区，先后获得省级“刃模具机床高新技术产业化基地”“优质剪拆机床暨刃模具产品生产示范区”“新型工业化产业基地”“刃模具商标品牌基地”等荣誉称号，2012年12月获“国家火炬博望高端数控机床及刃模具特色产业基地”。2013年在安徽省省级开发园区考核中位列筹建类第8位；2014年获安徽省经信委批复为“安徽省新型工业化产业示范基地”；2014年全市园区招商引资工作考核第1名；2015年“全国剪折机床产业知名品牌创建示范区”获国家质检总局批准筹建；“省级机床暨刃模具质检中心”通过验收，全省首家“省级出口机床暨刃模具质量安全示范区”落户我区；先后获得“刃模具机床高新技术产业化基地”“优质剪拆机床暨刃模具产品生产示范区”“新型工业化产业基地”“刃模具商标品牌基地”。2016年博望高端数控机床集聚产业基地经省政府授牌正式批准为“省级”马鞍山市博望高新技术产业开发区高端数控机床集聚发展试验基地。

二、主要经济指标及重点工作完成情况

博望高新区重点发展尖端精密刃模具、高端智能数控机床等产业。截至2016年底，高新区共有工业企业728家，其中规模以上工业企业157家，高新技术企业29家。高新区“战新基地”2016年实现规模以上工业总产值107.3亿元，增幅43.06%，实现税收3.32亿元，增幅32.8%，固定资产投资71.4亿元，增幅42.8%。

重点工作：

1.全面落实，加快推进战新基地各项工作。一是谋划制定了《关于加快安徽省战略性新兴产业博望高端数控机床产业基地建设发展的实施意见》作为基地行动纲领；二是成立了马鞍山市博望高新技术产业开发区高端数控机床集聚发展试验基地工作领导小组加强基地工作调度；三是制定了《关于支持博望高端数控机床产业集聚发展基地建设的若干政策》支撑基地建设发展；四是编制了基地产业专项发展规划和招商建议书，着力培育基地创新能力，积极引入培育龙头企业，理顺基地工作机制。

2.规划引领，加紧完善园区各类规划。一是按照国家六部委《关于开展开发区审核公告目录修订工作的通知》要求，集中力量推进目录修订工作，力争完成园区去筹。完善国土面积核准、高新区总体规划、控制性详细规划等相关材料的准备，材料初稿已上报；二是完成了高新区（获批范围）总规和控制性详规的修编，规划环评已通过专家论证。

3.补齐短板，推进重点项目建设支撑基地发展。一是总投资15亿元、占地400亩的基地龙头项目裕祥高端数控机床生产基地项目开工建设，一期150亩年内将投产，填补了基地龙头企业不大不强、龙头项目缺失的短板；二是重点推进了天锻新型高精度数控机床、仕高玛现代化铸造基地二期、奥特佳现代化铸造基地等项目建设进度；三是加快标准化厂房项目建设进度，加快形成新的中小企业集聚区；四是推进公共技术平台建设，重点推进国家机床产品质量监督检验中心、南京工程学院数控装备研究院、航天科工博望研发中心、省级刀具热处理中心、陶瓷合金材料研究院、省级生产力促进中心、科创中心等公共平台建设，谋划建设钣金设备创客中心、硬质合金材料研究中心等创新公共平台；五是推进质检中心门前广场建设，重点实施科创园环境提升工程。

4.招大引强，大力推进主导产业招商。一是大力开展主导产业招商，华天刀片智能化磨削生产线建设项目、艾克森激光切割机、永锋刀具等一批主导产业项目签约落户并开工建设；二是加快富马智造科技园、诚远标准化厂房等7个40万平方米标准化厂房项目建设招商，实现“筑巢引凤”，目前标准化厂房已累计入驻项目20个，14个已正式投入生产；三是积极创新方式方法，着力盘活存量资源，引导外来资金和项目实行“腾笼换鸟”。加强总部招商、基金招商，推进辰华能源、易能科技等项目招商洽谈；四是加快平台招商，积极对接南京工程学院，推进南京工程学院数控装备研究院、职业技术培训学校、科技成果产业化基地项目。与南京工程学院合作推进方达3D打印创新中心项目、传化集团物流基地等项目招商洽谈。

三、下一步工作安排

高新区将紧密围绕转型升级加快发展主题，全面推进基地建设，力争早日获批正式基地。围绕战新基地十三五发展目标奋力推进，确保完成省、市、区下达战新基地的目标任务。重点开展以下工作：

1.加强园区载体建设，形成鲜明片区特色。一是立足高端数控机床产业发展前沿，完善基地发展规划，谋划一批支撑基地长远发展的重大项目。按照“科学布局，设施完善，特色鲜明，错位发展”的要求加快高新区“一区四园”基础设施建设，建立以区级财政为主导的投入机制，3～5年内建成路网、水电气等配套功能齐全的产城融合的现代产业园区。每年新增1000亩园区拓展区域，承载重大产业项目落地。二是完善“一区四园”“2+N” 产业发展定位，打造主导产业集强、特色各显的工业集中区。高新区科创园发展产学研合作和公共技术平台、高精数控机床及相关联战新产业；高新区博望工业园发展数控锻压机床及刃模具、机械配件及相关联战新产业；高新区新市工业园发展新材料、金属成形装备及相关联战新产业；高新区丹阳工业园发展高性能合金新材料、精密机械成套设备及相关联战新产业。

2.推进重点项目建设，加快公共平台集聚见效。一是重点加快裕祥高端数控机床生产基地、天锻高端数控机床项目等战新基地重点支撑项目的建设进度，促进项目早日建成投产发挥效益；二是协调推进仕高玛现代化铸造基地二期、奥特佳新能源汽车空调压缩机生产基地二期、惠而信高端酒店设备、方达3D打印创新中心项目等项目的建设进度，力争项目早日竣工投产；三是加快在建标准化厂房项目的建设进度，积极推进富马智造产业园等标准化厂房的建设招商，加快形成新的中小企业集聚区；四是推进公共技术平台建设。加快推进南京工程学院全方位合作，建设数控装备研究院、科技成果转化基地、职业技能教育实训基地三大平台支撑，推进科技成果转化落地、职业技能培训、科技孵化生产、大学生实训、研发中试、科技招商、干部挂职交流等平台功能完善。同时以国家机床产品质量监督检验中心建设运营为带动，加快航天科工博望研发中心、省级刀具热处理中心、省级生产力促进中心、钣金设备创客中心、陶瓷材料研究院、硬质合金材料研究中心等创新公共平台正式运营。

3.全面加大招商力度，开创招商引资新局面。一是突出招商重点。立足优势产业根基，进一步招引高端数控机床及上下游产业、精密机械及成组成套化设备、高性能合金材料等关联性战略性新兴产业，提升产业链核心部分，做强产业链上下两端；二是创新招商方式。重点贯彻落实区“12468”招商行动计划，重点推进高端数控机床集聚基地、基金产业园、南京工程学院产学研基地、高端酒店设备生产基地四大特色产业基地招商，承接打造政策、金融服务、科研、培训、孵化、互联网+机床六大创新平台；三是开展精准招商。编制高端数控机床招商建议书，梳理重点企业信息，建立客商信息库，对市场高端转移、技术引进补短板、引领产业发展前沿的重点项目，量身定做招商方案，一个项目一个团队跟进。采取驻点招商、以商引商、会展招商、协会招商、基金引商、引智促商等多种方式，提高招商精准性、实效性；四是围绕标准化厂房载体招商，进一步促进“双创”和中小科技型企业集聚发展；五是坚定不移推动存量引增量，进一步对园区存量资源进行摸底梳理，充分发挥存量企业生产、市场及资源优势，推动技术升级、市场拓展、新产品产业化生产，形成入园新投资项目。

4.加快园区转型升级，加大企业帮扶力度。一是建立重点项目全程服务机制。加强项目服务中心日常运营，对新落户工业项目开展一站式、保姆式、全流程服务。自项目合同签订起，项目注册及前期服务，项目用地、规划手续服务，项目竣工验收及权证办理服务，到项目政策兑现、企业日常服务、企业项目申报全流程服务；二是建立项目综合协调机制。按照“四督四保”的要求，协调推进重点项目土地、规划、建设手续办理等问题；三是进一步提升高新区主导产业集聚发展水平、科技创新能力以及龙头企业引领带动作用，谋划基础创新需求公共服务平台，实现主导产业核心技术突破和本地化，全面增强园区企业产品影响力和主导产业竞争力；四是做好企业日常服务工作，解决企业土地、权证、融资等方面的困难，着力培育企业创新发展能力，支持企业实施质量和品牌发展战略，打造“博望设计”“博望创造”品牌。

5.创新园区体制机制，激发干事创业热情。进一步完善园区体制机制、创新服务企业、项目建设方式，打造体制机制有保障、企业服务全覆盖、项目建设全流程服务的园区系统工作体系。一是充分发挥基层党组织作用，加强党工委、管委会自身建设，创新体制机制，打造纪律严明、精干高效的管委会队伍；二是完善项目建设推进机制，进一步贯彻落实市对服务企业全程代理的要求，采取项目包保与企业秘书贴身服务、一线工作法等方式，进一步加快项目落地和建设进度；三是创新招商引资体制，由被动承接向主动出击转变，由定员招商向全员招商转变，招商工作中打破内部部门设置，人人都是招商引资的主力军，人人都是招商引资的服务员；四是服务企业由重点服务招商项目、规上企业向全覆盖延伸，形成定期走访制度，“一单式”解决问题，重点解决企业权证办理、科技成果转化、融资等方面的困难。

【马鞍山郑蒲港新区现代产业园】

一、新区基本情况

2012年1月4日，市委、市政府贯彻省委、省政府推进跨江联动发展的决策部署，在原巢湖行政区划调整后，率先在全省跨江成立新区，托管和县姥桥、白桥2个镇22个村（社区），总面积225平方公里，常住人口15万人（户籍人口11.8万人）。

省委、省政府对新区建设高度重视和支持，省委、省政府领导都视察过新区，省委书记王学军要求新区“再造一个马鞍山”，把新区打造成长江经济带和沿江产业走廊上的一个亮点。2012年11月12日，省政府批复设立马鞍山郑蒲港新区现代产业园区，规划控制面积180平方公里，起步区面积30平方公里，明确新区发展定位是“港城一体、产城一体、城乡一体”，着力打造安徽江海联运枢纽中心和现代化新城区，成为皖江城市带崛起的重要增长极。省政府把新区作为全省四大区域平台直接调度，赋予新区省辖市经济管理权限，作为芜马城市组群江北特别发展区，专门出台支持新区发展的专题会议纪要。2014年11月，经省委常委会研究同意，省编委正式下文设立新区管委会机构。市委、市政府举全市之力支持新区建设，作为江北主城区来打造，推动新区快速发展。

二、新区建设进展

新区成立4年多来，积极融入国家长江经济带、皖江承接产业转移示范区战略和安徽跨江联动发展决策以及全市“以港兴市”部署，加快开发开放，实现了快速发展，较好地履行了新区的责任和使命，落实省市战略部署的承载能力、拉动区域发展的带动能力有了初步提升，新区建设步入良性循环轨道。

一是综合实力显著增强。主要经济指标都实现了翻番。2012年至2016年上半年，累计完成固定资产投资260亿元，政府投入50亿元带动社会投入210亿元。2015年，财政收入4.2亿元，比2011年0.4亿元增长了9.5倍；工业总产值39亿元，比2011年14亿元增长了1.8倍；农民人均可支配收入18560元，比2011年7974元增长了1.3倍。今年1—7月份，固定资产投资50.3亿元，同比增长6%，完成全年考核目标的68%，超序时进度九个百分点；财政收入3.47亿元，增长59%，增幅居全市第一，完成全年考核目标的76.8%，超序时进度十八个百分点；实际利用内资56亿元，完成全年考核目标的86.2%，超序时进度二十七个百分点；实际利用外资7516万美元，同比增长六倍多，已提前超额完成全年考核目标；新签约项目46个，总投资118亿元。

二是主导产业体系基本形成。招商引资亿元以上项目82个项目（其中有瑞声科技、上海紫江2家主板上市公司），协议内资467亿元、外资1.7亿美元，投产运营32个，开工建设17个。形成了瑞声科技（在建）、帝显电子（投产）、奕智光电（在建）、台湾照明光电大陆总部基地等为代表的电子信息产业，以上海栋霖电气（在建）、宝尔德环保机械（在建）、汉德空调（投产）、中菱电梯（投产）、台正机械（在建）、上海紫江（在建）、北京一轻控股集团等为代表的装备制造、新材料产业，以华泰物流（试运营）、中艺国际储运（在建）、盛通合运物流（投产）等为代表的港口物流产业，以上海外高桥免税商品直营店（已运营）、启迪乔波冰雪世界（在建）、中影国际影城（在建）、置信假期四星级酒店（在建）、上海自贸区平行进口汽车展销中心（在建）等为代表的新城商贸产业。

三是港口枢纽地位初步建立。郑蒲港一期于2014年12月26日开埠运营，结束了安徽江北没有深水港口的历史；投资25亿元、全长38.3公里的北沿江铁路郑蒲港支线项目已动工，形成“公铁水”联运的港口集疏运体系。经过2015年前5个月的市场培育期后，开通了郑蒲港至合肥港的“天天班”、沿江重要港口航线和欧洲、东南亚等国际航线，成为长江“水水转运”节点港，2015年完成集装箱近2万标箱，今年将突破4万标箱。目前正式确定于9月7日，福建华泰物流公司开通“武汉—郑蒲港、郑蒲港—泉州—广州”航线，把郑蒲港作为母港来打造，每月6个航次，保证武汉港至广州港干线无缝对接，年吞吐量达到4.5万重箱，初步实现了郑蒲港作为江海联运的枢纽港地位。

四是城市功能逐步完善。实施产城融合开发，路网围成起步区面积50平方公里，建设了燃气释放站、110kV宏港变、日产3万吨和45万吨水厂、12条10kV线路等大批重要基础设施。建成城乡道路89.7公里,其中市政道路33.6公里，国省干道20公里，城乡公交一体化道路36.1公里。建设安置小区11个7312套97.82万平方米，已竣工交付5336套71.69万平方米，上楼群众1.7万人，常住人口增加3万人。新建河海大学郑蒲港校区、马鞍山二中郑蒲港校区、公交枢纽中心、镇淮花园幼儿园和农贸市场等一批公共建筑，完善城市服务功能。

五是城乡一体化效应开始显现。坚持城乡同权、全域规划，实施“新区新家园十项计划”，推进城市的公共设施、公共保障、公共服务向农村“三个延伸”，促进农民居住、生活、就业、保障等逐步与市区接轨，就地享受城市化的均等服务。这几年，投入3亿元，推进城市的水、电、路、燃气、公交、污水处理等公共设施向农村延伸，建成8个省级中心村，整治自然村庄23个，36公里农村公交线路随路铺设天然气和自来水管道，直接吸纳本地群众1.3万人就业，入住安置房被征迁农民的失地农民保险、城乡养老保险、低保、五保供养等标准与市区对接，以新城开发带动农村发展，村民对省委、省政府和市委、市政府推进跨江发展高度认可。

三、主要发展路径

这几年，我们牢固树立创新发展理念，以6000万元起家建设，坚持创新驱动发展，形成以创新为引领的经济体系和发展模式，在全省同类园区中发挥排头兵作用。

（一）坚持平台创新，大力发展创新型产业。以价值链、产业链为主导，打造2个重要平台。一方面，打造港口开放平台，发展现代临港经济。重点建设“一区一港五口岸”，“一区”即马鞍山综合保税区，已于8月26日正式获国务院批复，规划工作已经完成，即将对基建招标，征迁工作完成任务量的60%；“一港”即一类对外开放港口，获得国务院批准并于今年7月5日通过验收，8月14日获交通部公告正式对国际航行船舶开放；“五口岸”即申报肉类、粮食、汽车整车、种苗、冰鲜水产品等进口指定口岸，其中肉类指定口岸于2015年3月获国家质检总局批准筹建，将于今年年底迎接国家质检总局验收，粮食口岸获得安徽出入境检验检疫局批准筹建。与上海外高桥自贸区运营中心合作，复制上海自贸区经验，建设平行进口汽车分拨和销售中心，辐射安徽、河南、湖北、江西等中部地区，每年确保至少销售1000辆进口汽车，正在申报汽车整车进口指定口岸。同时，上海外高桥自贸区运营中心同意利用郑蒲港肉类口岸平台，在新区设立肉类进出口分公司，辐射中部地区。与盐田港初步达成，合作开发郑蒲港二期（岸线1260米，8个万吨级码头），并建设3000亩临港产业园意向。海关、海事、国检、边检等口岸查验机构已在港口设立机构、就地办公，实现了就地通关便捷化。另一方面，打造产学研平台，发展创新型产业。把招商引资的重点放在科技项目上。引进南京大学、安徽工业大学、台湾照明光电协会、瑞声科技、中科院食品应用技术研究院等，在新区设立科技研发中心、技术创新中心、产业创新中心。南大研究院已投入运营，进驻国家863计划新材料MO源团队、高K新材料、OLED材料研发等5个项目团队，其中新材料MO源、OLED项目将在今年实现产业化，从2017年开始，每年将有不少于8个项目团队进驻研究院，每年至少有2个项目实现就地产业化，南大研究院也是国家863计划新材料MO源研发中心产业化示范基地，打造了“科技攻关—产业转化平台—科技成果产业化—新兴产业项目”完整的创新型产业体系。瑞声科技项目总投资6亿美金（40亿人民币），将引进5000台制造设备，已于8月份开工建设，2017年10月份投产运营，建立了“领军企业—重大项目—产业链—产业基地”的发展模式。

（二）坚持产城融合，大力完善城市功能。坚持产业与城市、宜业与宜居同步推进，依照“产业跟着规划走、人口跟着产业走、资源跟着人口走”的思路，优化资源配置，合理功能分区，推动产业、生态、民生的融合发展。重点抓了三项工作：一是抓规划。坚持规划引领，编制了概念性总规、起步区详规、土地利用总规、城乡空间结构规划、港区规划等30多项，做到总规、土地、产业、城乡等多规合一，并严格执行。起步区的工业区、商住区、基础设施及生态建设用地比例4：3：3，通过环境营造，提升土地开发价值，促进市场运作，为产城融合打下基础。二是抓配套。围绕一个人在城市生活的需求，配套吃喝玩购娱、文教医学体等设施，最近我们洽谈省立医院，在新区设立分院区，引进的安师大附中附小将要开工建设。完善城市安置区镇淮花园配套，按照苏州工业园邻里中心模式，配套的农贸市场、快餐小吃、超市、为民服务中心等已投入使用。同时，围绕入驻企业员工生活，借鉴深圳、昆山为外资企业配套服务标准，配套员工住宿、餐厅、购物、娱乐等设施。这几年，我们在起步区的核心城区，通过市场手段“造环境”，实施了一批重点项目，营造生态环境、生活环境、教育科研环境和休闲环境，提高了人居生活品质，快速集聚了人气。在配套公共设施中，树立城市特许经营权是资源的理念，市场化配套水、气、公交等基础设施，对燃气、自来水和长途客运、城市公交等公用配套打捆招商，引进3家公司建设，市场化平衡建设资金；并尽可能减少政府投入、增加收益，以水气打捆招商为例，供水方面，收购小水厂资金由企业负担，供气方面，使用每立方燃气企业要交给新区5分钱收益，并将管线覆盖城乡。三是抓生态。以水利为重点，建设绿色生态园区。这几年，将主城区原有农排提高为城排标准，新建大庄泵站、南河泵站，改造中小泵站87座，排涝总流量达到每秒121.45立方米，较2012年提高了40%；对淤积的河道、湖泊、池塘等全部轮疏一遍，疏浚河道20公里，清淤水系渠道137条、总长度149公里，扩挖塘坝940多口，使所有水系相互通连、流畅自然。近几年城市起步区没有发生一起内涝现象，在今年6月30日至7月4日累计降雨量540毫米、3条河流超保证水位且创历史最高水位的严峻形势下，新区没有出现一起溃堤、一起破圩、一起伤亡，将灾害损失降到最低程度。

（三）坚持聚焦资源，大力创新体制机制。新区新在先行先试，贵在改革创新。这几年着力加大改革创新力度，优化新区行政管理机制和运作模式。一方面，不断完善园区管理体制。着眼健全“新区事在新区办”体制，省委、省政府赋予新区市级经济管理部门权限，市委、市政府落实督办，凡市级对企业审批服务的，都能在园区办理。市国土、国税、地税、工商、建管、港口、交通、公积金中心、房产交易中心等部门在新区设立分支机构，所有证照都能在新区发放。市直派驻新区机构，业务归口行业，人事听取新区意见，提高了工作顺畅度；驻新区的派出所、交警队也实行这样的体制，较好地提高了办事效率和融合度。为解决征迁主体合法性问题，和县政府刻了征迁2号章给新区使用；为解决社会管理执法问题，市委市政府、省法制办支持新区在全省率先开展园区综合行政执法试点，专门成立了综合行政执法局，行使和县18个部门执法权；为解决市场管理问题，市委市政府理顺体制，在新区成立市场监督管理局，整合工商、质量技术监督、食品药品监督职能，实行一支队伍管市场。另一方面，市场化经营新区。建立资金“借、用、管、还”机制，新区5大平台公司总资产规模超过230亿元，新区负债58亿元，一类债占总负债48.2%，城投公司具备发行企业债券资格，建立牢固的项目资金链，最大程度降低融资成本（不高于7%）。同时，创新产业经营，参与产业投资，对郑蒲港一期项目入股20%，参股一些成长性好的高科技企业，培育战略性新兴产业。如新区参股设立南大工业研究院，享有南大项目就地产业化的股份受益。

（四）坚持改善民生，大力深化乡村治理。建设新区归根到底，是要不断增进人民群众获得感，让大家对新区发展有盼头、得实惠。这几年，我们一手抓项目建设，一手抓乡村治理，不断提升城乡一体化水平，让新区农民享受均等化的城市市民服务。一是抓农民生活便捷方便。建立区镇村三级行政审批服务和监督网络，建设农民信福小屋，水、电、路、燃气、公交通到农村，新区群众就地享受城市化服务，大家对省、市推进跨江发展的幸福感和满意度明显提高。二是抓社会安全感提高。实施天网工程、地网工程、一村一名法律顾问，接报刑事、治安案件分别下降50%以上，没有发生对农户的诈骗、传销案件。今年建设村民大管家平台，在乡镇一级建立民生服务指挥中心，通过热线电话和干部网格服务相结合，做到第一时间回应群众需求，第一现场帮助群众解困。三是抓精准扶贫。在贫困村官塘村，发展石斛产业扶贫，实行“龙头企业产业项目带动+村集体和贫困户参股+扶贫资金折股量化+订单农业定金收益”模式，确保全村133户贫困户全部办理扶贫贷款、全部入股石斛产业、全部提前享受每月400元的股份分红，走出了市场主体运作、扶贫资金投入、贫困户入股分红的资产收益扶贫新路子。四是抓现代农业发展。引进浙江农业专家，建设现代农业示范园，一期种植铁皮石斛、美国樱桃等1500亩，吸纳周边350多名农民在园区就业，并与中心村建设相结合，走出产业带动美丽乡村建设的路子。

经过四年多快速建设，新区功能形态初具雏形，创造了较好的宜业宜居环境。下一步，我们将坚定不移贯彻市委、市政府的决策部署，抢抓长江经济带和新型城镇化建设机遇，推动港口、产业、城市、乡村联动发展，继续当好“以港兴市”排头兵。

芜湖市

芜湖市开发区重点介绍

【安徽省江北产业集中区】

一、基本概况

2010年1月，国务院正式批准实施《皖江城市带承接产业转移示范区规划》。该规划是国内首个以承接产业转移为主题的区域规划，也是安徽省历史上首个进入国家层面的战略规划。为适应产业转移需求，安徽省委省政府设立省江北产业集中区。集中区位于芜湖市鸠江区境内，规划面积200平方公里，区内人口34.1万。起步区规划面积20平方公里。2010年6月，省江北产业集中区管委会正式运转。2012年2月，管理体制由“省市共建、以省为主”调整为“省市共建、以市为主”。

省江北产业集中区成立以来，在省委省政府和市委市政府的正确领导下，全面落实《皖江城市带承接产业转移示范区规划》要求，坚持“产城一体、以产兴城、以城聚产”的发展思路，按照“提质、提效、提速、规范”的基本工作要求，努力打造科学发展先行区、改革创新试验区，积极探索承接产业转移的新途径、新模式。目前，基础设施不断完善，产业项目加速集聚，要素保障更加有力，发展环境持续优化，公共服务配套水平明显提升，一座宜居宜业的产业新城初见雏形。

截至2015年底，集中区累计完成固投373亿元，其中产业类完成231.3亿元，基础设施类完成80.8亿元；省外项目到位内资285.5亿元；实际利用外资2.4亿美元。共有海创CCA节能板材、凯翼汽车、优威派克电脑一体机、中晨照明、金山港公用码头等16个项目投产。累计注册企业422家。共获批规模企业19家。

2016年，预计全年完成固定资产投资89亿元，其中工业项目61亿元。新落户金融及总部经济项目20个，财政收入17亿元。各类企业营业收入144亿元，同比增长15.8%；规模以上工业总产值19亿元，同比增长84.5%；实际利用外资1.3亿美元，同比增长11%；亿元以上省外项目到位内资125亿元，同比增长8.3%。

二、重点工作情况

（一）着力推进招商和项目建设

产业集聚基础稳步夯实。结合自身政策、区位、资源等方面优势，以及长三角、珠三角、京津冀和国际产业转移特点，在招商引资工作中，充分考虑当前产业发展新趋势，紧盯战略性新兴产业项目招商，努力推进集中区高新技术产业与战略性新兴产业发展。总投资20亿元的年产100万台电脑一体机项目的投资方深圳优威派克公司，产品在中国电脑一体机市场占有率达50%。总投资18亿元的修正健康饮品产业园及养安享全国养老总部项目已经全面开工建设。总投资10.6亿元的年产3200万平方米CCA节能板材项目投资方为在香港红筹上市的香港海创投资有限公司，产品国内领先。生命健康产业方面，已成功引进长江医学科学院药物研发及产业化项目、宇度医学科技产业园、万聚源智能输液泵研发及制造、新元虫草生物科技、华明健康休闲食品产业园等项目，产业集聚态势初显。电子信息产业方面，美得你智能家联网总部及仓储物流与智能家装机器人项目、长湖物联网科技项目、南京金箔集团江北组团项目已签约入驻，北自微电子装备项目正加快推进。

龙头项目建设快速推进。重点围绕海创新材料产品研发检测中心、优威派克电脑一体机制造产业园、江北装备制造配套产业园、修正健康饮品产业园、亿丰伟业新型包装产业园、半导体芯片基因测序产业园、美得你智能家联网总部及仓储物流与智能家装机器人项目、追梦汽车动力电池PACK生产线等龙头项目建设，带动和促进已入驻项目全面开工建设。目前，国辰烟标印刷项目、华明健康休闲食品产业园、江北天然气运营中心全面推进，新元虫草生物科技项目已正式运营。

全力做好项目服务。大力培育优势产业，以海创CCA节能板材及其应用配套项目产业园为依托，积极申报建筑新材料集聚发展基地；生命谷基因检测技术应用示范中心获国家发改委批复国家重大工程包项目，长江医学科学院药物研发及产业化项目获批省战略性新型产业集聚发展重大工程项目。加强项目调度，提高服务效能，及时解决企业在建设、投产过程中的困难和问题。

（二）着力推进创新驱动发展

坚持把创新摆在发展全局的核心位置，实施人才优先发展战略，优化要素配置，激发创新活力，发挥科技创新在全面创新中的引领作用。强化政策扶持。深入贯彻市人才优先发展主战略，建立集中区人才工作议事机制，出台《省江北产业集中区进一步加强高层次人才团队招引工作实施细则》，将科技人才团队招引列入政策扶持范围。开展高层次科技人才团队招引。共招引基于下一代测序技术诊断试剂的开发和应用项目的吴缅团队、年产30万套新能源汽车核心零部件的蔡蔚教授团队、12英寸晶圆传输系统设计制造项目的赵力行团队等14个质量高、结构合理、创业能力强、产业带动性强的人才团队。推进创新平台建设。开工建设海创研发中心、华衍水务水质检测中心，启动了北京自动化技术研究院研发载体建设，凯翼汽车有限公司X3-PHEV插电混合动力新能源等2个重点项目纳入国家重点支持的高新技术领域项目库。积极推动长江科学城建设，成立长江科学城推进工作领导小组，开展科学城的各项招商工作，谋划长江科学城建设方案。完善创新创业配套服务。推进科技孵化器、新能源产业集聚区、大学生留学生创业园、人力资源服务中心建设，引进华晟ICT产教融合人才培养基地项目。皖江创客大学入选省第一批创业大学。

（三）着力推进城市功能不断完善

集中区总体规划获省政府常务会议审议通过，“两带两廊、三心四区”的城镇空间布局结构进一步明晰。起步区20平方公里区域内，总里程约70公里路网已经建成，推动通江大道北延线工程加快建设。区内水系整治完毕，60m³/s黄山寺排涝二站投入使用。日供水3万吨的自来水厂和日处理污水3万吨的污水处理厂已分别投入使用，新建及改建110kV的高压变电站各一座，天然气管网基本建成。大力推进生态园区建设，完成天门山公园绿化提升工程。建设5630套安置房、1388套公租房和144套人才公寓。建成江北集中区幼儿园、小学、中学、菜市场、垃圾中转站、消防站等一批公共设施。集中区内公交开通运行，公共食堂全面投入使用，商务酒店、城市家具、超市、健身房、图书屋、药房、网吧等生活配套设施已建成并投入使用，园区净化、绿化、亮化、美化工程同步推进，新城品质显著提升。

附：江北集中区重大落地项目

1.海创CCA节能板材项目

项目名称：海创CCA节能板材项目

投资主体：安徽海创新型节能建筑材料有限责任公司

总投资：10.6亿元

项目概况：海创CCA节能板材项目总占地约352亩，规划建设年产3200万平方米CCA节能板材项目，具体建设4条年产800万平方米CCA节能板材（简称纤维水泥板）生产线，每两条生产线为一组，每组配置一台压板机以及相配套的生产设施。一期2条CCA生产线已实现投产，全面达产后实现3200万平方米纤维水泥板的年产量。

2.亿丰伟业新型包装产业园项目

项目名称：亿丰伟业新型包装产业园项目

投资主体：北京蓝海易盛投资有限公司

总投资：16亿元

项目概况：该项目以循环经济及市场为导向，主要研发生产新型环保纸包装、金属包装、系列包装装备和配件等产品。年产值约20亿元人民币，年财政税收约2亿元人民币。项目建设工期分3年内完成，计划项目一期用地约243亩，项目二期用地约257亩。

其中项目一期总建筑面积10万平方米，设计年产现代化新型环保包装复合材料2亿平方米，其中二层瓦楞纸板6000万平方米、三层瓦楞纸板7000万平方米、五层瓦楞纸板7000万平方米。

3.修正健康饮品园项目

项目名称：修正健康饮品产业园

投资主体：修正药业集团

总投资：15亿元人民币

项目概况：项目占地460亩，建设健康饮品产业园，包括健康保健饮品、茶叶饮料、固体饮料以及配套物流等。其中健康饮品200亩、固体冲剂饮料（含茶叶饮品）50亩、保健酒15亩、仓储物流配送170亩及办公、研发、培训等配套用地30亩。主要产品修正简之、酷屹客、修正健酒、鹿三宝酒、人参酒、人参饮料、金银花饮料、胶原蛋白饮料、玛卡饮料等，主要是以人参、鹿茸、金银花等为主要原料同时将养安享项目中液体饮料生产车间、固体饮料生产车间、医疗器械生产车间、科技研发中心等迁至健康饮品产业园内。

4.年产100万台电脑一体机(优威派克)项目

项目名称：年产100万台电脑一体机项目

投资主体：深圳优威派克科技有限公司

总投资：20亿元

项目概况：深圳优威派克科技有限公司生产的电脑一体机占据市场份额50%以上，是电竞行业电脑一体机排名第一的龙头企业。优威派克信息科技（安徽）有限公司，注册资本1亿元。项目用地373亩，其中项目一期地块面积222亩，二期地块面积151亩。规划建设IT高科技制造产业园，总建筑面积50万平方米，其中生产厂房20万平方米，原料库5万平方米，成品库5万平方米，综合办公楼10万平方米，研发大楼10万平方米，购置一体机整机生产线8条，背光模组生产线4条，各类加工中心16台，形成年产100万台各种一体机的生产能力。

5.金山港公用码头及仓储物流项目

项目名称：金山港公用码头及仓储物流项目

投资主体：安徽金山集团有限公司

总投资：6.1亿元

项目概况：总占地约600亩，规划建设4个3000吨泊位及堆场、办公楼等相关配套设施，码头按可停靠5000吨杂货船和散货船的标准设计建设。项目建成后设计年吞吐量为670万吨。

项目进度：一期两个码头已经运营；陆域部分已建成；2015年实现货物吞吐量14万吨；目前与中交二航局等企业建立业务合作，现有员工50余人。2016年7月实现营业收入40余万元。

6.凯翼汽车整车生产项目

项目名称：凯翼汽车整车生产项目

投资主体：奇瑞商用车公司、芜湖市建投、江北开发有限公司

总投资：40亿元

项目概况：筹备、设立项目公司并通过该项目公司进行装备制造生产基地建设生产和经营。瞄准“90后”市场，把计算机技术、互联网技术和传统汽车技术结合起来，向年轻消费者提供具有智能互联功能的汽车产品。前期利用经开区奇瑞控股闲置厂房过渡生产。

【芜湖经济技术开发区】 2015年，芜湖经济技术开发区（以下简称“芜湖经开区”）全年实现地区生产总值408.6亿元，同比增长9.5%；规模以上工业产值1687.4亿元，同比增长7.4%；规模以上工业增加值382.9亿元，可比价增长10.0%；实现税收68.5亿元，同比增长10.6%；完成进出口总额33.4亿美元。

全年工商注册企业454家，投产开业企业363家；固定资产投资356亿元，同比增长16.0%；实际利用外资6.9亿美元，同比增长5.2%；实际利用内资365.2亿元，同比增长11.3%。

产业发展。2015年，芜湖经开区认真贯彻落实省市“调结构转方式促升级”行动计划，结合实际，制定经开区贯彻省、市政府促进经济健康发展若干意见的实施措施，调整经开区土地使用

税奖励实施办法，多措并举促进转型发展，工业企业经营效益大幅增长。全年规模以上工业企业实现利润总额102亿元，同比增长19.7%，盈利企业151家，盈利面达72.6%。

积极配合奇瑞汽车产品升级，加快新车型正向开发，提升产品品质和公司效益，大力推动大陆汽车电子、马瑞利、万向钱潮等企业加大技改、增上新项目。汽车及零部件产业实现工业产值567.4亿元，同比增长15.6%。

积极配合美的集团战略调整，探索与美的集团全面加强合作。家用电器产业实现工业产值556.5亿元。

鼓励新材料产业引进国外先进设备，提升产品市场竞争力，加快新扩建项目产能释放。新材料产业实现工业产值297.3亿元，同比增长2.6%。

积极响应市委、市政府关于打造六个战略性新兴产业基地的战略部署，继续大力培植光电新型显示产业。目前，光电新型显示产业企业45家，其中规模以上36家，全年实现工业产值333.9亿元，同比增长22.6%。光电新型显示产业产值超新材料产业产值。

园区特色。2015年，芜湖经开区大力推进土地节约集约利用，通过“退二进三”、调整土地使用税等一系列措施倒逼转型升级。累计收储低效利用土地7000余亩，投资强度从331.9万元提高到364万元，提高9.7%；工业用地容积率从0.6提高到0.93，提高55.0%；亩均税收从14.8万元提高到18.7万元，提高26.4%。

芜湖出口加工区优化升级为综合保税区获批，共投入1.5亿元，建设包括5项主体工程（隔离设施及巡逻通道改造建设、卡口及广场改造建设、监管场站建设、进口商品直销中心建设、信息化工程）和20项辅助工程在内的各项工程，实现当年建设，当年验收，当年封关运行；跨境电子商务平台及进口商品直销中心基本建成。

深入推进中德贸易深层次合作，以经开区为载体，依托大陆、博世、庞巴迪等一批在经开区投资的知名世界500强德资企业，在城东规划约52.8平方公里，组织申报中德（芜湖）智能制造生态产业园。申报各项工作进展顺利。

科技创新。2015年，芜湖经开区围绕首位产业和战略性新兴产业，大力推进以企业为主体，政产学研用为一体的科技创新体系建设，连续三年获“省创新型园区”称号。全年新认定高新技术企业11家，高新技术企业总数达93家，省级以上研发机构78家，国家级研发机构13家。

不断加大招才引智力度。奇瑞、达辉公司5人获选国家“千人计划”，先后引进8个高层次创业人才团队，其中邵建永博士等2个人才团队获得省级扶持奖励；三安光电有限公司获批国家级博士后科研工作站。

积极发挥“省首批知识产权培育示范园区”和“国家知识产权试点园区”示范作用，申请各类专利4733件，各类专利授权2424件，截至2015年底，经开区万人发明专利拥有量达111.5件，继续领跑全省各载体单位。

投资促进。2015年，芜湖经开区瞄准新型显示、轨道交通装备等产业和产业链关键环节，通过驻点招商、以商招商、借会招商、“零地”招商、精准招商等方式，持续加大目标企业招商力度，不断完善产业链，促进产业不断聚集。

全年共组织赴广东、上海等地开展大型招商活动30余次，接待来访客商50余批次、350余人次；签约亿元以上项目24个，总投资497.4亿元，其中5亿元以上项目15个，总投资481.8亿元。包括：总投资336亿元的8&12英寸集成电路制造项目、总投资20亿元的中车庞巴迪轨道交通项目等；在谈5亿元以上重点线索项目15个，总投资400余亿元。截至目前，在经开区投资的境外世界500强企业达到27家，国内上市公司达到57家。

强化“委领导联系重点项目”“主任跑工地”等机制，及时协调解决项目建设过程中的难题，努力加快项目建设。

全年新开工亿元以上项目54个，总投资230亿元，其中5亿元以上项目20个，总投资160亿元。包括：总投资30亿元的融捷电子信息项目、总投资30亿元的信义光伏五期项目、总投资15亿元的平安金融电商物流园项目等。

全年共清理闲置、低效利用土地1034亩，盘活空置厂房5万余平方米，推进项目“零地”落户。其中万春电子电器孵化园闲置厂房先后引进华宇彩晶、辉灿电子等7家企业入驻，预计2016

年实现销售收入超50亿元。

基础设施建设。2015年，芜湖经开区全力推进产业新城建设和城北一体化建设，全年完成各类政府性项目投资22.1亿元，基础设施建设进一步完善。

全年新建市政道路项目36项，已完成23项，续建项目18项，已完成17项；开工建设安居工程项目60项，九华北路公租房、龙山新苑三期土建主体工程基本完工，安居工程面积累计253.89万平方米；新建8公里绿道慢行系统；在建绿化养护面积90万平方米，行道树7755棵；已竣工移交绿化工程养护面积175万平方米，行道树35853棵。

国家级生态工业示范园区建设顺利进行。1月份，环保部、科技部、商务部三部委批准经开区建设国家生态工业示范园区，通过半年多的紧张有序推进，7月启动国家生态工业示范园区验收工作，目前已完成《建设验收报告》《建设回顾性评估报告》《建设特色与典型案例》《建设工作报告》的编制工作，并上报省环保厅、科技厅、商务厅评审。

发展环境。2015年，芜湖经开区所有部门秉承“企业无小事”理念，以服务优势提升经开区投资软环境。

充分发挥“一周一报”作用，落实“一企一组一策”。利用已建立的“一周一报”平台，深入企业开展帮扶活动，建立一对一联系网络，及时帮助企业协调解决生产经营过程中遇到的困难和问题，为企业快速健康发展保驾护航。2015年收集企业各类问题141件，其中已完成126件，尚有15件正在协调中。

积极推进企业上市，帮助企业拓宽融资渠道。制定《经开区企业“新三板”上市奖励办法》，积极推进企业上市工作，目前新三板挂牌企业7家，报会企业2家；帮助企业拓宽融资渠道，积极争取奖励资金，全年完成直接融资207亿元，争取国家专项建设债券基金3.65亿元；积极落实“零费制”优惠政策，受理通过21个“零费制”项目减免费用1369.8万元。

努力帮助解决企业用工难问题。举办招聘会198场，累计进场招聘企业数达1.2万家次，全年达成初步就业意向近3万人次；组团赴外招聘38次，达成就业意向3500余人；新建安徽扬子职业技术学院等2个人才合作基地，人才合作基地拓展到26个，企业用工难的问题得到缓解。

深化商事制度改革和行政权力清单清理。全面开展“三证合一、一码一照”商事登记制度改革，2015年新登记各类市场主体1019户，户数较去年同期增加4.98%，共发放“一照一码”营业执照322份；开展行政权力服务清单以及责任清单清理工作，首批梳理公布责任权力事项288项。

社会事业。2015年，芜湖经开区全面完成年度19项民生工程任务。全年共投入资金3.7亿元，同比增长19%。同时加强领导，切实增强民生工程建后管养主体责任，确保建成项目持续发挥效益。

一批生活配套项目建设加快推进，伟星银湖时代广场、百线文化广场项目、华山路商业街等项目已建成或正在建设中。

积极与公交集团对接合作，投资4000多万元，新开通201、202、203等公交线路；与安师大教育集团合作创建安师大幼儿园城北分园。

探索养老新方式，与浩研养老集团签订战略合作框架协议；社区卫生服务中心建设加快，完成万春街道新社区卫生服务中心建设。

认真吸取“10·10”事故教训，深入宣教，扎实开展安全生产“铸安”和“百日攻坚”行动，加快推进企业标准化建设，常态化开展日常检查和专项治理，积极开展安全文化示范企业和安全社区创建工作，安全生产保持持续稳定态势。全年未发生重大安全生产责任事故。

制定《社会管理综合治理目标责任书》，层层落实工作责任制，完善综治管理服务平台，建立健全信访联席会议机制，加强基层信访隐患摸排，依法加大矛盾化解力度，全年未发生进京上访事件，保持了健康和谐稳定的发展局面。

【安徽新芜经济开发区】 安徽新芜经济开发区设立于2001年，目前是省级高新技术产业开发区、省级重点经济开发区、省级创新型园区。先后荣获“国家汽车零部件出口加工基地”“安徽省装备制造业产业集群研究基地”“安徽省新型工业化产业示范基地”“安徽省中小企业创业基地”等50余项称号，2016年5月份入选长江经济带国家级转型升级示范开发区，目前正在积极申报国家级经济技术开发区。开发区扩区后建成面积20平方公里，以装备制造业为特色，目前已形成高端装备制造及汽车零部件、电子电器和新能源新材料三大产业集群，现有入园企业657家，其中投产企业463家，在建企业53家。

一、2015年经济社会发展特点

2015年，在县委、县政府的坚强领导和高度重视下，开发区主动适应经济新常态，加快调结构、转方式、促升级步伐，经济运行总体呈现平稳较快发展态势。2015年，开发区规模以上企业累计288家；完成园区经营（销售）收入549.5亿元、规模以上工业总产值495.9亿元、规模以上工业增加值122.4亿元、服务业营业收入34.2亿元、固定资产投资168.3亿元、财政收入12.01亿元。

开发区目前已形成以德力西、飞科、盾安、中汇瑞德等为代表的电子电器产业群，以荣基、禾田、东大、强振等为代表的汽车零部件产业群，以明珠塑料、科逸住宅等为代表的新能源新材料产业群。正在加速形成以中电科、航瑞、万户等为代表的通航产业群，以智久、台达、起岩等为代表的智能装备及机器人产业群，以易键显示、新辰光学等代表的光电信息产业群。

二、开发区要素成本

1.开发区工业供水费用为1.65元/立方米、污水处理费为0.6元/立方米。

2.开发区工业供电费用：

（1）基本电价：若按最大需量为40元/千伏安/月，若按变压器容量为30元/千伏安/月；

（2）若为1～10千伏，高峰约为0.9657元/千瓦·时、平段为0.6460元/千瓦·时、低谷为0.4077元/千瓦·时；

（3）若为35千伏专线，高峰约为0.9425元/千瓦·时、平段为0.6310元/千瓦·时、低谷为0.3988元/千瓦·时。

3.开发区工业天然气费用为3.66元/立方米。

4.劳动力成本，企业员工平均工资2000～2800元/月，熟练技工1800～2500元/月，一般文员1600～2000元/月，中层管理人员工资标准2500～3000元/月，高级管理人员工资标准3000～4000元/月。开发区工资最低标准1250元/月。

5.物流成本

（1）铁路运输：运输基价为0.021～0.049元/吨公里，发到基价4.6～10.7元/吨；

（2）公路运输：运输基价为2.3～5.5元/吨公里；

（3）水路运输：每20尺箱至欧洲港口约为700元，至美洲港口约为1450元，至日本约为130元，至台湾约为350元，至香港约为280元。每40尺箱运输费用约为每20尺箱的1倍。

6.开发区公租房标准：6元/平方米。

2016年，在县委、县政府的坚强领导和高度重视下，开发区主动适应经济新常态，加快调结构、转方式、促升级步伐，经济运行总体呈现平稳较快发展态势。1—9月份规上企业累计294家，完成规上工业总产值389.3亿元，同比增长13.7%；完成规上工业增加值92.33亿元，同比增长16.8%，完成新增规模以上工业企业24家；完成税收9.14亿元，占年度目标任务63.5%，同比增长15.9%。预计1—9月份完成固定资产投资137亿元，同比增长1.5%；实现重点服务业营业收入30亿元，同比增长38%；完成新增服务业企业10家。实现税收8.26亿元，占年度目标任务的57.3%。

三、“十三五”重点发展方向

“十三五”期间，开发区将紧密围绕全县建设“长三角创新创业活力区、全省产业转型升级领先区、市域绿色协调发展新城区、城乡居民共享发展示范区”的发展定位，以“四个更加注重”为指导，以“创建国家级开发区”为中心，力争到“十三五”末，成功实现“千百十”奋斗目标，即打造千亿元级开发区，实现工业总产值1000亿元；打造6个百亿级产业集群，即电子电器产业群、汽车零部件产业群、新能源新材料产业群、通航产业群、智能装备及机器人产业群、光电信息产业群。实现规上工业增加值200亿元；培育10个产值10亿元以上企业，实现财政收入30亿元。

“十三五”期间，开发区主要围绕四个方面开展下一步重点工作。

1.进一步强化招商引资和招才引智工作。继续加强招商引资工作体制机制建设，完善招商引资考核奖励办法，创新招商引资工作方式。加强以商招商、产业链招商力度，委托境外招商，严把招商项目质量，主动融入长江经济带建设，承接一批科技含量高、市场前景好、成长带动性强、具有核心竞争力的优质项目，培育和壮大产业集群。

2.依据“腾笼换凤”推进土地节约集约利用。进一步盘活存量土地，提高土地利用效益。一是建立供后监管机制，对供地后的开工项目实际开发利用情况，实施全程监管。二是建立激励机制，提高建设用地利用率。三是严把建设项目产业、供地规模、投资强度三个“关口”，优先保障首位产业、主导产业、战略性新兴产业、高新技术产业项目用地，创新供地方式。

3.依托企业发展服务中心推进体制机制改革。制定了《联系服务企业工作实施意见》，明确了开发区管委会企业联系人的工作任务、工作流程，加强了对企业联系人的管理、监督和考核。贯彻落实《关于进一步加强县企业发展服务中心建设的意见》，优化了企业发展服务中心内部架构。通过设置“专线”、搭建“专网”、安排“专人”提供方便快捷的服务；编印“专报”，畅通企业与县委县政府联系“桥梁”与纽带，加强与县人力资源服务中心、县金融服务中心、县政务服务中心的联系，形成“小机构、大服务”格局。

4.依靠人力资源市场推进企业用工招才改革。以打造先进的人力资源服务产业园为发展模式，加强市场培育，充分发挥市场调节就业功能作用。开发利用先进的人才网络招聘系统，采取网上招聘自助服务系统和微信招聘服务平台联动。加快创新人才引进、培养，大力引进、培育战略性新兴产业发展的领军人才和从事关键核心技术研发、重大科技成果转化的高端人才。鼓励和引导国内外各类高层次人才通过合作研究、技术入股、兼职兼薪等形式，推动科技人才柔性流动。加强人才创新载体建设，构建高端创新人才载体，以服务县域主导产业和新兴产业为主，建成产业技术研究院2家，院士工作站2家，推进高层次人才集聚。

【安徽无为经济开发区】 无为经济开发区成立于2003年7月，2006年2月升级为省级开发区，2013年3月二坝、汤沟两镇区划调整后，2013年9月经省政府批准以“一区一园”方式扩区，在无为县城东部高铁站区域新设立城东园区，近期规划面积15平方公里，打造以生命健康（生物医药及健康食品）、新能源及装备制造业等为主导的无为县产业承载新基地。

基础设施逐步完善。自开园以来，县政府共投资近10亿元进行了“七通一平”基础设施和配套设施建设，基本满足项目落户需要。目前，已建成“三纵一横”道路，正在加快建设6条道路;总建筑面积25.4万平方米的安置房一期工程共12栋均已封顶；设计能力日供水5万吨的一水厂已供水；设计能力日处理2.5万吨的污水处理厂已试运行；10kV线路已架设约2650米；沙湾一期工程新建沙湾泵站一座和三条排涝支沟正在建设，沙湾片二期正在进行招投标，计划年底前开工建设。

招商引资效果良好。自去年县委、县政府明确以招商引资为第一要务、以环境优化为第一责任以来，实行了模拟审批、多评合一、全程代理、服务专员、项目责任清单、负面清单管理等制度，招商引资效果明显。

目前，已签约、落户工业项目27个，计划总投资近82.7亿元，其中，投产项目2个，在建项目8个，11月份新开工5个，其他项目年底前开工。预计到年底，将有9家企业正式投产。目前在手招商引资项目80余个，正在筛选洽谈，力争年底前再签约项目6～8个。

一、2016年经济社会发展

2016年，在县委、县政府的坚强领导下，在县直单位的大力支持配合下，紧紧围绕全县“项目攻坚年”活动工作部署和年度工作目标，主动适应新常态，以供给侧结构性改革和“调转促”为主线，以招商引资为引擎、以项目服务为抓手，以培育新的经济增长点为目标，创新管理体制，完善工作机制，狠抓工作落实，开发区各项工作取得了明显成果。

（一）主要指标完成情况

1.经济运行：1—10月，克服二坝园区管理体制调整及通江大道互通立交征迁6家规模以上企业影响，完成规模工业产值76.54亿元，同比增加22.8%，预计全年完成86亿元；进出口额6877万美元，同比减少29%，预计全年完成9300万美元；战略性新兴产业产值8.74亿元，同比增加46.3%，预计全年完成12亿元；完成招商引资固定资产投资20.24亿元，预计全年完成26亿元；实现税收1.77亿元，同比增加20%，预计全年完成2.15亿元。

2.招商引资：今年新签约落户亿元以上项目27个，总投资82.7亿元，其中20亿元以上项目1个（安徽驰力新能源电池）、10亿元以上项目1个（华君光伏组件）、5亿元以上项目2个（斯科塞斯气力传输设备项目、温州龙港复合纺纱项目），分别占全年任务的100%、100%、100%和95%；新入库符合标准项目12个，其中超3亿元项目3个，分别占全年任务的85%、75%，预计全年完成入库项目12个；已完成招商引资固投20.24亿元，占全年任务的72.3%，预计全年完成招商引资固投26亿元。

3.项目建设：新开工项目13个，总投资34.08亿元，占全年任务的108%。其中，5亿元以上项目2个（安高电气有限公司智能小型化封闭式组合电器项目、斯科塞斯气力传输设备项目），3亿元以上项目3个，亿元以上项目8个，分别占全年任务的200%、75%和100%。

（二）主要工作举措

1.优化存量，保驾护航促发展。一是注重产业结构的调整和转型升级。以安徽华谊、双钱轮胎和益海嘉里为龙头企业的主导作用日益突出，经济规模不断放大，循环经济效益日益明显。二是营造优质发展环境，为企业排忧解难。开发区结合党的“两学一做”学习教育和“双联系”活动，深入企业，全面了解生产经营情况和存在问题，采取有效措施，帮助企业解决实际困难，促进企业长远发展，不断优化园区的投资环境，积极落实国家、省、市、县出台的一系列调结构、保增长的新政策。积极协调组织二坝互通立交拆迁工作，完成了六家企业拆迁。三是保持警钟长鸣，确保安全平稳态势。强化企业主体责任的落实，加强监管，大力开展联合执法行动，共进行了安全生产检查督查36余次，重点是检查隐患排查治理落实情况，督查重大危险源监控措施落实以及消防设施的完好程度，对督查过程中发现的隐患，现场出具检查记录并责令企业限期整改。今年以来共出具现场检查记录30多份，全区未发生一起安全生产事故。四是全面加强环境监管，积极创建生态园区。努力改善环境质量，促进园区经济建设和环境保护全面可持续发展。扎实推进污染减排，加大污染治理力度，不定期联合县环保局组织专项执法检查，依托限期治理、在线监控等卓有成效的环境监管手段，确保企业达标排放。

2.培育增量，创新思路抓招商。一是夯实工作基础，完善招商工作机制。根据园区的产业布局，及时修编了《无为经济开发区投资指南》，制作了宣传片，为宣传推介提供了必备素材。建立了招商引资管理制度、考核奖惩办法、例会制度、日报告制度等一系列管理制度，完善了招商工作机制。二是加强产业研究，提升招商业务能力。为推进精准化、产业链招商，围绕主导产业，组织招商人员自主编印了包括装备制造业产业、化工新材料产业、石墨烯产业等3篇《招商引资产业参考材料汇编》；与安邦智库合作，委托编制了《生物医药产业研究报告》《新能源汽车产业研究报告》；同时，与合工大合作，正在编制生命健康之脑健康产业研究报告。三是强化专业招商，广泛捕捉招商信息。出台了《无为经济开发区招商引资工作管理制度》和例会制度。每周召开一次招商引资调度会，将所有招商人员捕捉到的信息，汇总后逐个认真梳理、甄别、筛选，确定有价值的落实专人跟踪，并针对该项目制定一个可操作性的招商方案。四是突出精准招商，着力提高招商效率。（1）抢抓“退二进三”等政策性产业转移机遇。紧盯江浙等地继续实施“退二进三”政策、上海自贸区“溢出效应”、南京都市圈扩张，以及中关村“总部型企业”加快产业基地布局等有利时机，沉下来、融进去，点对点上门招商。（2）加强商会、协会及科研院校沟通。今年以来，我们分别与宁波安徽商会、义乌安徽商会、天津安徽商会、温州鞋业协会、温州拉链协会、温州芜湖商会等商会、协会以及中科院上海分院、合工大、南理工等科研院所和院校建立了良好的合作关系，保持常态化联系。（3）侧重“凤还巢”。利用无为是劳务输出大县这一优势资源，积极引导和鼓励在外成功人士回乡投资兴业，大力实施“凤还巢”工程，利用亲情、乡情招商，成功引进了雨泽鞋业、大和制衣、欧亿伞业、华庆汽配等凤还巢企业落户城东园区。（4）注重以商招商。深入到已落户企业进行走访调研，积极为企业发展牵线搭桥，解决企业生产经营过程中遇到的问题，全面营造“亲商助商”的发展氛围，使企业能够积极主动地参与招商、服务招商。五是注重领导招商，推进项目成功签约。首先，开发区主要负责人加大外出招商力度。为加大项目推进力度，在各分局捕捉信息的基础上，通过筛选确定重点跟踪项目，提请管委会主要负责人主动对接。今年以来，开发区负责人带队外出考察企业40余次。其次，及时提请县委、县政府负责人高位对接。重点对接推进了如上海泵阀协会、中信产业基金、中信重工等重大项目。

3.强化服务，跟踪问效抓进度。建立了项目跟踪负责制和跟踪代办制，每个项目指定专人跟踪负责到底。建立企业服务中心全程代理制度，为入园企业提供“妈妈式”专业化专员制全程代理服务，服务满意率达100%。严格执行“三单四定”制和“四个一”工作机制，加速推进项目洽谈、签约和开工建设进度。建立与有关县直部门和乡镇沟通协调机制，积极协助福渡镇、住建局、重点局等相关部门共同推进征地拆迁和基础设施、配套设施建设。建立了项目推进周例会制度，明确项目推进时间节点，每次重要会议均形成会议纪要报县委、县政府领导和相关部门。

4.打造平台，形成合力抓配套。开发区以企业服务中心为重点狠抓平台建设，促进工作提效，进一步盘活现有资源，提升配套水平，完善服务体系，推动平台建设从重建设向建管并重转变，从重硬件向软硬并重转变，从重投入向投入与经营并重转变。目前，已建成道路4条：福东路、经四路、福贸路、支十路；在建道路4条：支一路、经三路、福东北路、福北路；总建筑面积25.4万平方米的安置房一期工程共12栋均已封顶；设计能力日供水5万吨的一水厂已供水，铺设主管道4.5公里；设计能力日处理2.5万吨的污水处理厂设备安装已完成，正在完成沉井、泵房扫尾工作，一期管网已进行铺设约20公里，10月25日试运行；35kV龙白专线贯穿丰源药业一期工程范围内，搬迁工作现已完成；10kV线路沿通江大道自经四路到支十路段两侧已架设约1400米，沿经四路单侧供电线路已架设约1250米；从35kV陡沟变架设10kV双回路架空线路至城东园区经四路，线路总长约4.5km，另支一路、支十路分线架设，长度约2.8km，目前工程正在建设中；沙湾一期工程新建沙湾泵站一座和三条排涝支沟（长5.0km）正在建设。沙湾片二期正在进行招投标，计划年底前开工建设。同时，围绕县政府下达的年度工作目标，积极协调推进城东园区基础设施及配套设施建设。

5.把握机遇，深化改革抓落实。出台了《关于深化管理体制机制改革促进无为经济开发区加快发展的意见》（无发〔2016〕3号）和《安徽无为经济开发区人事管理实施意见（试行）》（无办发〔2016〕4号）。实行“一区多园”管理，同步建设管理二坝园区、城东园区、食品工业园区。明确了主要工作职责为招商引资、服务企业。强化了领导力量，由县委常委、常务副县长兼任党工委第一书记，组织协调调度与地方及县直有关部门工作；由福渡镇党委书记兼任开发区党工委副书记、管委会第一副主任。调整了内设机构，组建综合部、投资促进部、建设与经济发展部和二坝园区企业服务中心，重新定编定岗定责，优化机构编制和部门职能。组建了5个招商促进局，分区域、分产业安排驻外招商。理顺了条块关系，福渡镇负责征地拆迁，县重点局及县直有关主管部门负责基础设施及配套设施建设。

6.强基固本，务实创新抓党建。无为经济开发区党工委按照中央和省市县委的统一部署，认真开展“两学一做”学习教育，以做“四讲四有”合格党员为总目标，以“双联系”工作为重要抓手，立足本职岗位开展学习教育，真正增强政治意识、大局意识、核心意识、看齐意识，勇于担当作为，在生产、工作、学习和社会生活中起先锋模范作用。一是健全组织机构。新设立开发区城东园区党支部，配强配齐二坝园区、城东园区两个机关党支部班子。二是加强阵地建设。整合各企业现有资源，建立党员活动室、党支部办公室，健全各项党建工作制度，在开发区营造出非公企业抓党建工作的浓厚氛围。三是开展组织活动。围绕“两学一做”，按时上报纪实平台任务，开展党员领导干部上专题党课、送党课进企业和双联系村活动；组织参观新四军七师纪念馆，接受革命传统教育；开展了“亮身份、作承诺、当先锋、树形象”“学讲话、强党性、转作风、提能力”专题学习讨论和党章党规系列讲话知识测试活动，增强了党员的党性修养和党组织的活力。同时，检查指导企业开展“两学一做”学习教育，形成分类实施、统筹推进的良好局面。四是开展专项整治活动。制定基层党组织长期不换届专项整治工作方案和不按规定交纳党费专项整治工作方案，对到期未换届的进行全面排查，全区党支部均不需换届；对2008—2015年交纳党费情况进行全面自查，按规定对应交未足额交纳的全部予以补交，共计13438元。

7.转变作风，强化服务抓管理。结合“两学一做”学习教育，认真开展“滥发津贴补贴专项整治工作”“酒桌办公”“亲切服务”“临聘人员清退”等专项行动，严格落实中央“八项规定”及省、市、县有关规定精神，继续深化“四风”整治，切实转变作风，密切联系群众，把服务基层、服务企业、服务项目作为机关效能建设的重要内容，不断提高为企业服务的能力。完善各项机关管理制度，进一步强化内部管理，建立外出报备、周工作例会制度，出台作风建设负面清单管理考核实施细则（试行）和督查督办问责办法，修订完善公务接待、公务用车、公务出差、财务管理等规章制度，逐步使机关管理走上了制度化、规范化。

二、2017年经济社会发展计划

2017年将是开发区加速发展的关键一年，必须更加注重经济运行质量，更加注重科学发展，更加注重规范和管理，努力实现园区转型升级、可持续快速发展。紧紧围绕“一个目标”，实现“四个提升”，即围绕创新型园区这一目标，提升产业集聚水平，提升科学发展水平，提升形象档次，提升竞争实力，不断扩大经济总量、增强综合实力。

（一）指导思想

坚决贯彻党的十八大和十八届三中、四中、五中、六中全会精神，认真落实开发区深化体制机制改革意见，主动适应经济发展新常态，加快产城一体化进程，继续以“招商安商”为工作重点，创新机制体制、优化发展环境、拓宽招商渠道、提升服务水平，努力将开发区打造成为引领全县经济增长的重要增长极，圆满完成各项目标任务。

（二）预期目标

在综合分析园区经济社会发展的各方面因素基础上，开发区2017年经济和社会发展预期目标为：签约项目20个，其中10亿元以上1个、5亿元项目2个，亿元以上项目17个；开工项目12个，其中竣工投产项目8个；完成招商引资固投32亿元，比上年增长23.1%；规上工业企业实现产值14亿元（增量企业，二坝园区已移交）；城东园区企业预计实现财政收入2000万元（剔除2016年不可比因素）；外贸进出口总额达500万美元；实际利用外资2000万美元。

（三）工作举措

1.千方百计抓招商，为园区发展提供后劲。

开发区继续把招商引资作为工作的重中之重来抓。一是抓好大项目招商。招商方向瞄准世界500强、中国500强、央企和行业领军型民企，着力在新能源、智能装备制造和生物医药等战略性新兴产业和高新技术企业方面寻求突破。二是注重招商成效。实行优惠政策和项目的投资强度、建设周期、年度亩均税收和违约责任进行挂钩，实行双向制约，确保项目质量。三是抓好项目签约。对于已洽谈确定入驻的项目要进一步完善手续，力促早日签约落地。四是整合招商资源。进一步加强与全县产业招商小组、招商办事处等沟通协调，不断拓宽和完善招商网络，确保项目信息来源。五是突破以商招商。充分利用来无投资的客商、外地重点客商以及产业协会、商会等机构实施以商招商，延长招商链条，增强招商实效。

2.坚定不移抓服务，为项目建设提供支撑。

一是重点推进安徽驰力新能源电池、斯科塞斯气力传输、华君光伏组件、中信重工、新隆泰纺织、康恒热电联产等多个重点项目，力争2017年完成工业固定资产投资32亿元。二是加快推进紫约蓝莓等一批食品工业园已签约项目建设，力争食品工业集聚初步形成。三是将安高电气等企业作为上市后备企业重点调度，使其做大做强，力争早日达到上市条件。

3.适度超前抓建设，为产业承接完善配套。

按照适度超前原则，加快基础设施及配套设施建设，满足企业落地、开工建设和投产需要，塑造园区良好的对外形象。2017年主要计划完成以下工程:福北路、东段支十路至环城东路、经二路、环城东路、福成路、经三南路、站后路、经四南路、支四路、支一路延伸段、支二路新建段、食品工业园道路延伸段（支二路，食品工业园延伸到福北路；纬二路，食品工业园延伸到支三路）；小型垃圾中转站（福北路与福东路交叉口东南侧）；小游园绿化（经三路东侧、福北路南侧；经四路西侧、福成路北侧；环城东路与通江大道交叉口两侧）；张庙110kV变电站；沙湾片11条排涝沟渠建设。

4.毫不松懈抓党建，为干事创业提供保障。

一是开展好以“学习型、责任型、创新型、廉洁型、服务型”为主要内容的“五型机关”建设，进一步增强广大党员干部为招商引资服务、为项目建设服务、为企业发展服务、为园区转型升级服务的自觉性、积极性和主动性。二是进一步提高服务效率。通过推行“工作例会制”“领导包重点项目制”等管理服务机制，不断增强责任意识和效能意识，为项目建设和企业发展提供高质高效服务。三是努力推进和谐园区建设，进一步督促园区企业建立健全党组织，重点抓好园区非公党建工作，不断增强开发区的凝聚力、向心力和影响力，努力建设和谐园区。四是进一步加强党风廉政建设。坚持不懈推行作风建设负面清单量化考核，持续加大对“四风”问题整治力度，确保中央八项规定和省、市、县系列规定落实到位。通过开展示范教育、警示教育、岗位教育、主题教育等活动，重点加强机关干部的理想信念、工作作风、反腐倡廉法规制度和道德修养等方面的教育，不断增强广大党员干部的廉政勤政意识；进一步落实党风廉政建设责任制，做好重点岗位廉政风险防控工作，严格权力运行制约和监督，努力营造风清气正的干事创业环境。

【安徽高沟经济开发区】 安徽无为高沟经济开发区是2008年11月省政府正式批复筹建的，位于无为县东南部，地处南京都市圈、合肥都市圈和马芜铜经济圈的共同腹地，接受长江经济带和皖江城市带承接产业转移示范区的辐射带动。以电线电缆为主导产业的高沟经济开发区是全国四大电线电缆产业基地之一，是国家火炬计划无为特种电缆产业基地、国家新型工业化产业示范基地、全国特种电缆产业知名品牌示范区，是安徽省最典型、最成熟、最活跃的产业集群。园区现有企业322家，其中规模以上企业133家，2015年园区实现产值509亿元，入库税金11.3亿元。

建设中的高沟经济开发区分三个园区（道口经济产业园、港口物流产业园、高端装备制造产业园），用地面积10.7平方公里，其中建设用地9.9平方公里。道口经济产业园位于铜南宣高速无为南出入口和庐铜铁路无为南站，与京福高铁无为南站紧密相连，重点发展新材料、电子信息等新兴战略性产业。港口物流产业园依托长江二级深水岸线，打造万吨级港口码头，重点发展物流和港口工业，实现供应链上下游企业间商流、物流、信息流、资金流的“四流畅通”。高端装备制造产业园重点发展高端装备、“互联网+电缆”产业园，进一步壮大电缆产业集群。

“十三五”期间，高沟经济开发区将按产城一体化的发展理念，以千亿元产值园区、千亿元电缆产业为目标，全力争创国家级经济开发区。

【安徽南陵经济开发区】 安徽南陵经济开发区于2000年9月设立，2004年被省商务厅列为安徽省出口服装加工基地，2006年被国家发改委批准为省级开发区，2007年、2009年连续两届荣膺安徽省投资环境“十佳开发区”称号，2008年被评为“江浙企业家投资中国首选开发区”，2013年被省经信委认定为安徽省电子信息产业园。经过十余年的建设和发展，开发区已成为南陵县域经济的强力引擎和中坚力量。

一、规划建设情况

开发区于2001年开始建设，规划面积43平方公里，2013年经省政府批准，开发区扩区通过，扩区后区域面积15平方公里，其中主园区扩区规模12平方公里，弋江辅园扩区规模1.6平方公里，三里辅园扩区规模1.4平方公里。开发区已基本建成三块区域：一期5平方公里从2001年开始建设，至2008年底建成；二期9.8平方公里和食品工业园2平方公里于2006年开始建设，至2010年底基本建成。2012年，开发区开始启动三期建设，重点发展籍山大道以南、216省道以西区域，面积5.39平方公里。开发区按照产城一体化思路进行建设，已形成十纵十横主干道路框架，同步完善绿化亮化、雨污排水、通信通讯等配套设施，建成区内包含工业区，住宅安置区，商住小区，配套设施包括标准化厂房、蓝领公寓、职业技术学校等。

二、产业发展情况

开发区重点发展三大产业。一是着力打造新能源汽车产业基地。完善新能源汽车产业链，培育新能源汽车及部件产业集群，着力培育宝骐、大创、龙创、智恒等龙头主机厂企业，加快推进宝骐新能源汽车产业城建设。到2020年，新能源汽车产业产值力争达到100亿元，产量达到10万辆以上。二是打造南陵智能终端产业园。依托现有省级电子信息产业基地，围绕来邦科技、雅葆轩科技、钱林电子、摩图电源、科微无人船等电子信息类企业，推动安防监控、智能家电、可穿戴设备、智能医疗设备、家庭娱乐等产业集聚发展。到2020年，电子信息及智能终端产业实现产值50亿元，培育1家具有国际竞争力的知名企业，培育1家上市公司。三是打造和推广“南陵制造”的农机品牌。加大核心技术、共性技术和关键技术研发和攻关，引领高端农业装备技术发展。以中联重机等龙头企业为依托，加快建设高标准农机全程服务示范推广基地。到2020年，实现产值超过50亿元。

开发区龙头企业发展势头强劲，本土企业顺荣股份于2011年3月在深圳上市，是全国汽车塑料燃油箱行业在A股上市的首家上市公司；金牛电气、古麒股份、馨源海绵获得了3个中国驰名商标；杉杉服饰年出口创汇超5000万美元，是全省最大的出口服装加工企业之一；中联重机南陵公司致力于打造全国最大的水田机械生产基地；宝骐新能源物流车在全国行业细分市场处于第9位。

三、相关企业简介

芜湖宝骐汽车制造有限公司。该公司是国内著名民营企业集团“华立集团股份有限公司”投资成立的新能源汽车公司，成立于2011年10月27日，注册资本5000万元，是一家专注于研发和生产互联网新能源物流车整车及核心零部件企业。该公司生产厂区146亩，联合厂房4万平方米，拥有年产3万辆新能源物流车焊装、涂装、总装生产及检测线。该公司于2014年9月获得专用车生产资质，11月获得新能源专用车（物流车）产品资质。

中联重机南陵有限公司。中联重科于2014年8月20日收购奇瑞重工，“奇瑞重工南陵有限公司”变更为“中联重机南陵有限公司”。该公司注册资本1.5亿元，总占地面积709亩，其中一期占地500多亩，建筑面积57000平方米，于2012年5月底投入使用。主要产品包括水稻收割机、插秧机等水田农业装备机械。该项目已形成年产水稻机20000台，育、插秧机等20000台的生产能力。

古麒羽绒股份公司。芜湖南翔羽绒有限公司成立于1983年，于2013年正式更名为古麒羽绒股份公司，该公司一期项目占地40亩，于2008年建成投产；二期项目占地274亩，于2014年6月开工建设，是国家高新技术企业、安徽省农业产业化龙头企业，主要从事羽绒、羽毛、羽绒制品生产、加工、销售及畜禽养殖。经过30多年的发展，该公司现已成为皖南地区最大的羽绒、羽毛及制品生产加工企业之一。该公司“古麒”商标2012年荣获“中国驰名商标”称号，2013年，该商标被评为“2013年度苏浙皖赣沪名牌50佳”，为全省十个产品之一，全市唯一。2014年底，该公司成功登陆全国中小企业股份转让系统（俗称新三板），成为中国羽绒行业首个上市新三板企业。

【安徽芜湖三山经济开发区】 开发区概况。安徽芜湖三山经济开发区于2006年4月被批准为省级开发区。2009年7月1日，安徽芜湖三山经济开发区经省政府批准正式挂牌，由原省级安徽芜湖绿色食品经济开发区和市级芜湖临江工业区合并成立，总规划面积46.16平方公里，经省政府批准面积为27.72平方公里，是国务院确定的皖江城市带承接转移示范区之核心示范园区。

开发区2012年被省政府批准为“芜湖承接产业转移集中示范园区”，2014年度入选第五批安徽省新型工业化产业示范基地，2014年度省（市）发改委批准设立芜湖市三山物流园为省（市）级物流集聚服务区，2015年被省政府批准为现代农业机械产业集聚发展芜湖基地。

开发区北靠长江，南至三山政务中心，西临建设中的滁黄高速和长江二桥，东接城市主城区，区位优势得天独厚，位于皖江城市带产业转移示范区“一轴双核两翼”的核心区域。随着区内城市快速路和主次干道的建设，正在形成内外联系便捷、水路联运方便的综合交通体系。长江深水岸线资源为发展造船工业、现代物流业和工业产品输出提供极其优越的条件；辽阔的腹地为承接产业转移提供良好的发展空间。

开发区按照产城融合发展理念，全力打造“一心、一带、三园区”。“一心”指占地9平方公里的莲花湖新城，建设学校、医院、商场、银行、公园、蓝领公寓、公租房等，为工业企业服务，打造宜业宜居的产业新城。“一带”指总长20000余米的开发区小江绿化景观带，突出莲花湖和三华山两个景观节点，将三个园区连成一片，打造宜业宜游的园林景观。“三园区”指临江产业园、中部产业园和东部产业园。三个园区按照产业布局，错位发展。目前，三山经济开发区产城一体化建设快速推进，一座充满勃勃生机的现代化产业新城即将屹立在皖江南岸。

开发区已入驻企业近400家，着力发展汽车及装备制造产业、电子电器产业、材料产业、食品制药产业及现代物流业。三山开发区首位产业为汽车及装备制造业，集中了以中联重机、集瑞联合重工、玉柴联合动力和新联造船等40余家企业，已经形成完整的产业链。同时，还集中了以格力电器为龙头的电子电器产业；以新兴铸管、君华科技为主的材料产业；以双汇食品、华润啤酒、双鹤药业、先声药业为龙头的食品制药产业；以宇培物流、三山港口物流和海螺港口物流为主的现代物流产业。一批投资20亿元、50亿元、100亿元以上的大项目建设投产，吸引相关企业纷纷落户，正在实现龙头企业—产业链—产业集群—产业基地的转化。基本形成规划布局合理、产业导向明确、三产设施配套、集聚效能强劲、转型协调发展的特色园区，成为芜湖市承接东南沿海和国外产业转移的重要载体之一。2015年全园区经营（销售）收入386亿元，同比增长5.3%；主导产业经营（销售）收入220.2亿元，同比增长21.5%；规模以上工业销售收入335.6亿元，同比增长7.6%；全年税收入库15.55亿元。

开发区发展目标：牢牢把握设立芜湖承接产业转移示范园区的特殊机遇，紧紧依托承东启西、临江近海的区位优势，充分利用基础设施完善、岸线资源丰富等有利条件，主动承接和发展先进制造业、现代服务业，突出发展汽车及装备制造、材料、电子电器产业，进一步提升产业集聚和自主创新能力，着力打造具有国际竞争力的先进制造业基地和国内重要的现代物流基地，力争“十二五”末实现年工业总产值1000亿元以上，将开发区建成产城一体、功能齐全、环境优美、宜居宜业的高水平承接产业转移先行区和科学发展示范区。

现代农业机械产业集聚发展基地概况

（一）基地发展情况

2015年9月，安徽省人民政府批准芜湖三山经济开发区为现代农业机械产业发展基地，着力打造具有国际影响力的现代农业机械发展基地。

芜湖现代农业机械产业集聚发展基地作为全省首批14个战略性新兴产业集聚发展基地之一，一方面以中联重机公司为龙头，发动机、变速箱等核心零部件企业为依托，打造完整的农机产业布局；另一方面围绕整耕地机械、牧草青饲机械、农废处理装备、土壤治理机械、植保灌溉机械、设施农业装备、畜牧养殖装备等细分领域集中支持1至2个重点企业，扶持企业在各自领域进入全国前列。同时建立完善政策保障、公共研发、人才支撑、应用推广、金融服务、检测检验等六大支撑平台，形成完善的产业生态体系，计划在5年内打造产业高端化、技术高端化、人才高端化、服务高端化的战略性新兴产业基地，努力成为芜湖新的经济增长点。

基地总体目标位：到2017年，基地产值不低于150亿元，三年（2014—2017）翻一番，三年累计增长50%以上。到2020年，基地产值不低于300亿元，在2017年基础上再翻一番，力争突破500亿元。

（二）基地发展保障体系：

基地着力打造公共研发、金融服务、检测检验、人才培养、示范应用推广、项目载体六大平台，结合现有政策，构建完善的农机产业发展保障体系。

1.公共研发平台

（1）由中联重机投资建设的安徽省现代农业装备产业技术研究院有限公司成立于2016年9月，研究院通过产学研推的联合，有效整合与优化科技、产业、人才等资源，完善现代农机装备领域科学研究和工程技术研究的基础条件，瞄准国内重大需求和目标，强化优势学科和高层次人才团队培育，突出集成创新能力建设，争取在应用基础研究、关键产业化技术攻关和重点实验室建设上取得重大突破，建成国内一流现代农机装备产业综合研发机构。

（2）安徽特种农业装备产业技术研究院有限公司成立于2016年11月，位于芜湖市三山区工业园区，总占地面积50亩，办公场所1500平方米。公司由国内知名专家、学者发起，芜湖市兴众风险投资有限公司共同成立的农业特种装备研究院。研究院于2016年12月正式运营。

（3）中机精密成形产业技术研究院已开工建设。

2.人才支撑体系

（1）中联重机会同湖南生物机电职业技术学院成立了中国现代农业装备职教集团。该集团是中国农业部、教育部批准成立的四大农业职业教育集团之一，截至2016年共完成了安徽省农业委员会下达的2000人次农机手培训任务。

（2）荃银高科与中联重机协同开展青年农场主培训。

3.金融服务平台

围绕现代农业机械产业集聚发展金融需求，推进国家农机产业、财税与金融政策融合，协同落实好政策及资金支持，完备金融合作的工作体制与机制。在核心区积极推动农机金融（融资）租赁发展，鼓动社会资本设立农机金融（融资）租赁公司，以构建全方位、综合性的金融服务平台。

目前，基地正积极推进中联重机合作联社开发。中联重机计划利用省担保集团5000万元的农业专项资金，制定相应的农机销售金融支持方案，解决农户购机资金不足的难题。荃银高科、众创基金、三山区政府共同发起设立的总规模5亿元，首期2亿元的现代农业工程基金首期募集资金已基本落实。

4.示范应用推广平台

随着城镇化步伐的加快，中国农业劳动力面临老龄化和短缺的风险，必须实现农业生产机械化并拓展智慧型农业生成方式。智慧农业通过生产领域的智能化、经营领域的差异化以及服务领域的全方位信息化，推动农业产业链升级;实现农业精细化、高效化与绿色化，保障农产品安全、农业竞争力提升和农业可持续发展。因此，智慧农业是我国农业现代化发展的必然趋势，需要从培育社会共识、突破关键技术和做好规划引领等方面入手，促进智慧农业发展。

目前，中联重机在芜湖三山区峨桥镇流转土地3000亩，进行智慧农业示范项目建设。

5.检验检测平台

在安徽省农业委员会的支持下，由省农机鉴定总站牵头，市、区两级政府和社会资本参与建设，成立“安徽省农机产品质量监督检测中心”。2020年前建成省重点实验室，2025年前建成国家重点实验室。目前方案已提交省农机局通过。

6.项目载体

基地在园区内规划面积150亩建设11栋标准化厂房及办公用房，重点推进科创中心建设，将科创中心作为项目载体，积极推动科技企业孵化器筹建工作。科创中心现有生产厂房、办公区、成果展示中心、公共食堂、公寓楼等区域，均配备了完善的基础设施，能高水平的满足企业创业创新、投资、交流、办公、研发及生产等多样需求。目前，科创中心已引进安瑞激光、翼讯、中科医凌、乐农环保、羽人农业航空等16个高科技企业入驻。

（三）基地主要企业介绍

1.中联重机股份有限公司

中联重机股份有限公司（前身奇瑞重工）创立于2011年6月。农业机械业务覆盖国内主要农作物（小麦、水稻、玉米、油菜等）的育种、整地、播种、田间管理、收割、烘干储存等生产全过程。安徽芜湖、安徽南陵、安徽亳州、河南开封、浙江临海、吉林四平等地建有生产基地，北京设分公司以海外销售及进出口为主业务。

中联重机致力成为农业生产机械化整体解决方案服务商，坚持以全球化为视角，立足于整合全球资源，以创新为驱动力，致力于打造具有全球竞争力的世界级农业装备品牌。

2.玉柴联合动力股份有限公司

玉柴联合动力股份有限公司是专门从事现代节能环保重型发动机研究、生产、制造的大型企业，是玉柴机器高端产品生产基地。传承玉柴60年发动机制造经验，以经验丰富的国际化品质管理团队、世界一流的制造工艺，致力打造重型动力的世界知名品牌。

公司主导产品YC6K系列发动机，排量覆盖10.4～14升，以DD13/15为基础自主开发，集成了当今世界最新技术成果，拥有30多项发明专利。首次在发动机行业运用可靠性增长技术，突破了中国制造的可靠性弱势，大幅度提高了发动机使用寿命，排放可满足欧VI标准。

公司生产线以绿色制造和零缺陷为根本目的，将尖端的技术与可持续发展相结合，达到恒温、恒湿、无尘的目标。主要关键设备全部采用国际知名品牌，制造精度高，运行能耗低；线检测技术、防错技术、安全环保技术、信息技术全面运用，拥有103道在线检测、133个质量特性闭环控制，将先进的制造和检测装备与智能化的质量控制系统高度融合，使每道工序每个产品特性准确一致，确保了发动机的高品质。

3.芜湖羽人飞行器有限公司

芜湖羽人飞行器有限公司是由珠海羽人飞行器有限公司投资的一家致力于农用无人机研发制造、销售、服务的科技型企业，公司坐落于安徽省芜湖市三山经济开发区科技创业中心，项目总投资1亿元，以美国麻省理工学院曹承煜博士为核心的研发团队，打造国内专用级农用飞控系统。公司产品采用简单可折叠可拆卸一体化模块化的十字结构，应用“仿地飞行”和防荡药箱专利技术，使产品更加智能化模块化。

目前公司产品已系列化，并广泛应用于农作物药剂喷洒、杂交水稻制种辅助授粉、农作物信息勘察、播种、施肥等领域。销售网络遍布全国，飞防培训及售后服务体系完善。

4.安徽森米诺农业科技有限公司

安徽森米诺农业科技有限公司，是一家集科研、开发、创新、生产、销售于一体规模化高新技术企业。公司成立以来，高度重视产品技术研发与改善、重视产品质量提升与管控。与高校合作成功开发拥有完全自主知识产权的低温循环式环保型谷物烘干机等系列产品，技术先进、成熟可靠、物料消耗低，与国内同类产品相比具有效率高、成本低、除尘好、环保佳等优势，整体技术处于国内领先水平。

公司致力于开发具有市场前景的新产品、新技术、新工艺，公司拥有一批烘干机行业专家，自主研发的5HPS系列12T、15T、16.5T、20T、30T、50T、100T低温循环式环保型烘干机，及配套5L～30、45、60、90多功能环保型热风炉等产品，并获得多项国家专利。产品通过鉴定并列入农业部国家支持推广的农业机械产品目录和农机购置补贴产品目录。

5.芜湖格力精密制造有限公司

芜湖格力精密制造有限公司系珠海格力旗下全资子公司，成立于2014年11月，公司位于芜湖三山经济开发区团州路。项目总投资17.8亿元，注册资本3000万元人民币。公司年产精密铸件19.5万吨及相应的机加工产品，包含农机、制冷、泵阀、高铁、汽车、机器人等精密铸件等。

【安徽芜湖鸠江经济开发区】芜湖鸠江经济开发区位于芜湖城东，于2006年3月经省政府批准设立。2014年1月省政府批复以开发区主区、桥北工业园、电器部件工业园“一区两园”的方式扩区，规划总面积18.216平方公里，已建成区域面积约15平方公里。

近年来，开发区紧紧抓住皖江城市带承接产业转移示范区建设发展契机，坚持高起点规划、高标准建设、高效率服务、可持续性发展理念，按照“基础设施完备、配套服务良好、生态环境优美、经济社会效益提升”的目标，大力发展环保型、研发型高新技术产业及为之配套的现代服务业，经济保持了持续平稳健康发展的良好势头。2013年初，开发区成功入选全省“电子信息产业基地”和“两化融合示范区”。2013年10月，国家发改委财政部批复省政府实施战略性新兴产业集聚发展试点，国家芜湖机器人产业园开工建设。2015年9月，获批全省第一批战略性新兴产业集聚发展基地，依据国家试点和省级基地双叠加政策、机器人及智能装备产业加快集聚发展。2016年6月，国家工业机器人产品质量监督检验中心（安徽）获批筹建，国检中心部分建成投入运营；2016年7月，获批工信部中德（芜湖）中小企业国际合作区，中德中心建成投入使用，中德产业园启动建设；2016年12月，芜湖皖南快递产业园获批省级现代服务业集聚区，快递物流电商等三产服务业加快发展。

开发区加大政策支持力度，全面推进自主创新，到2016年全社会研发投入占地区生产总值的比重达到2.4%；高新技术企业达56家；高新技术产业增加值占规模以上工业增加值的比重达到60%以上。培育省级技术中心、省级以上工程（技术）研究中心、重点（工程）实验室15家；2016年专利申请达3800件以上，新增省级名牌产品5个。

截至2016年底，开发区共引进各类企业637家，其中规模以上工业企业158家，世界500强企业5家。2016年开发区完成新开工亿元以上项目33个，其中3亿元以上项目7个，5亿元以上项目3个，10亿元项目1个；完成全社会固定资产投资168.26亿元；2016年实现工业总产值473.8亿元，实现财政收入19.4亿元。

【安徽芜湖孙村经济开发区】 近年来，为适应经济新常态，芜湖孙村经济开发区积极转变发展观念，倡导创业创新，推动经济发展提质增效升级。芜湖孙村经济开发区所在乡镇——孙村镇，先后获得“安徽服装第一镇”“中国出口服装制造名镇”“安徽省铸造名镇”“安徽省产业集群示范点”等荣誉。

一、批准设立情况

芜湖孙村经济开发区位于繁昌县西部，为省政府2010年3月20日批准设立的省级筹建开发区。

二、管理机构及规划、管辖面积情况

芜湖孙村经济开发区实行“政区合一”机构管理模式，即与孙村镇人民政府合并管理。规划面积控制在13平方公里以内，此次上报符合繁昌县土地利用总体规划和城镇总体规划的建设用地面积是2.0364平方公里。开发区分成两个版块；其中西区规划建设用地面积为0.6111平方公里，四至范围：东至人字东路、体人路，南至新芜铜路，西至响水路，北至人字西路；东区规划建设用地面积为1.4253平方公里，四至范围：东至东环路、宁安城际铁路支线，南至新芜铜路，西至军民路、军园路，北至北环路。

三、基础设施建设情况

区内沿江高速、沪铜铁路、省道321线和宁安城际铁路穿境而过，且紧邻京福高铁和长江黄金水道，区位交通优势显著。芜湖孙村经济开发区自筹建以来，先后投入数亿元，为入园企业提供通上下水、通路、通电、通邮、通气、通讯、通宽带、通有线电视和平整土地（“八通一平”）建设服务，截至目前，开发区内已建设供水管道15.2公里、雨污水管道42公里、主干道路32公里、供电线路55.32公里、天然气管道13.22公里，邮政、通讯、宽带、有线电视和平整土地实现了园区全覆盖，充分满足了园区企业生产生活需要。今年，孙村开发区通过招商引资引进安徽中天纺织科技有限公司，该企业计划实施热电联产项目，项目实施后，可实现开发区内“九通一平”。

四、主要经济指标及主导产业情况

近年来，芜湖孙村经济开发区充分发挥产业优势，重点发展新材料、机械铸造、纺织服装三大主导产业。2015年园区实现地区生产总值89.12亿元；实现工业总产值284.16亿元，占全县工业总产值702.99亿元的40.42%；其中轻纺服装、机械铸造、新材料三大主导产业实现产值202.55亿元，占园区工业总产值的71.27%；实现税收收入（国地税之和）102261万元；园区吸纳就业人口21256人。2016年1—9月，实现工业总产值97.89亿元，实现税收收入33105万元，实现进出口总额5025万美元，实现固定资产投资271522万元。

宣城市

宣城市开发区发展报告

2015年，在市委、市政府的正确领导和省发展改革委等省直部门的指导下，全市开发区主动适应经济发展新常态，围绕“调结构、转方式、促升级”工作主线，推进平台建设，狠抓项目招引和投产达效，推进园区转型升级，实现经济社会健康稳定发展。

一、2015年开发区建设发展情况

（一）经济运行总体平稳。2015年，全市13家开发区实现经营（销售）收入1591亿元，同比增长9.7%。其中，规模以上工业销售收入1157亿元，同比增长8.3%。实现工业总产值1425亿元，同比增长9.2%，其中规模以上工业总产值1201亿元，同比增长9.3%。实现工业增加值359亿元，同比增长8.2%，其中规上工业增加值307亿元，同比增长8.7%，占全市73.7%。实现税收总额72.6亿元，同比增长14.8%，占全市47.8%，财政收入80亿元，同比增长6.7%，占全市42.4%。完成进出口总额17.9亿美元，同比增长9.5%，占全市96.8%。

（二）转型升级步伐加快。一是开发区整体层次提升。继宁国经济技术开发区、宣城经济技术开发区升级为国家级经济技术开发区后，广德经济开发区顺利通过省商务厅组织的国家级开发区申报专家审评会，正式申报材料已报送国务院组织待审。二是传统企业升级改造力度加大。郎溪经济开发区动力源、祥明仪表、佶龙机械等50家企业完成技改项目；绩溪经济开发区小小科技、明雁齿轮等企业引进机器人12台、机加工中心20套，用先进装备改造提升传统产业。三是自主创新能力提升。2015年我市开发区高新技术企业160家，新增21家；高新技术产业产值617亿元，占规上工业总产值的51.4%。宣州经济开发区5家企业被认定省级民营科技企业，新增安徽省专精特新中小企业1家、省级高新产品5项、省级企业技术中心1家、省两化融合示范企业1家，省级专利金奖1项；宁国经济技术开发区中鼎减震、宁沪钢球、开源耐磨3家获得省创新型试点企业；新马耐磨、宁沪钢球2家获得省级企业技术中心；广德经济开发区威正光电PCB工业设计中心获批“省级认定工业设计中心”，森泰塑木获批省级创新型试点企业。四是产学研合作水平提升。广德经济开发区推动设立合工大森泰集团博士后科研工作站和环态生物研究生科研工作站，深化宏霞科技技术成果应用，加大同南京大学、常州大学等高校产学研合作，为园区企业提供技术创新支撑；港口生态工业园区与复旦大学高分子科学系联合开发石墨烯柔性储能材料和碳纳米复合材料超级电容器项目成功入选安徽省十大科技创新项目。

（三）产业集聚水平提高。鼓励引导各开发区结合主导产业项目集聚现状，发挥比较优势，推进错位发展，提升产业集聚水平，加快形成特色工业园区。宁国经济技术开发区以中鼎、亚新科、保隆等现有龙头企业为依托，成功申报省级核心基础零部件产业集聚发展基地；宣城经济技术开发区以中鼎动力、中集联合重工等现有龙头企业为依托着力打造汽车及汽车零部件产业

基地；宣州经济开发区以亨旺、晶瑞等龙头企业为依托，着力打造新材料产业集聚发展基地；郎溪经济开发区以动力源、新涛光电、祥明仪表等龙头企业为依托，着力打造电子信息产业集聚发展基地；广德经济开发区以威正光电、宝达电子等龙头企业为依托，着力打造“PCB产业园”；泾县经济开发区以皖南电机、同华电机等龙头企业为依托，着力打造电机泵阀产业集聚发展基地等。2015年，全市主导产业实现经营（销售）收入851亿元，占全区经营（销售）收入比重为53.5%。

（四）发展要素保障有力。一是完善基础设施建设。广德经济开发区建成农贸市场一期、电子商务产业园、PCB检测中心，调试运营广德县第二污水处理厂一期；宁国经济技术开发区建设道路17条（续建15条、新建2条），完成了兴宁路110kV线路等杆线迁建工程，启动了宁雄、宁潜220kV、直升机场35kV线路迁建工程；启动了亚新科10kV、保隆、德特威勒公司35kV等专线建设；完成了龙驰创业园、电子信息产业园等生产生活供水工程。二是建设标准化厂房。宁国经济技术开发区建设完成标准化厂房22.5万平方米，并完成了对佳佳、双津两家民营创业园标准化厂房的认定；广德经济开发区PCB二期标准化厂房、科创园标准化厂房交付使用。三是清理闲置土地。广德经济开发区成功嫁接盘活亚伯兰电子、鹏盛箱包等闲置低效用地项目8宗442.2亩；宣州经济开发区成功完成5宗469亩闲置土地和3宗90亩低效用地的清理；泾县经济开发区新盘活土地700亩。四是拓宽融资渠道。宣州经济开发区通过振宣担保公司帮助企业融资2.16亿元，累计在保企业融资3.47亿元。广德经济开发区完善税融通等融资模式，探索建立产业基金，全年实现自身融资6亿元，帮助企业融资逾21亿元。宣城经济技术开发区做好“4321”银政担工作，希达担保公司累计共为区内46家企业提供担保2.7亿元，为8家企业协调银行贷款5000万元，帮助裕隆模具、银河洁具、百宏达汽车、三友科技等四家企业发行债券5200万元。

园区发展面临的困难主要有以下几个方面：一是企业运营成本高。在经济下行压力下，企业产品市场收窄，加之工业产品价格下降，企业盈利空间越来越小。二是缺少现代“企业家”。很多企业缺乏现代企业经营管理理念，生产运作、市场营销、资本运营成本不高。三是借力发展难。因经济下行，沿海省份鼓励其辖区内的企业在内部转移布局，园区招商引资越来越难。

二、2016年工作思路

（一）围绕主导产业招商，打造特色工业园区。各开发园区立足现有产业基础，优化空间布局，围绕1-2个特色主导产业，完善产业链条、培育产业集群，打造特色园区。

（二）坚持创新驱动，推动园区转型升级。一是培育壮大战略性新兴产业。积极培育装备制造、节能环保、生物医药、新能源、新材料等战略性新兴产业，积极申报省战略性新兴产业集聚发展基地。二是改造提升传统产业。以“智能化、网络化、绿色化、服务化”为发展方向，加快提升建材、农副产品深加工等传统产业的核心竞争力。三是构建产业转型发展的公共平台。围绕产业发展特点强化创新功能，引进培育一批研发机构，搭建产业技术服务中心、工业设计中心、产业共性技术服务平台等公共服务平台，建设自然资源共享、循环利用的公共基础设施。四是构建多元业态金融服务体系。做好上市企业筛选、培育、上市辅导等工作，支持科技企业到“新三板”挂牌交易，推动中小企业到国内中小企业板、创业板上市融资，形成上市一批、储备一批、培育一批的阶梯式发展态势。

（三）统筹协调，推进产城融合发展。加强开发区与主城区的衔接，实现各种资源、基础设施、社会公共服务共享共有，实现协调发展。

宣城市开发区重点介绍

【宣城市经济技术开发区】 2015年，在市委、市政府的正确领导下，开发区紧紧围绕全市“11331”发展思路，深入开展“三严三实”专题教育，强力推进招商引资、项目建设、企业帮扶等重点工作。

2015年，开发区完成规上工业产值60.5亿元，增长9.0%；完成规上工业增加值13.3亿元，增长8.5%，增速排名第三；完成固定资产投资44.0亿元，增长24.2%，增速排名第一，其中工业投资29.1亿元，增长19.2%，增速排名第四；完成财政收入7.8亿元，增长10.9%，增速排名第二；完成进出口13800万美元，增长23.7%，增速排名第二；实际利用外资8195万美元，增长15.9%，增速居全市第六位；实际到位省外资金46.9亿元，增长27.8%，增速居全市第二位，除了工业增加值增速外，全面完成了市政府下达的一单清目标。

一、2015年主要工作

（一）突出抓好招商引资，不断壮大产业规模。

一是转变招商方式。进一步做好国家级开发区宣传推介工作，不断提升对外知名度。优化招商区域布局，深耕长三角，巩固珠三角，开拓辽东半岛。以台资项目为突破口，加大外资项目招商力度。立足汽车及零部件、装备制造等主导产业，走“整机+配套”发展模式，着力引进“专、精、特”的专业化零部件企业。突出补链招商，围绕中兴新材项目，引进大连宏光锂业项目，跟踪中兴派能、深圳益佳通、江西茂源、杉杉电池电解液等上下游项目，延伸锂电池产业链条。

二是提升招商质量。2015年共签约项目64个，协议引资65.1亿元，其中属战略性新兴产业项目21个，属汽车零部件主导产业项目21个；亿元以上项目15个，5亿元及以上工业项目3个；外资项目2个。中兴新材、中鼎连康明混凝胶、北斗导航应用产品、长腾金属等一批大项目成功入驻。科技园累计引进项目28个，已投产运营20个，出租厂房近10万平方米。

（二）加大企业帮扶力度，扶持企业做大做强。

一是加强联系指导帮扶。实行工业企业包保帮扶销号责任制，深入摸排区内工业企业资产、负债等情况，对区内工业企业税收贡献张榜公布，认真筛选一批成长性好、税收贡献率大的企业和项目作为重点帮扶对象。成功申报规模以上工业企业14家，其中成长性11家、新增3家。组织63家企业参加2015年人力资源“春风行动”大型招聘会，缓解用工难题。组织弘雷科技、易宏电子商务等企业参加第四届中国创新创业大赛。帮助企业建立工会组织，全区3229名工人加入企业工会，为8名企业困难职工子女争取市总工会的助学奖金近万元。

二是缓解企业融资难题。严格按照省政府要求，做好“4321”银政担工作，为区内中小企业贷款提供担保。明确自2015年起每年将对希达担保公司增资2000万元，提高担保额度。今年以来，希达担保公司累计共为区内46家企业提供担保2.7亿元。实行政银企月对接制度，为8家企业协调银行贷款5000万元。制定《开发区促进企业上市（挂牌）融资暂行办法》，目前已梳理出28家拟帮扶上市企业名单，高德电力正在股改，生信铝业、城市燃气已完成股改，力争年内在“新三板”完成挂牌。组织发行2015年宣城中小企业集合债券，目前裕隆模具、银河洁具、百宏达汽车、三友科技等四家企业发行债券额度为5200万元。

三是兑现各项扶持政策。制订《开发区产业发展引导资金管理暂行办法》，兑现补助资金7047万元。积极组织企业申报项目137个，争取补助资金678万元。评选出开发区“综合实力10强企业”，兑现“综合实力10强企业”、高新技术企业和新增规上企业、省级企业技术中心奖金共计171.3万元。

四是加大闲置土地清理，推进绿色集约发展。加大闲置低效土地清理力度，现已清理闲置低效用地19宗1020亩(其中闲置土地14宗704亩，低效土地5宗316亩)，低效用地17宗1052.80亩，下一步将逐一约谈用地单位，并根据调查核实结果予以初步认定并公示。按时完成市植物园、人防基本指挥所等棚户区改造土地房屋征收和拆违工作任务，今年以来完成征地558.21亩，拆迁38户，预计全年可完成征地1400余亩，拆迁153户。

二、存在的主要问题

今年以来，开发区各项工作扎实推进，取得了一定成效，但受多方面因素制约，仍然存在一些突出问题。一是招商引资压力较大。因经济下行，制造业面临较多困难，东部各省出台政策实施产业回归工程，企业投资行为更加谨慎，招商引资和产业升级发展压力较大。二是经济总量依然偏小。缺乏大项目支撑，大部分企业仍处于低层次运行，资金实力和抵御风险能力弱，市场竞争力不强。部分企业因产能过剩、市场饱和等因素影响，产值下降明显，徽铝、赛发迪等企业停产。三是在建项目进度较慢。受资金、土地等影响，固定资产投资序时进度压力大，少数签约项目未及时动工建设，影响了项目落地，今年投产达效的项目有限。四是建设发展资金压力很大。自身财力有限，基础设施建设资金主要依靠融资贷款，资金紧张问题依然丨分突出。

三、2016年工作打算

2016年是“十三五”开局之年，我们将认真贯彻市委市政府工作部署，落实调转促行动计划，克难攻坚，强化举措，扎实推进招商引资、项目建设、企业帮扶等各项工作。

（一）打好招商引资攻坚战。在经济下行压力加大和转型升级要求提高的新形势下，明年招商引资竞争会更加激烈，需要我们打一场攻坚战，力争实现签约项目50个，协议引资100亿元，新增招商引资项目固定资产投资30亿元。一是精准招商。区域上深耕长三角、珠三角、台湾地区；产业上对准新能源新材料、高端装备制造；对象上巩固内商，突出台商、韩商和日商。进一步完善分片招商、以商引商方式，提高招商引资的成功率和产业集聚度。二是整体招商。抓住沿海大城市规划调整、转型升级机遇，派出招商小分队驻点，突出对整个工业园区和产业链招商，形成招商“火车”效应。三是定制厂房招商。对迫切需要的好项目，量身定制厂房和提供收购厂房，使项目入驻之后直接进入设备安装阶段，缩短投资周期，实现项目落地“短平快”，同时降低土地资源闲置风险。

（二）打好工业突破攻坚战。尽管近年来开发区发展较快，但工业总量不大仍然是最突出的问题，必须攻坚克难，促进工业尽快发展壮大。一是加强产业引导。对新能源新材料等战略性新兴产业出台专项奖补政策，扩大奖补面，适时成立开发区产业引导基金。二是减轻企业负担。高效率、快节奏兑现上级减负政策，同时降低企业厂房、住房房租，取消入驻科技园企业物业费用，帮助企业渡过难关。三是加快工业项目建设。计划2016年新增开工工业项目22个，竣工投产工业项目20个。

（三）打好世行项目攻坚战。世行项目于2013年底启动，到2018年底将关账，2016年是项目建设的关键之年。一是抓好世行项目中期调整之前项目建设工作。按照开发区实际用地需求，拟对部分世行项目进行调整，调整后将世行资金支付比例将从目前的60%提高到100%，时间节点在2016年4月初世行第5次督导之前。但调整的前提是目前续建道路要全部达到竣工验收标准，新建道路形成实质开工场面。下一步，我们将全力以赴加快项目建设进度，妥善处置征迁矛盾，确保中期调整顺利进行。二是加快长桥污水处理厂项目建设。该项目既是世行重点项目，也是环保部督查项目，2016年3月份环保部将组织验收，如果验收不通过，整个区域乃至全市新上项目环评将受到制约。对此，我们将倒排工期，在安全施工前提下，连春节也不放假休息，确保在明年3月底之前完成氧化沟主体建设和设备安装,符合验收条件。

（四）打好资产盘活攻坚战。2015年我们启动了闲置低效土地专项清理工作，虽然完成了市政府下达的1000亩目标任务，但土地清理和资产盘活工作仍然任重道远，而且越往后越艰难。打好这场攻坚战，重点抓好两个方面。一是继续推进土地专项清理。督促已批未供土地加快征迁和供应，确保供地率达到80%以上；对闲置土地按程序处置到位；对低效土地，利用土地使用税杠杆，因企施策，督促业主提高利用率。二是抓好停滞项目资产盘活利用。落实中央经济工作会议“尽可能多兼并重组，少破产清算”要求，按照“先存量、后增量”原则，对长期闲置的项目，积极引进新的项目盘活嫁接；对拟收购项目，抓紧做好资产清算等工作，加快土地、厂房收购进度；对涉法涉诉类项目，依照法律程序积极稳妥处置。

【安徽宁国经济技术开发区】 【概况】宁国经济技术开发区于2000年12月经安徽省政府

批准成立，2013年3月，经国务院批准，升级为国家级经济技术开发区。经过多年建设，已形成“一区三园一拓展”发展格局，建成区面积已达20平方公里，中远期规划55.2平方公里。截至2016年底，园区注册企业2017家，其中工业企业823家，规模以上工业企业223家，高新技术企业66家，亿元企业56家，上市（挂牌）企业15家。开发区先后荣获全国百佳科学发展示范园区、国家知识产权试点示范园区、国家增量配电业务改革试点、安徽省投资环境十佳园区、安徽省创新型园区、安徽省新型工业化产业示范基地、安徽省文明单位、安徽信用建设示范园区等荣誉称号，通过了ISO9001质量管理体系认证和ISO14000环境管理体系认证，2015年9月，成功入选安徽省第一批14个战略性新兴产业集聚发展基地。

经济运行。2016年，开发区完成工业总产值460亿元，同比增长11.7%,其中规模以上工业总产值440亿元，同比增长12.3%；实现工业增加值114.7亿元，同比增长12.2%；完成固定资产投资170.4亿元，同比增长20.2%；完成财政收入19.6亿元，同比增长9.9%；实际利用外资2.1亿美元，同比增长8.8%；实际利用内资91.2亿元，同比增长13.4%；完成进出口总额5.3亿美元。

基地建设。2016年，宁国基地迎难而进，奋力拼搏，超额完成了年度目标任务。全年完成规模以上工业总产值368.19亿元，同比增长19.2%，占目标任务的127.4%，相对于2015年增速提高了3.2个百分点；税收13.53亿元，同比增长10.9%，占目标任务的119.7%；固定资产投资90.24亿元，同比增长25.7%，占目标任务的410.2%。基地新培育10亿～50亿元企业1家、5亿～10亿元企业1家。新增高新技术企业8家，总数达58家；新增省级工业设计中心1家、省级工程技术中心1家、省级企业技术中心1家，拥有省级以上创新平台30家。

2016年先后收购三家海外新能源汽车产业链公司后，中鼎集团再次向欧洲一家公司发起收购，加速融入全球汽车零部件市场；凤形股份跨界收购无锡雄伟精工科技有限公司100%股权，布局汽车零部件领域。注册落户创新团队6个，其中华成金研高温合金材料团队获省创新团队资金扶持。中鼎集团院士工作站获省科技厅批准设立，凤形公司博士后科研工作站获省人社厅批准设立。赛宝基础零部件产业技术研究院基本建成并开始营业，省级耐磨铸件质量监督检验中心搬迁基本完成，正在争创国家级检验中心。科技创业服务中心迁扩建项目、深圳华测（宁国）橡塑密封件检验检测中心启动建设。

2016年，宁国基地成功举办了首届中国（宁国）橡塑密封件产业发展高峰论坛，同时，积极与合肥工业大学、青岛科技大学、西安电子科技大学对接，开展产学研合作活动，开通了基地官方网站及微信公众号，接受国际商报、安徽日报、新安晚报、安徽卫视等媒体专题采访10余次，在国家级媒体发表宣传文章6篇，各类省级媒体发布信息20多篇。

创新招商方法。强化产业基地招商。立足国家火炬宁国橡塑密封件特色产业基地、安徽省核心基础零部件战略性新兴产业集聚发展基地等已形成的产业发展平台，扩大国字号的品牌效应，大力推进产业招商，发挥产业集聚带来的巨大经济效应。瞄准因上海迪士尼、杭州亚运会等重大项目建设和重要国际活动举办所带来的招商机遇，引进一批重大产业类项目，助推产业转型发展。

强化上市企业招商。发挥上市企业“资本+技术+市场”的叠加优势，按照“已上市企业抓扩大投资、新上市企业抓项目谋划”的要求，实行“一企一班、一企一策”，认真谋划上市企业上下游关联项目及平行关联业态项目，开展多层次、全方位的对外招商合作，打造完整产业链条，提升上市企业市场竞争能力，稳固上市企业在我市经济社会发展中的顶梁柱作用。

强化创新团队招商。突出基地建设和产业转型发展方向，实施创新团队和高层次创新人才招引计划，围绕复旦大学、中科院、工信部等科研院所的科技创新团队，力争引进和培育1—2家创新创业团队来宁发展。主动对接临安青山湖科技城，力争在产业承接、科技成果转化等方面推进合资合作，不断增强我市企业的创新实力和市场竞争力，推动打造科技产业园。

产业链招商。一方面，强化对主导产业和本

土企业发展方向的深层次研究，发挥企业招商主体作用，制定“招商地图”，鼓励优质企业“走出去、请进来”，对本土企业对外合资合作、嫁接重组项目，均给予招商引资同等待遇，优先配置土地、人才、资金等要素资源；另一方面，强化内培外引，积极探索产业招商新路子，立足现有产业链条，围绕“建链、延链、补链、强链”环节，在上下游协作配套上下功夫，注重研发平台、检测机构、中介服务等生产服务性项目的引进，瞄准行业龙头和话语权企业进行对接，大力引进行业相关央企、省属国有企业、知名民企来宁投资，延伸产业链条、壮大产业规模，不断做大经济发展总量。

投资环境宣传推介活动。一是应邀参加了10月18—19日在合肥举办的以“发展新理念、转型新机遇”为主题的“2016中国国际徽商大会”。期间，我市参加了“2016中国国际徽商大会”宣城投资合作恳谈会暨集中签约仪式，取得了丰硕成果，共有3个项目签约成功，投资总额12.8亿元。其中德国WEGU公司投资1.4亿元的降噪减震橡胶制品产业园项目在省主旨活动上签约；投资6.3亿元的大屏车载终端电脑研发制造项目、投资5.1亿元的汽车零部件生产项目，在宣城市投资合作恳谈会现场签约。此外，我市还推介了8个项目，总投资额达132亿元。参观了安徽国际会展中心综合展区和各市展区，观摩了四方电子商务“上街去”现场演示、机器人书画表演等互动节目，并与参展的企业负责人进行了深入交流。

二是2016年，开发区招商分局、港口园区招商分局等7个招商分局分别在宁国、深圳、苏州、上海、宁波、昆山等地举办了招商推介会。会上，广泛宣传了宁国投资环境及招商政策，进行了招商项目推介。

新投产项目概况。司尔特循环经济小镇。司尔特循环经济小镇位于国家级宁国经济技术开发区汪溪园区，主要依托司尔特肥业股份有限公司及上下游产业，结合周边自然山水、农居，打造集循环经济产业、休闲农业、文化旅游、特色民宿、社区服务为一体的特色小镇。小镇总投资60亿元。总体规划面积约3.7平方公里，初步划分为小镇门户区、特色风貌区、生态休闲文化区、特色民宿区、循环经济产业区、生态农业种植体验区六大功能区。

为加快推进司尔特循环经济小镇建设，借鉴浙江特色小镇成功经验和先进做法，按照高起点规划、高标准建设，积极推进小镇各项建设，力争将司尔特循环经济小镇打造成为全国一流的特色小镇。

司尔特循环经济小镇生态休闲文化区，规划理念为结合现状河道及自然生态，通过景观打造，建成集郊野旅游、生态文化展示、休闲活动为主的综合生态休闲区域。该项目占地面积约32.8公顷，总投资约5288万元，总体布局为入口台地景观区、滨水活力体验区、山林健身休闲区、自然山水飘逸区四个分区。目前已完成规划设计和项目招标工作。

司尔特循环经济产业区位于司尔特循环经济小镇，总占地面积1662亩，项目总投资29.11亿元。

一期项目投资主体为安徽省司尔特肥业有限公司，占地面积900亩，总投资11亿元，其中政府征地、拆迁（80户）和基础设施建设投资2亿元。建设内容为磷复肥生产、余热发电、测土配方中心等。2016年完成产值70亿元，税收3.7亿元。

二期项目占地面积762亩，总投资18.11亿元，其中政府征地、征迁（180户）、场平、道路等基础设施建设投资2.6亿元。项目建设内容为万佳纸面石膏板、皇华建材、司尔特复合肥技改搬迁、电镀中心、污水处理厂、政捷危化品运输、司尔特化工设备制造、缓凝剂和司尔特仓储中心等项目。

万佳石膏板项目，占地面积240亩，投资主体为山东万佳公司，总投资4亿元。年综合利用磷复合肥副产品磷石膏80万吨，年产纸面石膏板8000万平方米，年销售收入6.4亿元。

皇华建材项目，占地面积124亩，投资主体为山东皇华集团公司，总投资2亿元。年产5000万平方米高档纸面石膏板，3000万平方米PVC石膏天花板和1000万平方米龙骨。年销售收入8亿元。

电镀中心项目，投资主体为宁国经济技术开

发区，占地面积81亩，总投资1.3亿元。项目建设内容包括7幢电镀厂房、1座综合楼、1座站房、1座化学品仓库、2座门卫室、1座配电设施。按照统一规划、统一建设，采取可租可售的多种经营方式运营，拟采取PPP模式建设。

污水处理厂项目，投资主体为宁国经济技术开发区，占地面积52亩，一期项目投资0.31亿元。建设内容为日处理1500吨电镀废水处理站和日处理5000吨污水处理厂，解决电镀中心、司尔特循环经济产业区及周边工业污水处理问题。项目建设拟采取PPP模式建设。

复合肥技改搬迁项目、化工设备制造项目、缓凝剂生产项目和仓储中心项目，占地148亩。投资主体为司尔特公司，总投资7.5亿元，其中，复合肥技改搬迁项目投资3亿元，项目建设达产后，年产复合肥40万吨，产值8亿元，利税达1亿元。

政捷危化品运输项目，为司尔特公司配套服务项目，项目总投资0.4亿元，集运输、物流、修理于一体，项目达产后，年运输各种材料与复合肥100万吨，年产值5000万元，利税1000万元。

【安徽广德经济开发区】 广德经济开发区于2002年启动建设，2006年获批省级经济开发区，2013年申报待批国家级经济技术开发区。2010年以来，园区相继荣获“省模范劳动关系和谐工业园区、省新型工业化产业示范基地、省循环经济示范单位、省两化融合示范区、省印制电路板（PCB）特色产业基地、省电子信息产业基地、省知识产权示范试点园区、省卓越绩效奖”等多项殊荣，强势挺进全省开发区第一梯队、综合竞争力前20强。

园区总体规划面积43平方公里，分三期开发建设，一二期22.5平方公里全面建成，三期高新起步区、祠山岗城市副中心雏形初显，九年一贯制滨河学校、农贸市场、PCB污水处理厂、标准化厂房、电子商务产业园等一批生产生活性配套设施投入使用，绿化亮化美化工程日趋完善，一座宜业宜居的工业新城正拔地而起。截至目前，园区共投入建设资金40余亿元，引进项目协议内资超400亿元、外资5亿美元，投产企业260余家、在建项目69个,已初步形成PCB（印制线路板）、汽车零部件、智能化成套装备、新材料四大板块经济，正以PCB产业为核心全力争创第二批全省战略性新兴产业集聚发展基地。

一、2015年经济社会发展情况

2015年，开发区严格按照县委、县政府“工业强县、生态立县”发展战略要求，主动适应经济新常态，始终将“调结构、转方式、促升级”作为工作主线，强力推进平台建设，狠抓项目招引和投产达效，推动园区转型发展、优化升级，实现了经济社会健康稳定发展。

（一）工业经济量质并举。全年完成“2178”等主要经济指标任务（即实现工业总产值276亿元，同比增长10.5%，规工产值165亿元，同比增长8.3%，工业增加值70亿元，同比增长7.0%，实现税收8.6亿元，同比增长19.4%；完成固定资产投资59.4亿元，同比增长18%，实现进出口3.5亿元，同比增长16.6%），其中主导产业、高新技术产业和现代服务业产值分别较上年提高15、17和11个百分点,产业结构进一步优化。

(二)招商选资优势互补。全年累计签约项目34个，协议内资33亿元，外资3500万美元，其中亿元以上项目14个，5亿元以上大项目2个。一是产业集群初步显现，PCB产业园初步形成线路板封装及应用完整产业链，汽摩配产业园基本形成整车系统配件生产能力；二是招大引强取得突破，成功引进上海杰事杰热塑性复合新材料和卓唐实业项目，高端集聚和龙头引领作用凸显；三是总部经济逆势上扬，与农银国际、建信信托、中铁建等央企深化项目合作，全年实现总部经济税收达8000万元。四是三产招引联动互补，成功引进黄埔控股集团，依托艾易科技专业团队，全面启动电子商务产业园运营工作；与骏高（国际）物流公司、力高控股合力打造皖东南保税物流中心项目。

（三）项目推进统筹兼顾。全年新增开工项目25个，投产企业30家，累计投产企业258家、在建项目70个。一是力促项目开工投产，严格落实在建项目帮办和投资主体责任，确保项目“按时足额”投产。二是力推企业嫁接盘活，成功嫁接盘活亚伯兰电子、鹏盛箱包等闲置低效用地项目8宗442.2亩。三是强化产业龙头培育，扶持壮大涌诚、永高、森泰、慈兴等一批特色产业园，培育打造税收超千万企业群。筹建皖东南保税物流中心。四是注重小微企业孵化，打造科创园、PCB标准化厂房、电子商务产业园等创业创新基地，支持“专、精、特、新”小微企业发展，成功孵化环态生物、盛昌科技等一批小微企业。

（四）产城融合重点突出。全年投入建设资金5.7亿元。一是完善局域路网。完成宁乡路北段、南塘路延伸段等4条3.5公里道路建设。二是突出重点安置。南塘新村二期、东升花园主体封顶。三是加快配套建设。建成农贸市场一期、电子商务产业园、PCB检测中心，调试运营县第二污水处理厂一期，加快商贸中心三期、保税物流中心建设。四是提升承载内涵。祠山岗城市副中心建设提速，祠山岗邻里中心一期多层交付，二期高层竣工，二手车市场加快建设，客运换乘中心、片区学校、医院等公共服务设施完成前期调研，总部经济大楼、综合物流园加快招商洽谈。

（五）改革创新双轮驱动。一是助推企业上市。实现天运新技术新三板上市，高斯特、鼎梁生物等4个项目在上海股权交易中心Q板、E版上市，支持森泰集团、利德光电、涌诚机械等完成上市准备工作。二是深化产学研合作。推动设立合工大森泰集团博士后科研工作站和环态生物研究生科研工作站，深化宏霞科技技术成果应用，加大同南京大学、常州大学等高校产学研合作，为园区企业提供技术创新支撑。三是破解瓶颈制约。引导鼓励企业加大技改投入9.6亿元；设立全省唯一一家县级海关报关服务平台；壮大开投等投融资平台，完善税融通等融资模式，探索建立产业基金，全年实现自身融资6亿元，帮助企业融资逾21亿元。

（六）社会事务协调推进。一是突出党群引领。建成开发区党群服务中心，累计建立PCB产业园党总支等非公企业党总支117个，覆盖率99%，成立PCB行业协会。二是优化体制机制。运行开发区项目服务大厅，实现行政审批“一站式”封闭运行。三是拓展社会管理。建立信访维稳预排查及化解机制，全年立案处理各类矛盾44件，办结率100%；建立安全生产部门联动机制，安全生产零事故。

二、2016年发展规划

2016年是开发区实施“十三五”规划的开局之年，更是园区加速产业转型升级的攻坚之年，根据县委、县政府总体工作部署，结合园区发展实际，2016年开发区工作的总体思路为：持续深入贯彻县委、县政府“工业强县、生态立县”发展战略和“调转促”任务要求，坚持“提速扩总量、转型增质效”工作基调，全面完成“3171”经济发展指标和“3221”项目工作任务。

完成“3171”经济发展指标，即完成工业产值300亿元、规工产值190 亿元、工业增加值75亿元、税收突破10亿元。

实现“3221”项目工作任务，即新增签约项目30个、开工项目25个、投产企业25家、规工企业15家。

（一）突出节点撬动，逐步构建产城融合“三大组团”

计划投入建设资金5.2亿元，全力推动祠山岗城市副中心、滨河商务区、三期高新区开发建设。一是协助完成M-3三期、L-3一期570亩征地和4.9万平方米拆迁工作。二是启动广阳西路、荆汤路北延建设，确保东亭路、鹏举路、国华东路延伸段、文正路1#桥建成通车。三是启动L-3一期，完成M-3三期50%工程量，确保M-3二期竣工交付。四是推进产城融合重点配套项目建设，确保星蓝湾一期、4号污水提升泵站、PCB污水三期管网、绿化提升工程（Ⅱ期）、路灯节能改造、桃园河引水工程、水岸阳光农贸市场主体竣工，交通设施PPP项目、PCB职工服务中心、皖东南保税物流中心（一期）投入使用。五是加快建设祠山岗城市副中心，确保祠山岗邻里中心二期、二手车市场竣工交付，启动县农副产品交易市场、城东公交换乘中心等配套设施建设，完成总部经济大楼等6处商业地块出让。六是实现三期高新区项目入驻零突破，进一步优化三期综合配套功能。

（二）聚焦工业带动，致力打造主导产业“四大板块”

招引培育推动PCB、汽车零部件、智能化成套装备、新材料四大主导产业板块迈向中高端水平。一是精准招商定向突破。加大与志超电子、庞浩不锈钢等5亿元以上大项目对接力度，确保引进超5亿元以上主导产业大项目2个以上；着力引进汽车电子系统、智能制造传感器等关键配套企业入驻，确保全年实现签约项目20个，协议内资20亿元，外资1500万美元；积极培育新型业态，依托科技创业园、电子商务产业园等创业基地，大力开展“大众创业、万众创新”；强化总部经济招商，实现总部经济税收超5000万元；力争皖东南保税物流中心项目申报成功。二是全力打造主导产业“四大板块”。PCB产业板块，依托威正光电、宝达电子等企业集聚效应，推动PCB产业与国内行业龙头企业合作，重点推进插片、封装、家电、智能制造配套，打造全国一流、华东领先的PCB产业基地。汽车零部件产业板块，依托慈兴产业园等企业品牌效应，加大龙头型、上下游关联企业引进和培育力度，打造国内知名汽车厂商关键零部件生产基地。智能化成套装备产业板块。依托涌诚机械、磐石油压、广正电气等企业示范效应，提升数控机床、注塑机、工业机器人等产业规模，打造长三角先进装备制造业基地。新材料产业板块。依托永高塑业、森泰木塑、科蓝特铝业等企业规模效应，推动新材料产业转型升级，打造新型材料产业发展基地。

（三）深化创新驱动，释放经济社会“五大动能”

坚持创新驱动，以科技创新、政策创新、金融创新激发市场活力。一是构建以企业为主体的产业技术创新体系。支持企业工程技术中心等平台建设，鼓励PCB检测中心申报国家级行业检测、认证中心；开展以智能制造为主导的新一轮技术改造，实现传统产业改造升级；引导企业品牌建设，支持主导或参与国际标准、国家标准和行业标准的制定或修订。二是构筑以市场为主导的供给侧结构性改革体系。深化产学研合作，推进企业柔性引智和创新团队建设，推动建立企业家、高层次人才队伍；引导企业开展上市工作，探索推进“4321”政银担风险分担机制，开展“税融通”业务，力争定向支持优质企业融资突破30亿元；积极实施公私合作（PPP）项目，引导社会资本向基础设施、公共服务等领域投资，探索国有资产运营中心实体化运作,全年实现自身融资8亿元。三是建立政府主导社会参与的综合政策支撑体系。持续优化政务环境和项目服务机制，深入实施“三扶一帮”制度，发挥产业投资基金和中小企业转贷基金撬动作用，深化项目准入预审、动态监测预警和后评估机制，完善用地审批零违规机制，全年嫁接盘活闲置土地800亩以上；四是探索“政区合一”等社会管理模式，探索将辖区内双河、南塘等社区纳入开发区管理，并参与社会管理，推进园区综合整治提升活动；成立开发区人民调解委员会和区企联防工作对，构筑社会治安防控体系；持续深入开展经常性重点领域事故隐患排查和专项整治工作。五是激发党建引领群团带动活力。发挥党群服务中心引领作用，深入开展非公企业党建示范点创建活动，力争创成国家级党建示范点1个，省级示范点5个，市级示范点10个；着力培养红领企业家队伍，充分发挥工会、妇联、团工委等群团组织力量，继续办好第三届职工文化艺术节。

“十三五”期间，园区将着力打造PCB、汽车零配件、新材料、智能化成套装备“四大板块”经济，培育以高新技术产业为代表的战略性新兴产业和以电子商务为代表生产性服务业新型业态，积极打造“长三角先进制造业基地”，基本形成以战略性新兴产业为先导、先进制造业为主导、现代服务业为支撑的现代产业新体系，实现建成区面积40平方公里，工业总产值超700亿元，规工产值突破500亿元，财政收入超20亿元，全面创成国家级经济技术开发区和省级高新技术开发区！

【安徽广德新杭经济开发区】 2015年是新杭开发区发展之年，在“十二五”收尾之际，开发区积极开拓，在各方面都有所作为，现对2015年发展情况做如下报告。

一、2015年新杭开发区主要工作

（一）主导产业培育

2015年，新杭经济开发区以汽车零部件、水泵产业、光气产业三大主导板块为核心，积极发挥龙头企业带头作用，推动产业集聚发展。初步形成了以东方富瑞、大溪水泵为代表的水泵产业，以亚太机电、永茂泰为代表的汽车零部件产业，以亨通铜业、力鑫特钢为代表的金属深加工产业，以广信农化为代表的光气产业，以施可达岩棉为代表的新型材料等多个产业集群。为支持主导产业发展，开发区积极为提供服务，如帮助搭建银企对接平台，组织了华新医材、东方富瑞、双箭机械、水泵产业园项目等多场专项银企对接会。进一步推进基础配套设施建设，完成了35kV路东变与东方富瑞专线建设，解决了大溪水泵产业园与东方富瑞的用电问题，并推进了亚太110kV变电站外线工程建设。还积极帮助施可达岩棉、尧龙竹业两企业新三板挂牌。今年开发区投产企业数量增至42家，另有10余家在建。开发区从业人口突破3000人，累计完成固定资产投资38.3亿元，其中基础设施投资8.1亿元，企业完成投资30.2亿元，累计完成工业总产值213.7亿元，工业增加值51.7亿元，累计实现税收8.1亿元。目前，广信农化股份有限公司于2015年5月12日A股上市成功。总投资7.2亿元的亚太机电、总投资3.5亿元的东方富瑞、总投资1660万美元的华新医材等一批重点项目建设已接近尾声，即将投产达效。

（二）招商引资工作

随着我国产业结构调整，东部沿海地区的制造业正在转型升级，新杭开发区抓住机遇，不断承接东部地区制造业转移。过去一年中开发区改进招商方法，找准招商方向，实现了招商引资向招商选资、个体招商向产业招商、重视数量向数质并重三个转变。利用各种招商平台，围绕培育壮大水泵机电产业，坚持主要领导带队招商和专业招商，不断强化招商引资意识，促进开发区对外招商的新突破。今年以来，共组织外出招商40余次，累计完成新签约项目有小君泵业、雷欧诺服装、政辉金属科技、华辰生物能源等10余个，实现新开工建设项目有亚太机电、华辰生物、永发铸造、雷欧诺服装等4个，实现新投产项目有泰固铸造、丰宁铸件、旗峰铸造、奥鑫机电、雷欧诺服装等5个。在创新招商模式的基础上成功举办了“新杭经济开发区水泵机电产业园专题招商推介会”，并取得明显成效。新杭开发区已先后引进项目四十余个，其中包括力鑫特钢、东方富瑞、亚太机电等一批大项目，其中华新医材还完成了开发区外商直接投资项目零的突破，总投资突破50亿元。

（三）创新发展工作

新杭开发区在发展工作中积极创新，不断谋求工作方式方法的进步，一直把创新作为提高工作效率与成果的必由路径，不断创新工作方法、创新工作思路。

（四）绿色集约发展

新杭开发区在2015年坚持绿色发展路线，大力改造园区环境。2015年7月，启动开发区八条主干道绿化、亮化、人行道工程，园区形象进一步提升。新建日供水能力1万吨的自来水厂1座，开工建设日处理污水能力1万吨的污水处理厂1座，大力推进园区循环化改造工程，在建设污水处理厂的基础上建设园区内污水处理配套管网，使整个园区生产环境更加绿色环保。

（五）体制机制创新

2015年新杭开发区积极进行体制机制创新。体制上，针对园区现有工作内容与当前体制机制存在的一定矛盾，初步对园区内设机构、人员配备等进行了必要调整，成立了开发区规划建设分局、开发区城管中队、开发区人力资源与社会保障办公室以及开发区工会、团委、妇联等组织。机制上，完成了办公楼的整体搬迁，对几大办公室进行科学整合，并结合工会等群团组织建设要求，创新谋划，建设了开发区职工之家以及职工书屋。下半年我们还成功举办了开发区首届职工文体活动周，一定程度上极大地丰富了广大职工的文化体育生活。同时，我们还按照“调优用活、自成一体”的原则对内部管理各项工作制度进行建章立制，对开发区主任办公会制度进行完善，鼓励干部有针对性的学习培训，幻灯片、脱稿式会议交流发言模式的新尝试，以及信息公开等一系列诸多新常态下更为灵活科学规范的服务保障、督查考核机制。

二、存在的问题

经过努力，新杭开发区取得了巨大发展，但仍存在一些问题。

（一）企业产业结构有待优化

新杭开发区成立初期，主要致力于企业数

量的增加和经济总量的迅速扩大。对产业结构、产业层次等评估不足。一是签约项目较多，落地率不高，总签约项目120余个，落地项目仅40余个，项目落地率不足40%；二是产业结构不优，工业发展迅猛，三产发展滞后，制约开发区进一步发展；三是产业层次不高，以传统产业为主，多为铸造、原材料生产等产业链上游项目，产品附加值较低。

（二）配套服务仍显不足

“十二五”期间，新杭开发区配套服务稳步提升，但与周边发达地区相比，仍有诸多不足。主要表现在产业配套较差，产业集聚区尚未形成完整的产业链，企业生产、运输成本较高。生活配套设施不完善，离企业及职工的需求差距较大，为企业配套的商务、餐饮、休闲娱乐等服务设施急需完善。项目服务水平不高，侧重于服务新建项目的手续办理等方面，对投产企业缺乏有效管理，对企业发展帮扶力度不强。

（三）要素制约矛盾突显

一是土地等资源的集约节约利用仍有提升空间，已出让土地存在利用率不高现象，后期用地指标不足，影响土地征用和基础设施建设。二是人才培育机制不完备，缺乏专业型、复合型的高端人才，高级技工与管理人才匮乏，开发区从业人员中，具有中、高级职称的不足10%。三是资金压力巨大，地方财力有限，在快速发展阶段，镇财政压力不断加大，制约了开发区的发展。四是企业信用体系欠缺，中小型民营企业融资困难，制约了开发区企业的成长、壮大。

（四）管理体制仍需优化

开发区发展初期，镇区合一的管理体制对开发区发展较为有利，政府在财政支出、人员配备、政策分配等方面积极向开发区倾斜，极大地促进了开发区发展壮大。开发区发展到一定阶段，管理要求更加科学、人员要求更加专业、服务要求更加高效、财政要求更加独立，而现有体制一定程度制约了发展。

三、2016年工作计划

2016年新杭开发区将继续发展势头，确保完成新签约项目12个（含1个5亿元项目），新开工项目7个，新投产项目6个；完成征地200亩，拆迁129户；实现工业总产值80亿元，税收突破1.5亿元。

2016年工作将主要围绕三个方面开展工作：

一、加大管理体制创新

计划建立开发区重大项目库，优化项目结构，注重引进技术含量高、占用资源少、低碳环保型项目，对重点项目长期跟踪，切实把项目招商工作做扎实，进一步增强开发区未来发展的后劲。

二、提升平台承载能力

提升开发区基础设施平台，引入社会资金共同开发，加大对新杭开发区5平方公里主区基础设施的投资力度。进一步完善开发区路、水、电、讯、气、污水等基础设施配套能力，完成二水厂、流洞水厂嫁接重组，优化自来水供应结构，启动开发区110kV变电站建设，进一步保障企业电力需求，完成“邱村—新杭”次高压天然气管道工程建设，降低企业用气成本。完成经三路建设与老215省道改造工程，形成两条纵贯开发区的“中轴线”，新建不少三条道路与新215省道横向连接，进一步拉开主区框架。有条件的推进园区社会化投资标准厂房建设，搞好绿化、亮化、美化规划，提升开发区形象，营造良好的投资环境。

三、提高招商引资水平

要实现招商引资向招商选资、个体招商向产业招商、重视数量向数质并重三个转变。利用各种招商平台，加强“走出去、请进来”，把长三角地区作为主要招商区域，积极围绕培育壮大水泵产业，强化产业链招商，促进以商引商，探索中介招商、整体招商，促进开发区对外招商的新突破。

【安徽宁国港口生态工业园区】 近年来，在市委、市政府坚强领导下，港口园区紧紧围绕“工业主战场新园区、城市副中心新城区”的定位，以扩张经济总量和提升质量效益为核心，统筹推进资本、土地和项目运作，加速完善承载能力，着力提升造血功能，增强核心竞争力，实现园区持续稳定健康发展。2015年，园区实现工业总产值92.2亿元，增长19.4%；规模以上工业增加值23.0亿元，增长10.0%；完成固定资产投资53.4亿元，增长11.0%；实现财政收入4.88亿元，增长10.0%。目前，园区共有规模以上工业企业23家。

一、园区建设情况

港口园区作为一个新园区，在当前宏观经济政策特别是在严控政府性债务的形势下，仅靠税收收入、土地收入是难以支撑的。为此，我们秉承精细化发展理念，坚持"建设+招商、融资+运营"并举，积极探索公司运作型发展模式，逐步进入"以区养区"自我供给的新阶段。

（一）基础设施配套情况

一是路网工程。目前，园区"六纵六横"路网体系已经形成，道路总里程达21.6公里。二是自来水工程。港口自来水厂一期工程日供水规模3万吨，总规模6万吨，总投资5500万元，已于2013年3月正式投入运营，目前实际日供水量为3000吨。三是污水处理工程。港口污水处理厂占地面积43.95亩，总规模为日处理污水2万吨，分两期建设。一期工程于2014年7月建成投入运营，当前实际处理能力5000吨，同步新建了污水主干管5.5千米和支干管网3.4千米，污水管网总里程达到33.6公里，项目总投资6700万元。四是天然气工程。上海中油公司招标取得特许经营权，港口天然气CNG门站于2013年投入运营，年供气量达7000万立方米，目前已建成覆盖整个园区的12.5千米管网工程。川气东输工程港口段已铺设完成，港口园区分释阀站正在进行设备安装，建成后将达成年供气能力1亿立方米。五是供电工程。220kV变电站占地约45亩，2013年10月30日建成投入使用，总投资16161万元，是宣城市规模最大的220kV变电站，可保障港口园区未来十年供电需求。六是房建工程。严格执行落户企业生产区与生活区相对分离的规划要求，在园区规划商务区，建成了2.61万平方米的一期农民安置房，192户拆迁户正式入住。七是场平工程。根据项目落地需求，结合地类性质情况，高效跟进场平工程。累计完成场平6000余亩。

（二）项目建设情况

建园至今，园区共落户项目52个，总投资87亿元，已实际到位资金35.9亿元。其中，10亿元以上项目3个，亿元以上项目30个。目前在谈项目30个，总投资71.8亿元；在建重大项目12个，总投资49.1亿元；投产项目27个。

从创新项目看，示范带动作用显著。一是探索"资本招商+科技孵化"的新方式，经市政府同意，园区投资1000万元与复旦大学高分子系创新团队成立了龙晟柔性储能材料科技有限公司，联合开发石墨烯柔性储能材料和碳纳米复合材料超级电容器项目；二是致力于占领科技创新的制高点，该项目被评为安徽省十大科技创新项目。三是按照扶持一个龙头带动一个产业的发展思路，在石墨烯成功量产，并成功制备首批石墨烯纤维后，在公司层面积极筹建省级重点实验室、博士后工作站和省级石墨烯检测中心，在园区层面积极规划建立石墨烯柔性储能旗舰产业园，对接中节能、中国黄金、中广核、比亚迪等重点企业，大力开展产业链招商工作，力争依托该产业能够跻身第二批省级战略性新兴产业基地。

从在谈项目看，企业投资意向明显减缓。受宏观经济下行影响，企业市场萎缩、资金回笼困难，前期对接情况较好的无锡通用设备制造、深圳电子元器件制造等项目暂缓投资、甚至近期不考虑投资计划。园区利用一切资源，想方设法实现项目签约。以我市第四届山核桃节为契机，拟促成微型电机制造、汽车导航生产、健身器材制造等6个项目签约，总投资10亿元。

（三）要素资源汇聚情况

一是精准理性配置土地资源。重点四个方面：1. 理性征地。稳妥高效推进土地收储和房屋征收安置工作，实行了"三个不征"（不在土地利用总规范围的不征、没有用地建设指标的不征、没有安排落户项目的不征），把有限资金用在刀刃上。2. 科学管地。配合市国土局做好土地利用总体规划修编工作，对园区拟建项目根据轻重缓急进行排序，确保有限的规划流量发挥最大效应。加强对已收储土地的管理，分期整理已征未用地块,明确权属界定。3. 集约用地。在园区整体层面上，探索土地集约利用新方式，集中布局生活服务等配套设施，从严控制非生产性辅助设施用地规模。在招商项目层面上，按照省级园区入园要求，严格把关投资强度、容积率、建设密度、亩均税收等调控指标，加强供后监管，实行了项目一次性规划、分期供地，集中评审项目规划方案、严控“插花”建厂等措施。

二、存在的问题

（一）招商环境仍不容乐观。除了宏观投资环境长期低迷外，重点区域招商也受到阻碍。随着浙江省委、省政府浙商回归、苏南支持苏北、各地重点项目限出等政策的深入实施，园区在承接江浙等重点招商地区产业转移，尤其是大好高项目转移的难度加大。另外，项目整体质量亟待提高。总体来看，低附加值、劳动密集型传统加工企业仍占很大比例；重点打造的先进制造、新能源等产业项目较少。

（二）投产企业运营压力增大。部分企业利润大幅度降低，导致流动资金紧张，货款回笼周期与上年相比延长一倍，出现大量资金缺口；部分企业无抵押物，导致公司流动资金严重不足；部分企业订单锐减，库存积压，导致成本增大经营亏损，不得不通过暂停部分生产线来缓解资金压力，以维持当前经营现状。

（三）要素制约依然明显。一是土地指标问题。目前园区道路工程土地指标缺口330.4亩。在已批地块中也夹杂着部分无指标林地，导致项目用地整体挂牌困难；二是园区人力基础薄弱，产业高端人才和专业技术人才短缺；三是园区物流产业发展相对滞后，连接宁宣杭高速的快速通道刚刚拉通，港口货运站建设严重滞后，急需改造提升；四是园区财力基础比较薄弱，资产规模还不够大，自我造血功能不强。

三、下一步重点工作计划

面向“十三五”，港口园区将深入贯彻落实省、市关于加快调结构转方式促升级的战略部署，坚定信心，主动作为，围绕上述目标，港口园区重点抓好以下几项工作：

（一）着力培育战略性新兴产业。一是大力发展以石墨烯应用为主的新材料产业集群。以龙晟科技公司为载体，以复旦科研孵化团队为核心，规划建设800亩石墨烯柔性储能器件产业园，重点推进龙晟超级电容器、石墨烯及石墨烯纤维生产基地等项目。二是加速发展核心基础零部件产业集群。以我市核心基础零部件产业集聚发展基地为依托，以园区井田机电、宁磁电子、睿普磁电等企业为基础，重点推进广东三菱微型电机制造、深圳汽车智能电脑、高端磁性电子元器件等一批相关项目入驻，培育形成一批规模经营、自主知识产权和品牌影响力居国内行业领先的核心零部件制造企业，拉长延伸产业链条，实现集群发展。

（二）努力改造提升传统产业。一是加快海螺水泥、江南化工等大型龙头企业转型升级步伐。引导企业通过挖掘内部潜力，发挥自身优势，努力进行技术和产品创新，将已经成熟的产品组合升级换代，延伸产业链；通过拓展海外市场空间、收购资源保障国内供应等方式改变现有商业模式和经营方式。二是淘汰落后产能，发展循环经济。构建内部产业共生系统，按照精细化发展要求，限制传统化工、陶瓷企业规模，强力推进原港口工业集中区企业改造提升，继续严格把关新入园项目，对现有产能落后企业实行“淘汰退出”制。三是加快发展新型节能建材产业集群。依托安徽省新型工业化产业示范基地（新型建筑材料）品牌，抢抓国家大力推进生态文明建设的契机，以中建材新能源（宁国）公司、中扬新材料、华普建材等企业为主导，重点发展新能源房屋构件材料、高档建筑陶瓷、耐高温耐腐蚀等特种陶瓷产品。

（三）科学合理推进平台建设。一是推进生产性平台建设。力争2016年启动港口二级货运站升级扩建项目，同步启动港口物流园区及汪莺路物流快速通道基础设施建设，完成石墨烯产业园基础配套设施建设；加大园区金融服务业建设，力争各大银行网点在园区全覆盖；争取2016年完成东区110kV变电站建设；抢抓“大众创业、万众创新”机遇，强力推进“石墨烯材料省级重点实验室”和“龙晟公司石墨烯材料博士后工作站”建设。二是推进生活性平台建设。按照市场运作、共赢发展原则，综合利用宁国水泥厂生活区闲置资产，健全园区医院、学校、幼儿园等公共配套设施体系；推进杜迁公园建设，搭建集绿地水体、环园道路、配套酒店及附属教育机构等设施为一体的综合性公园景观经济区。三是提升园区发展环境。严控债务风险，把握省、市调转促战略机遇，通过包装一二矿工矿区、物流园区等重大项目积极对上争取项目政策资源，通过PPP、P2P模式引入社会资本，实现建设投资方式转变；简化办事流程，拓展服务平台，以优质服务提升园区发展软实力，以“互联网+”引领未来城市管理和产业发展，力争智慧园区管理系统在年内上线投入运营，并在国家级开发区和城市管理中予以推广应用；进一步拟顺园区体制机制，建立健全园区发展支撑体系，加强团队建设，提升干部素质，推动调转促工作高效实施，为宁国市工业主战场再造新优势。

【安徽绩溪经济开发区】 2015年，园区在县委、县政府的坚强领导下，面对宏观经济持续下行的压力，坚持以工业为主导，突出平台建设、招商引资、转型升级和帮扶发展四个重点，强化举措、攻坚克难，各项工作稳步推进。

一、2015年园区经济社会发展

（一）主要经济指标

目前入园企业共170户，投产企业139户，规模以上企业55户。全年完成工业总产值65.23亿元，实现税收2.55亿元。完成招商引资2.9亿元，完成固定资产投资15.9亿元。

（二）园区建设发展情况

1.加速推进平台建设。加快园区西扩。一是坚持产城融合的理念，启动修订园区西扩总体规划，编制控制性详规，将西扩范围内现代服务业用地占比由10%提高到25%。二是启动纬一路一期建设，进一步加大园区闲置土地清理力度，提高土地节约集约利用水平。

2.实施招大引强战略，强化招商选资。一是强化产业链招商。围绕龙头引配套，通过配套聚龙头，引进可持续发展的上下游企业。二是增强全员招商意识，将招商引资工作作为园区主要工作，全员参与。三是以标准化厂房为载体，引进科技含量高、附加值大、市场前景好的项目进行孵化。四是成立招商和企业服务工作组。明确两名委领导主抓，建立招商信息平台，做好园区宣传推介工作。五是建立项目评估体系。在深化产业结构调整、提高技术装备水平上给予政策上最大支持。

3.全力推进项目建设。实行重点项目周调度，具体工程每两天一调度，协调解决项目建设过程中的困难;重点项目逐个排出建设时间进度表，落实责任人，倒排工期，挂图作战，推行“三数”工作法（数设备、数人数、数工作面），确保项目按期完成建设。

4.大力推进产业产品结构调整和设备转型升级，提升传统产业，淘汰落后产能。异型链条：一是鼓励企业更新设备，提升装备现代化、高智能化、自动化水平，用机器换人，当年新增数控加工中心35台；二是引进徽腾机械等上下游企业，延伸链条产业链，创立品牌。高端汽车零部件和新能源汽车：提升汽车零部件企业智能化生产水平，支持小小科技、明雁齿轮等企业引进机器人12台、机加工中心20套，用高新技术改造传统产业装备，提高技术装备水平，用智能化设备替代传统落后的装备；引导企业加大高档汽车零部件的开发，提高汽车产品科技含量和附加值；支持徽洋车桥、明雁齿轮等企业开发新能源汽车零件、部件生产，制订合理的技术发展路线、产业发展模式，积极探索新能源汽车及零部件的发展方向。纺织服装：提升现有企业设备自动化水平，引导服装企业由服装加工向销售、外发加工和组建贸易公司方向转型。不锈钢企业：一是整合提升，督促引导不锈钢企业加大设备更新，改进生产工艺；二是政策倒逼淘汰、嫁接转型，通过环保、安全相关规定从严要求，通过压缩银根倒逼企业转型，鼓励不锈钢企业嫁接转型。化工行业：一是压缩规模，控制新产品审批；二是加大环保安全巡查力度；三是督促企业调整产品结构，由化工产品逐步向生物药剂和化妆品转型。

5.扎实做好企业服务。一是积极为企业做好融资。主动协调徽行、建行等金融机构，以存量土地、房产融资；大力推进第三产业用地，增加土地出让金收入；支持泰昂电力、小小科技、四方网仓、四方电商、华林玻纤等企业在新三板、新四板挂牌上市，达到提高企业知名度和直接融资的目的，四方网仓、华林玻纤在新四板成功挂牌。二是高效运转应急转贷资金。稳健高效运转应急转贷资金，充分发挥应急转贷资金有效防止和化解中小企业资金链断裂风险的作用，帮助中小企业及时获得金融机构转贷支持。2015年共发生转贷资金44笔，总计10610万元。三是支持企业触网扩大营销、创立品牌，增加网络交易额。四是加强安全环保工作。2015年园区安全环保形势平稳，未发生重大事故。

（三）存在的问题

随着园区的不断发展壮大，一些深层次的问题逐渐凸现，成为加快园区开发建设的制约因素，阻碍了园区良性发展。

1.园区管理体制机制不够健全，工作协调落实难度大。一是推进园区建设的运行体制不够顺畅。管委会作为政府的派出机构，不具备实体功能，只能用行政管理的模式来管理和组织园区各项工作，本身没有实体公司，不具备自我造血功能，所有工程项目推进难以用企业的手段来进行，也很难用经济的手段来进行调节。二是对入园企业的管理服务缺乏有效手段。涉及企业相关的资金扶持、优惠政策、科技基金、奖项申报等事项分散到相关县直单位，导致管委会信息相对闭塞，服务手段疲软，服务基本上停留在代办手续的“原始阶段”，无法向深层次延伸进行“高效、便捷”的服务和管理。

2.资金不足，制约园区建设开发。由于工业园区建设投入大，需要政府投入大量财力、人力和物力，而政府财力有限，无法满足工业园区建设对资金的需求。造成园区内基础设施、公共服务建设投入不足，硬件滞后，功能不完善，对客商、项目缺乏吸引力。

3.用地指标紧缺，项目落地困难。由于受国家土地政策、用地指标等因素的影响，园区内水、电、路等基础设施、标准化厂房、入园项目建设等需要大量土地，加之土地报批程序多、时间长，园区用地得不到保障。

二、2016年工作打算

（一）总体思路和目标

1.总体思路。深入学习贯彻党的十八大和十八届三中、四中、五中全会精神，认真落实县委、县政府关于园区建设发展的一系列指示要求，以提高发展质量和效益为中心，坚持稳中求进、进中求快；坚持以工业为主导，产城互动、融合发展；坚持创业与创新、转型与转轨、提质与提效三个结合；加强平台建设、加大招商引资力度、加快转型升级步伐，凝聚力量、奋力拼搏，力争圆满完成县委布置的各项工作任务。

2.目标任务。2016年力争实现工业总产值71.7亿元，比上年增长10%以上；税收2.8亿元，比上年增长10%；转型升级取得积极进展；完成续建项目4个，新开工项目11个；新增小小科技、小山卫材、明雁齿轮等11个企业技改项目，技改投入3.3亿元；完成固定资产投资12亿元；新增规上企业3户、亿元企业2户，税收超千万元企业1户，超500万元2户。新增省级以上企业技术中心1户，争创省著名商标1件；清理盘活闲置低效用地440亩，加快推进二、三产业融合发展，园区产业、城市、生态功能逐步完善。

（二）主要工作措施

1.加快平台建设，增强承载能力。一是优化园区功能布局。二是加快推进道路等基础设施建设。三是加大土地要素保障力度。

2.加快推进重点项目建设。实施项目全程推进、全程督办责任制，实行班子成员、局室负责人包保项目落地、建设、竣工投产目标管理考核。坚持每周召开项目推进会、工程调度会、现场办公会，协调解决项目在落地、建设过程中的困难和问题，加快项目建设进度，全力推进重点工程按时竣工，重点项目早日达产达效。

3.全力推进转型升级。细分行业，科学制定转型升级方案。一是支持机械链条行业做大做强。二是推进不锈钢行业做优做强。按照“整合一批，淘汰一批”的原则，学习浙江长兴对“两高一低”企业采取的“休克疗法”，对那些规模小、实力弱、污染重的小企业倒逼退出，腾笼换鸟。三是支持部分化工企业做优做精，提升产品档次和质量，督促化工企业向药品、化妆品生产等行业转型。四是轻工纺织行业以市场需求为导向，提升装备水平，调整产品结构，加强流通渠道建设，在产业链后端发力，加快行业转型升级。五是加快发展壮大电商产业，积极引进大型电商企业，充分发挥其辐射带动作用。六是实施培大培优工程。全力培养电工电气和信息技术龙头企业，引申产业链、产品链；引导鼓励高端汽车零部件和新能源汽车研发生产；利用生态环境优势积极引进国际、国内知名食品加工企业，打造国家级食品安全生产基地。

4.突出重点，提高招商引资实效。一是围绕异型链条、电工电气和信息技术、智能装备、高端汽车零部件和新能源汽车、食品药品精深加工等产业及产业链延伸（包括产业链、工艺链）编制产业图谱和招商路线图。二是以龙头企业为依托，以企招商；以产业链延伸为主线，用项目招商；以承接产业转移为重点，有目标地开展招商；以盘活存量土地，提高土地集约节约为抓手，利用闲置土地、闲置厂房开展招商；通过“互联网+”，实施网络招商。突出重点项目的跟踪问效，在大项目引进、产业链延伸、优势产品配套加工上下功夫，引导关联企业相对集中、连片发展，形成规模聚集效应。三是重视发展新型工业，培育壮大本土企业，引进扶持外来客商，落实项目“并联审批”和“绿色通道”服务，确保全年15户以上企业落地建设（其中工业企业12户以上），10户企业建成投产。

5.优化环境，促进企业健康快速发展。一是优化体制机制。二是加大基础措施建设投入，打造硬环境。三是进一步加大工作力度，把协调企业融资、用工等难题作为帮扶企业的重点，加强与金融、担保等机构协调，为中小企业融资搭建有效平台。

【安徽泾县经济开发区】

一、2015年总结

面对复杂的经济形势，泾县经济开发区围绕年度工作目标任务，主动适应经济新常态，狠抓招商引资、项目建设等九项重点工作，全区经济平稳运行。预计全年实现工业总产值75亿元，同比增长6.4%。完成工业增加值16.5亿元，同比增长22%。实现税收4.8亿元，同比增长15%。

（一）不断加快平台建设

一是调整充实发展规划。启动开发区总体规划和控制性详细规划编制谋划工作。按照项目向开发区集中、向基地集中的思路，围绕电机、泵阀等主导产业发展，调整完善了皖南电机产业发展基地规划调整和泵阀产业基地建设规划。积极申报开发区化工集中区并获市政府批准。二是完善基础配套工程。创新融资渠道，启动“泾川一号”P2P互联网融资项目。322省道污水提泵站（二级站）工程正式运行，启动并完成建成区雨污分流管道改造工作。完成了322省道交叉口路面及箬帽路面管道修复工程，实施琴溪路、水东路亮化及桃花潭东路配套工程建设。三是强化项目用地管理。围绕提升土地利用效率对全区100余户企业开展项目用地核查工作。逐步规范厂房租赁关，对租赁企业重点开展是否符合开发区主导产业、符合环保要求、符合用地性质等“三符合”清理。加大存量用地盘活，新盘活土地700亩。

（二）扎实开展招商引资

通过采取外出驻点招商、产业招商、以商招商、标房招商等方式，今年以来，先后赴北京、广东深圳、浙江杭州、温州、温岭及省内部分地市累计开展招商30次，招商产业局驻温州办事处正式挂牌运行。预计全年新签约项目10个，完成招商引资5.8亿元，工业固定资产到位资金4.7亿元。

（三）有序推进项目建设

一是县调度项目有序推进。县确定的调度项目中，雅圣塑料制品公司年产3000吨氨基膜塑料餐具、鸿泰机械公司年产1万吨电机配件和绿源泵阀公司年产10000台套耐腐蚀化工泵等项目已正式投产，富华新材料公司氨基膜塑料生产、安丰公司岩棉保温材料生产等项目主体完工。二是在建项目加快建设。荣盛泵阀、正飞机电、金杰塑料、宝泰特材及科大讯飞等项目建成投产或运营；埔义传动二期已基本完成；凯源泵阀、阿尔派电力及长城电铸技改等项目开工建设并进入主体施工。三是“两个基地”全面启动。按照项目向开发区集中、向基地集中的思路，谋划并启动皖南电机产业集聚基地建设，一期开发区北区300亩基地用地已全面启动收储工作。顺利推进泵阀产业基地内“三通一平”基础设施建设和加快招商项目落户步伐，现已入驻项目5户。

（四）持续优化发展环境

一是文明创建持续推进。结合“三线四边整治”活动，重点推进322省道沿线环境整治工作，启动了建成区绿化专业养护工作。对部分企业乱搭乱建广告牌强制拆除8块，下发整改通知书20余份。根据部署，组织开展烟花爆竹禁放工作，健全完善了文明创建工作长效机制。二是为企服务水平不断深化。持续推进以“四会”为主的各项服务机制，进一步健全完善项目联系帮办和全程代办制度，举办了春节用工招聘会帮助企业解决用工岗位2000余个，定期协调项目在建设和投产过程中的各种困难和问题，帮助企业解决工程报建、办证达200余件。三是社会综合管理不断加强。组建了开发区安监站，完善安全生产工作机制，启动春季安全生产大检查和“安全生产月”活动。认真开展信访接待、领导干部带案下访活动，及时处理涉及开发区稳定的各类矛盾纠纷。加大环保督查和日常巡查工作，处理环保信访投诉5起。

（五）着力加强党建工作水平

一是注重自身建设。围绕强化作风建设，全面启动了“三严三实”专题教育工作，并严格按照规定开展学习研讨阶段各项工作部署。强化机关内部管理和干部队伍建设，严格贯彻执行中央八项规定和省市县三十条规定，作风建设水平不断提升，为企服务效率不断提高。二是认真开展非公党建试点园区争创。积极推进开发区党群服务中心建设和非公企业党建工作，党群服务中心功能正在进一步完善，全区18户非公党组织工作水平正进一步规范。加大规模以上企业非公党组织组建力度，新组建非公党组织5个，新发展党员5名。三是以党建带群团、带社会事业发展。组建了机关工会，会同组织、工会等县直单位组织企业开展劳动技能竞赛1次，配合县计生委对全区200余名流动育龄妇女进行健康体检。注重档案管理，档案工作水平不断提升。

二、存在的问题

2015年开发区工作虽然有成绩，但问题和困难更加突显。一是经济下行趋势仍未转变。宏观经济仍处于“阵痛期”，主导产业发展面临新挑战，产业转型升级政策效应尚未充分体现。二是招商引资压力较大。干部压力不大、推动力不足，缺乏“盯”的精神。三是项目不多、建设不快。项目签约少、落地开工投产少，缺少科技含量高、产品附加值高的优质大项目。部分企业未按协议约定推进建设，土地利用效率有待提高。四是企业生产经营环境复杂。企业发展形势严峻，产品库存压力较大；企群关系、员工利益等涉诉事件时有发生。企业运行成本偏高的局面还未根本改变。

三、2016年工作安排

2016年，是十三五开局之年，开发区将围绕全县“三个翻番”的奋斗目标，牢筑发展平台，提升承载能力，壮大主导产业，优化发展环境，努力实现经济总量再提升、产业特色更明显、产业结构更优化、竞争能力更强势。2016年目标任务是：完成工业产值90亿元以上，工业增加值19.5亿元，实现税收5.5亿元以上。新签约项目25个，协议资金20亿元；新开工项目15个，新投产项目15个。

（一）立足产业集聚，加快推进电机产业基地建设

按照高起点规划的思路，认真谋划开发区3000亩电机产业集聚发展基地规划编制工作，全面启动实施开发区北区一期基地建设，实现威能电机、南华工业园首批改造项目顺利落户。加大投入力度，精准把握并用足、用好现有P2P融资项目，为基地建设提供资金保障。抢抓政策机遇，准确把握产业政策、资金投向和扶持重点，围绕省重点扶持产业，积极编制高压高效电机成套装备制造基地项目，确保基地进入省政府重点扶持的战略性产业项目。积极推进泵阀产业基地建设。

（二）强力推动基础设施建设，增强园区承载能力

按照“产业发展有保障、落户项目有地供”的总体思路，适时推进开发区总规范围内琴溪镇玲芝片和桃花潭东路以南区域已征土地后续工作。向内挖潜继续开展存量用地盘活，力争全年盘活土地　亩；强化项目用地管理，督促企业加大投资强度，努力提高土地使用率。

加快推进“三通一平”基础设施建设，按照主抓重点、完善配套的建设目标，继续推进建成区基础设施配套完善。谋划已征区域基础设施规划编制，结合项目落户实际，适时启动“三通一平”工程，为招商引资和项目进驻提供落户平台。

（三）多措并举抓招商，努力提高引资质量

一是加大宣传推介。结合我县优势产业、传统产业、新兴产业，通过多种传媒和推介形式，对外宣传泾县资源和产业特色。二是拓宽招商渠

道。按照优势产业高端化、传统产业新型化、新兴产业规模化的发展目标，进一步强化项目招商、集群招商、以商招商等重点招商措施，兼采网络招商、社会招商，把招商的重点放在电机泵阀制造及汽摩配、LED光电等主导产业上，把招商区域的重点放在苏浙沪，辐射珠三角。尝试与国有重点企业或大集团的深度合作，积极争取引进一批重特大项目。三是精心编制项目。围绕电机产业集聚基地建设，认真谋划编制电机配件（铸件、冲片、转轴）自动化生产线、电机轴承、电机节能控制柜、大功能深井泵及电机一体化、工程机械及数控机床成套设备电机、叉车电机、主轴电机等电机产业核心项目，力争落户一批泵阀小微项目，努力完善电机上下游产业和实现传统电机业向高端制造业转变

（四）着力加强调度力度，有序推进项目建设

围绕在谈项目抓签约、签约项目抓开工、开工项目抓投产、投产项目抓达效，进一步加强跟踪服务，精心组织调度。一是抓好项目签约开工。以主导产业、在谈项目为切入点，进一步加强在谈项目跟踪力度，通过明确领导负责、实行专人跟踪，盯紧盯牢盯实现有在谈项目，切实提高项目签约率。建立超前服务机制，加大对签约项目的跟踪对接，千方百计促进签约项目落地早、落地快。建立项目开工倒排工期机制，督促项目严格按照约定开工建设；进一步简化程序，帮扶投资商缩短项目开工期限。二是推进在建项目建设。进一步加大县重点项目调度力度，更加突出主导产业项目建设，加快33万吨新能源车用电机、5000吨高效电机铝外壳、风光互补发电电机、特种板材及容器、200万kW高效电机、NEMA特种电机及高压泵、电机传动件、电机轴承、氟塑料泵阀等电机产业补链项目建设；力争50万吨精密铸件技改工程、电机用特种复合材料生产线等项目年内全面建成并正式投产，加快推进埔义传动二期、阿尔派电力年产4500套高低压电器成套设备生产项目等项目建设。三是加大经济调度力度。对照年度工作目标，结合当前经济形势，定期开展调研走访，适时做好经济调度，确保全区经济在合理区间保持平稳运行。

（五）努力优化投资环境，促进园区和谐发展

更加突出党的建设引领开发区各项工作，以机关效能建设为抓手，进一步巩固党的群众路线教育实践成果，发挥“三严三实”专题教育工作成效，着力加强制度管理，强化开发区领导班子和全体工作人员的服务意识、大局意识、奉献意识、担当意识，全力营造亲商、安商、富商的发展环境。不断完善项目服务各项举措，坚持定期召开企业座谈会、银企对接会、用工招聘会、供电对接会，进一步促使开发区各项服务制度常态化，充分发挥各项帮办制度的功效，切实协调解决企业在建设投产过程中存在的问题。深入开展文明创建工作，大力加强社会管理综合治理，深化安全生产工作，积极主动地加强与县直主管部门的联系，严格规范管理和执法行为，建立健全优化发展环境的长效机制。

【安徽旌德经济开发区】

一、基本情况

旌德经济开发区是2006年7月经安徽省人民政府批准同意筹建的省级经济开发区，主要发展建材、机电、农副产品深加工等产业。

开发区规划面积5平方公里，由新桥园区和篁嘉园区组成。其中，新桥园区规划面积1.2平方公里，已基本建成投入使用。篁嘉园区规划面积3.8平方公里，建成区面积1.32平方公里，目前，项目建设与平台建设正同步进行。开发区现有入园企业62家，其中，工业企业50家（含规模以上工业企业19家），商贸企业6家，房地产企业3家，建筑业企业3家。

2015年，全区实现经营（销售）收入16.77亿元，工业总产值10.38亿元，其中：规模以上工业实现工业总产值9.34亿元，占全县总值的28.5%；实现工业增加值2.82亿元；完成出口490万美元，完成税收9237万元。

二、发展情况

2015年，开发区在县委、县政府的坚强领导下，以“迎接高速时代、加快绿色发展”为主线，以“秀美旌德提升年”为载体，改进作风、真抓实干，攻坚克难、坚持招商选资不动摇，坚

持发展生态工业不动摇，坚持集约节约发展不动摇，在主导产业培育、集约发展、体制机制等方面狠下功夫，全年经济总体形势趋于平稳。

（一）培育主导产业，促进转型升级。

按照县委、县政府加快“调结构转方式促升级”工作部署及“456”行动意见，有效发挥市场主体作用，突出政策引导，强化服务，通过建立针对性强、行之有效的企业帮扶机制，重点打造以黄山胶囊为龙头的生物医药生产基地，以云乐灵芝、黄山毫喝等为主导的健康食品板块，以墨药制药、灵芝产业园为依托的中药保健产业，以博思特、万方日用品为主体的健康用品产业，以精正电器、嘉瑞电器为骨干的空调配件生产基地和健康器械生产加工基地，逐步实现园区“绿色企业集群、健康制造集聚”的发展目标。进一步提升企业自主创新能力，积极引导企业加大科技研发力度，提升产业层次。全年鼓励企业申请各项专利90件，实现专利授权61件；飞翔电器获批省级创新型试点企业，黄山胶囊获批省级“博士后科研站”，天众电子获批国家级高新技术企业。鼓励天众电子、鑫腾汽摩配、佳明工贸、星豪电子等企业转型发展，协助飞翔电器、黄山胶囊、源远新材料等一大批企业实施技术改造工程。

（二）强化招商选资，推动绿色集约发展。

抢抓高速时代、长江经济带等重大战略机遇，贯彻“紧盯长三角、贯通京福线、招引凤还巢”的招商思路，积极创新招商模式，实施精准招商、靶向招商，按照健康产业发展“路线图”，深化以商招商，产业链招商，突出“招大引强”，严格把关项目投资强度、容积率、产出效益。进一步强化土地节约集约利用，按照“用好已批的、清理未用的、盘活闲置的、开发后备的”思路，依法清理闲置土地和低效用地，盘活存量土地，逐步实施“腾笼换鸟”，提高土地利用效益。同时，积极鼓励中小微企业进入标准化厂房发展生产，发挥标准化厂房经济效益。

（三）完善平台建设，创新体制机制

进一步完善篁嘉园区路网工程、排水工程等配套设施建设。累计投入资金130余万元，完成经七路、篁嘉大道、华翔路等8条道路217盏高效节能型路灯架设，补植道路绿化苗木56棵、更换绿化苗木142棵。按照“两山”工作要求，及时启动篁嘉园区污水处理厂项目和综合服务体项目建设。加强与国土部门协调配合，落实新增180余亩工业用地的勘界测绘工作。成立工业投资公司，融资开发区基础设施建设资金，加快平台建设步伐。强化自身建设，推进规范管理，深化为企服务，推行项目列表“挂图上墙”，落实“马上就办，办实办好”。进一步发挥政务中心开发区分中心工作职能，加强协调对接，严格落实项目前期工作时限要求，推进“一站式”办理，全方位服务企业。建立服务企业评价反馈制度，提高服务质量，保障服务效果。

三、存在问题

近年来，在县委、县政府的正确领导下，开发区取得了快速发展，但与先进地区相比以及和县委、县政府的要求，还存在较大差距，具体表现在以下几个方面：

一是企业规模小。企业整体规模偏小，主导产业规模不大，牵引力不强，产业关联度底，集聚效应不明显。

二是科技含量低。入园项目质量不高，产业结构层次低，缺乏高附加值、高科技含量的项目。

三是要素制约多。用工、融资、物流等要素瓶颈制约依然存在。

四是配套功能弱。园区的市政、商贸、文化、医疗、公共交通等配套设施建设滞后。

四、2016年打算

2016年,开发区将严格按照县委、县政府总体部署，全面贯彻县委十四届八次全体（扩大）会议精神，按照“1155”发展思路和健康制造“1616”计划，坚持绿色发展、协调发展、创新发展，加快“调转促行动”，全力打造健康制造集聚发展基地，做强生态工业园区。

（一）逐步完善产业布局，建设特色生态园区。

加快篁嘉园区健康制造产业园建设，针对胶囊产业园、墨药产业园、灵芝产业园、健康器械产业园、健康食品产业园、修正健康饮品产业园、健康用品产业园等园区功能定位，科学完善园区规划，推动配套设施建设；构建生态和谐园区，积极推动现代工业生产与观光体验旅游、科普教育、工业体验、生态环保、都市文化等功能融于一体的特色品牌园区建设；完善生产性服务业布局，面向产业集群，培育新业态，逐步引入研发设计、智能物流、库存管理、融资租赁、信息技术服务、检验检测认证、电子商务、服务外包等服务机构，促进服务业与工业的有机融合。

（二）精心规划产业项目，系统引进优强企业。

编制健康制造产业发展指导目录，科学指导健康制造发展方向；竖立“产业链招商”观念，围绕健康制造主题，面向全产业链，以产业创建、产业补缺和产业提升为目标重点招商；定期公布招商目录和重点招商项目，积极引进和支持国内外优强健康制造企业；鼓励知名品牌企业与健康制造企业建立合作关系，推动墨药制药公司与贵州益佰战略性合作、联合经营儿童营养食品项目，推动天众科技与修正药业、徐龙集团战略合作、联合经营功能饮料项目。

（三）鼓励企业开展自主研发，推动政产学研协同创新。

鼓励企业加强研发平台和实验室建设，扶持新产品开发活动，推动产品创新；推进以企业为主体的产学研合作，就关键技术、核心技术开展联合研发活动，促进校企联合实验室建设。鼓励有条件的企业申请市级技术中心，高水平构建企业技术创新体系。支持黄山胶囊等企业申请国家级技术中心，黄山云乐灵芝、博思特日用品、安徽墨药制药等企业争取省级技术中心。

（四）加大龙头企业支持力度，扶植“专精特新”小微企业。

支持健康制造龙头企业在增产增效、项目投资、技术创新、市场拓展、兼并重组、品牌塑造等方面的战略活动，推进重点企业裂变发展和价值链提升。通过系统性扶持政策，促进黄山胶囊、天众修正饮品、博思特日用品等企业进一步发展壮大。鼓励有实力的高新技术企业积极上市，积极加快黄山胶囊主板上市、墨药股份转板进程，支持博思特日用品、云乐灵芝、黄山毫喝等企业挂牌新三板。引导小微企业走专业化、精细化、特色化、新颖化发展之路，专注核心业务，增强技术能力，创造知识产权，提升产品质量，打造特色品牌。

（五）加强企业帮扶，提升服务效能。

引导企业加强管理，科学生产、提高产能。加大为企服务力度，极协调解决企业生产经营过程中出现的困难和问题，以更有效地措施推进企业稳产、稳销，不断做大做强。

【安徽郎溪经济开发区】

一、基本情况和主要做法

2015年，我区在县委、县政府的正确领导和上级相关部门的大力支持下，以项目建设为重点，以招商引资为推手，以优质服务为保障，聚力做强主导产业，引进培育高新产业，推动了全区工业经济又好又快发展。全区实现工业总产值123.26亿元，其中规上工业总产值112.5亿元；完成固定资产投资109.88亿元，同比增长9.28%；实现税收6.54亿元，同比增长16.6%；完成进出口总额19385万美元，同比增长11.36%。

（一）经济运行质态趋好。龙头企业带动明显，华菱电梯、动力源科技、祥明仪表等52户企业产值超过亿元；规上企业产值同比上涨数，占全部规上企业的45.12%。产业结构不断优化，引导企业在节能技改、两化融合、技术中心等方面重点发展。全年新增动力源、祥明仪表、佶龙机械等50户技改项目。发展后劲不断增强，全年新增规上企业28户，佶龙圆网印花机、安盛移动LNG总成防爆装置等企业主导产品填补安徽省空白。

（二）招商引资稳中推进。借助平台优势招商，借助金属表面处理中心、皖江工贸城、标准化厂房等功能项目平台开展招商引资活动，进一步加大开发区宣传力度，提升开发区的区域影响力。强化产业链式招商，重点围绕动力源、佶龙机械等龙头企业开展产业链上下游招商，不断补链、壮链并拉长产业链，使开发区产业结构趋于优化，逐步向集群化、科技化、高端化转型。

（三）技术创新不断深化。品牌创建上，积极组织动力源、韩华新材料、润德包装机械等企业申报省、市著名品牌（商标）。2015年新增2家省著名商标。科技创新上，注重宣传科技扶持相关政策，紧抓高新技术企业申报，大力宣传省级工程实验室和创新性企业概念，协助企业与大学建立产学联盟，推动企业的健康发展。

（四）功能配套逐步完善。完善道路管网设施和市政设施，健全产业配套设施，电力电源标准化厂房完成综合验收，第二污水厂正式投入运营。目前，邻里中心规划已出台，园区公交一体化布局正在编制，产业规划正在调整，水电气价格不断下降，物流配套成本下降明显。

（五）发展要素保障有力。用工，每月举办一次用工招聘会，积极与县人社局联系，交换用工信息，建立用工对接长效机制，开展技工培训，打通校企合作通道，有效地解决了部分企业用工难的问题。用地，对我区闲置、低效资源进行详细梳理，针对梳理情况，按照集约发展的原则进行充分利用、优化配置，采取项目嫁接、收回、督促企业追加投资等方式大力清理低效闲置利用土地，全年共梳理出闲置及低效利用土地44宗2248.3亩。用钱，韩华新材料已在新三板上市，5家企业正在做上市前期工作，创新融资上取得突破。

（六）为企服务水平提升。牢固树立“客商是上帝、项目是生命、服务是灵魂”的服务宗旨，积极探索服务机制的创新、服务手段的完善和内部管理的强化。密切关注企业最新动态，及时布置、协调、督促相关部门解决企业在建设、生产、生活中的困难和问题。

二、存在的困难和问题

（一）招商引资持续乏力。今年以来，开发区虽然在招商引资工作水平上花费了大量精力，但受宏观经济不景气、招商氛围不浓、招商人手不足、招商信息收集渠道不广等因素影响，开发区招商引资工作成效有限，与年初制定的目标任务存在较大差距。

（二）项目推进明显放缓。储备项目不足、部分在建项目后续投入资金困难、入园项目开工前期手续办理不够灵活等问题致使开发区项目推进工作略显疲软，项目推进不如预期。

（三）债务矛盾依然突出。因前期基础设施建设及征迁补偿未支付款项数额巨大，加上我区财政单列后连续两年未获得财政分成，造成开发区债务资金压力不断增大，公共基础设施建设投入严重不足。

（四）服务环境有待提升。存在着帮扶企业措施贯彻执行不彻底、对园区小微型企业关注度不够和帮扶企业转贷缺乏有效手段等问题，造成帮扶质量不高，帮扶效果不明显。

（五）体制机制亟须理顺。随着开发区的不断发展，开发区原有的社会事务管理体制、经济发展管理体制、财政体制不再适应现实需要，并成为制约开发区发展的关键因素。

三、下一步措施

（一）持之以恒抓招商，增强发展后劲。一是围绕加快战新产业基地抓招商。坚持“外引内培”相结合，培育龙头企业，沿着“领军企业-重大项目-产业链-产业基地”方向，锁定动力源、安盛石化、佶龙机械等骨干企业，开展产业链上下游招商，逐步使产业向集群化、科技化、高端化转型。二是围绕金属表面处理中心、皖江工贸城、标准化厂房、科技孵化园等平台载体开展招商，实施“双创”工程，大力培育和发展中小企业后备军。三是围绕存量置产抓招商。盘活存量厂房和闲置土地，再次对接原意向来郎投资的无锡企业，通过政策、区位、资源和服务优势，全力争取企业继续投资。

（二）全心全意抓服务，优化发展环境。一是完善配套功能。建设总部经济大楼、邻里中心、月亮湾公园、锦湖公园等生产生活性配套项目，完善区内道路、管网体系，盘活乾坤大酒店，增强人气聚集度，全面提升开发区发展承载能力。二是强化联系帮扶。对开发区税收30强、高成长性重点企业实行“一企一策”分类引导，支持企业做大做强；实行党政领导联系项目，全程跟踪对接，为企业提供优质便捷服务。三是提速服务载体建设。加快科创园、电子商务产业园建设，鼓励和支持风投、创投、产业基金入驻，成立开发区产权交易中心，建立工业发展基金，推动企业上市。四是完善内部绩效管理机制，进一步创新社区管理。

（三）凝心聚力抓创新，推动转型升级。一是实施品牌战略。支持企业实施品牌和商标战略，争创国家、省、市质量奖，加速培育“名企”“品牌”，推动一批具有核心竞争力、引领行业发展的主导产业。二是实施“520”工程，即实施技改项目20个、向上争取项目20个、盘活嫁接项目20个、培育亿元企业20户、新增规上企业20户。三是培育创新载体。支持企业省技术中心、工程技术研究中心、工程实验室、工程中心、重点实验室、工业设计中心等平台建设，鼓励动力源、特种设备检测中心申报国家级技术中心和行业检测、认证中心。四是培育创新人才，大力推进企业柔性引智，加强与高校、科研院所的对接联系，建立人才合作渠道，开展不同层次的人才培训，为园区企业提供充足的人力资源。

【安徽郎溪十字经济开发区】 郎溪十字经济开发区于2010年6月经安徽省政府批复筹建，位于苏浙皖交汇处，与长三角地区地域相连、文化相通、人缘相亲、产业相融，属于长三角3小时经济圈，是皖江城市带承接产业转移示范区的“桥头堡”。距南京禄口国际机场90公里，318国道、申苏浙皖高速、宣杭铁路相连，商杭铁路、芜申运河贯穿周边，建设中的扬绩高速和规划的商合杭高铁穿境而过，区位及交通优势明显。

近年来，郎溪十字经济开发区抢抓皖江城市带建设机遇，大胆创新，先行先试，集群式承接产业转移，成功引进了郎溪（中国）经都产业园项目，走出了一条合作建设、借力发展的新路子，园区实现快速发展、转型发展、创新发展。经都产业园获得“2011安徽最具潜力投资项目”“中国纺织产业转移试点园区”等称号，被确定为全省五个重点合作共建示范园区之一。2015年，全区实现工业总产值55.28亿元，同比增长21.02%；完成固定资产投资37.04亿元，同比增长60.55%；完成财政收入1.86亿元，同比增长22.37%。

一、建设发展现状

（一）夯实基础，完善配套，高标准打造承接平台。经都产业园总体规划、产业发展规划、控制性详规及各专项规划通过审批，编制完成总面积20平方公里的十字镇总体规划，形成十字镇、十字铺茶场、十字经济开发区“三位一体”的区域规划体系。开发区规划环境影响报告书通过省级审批，并依此对落户企业实施严格的环评审批。坚持“先基础后项目”“先配套后企业”的原则，以道路建设为突破口，以完善自来水厂、污水处理厂、热电联产等重要配套项目为核心，全面推进“七通一平”建设。截至目前，园区累计投入建设资金9亿余元，经都产业园起步区5000亩土地平整全面完成，总长22公里的“三纵四横”七条主次干道建成通车，道路亮化、绿化工程全面实施，雨污水、强弱电及自来水、天然气、供汽管网铺设同步完成，起步区内电网改造工程全面完成，被列为安徽省“861”重点工程的自来水厂、污水处理厂建成运营，累计日处理能力达8000吨的2个印染项目正式获批并建成运营，生物质热电联产项目即将投运。总面积7.8万平方米的绿溪花园安置区建成交付。

（二）明确定位，择优选强，高强度承接产业转移。始终坚持高端承接、绿色承接、链条承接、集群承接，严格投资规模、投资强度、单位面积创税率、建筑密度、容积率等六项指标要求，提升项目准入门槛，围绕经编纺织新材料、食品加工两大主导产业，制定产业扶持政策，并按“投资有回报、产品有市场、企业有利润、员工有收入、政府有税收”标准，有针对性、选择性地引进行业中尖端和先进的好项目。经编纺织产业主要布局在经都产业园，投资5.3亿元的和心化纤项目当年开工建设并建成投产，配套的投资2.5亿元的远华印染项目建成投产，投资1.7亿元的格里特布业首个经编车间以及6家吴江织造企业集中投产。投资5亿元的万方织染、2亿元的理昂生物质热电联产项目基本建成，年初可投产达效。2015年，经都产业园企业共实现销售收入14.7亿元，同比增长28.4%。食品加工产业现有近20家企业，2015年实现工业总产值17.1亿元，同比增长12.7%。引进了皓天国际集团投资12.5亿元的皓天国际产业园项目，龙头企业香林达食品、柏维力生物工程年销售收入均突破亿元大关。

（三）政府主导，企业参与，大力度创新发展模式。按照“体制多元化、机制灵活化、运作市场化”的新思路，园区探索实践创新出全新的“3+2”合作共建机制。由郎溪县政府、浙江海宁经编产业园区管委会、鸿翔控股集团通力合作，其中，郎溪县政府负责行政管理及审批等工作；浙江海宁经编产业园区管委会负责产业转移、服务平台支撑以及产业链拓展等工作；鸿翔控股集团主要负责规划设计、土地平整、基础设施建设及招商引资等工作，并吸收园区所在的十字镇和皖垦茶业集团十字铺茶场参与园区建设，十字铺茶场负责场属国有土地征用等工作；十字镇政府重点做好配套服务。全新的合作共建模式，有机整合了政府、民营企业、农垦集团的资源和优势，充分发挥出先发地区“以产业换空间”和后发地区“以空间换产业”合作双赢效应，这是郎溪县大胆先行先试、集群式承接产业转移所取得的重大成果，也是皖浙两省跨区域合作机制和模式的创新。

（四）精准施策，强化保障，大力度助推企业转型。近年来，园区大力实施“转型提升”工程，助推企业转型发展，取得了积极成效。园区企业累计专利申请量305件，获得专利授权264件，其中冠廷科技1项PCT专利已取得国际检索报告并向美欧提交申请资料，实现了我县国外专利申请“零”的突破，正全力打造碳纤维及其制品研发中心。园区现有高新技术企业5家，高新技术产业企业7家，县级研发中心11个；柏维力生物科技、天子粉丝荣获“省著名商标”；祝成动力、亿宏生物科技、东海光电等企业产品荣获“省名牌产品”称号。祝成动力、华之杰机械、柏维力生物科技、亿宏生物科技、东海光电、绿魁茶业、金盾防火、先求药业等8家企业建立产学研合作机构。安徽省祝成动力有限公司被省经信委、财政厅授予“安徽省专精特新中小企业”，安徽亿宏科技有限公司总经理宋禄峰被评为安徽省第一批省创业特殊支持计划领军人才。同时，大力实施挖潜提质工程，对未满负荷生产企业，落实专人跟踪服务，及时帮助解决实际困难，促使企业正常运转；对停产、未投产企业，结合企业未来发展预期，依法有序收回土地开展嫁接招商；逐步淘汰铜加工等落后产能，改造提升服装等传统产业，累计盘活低效、停产企业26家。

二、存在的主要困难和问题

一是受宏观经济下行影响，客商普遍外出投资意愿不强烈，招商引资难度较大，项目储备不足。二是经都产业园被列为省级合作共建重点园区，但缺乏针对性扶持政策，没有享受到省直相关部门给予的政策优惠。如土地、环境容量等没有计划单列指标，仍然要依靠县政府调拨和向上争取。三是开发区建设投入大，投资收益周期较长。经都产业园建设方鸿翔控股集团作为民营企业，在启动前期建设以后，持续大额度资金投入的能力也有限。四是建成区原有基础设施建设标准低，路网没有对接，雨污水未分流，与经都产业园起步区基础设施配套亟待完善。

三、下一步打算

2016年是“十三五”的开局之年，十字经济开发区将坚持以党的十八大和十八届三中、四中、五中全会精神为统领，全面贯彻科学发展观，深入落实省市县调结构转方式促升级战略部署，紧紧围绕加速产业集聚工作主线，狠抓招商选资、项目建设、企业转型、完善配套、机制理顺，为顺利实现“十三五”发展目标开好头、起好步。

（一）狠抓招商选资，丰富转型发展新内涵。结合“企业大走访”活动掌握的企业生产情况及发展规划，分产业拟定扶持政策。坚持工贸一体、同步引进，对照“五有”标准，紧盯主导产业精准招商。坚持以商招商，加强与经编纺织行业协会和龙头企业的联系沟通，坚持后道带前道，密切关注产业动态和重点区域，打造2万台织机规模新材料基地。推动和心化纤、万方织染、远华印染等项目提产扩能，面向经编纺织新材料龙头企业招商选资，大力培育经编纺织新材料产业。加快健康食品产业优化提升，优先发展保健食品、肉类制品、功能饮品，提升产业层次，积极扶持柏维力生物工程、香林达食品、新希望集团等企业发展壮大，紧跟旺旺、好来屋等优质食品企业，力争成功签约落户。通过项目不断优化、集聚，实现健康食品产业增量提质，申报省级健康食品产业园。

（二）突出项目引领，增强经济发展新动力。全面落实“项目投入第一抓手”要求，坚持一切工作围绕项目转、一切工作项目化，围绕全年目标任务，深入推进大干项目、干大项目，全力扩大有效投资。完善项目建设推进机制，突出问题导向，加强调度管理，着力推进和心化纤、万方织染、理昂生物质能源、新希望六和饲料等重大项目建设。发挥县产业基金引导作用，鼓励和支持企业推进“零”土地技改，开展技术创新。争取设立产业发展基金，探索以股权投资方式扶持柏维力生物工程等优质企业股改上市。实施名企名品工程，坚持以亩产论英雄，进一步提升亩均效益指标，切实提高土地产出效益，力争税收增幅20%以上。全面深化挖潜提质，扎实推进企业腾笼换鸟、兼并重组，力争早日实现上市公司“零”突破、上市公司来园区投资取得新突破。

（三）完善产业配套，构筑支撑发展新平台。牢固树立“工业经济第一经济”宗旨，秉承“产城共融、镇区互动”理念，按照城市建设标准，高起点规划、高标准建设、高要求管理，全力构筑大平台，保障工业经济发展空间。统筹十字区域资源，实现规划一体、产城互动、功能互补、融合发展，力争产城融合商住项目启动建设。抢抓十字获批“基金小镇”契机，合理引导商贸企业有序发展，突出发展各类生产生活性服务业，积极创建宜居宜业宜游的产城融合示范区。扎实推进经都产业园道路建设工作，继续完善起步区基础设施扫尾工作，全面实现绿化、亮化。加速完善园区路网体系，加强对外交通联络线建设，完成洽宇大道东向延伸及鸳鸯凤路建设，实现园区道路与周边道路的对接贯通。利用建平大道建设契机，适时启动房屋征迁和土地平整工作，科学调整沿线区域规划，合理布局物流、仓储、检测用地，拓展未来发展空间。

（四）优化创业环境，打造服务发展新高地。扎实开展企业帮扶工作，对区内企业进行全面梳理，针对企业实际情况，实行分类指导和重点帮扶，着重帮助企业解决实际困难和问题，促进企业稳健生产。积极寻求政策支持，鼓励和支持企业扩大规模、科技创新，促进企业转型发展。坚持具体工作项目化，岗位目标任务化，健全激励约束和联动机制，明确责任分工，狠抓工作落实，严格考核问责，充分激发全体干部干事创业的热情。进一步落实“八项规定”和纠正“四风”的要求，控制并降低行政运行成本；认真落实党风廉政责任制，加强廉政警示教育，筑牢防腐拒变的思想防线。加强机关作风建设，推进依法行政，提高政府公信力和执行力，将年度工作任务分解到部门领导和具体责任人，确保督查有主体、人人有责任、事事有着落、件件有回音。

（五）加强综合管理，提升统筹发展新水平。紧绷安全生产弦不放松，全面落实“一岗双责”，加强安全生产监管资金、车辆和人员保障，完善隐患排查治理体系和安全预防体系，加大在建项目和投产企业巡查和隐患排查力度，确保无重大安全事故发生。坚持绿色低碳发展，严把项目“地评、环评、能评、安评”等质量关，严格执行新建、扩建、技改项目“三同时”制度，加强施工扬尘、道路遗撒执法力度和源头治理。加强环境保护基础设施建设，推进污水处理循环利用，减少水资源消耗，发展和推广清洁能源，争创纺织产业循环化改造示范试点园区。坚持狠抓基础、全力规范、稳步提升，全面加强非公企业党建工作规范建设和工作机制创新，切实做到成熟一个组建一个、成立一个达标一个，以加强党建工作促进企业发展。统筹抓好信访维稳、社会管理创新、食品药品监管等工作，积极化解圣湖公司、南漪湖公司、光博仕照明等矛盾纠纷，营造良好的治安环境，推动开发区和谐稳定发展。

【安徽宣州经济开发区】 2015年，在区委、区政府的坚强领导下，宣州经济开发区紧紧围绕平台和项目建设，认真开展“工业突破年”活动，扎实推进开发区转型升级，各项工作取得较好成绩。

一、2015年工作完成情况

（一）主要经济指标完成情况

2015年，宣州经济开发区实现全区经营（销售）收入156.88亿元，同比增长8.29%。规上工业产值106.69亿元，同比增长6.65%。完成固定资产投资23.05亿元，完成税收60604万元，同比增长12.34%。圆满完成各项目标任务。

（二）工作举措

1.狠抓平台建设，在承载能力上突破。

围绕重点项目，开展征迁工作，做好安置房工作，推动征迁工作合法合理合情。做好重点项目场平工程。完善基础设施，建成园区循环道路网、建设变电站、启动第二自来水厂项目前期工作、启动中科生物质热电联产项目，保障开发区供电供水供热。污水处理厂一期一阶段投入运营，一期二阶段土建已经完工。标准化厂房一期交付使用，促进产业集聚。以国家级园林城市创建为契机，完善园区绿化建设；南部商贸区组团控规和城市设计方案完成初步审查和评审，重点项目顺利推进，徽商世纪城项目开工建设，促进产城融合。

2.加大招商引资力度，在盘活存量上突破。

成立驻外招商小分队，驻外招商成常态化。接待了无锡市锡商理事会、南京市宣城商会、杭州民建企业家联谊会滨江分会、昆山安徽商会、萧山区企业家考察团等考察团来开发区实地考察。同时，积极开展土地清理，盘活低效利用土地。2015年，成功完成5宗469亩闲置土地和3宗90亩低效用地的清理。

3.加快升级步伐，在转型上突破。

2015年5月，宣州经济开发区化工集中区获得市政府批准。2015年10月，宣州经济开发区被确定为省级知识产权示范培育园区和省级信用开发区。开展省级高新区申报筹备工作，推进科技企业孵化器设立工作，启动“智慧园区”建设工作，筹备建设开发区企业用电信息化管理平台。

2015年，开发区新增2家高新技术企业，5家企业被认定省级民营科技企业。新增安徽省专精特新中小企业1家、省高新产品5项、省企业技术中心1家、省两化融合示范企业1家，省级专利金奖1项，市级企业技术中心1家，优秀文化产业企业1家。亨泰化工入选市级科技计划项目，美乐柯等6家企业项目入选区级科技计划。新增两家外资企业，完成外资企业审批相关工作。

4.推进网格化管理，在为企服务上突破。

出台《企业网格化管理服务制度》和《规上、限上企业考核办法》，以进一步提升服务水平和发展质量，推进区域经济又好又快发展。部分企业土地指标遗留问题、亚邦厂区改造规划、玉环工业园大协议调整等一批影响企业发展和项目建设的问题和困难得到解决。

进一步帮助企业解决融资问题，全年通过振宣担保公司帮助企业融资2.16亿元，累计在保企业融资3.47亿元。启动7家企业上市培育工作，其中主板1家，新三板6家。

成功争取省级开发区基础设施建设150万元贴息资金和1400万元自来水厂资本金。进一步推进企业创新升级和提质增效，加大对企业申报各类项目的指导帮扶力度，美乐柯、万佳等2家企业争取国家发改委、工信部项目资金和中小企业发展资金304万元，32家企业获得1165.4万元区级政策资金支持（初审），约占全区总额60%。指导金宏、汇昌、亨泰、亚邦、福美达申报2016年度企业发展专项。

（五）存在的困难

1.受宏观经济形势影响，部分企业效益不佳。

2.发展空间受限，土地指标依然紧缺。

3.对外交通不畅，城市北环线亟待打通。

4.商服配套滞后，产、城融合度低。

5.征地拆迁历史遗留问题较多。

二、2016年打算

（一）2016年主要经济指标预定目标

2016年，宣州经济开发区力争实现规上工业产值126亿元，规模工业增加值31.7亿元。进一步加强对企业固定资产投资系统直报的业务指导，完成固定资产投资22亿元。财政税收7亿元（不含土地出让金）。

（二）2016年重点工作

1.坚持产城一体，加快承载能力提升。

加快城镇化建设。借我省被确定为国家新型城镇化综合试点省之机，强力推进实施开发区城镇化项目，加快敬亭佳苑三期安置小区和徽商世纪城建设，加快学校、医院项目入驻，进一步解决配套不足问题。

加强基础配套建设。加快220kV变电站配套出线、污水厂一期二阶段、二水厂、生物质热电站、消防站建设，提升产业承载配套能力。

突出区位交通优势。主动对接服务宣南铜高速、城市北环线东段、硖石山码头等交通工程建设，搭建水陆综合交通运输网，发挥区位优势，无缝对接宣宁经济带。

2.坚持产业导向，实现招商引资新突破。

明确招商目标。以机械装备制造和医药食品产业为招商主攻方向，以招大引强为主线，强化产业招商和产业链招商。围绕机械装备制造业，进一步完善铸造、锻打、表面处理、热处理等加工环节。在美诺华药业签约落地基础上，加强在谈中间体项目的跟踪，紧盯国药集团新品投放和二期骨科产业园项目。

创新招商方式，进一步加强招商队伍建设。集中力量对在谈的项目进行对接。以代理招商、以商招商和驻点招商为基础，依托商会、微信、网络等手段，探索出台电子商务产业的招商政策，加强小微企业孵化和发展电子商务。

嫁接盘活存量。进一步加强存量土地及闲置低效用地的清理和嫁接盘活，力争到2016年5月初完成27宗地的土地清理攻坚任务，进一步加大收储用地的招商盘活，做好清理资产的后续手续完善。

3.坚持创新驱动，推动产业转型升级。

根据管委会确定的工作目标，完成科技企业孵化器的设立和运转工作，全面启动省高新技术产业开发区申报工作。进一步跟进新一轮的开发区扩区工作，重点做实化工集中区的区域环评，扩大三类地范围。组织新材料产业申报第二批战略新兴产业集聚发展基地，医药食品产业申报市级战略新兴产业集聚发展基地。实施智慧园区项目，开展一期工程建设。

加大对亚邦、华宇、刘郎、亨泰等重点企业技改升级的支持和帮扶服务力度。组织欧派德、金宏2家企业申报高新技术企业，重点培育海蓝、硅鑫、华宇、亨旺、盖纳等企业，力争2～3家进入高企培育名单，加强对永正、祥利、海通、汉采等企业的专利申报组织工作。力争万佳建材、美乐柯、刘郎食品进入新三板市场，加快推进亚邦化工、福美达、汇宇等企业上市培育进程。

4.坚持帮扶服务，保障经济持续增长。

深化“网格化管理”。一名班子成员带领一个工作班子，负责一个责任片区内企业项目建设、安全环保、融资、用工、矛盾纠纷等涉企服务工作。实行每月调度和进度倒逼机制，切实帮助企业完善手续，解决困难企业融资、转贷等实际问题，加快项目建设。

强化政策落实。积极帮助企业组织上报各类项目，重点推进各类企业发展专项项目申报，跟踪上级政府政策扶持资金的兑现，力争更多真金白银的支持。

推动上市融资。积极对接金融办和证券公司，加快推进园区企业上市融资进程，做好相关服务工作，2016争取2家企业挂牌。帮助企业完善法人财产制度，引导企业做好相关经营管理。同时积极推进相关企业进行股权重组和并购。

培育领军企业。积极推动与国药集团、中建材、汇宇集团、百金集团、亚邦集团、美诺华集团、鹰鹏集团等央企和知名民营企业财团的合作，强化其在宣发展战略，发挥领军带动效应。推进汇宇50万吨清洁汽油项目、石墨希项目、海通模具尽快投产达效，加快亚邦3000吨酞菁蓝颜料智能化项目、美诺华1600吨原料药项目建设，推进江阳车业、众嘉化工等项目尽快开工建设。

推进外贸增长。重点抓好美乐柯、亚邦、祥利、华宇等四家企业的出口回流，紧盯汇宇、永正、德尔、国昂、万佳的新增出口。

5.抓好财税征管，实现应收尽收。

摸清税源，加强监管，注重税源培植，健全扶持体系。加大护协税力度，对双赢、富旺、金宏、汇宇、精方等重点税源进行密切跟踪。

【安徽宣州狸桥经济开发区】 狸桥经济开发区自2009年开始建设，经过一年多的努力，到2010年5月10日，被安徽省人民政府正式批准为筹建省级经济开发区，2015年，狸桥经济开发区全体干部职工在全国经济形势下滑的形势下砥砺前行，开发区经济社会等各项事业取得了一定的进步，现将2015年发展情况报告如下：

一、狸桥经济开发区基本情况

安徽宣州狸桥省级经济开发区位于皖苏边境，距镇区1.5公里，2010年获批筹建省级开发区，规划面积6.95平方公里。经过几年的建设，已累计投入建设资金3.2亿元，完成道路建设19万平方米。征用土地4352亩，建成区面积2700亩。已形成以新宣狸公路为中轴线，镇区与开发区为两翼，工业促进商贸，集镇的发展为开发区集聚人气，且与江苏段已完成贯通对接，目前正在建设的宁黄高速也穿境而过，园区内11万伏变电所也已并网发电。累计利用区外资金27.5亿元，已落户企业42家。近年来，通过扶持带动力强的碳酸钙企业，延伸碳酸钙产业链条，打造碳酸钙专业集群；并围绕电梯等产业链条，引进其上游零部件配套和整梯供应商将电梯产业引进培育成开发区新的主导产业；同时利用南京溧水区磁性材料企业转移的契机，建设狸桥磁性材料集中区。安置小区一期已完工、污水处理厂主厂区及主管网已完工、燃气管线、商业区、碳酸钙物流园200亩物流园等一批配套工程都在按计划建设实施中。对周边区域经济具备一定的辐射及影响力。

2015年，开发区实现工业总产值10亿元，财政收入8000万元，协议总投资3.15亿元，其中五千万以上工业项目3个，亿元以上工业项目1个；全年利用省外资金5.4亿；全年实现2个亿元项目竣工，1个5000万以上项目竣工，2个2000万以上项目竣工。

二、转型升级的主要做法

（一）产业发展情况

（1）引导关联产聚集发展

一是依托我镇碳酸钙产业集群专业镇条件，引进了华纳新材料、银鱼超细活性等投资达亿元碳酸钙深加工龙头企业，带动了全镇碳酸钙行业的整体升级，成为全国碳酸钙产业链重要一环。还依托高品质碳酸钙的原料基地，引进博源顺达橡塑项目。二是依附近城市的产业转移，引进建设泰力、南磁、展豪等磁性材料项目；三是依托本镇丰富的旅游资源和南京都市圈区位优势，引进福青集团旅游开发项目，服务业发展迅速。

（2）培育新兴主导产业

一是以狸桥开发区现已建成的标准化厂房启动狸桥创业园，鼓励镇内外小微企业入园创业，力争将狸桥创业园建成小微企业孵化器；二是引进泰力、南磁、展豪等磁性材料厂打造狸桥磁性材料集中区；三是引进汉普森电梯公司，重点扶持培育电梯生产配套加工企业。

（二）自主创新情况

加大企业品牌创新。狸桥镇是皖东南最大的碳酸钙生产基地，主要开发生产的碳酸钙种类有纳米碳酸钙、超细活性碳酸钙、轻质碳酸钙、重质碳酸钙、普钙等一个完整的产品系列。狸桥镇碳酸钙产业集群的生产企业48家，高新技术碳酸钙企业2家，拥有1所“科研基地”“研发中心”和2种“著名商标”“名牌产品”，现在已注册碳酸钙产品品牌企业3家，其中拥有1家安徽省著名商标和安徽省名牌产品，年生产能力180万吨，年产值19.8亿元。

（三）招商引资情况

新签约项目5个（宣城市建顺防水材料有限公司5000万元、矿产品深加工项目3000万元、宣城市博源顺达橡塑有限公司8000万元、华通矿业二期技改项目5500万元以及湖商村镇银行狸桥支行项目1亿元），协议总投资3.15亿元，其中五千万以上工业项目3个，亿元以上项目1个；利用省外资金5.4亿元；固定资产投资5.5亿元；预计全年实现2个亿元项目竣工，1个5000万以上项目竣工，2个2000万以上项目竣工。辅助基础工程持续投入；景域休闲会所封顶完成装修；旅游集散中心加油站竣工；华腾公司正式投产，兴华节能主厂房全面竣工、汉普森公司正式投产；博源顺达完成土地产权装让，正式开工建设；污水处理厂主体工程基本完工。

（四）优化空间布局

狸桥经济开发区从基础设施建设到产业定位，始终坚持“高”“新”方向。首先是高起点规划。2010年初国务院《皖江城市带承接产业转移示范区规划》出台后，狸桥经济开发区抢抓机遇，顺势而为，借机发力，集中精力、财力和人力、物力，强力推进开发区建设。委托中科院南京地理和湖泊研究所重新以高起点、高标准的要求，编制《安徽宣州狸桥经济开发区总体规划》，一期规划区面积为6.95平方公里（其中一期规划面积5.24平方公里），所有入驻企业都按照总规的要求进行规划建设。

同时结合园中园建设的标准化厂房，对固定资产投资在6000万元以下的企业，要求其入驻狸桥开发区标准化厂房。对新引进的磁性材料产业划定一区块，设立磁性材料集中区，对以后入园的磁性材料企业一律在集中区进项供地。

（五）节约集约发展情况

一是把好“项目准入关”。加强地块出让前的设计研究，制定科学的规划设计条件。建立项目评估和准入机制，坚持工业项目用地与投资强度、科技含量、产出税收、资源消耗、环境影响相挂钩，对新项目进行综合分析和“并联会审”，着力引进少占地、多投入、高产出的新型科技项目，对达不到投资强度、高能耗、高污染、低效益的项目则坚决拒之门外。

二是把好“规范用地关”。开发区从全局和战略的高度出发，严格执行国家土地政策。一是严格执行开发区总体规划，通过强化规划引导，优化布局，确保土地节约集约化利用。二是管委会上下通力合作，积极主动与区发改、区国土、区经委等相关部门沟通、协调，并加大重点项目申报力度，千方百计争取更多的用地指标。三是全力做好项目的立项、选址、招拍挂、供地等各项报批工作。

三是把好“批后监管关”。一是对土地供应与开发利用全程监管，促使已供地项目加快开工，已开工项目加快建设，已建成项目加快投产。二是依法对已供未用的闲置浪费土地进行全面清理，对因资金困难、产业调整等原因确实无力达到投资条件的，通过协议有偿方式收回。

三、存在的问题

1.招商引资面临很大挑战：一是招商引资工作受大环境经济下行影响，进展不利；二是开发区自筹建以来在承接产业转移方面没有形成具有辐射能力强和带动性强的产业集聚和配套效应。同时在内生经济的产业升级和小微企业孵化方面没有取得明显进展；三是本开发区与周边地区如滁州、马鞍山、芜湖、高淳、宁国等相比较不具备产业配套比较优势，企业选择面狭窄，开发区面临很大招商竞争压力。

2.园区可用财力资金压力越来越大。由于园区运营和企业自身产出效益及上级投入不足等原因，造成园区可用财力紧张，后续基础设施建设资金投入的乏力。

3.征地、拆迁等工作受多方面因素限制，土地征收难度大。部分已签约入驻的重点项目因土地征收时群众不配合，导致交地时间被拖延，既增大了征地成本，又影响了项目入驻。

4.用工难的问题：一方面，开发区企业运营创收尚在发展阶段，薪资待遇无比较优势，加上目前开发区功能配套区还没有形成，给外地员工的工作和生活带来了很大的不便，造成了企业从外地招来的技工和管理人才难以留住；另一方面，劳动密集型企业因薪资待遇、上下班交通出行难等问题，当地工人不愿意留在本地企业上班，导致劳动密集型企业在本地存在招工难的现象。

5.企业融资难的问题：企业可用信贷抵押资产不足，造成企业流动资金融资较难。

6.土地利用效率低下。开发区进驻企业批多建少，财税贡献率低下的现象比较普遍，精品企业较少，企业间产业配套未形成,运营成本未得到有效节省。

四、2016年重点工作安排

2016年，我们的工作思路是：抓住碳酸钙产业的集聚效应；加大标准化厂房招商，外出驻点招商；继续加大基础设施投入，优化发展环境；加快机制创新，提高工作效率，确保完成以下工作。

（一）2016年经济指标稳步增长。2015年计划规模以上企业增加4家，实现工业总产值13亿元，实现税收9000万元。

（二）加大招商引资工作力度。一是完成区委下达的招商引资任务目标。二是重点加大开发区基础设施投入，特别是深入推进“两个小产业区”投入；优化发展环境；加快机制创新，提高工作效率。三是紧紧围绕现有企业搞好各项服务，使落户企业家们都能有招商资源提供，全年能采集各类招商有效信息30条以上。四是在江宁、南浔举办2次有实效产业对接会。五是积极探寻解决企业生产经营、创业融资、招工用工等过程中的问题。帮助企业解决实际重大困难10件。六是开发区重点规划引进磁性材料新签约落户3个企业，完成投产4个，电梯产业落户2个五千万以上项目，其他签约企业5个，标准化厂房招商取得实质性突破，长山工业走廊2个规模以上碳酸钙项目启动技改或扩建。七是重点在建项目中，昆山湖生态旅游新增实际投资1亿元以上并正式营业；兴华节能上半年正式投产，当年实现产值5000万元；华腾公司二期筹备启动建设，当年实现产值1.5亿元以上；华纳公司二期建设正式启动，年底主体能竣工，实际投入建设资金1亿元；龙越A区五星度假酒店七月竣工运营；旅游集散中心三星酒店年底实现主体竣工；博源顺达竣工投产。

（三）继续做好规划和基础设施建设。利用狸桥镇城镇化项目建设契机，做好开发区昆山路、南漪湖大道及和平南路的扫尾工程；完善狸桥镇污水处理厂的配套主干管网，实现污水处理试运营；专项清理开发区土地综合利用调查，盘活存量土地；做好开发区商用地的规划编制；完善水晶产业园已建厂房的规划和房产手续；完善开发区所有招标工程的阶段性验收和审计。

（四）继续做好征地拆迁工作。2016年开发区社会事务局重点工作是房屋拆迁工作，主要是完成巩固组（34户）房屋拆迁的基础上，完成和平组（38户）的房屋拆迁以及光明组部分房屋拆迁工作。继续做好开发区范围内的群众维稳和矛盾协调工作。

（五）紧抓安全生产不放松。继续按照上级安监部门要求做好各个阶段的安全大检查工作，严格依法行政，确保隐患排查整改的闭环管理；督促生产企业消防等安全“三同时”投入和手续完善工作；督促企业继续开展特种设备的使用登记证办理，和到期检测更换工作。确保安全生产零事故。

【安徽泾县云岭经济开发区】

一、云岭经济开发区基本情况

安徽泾县云岭经济开发区位于泾县云岭镇，2011年1月经省政府批准为省级经济开发区，规划总面积6.19平方公里，一期批复面积2.05平方公里。云岭经济开发区在原云岭镇工业集中区基础上发展建设而成，原工业集中区企业集中建于2000年左右。为引导云岭镇碳酸钙产业向精细化、高附加值方向发展，云岭经济开发区2011年6月按照规划开始建设云岭经济开发区新区。因云岭镇拥有丰富的碳酸钙资源，云岭经济开发区定位建设成为于碳酸钙新材料产业为主导农产品生产加工和机械制造相配套的特色园区。

二、转型发展中的云岭经济开发区

（一）确定招商重点，努力让优势资源转化为优势产业

2015年按照县委、县政府的决策和部署，结合本地特色和资源优势，准确定位，以资源招商的路子，把丰富的碳酸钙深加工项目作为招商主攻目标，把新型建材、电力绝缘材料、防水管材、石头造纸等项目作为招商重点。突出优势，精心包装，强力推介。牢固树立项目是投资的载体和支撑。多渠道多方位开展招商引资工作，并及时调整招商思路，创新招商方法。

碳酸钙用途广泛，市场前景广阔，发展方向高档化、精细化，性价比高、原料消耗少，2013年以来云岭开发区已不再审批简单粉体加工项目入园，并在中心区域划出了200亩的土地作为碳酸钙新材料产业园，立足区位、资源和现有基础优势，进行科学规划，合理布局，形成主次分明、相互配套的产业链，为企业发展创造资源、人才、技术共享的良好环境。

（二）扶持镇内企业发展，做强碳酸钙新材料产业

云岭开发区现有企业注重设备更新，重视技术引进，2013年以来云岭开发区招商引资重点为功能母粒、PVC管材、塑胶新材料、岗石加工、静电地板和石粉造纸，这些“新”企业将作为云岭碳酸钙产业的引导者，“新”项目也将引导传统粉体加工企业突破固有观念，开拓碳酸钙产业发展新领域。

（三）坚持生态立县和经济发展的和谐统一

生态环境是人类赖以生存发展的前提和基础，随着人民群众对清新空气、清澈水质、清洁环境等生态产品的需求越来越迫切，生态优势也越来越成为一个地方发展的核心竞争力，“保护环境就是保护生产力，改善生态环境就是发展生产力”。县委、县政府着眼全县发展大局，结合我县实际，在深入开展调研的基础上，提出了“大力实施生态立县战略，打造‘青清净静’魅力泾县”的战略部署和奋斗目标。

根据县委、县政府的部署，云岭开发区以严的要求、实的作风，把各项作风抓紧抓实，抓出实效，严格执行矿山资源整治、限制原矿外运等，致力于改变“老板发财、百姓遭殃、政府买单”的局面；鼓励企业通过技改扩大企业生产能力、延伸产品类型，实现自我转型升级，提高资源就地生产加工率；通过严格控制项目审批，防止环境污染、噪音扰民;同时牢固树立安全发展理

念，强化红线意识，严肃问责，要求企业全面落实主体责任，构建系统完备、封闭运行的责任链条，让人人有责、层层负责，把“三严三实”的要求贯穿于安全生产的全过程，确保人民群众生命财产安全。

三、存在的困难和问题

一是开发区建设方面。资金投入、土地指标困难尤为突出；二是投资配套环境方面。云岭经济开发区连接城区和主要交通干道的道路不断恶化，园区生活配套难以与城区接轨，造成一些好的项目难以引进；三是招商队伍建设方面。懂经济、人脉广、会招商的专门人才不多；四是招商理念方面。本土企业满足现有的发展，生怕被引进项目吞并，企业招商的积极性很难得到调动。

四、2016年开发区建设计划

1.扶持以中瑞塑胶材料为代表的碳酸钙中游产品加工企业，引导云岭镇域内碳酸钙加工企业技术改造、产业转型；

2.鼓励以江东科技为龙头的碳酸钙加工企业规模化。江东科技已完成省级高新技术企业申报工作，我们将继续鼓励以江东科技为标杆的企业将高新技术产业化、效益化；

3.支持科技创新和产学研工作，通过市场为导向、政府来推动，以企业为主体加强产学研结合，依靠科技进步和创新促进经济社会既好又快发展。

4.引导企业和国际、国内知识企业合作。重点引进英格瓷水磨浆料（纳米粉）生产项目和科隆粉体人造石碳酸钙活性粉体项目。

铜陵市

铜陵市开发区重点介绍

【铜陵经济技术开发区】 铜陵经济技术开发区（简称铜陵经开区）创建于1992年7月，为时任铜陵市市长汪洋同志亲手创办，是“醒来，铜陵！”解放思想大讨论重要成果之一。1993年5月，成为全省首批省级经济技术开发区。2011年4月，晋升为国家级开发区（全省第5家）。2015年7月，跻身于安徽省首批战略性新兴产业集聚发展基地。

区位优势明显。铜陵经开区地处长三角城市群与长三角经济圈和武汉经济圈的交汇中心，是合肥都市圈南向发展的战略门户。沪蓉与京台高速、京福高铁与宁安城际铁路在此形成“十”字交汇，比邻南京禄口、合肥新桥机场，距离九华山机场只有20公里车程。万里长江穿城而过，岸线资源长达100多公里，拥有一类对外开放口岸、国家首批对台直航港口和万吨级海轮进江终点港，港口年吞吐量亿吨以上。铜陵长江大桥是八百里皖江第一桥，随着铜陵二桥的开通，铜陵已成为通江达海、南上北下、东进西出的交通枢纽，四海宾朋、八方志士纷纷前来投资兴业，共同谱写中国梦·铜陵梦的美好篇章。

产业优势明显。经开区现已入驻企业1300余家，拥有百亿企业2家、上市公司3家，三板或四板挂牌企业13家。已形成以铜基新材料产业为主导，电子信息材料、先进装备制造为支撑的三大战略性新兴产业集群，新能源汽车、电子通讯、冶金化工等产业快速崛起，产业明显集聚，经济特色鲜明。

一是工业基础雄厚。2015年规上实现工业总产值658亿，主导产业已形成一定规模。其中，铜基新材料产业是经开区的首位产业，该产业总体生产能力达110万吨。其中，低氧铜杆产量28万吨、黄铜棒材15万吨、特种电磁线产量达20万吨（位居世界第三位）、高精度铜板带6万吨。PCB产业已从铜箔、覆铜板、单层线路板升级为品种丰富、用途广泛的多层、柔性高精度线路板，形成链条较为完整的PCB产业集群。已经形成6条产业链（电解铜—电子铜箔—覆铜板—PCB产业链，电解铜—无氧铜杆—特种漆包线产业链，电解铜—铜带—集成电路引线框架产业链，电解铜—系列铜管产业链，电解铜—铜粉及铜合金粉末和铜五金件产业链,废旧电器回收拆解—废渣铜—铜工艺品）。2015年，铜基新材料产业完成产值540亿，预计2016年可实现产值600亿。电子信息材料产业已形成了2条产业链（电容器用薄膜—金属化薄膜—薄膜电容器；集成电路引线框架—模具—封装产品），成为全国最大的电容器薄膜与挤出模具生产基地。同时，一批PCB和配套企业相继落户，已成为中部地区知名PCB产业基地。作为PCB终端产品的年产800万年诚创手机项目已建成投产。2015年，电子信息材料产业完成产值30亿，预计2016年可实现产值35亿。装备制造业已形成电子专用设备、环保设备、冶金矿山专用装备、汽车零部件等十多个产品集群。该产业以铜冠机械、三佳集团、耐科科技、天奇蓝天、锐展科技等企业为代表，部分企业已经成为全国行业排头兵。特别是正在建设的泰新新能源汽车项目将于年底实现整车下线，形成发动机、新能源电池、锂电池储能铜箔、新能源整车等完整产业集群。该产业2015年完成产值30亿，预计2016年可实现产值65亿。冶金和精细化工产业，作为国家循环经济工业试点园区，现已建成以铜、铁、硫资源合理利用和能量互补的循环经济工业示范体系，围绕铜冶炼与精深加工、精细化工、建材等多个产业，建成了多条特色鲜明的循环链条。园区企业按照3R原则(减量化、再利用、再循环)，实现资源综合利用和能源梯级利用，打造低碳生态园区。该产业2015年完成产值45亿，预计2016年可实现产业50亿。

二是产业集中度高。首位产业突出。2015年铜基新材料产业产值占经开区工业总产值80%。已基本建成了铜基电子材料、电线电缆、铜板带、铜及铜合金棒线型粉、铜再生资源循环利用、铜文化产品等6大铜基新材料产业链。产品覆盖管、棒、线、型、板、带、条、箔及粉体等全部产品形态。被世界铜加工协会专家誉为“我国铜材加工领域品种最全、产业链最完整、配套体系完善、最具竞争力、独一无二的铜材精深加工产业基地。”战略性新兴产业比重较高。战略性新兴产业和国家鼓励类产业占比较大，2015年经开区战兴产业产值占规上工业总产值68%，在全省和中部地区处于领先。龙头企业科技创新带动能力强。区内高新技术企业68家，其中铜基新材料企业占比超过70%。2015年，企业专利申请量达560件，其中发明专利申请量为420件，占全年专利申请量的75%。

三是主导产品市场占有率高。精达集团是全球第三、国内最大特种电磁线制造商，在国内市场占有率超过30%，位列中国民营企业500强第460位、安徽省民营百强企业第4位；全威铜业是全国第八大低氧铜杆生产商，位列中国民营企业500强第124位、安徽省民营百强企业第1位；金威铜业为国内第五大铜板带制造商；三佳集团为国内第五大模具和引线框架制造商、第六大LED支架生产商；耐科科技为国内第一大挤出模具生产商；铜峰电子为全球第一大电容器用薄膜生产商；晶赛电子为全球最大石英晶体谐振器用外壳生产商；艾伦塔斯是全球最大绝缘漆生产企业，国内市场占有率50%以上；同和晶体垄断国内超高温氧化锆晶体隔热材料市场。

服务优势明显。多年来，经开区秉承服务为本的理念，始终把招商引资作为第一要务，把项目建设作为园区发展的生命线，始终把区内企业作为“衣食父母”，竭诚为各级各类入驻企业服务。

一是科技服务能力日益提升。经过二十多年发展，经开区在晋升为国家级经开区的同时，也成为国家级循环经济试验园、国家火炬计划电子材料产业基地、国家863计划铜陵电子材料成果产业化基地、国家（铜陵）电子材料产业园、国家新型工业化产业示范基地和国家专利产业化试点基地。经开区加强与中科大、合工大等多所科研院所的联系与合作，自主创新体系进一步完善，创新驱动不断提速。截至目前，区内已有56户高新技术企业，拥有省级企业技术中心、工程研究中心等25家；拥有铜陵有色国家级铜加工工程技术研究中心1家；建有国家PCB检测中心、国家铜铅锌质检中心国家级公共服务平台，

二是融资服务能力持续提高。目前，经开区已形成银行、保险、投资、担保等较为完备的金融服务产业链，拥有银行业金融机构10家，保险机构3家，融资担保公司2家，小额贷款公司2家，各类股权投资企业10家，带动了金融机构的聚集效应。经开区抢抓资本市场活跃宽松的战略机遇期，加大资金筹措力度，创新方式方法，努力筹大资、融好资，提高直接融资比重，逐步降低综合融资成本，为确保全年基础设施建设、产业发展基金投入、担保公司扩资、征地拆迁、棚改和安置房建设奠定了基础。

三是配套服务能力不断增强。经开区基础设施配套完善，承载能力持续加强。现有区域面积40平方公里（可用面积33平方公里），已完成开发建设30平方公里。已建成道路90公里，建有110kV、220kV变电所6座、污水处理厂2座（其中PCB污水处理厂一期日处理能力5000吨，二期日处理2.5万吨；日处理3000吨PCB固废危废项目也已经建成；城北污水处理厂已经运行，日处理废水1.5万吨），在建2×25MW备压机组热电联产项目，并拥有专用铁路线和码头，保税仓库、

物流、酒店、医院、学校等服务配套功能完备；建有中小企业标准化厂房35万平方米、科技孵化器8万平方米、员工公寓7万平方米；建有国家级铜铅锌及制品质量监督检验中心、皖江新兴产业技术发展中心等27个国家及省级研发机构；全国首家国家级PCB检测检验中心已获批建设；拥有一批享受国务院特殊津贴及国家千人计划的全国知名铜产业领域权威专家。经开区区域内高校资源丰富，建有铜陵学院、职业技术学院、安工学院、技师学院等多所高校新校区，可为企业提供各类人才和劳动力资源。

四是“保姆式”服务愈加温馨。树立问题导向和目标导向，坚持为企业提供“一站式”、“一条龙”、“保姆式”、全天候服务。具体工作中，建立了“3+x”服务机制，即三级联动服务和特色服务。具体是：建立重点企业和项目联系制度。党工委、管委会定期联系重点企业和在建、在谈重点项目，每月召开重点项目调度会，分析项目建设情况，解决项目建设过程中发生的矛盾和问题，推动项目加快建设，促进项目早日投产、达产。建立重点企业和项目帮办制度。由党工委、管委会和相关部门负责人牵头，业务骨干组成帮办小组，为重点企业和项目提供全程领办、代办和帮办服务，帮助协调解决生产要素、市场、技改、建设等方面存在的困难和问题。建立包点服务企业和项目制度。对区内规模以上企业和中小企业全部分解包干到相关部门、定期上门服务，实行服务网络全覆盖。同时，经开区还针对企业需求，实施一企一策，有的放矢，精准帮扶，如通过厂房订单式代建、定租、定期回购等举措帮助企业落户发展，降低企业即期成本，推动项目加快建设。

五是人性化服务更为体贴。积极落实市政府《关于引进高层次创新创业人才和团队的实施意见》《铜陵市高层次创新创业人才股权和分红激励试点暂行办法》等系列文件精神，制定出台了《关于进一步激励开发区企业高管人员创业发展的暂行办法》《开发区企业高管个人所得税奖励办法》，对企业高管创业给予税收优惠，对外地高层次人才提供临时住宿补助、户口落户、子女就学等方面的帮助，切实解决了外来创新创业人才落地的后顾之忧。

2015年，面对宏观经济环境依然复杂多变，经济下行压力持续加大的宏观形势，在市委、市政府的坚强领导下，铜陵经开区牢牢把握稳中求进的总基调，积极应对，齐心协力，克服困难，保持了运行态势健康平稳的发展态势。全年完成地区生产总值156亿，增长11.2%。实现规上工业总产值658亿，增长4%。规上工业增加值133.3亿，按可比价增长11.9%。战略性新兴产业产值483亿，增长8%。固定资产投资178亿，增长10.3%；新开亿元以上项目20个，竣工亿元以上项目19个。财政收入19.2亿，完成预算指标。招商引资完成内资124亿，外资1.05亿美元；上述经济指标均全面完成市下达的工作目标任务，地区生产总值、规上工业总产值等主要经济指标高于全市增幅。

2015年，经开区根据全市统一部署，以开展“重大项目谋划建设年”“回迁安置落实年”“规范管理提升年”“体制机制改革年”等“四个年”活动为抓手，采取了一系列“调结构、转方式、促升级”的措施，主要工作体现在以下几个方面：

1.招商引资逆势而上

面对形势变化和政策调整，特别是企业投资欲望不足，我们转变思路，逆势而上，全年新引入亿元以上项目35个，其中10亿元以上项目2个，总投资近200亿元。通过实施精准招商和产业链招商，重点围绕具有牵动性的重大项目，在新能源汽车、生物制药两大板块实现突破。一期投资28亿元的年产10万台新能源汽车、投资5亿元沃特玛新能源汽车电池、投资5亿元的康智生物、世界500强的艾默生电气等25个重点工业项目签约并开工，蓝源科技金融、神州易达供应链等6个重点服务业项目实际运营。

2.项目建设加快推进

在经济下行、房地产市场下滑的情况下，加大项目建设力度，分解任务，压实到人，现场协调，帮助解决项目建设中存在的问题和困难。全年完成重点工程投资81.2亿元，新开工亿元以上项目20个，竣工亿元以上项目19个，均超额完成全年工作任务。同时，我们以土地督察问题整改为契机，推进了全威、锐展等存量土地后续项目建设。

3.暖企行动取得实效

针对实体企业存在的实际困难，我们积极应对，帮助企业树立信心，解决困难。全年帮助企业争取和兑现各类扶持资金1.2亿元；通过偿债周转金，累计为企业提供倒贷资金6亿元；国元公司累计提供企业担保5亿元；组建国发投资公司，并与徽商银行合作成立众盈基金，以债权或股权投资，解决企业投资问题；积极帮助并推动企业在资本市场融资，松宝机械、天海流体、正洁新材料在“新三板”成功挂牌，金蜗牛铜艺、迪诺环保、博雅印务、长江彩印、泰祥科创等企业挂牌“新四板”，国传、精隆等6家企业正在开展挂牌前期工作，目前累计挂牌企业达12家。

4.自身融资广开渠道

针对资金紧张的突出问题，我们想方设法、多管齐下，缓解资金困难。通过发行企业债券、银行贷款、融资租赁等方式，全年到位融资22.8亿元，保障了还本付息、征地拆迁和基础设施建设的资金需求。同时，项目融资贷款、中国银行间协会短期融资券、非公开定向债务、小微企业集合债等融资项目正在加快对接和办理手续，即将逐步到位。

5.基础设施不断完善

控制性详规和供电、供热、供水专项规划编制工作加快推进。全年新建道路5公里，修复道路12公里，实施绿化提升10万平方米，实现亮化工程全覆盖；以创建全国文明城市为契机，以“三线三边两小”整治为抓手，滨江岸线、铁路沿线等项目整治工程全面完成，整体环境进一步提升。强化环境监管和治理，严格项目环境评审，实行“验收、监测、督查”三同步；翠湖水体治理工程基本完成，达到规定水质标准；PCB污水处理厂二期项目加快建设，城北污水处理厂重新运营，污水排放运行正常，承载功能进一步增强。

6.社会事业统筹推进

回迁安置工作全面开展，完成回迁安置1600户，按批次解决了在外过渡多年群众实际困难和迫切需求，保持基层稳定。实行餐饮经营量化分级管理，保障餐饮和食品安全。强化安全生产管理，建立健全了管理责任体系，落实党政同责、一岗双责，实现年度事故控制指标，安全生产形势总体稳定向好。全年民生事业类支出950万元，完成预算的110%；新增就业3000人，村民生活保障类政策全面兑现，城乡低保和农村五保实现动态管理和分类施保，实现应保尽保并全面提标，农村文化和阳光救助全面覆盖。

二、2016年发展思路和安排

虽然2015年的工作取得了一定的成绩，但也存在不少问题和不足。一是对宏观经济复杂局面和困难程度认识不够充分，预判不够全面、准确，困难程度超过预期。二是面对经济下行压力，对少数企业存在困难问题处理的处理力度不够，帮扶方式和办法创新不够，有些问题没能得到彻底解决，特别是由企业资金困难引发产能不足和欠薪等问题较为突出。虽然我们以积极态度，采取了一系列举措，缓解了一些矛盾，但还没有达到标本兼治的效果。

2016年，是“十三五”开局之年，是全面深化改革的关键之年，我们面对经济发展新常态，尤其是下行压力的持续加大，经济深层次结构矛盾阶段性叠加显现，可谓既是压力又是机遇。我们必须把握发展大势，抓住发展新机遇。

2016年主要目标是：实现地区生产总值同比增长10%以上；规上工业总产值680亿，增长4%；规上工业增加值145亿，按可比价增长11%；战略性新兴产业产值510亿，增长6%；固定资产投资增长10%以上；实现财政收入19.66亿，增长2.8%；招商引资中内资132亿，外资0.75亿美元。

通过努力，争取在省政府组织的全省国家级经开区考评中获优秀等次，排名争先进位，铜基新材料基地建设考核位于前列。为实现以上目标，围绕“五个突破、两个提升”，重点做好以下七个方面工作：

1.围绕总量增长和质量提升，在招商引资上寻求突破

经开区是全市招商引资和项目建设的重要承载地，转变靠要素资源吸引招商的传统方式，实施精准招商和产业链招商，用新举措，寻求新突破。一是优化招商政策。结合项目投资强

度、产业带动效应、税收贡献等因素，完善产业引导资金、产业发展扶持资金等制度，加大项目扶持力度，杜绝违法违规兑现财税优惠政策。二是创新招商理念。从源头抓起，通过优化增量，推进发展质量和调整结构。由追求数量和总量向追求质量和效益转变，提升专业招商水平，加强项目调研，提高项目研判能力，强化项目考评考证，着力引入资源消耗小、牵动性强、投资效益高、绿色环保型的好项目、大项目。三是强化产业招商。围绕主导产业、特色产业、战略性新兴产业，推动专业招商和产业链招商，避免同质化竞争，寻求差异化发展。围绕铜基新材料基地建设，紧扣中国制造2025，瞄准国际发展新趋势，深化六大领域、41个项目的深度谋划论证工作，延伸产业链条，拓展新产品，重点引入高端化、规模化项目，加大已在谈的集成线路用引线框架、高端压延铜箔、新能源汽车电解铜箔、高密度线路板、高精度LED支架、合金铜粉等项目的推进力度，争取早签约、早开工。以在建的十万台新能源汽车整车项目为核心，围绕汽车动力电池、驱动电机、电控系统、传动系统、高强导电件等关键零部件配套领域谋划项目，专项招商，发挥龙头带动作用，尽快形成新能源汽车及配套产业的集聚。依托三佳、铜峰等骨干企业，重点围绕石英谐振器、高铁及新能源汽车电容、动力电池用薄膜、高精密LED支架、柔性高密度高频高档线路板及集成电路等领域谋划和推进项目，加快五株电路和安博电子等项目建设，力促太和线路、吴中通讯等项目签约落地。依托现有安科恒益、富邦药业等生物医药项目，推进生物制药关键技术开发，引进新项目。依托铜冠机械、耐科科技、松宝智能等装备制造骨干企业，重点推进模具、测控等领域成套装备智能化、柔性化升级，扩大智能落纱机、井下无轨化装备、高精密电子模具、集成电路与电子封装压机等产业规模。四是加快平台建设。通过搭建服务平台，提升服务功能，降低企业商务成本，以综合比较优势，吸引项目投资。依托铜铅锌检测中心，加快建设国家级PCB检测检验中心和国家级铜基材料工程研究中心建设，用政府购买服务的方式，为主导产业提供评价、检测、认证、鉴定等服务，打造多功能高端服务平台。五是突出绿色发展。打好循环经济这张牌，加快低碳经济建设，提升资源循环利用和能源梯级利用水平；利用企业未充分利用土地，围绕企业闲置土地以及蒸汽、焦炉煤气等能源梯级利用条件，吸引相关项目落户。

2.围绕产业调整升级，在结构优化上寻求突破

在抓好招商引资，加快增量优化的同时，抓好存量的结构调整和优化升级，培育新的增长点，通过促改革调结构，推动经济发展提质增效升级，努力做到调速不减势、量增质更优。一是抓好企业服务。继续落实暖企行动，分类实施精准帮扶，对有效益、有市场的企业加大扶持力度，围绕资金周转、融资担保、“三板、四板”上市等方面做好企业帮扶。积极推动基金公司、风投公司进行股权投资，争取发行中小企业集合票据，逐步改变、减少、脱离政府直接参与经济的行为，用市场行为最大限度发挥企业产能和效益，做好稳增长的基础工作，确保实现全年经济稳增长。二是抓企业改造升级。围绕铜基材料等主导产业，以基地专项资金分配为导向，培植壮大现有骨干企业，结合“两化融合”，加快大力推进企业技术改造，推进传统产业高新技术化和信息化，对照节点，精准补链，引导向高端领域发展，实现内涵式扩张，加大创新能力，提升核心竞争力。三是抓产业配套。加大PCB龙头企业招商力度，依托PCB龙头企业和PCB污水处理厂、固废处理中心、PCB标准化厂房等集成配套优势，带动PCB关联产业和配套产业发展。以在建的10万台新能源汽车整车项目为核心，围绕汽车动力电池、驱动电机、电控系统、传动系统、高强导电件等关键零部件配套领域谋划项目，专项招商，发挥龙头带动作用，加快已开工的新能源整车、锐展发动机技改、沃特玛动力电池等项目建设，争取皮尔博格、瑞丰等配套企业落地，尽快形成新能源汽车及配套产业的集聚。四是抓技术创新。注重人才队伍建设，完善吸引优秀科研人才政策，大力吸引一批千人计划等各类高层人才来铜创业。发挥好产学研联盟作用，加快推动科技成果转化。以人才聚集，加快推动战略性

新兴产业发展。整合双创空间资源，加大政策扶持力度，营造出大众创业、万众创新的良好氛围。设立科技创新扶持基金，推进科技型中小企业加速器、循环经济研究中心等服务平台建设，增强科技创新驱动能力，提升新增高新企业、发明专利数量和质量。五是抓生产性服务业。针对二、三产结构不协调的现状，加快生产性服务业的发展，围绕互联网+、电子商务、服务外包、供应链金融等新兴业态，加快国际金属物流园、省级服务外包基地等重点项目建设，努力构建现期货交易同平台，进出口贸易服务、现代物流、供应链金融等多样化新型生产性服务业体系。通过引入新型服务业态，优化产业比例，促进产业结构的提升带动税收结构的优化，注重速度和效益并重，提升经济结构合理性。

3.围绕项目建设和有效投入，在经济增长上寻求突破

进一步推动重大项目谋划建设，以项目促投资、以投资促发展，用实际成效掀起招商引资和项目建设高潮。全年初步安排市重点工程86个，年度计划投资70亿元。其中，续建项目44个，年度计划投资54.5亿元，其中工业27个、服务业6个、房地产9个、其他项目2个（社会事业和基础设施）；新开工亿元以上项目14个，年度计划投资15.5亿元；储备项目28个。总投资总投资10亿元以上的项目有6个，5亿元以上17个。一是抓项目开工。以招商引资和项目落地为核心，加快土地房屋征收、水电路气贯通、证照办理、土地挂牌等工作。对重大项目实行“一个项目，一套班子”的推进模式，明确任务，落实责任，层层推进。二是抓在建项目推进。对照时间节点，倒排工期，现场协调，及时解决建设过程中出现的矛盾和问题。对重大项目实行落实分级调度和专班帮扶制度，一个班子负责包保到底。三是抓项目投产。落实责任、统筹协调、科学调度，推进重大项目早竣工早投产。四是抓经济运行调度。围绕全年经济指标，狠抓薄弱环节，协调企业加强生产调度，有条件的企业尽可能开足马力，满负荷生产，困难企业尽可能提高生产负荷。

4.围绕基础设施和环境建设，在功能提升上寻求突破

一是加快安置房建设。坚持以人为本，急群众所急，想群众所想，加快安置房建设进度，以既定的回迁安置时间为刚性目标，压缩前期，细化节点，跟踪问效，强力推进，确保溪潭小区二期、湖滨花园等安置房竣工验收，交付使用，解决群众实际问题。二是提升承载能力。按照“规划先行、急用先干”的原则，围绕招商引资、项目落地、环境整治、民生工程等急需项目补缺补差，加大资金投入。围绕项目建设需要，加快道路建设，提升绿化亮化覆盖面。三是整合土地资源。严格土地管理，加强土地开发利用动态监管，加大土地集约节约利用，提高土地使用效率，对供而未用的存量土地，进行全面清查，分类处理，推进建设用地二次开发。四是加快征收进度。要以项目落地为核心，统筹安排资金，严把征地拆迁安置成本审核关，加快征收进度，根据项目建设需要，按照时间节点，完成征收工作，确保不因征迁问题影响项目建设。五是加强环境治理。要从源头抓好节能减排工作，严格环境审核，严控制污染、高耗能、资源型项目建设，对存在重大环境隐患、布局不合理的项目实行“一票否决”。六是加大安全生产监管力度。加大日常巡查和监管力度，强化安全检查和隐患整改，保证重点领域、重点行业、重点生产经营单位和人员密集场所安全，坚决防止较大以上事故发生。此外，还要强化工商管理、食品安全监管、计划生育、劳动监察等工作。

5.围绕现有资源和资金要素，在财税融资上寻求突破

坚持把资金资源利用作为加快经济发展的重要保障。一是狠抓财政。严格税收征管，规范财税行为，依法督促国有资产经营收益及时足额入库。杜绝违法违规行为，逐步规范通过财政奖励、补贴、返还的形式吸引项目落地。二是抢抓融资。围绕基础设施、公用事业类项目和产业转型升级发展等方面，加大向上融资力度，全年争取完成融资52.5亿元。三是盘活存量资源。进一步摸清家底，深挖潜力，提高资产利用率；按照市场经济规律，加强对各类投资的管理，以股权转让、债转股等方式，收回部分投资或以此引入新项目，发挥资源效益；对具有市场潜力、

可塑性强的新兴产业进行节点投资，形成复合型资本，加快培育优势中小企业到中小板、创业板或主板上市步伐。四是严控支出。一方面强化预算刚性，将新增财力纳入偿债准备金，压缩“三公”经费，制定偿债计划，化解债务危机，保持融资信誉。另一方面严控举债，强化风险意识，实行债务总量控制，防止发生系统性风险。

6.围绕改革创新和体制机制优化，提升管理水平

加快体制机制改革创新步伐，围绕发展，突出重点，突破瓶颈。一是创新发展方式。围绕经开区综合考核体系，在发展理念和思路上进行创新，围绕创新能力、品牌建设、生态环境、行政效能等考核内容，走质量效益之路。二是创新行政管理。改变政府直接参与市场管理的行为方式，落实权力清单、责任清单、涉企收费清单制度，简政放权，市场主导，提高行政效率和透明度。三是创新体制机制。按照“尊重历史，结合实际”的要求，进一步明确经开区社会事务等方面的职能界定，合理划分责任权限，重新设立内设机构，创新经济社会事务管理。通过机构改革，理顺管理体制，将机构设置进一步优化合理。加大绩效考核和问责问效，强化责任，激发活力，转变作风，提升效能。加快推进直属企业的整合和改革，按照“明晰资产、规范管理、激活机制、谋求发展”的总体思路，盘活现有资产，提升经营资质等级，参与市场竞争，做强自身实力，逐步脱离政府平台，走市场化运作的路子。

虽然当前宏观经济形势复杂严峻，但我们有信心，也有决心，在市委、市政府的坚强领导下，在市直各部门的支持下，主动而为，自我加压，全力以赴，攻坚克难，自觉践行“三严三实”，不断改进工作作风，创新体制机制，提高工作效率，提升服务水平，努力打造全国一流经开区，在全市经济建设发展中发挥担纲承梁的积极作用。

展望未来，到“十三五”末，经开区将实现三大指标翻番、三个比重提升、三个结构优化。即：地区生产总值、规上工业总产值、规上工业增加值翻一番；三大指标占全市比重进一步提升；战略性新兴产业占工业总产值比重提高到70%，高新技术产值占总产值比重提升到50%以上；服务业比重提升到15%。

20多年来，铜陵经开区已走出了一条从小到大、从弱到强、裂变扩张的发展之路，也探索出一条企业先行、产业集聚、城区集成的发展路径，基础设施日臻完善，配套功能逐步优化，居民生活水平不断提高，在“宜工、宜商、宜居、宜业”的新城区建设上迈出了坚实步伐。

下一步，经开区将抢抓发展机遇，努力打造国内外具有重大影响力的铜基新材料产业集群和高端装备制造产业基地，将经开区建设成为承载产业转移能力强、生态环境好、基础设施全、功能布局合理、人与自然和谐相处的现代化产业新城。

【安徽铜陵狮子山高新技术开发区】 2015年以来，狮子山高新区认真贯彻落实区委、区政府各项决策部署，着力推进项目建设、招商引资、安全生产和基础设施建设，创新优化服务，工业经济总体平稳运行。

一、2015年发展情况

加快项目推进。高新区积极推行项目联系制度，按照“项目化、时间表、责任人”要求，坚持推进与倒排相结合，加大项目现场调度、跟踪、督查力度，通过看现场、找差距、赶进度，强力推进项目签约落地，重点抓好瑞铁轨道等项目开工前的各项准备工作。截至目前，洁雅公司二期100亿片环保湿巾项目已竣工投产，中熹科技二期等10个续建项目正在紧锣密鼓建设中。

加大招商引资力度。上半年，高新区把抓招商引资作为工业发展的“牛鼻子”，围绕产业链延伸和主导产业配套招商。对光电产业、装备制造业等高新区的传统产业，通过产业升级引进“外脑”。其利电子、迈维电子等公司通过引进新技术、新装备，提升了产品档次，拓展了销售渠道。中节能实业公司投资的“狮子山高新区节能产业园”项目，经过高新区与该公司的多轮商谈，现已取得明显进展。中国中车参股金峰新能源公司项目正在积极洽谈中。东隆服装公司等传统企业利用闲置厂房开展二次招商，先后引进了超越电子、启动电子等企业。

保障企业安全生产。加强企业安全生产标准化建设，及时掌握了解园区企业在日常安全生产管理中的动态情况，有针对性地指导企业改善安全生产条件，落实安全生产工作。积极开展“安全生产月”活动，会同消防、安监等部门，加大园区安全生产检查力度，并于6月、9月开展了安全生产大检查，全年累计检查企业几十余次，发现一般隐患24个，较大隐患2个，通过督查监管，整改全部到位，实现安全生产零事故，保障园区和谐稳定发展。

完善基础设施。经过前期协调和建设，目前高新区“五纵三横”道路骨架已建完成，实现了园区内部循环。园区循环公交已正式运行，为企业职工出行带来了便利。园区内部4G移动通讯基站已全部建成，实现了园区4G网络全覆盖。企业办公楼亮化工程已完成，道路亮化工程也已完成。

创新优化服务。高新区加强监测分析，及时把握工业经济运行动态，有针对性地提出应对措施，有力保障了工业经济平稳运行。强化银企对接，召开高新区、银行和企业三方融资座谈会，积极帮助企业转贷、增贷，协调金融机构为企业贷款5000余万元。积极帮扶企业建立研发中心，帮助企业与高等院校建立合作，鼓励企业发明创造和申请专利，支持企业上新三板、区域板和申报高新技术企业。铜陵铜官府文化创意股份公司已于7月在新三板挂牌上市。

二、“十二五”总结

2011—2015年，是高新区建区后快速发展的五年，伴随着重大项目的竞相入区，高新区经济总量快速增长，产业结构不断优化，聚集了一批符合高新区产业定位的精品项目，为拉动狮子山区经济增长做出了自己的贡献。

（一）经济保持高速增长，产业结构进一步优化。

自2006年高新区全面建设以来，高新区管委会着力在加快引进项目转化、企业开工投产、主导产业培育、服务业发展、新增长点挖掘等方面下功夫，求突破，使经济发展呈现出又好又快的良好势头。预计2015年，实现工业生产总值67.2亿元，年均增长70.95%；固定资产投资43亿元，年均增长63.54%。

（二）招商引资稳步推进，产业集群初步显现。

五年来，高新区积极培养主导产业，引导产业集聚，目前已基本形成装备制造、光电、铜基新材料等产业集群。目前高新区拥有入驻企业74家，其中规模以上企业25家。“十二五”期间，围绕光电、装备制造、铜基新材料的产业定位，开展产业链招商，一批投资规模较大、科技含量高的企业相继落户园区，进一步提升了园区产业档次，延伸了产业链。

（三）转型升级继续加快，产业平台得到提升。

坚持规划先行，高起点做好产业规划。为落实铜陵市资源型城市转型和产业升级的战略决策，2013年高新区委托安徽省经济研究院编制狮子山高新区产业发展规划，明确产业定位,通过市、区两级政府的不懈努力，于2014年5月27日成功申报成为安徽省级高新区，投资平台得到全面提升。

（四）基础设施日趋完善，服务功能基本健全。

“十二五”期间，高新区全面完善基础设施建设。目前，纬一路延伸段终段、纬三路、纬四路、三条道路二期已全面竣工，园区道路大循环已形成，循环公交也已开通。纬一路提升工程设计方案已通过，前期手续已全面完成，正在等待进入招标程序，经二路延伸段工程也已进入设计阶段。465朱乌线项目正在施工，近期即可完成。

（五）园区环境加快优化，整体形象得到提升。

“十二五”后期，高新区亮化、绿化工程全面启动。目前，纬一路、经二路LED路灯工程已基本完成，部分企业完成生产办公用房的亮化。高新区绿化工程进一步提升，纬一路、纬三路、经一路、经二路、经五路五条主干道绿化工程已完成设计，有望在2015年底全面完成。此外，高新区入口标识征集工作已完成，待审批通过后，即可招标建设。

三、2016年发展计划

高新区将坚持以“科技创新、产业升级”为主线，以创建国家级高新区为目标，以“百日攻坚”为契机，力争完成全年目标任务。

着力抓好项目建设。扎实推进"腾笼换鸟、机器换人、空间换地、电商换市"，积极培育"名企、名家、名品"，加速传统优势产业提档升级。一是抓好续建项目，促企业投产达效，继续做好中能阀门等未完工项目的续建工作;二是新建项目，做好瑞铁轨道、科达装备等项目开工前的行政许可办理及招投标工作，促其早日开工建设，狮达防火门、云数据等项目尽快完成土地出让;三是洽谈项目，做好跟踪对接工作，促进中节能实业公司投资的"狮子山高新区节能产业园"项目早日落地;四是技改项目，做好政策资金争取工作，加大科技投入力度，鼓励企业提质增效。对各重点项目，明确责任领导、责任部门、责任人和完成时限，细化工作任务，全力抓好跟踪落实。

着力抓好平台建设。一是创新金融服务平台，着力引进资产公司、基金公司、投资公司，实施PPP模式；二是科技创业孵化平台建设，全力推动狮子山科技创业园建设；三是做好国家级高新区的申报工作，以创建为抓手，使高新区的发展理念、工作水平以及软硬件环境都向国家级水平看齐，使高新区真正成为全市产业集聚和产业集群的"大平台"。

着力抓好基础设施建设。将基础设施作为重中之重全力抓好。一是进一步完善园区供排水等基础设施。二是做好园区土地报批工作，谋划扩区。三是加快园区内路网、管网建设进度，更好地服务企业。四是完成园区绿化提升工程。五是完成园区道路标识工作，提升园区形象。

着力抓好企业优化服务。完善制度，强化措施，切实为企业提供高质量、全方位的服务。一是开展"暖企"行动，深入辖区企业了解企业发展情况，面临的发展困境，开展有针对性的服务;二是加强政企合作、银企对接，强化财税、融资等方面的服务。通过完善高新区相关扶持政策，重点推进各项扶持政策落实，加强对企业的培育和扶持力度。通过设立高新区产业发展引导基金，扶持有潜力的中小型科技企业和吸引高成长性科技企业入园发展。三是加强与各大高校、中关村天合科技成果转促中心的战略合作，提高产学研用和人才交流培养的水平，促进科技成果转化。

着力抓好招商引资。一是加强项目库建设，论证储备一批高新技术产业项目。二是创新招商引资方式，紧紧围绕支柱产业进行产业的补链、延链和转型升级招商。三是强化以企招商，动员广大企业发挥主体作用，充分发挥人脉、信息、品牌等方面的优势，引进上下游配套企业，形成以商招商的"葡萄串"效应。将"诚信"贯穿于招商引资各个环节，无论是主管领导还是一般干部，在接触之初吃透政策，谨慎承诺;在签约之后要落实政策，履行承诺。要树立强烈的亲商意识，提升服务质量，努力为客商营造一个公平竞争的市场环境，公正的法制环境，稳定的政策环境和高效的服务环境，加大招商引资的定期督办、调度和检查力度。通过项目调度会及现场办公会的形式，及时协调解决项目引进过程中存在的问题。

四、"十三五"发展规划

高新区"十三五"发展目标：大力推进高新区扩区工作，加强产业承接平台和配套设施建设，注重招商选资，着力引进LED照明、光伏太阳能、铜基新材料等新型、环保产业和铜加工、阀门、轨道交通设备等高端装备制造业，到"十三五"末，核心园区年实现工业总产值突破200亿元，固定资产投资和招商引资总额累计均超过100亿元，逐步发展成为长江经济带知名的光电产业研发制造基地和全省最大的特种设备（阀门）制造基地，在创建国家级高新区方面取得突破和进展。

（一）加快高新区建设

1.改造提升传统制造业。依托铜陵阀门产业基础，以铜都阀门、盾安阀门、红星水暖等优势企业为主体，积极引导本地阀门企业于国内外阀门企业合作联合，加速引进石化、天然气、核电阀门等高端阀门企业，延伸产业链，根本上改造提升阀门产业，从而做大做强。到2020年，力争阀门产业产值突破30亿元，产值超10亿元的企业1家，产值超5亿元的企业2家。

2.大力发展战略性新兴产业。一是光电、光伏产业。支持毅远电光源、中熹科技、其利电子、赛福电子、日科电子、金峰新能源等高新区实力企业发展，加快推动其上市步伐，鼓励、支持其做大做强，以带动整个园区的光电产业发展。此外，以光电产业园为平台，吸引光电产业链上下游企业和项目集聚，打造具有地方特色、全国知名的光电产业基地。二是新材料产业。以铜基新材料为产业重点，引进具有国内外先进生产技术的企业和项目，力争在该领域形成一定的产业规模。三是节能环保产业。以中节能国家级能源与环境装备产业园为重点，主要引进中国节能环保集团旗下各专业公司，或国内外能源和环保装备制造企业，形成具有特色鲜明的能源和环保装备完整产业链；建立大气治理、污水处理、土壤治理、垃圾焚烧等城市综合治理服务平台。

（二）提高园区发展和服务水平。

1.产业提升谋求科学发展。进一步加快园区建设，完善“一区三园”的功能布局。以装备（阀门、铜加工、模具）工业园、光电产业园、科技创业园三个特色园区为载体，引导区外企业集聚，壮大产业规模，形成产业集群。争取到2020年，机械（阀门、铜加工、模具）工业园努力实现产值80亿元；光电产业园承接光电、光伏企业50家以上，实现产值60亿元；入园的环保、新材料产业企业30家以上，实现产值30亿元；全面完成科技创业园建设，入驻中小科技创业企业100家，实现产值30亿元。

2.全面招商引资主动承接产业转移。以“光电产业园、机械工业园”为载体，深入开展与沪、深、江浙等地区产业的全面合作，主动承接沿海地区的产业转移，进一步创新招商方式，明确招商工作思路。一是要突出招商重点。要把主要精力放在招大商，招好商上。有方向、有重点地选择招商引资对象，主要瞄准世界、国内500强企业和国内优势品牌企业以及牵动性强的“龙头”项目，主动出击，盯住不放，力求有更多的项目在园区落户。二是要狠抓行业协会和产业链招商。由“点式”向“链式”转变。围绕光电光伏、节能环保、高端装备制造、新型材料等产业，把提高产业的集聚度、关联度、和配套度作为招商的重心，以降低成本、提高效益、提升产业竞争力为目标，进行产业链招商。全力打造产业集群和完善产业链。三是要突出以商招商。积极为外来投资企业做好服务管理工作，经常与投资商加强感情联络，创造良好的投资环境，提高投资回报率，通过他们的宣传和推介，形成以外引外、以商招商的“连锁效应”，达到招来一个、留住一个、引来一片的目的。积极探索委托招商、代理招商和网络招商等多种招商形式，降低招商成本，提高招商效率。

3.加强项目工作。一是做好项目谋划。围绕国家政策导向、社会资金流向，结合省、市规划和高新区重点建设任务，加大项目前期工作投入，强化项目谋划和储备。搞好项目对接，争取更多项目纳入省、市重点项目库。二是落实项目建设条件。完善项目可行性研究、规划选址、环境评价、土地预审等前期工作，加大协调、报批力度，完备项目开工建设条件，确保项目快速、高效落地。三是加快项目建设进度。紧紧围绕“签约项目抓落地、落地项目抓开工、开工项目抓达产”的原则，进一步提高高新区项目服务水平，积极推动项目建设，为项目开辟绿色通道，对在建项目的环境评价、规划选址、土地审批、用电用水、安全消防、工商注册、税务登记等方面进行全面跟踪服务。及时分析解决在建项目建设存在的问题，确保项目顺利建设，按时投产达效，使在建项目尽快形成现实生产力。

4.环境优化打造发展福地。加快基础设施建设，优化投资环境。围绕打造“投资条件最优、投资环境最好、投资成本最低”的招商平台的目标，加快园区基础设施建设。“十三五”期间，全面实现园区绿化、亮化工程；建设一座污水提升泵站及配套设施；加大铜井东路连接市中心隧道项目的协调力度，力争早日开工；完成科技创业园的建设；全面启动高新区商业配套服务区建设。

5.优质服务，提高效率。围绕“亲商、安商、富商”的理念，不断加强招商引资软环境建设。大力推进招商项目领导跟踪服务制，推行项目审批全程代理制度。优化工作流程，提高办事效率，简化审批手续、减少办事环节、履行服务承诺、提高服务效率，切实做到服务零距离、规范零投诉。要建立、健全服务投资环境建设的制度。

（三）保障措施

1.实施扩区战略，推进扩容升级。牢牢抓住皖江城市带承接产业转移示范区建设和新一轮支持省级开发区（高新区）扩容升级的机遇，积极推进狮子山高新区扩容，用3～5年的时间，全面完成8平方公里扩区工作，着力打造承接产业转移、促进工业腾飞的平台，努力把高新区建设成为功能完善、环境优美、产业集聚的新型工业示范区。

2.提高要素保障。（1）用地保障。严格项目规划管理，坚持集中紧凑发展、节约集约使用土地的原则，引导同类产业相对集中布局，避免因企业分布散乱造成的建设土地资源浪费问题。执行产业用地的项目准入制度，禁止类项目严禁供地，限制类项目控制用地，鼓励项目节约集约用地。鼓励企业建设多层厂房，提高土地利用率。加大产业园区土地资源清理整合力度，盘活存量土地。积极向上级政府争取用地计划指标，将区内重大工业项目的用地计划争取纳入省专项。（2）人才保障。建立人才引进的“绿色通道”，消除人才引进的制度障碍，鼓励开展政策创新，通过增加待遇、提高社会地位、解决后顾之忧等办法，大力引进高层次优秀人才创新创业。大力实施人才集聚工程，积极争取省重点人才工程的更大支持，争取更多省直机关、事业单位高级技术、管理人才挂职、任职。着力优化用人环境，建立科学的人才激励与考评机制，优化人力资源配置，制定积极的吸引、留住高技能人才的优厚政策，为各类人才创造良好的工作、生活环境。（3）政策保障。进一步加大财政投入力度，完善产业扶持政策，促进产业规范发展。凡入驻狮子山高新区且符合狮子山高新区产业发展规划的企业、项目，在享受国家、省、市相关扶持政策的基础上，还将享受狮子山区相应的政策支持。（4）科技金融服务保障。一是设立创业投资基金。二是提供信用融资担保。

“十三五”是高新区实施跨越赶超、争先进位的关键阶段，是承接产业转移、加速经济发展的最佳时期。完成确定的五年目标，对于高新区发展具有重要意义。高新区将在区委区政府的坚强领导下，全面贯彻落实科学发展观，为实现狮子山区国民经济和社会发展第十三个五年规划目标而努力奋斗。

【安徽铜陵大桥经济开发区】 铜陵大桥经济开发区始建于1998年，2006年4月经安徽省政府批准为省级经济开发区，用地面积为3.2平方公里；2014年经省政府批复（皖政秘〔2014〕17号），大桥经济开发区总规划面积由3.2平方公里扩大至5.74平方公里。规划布局为“一区三园”，其中：铜陵私营工业园重点发展铜材加工、纺织服装、电子机械等；大通工贸园依托优良的交通优势，规划建设新型建材，并重点打造区域性大市场；横港物流园（铜拆解园）依托优质的港口岸线资源，规划建设铜拆解加工园，力争创建国家“圈区管理”示范园区。

一、2015经济指标圆满完成

目前，大桥经济开发区内共入驻企业559家，其中工业企业131家，建筑房地产企业59家，三产服务业企业369家；其中规模类工业企业21家、限额以上批零住宿餐饮企业23家、资质以上房地产企业14家。2015年，大桥经开区企业实现营业收入105.7亿元，同比增长9.19%；实现地区生产总值20.13亿元，同比增长9.21%；实现工业总产值23.63亿元，同比增长8.81%;实现工业增加值7.06亿元，同比增长8.48%；实现财政收入6.46亿元;完成招商引资26亿元，新注册企业47家，实际利用外资3542万美元，进出口总额588万美元；完成固定资产投资61.2亿元，同比增长11.2%。新进规模工业3家，其他限额以上企业5家。

二、规划引领得到加强

1.编制了2015年铜陵大桥经济开发区投资计划

根据区委区政府的要求，为加快铜陵大桥经济开发区规划建设工作，进一步指导安徽开源金属再生产业园、大通工贸园和私营工业园的规划建设的需要，南部城区建设管委会编制了2015年铜陵大桥经济开发区投资计划。投资计划共包括项目规划及项目前期工作、基础设施建设、商住商贸、工业投资和征迁工作共5大类32项，计划总投资为51.50亿元，其中2015年计划投资14.70亿元。

2.完成大通工贸园路网调整优化论证方案报批工作

为了提高节约集约利用土地水平，南部城区建设管委会结合沿新路线型的调整，对大通工贸园路网进行了调整，并编制了铜陵大桥经济开发区二期（大通工贸园）路网调整优化论证方案，方案已通过市规委会审核，待市政府批准后实施。

三、招商引资及园区转型发展

（一）产业承接基础进一步夯实

全面建成开源金属再生产业园区生产加工区、监管区、散货堆场及仓库等一期工程，并一次性通过国家环保部验收，成为内陆地区第二家、省内第一家“圈区管理”园区和全省首家“检验检疫集中查验监管区”。截止2015年底，共有入园拆解企业12家，除振坊和丰采2家公司在建外，其他10家企业建成并已通过省环保厅环保验收，取得试生产许可，获得“进口废五金类废物加工利用企业”定点资质和“国内售货人”资质，并于今年7月获得由国家环保部颁发的“进口许可证”。园区大部分企业已具备进口废物的资质和生产经营能力。全年共组织进口废物拆解2771吨，国内拆解90000吨，实现国内贸易额15亿元。申报了拆解企业进口专项补贴。多次联系海关总署、质检总局，推动进口废五金集装箱转关转检取得进展。

顺通建材大市场一、二期9万平方米建材市场已基本建成，入驻企业40余家。大通工贸园内14家企业建成投产，2家企业正在建设中。完成大通工贸园路网规划调整优化，私营工业园和大通建材园供水条件得到改善。

（二）招商引资取得显著成效

围绕产业定位和园区规划布局，精心谋划、包装并引进一批商贸、物流、汽车专业市场等项目。同时，建立重点招商项目评估制度和项目全程代办机制，为项目入驻提供“一站式”全程代办服务。

2015年，大桥经开区新引进新业态项目中，和悦江南广告创意文化产业园项目计划投资8000万元，目前正在进行项目环境外观施工方案设计。新能众创空间，已被认定为市级众创空间。莱特电子商务快递创业园项目，已完成公司注册和项目备案，正在开展项目环评、规划选址等前期工作。

在谈项目中，新伟年10万吨拆解固废加工项目，计划投资7000万元，公司已经注册完成，正在编制可研。铜陵顺通第七方物流项目，已签订项目投资协议，注册资本金为500万元。进境水果口岸项目审批工作正在抓紧对接。

四、面临的主要问题

1.因开发区规划要求，大桥经济开发区目前重点发展物流及商贸等三产服务业，但三产服务业投资强度无法达到省级开发区的标准，且工业用地逐步减少，工业指标数据后续增长困难。

2.开发区基础设施建设项目多、投入大、时间紧、任务重，南部城区自身财力有限，严重影响到园区建设，需要两级政府在基础设施建设方面，加大对南部城区的支持力度，以促进开发区快速发展。

五、2016年发展实绩

2016年是“十三五”规划开局之年，也是大桥经开区调转促、转型升级的推进之年。大桥经开区以项目建设为重点，不断加强基础设施建设，切实加大招商引资力度，较好地促进了园区产业转型升级、提质升档。

（一）坚定不移抓发展，经济指标稳中有升

2016年，实现营业收入110亿元，同比增长9.8%；实现规模工业总产值15亿元，同比增长15.4%；规模工业产值4.1亿元，同比增长17.1%；固定资产投资58亿元，同比增长11.5%；实现财政收入2.1亿元（不含海关税），同比增长61.5%。招商引资亿元项目12亿元，进出口总额500万美元，实际利用外资1500万美元。新开工亿元项目3个，超计划1个。帮助21家企业争取政策引导资金132.4万元。2016年市政府授予大桥经济开发区精细化工产业集聚发展基地。

（二）全力以赴抓项目，重点工程快速推进

一年来，大桥经开区重点建设项目12个，总投资达37.3亿元，其中亿元项目9个，占项目总数75%。其中：完工项目1个，即田子湖路工程项目；在建项目8个，即大通工贸园基础设施项目、进境指定水果口岸项目、皖中南国际商贸城项目、铜陵和悦江南广告创意产业园项目、东润汽配项目、中天高低压柜箱变成套设备桥架生产线项目、丰采公司再生资源综合利用项目、振坊年10万吨废旧五金拆解项目；待建项目3个，即铜陵莱特电子商务快递创业园项目、横港物流园公用码头建设工程、铜陵市现代化冷链物流园及配套项目。特别是重点工程建设力度持续加大，成效明显。

1.拆解园企业抱团发展提速增效。目前，入园拆解企业12家，已完成投资12亿元。除振坊和丰采2家公司在建外，其余10家企业已建成并通过省环保厅环保验收，具备进口废物的资质和生产经营能力。2016年，实现国内废五金类拆解 20万吨，贸易销售额达30亿元。

2.进境水果指定口岸项目的监管区年内建成并申报验收。该项目总投资1亿元，总面积41.2亩。铜陵金建投资发展有限公司作为投资主体，注册资金3000万元，于10月进场，经过三个月的不懈努力，完成17.8亩的监管区建设，年内积极开展申报验收工作。

3.大通工贸园基础设施项目全面启动。该项目总投资4.5亿元，已组建了项目领导小组，出台了实施方案；征迁组入驻现场，拨付50万元的征迁工作经费，150亩土地报批报件上报待批；项目已完成审批、可研、备案、环评批复、道路规划选址、土地预审等前期工作；政府以购买服务方式与多家银行合作，以竞争性方式确定合作银行，以提高融资效率，降低融资成本。目前合作银行已批准了融资方案，正在完备后期手续。

（三）千方百计抓招商，有效增强发展后劲

充分发挥以商招商、上海东方龙商务招商平台等优势，采取“走出去、请进来”方式，多次赴北京、上海、深圳、南京等地，主动对接和邀请外地企业来区洽谈，推进精准招商。一是围绕装备制造产业链招商，主要是对接中国低碳产业投资中心、合肥大航机电设备公司与深圳沃特玛公司、广州兰格电气设备公司、温州电气设备制造企业，谋划相关集群产业。二是围绕现代物流业招商，主要是对接江苏润恒集团公司、上海天地汇供应链管理有限公司，利用顺通物流园、皖中南物流园部分或全部场所，打造“互联网+”现代物流产业园。三是围绕铜拆解产业招商，主要是对接中国诚通（金属）集团公司、中国节约环保集团公司、中节能（汕头）循环经济有限公司，助推福茂公司深化合作，促进拆解业扩产提质增效。四是围绕进境水果指定口岸招商，主要是对接安徽省江海通供应链管理有限公司、南京枫阳商会水果批发企业，洽谈进口水果进港供销业务和协商相关政策。

（四）与时俱进调规划，科学定位园区产业

一是以全市总体规划修编为契机，依据大通片区发展现状和未来的发展走势，将大通工贸园田子湖路以南约600亩土地（除皖中南地块及铜都大道沿线外）的使用性质由商业用地调整为工业用地；将私营工业园原规划中住宅用地调整为物流仓储用地，同时保留扩园地块的建设用地规模；缩减安徽开源金属再生产业园二期用地中不符合土地利用规划的地块，将长湖路北侧约100亩的发展备用地调整为可建设的物流仓储用地。目前已上报省政府待批。

二是结合全省开展的开发区审核公告目录修订工作，编制完善了大桥经开区总体规划，核定大桥经开区的用地规模为4.2平方公里，其中私营工业园0.51平方公里、横港物流园（安徽开源金属再生产业园）1.23平方公里、大通工贸园2.46平方公里。目前已通过省住建厅及相关部门的审核，等待省政府的批准。

一年来，尽管大桥经开区取得了较多实效，但也存在一些困难和问题，如受经济大环境影响，项目招商难度加大，经济发展放缓影响项目建设进度，拆解产业没有没成新的经济增长点等。

六、2017年发展计划

2017年，大桥经开区将围绕区委第十一次党代会提出打造“港产城一体现代化新区”的目标，紧盯既定目标，勇担兴园强区使命，以构筑大平台、引进大项目、实现大投资、培育大产业、做强大企业为抓手，全力推进大桥经开区跨越式发展。

主要目标任务：完成营业收入122亿元，同比增长10%；规上工业总产值16.5亿元，同比增长10%；规上工业增加值4.5亿元，同比增长9%；固定资产投资64亿元，同比增长10%；基础设施投资3亿元；财政收入2.1亿元，与去年持平；招商引资19亿元，进出口总额1000万美元，新开工亿元项目1个。

为更好地实现上述目标，主要抓好以下六项工作。

（一）抓好产业集聚区建设，着力推进工业强区战略

一是全力推进大通工贸园基础设施建设，按计划完成大通工贸园路网、排水、供水等设施及部分供电线路改造年度任务，完成一期土地房屋征迁工作任务，完成一纵（新建路）和一横（民兴路）两条主干道路建设，以及田子湖路以南区域的场地平整（挖方约287万方，填方约289万方），拉开工贸园框架，为产业集聚拓展空间。二是围绕新设立的精细化工产业发展集聚基地，充分利用市级政策和扶持资金的优势，谋划好横扫片区项目建设，发展好基地内的精细化工产业。三是充分利用空闲厂房、新增和存量土地资源，加大新能源电池系列、高低压配电设备系列、拆解金属后续加工系列等企业的招商引资力度，力争年内实现主导企业落户产业集聚区零的突破。

（二）抓好精准招商，着力推进港口物流经济发展

一是加快推进进境水果指定口岸项目通过国家验收，充分利用这个“国字号”金字招牌，发挥港口资源和区位优势，加大招商力度，重点发展港口经济，打造港口物流经济新平台。二是充分利用铜陵港投入驻郊区的契机，以此为新起点，协调各方力量，加大港口基础设施的投入，大力引进现代物流企业，逐步做大港口物流经济。三是帮助指导皖中南国际商贸城项目业态调整的规划优化工作，同步推进冷链物流、电子商务、进口产品直营店等项目的招商，打造新的物流平台。四是加快顺通物流园招商推介力度，强力推进与上海天地汇公司的合作，按照“互联网+物流”模式，争取布点安徽公路港项目；加强与江苏润恒集团公司的高层对接，以商招商，洽谈汽车大市场及其配套服务基地建设。

（三）抓好外引内联，着力推进拆解产业扩产提质增效

一是继续加强与中国诚通、中节能等央企合作，协调推进福茂公司承接、融合工作，力争年内有所突破。二是促成有色金翔公司、福茂公司与金诚担保的合同担保新模式，支持回收郎公司与全国42家企业签订废旧五金机电回收协议，力争全年拆解5万吨，产值5亿元。三是扶持高源公司牵头的废钢拆解，力争全年拆解10万吨，产值1.5亿元。四是推进全德公司发挥进口货物国际信用证采购优势，整合大刚公司进口渠道，力争全年拆解4万吨，产值2亿元。五是支持有色金翔公司、金德进出口公司发展国际国内贸易，力争全年实现贸易额20亿。

（四）抓好产业转型，着力推进私营工业园退二进三

一是谋划出台“退二进三”产业转型引导政策，拟对私营工业园内工业企业主动退出以及服务业平台建设，给予一定政策支持。二是推动和悦江南广告创意产业园转型为和悦江南“互联网+”产业园，与铜陵新人网合作，全力打造“互联网+土特产+二手车+众创空间”多元化，集网上销售与线下交易、旅游服务、文化教育等多元素的综合性电子商务产业园。三是加快高端汽车后市场服务发展。利用空闲厂房招引国内高端汽车服务企业入园布点，逐步形成智远之星、宜修连锁等高端汽车服务集群。四是积极推进莱特电子商务快递产业园规划建设，形成快递产业集聚。

(五）抓好政策引导，提升调控经济能力

一是完善产业支持政策，发挥财政资金杠杆作用，重点支持开源产业园扩产提质增效和私营工业园“退二进三”战略，以及港口物流等重点产业发展。二是综合运用“税源通”和“4321”风险分担机制以及财政贴息等手段，增强企业融资能力，降低融资成本。三是积极探索资本运营实现路径，通过多元化合作方式带动社会资本投资。

（六）抓好制度建设，着力推进园区企业和谐稳定

一是抓非公企业党建制度化建设。围绕年度目标任务，切实抓专题学习，抓组织生活，抓立

行立改，扎实推进基层党组织体系规范化、骨干队伍专业化、工作制度系统化、载体品牌化、基础保障标准化“五化”建设。二是抓日常工作的长效管理。重点抓好安全生产、文明创建、环境保护、应急管理等工作的长效管理，确保督查到位，落实到位，成效明显。三抓机关制度建设。加强机关干部队伍建设，继续加强学习，提升队伍素质；加强机关党风廉政建设，严格执行中央八项规定，不断强化机关干部廉洁从政意识，营造风清气正的政治新常态。四是抓服务机制创新。在项目、融资、管理等领域，以“便民、高效、廉洁、规范”为宗旨，探索建立政府购买公共服务模式，为促进园区发展提供良好的投资软环境。

【安徽铜陵金桥经济开发区】

一、主要发展成效

1.主要经济指标稳中有进。区内企业生产形势总体稳定，全区完成工业总产值277亿元，同比增长2.2%；新增规上企业8家、战略性新兴企业7家、高新技术企业8家。全年招商引资到位资金15.3亿元，实际利用外资2381万美元；实现外贸进出口总额1.88亿美元，同比增长10.5%。全年完成固定资产投资70.1亿元，同比增长12.8%。

2.主导产业集聚度增强。2015年度金桥经济开发区重点推进战略性新兴产业重点项目和转型升级技改项目，初步形成铜基新材料、装备制造、电子信息、新型建材及现代物流等特色行业集群发展，其中，首位产业铜基新材料集中度进一步增强，2015年度铜基新材料实现产值180亿元，占总产值的65%。

3.创新发展成效明显。企业创新意识和创新能力进一步增强，2015年开发区企业申请专利807件，其中，发明专利申请540件，同比增长45.2%，发明专利授权65件，同比增长85.7%。金桥科技孵化器和金桥创业营（众创空间）创新创业平台成功运营，目前，已入住企业达15家，新产品、新技术、新业态、新模式不断涌现，产业结构持续优化。同时，推动区内企业大力实施技术改造，支持企业与高校共同建设研发平台，区内目前省级技术研发中心3家。

4.绿色集约初见成效。2015年新开工建设长友保温陶粒项目、国弘新型建材项目，提升电厂、钢厂粉煤灰、炉渣等非金属固废利用率；加大低效用地处置力度，创新闲置土地盘活方式，利用峰泽物流园闲置展厅、仓库建设金桥科技孵化器，利用丰泽家居闲置场馆招商引入弘桥智谷电商产业园项目，优先利用闲置厂房，提高了土地利用效率。

5.体制机制不断创新。2015年，金桥开发区围绕招商引资和企业服务，建立了项目领导一对一联系制度，招商引资领导任务制度，同时全年着力打造一支精干、敬业、廉洁、高效的干部队伍。

二、存在主要问题

一是企业经营压力持续加大。受银行信贷收紧、工业品价格长期低位运行、部分行业产能过剩等因素的影响，多数企业产能不足，47家规上企业中有28家产值同比下降，比重达59.6%，11家企业退出规模企业行列。同时项目推进难度加大，部分等项目进展缓慢，部分项目未能及时达产达效。二是转型升级任务艰巨。全区企业总体上技术含量不高，劳动密集型和资源密集型的传统产业还占相当大比重，主导产业中装备制造业、电子信息产业仅占3.6%，比重较低。全区企业整体竞争力不强，抗风险能力较弱。同时企业投资意愿和能力下降，在谈项目落户条件高、洽谈周期长，引进具有战略性、全局性的重大项目十分困难。三是核心区形象有待提升。骨干路网、污水处理、水电气供应等基础配套功能有待完善，吃、住、行、娱乐休闲等生活服务设施还不够配套。核心区项目布局还较为分散，缺少龙头骨干企业。此外开发区造血功能不足，收支矛盾较为突出，支撑发展的能力不强。

三、2016年主要工作安排

2016年，开发区将继续围绕“稳中求进”这一工作总基调，着力稳定发展基础、扩大有效投入、增强发展后劲、优化产业结构、推动产城一体、促进转型升级。全年计划实现工业总产值300亿元，其中三大主导产业集聚度达75%。实现规模工业增加值68亿元，增长10%。实现战略性新兴产业产值100亿元，增长12%。完成招商引资

15亿元，固定资产投资60亿元。

为实现上述目标任务，着力抓好以下六项重点工作：

1.实施企业服务提效工程。一是突出融资服务。搭建银企担对接合作平台，帮助企业争取金融机构支持。发挥过桥公司作用，提高转贷资金服务效率。帮助企业争取国家专项建设债券2亿元。做好企业在“新三板”挂牌上市服务工作，努力实现直接融资“零”的突破。二是强化矛盾协调服务。积极防范各类融资、债务风险，妥善协调工程资金、工人工资、土地补偿款等矛盾问题。定期开展环境保护、安全生产专项检查，确保不发生环保安全事故。三是创新人力资源服务。建立企业用工信息对接平台，拓宽企业用工渠道。尽力帮助企业引进技术团队，建立科技研发平台，解决人才需求，深化产学研协同创新。

2.实施项目建设提速工程。围绕年初排定的27个重点项目建设任务，坚持问题导向，强化效率意识、一线意识和节点意识，按照解决问题的要求，一个项目一名牵头负责人、一个包保服务小组，排定时间表，通过主要负责人现场办公、分管负责人现场调度、部门人员现场推动、矛盾问题现场化解的“四个现场”方式，加快项目建设进度，确保开工旋力循环经济产业园等9个项目，建成投产零点机械等7个项目。

3.实施招商引资提质工程。坚持将招商引资作为经济发展和产业转型的源动力。一是精准招商。围绕主导产业和骨干企业，建立项目名录，排定企业目录，有针对性开展招商，提高招商精准度。二是主动招商。计划每月外出招商不少于2批次，全力跟踪在手洽谈项目，力争签约亿元项目10个以上，10亿元项目1个。三是合作招商。利用环球家居、金源产业园等企业厂房资源开展对外合作，盘活存量资源，提高招商效率。四是以商招商。通过落户企业、外出成功人士等摸排招商线索，引进新项目。

4.实施转型升级提标工程。瞄准争创省级战略性新兴产业基地的目标，落实全市开发园区转型升级工程，努力实现产业结构迈向特色中高端，发展方式转向绿色循环。一是实施产业升级。以智能化、绿色化、链条化为发展方向，积极帮助企业降低生产成本，化解过剩产能和存量产品，支持企业实施技术改造和产业升级。妥善处置一批资不抵债、扭亏无望的“僵尸企业”，提升改造泰山石膏等一批传统产业，培育祥和机电等一批战新、高新企业，力争全年新增规上企业8家以上、战略性新兴企业2家以上，高新技术企业产值比重提高到15%以上。二是优化产业结构。依托东部城区和高铁、高速交通路网，加快商贸物流产业发展，拓展港口经济腹地，为打造现代物流产业基地提供支撑。同时以弘桥智谷电商产业园为平台，大力引进落户电子商务企业，利用“互联网+”技术推进“智慧园区”建设，着力打造电商产业基地。三是推动科技创新。加强与科研机构、高等院校的联系，引进一批创新创业团队入驻金桥科技孵化器，力争入驻企业达30家以上，孵化器通过省市认定考核，全力推动大众创业、万众创新，补齐发展短板，增强内生发展动力。

5.实施产城融合提升工程。坚持“超前谋划、稳步实施”的原则，安排基础设施续建工程3项，新建工程11项，全力推进产城一体化发展。一是强化规划引领。完成总体规划修编报批工作，争取商住用地比例，增强造血能力，优化空间布局。二是进一步完善基础配套。积极推进南海路一期等5项路网工程建设，实施铜南路等5项配套绿化、亮化工程建设，启动连接东部城区的污水管网工程，完成新河家园高层主体工程和附属工程、主电源工程建设，大力发展生产生活配套产业，提升园区配套功能。三是强力推进征收安置。加大资金筹措力度，加强与乡镇协调配合，力争征收土地2041亩，实现项目连片、企业成群。

6.实施自身形象提优工程。全力抓好管委会自身建设，将工作压力细分解、全覆盖，创新内部管理机制，强化工作执行能力，坚决杜绝懒政怠政，着力提高干部队伍干事创业激情，让想干事、能干事的人有舞台，让不干事、干不成事的人早离开，营造干事创业的良好氛围。提高对工程建设、征收安置等重点岗位的监管力度，以铁的纪律营造风清气正的发展环境。

【铜陵市承接产业转移示范园区】

一、2015年主导产业培育及招商引资情况

1.明确产业招商重点方向，发挥龙头带动作用

园区依据现有产业及自身优势，重点围绕港口物流、装备制造、铜基新材料三大主导产业，开展产业链招商，以世界500强、央企及知名民企为主攻目标，重点引进具有较高科技含量、产业牵动性较强的亿元以上投资项目。通过推进龙头项目，借助其人脉资源广、产业链条长、集聚效应强的优势，加快产业聚群发展。围绕临港物流产业，着力推进新兴际华万吨级码头、新兴际华物流园项目。目前物流园项目已完成一期陆域土方回填工作。码头部分主体平台和引桥已基本完成，正在进行收尾工作，计划2016年主体建成。围绕高端装备制造产业，着力推进军拓远洋消防产业园、即热式触控热水器项目，目前消防产业园项目框架协议已签订，正在开展前期工作；即热式触控热水器已经开始生产，首批200台成品已出口台湾进行市场开拓，同步第二批900台产品正在厂区组装生产。围绕铜基新材料产业，2015年，园区主要以央企新兴发展集团投资的有色金属产业园项目为主抓手。目前该项目战略框架协议已签订，具体项目正在进行科学论证及市场调研。2015年，园区为加强战略性新兴产业发展，共上报省战略性新兴产业集聚发展工程库项目6个，分别为新能源（新型燃油）产业基地、安徽铜陵长三角区域性汽车产品回收利用再制造产业基地、餐厨废弃物无害化处理和资源化利用、年产10万吨再生铜熔炼、孟凌车用微电机、即热式触控热水器组装等项目。

同时，我们还积极谋划了化工新材料集中区、静脉产业园、微电机产业园等一批投资体量大、产业集聚明显的重大产业项目，其中化工新材料集中区已委托专业机构编制论证方案，静脉产业园项目正在精心编制招商方案，微电机产业园项目已开展项目前期，帮助企业寻求合作伙伴。

2.明确产业招商方式，务实高效推进招商工作

随着京福高铁、宁安高铁的顺利运营，铜南宣高速建成通车及朱永路的贯通,示范园区和铜陵北站之间形成了快速通道，使路网联成一体，迎来了加快与长三角地区经济深度融合的历史机遇。随着园区区位优势的逐步显现，2015年以来，园区采取多种方式务实高效开展招商引资工作。

一是加大频率拜访央企新兴际华集团（新兴发展集团、中新联进出口有限公司），探讨进一步深入合作的可能。同时对已形成联系的诚通集团（中国物流、中储运）、中节能集团、中铁大桥局集团、招商局集团等一批央企保持密切跟踪，掌握投资动态，结合园区实际，开展针对性招商，通过行业龙头企业的引入推进产业发展。

二是派出专业招商队伍赴昆山等地实施驻点招商。在较短时间内通过驻点招商，与各商会、协会及咨询机构紧密对接，结识一批有投资实力及意向的企业和个人，建立重要投资者信息库，搭建招商引资对接交流平台。

三是坚持领导带头招商、借力招商与平台招商，将招商信息努力转化为招商成果。园区上下都有招商任务，领导干部带头招商，在有效招商信息获取、外出招商次数等方面明确任务要求，并纳入内部督查考核。2015年，领导带队赴北京、江浙沪、珠三角地区等地开展专题招商50余次；重点区域有效招商信息点及联络人累计约40余个；在手跟踪的项目有微电机产业园、上海新时达机器人、上海跃盛空间技术材料、湖南泰富重装、广东创能光伏发电、深圳思特克汽车充电桩、东莞美利达模具、东莞庆泰特种电缆等项目。借助市领导及市主要经济部门及已与园区建立联系渠道的各个商会、协会平台之力，积极开展招商活动。目前达成初步投资意向的亿元以上项目2个。其中，计划一期在铜投资10亿元的北京军拓远洋消防产业园项目目前已与园区签订框架协议。正在洽谈联系的项目有化工新材料产业园、静脉产业园、南京东冉光伏发电、艾力特新材料等。

3.明确项目服务机制，保障重点项目建设

为了增强项目服务意识，提高办事效率和服务水平，园区建立了项目建设协调督查机制及项目考核奖惩制度，在项目推进上落实“一旬一通报、一月一调度、一季一排名、半年一讲评、年度总考核”调度机制；进一步提升“保姆式”服

务成效，确保在建项目顺利建设。

二、创新发展、绿色集约发展、体制机制创新发展情况

2015年，根据《关于市直部门单位“三定”规定变化情况的报告》要求，调整完善了新的“三定”方案，年4月23日市委常委会和4月15日市编委会原则通过，已于10月8日正式批复。2015年园区建立完善了《党政联席会议制度》《主任办公会议制度》，通过明确议事决策制度、领导班子成员分工，在工作部署上建立起责任明确、分工协调的工作机制，进一步提升管理效能；制定了《“三重一大”决策制度》，进一步规范园区人财物和政府投资项目全过程管理；出台了《监督问责办法（试行）》，重点对重大决策、重大安排部署、确定的重大项目的贯彻落实全程实施问责。

三、主要成效

1.经济指标稳步提升

全年完成固定资产投资10.18亿元，实现到位内资20.62亿元，实现经营销售收入10亿元，实现财政收入1.02亿元；在建亿元以上项目6个，已签约亿元以上项目5个，新增规模以上企业2家。

2.合理调度使用资金

2015年，园区紧抓融资工作不放松，通过银行、信托、资产管理公司、发行债券等多渠道筹措资金，及时归还了贷款本息3.7亿元，全年融资到位2亿元；园区申请发行10亿元、期限5年的非公开发行公司债券已获得中证机构间报价系统批准，取得发债无异议函。

3.积极完善基础设施功能

围绕“产城一体化”目标，实施好道路、桥梁等配套工程及安置点二期、保障房一期、联合小学等民生工程建设，做好园区景观、绿化、亮化提升与整治，110kV莲湖变电所基本建成，第五供水厂已开工建设，全力做好临时供水、供电向正式供水、供电的过渡，提升项目承载能力，满足企业、群众生产生活需要。

4.稳妥开展征迁安置工作

重点围绕保障招商引资项目落地和基础设施建设用地这两个目标，年内完成土地丈量1379亩，共拆除房屋569户，对坝白路二期及周边站前沟、第五水厂等11个项目开展了土地征收和房屋拆除工作，确保了滨江站技改项目、坝白路二期、五水厂等近20个续建和新开工项目的正常施工和推进。东联新村安置点二期1098套及钟仓安置点210套已建成即将交付，认真组织好2015年被拆迁的近500户农户的回迁安置工作，并统筹考虑安置小区的管理及失地农民再就业问题。

5.大力提升区域城镇化水平

园区与义安区政府建立资源利用共享机制，交通设施、污水处理、排涝站等公共设施共同使用、共同受益，积极推动融合发展。园区2015年投资2.7亿元新建了联合小学、农贸市场、排涝站等17万平方米的公共设施，投资1.3亿元完成了横七路、临津路、纵八路等11公里道路的绿化、亮化及硬化工程，确保配套设施到位，提升了园区承接产业转移能力和区域城镇化水平。

四、存在问题

1.当前经济新常态下，企业投资大幅萎缩，项目履约率不高，未达预期目标；一些在谈项目因企业自身投资欲望不高，难以真正落地。按照市里对园区“招大引强”的定位，在目前经济下行这种大环境下，园区招商引资面临的问题亦更加突出。

2.园区正式用水、电等基础设施配套未完全到位，尤其是园区外围连接道路（坝白路、朱永路）尚未完全建成，明显影响了园区投资形象和企业入驻。由于园区公共配套设施较落后（特别在生活服务方面），离企业及居民的需求差距较大，生活不方便仍然是园区的一大“软肋”。

3.由于园区财政等体制未明确，建设管理、社会事务管理机制不顺，在一定程度上未真正形成集全市之力促进示范园区发展的合力。

五、2016年工作安排

2016年是“十三五”规划的开局之年，园区上下始终紧抓招商引资和入园项目建设这一牛鼻子，通过齐心协力引入一批项目，并推进一批实实在在的项目建成运营，不断提升园区发展后劲，尽快改变园区形象，为“十三五”规划建设起好步、开好局。

（一）目标任务

紧紧围绕已经确定的三大主导产业开展招

商引资，2016年，力争引进亿元以上项目10个，实现到位内资33亿元人民币、外资1000万美元项目；完成固定资产投资10亿元（其中基础设施投资4亿元；入园项目投资6亿元）；新兴际华码头、隆中环保一期、大正龙鼎即热式热水器三个项目竣工投产；融资6亿～7亿元。

（二）主要措施

1.抓招商引资添后劲

一是要加大频率拜访央企新兴际华集团（新兴发展集团、中新联进出口有限公司），探讨进一步深入合作的可能。同时也要对已形成联系的诚通集团（中国物流、中储运）、中铁大桥局集团、招商局集团等一批央企保持密切跟踪，掌握投资动态。结合园区实际，开展针对性招商，通过行业龙头企业的引入推进产业发展。二是派出专业招商队伍赴昆山等地实施驻点招商。近年来，随着“人口红利”消退和用地成本的攀升，昆山部分台资企业确实存有外迁需求。在较短时间内通过驻点招商，与各商会、协会及咨询机构紧密对接，结识一批有投资实力及意向的企业和个人，建立重要投资者信息库，搭建招商引资对接交流平台；三是坚持领导带头招商，结合园区出台的《关于进一步加强招商引资的实施意见》，园区管委会及投资公司领导要领衔招商，利用自身人脉资源广泛搜集有效招商信息，积极主动带队外出招商，层层传导压力，促进园区招商引资尽快取得实效。

2.抓项目建设促发展

强抓一批在建项目早投产，重点推进新兴际华万吨级码头、新韶安碳四深加工、钟顺污水处理厂等项目；确保一批已开展前期工作项目出形象，重点推进新兴际华物流园、兆通车用醇型燃料、金澔特特种气体、第五水厂等项目；推进一批签约项目早开工，重点推进新兴发展铜合金、微电机产业园、即热式触控热水器等项目；力争一批在谈项目早落地，重点推进化工新材料基地、危化品码头、军拓远洋消防产业园、电动自行车组装等项目，其中化工新材料基地内先行启动的聚苯硫醚项目、危化品码头项目力争年内能够完成前期工作，顺利开工建设。

3.抓基础建设促配套

根据入园企业建设需要，进一步完善园区路网、桥梁、水电气、房建等基础设施配套功能；同步完成园区景观、绿化、亮化提升与环境整治、交通标志等工程建设。

4.抓征地拆迁促推进

一是围绕招商引资项目落地和基础设施建设用地这两个重点，认真安排土地征收和房拆工作，及时组织土地报批；二是以协调为抓手，以化解个案为突破口，强力推进在建项目建设。三是完善前期项目未完成的用地手续和依法依规办理新建项目用地手续。四是完善已征收土地和房屋拆除的相关手续，并对今后项目用地坚持依法合规按程序组织征收。

5.抓资金筹措破瓶颈

继续合理调度使用已有资金，紧抓融资工作不放松，融资目标6亿～7亿元,尽力争取发行公司债或企业债8亿～10亿；通过银行、信托等多渠道筹措资金，为以后年度融资工作进行筹划，保障园区长期建设资金及还款的需求。

6.抓理顺体制机制优环境

一是按照已明确的“三定”方案，进一步理顺园区管理体制，尽快完善组织架构、人员配备等工作。二是继续推行目标管理责任制，制订项目推进责任制，实行专人负责，确保项目顺利实施。三是加强机关、投资公司的效能建设、作风建设和廉政建设，加大制度执行力度，优化投资服务软环境，形成促进效能提升的奖惩机制。

【安徽枞阳经济开发区】 枞阳经济开发区是2006年4月经省政府批准设立的省级经济开发区，批准园区规划面积22.52km²（包括连城园、新楼园、横埠园、桥港园）。2015年底建成区面积8.3km²，园区企业106家（规上企业48家），规上企业产值75亿元，财政一般预算收入4.3亿元。园区给排水、电、气、路、电讯以及排污等基础设施齐全。

园区区位优势明显。连城园、新楼园分别位于枞阳县城西、北部，已形成产城一体。桥港园规划面积6.42km²，位于县城东部，处在建的池州长江大桥北接线与国道G347交汇处，紧临长江深水岸线。横埠园位于全国重点镇横埠镇，规划面积10.8km²，是合铜工业走廊上的重要节点园区，铜陵“拥江”发展的桥头堡。

园区主导产业初步形成。园区基本形成以千仞岗制衣、蓝兰巾被、泰阳织造、宏润纺织等企业为主的纺织服装产业；以金誉金属、展鹏液压、东星汽车配件、枞江汽配、枞晨回转、皖江铸业等企业为主的机械制造产业；以天瑞新材料、诚易金属、梦谷科技、铭瑞科技等企业为主的新型材料产业。主导产业产值占园区企业产值75%以上，形成比较配套的产业链和一支稳定的产业技术工人队伍、科技研发团队。围绕主导产业产业链招商是我们的主攻方向。

园区承载力巨大。桥港园区正在开展“二纵三横”骨干道路建设前期工作，规划定位是重点发展新型材料、高端制造和现代物流产业，打造长江经济上重点节点产业园，正在寻找战略合作伙伴，共建“园中园”。园区规划内未用地面积约4km²，具备布局重大项目的空间。园区存量“三通一平”用地约1500亩，可以满足招商项目的用地需求。园区建成未利用多层标准化厂房12.5万m²，主要集中在华茂产业园和汉武产业园，招商项目可以根据需要或购或租随时入园，实现快速度、低成本发展。

园区企业资产重组机会多。园区旺达铜业、枞晨回转、生强钢构等传统制造业亟待转型升级，寻求投资合作，扩大产能。东方造船资产已经评估，启动司法处置程序（评估资产3.17亿元，已挂牌2次，整体收购价约2.1亿左右），寻找投资商摘牌，利用项目多达3600余亩用地、深水岸线及已建成的码头，新上项目。投资3.2亿元年产44万吨铸造件的皖江铸业公司有意寻找合作伙伴，进行资产重组。和义电力、松芝空调、皖江中广等企业尚有约3万m²的钢结构厂房闲置，亟待处置。通过资产重组，盘活存量招商是我们的重中之重。

园区投资要素成本较低。工业用地价格8～10万元/亩；多层标准化厂房月租金6～8元/m²;劳动成本：普工1800元/月左右，熟练技术工人3000元/月左右，人力资源丰富，并设有专门培训机构。水、电、气能够就近提供而且价格上对重大项目给予适当优惠。园区建有1200余套公租房，只要企业需要就可以及时安排。

园区招商有政策优惠。市、县出台了一系列招商引资优惠政策。除普惠制政策外，对重大招商项目采取“一事一议”的模式，在县设立的支持企业发展基金中安排专项资金予以支持。对入园企业设备投资、外贸出口、自主创新、新进规上企业、企业上市等诸多方面给予奖励支持。同时，采取“政银担”、设立应急资金等方式，帮助企业解决融资问题。枞阳被评为徽商投资最佳地，项目前期各项收费实行最低标准，打造收费“洼地”，是全省行政审批项目最少、时间最短、收费最低的“三最”地区，着力简化审批程序，降低项目前期费用，减少投资成本。

园区对招商项目提供优质高效服务。招商引资是“一号工程”，搞好服务是我们第一位的任务，也是我们的招商承诺。实行项目代理制。你投资，前期各项手续由我们负责代理。实行项目领办制。你建设，项目推进过程中的问题由我们来领办。实行“驻企服务”制。你经营，企业经营中融资、用工等“安商暖企”工作由我们来“点对点”精准服务。

枞阳是块希望的沃土，具有优越的区位交通优势，得天独厚的资源优势，国家主体功能区、长江经济带、皖江城市带、合铜发展走廊建设、铜陵“拥江”发展等规划战略优势，勤劳质朴的人力优势，投资成本、政策服务优势和全县上下同心同德推进“四个枞阳”建设的生态优势。开发区是县域经济发展的核心区、产业转移的承载区和新型城镇化的拓展区，热忱欢迎投资商到枞阳经济开发区考察指导，投资兴业，你发达、我发展。

一、2015年发展情况

一年来，开发区在县委、县政府的坚强领导下，紧紧围绕主导产业培育、转型升级、科学发展这条主线，坚定发展信心、创新发展举措，有效应对和化解发展中遇到的问题和困难，基本完成县委、县政府年初确定的各项目标任务。预计全年固定资产投资额完成22亿元，比上年增长5%；规模以上企业产值达50亿元，同比增长8%，完成招商引资到位资金7亿元，同比增长84%；新签约项目12个，新开工项目10个，新投产项目9个，在建项目13个，均超额完成年初计划；完成财政一般预算收入8528万元，同比下降15%；完成基础设施投入1.8亿元。主要抓了以下几个方面工作：

(一)坚持项目立园，着力在招商引资上下功夫，做大园区增量。

紧紧围绕纺织服装、新型材料、汽车零部件及装备制造三大产业招商。今年新增入园千万元以上投资项目12个（其中亿元以上投资项目7个），分别是：投资2.5亿元的手机钢化玻璃保护膜、投资1.1亿元的宏润二期、投资2亿元的华瑞城市综合体、投资3.5亿元的金誉三期、投资2亿元的展鹏液压油泵扩产、投资2.5亿元的高档家用装饰布、投资1.2亿元的葛根饮品、投资2000万元的连城服饰、投资5000万元的富贵服饰、投资5000万元的冷轧带肋钢筋加工、投资6000万元的特种玻璃加工、投资2000万元的安徽永春工程科技公司总部迁入等项目；新开工千万元以上项目10家：连城服饰项目、手机钢化玻璃保护膜、宏润二期、金誉三期、葛根饮品、展鹏液压油泵扩产、富贵服饰、冷轧带肋钢筋加工、特种玻璃加工、高档气流纺纱；新增投产企业9家：汽车儿童座椅、大方电子商务产业园、太阳能设备制造、汽车检测线、文化石加工、富贵服饰、手机钢化玻璃保护膜、东俊服饰、玄岩武纤维；已竣工正在安装设备待投产企业3家：锦鹏服饰、进生刷业、来金轩服饰；在谈重点项目有：冷风机、电线电缆、光速达智慧物联网、特种玻璃加工、渔光互补光伏应用、粉体传输系统、东方造船重组等项目。

(二)坚持转型发展，着力在企业改造升级上下功夫，盘活园区存量。

重点支持金誉金属、诚易金属、宏润纺织、蓝兰巾被等一批优势企业实施设备改造、工艺改进、提升产品档次、扩大生产规模；引导支持大地食品、金誉金属、诚易金属、枞晨回转等企业向多层次资本市场融资；落实市、县相关支持企业发展优惠政策，加强银企对接协调，帮助企业融资累计约3亿元；充分利用土地“三项清理”成果，督促企业履行投资协议，逐步解决土地闲置和低效利用问题，有10家企业新增投资、扩大生产规模或开发产销对路的新产品、新项目。协调皖江铸业公司“政银担”模式融资，着手开展设备改造，恢复生产。终止了玉石根雕、汽车减震件、塔机生产线等3个项目投资入园协议。

(三)坚持创新发展，着力在发展新兴产业上下功夫，提升发展质量。

重点发展竹纤维、玄武岩纤维、高精度铝板带箔、非晶磁芯等新材料集聚发展基地。支持宇腾真空、热鼎科技、枞晨回转、东星部件等企业做大做强，形成优势新兴产业。大力推进企业科技创新，以技术进步为驱动，以品牌效应为支撑，以现代管理为保障，支持企业加大投入，促进技术升级、产业升级、管理升级，不断增强企业发展后劲。今年组织企业申报发明专利200项，实用新型专利200余件，新增瑞璋环保公司为省高新技术企业，新增梦谷纤维公司为高新技术培育企业。园区新增研发中心1家。展鹏公司与合工大汽车研究院合作研发的汽车液压缓速器项目成功后将填补园内空白。

(四)坚持产城融合，着力在规划与建设上下功夫，力促产城一体化。

着手编制了开发区“十三五”规划，开展了县城西城区及连城园、新楼园控规调整以及园区污水、消防等专项规划编制工作。开工建设了连城园泄洪渠、排涝泵站扩容，园区道路维修、路灯改造、道路绿化和污水处理等市政配套工程。横埠污水处理工程已通过PPP模式寻找社会资本合作单位。开工建设了2.7万平方米440套公租房。根据入园项目建设需要，完成征地约150亩、签订拆迁协议40户、拆迁23户；新楼园两家闲置商住用地经对接敦促，投资方正在开工建设；办公楼北侧27亩商住用地成功出让；协助开展110kV蒲城变电站、燃气综合门站等项目开工。

(五)坚持开源节流，着力在组织财政收入上下功夫，增加效益。

对园区企业纳税情况进行了认真梳理，以营改增百日清理活动为重点，着力抓税收清欠、土地使用税征收等工作。年度财政一般性预算收入剔除不可比因素增长15%。营业税收入完成850万元，是上年的2.2倍。开展了税法宣传、企业财务人员业务培训等工作，增强企业纳税意识。编制了开发区财政收支预算和部门预算，出台了机关公务接待制度，严格控制“三公”经费等，“三公”经费支出同比下降了30%以上。

(六)坚持管理与服务并重，着力在服务上下功夫，提升效能。

着力协调推进项目建设，开展了驻企服务，以问题为导向帮助企业解决施工矛盾、融资、工程验收、消防、安监、环保等方面的问题，协调解决了企业提出的诸如供电线路运维移交、用电、用水、用工以及工程款拖欠等方面的矛盾与问题200余起。对横埠园建立了新的工作机制，组建专门班子，进驻园区，直接服务企业。出台了“党政同责、一岗双责、失职问责”的安全生产管理意见；开展了多次安全生产检查和消防、劳动监察等专项检查，加强“平安园区”“法治园区”建设，营造安全稳定、和谐共进的发展环境。同时，重点开展以党建为统领、干部队伍为支撑、社会事业为重点、民生福祉为宗旨，统筹推进各项事业的协调发展，切实加强园区社会事务管理，扎实开展民生工程、计划生育、美好乡村、三线三边整治、文明创建、防汛抗灾、社会治安综合治理等工作。切实加强了机关、基层、非公企业党建工作和党风廉政工作。

总结一年来工作，仍然面临一些突出矛盾和问题，受宏观经济持续下行的影响，一些企业生产经营不景气，财政增收压力大；一些主要指标未达到时序进度；企业融资难、融资贵问题突出，一些企业主要因资金链断裂、债务重、运行困难；土地闲置和低效利用的问题一时难以解决；在建项目进展不快，招大招强难度较大；企业债务纠纷、工程款拖欠、欠薪问题较为严重，矛盾隐患较多。对这些困难和问题，我们不回避、不绕行，坚持目标导向与问题导向相结合，着力克难攻坚。

二、2016年工作安排

（一）工作思路和工作目标

工作思路：坚持稳中求进工作总基调，贯彻落实创新、协调、绿色、开放、共享的发展理念，认真贯彻落实县委、县政府的决策部署，主动适应新常态；力抓转型发展，增强支撑力；引进优势产业，增强带动力；完善园区功能，强化管理服务，积极稳妥推进“三区”（主导产业承载区、新型城镇化拓展区、县域经济发展核心区）建设。

工作目标：规模企业产值在上年实绩基础上增长20%；固定资产投资增长15%；财政一般预算收入增长12%；签约、入园、开工、投产招商项目增长15%以上。

（二）重点抓好八个方面工作

1.坚持建设“三区”目标导向，认真编制开发区“十三五”规划。进一步梳理园区发展思路，明晰发展理念、明确目标任务和工作举措；谋划编制“十三五”重点项目以及2016年重点项目，以规划来引领发展。战略上坚持持久战，战术上打好歼灭战。“十三五”主要指标初步计划：规上企业力争达到100家，年均增加10家；规上企业产值100亿元，年均增长15%；财政一般预算收入2.5亿元，年均增长20%，五年累计固定资产投资120亿元。实施五大战略：产业强区、创新驱动、改革先行、乡城一体、绿色发展。推进八大工程：坚持项目立园，实施招商引资一号工程；坚持转型发展，实施企业创新改造工程；坚持产城融合，实施产城一体化工程；坚持绿色发展，实施和谐园区工程；坚持拓展渠道，实施向多层次资本市场融资工程；坚持开放合作，实施平台与载体建设工程；坚持管理服务并重，实施优质服务工程；坚持协调共享发展，实施社会管理工程。

2.坚持项目立园，加大招商引资力度。立足产业基础和资源优势，以更加开放的姿态，创新招商方式，主动承接产业转移。更加注重产业链招商，拉长补齐现有产业链;更加注重以存量资产兼并重组招商；更加注重产业聚集发展招商，打造产业集群；更加注重与大企业“点对点”的精准招商；更加注重与铜陵产业互补性，抓住合铜工业走廊建设机遇，开展合作融合招商；更加注重谋划招商项目，以项目招商选商，着重考察投资商的实力、绿化发展的要求和是否符合国家供给侧 结构性改革的方向。2016年力争在东方造船重组，高档家用装饰布项目产业基地、汽车配件产业基地等大项目上取得新进展。同时，利用园区标准化厂房，引进小微企业，引进新业态，鼓励大众创新、万众创业。

3.坚持创新转型，推进企业发展。立足企业现状和存量资产，坚持供给侧结构性改革，园企制策，加强“调转促”。支持金誉金属、诚易金属、泰阳纺织、蓝兰巾被等优势企业扩大投资，延伸产业链、做大做强；鼓励纺织服装、中低端制造等传统产业加强改造升级、开发新产品，扩大产能；鼓励资产闲置、低效利用企业尽可能实施兼并重组“腾笼换鸟”；对个别产能过剩、效益低下、资不抵债企业痛下决心破产清算。积极鼓励企业创新发展，加强产学研结合。积极支持企业实施品牌工程，争创中国名牌产品、中国驰名商标、名优产品。帮助企业开展多渠道融资工作，跟踪对接大地食品公司在上股交挂牌工作，加强引导、服务、协调、支持金誉金属、诚易金属、枞晨回转、上行山白茶等有条件的企业在资本市场融资。2016年企业直接融资务求实现零的突破。

4.坚持产城融合，推进产城一体化进程。着手开展扩区升级工作，开展桥港工业园骨干道路勘察、设计等前期工作，计划采取PPP模式，积极寻求社会资本参与工程建设，拓展县城东部新区，再造发展平台，致力于打造长江经济带重点节点园区。着力推进征地拆迁工作，完成新楼园新征用地和连城园、新楼园征迁任务；加快基础设施建设，开工建设新楼园污水处理工程、灯饰、绿化提升工程、516套公租房建设工程，推进安庆蒲城110kV变电站、燃气综合门站以及园区商住用地综合开发。土地是园区最大的资本最好的资源，严格节约聚约用地。项目入园尽可能利用现有的标准化厂房、存量或低效利用的土地，加强投资强度和产出效益的刚性约束，不用或少用新征地。做好项目用地报批、工业用地挂牌和商住用地出让工作。

5.坚持培育财源，加强税收征管。积极组织收入，坚持税收征管工作定期收入分析，不断强化税收征管，继续“以月保季，以季保年”紧抓税收入库工作；着力培育税源，扶持纳税大户，积极稳妥地发展总部经济。从严控制“三公”经费支出，不断完善和规范开发区的财政和财务内部控制制度建设，严格执行各项支出标准；拓宽融资渠道，锁定并逐步化解债务，努力破解发展资金瓶颈，为开发区基础设施建设提供资金保障。

6.坚持管理服务并重，着力服务企业发展。认真研究国家宏观政策，落实国家降低企业税费负担、降低企业财务成本、降低物流成本等一系列支持实体经济发展的产业政策、微观政策和改革政策。继续开展好驻企服务，协调解决项目建设和企业发展中的实际问题。积极协调解决企业融资难、融资贵的问题。积极为企业创新发展提供科技服务，为企业引进人才提供政策支持。着力培育企业家队伍和产业工人队伍。切实加强企业环保节能、安全生产、土地利用、规划实施的监管，推进绿色发展。

7.坚持改善民生，协调发展各项社会事业。继续提升服务群众、服务基层的能力和水平。抓好民生工程、美好乡村、扶贫、人口与计生和公共服务等社会事务工作；继续建设环境优美园区。继续认真抓好社会治安综合治理等各项工作，构建平安和谐园区。

8.坚持提高干部素质，加强和改善党的领导。继续加强机关职工学习，转变发展理念，主动适应新常态，切实提高招商引资、服务发展的水平。进一步完善内部管理制度，加大落实力度，形成以制度管人管事，履职尽责的工作局面。继续推进党风廉政建设，对照“三严三实”要求，以贯彻落实中央八项规定精神为着力点，继续加强干部作风建设，不断提高干部队伍素质，建设一支想干事、能干事、干成事、不出事的干部队伍。

三、工作建议

1.加强扶持引导产业转型。尽快出台相关文件和配套措施，修订完善各产业发展规划及路线图具体规定政策，明确产业发展导向尤其是新兴产业的发展路径，积极发挥财政资金的撬动作用，整合统筹安排现有产业发展扶持资金，特别是战略性新兴产业引导资金，有重点、有针对地推动产业转型升级工作，真正做到奖出动力，扶出成效。

2.积极争取省级产城融合试点。为贯彻实施国家新型城镇化战略，国家发改委下发了《关于开展产城融合示范区建设有关工作的通知》，鼓励各类开发区推进产城融合，走以产兴城、以城带产、产城融合、城乡一体的发展道路，加快从单一的生产型园区经济向综合型城市经济转型。我省将开发区作为推进新型城镇化试点的重要抓手，已确定 34家开发区作为产城一体化试点，请求市政府帮助我们争取。

3.请求市、县共建桥港工业园。桥港工业园是2014年元月由省政府批准枞阳开发区扩区的一个工业园区，位于县城东部，紧邻长江，用地面积约7.12平方公里。（近期至2020年为3.7平方公里）桥港工业园内地形平坦，南邻长江黄金岸线，济祁高速和池州长江大桥北接县南北向穿过园区。园区规划功能定位为：县城东部门户、滨江产业社区，皖江城市带先进制造业和物流基地，已编制控制性详规正在寻求战略合作伙伴。请求市、县共建或帮助我们引进战略合作伙伴。

4.进一步推动皖江铸业与铜化集团合作。皖江铸业公司2014年4月落户枞阳经济开发区，经省发改委备案新上44万吨铸造件14项，总投资3.23亿元，因设计工艺不配套（主要是送风系统）造成亏损，企业于2014年元月停产，2014年3月起，皖江铸业多次去铜化集团洽谈合作，铜化集团方面多次安排相关人员来皖江铸业考察，并初步达成合作投资协议，后因故暂搁合作。现该公司正在积极进行技术改造，请求铜陵市政府加以协调，重启两公司合作事宜。

附：2015年铜陵市开发区主要经济指标表

指标	代码	单位	本年	同期	增减(%)
一、开发区占地面积	1	平方公里	94.71	94.71	
二、开发区已建成面积	2	平方公里	52.66	51.49	2.27
其中：工业用地面积	3	平方公里	38.14	37.09	2.83
其中：当年新增工业用地面积	4	平方公里	1.05	1.5	-30
三、工业项目建筑面积	5	万平方米	2007.84	1927.82	4.15
其中：当年新增工业项目建筑面积	6	万平方米	80.02	137.72	-41.9
四、总人口	7	人	213022	148443	43.5
其中：农业人口	8	人	42244	37394	12.97
五、企业个数	9	个	1908	1844	3.47
其中：高新技术企业个数	10	个	121	109	11.01
其中：工业企业个数	11	个	937	862	8.7
其中：规模以上工业企业个数	12	个	227	232	-2.16
其中：资质以内建筑业企业个数	13	个	27	27	
其中：限额以上贸易企业个数	14	个	54	55	-1.82
其中：限额以上服务业企业个数	15	个	24	19	26.32
其中：出口型企业个数	16	个	121	109	11.01
其中：上海来皖投资企业个数	17	个	42	38	10.53
其中：浙江来皖投资企业个数	18	个	105	99	6.06
其中：江苏来皖投资企业个数	19	个	91	79	15.19
六、全区从业人员	20	人	99828	90655	10.12
其中：工业企业从业人员	21	人	80648	72482	11.27
其中：规模以上工业企业从业人员	22	人	60323	55485	8.72
其中：具有大专以上学历人员	23	人	18647	15603	19.51
其中：具有高、中级职称人员	24	人	3076	2833	8.58
其中：研究与开发人员	25	人	2290	1999	14.56
七、当年科技活动经费支出总额	26	万元	103285.7	92158.7	12.07
其中：研究与发展经费（R&D)	27	万元	90284.1	80304.6	12.43
其中：规模以上工业企业研究与发展经费	28	万元	87423.8	77813	12.35
八、全区从业人员劳动报酬	29	万元	384928	333688.6	15.36
其中：在岗职工工资总额	30	万元	359812	309665.8	16.19
九、项目建设情况	31		----	----	

续表

指标	代码	单位	本年	同期	增减(%)
1. 当年开工项目数	32	个	207	185	11.89
2. 当年开工项目总投资额	33	万元	2259339	2358755	-4.21
3. 当年开工项目征地总面积	34	亩	2177	4420.2	-50.75
十、环保情况	35		----	----	
1. 环保执行率	36	%	100	100	
2. “三同时”执行率	37	%	100	100	
3. 能评执行率	38	%	100	100	

附：2015年铜陵市开发区基本情况表

开发区	铜陵		铜陵经开区		示范园区		狮子山高新区		大桥开发区		金桥开发区		枞阳开发区	
	2015	2014	2015	2014	2015	2014	2015	2014	2015	2014	2015	2014	2015	2014
一、开发区占地面积	94.71	94.71	33	33	14.27	14.27	5	5	5.74	5.74	14.2	14.2	22.5	22.5
二、开发区已建成面积	52.66	51.49	23	22.2	1.13	0.97	3.11	3.05	3.7	3.7	6	6	15.72	15.57
其中：工业用地面积	38.14	37.09	12.75	12.07	0.16	0.16	2.71	2.65	2.6	2.6	4.8	4.64	15.12	14.97
其中：当年新增工业用地面积	1.05	1.5	0.68	0.37		0.16	0.06	0.2			0.16	0.2	0.15	0.57
三、工业项目建筑面积	2007.84	1927.82	868.2	847	33.83	33.8	67.5	49.5	199.06	198.47	357.25	338.05	482	461
其中：当年新增工业项目建筑面积	80.02	137.72	21.2	38	0.03	17.2	18	14	0.59	2.52	19.2	24	21	42
四、总人口	213022	148443	92300	46720	3145	2228	31252	29562	32682	30107	35527	22199	18116	17627
其中：农业人口	42244	37394	12000	12500	2045	2090	7052	7052			14015	9015	7132	6737
五、企业个数	1908	1844	910	860	19	19	90	76	559	601	172	142	158	146
其中：高新技术企业个数	121	109	52	51			22	16	16	13	15	19	16	10
其中：工业企业个数	937	862	415	380	12	12	72	62	134	129	146	133	158	146
其中：规模以上工业企业个数	227	232	78	78	1	1	37	35	21	19	47	50	43	49
其中：资质以内建筑业企业个数	27	27	10	10			2	2	14	14	1	1		
其中：限额以上贸易企业个数	54	55	17	17	1		4	4	23	25	9	9		
其中：限额以上服务业企业个数	24	19	17	13			1	1	4	3	2	2		
其中：出口型企业个数	121	109	67	63			5	5	11	11	18	12	20	18
其中：上海来皖投资企业个数	42	38	7	7			4	4	12	12			19	15
其中：浙江来皖投资企业个数	105	99	32	29			9	9	11	11	18	18	35	32
其中：江苏来皖投资企业个数	91	79	30	26	1	1	5	5	15	15	6	2	34	30
六、全区从业人员	99828	90655	43081	41028	1100	138	13260	11230	11421	10713	13649	10500	17317	17046

续表

开发区	铜陵		铜陵经开区		示范园区		狮子山高新区		大桥开发区		金桥开发区		枞阳开发区	
其中：工业企业从业人员	80648	72482	33210	30287	783	87	11563	10560	5019	4861	13201	10155	16872	16532
其中：规模以上工业企业从业人员	60323	55485	21586	19994	87	51	10003	9763	831	726	10944	8419	16872	16532
其中：具有大专以上学历人员	18647	15603	10258	8354	643	74	1350	1260	2977	2864	1232	986	2187	2065
其中：具有高、中级职称人员	3076	2833	1315	1288	142	13	501	450	203	203	90	72	825	807
其中：研究与开发人员	2290	1999	1350	1158	22	19	261	201	57	57	74	59	526	505
七、当年科技活动经费支出总额	103285.7	92158.7	68998	62070	230	170	10203.1	8863.2	522	326	15217.6	13006.5	8115	7723
其中：研究与发展经费（R&D）	90284.1	80304.6	65030	58580	230	170	3452	2450	522	326	12935.1	11055.6	8115	7723
其中：规模以上工业企业研究与发展经费	87423.8	77813	63950	57610	230	170	3452	2450	522	326	11154.8	9534	8115	7723
八、全区从业人员劳动报酬	384928	333688.6	206789	188890	4126	517	45825	41274	34269	25793	50176	38745.6	43743	38469
其中：在岗职工工资总额	359812	309665.8	184003	166550	3046	345	44996	40236	34269	25793	49755	38272.8	43743	38469
九、项目建设情况														
1. 当年开工项目数	207	185	170	140	2	2	20	18	1	8	4	7	10	10
2. 当年开工项目总投资额	2259339	2358755	1488320	1422600	45000	96500	480000	450000	9117	136000	59102	91670	177800	161985
3. 当年开工项目征地总面积	2177	4420.2	1600	1500		1155	90	905			120	452.2	367	408
十、环保情况														
1. 环保执行率	100	100	100	100	100	100	100	100	100	100	100	100	100	100
2. “三同时”执行率	100	100	100	100	100	100	100	100	100	100	100	100	100	100
3. 能评执行率	100	100	100	100	100	100	100	100	100	100	100	100	100	100

附：2015年铜陵市开发区主要经济指标年度统计表

开发区	铜陵		铜陵经开区		示范园区		狮子山高新区		大桥开发区		金桥开发区		枞阳开发区	
	2015	2014	2015	2014	2015	2014	2015	2014	2015	2014	2015	2014	2015	2014
一、全区经营（销售）收入	13499085.5	13104092.3	8100000	8260000	13500	4540	689963	612744	1057769	968705	2853807.5	2494687.3	784046	763416
其中：规模以上工业销售收入	10028836	9887255.9	6373180	6588982	2300	2100	575236	479564	135758	121032.2	2321729	2043426.7	620633	652151
资质以内建筑业经营收入	342985	336078.4	217643	222412					119342	113476.5	6000	189.9		
限额以上贸易企业销售(经营)收入	583627.2	448698.2	159353	135698	10000		51444	41491	260614	236022	102216.2	35487.2		
房地产业经营收入	36077	53864.5	17416	40646	1060	2440			3399		789	8458.5	13413	2320
限额以上服务业企业销售（经营）收入	125714.5	79966	90785	68354			13241	10896	12527		9161.5	716		
其中：主导产业经营(销售)收入	9130601.6	8846096.1	5447202	5674479	12300	2175	437786	367887	341670	322185	2283350.6	1891297.1	608293	588073
其中：主导产业一	6606614.6	6248263.1	3968260	4023286	10000	2100	283945	238609	260614	236022	1718440.6	1394594.1	365355	353652
主导产业二	1734647.4	1871570	1216800	1400999	2300	75	85984	72255	65892	75360.9	303627.4	272021.1	60044	50859
主导产业三	789339.6	726262.7	262142	250194			67857	57023	15164	10801.8	261282.6	224681.9	182894	183562
二、工业总产值	11278191.4	10481341	6800000	6500000	2800	2340	678549	584639	236353	217224	2772196.4	2400606	788293	776532
其中：规模以上工业总产值	10399169	9788905	6582399	6317831	2600	2100	577809	484213	135758	121033	2462310	2192681	638293	671047
其中：高新技术产业产值	7402608	6610911.5	4838051	4652482			397466	331290	80314	95732.5	1969848	1425243	116929	106164
三、第二产业增加值	2605870.3	2308389.2	1408784	1263483	630	520	151364	122453	106805	95109	709682.3	601630.2	228605	225194
其中：工业增加值	2515043.3	2232054.2	1362934	1221267	630	520	142496	118276	70696	65167	709682.3	601630.2	228605	225194
其中：规模以上工业增加值	2316838.4	2076584.9	1332957	1191204	600	500	130596	110756	37229	33206	630351.4	546315.9	185105	194603
四、第三产业增加值	351936.1	278983.6	151605	133227	548	300	18703	11525	93497	84269	87583.1	49662.6		

续表

开发区	铜陵		铜陵经开区		示范园区		狮子山高新区		大桥开发区		金桥开发区		枞阳开发区	
其中：现代服务业增加值	187846.1	141794.4	92600	81947	548	300	3891	2397	12819	11661	77988.1	45489.4		
五、进出口总额	74805.2	85816	46063	54113	1.2		3982	3760	588	2542	18846	17056	5325	8345
其中：出口额	45683.2	55119	28569	35001	1.2		2996	2787	391	1498	8963	8112	4763	7721
进口额	29122	30697	17494	19112			986	973	197	1044	9883	8944	562	624
六、税收财政收入情况														
1. 税收总额	361568.35	328442.12	147273	130660	4855.87	2041	34563	31506	59132	55373.6	79498.48	60289.52	36246	48572
其中：国税收入	204966.88	197395.73	65708	63715	120	945	17981	16823	54995	50014.9	50440.88	42879.83	15722	23018
其中：工业税收（国税）	117878.5	122848.2	40039	42950	19.1	476	15369	14362	4051	3743.4	43917.4	38591.8	14483	22725
地税收入	156601.47	131046.39	81565	66945	4735.87	1096	16582	14683	4137	5358.7	29057.6	17409.69	20524	25554
其中：工业税收（地税）	108058.13	73639.1	47013	19308	120.53	731.8	14026	11236	1526	1412.6	26096.6	15668.7	19276	25282
2. 财政收入	479565.47	474270.6	184252	198320	10245.87	8530	37052	33001	64692	59223.6	146647.6	119985	36676	55211
其中：土地收入	32805.6	106352	12808	53888	5390	6370	1530	1420			12647.6	38035	430	6639
七、固定资产投资总额	3929939	3573183	1780372	1530439	101880	200407	520071	460013	612456	550682	701381	621596	213779	210046
其中：工业投资	2946845	2656184	1213727	1048966	60693	147915	513571	455013	365174	322985	587781	500058	205899	181247
基础设施投资	140761	194918	50270	45927	41187	52492	6500	5000	17963	19926	16961	42774	7880	28799
其中：财政投入	26955.3	56393.4	20270	25927			1000	1000			805.3	10667.4	4880	18799
银行贷款	74655.7	70606.6	30000	20000	20000	5400	5500	4000			16155.7	31206.6	3000	10000
八、利用外商直接投资情况														

续表

开发区	铜陵		铜陵经开区		示范园区		狮子山高新区		大桥开发区		金桥开发区		枞阳开发区	
1. 当年新批进区外商投资企业	3	4	2	1		1	1	1						1
2. 当年建成投产企业	1	2					1	1						1
3. 新批外商投资项目投资总额	5850	8611.6	850	3000		321.6	5000	5000						290
其中：合同外资金额	850	3290	850	3000										290
4. 当年实际利用外商直接投资额	14203	18775	8049	7743		200	2592	833	1000	4915	2383	4218	179	866
九、利用内资情况														
1. 当年新批进区省外境内项目	68	205	36	176		2	10	9			5	3	17	15
2. 当年建成投产项目	88	90				2	5	4	67	59	2	13	14	12
3. 在建省外境内投资项目个数	336	280	255	230	5	7	6	5	25		33	28	12	10
其中：亿元以上省外境内投资项目个数	154	132	77	86	5	7	5	4	25		33	28	9	7
4. 在建省外境内投资项目总投资额	6586933.5	5696757	3500000	3241672	785500	907500	400000	315200	609800		1082998.5	1051138	208635	181247
其中：亿元以上省外投资项目投资总额	6300134.5	5357847	3308129	2945000	785500	907500	326345	288526	609800		1082998.5	1051138	187362	165683
5. 当年实际利用省外境内资金额	2602315	2552683.9	1300000	1200000	206220	300660	312363	283152	214117	193220	391019	413717.9	178596	161934
其中：亿元以上项目到位省外资金额	2538630	2259555.9	1270000	1125000	206220	300660	284636	264536	214117		391019	413717.9	172638	155642
十、专利申请授权情况														
1. 专利申请量	2968	2593	800	604	3	114	579	482	264	219	810	712	512	462
2. 专利授权量	1561	1423	446	455	2	42	302	251	137	113	350	346	324	216

附：2015年铜陵市开发区基本情况年度统计表（一）

指标	代码	单位	本年	同期	增减(%)
一、开发区占地面积	1	平方公里	94.71	94.71	
二、开发区已建成面积	2	平方公里	52.66	51.49	2.27
其中：工业用地面积	3	平方公里	38.14	37.09	2.83
其中：当年新增工业用地面积	4	平方公里	1.05	1.5	-30
三、工业项目建筑面积	5	万平方米	2007.84	1927.82	4.15
其中：当年新增工业项目建筑面积	6	万平方米	80.02	137.72	-41.9
四、总人口	7	人	213022	148443	43.5
其中：农业人口	8	人	42244	37394	12.97
五、企业个数	9	个	1908	1844	3.47
其中：高新技术企业个数	10	个	121	109	11.01
其中：工业企业个数	11	个	937	862	8.7
其中：规模以上工业企业个数	12	个	227	232	-2.16
其中：资质以内建筑业企业个数	13	个	27	27	
其中：限额以上贸易企业个数	14	个	54	55	-1.82
其中：限额以上服务业企业个数	15	个	24	19	26.32
其中：出口型企业个数	16	个	121	109	11.01
其中：上海来皖投资企业个数	17	个	42	38	10.53
其中：浙江来皖投资企业个数	18	个	105	99	6.06
其中：江苏来皖投资企业个数	19	个	91	79	15.19
六、全区从业人员	20	人	99828	90655	10.12
其中：工业企业从业人员	21	人	80648	72482	11.27
其中：规模以上工业企业从业人员	22	人	60323	55485	8.72
其中：具有大专以上学历人员	23	人	18647	15603	19.51
其中：具有高、中级职称人员	24	人	3076	2833	8.58
其中：研究与开发人员	25	人	2290	1999	14.56
七、当年科技活动经费支出总额	26	万元	103285.7	92158.7	12.07
其中：研究与发展经费（R&D）	27	万元	90284.1	80304.6	12.43
其中：规模以上工业企业研究与发展经费	28	万元	87423.8	77813	12.35
八、全区从业人员劳动报酬	29	万元	384928	333688.6	15.36
其中：在岗职工工资总额	30	万元	359812	309665.8	16.19
九、项目建设情况	31		----	----	
1. 当年开工项目数	32	个	207	185	11.89
2. 当年开工项目总投资额	33	万元	2259339	2358755	-4.21
3. 当年开工项目征地总面积	34	亩	2177	4420.2	-50.75
十、环保情况	35		----	----	
1. 环保执行率	36	%	100	100	
2. “三同时”执行率	37	%	100	100	
3. 能评执行率	38	%	100	100	

附：2015年铜陵市开发区基本情况年度统计表（二）

开发区		一、开发区占地面积	二、开发区已建成面积	其中：工业用地面积	其中：当年新增工业用地面积	三、工业项目建筑面积	其中：当年新增工业项目建筑面积	四、总人口	其中：农业人口	五、企业个数	其中：高新技术企业个数	其中：工业企业个数	其中：规模以上工业企业个数	其中：资质以内建筑业企业个数	其中：限额以上贸易企业个数	其中：限额以上服务业企业个数	其中：出口型企业个数	其中：上海来皖投资企业个数	其中：浙江来皖投资企业个数	其中：江苏来皖投资企业个数
铜陵	2015	94.71	52.66	38.14	1.05	2007.84	80.02	213022	42244	1908	121	937	227	27	54	24	121	42	105	91
	2014	94.71	51.49	37.09	1.5	1927.82	137.72	148443	37394	1844	109	862	232	27	55	19	109	38	99	79
1．铜陵经济技术开发区	2015	33	23	12.75	0.68	868.2	21.2	92300	12000	910	52	415	78	10	17	17	67	7	32	30
铜陵经济技术开发区	2014	33	22.2	12.07	0.37	847	38	46720	12500	860	51	380	78	10	17	13	63	7	29	26
2．铜陵承接产业转移集中示范园区	2015	14.27	1.13	0.16		33.83	0.03	3145	2045	19		12	1		1					1
铜陵承接产业转移集中示范园区	2014	14.27	0.97	0.16	0.16	33.8	17.2	2228	2090	19		12	1							1
3．安徽铜陵狮子山高新技术产业开发区	2015	5	3.11	2.71	0.06	67.5	18	31252	7052	90	22	72	37	2	4	1	5	4	9	5
安徽铜陵狮子山高新技术产业开发区	2014	5	3.05	2.65	0.2	49.5	14	29562	7052	76	16	62	35	2	4	1	5	4	9	5
4．安徽铜陵大桥经济开发区	2015	5.74	3.7	2.6		199.06	0.59	32682		559	16	134	21	14	23	4	11	12	11	15
安徽铜陵大桥经济开发区	2014	5.74	3.7	2.6		198.47	2.52	30107		601	13	129	19	14	25	3	11	12	11	15
5．安徽铜陵金桥经济开发区	2015	14.2	6	4.8	0.16	357.25	19.2	35527	14015	172	15	146	47	1	9	2	18		18	6
安徽铜陵金桥经济开发区	2014	14.2	6	4.64	0.2	338.05	24	22199	9015	142	19	133	50	1	9	2	12		18	2
6．安徽枞阳经济开发区	2015	22.5	15.72	15.12	0.15	482	21	18116	7132	158	16	158	43				20	19	35	34
安徽枞阳经济开发区	2014	22.5	15.57	14.97	0.57	461	42	17627	6737	146	10	146	49				18	15	32	30

续表

开发区		六、全区从业人员	其中：工业企业从业人员	其中：规模以上工业企业从业人员	其中：具有大专以上学历人员	其中：具有高、中级职称人员	其中：研究与开发人员	七、当年科技活动经费支出总额	其中：研究与发展经费（R&D）	其中：规模以上工业企业研究与发展经费	八、全区从业人员劳动报酬	其中：在岗职工工资总额	1、当年开工项目数	2、当年开工项目总投资额	3、当年开工项目征地总面积	1、环保执行率	2、"三同时"执行率	3、能评执行率
铜陵	2015	99828	80648	60323	18647	3076	2290	103285.7	90284.1	87423.8	384928	359812	207	2259339	2177	100	100	100
	2014	90655	72482	55485	15603	2833	1999	92158.7	80304.6	77813	333688.6	309665.8	185	2358755	4420.2	100	100	100
1. 铜陵经济技术开发区	2015	43081	33210	21586	10258	1315	1350	68998	65030	63950	206789	184003	170	1488320	1600	100	100	100
铜陵经济技术开发区	2014	41028	30287	19994	8354	1288	1158	62070	58580	57610	188890	166550	140	1422600	1500	100	100	100
2. 铜陵承接产业转移集中示范园区	2015	1100	783	87	643	142	22	230	230	230	4126	3046	2	45000		100	100	100
铜陵承接产业转移集中示范园区	2014	138	87	51	74	13	19	170	170	170	517	345	2	96500	1155	100	100	100
3. 安徽铜陵狮子山高新技术产业开发区	2015	13260	11563	10003	1350	501	261	10203.1	3452	3452	45825	44996	20	480000	90	100	100	100
安徽铜陵狮子山高新技术产业开发区	2014	11230	10560	9763	1260	450	201	8863.2	2450	2450	41274	40236	18	450000	905	100	100	100
4. 安徽铜陵大桥经济开发区	2015	11421	5019	831	2977	203	57	522	522	522	34269	34269	1	9117		100	100	100
安徽铜陵大桥经济开发区	2014	10713	4861	726	2864	203	57	326	326	326	25793	25793	8	136000		100	100	100
5. 安徽铜陵金桥经济开发区	2015	13649	13201	10944	1232	90	74	15217.6	12935.1	11154.8	50176	49755	4	59102	120	100	100	100
安徽铜陵金桥经济开发区	2014	10500	10155	8419	986	72	59	13006.5	11055.6	9534	38745.6	38272.8	7	91670	452.2	100	100	100
6. 安徽枞阳经济开发区	2015	17317	16872	16872	2187	825	526	8115	8115	8115	43743	43743	10	177800	367	100	100	100
安徽枞阳经济开发区	2014	17046	16532	16532	2065	807	505	7723	7723	7723	38469	38469	10	161985	408	100	100	100

池州市

池州市开发区2014年发展报告

2014年，池州市抢抓长江经济带建设机遇，围绕产业招商、环境优化、产城融合，强力推进开发区转型升级，全市开发区呈现出“建设提速、招商提效、发展提质”良好态势。全市8个省级以上开发区实现工业总产值588.9亿元，同比增长26.6%；累计完成固定资产投资381亿元，同比增长15%；实际利用外商直接投资2.6亿美元，同比增长22.5%；进出口总额4.2亿美元，同比增长7.4%；实现税收32.5亿元，同比增长15.3%；实现财政收入44.3亿元，同比增长22%。

一、2014年开发区发展情况

（一）经济总量持续扩大。2014年，全市省级及以上工业园区规模工业企业数已由2011年的170户增加到268户，较2011年增长57.6%；实现工业总产值471.7亿元，占全市规模工业总产值的比重达到72.1%，较2011年提高8.4个百分点。产值超百亿产业园区增加到3个，分别是市经济技术开发区、前江工业园区、青阳经济开发区。2014年全市省及以上工业园区产值增速高于全市规模工业平均增速5.8个百分点，园区工业对全市规模工业经济增长的贡献率2014年达到91.3%，较2011年提高10.6个百分点。

（二）招商引资提质提效。由传统招商向专业招商和产业链招商转变，由政策要素优惠向产业集聚和创新服务优势转变。市经济技术开发区推动中恒天10万台8速变速箱、中建材ITO导电玻璃、泰美达半导体、迪威视讯项目成功签约。江南产业集中区引进总投资200亿元的河北卓达生态产业新城项目、广东金东海港口物流、香港富联盛文化教育装备制造产业新城。东至经济开发区引进安徽红太阳生物化学有限公司项目已完成工商注册，注册资本达3.68亿元。

（三）产业培育效果显著。电子信息产业链条延伸，二期1.5万吨特种电子铜箔、安美封装测试、泰美达半导体等项目先后投产，八百通物联网智能设备项目二栋1万平方米厂房已完工，设备即将安装，电子信息全产业链逐步形成。装备制造业龙头带动，恒天发动机一期试生产、二期厂房年底完工，10万台变速箱项目推进前期工作，森达数控机械开工建设。高端服务业业态丰富，池州远航获评AAAA级物流企业，广物池州现代流通服务基地项目已完成可研编制等前期工作，总部经济项目广物（池州）供应链有限公司已注册，徽商物流项目已达成初步协议。化工行业重组升级提速，安徽华尔泰化工股份有限公司重组扩规三聚氰胺项目、硫酸项目、硝酸项目达产，安徽泰合森能源科技有限责任公司二期碳4综合利用项目完成试生产，安徽众望制药股份有限公司一期项目试生产。

（四）转型升级加快步伐。加强自主创新载体和服务平台建设，推动企业提高自主创新能力。市经济技术开发区英派科技“节能建筑膜”获得2014年国家重点新产品计划立项、龙格装饰材料列入教育部重点实验室生产实验基地、铜冠铜箔成为铜箔行业标准起草单位之一、新型锂电池用电子铜箔项目荣获省科学技术奖一等奖、安芯科技汪良恩团队被列为全省十家高层科技人才创新创业团队。池州高新区腾虎机械晋级全国创新创业大赛总决赛、安东针织跻身省级“专精特新”企业。东至经济开发区兆利光电有限公司被省科技厅认定为省高新技术企业、安徽新桥工贸有限责任公司和安徽龙溪外贸麻油制造有限公司两家企业被省商务厅认定为安徽省首批外贸转型升级示范企业。

（五）发展环境不断优化。全力实施“产城一体、集约发展”战略，新区配套能力承载力不断增强。江南产业集中区人才公寓、职业培训学校投入使用，江南医院等一批公共服务项目开工建设。市经济技术开发区10平方米电子信息产业园三期、棚户区改造、路网、电子信息污水处理厂和科瑞、美宝林综合体等加快建设。池州高新区南部路网9条道路改扩建及电子商城启动建设，前江工业园区3.1平方公里综合服务区核心区初具规模。东至经济开发区消防和安全生产视频监控中心、公用码头一期工程及固废处置中心竣工运营，铁路专用线施工图纸正在设计，110kV输变电站和2路35kV和1路10kV线路同杆架设工程完成。大渡口经济开发区日供水4万吨新自来水厂建成投入运营，污水处理厂厂区工程基本完工，配套污水提升泵站建成。

当前开发区发展也面临一些困难和问题，主要是：实体经济生产经营困难，市场需求不旺，企业融资困难，部分企业已现半停产、停产状态；招商引资质量不高，后劲不足，引进签约的大项目不多，缺乏投资规模大带动能力强的龙头企业。

二、2015年工作安排

当前，开发区经济进入以提高质量和效益为中心的发展阶段。2015年，我市开发区将认真贯彻落实中央和省、市经济工作会议精神，坚持“稳中求进”总基调，突出“转型升级、提质增效”主线，抓住“招商引资、项目建设”关键，夯实“统筹发展、优化环境”基础，大力推动改革创新和融合发展，努力做到减速不减势，量增质更优。

（一）提升招商引资水平。紧紧围绕工业、旅游双支撑和电子信息、高端装备制造、高新技术、新材料、新型化工、生物医药、现代农业、现代服务等主导产业，谋划招商项目，制定主导产业招商导则，加大央企、知名民企、上市公司、行业龙头企业和金融招商力度，强化产业链上下游“补链、强链”招商，推进现代农业、城乡基础设施、非基本公共服务等领域全方位招商。积极支持存量资产招商，通过兼并重组、改造升级等方式，鼓励、扶持现有企业靠大靠强。梳理完善新常态下的招商政策体系，健全以质量、效益和产业导向为主的绩效评估机制。坚持领导招商、行业协会招商、产业链招商、以商招商等行之有效的招商方式，规范务实高效地开展招商活动。

（二）加快产业转型升级。加快培育现代物流、电子商务、工业设计、金融超市等为代表的高端服务业。大力鼓励企业创新发展，推动设立创业投资引导基金、创业投资贴息资金、知识产权作价入股等方式，搭建科技人才与产业对接平台，确保西恩、冠华2家企业实现高新技术认证，盖娅、山立2家企业完成高新技术孵化培育。突出材料和新材料产业拓展，推动《前江工业园区材料和新材料产业基地及循环化改造发展规划》尽早完成编制和批复。在争创省级循环经济示范园区上，尽快启动《前江工业园区循环化改造方案》设计，力争2015年获批“省级循环经济示范园区”，为创建“国家级循环经济示范园区”奠定坚实基础。

（三）促进产城深度融合。大力推进市经济技术开发区路网、电子信息污水处理厂、电子信息表面处理中心、棚户区改造、城市综合体、工业邻里中心建设；推进前江工业园区智慧园区建设，力争在环保监测、安全监督、道路交通、文明小区等方面取得突破，实行对环卫、物业、绿化、亮化及交通配套维护的外包，实现效益最大化；进一步优化公交线路，在池州高新区园区循环公交正式运营的基础上，加快东部换乘中心建设步伐；重点推进大渡口经济开发区污水处理厂、华润公司压缩燃气工程、中心城区双回路供电工程、滨江大道、麻桥西路等重点基础设施项目建设，进一步提升投资硬环境。

（四）着力优化发展环境。创新服务机制，把人力资源、融资、中小企业服务中心服务平台建设进一步做扎实。鼓励有条件的开发区通过市场运作筹集建设资金，支持开发区发行债券和设立产业发展基金，鼓励各类市场主体在开发区内设立金融机构，提供更加丰富、灵活的金融服务。加强直接融资后备资源库建设，加大后备企业直接融资培育和服务协调力度，支持更多企业上市融资、发行债券和中期票据，加快推进已列入上市辅导计划企业的上市步伐，进一步提高直接融资占社会融资比重。同时，把开发区金融服务的重点，切入到企业固定资产占有资金释放上来，发挥开发区的独特优势，对外形成吸引力。充分利用开发区担保公司的叠加效应，支持企业“抱团取暖”，在企业租赁高端装备上，发挥平台服务优势，以多种形式向资本市场融资，切实缓解企业的融资难问题。

池州市开发区2015年发展报告

2015年，池州市以加快调结构转方式促升级为主线，制定实施《园区转型升级工程实施方案》，加快推进园区产业转型、功能转型、机制转型，园区主导产业集聚、创新能力建设、产城融合发展、绿色集约水平均取得明显成效。2015年，全市8个省级以上开发园区实现工业总产值647亿元，增长12.19%；完成固定资产投资394.6亿元，增长3.69%；实际利用外商直接投资2.77亿美元，增长4.96%；进出口总额4.98亿美元，增长19.92%。

一、2015年开发区发展情况

一是产业招商成效明显。积极转变招商方式，加强开发区以产业规划为指导的专业化招商、产业链招商。前江工业园共签约年处理15万吨固废再生、年产2000吨金属粉体新材料、年产10万吨硫酸锰、余热资源循环综合利用及集中供热、港口物流园等16个项目，总投资超35亿元。市经济技术开发区150万套高压LED户外照明灯具、50万吨环保生物新材料等5亿元以上外资项目成功落户。池州高新区SSD固态硬盘、大龙网跨境电商、弘祥机械，南京波长光电、南航无人机、氮化镓半导体新材料、互联网+等一批重大项目成功落户，爱晚工程、华博集团、朗能电池、北航无人机等一批重大项目已达成投资意向。

二是项目建设稳步推进。强化责任倒逼，优化投资服务，快推项目建设。电子信息产业链条延伸，市经济技术开发区年产360万片芯片项目开工建设，10亿颗封测生产线建成投产，小尺寸晶圆制造和封装测试产能处于省内领先。ITO导电膜玻璃、陶瓷滤波器、无线传感器等物联网应用下游产业链日益完善。现代物流业配套联动，前江工业园引入进出口代理、江海联运等港口物流功能配套项目，着力发展壮大集仓储、交易、加工、配送为一体，海关、税务、保险、金融等服务齐全的现代港口物流业。池州港集装箱量突破1.5万标准箱，创历史新高。 全市园区完成投入394.6亿元，对全市规模工业的贡献率达71.8%，同比提高18.7个百分点。

三是创新能力不断增强。加强自主创新载体和服务平台建设，推动企业提高自主创新能力。前江工业园的西恩科技获批省级技术中心。池州高新区确定为安徽省第二批知识产权示范培育园区，安徽艾可蓝节能环保有限公司、安徽力成机械设备有限公司和安徽拜尔福生物科技有限公司三家企业被国家知识产权局认定为知识产权优势企业；全市园区实现高新技术产业产值266.5亿元，同比增长39.2%。大力引进和培育高素质技能型人才，市经济技术开发区引进培育战略性新兴产业领军人才3人，在全市率先开展“工学一体”试点，实施开展政企能源战略合作。

四是发展环境持续优化。全力实施“产城一体、集约发展”战略，新区配套能力承载力不断增强。青阳经济开发区新建144套公租房投入使用，碧桃园小区360套公租房正在抓紧时间建设，开发区文体活动中心、幼儿园等相继建成。东至经济开发区完成了公用码头一期罐区及铁路专用线施工图纸设计，香隅110kV变电站进线线路跨新区和高速段迁移工程已完工，完成了香江大道的绿化亮化及梅山小区、通河北路西段、金鸡路的绿化等配套建设。开展多元化融资渠道，充分发挥开发区融资担保平台作用，截至目前，青阳经济开发区已帮助13家企业分别在皖投融资1300万元、安徽盐业融资500万元、双赢公司融资1000万元、国元信托融资5000万元、德众金融融资3200万元，并与安徽投资集团建立良好合作关系。

存在的主要问题是：一是园区企业生产经营较为困难，全市实现税收32.5亿元，同比下降0.15%；实现财政收入42.96亿元，同比下降2.94%。二是产业集聚效应不明显，主导产业的关联效应与扩散效应未能有效发挥，产业链延伸不够，企业大都处于单个游离发展态势，产业之内的企业相互之间关联度小，没有真正形成产业链。三是企业竞争力不高，劳动力生产率提高幅度明显慢于单位产值生产成本提升幅度，企业用工成本、资金成本上升，尤其是银行收缩贷款规模、只收不贷，对一些建设期、成长期企业影响很大。

二、2016年工作安排

2016年，是全面实施“十三五”规划的第一年，也是推进结构性改革的攻坚之年。做好今年园区工作的总体要求是：坚持做大总量与提升质量并重，充分发挥市场主导作用和更好发挥政府引导作用，进一步明确全区园区主导产业，进一步提升主导产业集聚度，进一步创新园区体制机制，推动开发区由政府主导向市场主导转变、由追求速度数量向追求质量特色转变、由同质化竞争向差异化发展转变，加快形成具有集聚效应的主导产业集群和特色园区，努力把园区建成主导产业（战略性新兴产业）集聚基地和产城一体的综合功能区。

主要目标是：园区主导产业集聚、创新能力建设、产城融合发展、绿色集约水平均进一步提升，各类园区主要经济指标增幅高于全省同类开发区平均水平增幅，园区主导产业集聚度比上年提高1个百分点，园区高新技术产业产值占园区工业总产值比重比上年提高1个百分点，市经济开发区进入省级半导体集聚发展基地。

为实现上述目标，重点抓好以下工作：

一是注重创新发展。围绕电子信息等智力密集型产业发展需求，以基地为载体、项目为牵引，力争引进一批掌握核心技术、具有较强创新能力的高层次创新创业领军人才团队来我市创办企业，加快形成引资引技引智一体化驱动发展模式。鼓励有条件的开发区通过市场运作筹集建设资金，支持开发区发行债券和设立产业发展基金，鼓励各类市场主体在开发区内设立金融机构，提供更加丰富、灵活的金融服务。加强直接融资后备资源库建设，加大后备企业直接融资培育和服务协调力度，力争完成1家企业IPO审核上报，6家企业“新三板、四板”挂牌工作。

二是注重协调发展。推动具备条件的开发区城市综合功能改造，注重用市场化手段完善园区配套设施，统筹建设文化娱乐、职业培训、就业（人才）和社保服务、社区综合服务、公共租赁住房、人才公寓等公共服务设施，推进地理位置相近的开发园区共建共享公共服务设施、环保处理设施和产业配套设施。引导各类开发区将产城一体的理念运用到园区建设和产业培育中，积极支持教育、卫生、医疗、商贸等项目在开发区布点。力争1～2个以上开发园区建设成为产城融合、集约紧凑、功能完善、生态良好、管理高效的现代化城市综合功能区。

三是注重绿色发展。鼓励园区创建国家级循环化改造示范试点园区、低碳工业园区、新能源应用示范产业园区、生态工业示范园区等绿色园区，推进园区集中供水、供气（热），加快园区环境监测监控体系等公共环保基础设施建设，保障园区工业废水和固体废弃物集中处理，推进园区加快循环化或生态化改造。严格项目用地准入门槛，压缩规模小、强度低、效益差的项目用地，新建工业项目投资强度和税收贡献度要达到省定标准。

四是注重开放发展。制定翔实招商导则，在全球范围内开展精准招商，更加突出与知名民企、外企及央企、上市企业、高校院所合作，大力引进境内外主导产业（战略性新兴产业）领军企业、领军人才和团队。推动有条件的开发区探索与国内外发达地区的政府、开发区、战略投资者共建以战略性新兴产业为主导的合作园区或合作联盟。积极推进电子商务平台与物流信息化集成发展，江南产业集中区现代物流园、市经济技术开发区综合物流基地建设，形成更加开放包容、更具竞争优势的平台经济。

五是注重共享发展。推进与长三角、珠三角等沿海发达地区政府、开发区及央企、知名民企的合作发展，认真总结江南产业集中区合作共建园区的经验，研究制定合作共建园区的政策措施，抓住产业链中的核心企业、龙头企业，聚集产业链上下游产业。创新社会管理体制，继续推动江南产业集中区与贵池区建立合作共建机制和联席会议制度，按照“市里出面协调、集中区出钱办事、贵池区出人落实、老百姓出地受益”的原则，定期协商，共同推进经济发展、社会管理、民生保障、征迁安置等各项工作。

池州市开发区重点介绍

【池州经济技术开发区】

一、区情介绍

池州经济技术开发区位于池州市主城区东北部，全区规划控制面积55平方公里，分为东部园区和池州承接产业转移集中示范园区，东部园区规划面积40平方公里；池州承接产业转移集中示范园区（2012年11月省政府批准成立，挂靠池州开发区，为池州开发区区中园，独立运作，比照省级开发区进行管理）规划面积15平方公里。下辖平天湖社区和流坡村，总人口2万人。

池州经济技术开发区前身是1992年6月经池州行署批准设立的贵池市江口经济技术开发区，1995年12月省政府批准为省级开发区，2000年11月池州撤地改市后收归市直接管理，2011年6月经国务院批准升级为国家级开发区。它是国家低碳工业试点园区、全国百佳科学发展示范区、安徽省半导体产业集聚发展基地、安徽省优秀电子信息产业基地、安徽省新型工业化产业基地、安徽省小微企业创业基地。区内拥有长江岸线20多公里，建有国家一类开放口岸——池州新港区，常年可停靠万吨级船舶。毗邻齐山—平天湖风景区，是绿色与工业为一体的生态园区。

池州经济技术开发区供水、排水、供电、供气、供热、排污等配套设施完善；与高校开展战略合作，实行免费订单式人才培训，人力资源充分保障；区内海关、边防、出入境检验检疫为产品进出口提供快捷便利；城市金融、商贸、文体中心等服务功能配套齐全，产城一体，满足居住、购物、娱乐、休闲等多种需求。

池州经济技术开发区重点发展电子信息、高端装备制造和高端服务业“两高一首”产业，初步形成了以铜冠铜箔、安芯晶圆、中建材ITO导电膜玻璃、华钛半导体、信安科技为代表的电子信息首位产业为“龙头”，以中恒天福泰动力汽车发动机、沃佳数控机床、旭豪数控缝纫机为代表的高端装备制造产业，和以香港（池州）远航、广物池州物流基地、太平鸟总部经济为代表的现代服务业为“双翼”的发展格局。

二、“十二五”时期经济社会发展情况

“十二五”时期，池州经济技术开发区紧紧围绕建设幸福池州、推进“三区”发展的战略部署，抢抓机遇，改革创新，砥砺奋进，较好地完成了“十二五”规划确定的主要任务，经济社会发展保持了平稳健康较快发展的良好势头。经济实力不断增强。全区销售总收入年均增长20.9%，达到220亿元左右；地区生产总值、财政收入、规模工业增加值和社会固定资产投资年均分别增长15.4%、28.9%、18.5%、12%，占全市比重从2010年的5.2%、6.9%、13.4%、9.8%分别提高到8.5%、11.2%、15.5%、10.3%。主导产业逐步明晰。全区形成了以电子信息、高端装备制造和现代服务业三大主导产业为代表的现代产业体系。3万吨电子铜箔、4～6寸晶圆制造、40亿颗封装测试、40万台发动机动力总成、中国诚通集团及广东物资集团物流基地等一批5亿元以上重点项目落户建设。开发区成功认定为省级电子信息产业基地。质量效益稳步提升。全区年产值（销售收入）超亿元的企业发展到了36家，其中规模工业产值超亿元企业有27家，5亿元以上企业4家。全区规模工业总产值年均增长17%。科技创新能力显著提高。全区认定高新技术企业19家，占到全市总数的1/3。认定高新技术产品41个，其中国家级重点新产品2个。建成省级企业技术中心6家、省级工业设计中心1家、博士后工作站2个，国家或行业标准制订企业5家。引进

省“115”产业创新团队3个，国家“万人计划”人才1人，省战略性新兴产业技术领军人才7人。生态文明建设扎实推进。实施完成了重点企业煤改气（汽）、余热发电、脱硫脱硝、集中供热等重点生态环保项目，建成30万平方米电子信息产业园、10公里高压蒸汽供热管道、2座污水处理厂和1座供水厂，成功列入了首批国家低碳工业园区试点。社会事业全面进步。全区城镇居民人均可支配收入年均增长8.5%，农村居民人均纯收入年均增长9.5%，开发区中心小学通过省政府义务教育均衡发展项目验收，四季花城幼儿园达到一类幼儿园标准，村、居基层组织建设不断加强，文化、卫生及社会保障事业全面提升，综治信访秩序更加规范，园区综合管理水平明显提高。

【安徽省江南产业集中区】 安徽省江南产业集中区（以下简称“集中区”）是安徽省委、省政府根据国务院批复的《皖江城市带承接产业转移示范区规划》，于2010年6月，按照合作发展的先行区、科学发展的试验区、中部地区崛起的重要增长极、全国重要的先进制造业和服务业基地的目标定位，设立的省属集中区。2013年3月，安徽省委、省政府根据集中区发展需要，按照“四个不变”的原则，将集中区管理体制由“省市共建、以省为主”调整为“省市共建、以市为主”。集中区地处池州、铜陵两市之间，总规划面积200平方公里，其中起步区35平方公里。

经济发展：2016年完成固定资产投资61.7亿元，其中工业技改投资21.9亿元；财政收入3.94亿元；新引进项目65个，新引进省外亿元以上项目 26个，实现亿元以上省外项目到位资金55亿元，新引进总投资15亿元以上项目1个；实现规上工业增加值2.9亿元，限上社会消费品零售总额770万元，进出口总额575万美元，实际利用外资4199万美元。

基础建设：全年计划安排政府性投资工程项目70个、完成投资额10.87亿元，实际已完成投资4.41亿元。其中，新开工安置房项目约8.1万平方米，续建项目收尾约37万平方米，基本完工约6万平方米。

【安徽东至经济开发区】 安徽东至经济开发区位于安徽西南长江南岸香隅镇，2006年经省政府批准设立为省级开发区，也是安徽省专业化工园区。2010年列入国家皖江城市带承接产业转移示范区、国家循环经济试点工程单位、安徽省首批循环经济示范单位，2012年省政府批准更名为安徽东至经济开发区，2013年列入安徽省新型化工基地，安徽省新型工业化基地，2013年12月省政府批准开发区扩区，2015年被评为安徽省首批知识产权示范园区。园区的创办与设立主要依托原上海小三线留存下来的大量的基础设施、闲置厂房以及周边的土地资源，对全县的化工资源整合而成。

一、园区区位

陆路：园区位于安徽省东至县香隅镇境内，距东至县城25公里，地处皖赣边界长三角经济圈和武汉经济圈交汇处，S327省道穿园而过，济（南）广（州）高速、东（至）九（江）高速在园区交汇互通。距杭州、南京、武汉车程均在4小时之内。

水路：园区西北濒临长江，建有3个泊位的危化品专用货运码头，年吞吐量400万吨，常年可停泊5000吨级货船。

铁路：南临铜（铜陵）九（九江）铁路，建有专用危化品货运站，安（庆）景（德镇）铁路、上海至安庆城际轻轨铁路即将动工。

民航：园区距安庆60公里、合肥250公里、南昌250公里、南京300公里、武汉350公里，且均设有民航机场。距九华山机场100公里。

旅游：园区距离黄山180公里，九华山150公里，庐山120公里，处于三大名山的中心地带。

资源：园内年产33万吨硝酸、60万吨硫酸和12万吨合成氨的华尔泰化工股份有限公司、年产30万吨离子膜烧碱的广信农化和长江沿线的九江石化、安庆石化和铜陵、南京等地的大型化工企业可提供多种丰富的基础化工原料。明显的区位优势、方便快捷的交通、丰富的化工资源为园区的创办提供了得天独厚的条件。

二、园区规划

园区规划建设始终遵循“规划先行、注重配套、分步实施”的原则，按照示范区规划要求，大手笔、高标准规划园区。2009年第二轮规划调整按15.32平方公里编制总体规划，以35.55平方公里作规划控制。2010年《皖江城市带承接产业转移示范区规划》获国务院批准后，为进一步承接产业转移，快速做大做强化工园区，按照“组团发展、拉大框架、增强功能、改善环境、提升档次”的发展思路，推进园区扩规和产业升级，总体规划面积扩充为50.55平方公里，其中工业区面积35.55平方公里、配套服务区（化工新城）面积15平方公里。目前园区已拉开框架面积15平方公里，建成区面积10平方公里。

三、园区配套设施

园区水、电、汽、通讯、排污、排水配套等基础设施工程建设日臻完善。

供水：建有日取水能力20万吨，一期供水能力7.2万吨的水厂1座。

供电：110kV变电站2座、35kV变电站5座，实行双回路供电。

供气：实行集中供热，南区依托华尔泰公司新上60万吨硫黄制酸项目副产蒸汽每小时130吨。园区热电联产规划已获省发改委批复，北区热电项目正在建设。

污水处理：总设计能力2万吨，一期日处理5000吨的污水处理一期工程投入运营，2016年和东华工程科技公司采用PPP模式扩建污水处理。

码头：园区按3个泊位设计、常年可停泊5000吨级货船、年吞吐量148万吨的园区危化品公用码头一期已投入使用。年吞吐量280万吨的散货码头建成。现有华尔泰公司自用码头，年吞吐量80万吨。

铁路：园区危化品铁路专用线项目已获铁道部批准，正在建设。

固废处置：年处理1万吨，已运营。拟采取PPP模式进行扩规升级、建设年处理3万吨的固废处置中心，占地250亩（含填埋场）。

四、园区安全环保

理念：充分发挥园区被列入循环经济示范单位的有利机遇，按照“企业小循环、区域中循环、产业大循环”的循环经济理念，力求实现全产业链的优化组合。坚持走资源节约型、安全环保型的园区建设道路。

机构保障：始终坚守安全环保生命线，努力践行科学发展观。2007年设立了园区环保分局，2008年组建园区消防中队，2012年成立园区应急指挥中心，对园区24小时实行视频在线监控。2010年年初以来，园区管委会迅速设立安监分局，扩招安全、环保监管人员，配备先进的仪器设备深入、持久、准确地做好园区水、气、渣的巡查、监管工作，以合格达标的环境质量、科学可信的数据答疑释惑消恐。

五、园区近年来发展

入园企业：目前园区协议引资企业47家，协议引资总额达435.5亿元（其中超100亿元企业1家，超10亿元企业8家，超亿元企业17家），项目全部建成后可实现1011亿元的销售产能。园区现有投产企业38家，全部为规上企业。现有高新技术企业7家，省级科技研发中心2家，市级科技研发中心10家，省级以上新产品17个，技术专利300余项。

经济指标：经过“十一五”五年的建设和发展，2010年实现工业总产值35.02亿元，财政税收1.05亿元，分别是2005年的35倍、10倍。2011年实现产值44.27亿元，税收1.31亿元。2012年实现产值55亿元，税收2.08亿元。2013年实现产值72.47亿元，税收2.86亿元,2014年实现产值85.48亿元，税收3.12亿元。2015年实现产值100亿元，税收3.2亿元。

【安徽贵池前江工业园区】 为贯彻落实省委、省政府加快皖江城市带承接产业转移示范区建设的战略部署和市委、市政府“开发沿江一线、保护腹地一片”的精神要求，充分发挥长江岸线资源优势，贵池区委、区政府于2009年在牛头山镇临江启动前江工业园区建设。2010年8月，经省政府批准正式筹建省级工业园区，规划面积24.3平方公里，其中起步区6.7平方公里。主要发展金属冶炼及延伸产业深加工。

近年来，园区累计投入建设资金15亿元，先后完成了日供2万吨自来水厂、日处理1万吨污水厂，38公里高低压线路、110kV、220kV变电站各1座、2座35kV变电站建设；45公里路网及配套雨污水管网全线贯通；年吞吐能力500万吨一期公用码头及日供气能力3万立方天然气工程全面投入运营；12万平方米安置房和30万平方米保障房建成交付使用。初步形成了以水、电、路、港、气、房等要素为基础的生产性服务体系。2013年，为努力形成和加快产城融合发展，园区修订完善了工业发展区和配套服务区的规划，并扎实开展了以教育、卫生、消防、超市、公交、金融、商务等为主的综合服务区建设，其中前江学校一期工程已建成使用，在校生规模达1300余人；金融商务中心主体全面完工；超市、消防站投入运行；公交、医院、商务宾馆等项目招商有序推进。一座集教育、卫生、金融、商务、休闲、娱乐为一体的池州西部新城雏形渐显。

园区成立以来，先后引进了贵航特钢、西恩新材料、冠华黄金、新锰都新能源材料、瑞恩余热资源循环综合利用等一批工业项目，以及池州远航、海易物流园等仓储物流项目，总投资额超200亿元。现已实现投产项目18个，规上企业16家，安徽省百强企业2家，各类产业人才约6500名，安徽省领军人才1名，初步形成了以黑色金属、有色金属、稀贵金属冶炼和加工为重点的材料及新材料产业集群和采用硫酸渣综合利用、烟气及固废处理技术的循环产业集群。2014年，园区成为池州市首个县区级百亿元产值园区。2015年，园区完成固定资产投资39亿元，实现工业总产值114亿元、增加值29亿元，税收4.56亿元，外贸进出口总额1.2亿美元，并获批“安徽省循环化改造示范试点园区”。2016年1—10月份，园区完成固定资产投资19.4亿元，实现工业总产值107.65亿元、增加值26.91亿元，税收4.73亿元，外贸进出口总额2亿美元。预计全年可完成固定资产投资30亿元，实现工业总产值135亿元、增加值33亿元，税收6亿元，外贸进出口总额2.1亿美元。

下一步，我们将认真落实省、市、区有关部署要求，加快调转促步伐，依托园区区位和项目优势，围绕打造“长江流域重要的材料及新材料产业基地、重要的港口物流集散中心和国家级循环经济示范园区”的目标定位，积极承接产业转移，不断优化产业结构，努力打造全区、全市经济增长的重要引擎。

附：2014年池州市开发园区主要经济指标表

开发区		三、全区经营（销售）收入	其中：规模以上工业销售收入	资质以内建筑业经营收入	房地产业经营收入	规模以上服务业企业销售（经营）收入	其中：主导产业经营(销售)收入	其中：主导产业一	主导产业二	主导产业三	四、工业总产值	其中：规模以上工业总产值	其中：高新技术产业产值	五、第二产业增加值	其中：工业增加值
池州	2014	6721533.4	5044604	231088	179841.8	167257	4717656	3139441	1169795	408420	5888605	5177231	1914846	1673744	1484819
	2013	5486345	4054488	196204	150586	120515	3801617	2666256	805673	329688	4651591	4114336	1584432.8	1324924	1179590
1. 池州经济技术开发区	2014	2046847	1056597	169279	129118	90240	1034293	855148	135609	43536	1209252	1088327	575928	435600	321801
池州经济技术开发区	2013	1857924	969388	145273	120156	72751	934891	789056	106392	39443	1103674	1001032	525442	392605	291054
2. 安徽省江南产业集中区	2014	58841	38714	822	16051		21982	14819	7163		43726	39115	20982	12052	11806
安徽省江南产业集中区	2013	35279	19185	861	15028		16157	13868	2289		23979	19243	2289	7027	6812
3. 池州承接产业转移集中示范园区	2014														
池州承接产业转移集中示范园区	2013														
4. 安徽贵池工业园区	2014	562123	508372		15236	7725	342999	147623	125423	69953	531421	513782	273452	139286	134886
安徽贵池工业园区	2013	475856	428643			6409	285818	122082	104618	59118	450328	435268	227697	118202	114203
5. 安徽贵池前江工业园区	2014	989690	953327			12838	936526	729710	187325	19491	1007406	1007406	24037	251852	251852
安徽贵池前江工业园区	2013	672280	620784				638472	597543	21091	19838	589271	589271		164996	164996
6. 安徽池州大渡口经济开发区	2014	469476.4	369833	36456	12073.6	4628	393241	192863	163922	36456	411738	360144	56042	122533	90866
安徽池州大渡口经济开发区	2013	378610	294309	30742	8219	3987	315129	154290	130097	30742	334466	297826	46532	85093	73635
7. 安徽东至香隅化工产业园区	2014	1159610	1011218		3731.2	32083	1008861	791275	159660	57926	1291911	1035129	638980	355078	316265
安徽东至香隅化工产业园区	2013	916688	807008		4447	26617	767206	633020	107408	26778	1027505	835304	525447.8	281123	253012
8. 安徽青阳经济开发区	2014	1434946	1106543	24531	3632	19743	979754	408003	390693	181058	1393151	1133328	325425	357343	357343
安徽青阳经济开发区	2013	1149708	915171	19328	2736	10751	843944	356397	333778	153769	1122368	936392	257025	275878	275878

续表

开发区		其中：规模以上工业增加值	六、第三产业增加值	其中：现代服务业增加值	七、进出口总额	出口额	进口额	1. 税收总额	2. 财政收入	其中：土地收入	九、固定资产投资总额	其中：工业投资	基础设施投资	其中：财政投入	银行贷款
池州	2014	1313987	229627	152950	41521	26267	15254	334537.3	442545.7	62507	3809552	2718305	666464	261061	252187
	2013	1051731	200164	134414	38672	23416	15256	281552.7	362885.6	50180	3312680	2262812	651575	235872	262186
1. 池州经济技术开发区	2014	289621	116000	76560	13732	3915	9817	95885	148951	13938	793881	507290	150837	29268	54000
池州经济技术开发区	2013	266907	106800	69954	16697	4530	12167	99118	136258	13325	642000	410000	137180	28796	55000
2. 安徽省江南产业集中区	2014	10452	11235	11235	499	449	50	35153	63634	22927	717789	458137	214862	96687	118175
安徽省江南产业集中区	2013	5737	10519	10519	180	180		30305	44278	12648	610883	258484	203382	91648	111734
3. 池州承接产业转移集中示范园区	2014										3708		3708	3708	
池州承接产业转移集中示范园区	2013										7472		7472	7472	
4. 安徽贵池工业园区	2014	129925	21121	654	10441	10366	75	41460	48420	6960	597203	465336	55023	11200	14000
安徽贵池工业园区	2013	109369	17665	536	8664	8639	25	37787	46115	8328	526624	409081	51000	12500	12600
5. 安徽贵池前江工业园区	2014	251852	540		154		154	52730	52730		438523	348407	90116	40000	25000
安徽贵池前江工业园区	2013	164996	464		59		59	20051	21185.6		451239	352565	98674	30000	50000
6. 安徽池州大渡口经济开发区	2014	88131	6649		8324	3328	4996	24610.3	27347.5		363238	227082	18625		
安徽池州大渡口经济开发区	2013	72163	5203		5454	2595	2859	20256.1	24734.7		297981	214663	36620		
7. 安徽东至香隅化工产业园区	2014	253307	2827		3507	3435	72	39564	42839.2		367965	316005	11820		
安徽东至香隅化工产业园区	2013	202394	1860		2826	2766	60	34403.6	39647.3		320936	276360	9750		
8. 安徽青阳经济开发区	2014	290699	71255	64501	4864	4774	90	45135	58624	18682	527245	396048	121473	80198	41012
安徽青阳经济开发区	2013	230165	57653	53405	4792	4706	86	39632	50667	15879	455545	341659	107497	65456	32852

续表

开发区		1．新批进区外商投资企业	3．当年实际利用外商直接投资额	1．当年新批进区省外境内项目	2．在建省外境内投资项目个数	其中：亿元以上省外境内投资项目个数	3．在建省外境内投资项目总投资额	其中：亿元以上省外境内投资项目投资总额	4．当年实际利用省外境内资金额	其中：亿元以上项目到位省外境内资金额	1．专利申请量	2．专利授权量
池州	2014	9	26378	263	247	154	12469996	10476871	2972606	2303424	2136	1145
	2013	12	21532	238	231	137	12473988	10527288	2791354	2040775	1833	988
1．池州经济技术开发区	2014		7260	30	28	20	1400100	1136900	540278	421650	263	146
池州经济技术开发区	2013		7506	26	29	19	1273800	1033400	523100	350600	287	129
2．安徽省江南产业集中区	2014	5	3150	63	88	67	5753610	5709000	884860	840250	50	14
安徽省江南产业集中区	2013	5	1550	59	80	62	6202010	6150000	831010	791600	10	5
3．池州承接产业转移集中示范园区	2014											
池州承接产业转移集中示范园区	2013											
4．安徽贵池工业园区	2014	3	2989	35	42	19	984563	878572	472563	390711	612	305
安徽贵池工业园区	2013	4	120	32	40	18	916878	795088	453990	319200	601	302
5．安徽贵池前江工业园区	2014		3577	4	6	6	950599	950599	260043	220043	4	5
安徽贵池前江工业园区	2013	1	3312	3	6	6	948000	948000	287454	219575	4	5
6．安徽池州大渡口经济开发区	2014		1183	26	19	9	253000	157100	167532	108100	202	109
安徽池州大渡口经济开发区	2013	1	1000	23	17	7	218000	125300	138000	89800	142	97
7．安徽东至香隅化工产业园区	2014		1040	30	24	13	1310524	977100	251900	164500	374	141
安徽东至香隅化工产业园区	2013	1	1855	27	20	9	1240000	921000	206000	133700	211	113
8．安徽青阳经济开发区	2014	1	7179	75	40	20	1817600	667600	395430	158170	631	425
安徽青阳经济开发区	2013		6189	68	39	16	1675300	554500	351800	136300	578	337

附：2014年池州市开发园区基本情况表

开发区		一、开发区入区企业个数	其中：高新技术企业个数	其中：工业企业个数	其中：规模以上工业企业个数	其中：资质以内建筑业企业个数	其中：规模以上服务业企业个数	其中：出口型企业个数	其中：上海来皖投资企业个数	其中：浙江来皖投资企业个数	其中：江苏来皖投资企业个数	四、全区总人口	其中：农业人口	五、全区从业人员	其中：工业企业从业人员	其中：规模以上工业企业从业人员	其中：具有大专以上学历人员	其中：具有高、中级职称人员	其中：研究与试验发展(R&D)人员	六、全区从业人员工资总额
池州	2014	2598	84	1317	345	25	35	118	123	405	168	154706	111674	103186	55295	42751	15251	6688	5332	323716
	2013	2354	78	1183	300	25	21	106	99	331	134	151391	109918	95539	49498	38311	12362	4849	3769	277210.6
1. 池州经济技术开发区	2014	603	18	219	62	14	12	29	9	76	46	8867	3869	18051	8316	7484	1289	564	391	64604
池州经济技术开发区	2013	549	17	201	66	14	11	24	6	65	37	8841	3877	17405	8719	7882	1252	543	375	60248
2. 安徽省江南产业集中区	2014	291		94	12	1		1	13	18	23	55991	48733	9355	1788	523	425	136	82	39112
安徽省江南产业集中区	2013	154		62	3	1		1	7	4	11	55737	48692	8470	1135	398	335	118	54	37268
3. 池州承接产业转移集中示范园区	2014																			
池州承接产业转移集中示范园区	2013																			
4. 安徽贵池工业园区	2014	175	17	138	49		1	18	13	52	19	12015	5436	9716	8723	6412	865	329	268	23456
安徽贵池工业园区	2013	156	15	125	41		1	17	12	50	17	11856	5678	9013	8126	5963	803	306	249	21268
5. 安徽贵池前江工业园区	2014	45	1	28	16		1	1	3	7	1	11800	5303	5910	4750	4012	710	205	50	23640
安徽贵池前江工业园区	2013	39		28	15				3	5		11197	4900	4796	3564	3094	677	195	45	16786
6. 安徽池州大渡口经济开发区	2014	526	5	178	43	4	3	13	2	14	2	40102	29282	32009	6926	4018	1515	523	307	76822
安徽池州大渡口经济开发区	2013	461	5	163	36	4	1	11	2	14	2	40084	29271	31116	5804	3519	1210	548	322	68678
7. 安徽东至香隅化工产业园区	2014	300	32	139	59		7	27	1	15	12	8752	7998	11182	9025	8011	2406	674	562	43497
安徽东至香隅化工产业园区	2013	441	28	136	51		1	26	1	15	12	8583	7876	9933	8528	7103	2015	622	503	34467
8. 安徽青阳经济开发区	2014	658	11	521	104	6	11	29	82	223	65	17179	11053	16963	15767	12291	8041	4257	3672	52585
安徽青阳经济开发区	2013	554	13	468	88	6	7	27	68	178	55	15093	9624	14806	13622	10352	6070	2517	2221	38495.6

附：2015年池州市开发园区主要经济指标表

开发区		一、开发区占地面积	二、开发区已建成面积	其中：工业用地面积	其中:当年新增工业用地面积	三、全区经营（销售）收入	其中：规模以上工业销售收入	资质以内建筑业经营收入	房地产业经营收入	规模以上服务业企业销售（经营）收入	其中：主导产业经营(销售)收入	其中：主导产业一	主导产业二	主导产业三	四、工业总产值	其中：规模以上工业总产值
池州	2015	352.75	68.71	40.85	5.02	7346339.9	5634789	247870	156682	177037.5	5286721	3616385.1	1203485.4	466850.5	6469949.2	5701201
	2014	338.53	56.64	35.89	7.66	6587552.4	4989032	231088	179841.8	167257	4579064	3000849	1169795	408420	5767129	5067902
1. 池州经济技术开发区	2015	63	6.53	4.54	0.47	2065081	1093141	183002	123296	95960	976022	747013	180437	48572	1189267	1070340
池州经济技术开发区	2014	50	6.03	4.07	0.4	1912866	1001025	169279	129118	90240	895701	716556	135609	43536	1087776	978998
2. 安徽省江南产业集中区	2015	200	20	8	1	94588	71402	588	3072		51820	30771	13820	7229	90252	71809
安徽省江南产业集中区	2014	200	12	7	5.17	58841	38714	822	16051		21982	14819	7163		43726	39115
3. 池州承接产业转移集中示范园区	2015															
池州承接产业转移集中示范园区	2014															
4. 安徽贵池工业园区	2015	40.3	15	8	0.5	601258	544238		14826	8335	366958	158346	134536	74076	568652	549856
安徽贵池工业园区	2014	40.3	14.5	7.5	0.5	562123	508372		15236	7725	342999	147623	125423	69953	531421	513782
5. 安徽贵池前江工业园区	2015	11.52	8.6	6.7	2.26	1139868	1116054			7925	1114799	1064656	42218	7925	1146103	1146103
安徽贵池前江工业园区	2014	10.3	6.4	4.44	0.43	989690	953327			12838	936526	729710	187325	19491	1007406	1007406
6. 安徽池州大渡口经济开发区	2015	15	2.36	2.14	0.25	524874.6	412573	35168	10839	4563	441577	231012.5	175396.5	35168	456539	397081
安徽池州大渡口经济开发区	2014	15	2.11	1.89	0.26	469476.4	369833	36456	12073.6	4628	393241	192863	163922	36456	411738	360144
7. 安徽东至香隅化工产业园区	2015	6.71	2.39	1.79	0.18	1304561.3	1124156		2016	37887.5	1121036	882547.6	160183.9	78304.5	1448232.2	1163418
安徽东至香隅化工产业园区	2014	6.71	2.27	1.67	0.17	1159610	1011218		3731.2	32083	1008861	791275	159660	57926	1291911	1035129
8. 安徽青阳经济开发区	2015	16.22	13.83	9.68	0.36	1616109	1273225	29112	2633	22367	1214509	502039	496894	215576	1570904	1302594
安徽青阳经济开发区	2014	16.22	13.33	9.32	0.73	1434946	1106543	24531	3632	19743	979754	408003	390693	181058	1393151	1133328

续表

开发区		其中：高新技术产业产值	五、第二产业增加值	其中：工业增加值	其中：规模以上工业增加值	六、第三产业增加值	其中：现代服务业增加值	七、进出口总额	出口额	进口额	1. 税收总额	2. 财政收入	其中：土地收入	九、固定资产投资总额	其中：工业投资	基础设施投资
池州	2015	2664915	1868085.4	1657419.4	1464274	239373.6	161442.5	49792	19251	30541	324607.1	429515.7	50513	3946308	2844609	689748
	2014	1914846	1673744	1484819	1313987	229627	156274.5	41521	26267	15254	325080.3	442545.7	62507	3805844	2718305	662756
1. 池州经济技术开发区	2015	633034	472842	350724	316782	125384	82566	14524	2861	11663	100899	159361	9692	897070	567823	152908
池州经济技术开发区	2014	575928	435600	321801	289621	116000	76560	13732	3915	9817	95885	148951	13938	793881	507290	150837
2. 安徽省江南产业集中区	2015	44736	24093	23917	19029	2150	2150	564	564		27654	44769	8585	700839	475613	181125
安徽省江南产业集中区	2014	20982	12052	.11806	10452	11235	11235	499	449	50	25696	63634	22927	717789	458137	214862
3. 池州承接产业转移集中示范园区	2015															
池州承接产业转移集中示范园区	2014															
4. 安徽贵池工业园区	2015	295586	149076	144456	139156	23168	718	7634	7589	45	43595	48475	4880	599026	475686	50214
安徽贵池工业园区	2014	273452	139286	134886	129925	21121	654	10441	10366	75	41460	48420	6960	597203	465336	55023
5. 安徽贵池前江工业园区	2015	478410	286526	286526	286526	350		12104		12104	46141	45552		391448	290764	100684
安徽贵池前江工业园区	2014	24037	251852	251852	251852	540		154		154	52730	52730		438523	348407	90116
6. 安徽池州大渡口经济开发区	2015	63005	142895	101724	95555	7413	3806.5	8379	1663	6716	24171.1	27789		349729	270391	12089
安徽池州大渡口经济开发区	2014	56042	122533	90866	88131	6649	3324.5	8324	3328	4996	24610.3	27347.5		363238	227082	18625
7. 安徽东至香隅化工产业园区	2015	769968	398042.4	355461.4	279965	3361.6	1780	3510	3497	13	35793	42010.7		400902	337330	13470
安徽东至香隅化工产业园区	2014	638980	355078	316265	253307	2827		3507	3435	72	39564	42839.2		367965	316005	11820
8. 安徽青阳经济开发区	2015	380176	394611	394611	327261	77547	70422	3077	3077		46354	61559	27356	607294	427002	179258
安徽青阳经济开发区	2014	325425	357343	357343	290699	71255	64501	4864	4774	90	45135	58624	18682	527245	396048	121473

续表

开发区		其中：财政投入	银行贷款	1. 新批进区外商投资企业	3. 当年实际利用外商直接投资额	1. 当年新批进区省外境内项目	2. 在建省外境内投资项目个数	其中：亿元以上省外境内投资项目个数	3. 在建省外境内投资项目总投资额	其中：亿元以上省外境内投资项目投资总额	4. 当年实际利用省外境内资金额	其中：亿元以上项目到位省外境内资金额	1. 专利申请量	2. 专利授权量
池州	2015	219567	333279	8	27687	230	282	187	9889638	7662280	2911325	2349474	2477	1303
	2014	257353	252187	9	26378	263	274	168	12469996	10476871	2972606	2303424	2136	1145
1. 池州经济技术开发区	2015	32000	55500	1	8454	31	62	43	1501874	1354400	567120	541400	357	218
池州经济技术开发区	2014	29268	54000		7260	30	55	34	1400100	1136900	540278	421650	263	146
2. 安徽省江南产业集中区	2015	21050	160075	1	3800	21	82	72	3240263	2855263	847050	801525	108	47
安徽省江南产业集中区	2014	96687	118175	5	3150	63	88	67	5753610	5709000	884860	840250	50	14
3. 池州承接产业转移集中示范园区	2015													
池州承接产业转移集中示范园区	2014													
4. 安徽贵池工业园区	2015	10000	15000	3	2011	36	44	21	1002563	892569	476784	394568	618	309
安徽贵池工业园区	2014	11200	14000	3	2989	35	42	19	984563	878572	472563	390711	612	305
5. 安徽贵池前江工业园区	2015	50000	40000		3020	7	6	5	322648	315648	129871	125771	5	6
安徽贵池前江工业园区	2014	40000	25000		3577	4	6	6	950599	950599	260043	220043	4	5
6. 安徽池州大渡口经济开发区	2015			1	1250	27	21	10	276810	187500	172580	116800	223	74
安徽池州大渡口经济开发区	2014				1183	26	19	9	253000	157100	167532	108100	202	109
7. 安徽东至香隅化工产业园区	2015			1	1300	32	25	15	1627000	1357100	263000	182900	492	217
安徽东至香隅化工产业园区	2014				1040	30	24	13	1310524	977100	251900	164500	374	141
8. 安徽青阳经济开发区	2015	106517	62704	1	7852	76	42	21	1918480	699800	454920	186510	674	432
安徽青阳经济开发区	2014	80198	41012	1	7179	75	40	20	1817600	667600	395430	158170	631	425

附：2015年池州市开发园区基本情况表

开发区		一、开发区入区企业个数	其中：高新技术企业个数	其中：工业企业个数	其中：规模以上工业企业个数	其中：资质以内建筑业企业个数	其中：规模以上服务业企业个数	其中：出口型企业个数	其中：上海来皖投资企业个数	其中：浙江来皖投资企业个数	其中：江苏来皖投资企业个数	四、全区总人口	其中：农业人口	五、全区从业人员	其中：工业企业从业人员	其中：规模以上工业企业从业人员	其中：具有大专以上学历人员	其中：具有高、中级职称人员	其中：研究与试验发展(R&D)人员	六、全区从业人员工资总额
池州	2015	2863	91	1477	384	25	37	130	132	447	189	158900	115420	109327	60129	46040	16627	7315	5950	392062
	2014	2598	84	1317	345	25	35	118	123	405	168	154706	111674	103186	55295	42751	15251	6688	5332	359586
1. 池州经济技术开发区	2015	657	18	237	65	16	13	31	13	80	52	9184	3853	19582	8879	8009	1297	571	394	70422
池州经济技术开发区	2014	603	18	219	62	14	12	29	9	76	46	8867	3869	18051	8316	7484	1289	564	391	64604
2. 安徽省江南产业集中区	2015	355	1	145	12	1		3	10	20	20	56052	48652	9422	2852	735	465	140	96	39220
安徽省江南产业集中区	2014	291		94	12	1		1	13	18	23	55991	48733	9355	1788	523	425	136	82	39112
3. 池州承接产业转移集中示范园区	2015																			
池州承接产业转移集中示范园区	2014																			
4. 安徽贵池工业园区	2015	188	20	150	60		2	20	16	58	21	12758	5316	9952	8968	6789	925	378	293	39759
安徽贵池工业园区	2014	175	17	138	49		1	18	13	52	19	12015	5436	9716	8723	6412	865	329	268	36920
5. 安徽贵池前江工业园区	2015	58	1	32	17		1	1	3	9	3	12100	7865	5990	5220	4959	690	210	55	26100
安徽贵池前江工业园区	2014	45	1	28	16		1	1	3	7	1	11800	5303	5910	4750	4012	710	205	50	23640
6. 安徽池州大渡口经济开发区	2015	552	5	189	50	4	4	15	2	15	3	40303	29458	33930	7480	4202	1606	533	315	108576
安徽池州大渡口经济开发区	2014	526	5	178	43	4	3	13	2	14	2	40102	29282	32009	6926	4018	1515	523	307	99228
7. 安徽东至香隅化工产业园区	2015	336	35	150	65		7	29	2	18	15	9675	8038	12188	9928	8241	2695	735	596	50457
安徽东至香隅化工产业园区	2014	300	32	139	59		7	27	1	15	12	8752	7998	11182	9025	8011	2406	674	562	43497
8. 安徽青阳经济开发区	2015	717	11	574	115	4	10	31	86	247	75	18828	12238	18263	16802	13105	8949	4748	4201	57528
安徽青阳经济开发区	2014	658	11	521	104	6	11	29	82	223	65	17179	11053	16963	15767	12291	8041	4257	3672	52585

安庆市

安庆市开发区发展报告

安庆市2016年大项目招商引资政策导则

第一章　总则

第一条　为规范我市大项目招商引资工作，进一步明确招商引资大项目在规划、土地、地方支持等方面的具体内容，根据《中华人民共和国城乡规划法》《中华人民共和国土地管理法》《中华人民共和国促进科技成果转化法》等有关法律法规和规章，制定本导则。

第二条　本导则适用于我市2016年新引进符合国家产业政策的外来投资工业、现代服务业、现代农业、科技成果转化和直接利用外资大项目。

第三条　本导则所称工业大项目是指：

（一）新引进并当年开工的投资总额在10亿元以上的单个工业项目。

（二）新引进并当年开工的投资总额在5亿元以上的新能源汽车、高端装备制造、化工新材料、新一代信息技术等战略性新兴产业项目。

（三）重点围绕园区规划的主导产业，新引进并当年开工的多个产业链上配套项目，投资总额合计达10亿元以上的。

（四）新引进入驻标准化厂房的多个项目，投资总额合计达10亿元以上的。

（五）开发建设都市产业园、标准化厂房项目，面积不低于20万平方米的。

第四条　本导则所称现代服务业大项目分为生产性服务业和生活性服务业两大类。

（一）生产性现代服务业大项目主要包括符合以下条件的现代物流、金融、总部经济、服务外包、电子商务、科技服务等项目。

现代物流业——新引进投资总额3亿元以上，主要以建设物流信息中心和交易平台、连锁配送中心、仓储基地、物流园区和物流中心等内容的物流项目。

金融业——营运资本5亿元以上，或者注册资本金2亿元以上的银行、证券、保险、风险投资公司、基金公司、融资担保公司、小额贷款公司等金融机构以及投资总额5亿元以上的后台服务中心等。

总部经济——世界500强、商务部认定或备案的跨国公司、中国企业500强或中国民营企业500强及省内100强大企业（总部在安庆除外）、中央企业在安庆注册成立具有独立法人资格的企业总部、地区总部或功能性总部，如采购中心、销售中心，其母公司资产不少于50亿元（房地产业除外）。

服务外包——由国内外知名企业在安庆投资建设投资总额在5000万元以上的呼叫中心、共享服务中心、离岸交付中心等项目。

电子商务——由国内外知名企业在安庆投资建设投资总额在5000万元以上的电子商务交易平台和支付平台等项目。

科技创新平台——新引进产业技术实体研究院，新引进省级以上或在国内外同行业中处于领先水平的工程技术中心、工程技术研究中心、企业技术中心、重点实验室、检测检验中心、创新咨询中心、军转民研发机构、大型企业或上市公司研发总部等科技创新平台。

（二）生活性服务业大项目主要包括符合以下条件的四星级及以上酒店、大型城市综合体、特色街区、文化旅游、健康养老等项目。

四星级及以上酒店——投资总额3亿元以上，其建筑、装饰、设施设备及管理、服务水平达到国家规定的四星级及以上标准的酒店。

大型城市综合体——投资总额20亿元以上，将城市中的商业、办公、居住、酒店、展览、餐饮、会议、文化娱乐和交通等城市生活空间的三项及以上功能进行组合，并在各部分间建立一种相互依存、相互助益关系的多功能、高效率的综合体。总建筑面积一般应达到20万平方米以上，其中商业建设面积不低于8万平方米，自持商业面积比例不低于30%。

特色街区——在商品结构、经营方式、管理模式等方面具有一定专业特色的商业街。如餐饮美食、酒吧休闲、电子用品、服饰等特色商业街区，建筑面积2万平方米以上，投资企业自持物业不低于50%，同业态的企业占50%以上。

旅游——由国内外知名企业投资开发，投资总额不低于5亿元（不含房地产部分），集中成片开发的大型主题公园、文化旅游综合体、旅游休闲度假区等项目。

健康养老——投资总额在1亿元以上的居家社区养老服务项目、大众化集中养老项目、医养融合服务项目、养老综合服务项目、旅居养老项目、信息化智能化养老项目、养老关联服务和产品等项目。

第五条 本导则所称科技成果转化大项目是指：新引进并当年开工的实际到位资金3000万元以上，核心知识产权权属明晰，符合我市产业转型升级的科技成果转化项目。

第六条 本导则所称的现代农业大项目是指：

（一）新引进总投资1亿元以上，其中固定资产投资总额3000万元以上的现代养殖业、特色种植业和林木花卉业等项目。

（二）新引进知名农业企业在安庆设立的注册资本在1亿元以上的公司总部、固定资产投资总额4000万元以上的生产基地及研发中心等项目。

第七条 本导则所称的直接利用外资大项目是指：

（一）新引进并当年开工的投资总额在3000万美元以上，且合同外资在1000万美元以上的单个工业项目；或租赁厂房投资总额在1000万美元以上，且合同外资在500万美元以上的单个工业项目。

（二）新引进并当年开工的投资总额在2000万美元以上，且合同外资在800万美元以上的战略性新兴产业、现代服务业项目；新引进并当年开工的投资总额1000万美元，且合同外资在300万美元以上的现代农业项目。

第八条 当年下半年新引进并在次年上半年开工的项目，可作为第二年引进项目。

第二章　土地分则

第九条 工业大项目

（一）安庆经开区和安庆高新区单个工业项目固定资产投资额低于1亿元、区管省级开发园区单个工业项目固定资产投资额低于6000万元的项目，原则上不单独安排供地。鼓励企业通过租赁、购买标准化厂房等途径解决生产经营场所。

（二）用地规模预审。在招商引资意向阶段，国土部门应提前介入。按照节约集约用地原则，结合产业政策、投资规模等情况，开展用地规模预审。由安庆经开区、安庆高新区和各区填写《安庆市工业项目用地预审单》报市国土资源局审查，采取1+9（市国土资源局和市发展改革委、市城乡规划局、市经济和信息化委、市环保局、市国税局、市地税局、市工商质监局、安庆供电公司、安庆供水集团公司共10个单位在市政务服务中心窗口）并联审批、集体决策后，方可签订《入园入区协议》。用地规模预审作为项目用地（计划）安排的依据，同时，根据项目建设时序一次规划，分期安排。

（三）投资强度和税收。国家级、市管省级、区管省级开发区新建项目投资强度一般分别不低于300万元/亩、200万元/亩、150万元/亩，或预期亩均税收（不含土地使用税）不少于30万元/年、20万元/年、10万元/年。

（四）《入园入区协议》应载明：政府及相关部门的责任（明确各项审批时限、净地交付时间等）；在明确开、竣工保证金的基础上，建立亩均税收和合同文本双向约束承诺机制，税收承诺列入土地出让合同附加条款。

（五）土地出让。按不低于所在级别基准地价出让，如遇国家政策调整，按国家规定执行。

（六）开竣工时限。自签订出让合同之日起3个月内实质性开工建设。投资总额5亿元至8亿元的项目在两年内竣工；投资总额8亿元至10亿元的项目在两年半内竣工；投资总额10亿元以上的项目在三年内竣工；投资总额5000万美元以下的项目在一年半内竣工。出让合同中应有未按约定时限开工建设和未按时限竣工的违约追责条款。

第十条　现代服务业大项目

（一）在招商引资洽谈阶段，意向单位应提供规划预方案，明确各类业态、税收、就业、产权持有比例及建设周期、投资规模、投入产出比等，由各行业主管部门对具体业态进行审查把关。由市财政部门对投入产出比例进行分析，由市规划部门对项目规划选址、方案进行审查把关，由市国土部门对项目建设内容、用地类型、用地性质等进行审查把关，一并提交市政府审议决定。

（二）各区政府、安庆经开区管委会和安庆高新区管委会、市土地收购储备中心将土地整理成净地，由国土部门发布土地出让信息预公告，统一对外招商。

（三）市国土资源局应依据规划设计条件、规划方案、业态等，编制土地出让方案。经成本核算、政策界定和市土委会批准，可采取拍卖转挂牌方式公开出让。

（四）在安庆投资现代服务业大项目应在国内外其他地区已有投资或经营相似业绩的项目（以土地证、建设工程规划许可证、房产证及营业执照为准；物流和市场用地的，须提供固定的服务对象和服务网络）。

（五）开竣工时限。自签订出让合同之日起4个月内实质性开工建设。建筑面积不大于10万平方米的，在一年半内竣工（结构封顶）；建筑面积在10万至20万平方米（含20万平方米）的，在两年半内竣工；建筑面积在20至50万平方米（含50万平方米）的，三年内竣工；建筑面积大于50万平方米的，三年半内竣工。

超高层建筑自基坑开挖、桩基施工，直至主体结构封顶的施工周期一般为2至3年。自竣工之日起一年内开业或投入使用面积不少于总建筑面积的50%。出让合同中应有未按约定时限开工建设和未达到建设要求的违约责任追究条款。

（六）大型企业工业设计和研发、总部经济等生产性服务业项目，建成后产权不对外出售和出租的，可比照第九条工业大项目政策执行。

（七）土地价格。根据差别化地价政策由行业主管部门出具相关证明文件后，按政策分类评估，综合评定。

（八）商业自持。商业自持部分不予发放预售及销售许可证。对城市综合体中的商业、办公、住宅在整体规划的同时要分类提出规划设计条件，明确地下空间开发具体要求。

第十一条　现代农业大项目

合理控制附属设施和配套设施用地规模。进行工厂化作物栽培的，附属设施用地规模原则上控制在项目用地规模5%以内，但最多不超过10亩；规模化畜禽养殖的附属设施用地规模原则上控制在项目用地规模7%以内（其中，规模化养牛、养羊的附属设施用地规模比例控制在10%以内），但最多不超过15亩；水产养殖的附属设施用地规模原则上控制在项目用地规模7%以内，但最多不超过10亩。从事规模化粮食生产种植面积500亩以内的，配套设施用地控制在3亩以内；超过上述种植面积规模的，配套设施用地可适当扩大，但最多不得超过10亩。

第十二条　土地出让起始价、保留底价由市土委会集体决策确定。

第三章　规划分则

第十三条　工业大项目

（一）应以建设生产加工产品形成有效产出

和税收的建筑为主；研发中心项目应有省部级以上主管部门的认证或批复。

（二）项目用地范围内行政办公、研发和生活服务设施用地面积不超过总用地面积的7%。

（三）新建工业项目建筑容积率＞1.0，国家级开发区、市管省级开发区容积率＞1.2；层数应按多层建设。因石油化工等生产工艺特殊要求容积率低于1.0或建设单层厂房的，报请市土委会和市规委会研究后，由市政府批准。

（四）建筑间距以满足《安庆市城市规划管理技术规定》和消防安全、环境保护要求为基准。大于规定标准要求的，需做出说明。建筑系数（项目用地范围内各种建、构筑物及堆场占地面积总和占总用地面积的比例）≥40%，其中堆场占地需作出特殊说明。

（五）绿地率不大于10%；超过10%的，应作出说明。

（六）建筑物退让城市道路红线不小于5米，围墙退让城市道路红线不小于3米。沿城市主干道有特殊要求的，在规划设计条件中另行约定。

（七）应利用退让道路间距部分安排停车位。机动车停车位指标：单层工业厂房不低于0.1车位/100平方米建筑面积，多、高层工业厂房不低于0.2车位/100平方米建筑面积，工业类办公、研发中心不低于0.5车位/100平方米建筑面积。非机动车停车位指标：单、多、高层工业厂房不低于1.0车位/100平方米建筑面积，工业类办公、研发中心为1.5车位/100平方米建筑面积。物流项目需增加停车位的，应作说明。

第十四条 都市产业园、标准化厂房项目

（一）选址原则。原则上依托工业园区实行产业集聚化、差异化集中选址安排。若利用“三项清理”的闲置工业用地建设标准化厂房项目，用地规模应不少于30亩。

（二）容积率、建筑密度。标准化厂房项目容积率原则上不低于2.0，因园区产业定位发展需要低于2.0的，须报请市规委会审议后，由市政府批准。标准化厂房建设应适当提高配套车位要求，鼓励开发地下空间。标准化厂房的建筑密度应大于35%。

（三）配套服务设施。标准化厂房项目应按多、高层建设，所需的行政办公、研发和生活服务设施用地面积不超过项目总用地面积的7%，计容建筑面积不得超过总计容建筑面积的10%。禁止在项目用地范围内建设成套住宅（公共租赁住房除外）、专家楼、宾馆、招待所和培训中心等非生产性配套设施。

（四）沿城市道路不得设置燃煤锅炉房、厨房间、污水池等有碍城市景观和市容卫生的附属设施。确需修建围墙的，应采用透空式，鼓励采用绿篱，总高度不超过2.0米。

（五）建筑单体的风格、色彩、体量、景观应与周边环境协调统一。

第十五条 现代服务业项目

（一）城市综合体

1.容积率原则上不低于3.0；建筑密度不宜大于60%；建筑间距以消防间距、日照间距等为参考值。鼓励利用地下空间，地下空间建筑部分暂不计容积率。

2.建筑退让城市道路红线距离。建筑高度24米及以内的建筑物：退让红线宽度40米及以下的道路不小于10米,退让红线宽度40米以上的道路不小于20米；建筑高度24米以上、60米及以内的建筑物：退让红线宽度25米以下的道路不小于10米，退让红线宽度25米及以上、40米及以下的道路不小于15米，退让红线宽度40米以上的道路不小于20米；建筑高度60米以上的建筑物：退让25米以下的道路不小于15米，退让红线宽度25米及以上、40米及以下的道路不小于20米，退让红线宽度40米以上的道路不小于30米。退让独秀大街道路红线一律20米，退让振风大道道路红线一律30米，建筑退让道路红线最小距离要求最终以市规委会审定通过标准为准。

3.机动车停车位标准。商务办公：0.8车位/100平方米。商业零售、超市：1.0车位/100平方米；普通住宅（含公寓）：1.0车位/户；低密度住宅1.5车位/户。

4.立面要求。应注重建筑群体空间关系的设计，天际轮廓线应富于变化；高层建筑主体在沿街时应落地设计。

5.沿城市主干道不宜布置居住建筑。确需布置的，沿街住宅（公寓）立面必须采取公建化处

理，沿街立面不得设置阳台或阳台必须进行封闭处理。封闭的阳台,其建筑面积的一半计入总建筑面积及容积率。建筑外墙所有空调机位应与建筑立面统一设计或设置遮蔽措施。沿城市主干道建筑应有亮化工程。

6.建筑节能设计要符合国家现行有关节能规范要求，并充分考虑可持续生态能源利用。

（二）四星级及以上酒店

1.容积率原则上不应低于2.5（花园式酒店除外）。

2.机动车停车位（库）宜采用地上、地下或多层车库形式，其标准不应小于0.5辆/客房；建筑退让等要满足现行《安庆市城市规划管理技术规定》要求。

（三）特色街区

1.可为步行街区或非步行街区及地上或地下等形式。其中步行街区长度宜为300～500米，宽度宜为20～25米，沿街建筑以不大于3层为主。

2.非步行特色街区容积率不小于2.5，机动车停车位（库）宜采用地面地下相结合的形式，其标准为0.8辆/100平方米；建筑退让等应满足现行《安庆市城市规划管理技术规定》要求。

（四）总部经济

总部经济比照本条城市综合体项目政策执行。

第十六条 意向投资单位可先做概念性规划方案，供招商地块出让规划设计条件参考；规划方案应满足相邻地块和自身日照规范要求以及建筑设计防火规范要求；其他内容应符合安庆市城市规划管理的相关规范、准则。

第四章 财税分则

第十七条 工业、现代服务业、现代农业、科技成果转化和直接利用外资大项目招商要进行项目投入产出分析。安庆经开区、安庆高新区和各区要对项目进行10年税收收益分析，在此基础上进行投入产出分析，以利益最大化为原则，与项目投资方进行项目谈判。

在项目投入产出分析的基础上，确定企业支持方式和支持政策，支持政策兑现遵循现行财政体制，由各级财政分级负担。

第十八条 工业大项目

（一）2年内投产的新建工业大项目，通过组合方式（产业发展引导基金支持、固定资产投资补助、融资租赁、厂房代建、贷款贴息、重大技术评估奖励、技术团队奖励、研发经费补助、基础设施配套及生产要素供应、提供非生产性设施使用、员工招工及培训补贴等）给予支持，具体支持方式和支持政策“一事一议”。

（二）新建工业项目自竣工之日起经过3个月的试产期即视为达产，按合同约定目标依法缴纳税收。缴纳的税收是指经营者主营业务实际产生的税收，不包括政府奖励、股权转让等缴纳的税款和税务查补税款、税收罚款等。

（三）合同中应有未按约定缴纳税收的违约追责条款。

（四）都市产业园、标准化厂房建设

都市产业园及标准化厂房建设项目在企业取得土地所有权后，按照土地出让面积，给予每平方米13元补助，采取先预拨方式，待厂房投入使用后，全额转作补助。

第十九条 现代服务业大项目

（一）现代物流大项目、四星级及以上酒店、大型城市综合体大项目。

1.项目办理建设工程施工许可后，按照项目的规划建筑面积给予每平方米3 5元补助，采取先预拨方式，待项目投入运行后全额转作补助（其中新投资建设的四星级及以上酒店，建成后产权不分割出售）。

2.自开业经营之日起，最高可按3年内企业对地方经济发展贡献程度给予相应的奖励。

（二）电子商务及服务外包大项目

1.对新引进的电子商务大项目和服务外包大项目，在建成投入运营后，按照企业设备、厂房等固定资产投资总额的3%给予一次性资金补助（最高不超过100万元）。

2.对投资规模过亿元建设电商产业园（智慧产业园），在企业取得土地所有权后，按照不超过项目实际投资额（土地款除外）的3%给予一次性资金补助。

（三）特色街区、主题产业园区

项目办理建设工程施工许可后，按照项目的规划建筑面积给予每平方米3 5元补助，采取先预拨方式，待项目投入运行后，全额转作补助。

（四）文化旅游大项目和健康养老大项目支持方式和支持政策实行“一事一议”。

（五）金融业大项目及总部经济大项目，通过组合方式（开办补助、新建或购置办公用房补助、租用办公用房补助、高层次管理和技术人才补助及奖励、对地方经济发展贡献奖励等）给予支持，具体支持方式和支持政策“一事一议”。

第二十条 现代农业大项目、科技创新平台及科技成果转化大项目和直接利用外资大项目支持方式和支持政策实行“一事一议”。

第五章 项目跟踪督查

第二十一条 凡当年签约、当年开工和在建（续建）以及投产的投资总额亿元以上内资项目和合同外资500万美元以上外资项目，均纳入市政府跟踪督查范围。

第二十二条 招商引资重大项目跟踪督查涉及的责任和配合单位，主要是市监察局、市发展改革委、市经济和信息化委、市国土资源局、市商务局、市农委、市财政局、市审计局、市国税局、市地税局、市住房城乡建设委、市法制办和市招商局等单位。由市政府根据需要确定参加督查单位。

第二十三条 强化招商引资重大项目分级跟踪负责制，由市招商引资工作协调小组统一协调推进。市招商局负责建立招商引资亿元以上项目库。外资项目由市商务局、工业项目由市经济和信息化委、非工业项目由市国土资源局负责跟踪推进。

第二十四条 定期开展跟踪督查活动。市监察局负责牵头，每两个月进行一次已签约项目督查。

第二十五条 跟踪督查主要看“五率”：即项目履约率、开工率、到资率、投产率、财税贡献率。签约项目看合同是否按时履约；开工项目看自签订土地出让合同（协议）后，工业项目是否在3个月内、服务业项目是否在4个月内开工建设；在建（续建）项目看现场形象进度，是否按合同约定的时间节点推进；投产项目看是否按合同约定进行试产、达产，以及土地投资强度、亩均税收是否达到约定要求；同时看项目承接地政府是否及时兑现合同约定内容，如项目供地、优惠政策、服务帮办等事项。

第二十六条 实行招商引资项目责任单位和责任人制度。项目所在县（市、区）、安庆经开区、安庆高新区均应指定相关领导为项目责任人。市政府及相关部门组织对项目跟踪督查时，项目责任单位和项目责任人负责召集相关人员，提供项目资料及相关凭证，保证督查活动顺畅、高效。

第二十七条 每月市政府领导主持召开招商引资调度会，各县（市、区）、安庆经开区、安庆高新区管委会负责人及市直有关部门负责人和招商引资协调小组成员参加，督促、指导各县（市、区）和市直有关部门，切实解决困难和问题，提高招商工作实效。

第二十八条 加强招商引资重大项目通报。每月对当年新引进和在建亿元以上项目实际到资情况进行通报；对项目责任单位推进重大项目工作情况及时通报。

第六章 政策审定和服务

第二十九条 各县（市）区、安庆经开区、安庆高新区与外来投资者商谈大项目投资优惠政策时，涉及需要市级政策支持的，须报市政府审定。各地不得擅自承诺涉及市级优惠政策，不得与投资者签订涉及市级优惠政策的项目合作协议。

第三十条 市政府成立招商引资项目政策审定小组，组长由市政府常务副市长担任，副组长由协助分管招商的副市长及市人大、市政协联系招商的副主任、副主席担任，邀请有关专家担任顾问，成员由市发展改革委、市经济和信息化委、市国土资源局、市财政局、市审计局、市法制办、市招商局和行业主管部门等负责同志组成。招商引资项目政策审定小组成员相对固定，并可根据项目需要相应增加，具体工作由组长牵头，市招商局会同市经济和信息化委、市国土资源局、市商务局、市财政局承办。

第三十一条 招商引资项目政策审定小组对安庆经开区、安庆高新区和各区报请市政府审定的招商引资项目及协议文本，应及时组织审议，提出政策支持意见。市法制办应及时对审议意见和协议文本进行合法性审查，必要时可邀请市政府法律顾问参加，并出具法律意见书。政策审定工作结束后，行业主管部门要填写《安庆市招商引资项目政策审定表》，经单位有关负责人签字并加盖单位印章后报市政府审定。

第三十二条 各县（市、区）、安庆经开区、安庆高新区根据市政府审定的项目政策意见，及时与外来投资者商定项目合作具体事项，按照《安庆市重大招商引资项目合同示范文本》要求，签订正式合作协议，并重点约定产值（主营业务收入）和税收指标，并于7日内报市招商引资项目政策审定小组备案。合作协议应明确违约追责条款。

第三十三条 凡经过市土委会用地预审的项目，可同步开展编制征地方案、地质勘探、规划设计、单体建筑设计、引水、引电、环境影响评价、人防等开工前期准备工作。相关部门应及时提出办理各项审批手续指导意见，并确定项目服务责任人。

第七章　附则

第三十四条 各县（市）、区和安庆经开区、安庆高新区新引进本导则未涉及的重大项目或新型业态项目，可视项目规模及贡献大小，报市政府另行研究，实行“一事一议”。

第三十五条 本导则主要适用于宜城板块，各县（市）可比照本导则执行。对招商引资中企业、单位已享受过本导则优惠政策后，不再重复享受市政府相关产业政策等其他奖补政策。

第三十六条 本导则有效期为2016年1月1日至2016年12月31日。有效期内如遇国家法律政策调整，按照调整后的国家法律政策执行。

安庆市开发区重点介绍

【安庆经济技术开发区】 安庆经开区始建于1992年8月，1993年4月批准为省级开发区，2010年3月升级为国家级开发区。总规划建设面积55平方公里，建成区15平方公里。经过20多年的发展，安庆经开区初步形成了汽车零部件、船舶和机械装备制造、数控自动化制造、生物医药、现代服务业等主导产业，入驻工业企业400多家，其中规上企业89家，高新技术企业35家，美国FM、Caterpillar,日本TPR、ART，德国Scherdel，富士康科技、软银赛富、中国航天工业集团、中国船舶工业集团等全球知名企业已在区内投资兴业。区内有全球最大的活塞环制造商ATG、亚洲最大的缸套制造商ATGL、中国最大的叉车转向桥、驱动桥制造商合力车桥厂、中国最大的船用中速柴油机制造商安庆中船等。新建有B型保税物流园区，中远集团万吨级船舶实现江海联运。“十三五”期间，安庆经开区重点开发三期（新城东区），重点建设新能源汽车及汽车零部件、高档数控机床和机器人、海工装备、智能家电、环保设备、集成电路等新型战略产业。

【安徽安庆高新技术产业开发区】

一、基本概况

安庆高新技术产业开发区(以下简称“高新区”)位于安庆市主城之西、长江之北、石门湖两岸，是全国重要的石油化工产业基地、全省三大化工基地之一、安徽省政府与中石化集团公司战略合作园区、安徽省首批14个战略性新兴产业集聚发展基地之一、皖江城市带重要的化工新材料基地、安庆市战略性新兴产业基地，是安庆市自主创新的先行区和示范区。

二、发展历程

2009年1月筹建安庆化学工业区；2010年1月成立安庆承接产业转移集中区；2012年6月，设立安庆化工新材料产业集中区；2013年12月正式更名为安徽安庆高新技术产业开发区。

三、整体规划

总规划用地面积110平方公里，包括凤凰片、山口片区、皖河农场片区、洪镇江镇片区。

凤凰片区:已开发成熟，规划面积11.73平方公里；可使用工业用地4000亩；商业服务业设施用地1600亩。

山口片区:规划建设用地面积15平方公里，着力打造为产城一体的科技新城，现已启动基础及配套设施建设。

皖河片区:规划面积40平方公里；有11公里深水岸线，安庆新港选址位于此，设计总吞吐量7300万吨；现正在编制概念性规划。

洪镇江镇片区：规划面积35平方公里，属远期预留用地，未开发。

四、基础设施及配套

凤凰片道路管网已建好，配套设施如公租房、公共管廊管架、工业品码头、标准化厂房等项目已投用或部分投用；特勤消防站、供电、供水、污水处理、天然气、供热、工业气体、固废等项目已建好或部分建好。

五、发展产业

园区重点发展化工及新材料、装备制造业、生物制药、电子信息、现代服务业5大产业。现已形成化工新材料、精细化工等优势产业集群，拥有安庆石化、曙光集团、泰发能源等一批具有较强创新能力和市场竞争力的骨干企业。

安庆高新区拥有丰富资源、良好区位、便捷交通、低廉成本、充裕人才、优惠政策等优势，将紧抓国家建设长江经济带的重大发展机遇期，建设成为承接海内外产业和资本转移的优良平台。

六、入园企业基本情况

园区现有入园企业33家，已建成14家，在建19家。

规上企业6家：安徽曙光化工股份有限公司、安庆市泰发能源科技有限公司、安庆盈德空分气体有限公司、安庆汇东机械有限公司；安庆卡尔特压缩机有限公司、安庆华诚硫磺有限公司。

高新技术企业4家：安徽曙光化工股份有限公司、安庆卡尔特压缩机有限公司、安徽鼎峰机械科技有限公司、安徽凯峰塑料机械有限公司。

七、主要经济指标运行情况

2016年全区完成固定资产投资305000万元，同比增长34%。其中，工业投资完成247000万元,同比增长32.3%。规模以上工业总产值340481万元，同比增长27.8%；规模以上工业销售产值311685万元，同比增长39.8%；规模以上工业增加值98739万元，同比增长29.5%。实际利用外商直接投资1567万美元。实现税收8877万元，其中地税2020万元，国税6857万元。进出口总额完成10196万美元，同比下降7.3%。

八、重点工作进展

（一）招商引资情况：全年新签约亿元以上项目15个，总投资39.8亿，其中，独立供地项目12个（化工新材料项目8个、医药项目4个）；凤凰科技产业园入住标准化厂房项目3个。

（二）项目落户情况：

1.七个项目开工建设：天齐化工新型建筑材料、瑞泰合成树脂及纳米色浆、金善化工四乙基氢氧化铵、中玺超高分子量聚乙烯、科邦水性涂料、德士印花加油墨、虹泰生物质高分子材料。

2.两个项目竣工投产：曙光煤制氢、丁辛醇项目。

3.十二个项目正在开展前期工作（独立供地），包括化工新材料项目8个；医工医药项目4个。

（三）融资情况：全年融资18.35亿，其中直接融资4.5（非公开发行公司债）。

（四）基础设施及公用工程建设情况：凤凰片收尾工程全面开工；石门湖工业品码头已交工验收，5个泊位已取得港口经营许可证，现已正式运营；管廊带一二期正式投入试运营，三期正在加紧建设。

（五）创新体系建设情况：获批“国家级循环化改造示范园区”，获中央财政9000万元补助。与北京化工大学正式签约，合作共建“1园、2基地、1聚集区”，即：北京化工大学国家大学科技园（安庆）创新创业园；安庆市高新区科技企业孵化器（加速器）基地、安庆市高端人才创新创业示范基地；安庆市高新技术产业研究院聚集区。目前，研究院土建部分已完工，正在内部装修，5个中试项目已确定。国家级高新区申报全面展开。

九、化工新材料产业发展现状

围绕丙烯、LPG、氰化物、乙烯四条产业链，发展深加工，同时向下游延伸。目前，园区共20个化工新材料项目，均为亿元以上独立供地项目，占引进的项目83.3%。从产业项目来看，每条产业链都不长，延伸度不够。

十、以产业发展突出高新

当前，园区发展空间已严重不足，亟待拓展。深入分析比较，山口片开发建设现已具备一定的基础条件。在产业发展方向上，以医工医药产业为主，重点聚集国内外一流的医工医药企业。在编制山口片总体发展规划和产业规划时，强调绿色发展，保留绿水青山，注重产城融合，有序开发。

十一、医工医药产业发展情况

（一）企业引进情况：现已引进4家独立供地医药企业，总投资6亿元。4个医药项目分别是：合肥医工医药集团投资的创新药物产业化项目、安徽千辉药业投资的原物料药及中间体项目、南京奇可药业投资的抗癌靶向药物中间体项目、安徽诺全药业原料药及中间体项目，其中安徽千辉药业为日资企业。

（二）平台建设：正在建设医药孵化器，已签订两个医药研发项目。

（三）市场前景：现引进企业的主要产品为原料药、医药中间体，整体技术含量高，其中合肥医工医药有限公司共有68项新药专利技术，产品前景较好。

（四）发展机遇：近几年以来，中国医药产业的主要经济指标占全国全部工业总额的比重逐步提高，医药产业在国民经济中的比重也不断增加。基于以下3点判断，我们认为，未来我国医药行业将会迎来巨大的市场机遇，迅速发展。一是随着我国经济的迅速发展，国民收入迅速增加，人们生活水平显著提高，对健康的需求不断增加，从而增加了对药品的需求量。二是我国“人口老龄化”程度逐渐增大，增加了老龄人口对卫生保健的需求、对药品的需求。这将将会促使人们药品需求日益增加，扩大我国药品消费市场。三是许多国际、国内药物专利将于2019年到期，仿制药市场极其可观，市场前景广阔。

同时，安庆在化向医转变的过程中有产业基础、有研发人才，只要聚力就一定会有突破。我们正在按照编制一个好规划、引进一个龙头企业、建设一个研发平台、打造一个孵化器、设立一只基金、组建一个团队的思路加快推进。

【安徽安庆长江大桥经济开发区】

一、经济社会发展特点

安庆长江大桥综合经济开发区是2002年7月经省政府批准设立的省级开发区，位于安庆市城市总体规划(2003—2020年)主城区的核心区，南临安庆主城区，北靠省级大龙山风景名胜区，西接安庆经济技术开发区，东邻的安庆政务新区。安庆大桥开发区区位独特，交通发达，毗邻安庆火车站、安庆长江码头、安庆民航机场，处于沪蓉高速、合安高速、沿江高速等交通主干道的交汇区域。规划建设面积11.8平方公里，是以新型工业、现代物流为主导，以商贸、居住为配套综合经济开发区。经过10余年建设发展，已建成区面积约9.35平方公里，引进工业企业 96家，其中规模以上工业企业29家，商贸企业与个体工商户4000余户。2016年1—11月实现全社会固定资产投资32.01亿元，规上工业企业实现产值50.27亿元，财政收入6.8亿元。目前正在大力培育食品加工、电子机械、纺织服装、现代服务等主导产业，产业集聚效应开始显现。

二、开发区主导产业

食品加工类支柱企业有旺旺食品、小龙人糖果、五谷香食品等10家企业，创新与食品添加剂企业有中创工程、中创生物、利欧生物等3家企业，配套有食品包装企业多棱印业、赛尔特锭粉分离机等13家企业，冷链物流有黄梅飘香的福冰冷库，安庆光彩大市场物流配送大市场、加宝食品产业园物流配送等。一批重点支撑项目如加宝食品工业园、智慧产业园、创新产业园、556电子商务园、高端磷脂、香米生产线等也开始进行开工和建设。

机械电子类支柱企业有永安电子、华晶机械、英德利实业集团、玉杉光电等8家企业。

纺织服装类支柱企业有华泰纺织、清怡纺织、安踏工业园等5家企业。

现代服务业以南翔光彩四期、青园农机、钢材大市场、通配建材城、556电子商务园区、安庆汽车后市场为主。

同时，园区生物工程类企业有嘉欣医疗、棵康生物、君义荣成等6家，生物工程新兴业态发展良好。

三、基础设施建设情况

根据开发区道路规划，截至目前，所有道路全部开工建设，其中建成道路8条，在建道路10条。10多年的建设发展，大桥开发区道路建成总长约48.982公里（不含市建道路），建成桥梁7座、涵闸1座。道路交通网分主干道、次干道和支路及区间路四级。主干道系统形成“四横三纵”的网格状分布。大桥开发区已建成、在建、拟建设还建房共计7个还建点，共计建筑面积111.15万平方米。10余年来，大桥开发区在基础设施建设项目上累计完成投资20余亿元，基础设施建设较为配套，可以为大桥开发区的入驻企业提供水、路、电、邮、气、通讯等“八通一平”。

四、2014年发展实绩

2014年，大桥开发区管委会在区委、区政府的坚强领导下，深入学习贯彻党的十八大、十八届三中、四中全会精神，认真开展党的群众路线教育实践活动，积极作为，奋发进取，圆满完成了各项工作任务。大桥开发区荣获了“区目标管理绩效考核先进单位”、“区招商引资先进单位”、“区安全生产先进单位”等荣誉称号。

（一）经济稳步增长，主要经济指标显著上升。全年各项主要经济指标继续保持快速发展的强劲态势，圆满完成年初预期目标。全年规模以上工业企业实现产值48.62亿元，同比增长17.16%，占全区57 %； 固定资产投资完成25.85亿元，同比增长11.61%，占全区33.4%；限额以上商贸企业零售额完成8.59亿元，同比增长20.84%；内资完成31.07亿元，外资完成6426万美元；财政一般预算收入完成6.27亿元，占全年预算的 101.9%，同比增长14.7 %，占全区71.2%。在招商引资方面，全年共洽谈项目15个，签约项目9个，协议引资31.53亿元。按照招大选强的原则，积极引进了如投资10亿旺旺PET生产线及投资亿元以上云存储设备、英德利精密轴承设备、永安电子LED等重点支撑工业项目。落户10亿以上工业项目1个，电子商务重大项目1个，亿元以上工业项目6个，基本完成区委、区政府下达的招商引资任务。旺旺五期PET项目落地建设获市政府引进重大项目1亿元奖励。投资35亿元、占地面积约1000亩的赛富环新汽车零部件产业园项目，年产3万吨香米深加工项目，投资3亿元高端磷脂项目，名品汽车城，柏兆记及麦陇香等老字号食品和中创高端磷脂等6个项目正在积极跟踪洽谈中。2014年完成中信产业园项目退出工作，腾让旺旺五期项目发展空间，“腾笼换鸟”工作加速推进。在项目建设方面，全年新开工建设项目6个，续建项目16个，投产项目3个。推进了旺旺PET生产线、华晶非晶软磁、永安电子LED、七匹狼商业街等重点项目建设进度。嘉欣医疗棉签与化妆棉生产线、加宝实业小龙人糖果生产线等项目已先后投产，556电子商务园开园运营。在企业发展方面，全年新增规上企业5家，限上企业2家。旺旺食品企业税收超亿元。旺旺食品、南翔光彩、金元房地产、新昌小额贷款、山城房地产、润城置业、永安电子、华泰纺织、英德利实业等9家企业获区纳税企业十强称号。中创工程、永安电子、润普纳米、华晶机械等4家企业获区创新创牌先进单位称号。

（二）园区建设有序展开，产城一体初现规模。紧紧围绕保障房建设、征地拆迁、城市文明创建、市政基础设施建设、规划建设等方面，以转型升级为指导，攻坚克难，稳步推进园区建设发展。在保障房建设方面，C-2、C-3保障房完成综合验收、市政配套设施及安置交付工作，目前已完成安置2884户；C-4地块A区公（廉）租房土建工程完成招标，基础工程施工已完成；C-6二期保障房正在建设中；叶祠小学、幼儿园完成建设，配套设施正在施工中。在标准化厂房建设方面，积极推进了加宝实业、三鑫电力、英德利实业、义和科技70万平方米标准化厂房建设，全力推进食品产业园、创新产业园、机械制造产业园、电子商务园等产业发展平台建设，做到企业自建标准化厂房全程常态化跟踪，不定期调度。

全年竣工标准化厂房14万平方米，在建39万平方米。在征地拆迁方面，与大桥街道办事处积极配合，B-10地块二期及C-10文苑世家等地块完成拆迁，均已交地。全年共安排征迁资金近5千万元，完成征地311亩，拆迁面积4.5万平方米，有效推进了征迁进程。在城市文明创建工作方面，积极作为，有序开展了“三线三边”专项整治工作，整治了园区内24条约30公里道路，完成园区内管网清淤22000余米，清理了1200余个窨井，1400余个雨水口；园区内清扫保洁及市容市貌管理工作纳入市区统一管理，实行市场化运作；完成C-2、C-13地块绿化，建设小游园。在市政基础设施建设方面，220KV龙安线架空工程，龙腾路、经十四路等道路自来水管道安装工程，独秀大道北段铁路线以南主车道，胜利路西段改造工程已完成；文苑路铁路线下穿及文苑路桥已完工并通车。朝阳路小学前期土方已开挖，建设工作有序展开。在土地规划建设方面，拟定了2014年大桥开发区供地计划，共涉及9个地块650余亩，全年共组织22宗700余亩批而未供土地的供应；审查并完成了7个项目规划建筑方案、1个项目建筑设计方案和3个公建项目规划设计方案，核发了3个建设用地规划许可证、25份建设工程规划许可证。

五、2015年发展实绩

2015年，围绕打造省级“产城一体化示范区”的目标，按照“在强中寻突破”的总体要求，积极顺应经济发展新常态，积极作为，奋发进取，各项工作取得较大进展。

（一）主要指标逆势上扬，经济发展稳中有进。

经济指标方面：全年固定资产投资预计完成28.15亿元，完成任务比100%；限额以上商贸企业零售额预计完成10.4亿元，完成任务比100%；规模以上工业企业预计实现产值51亿元，内资预计完成26.1亿元，外资完成2681万美元。财政一般预算收入预计完成6.3亿元，占年预算的91.3%，力争与去年持平。规上工业企业超过20余家，限上商贸流通企业23家。今年旺旺食品、光彩投资等企业税收过亿元，永安电子、安鑫体育用品、华泰纺织等企业税收过千万元。

招商引资方面：依托加宝食品工业园、英德利机械制造园、三鑫电力创新产业园、556电商产业园等创业平台，主动加大园中园招商力度。积极开拓新能源电动车、英德利汽车后市场暨大学生创新创业孵化基地、高压空压机及精密铸造、蛋白保健品项目等项目产业链，奠定发展基础。目前，投资2亿元LED直驱灯具生产线项目、投资1亿元的植保微生物菌剂项目等一批重点工业项目顺利签约并建设。

项目建设方面：结合“调结构、转方式、促升级”活动开展，积极落实项目联系人制度，加大项目跟踪力度，做好项目协调服务工作，加快项目建设进度。推进旺旺五期PET生产线、556国际电子商务园、七匹狼商业步行街、智能电网传感器、小龙人糖果、嘉欣纯棉水刺无纺布项目及安踏工业园等15个在建重点项目建设进度。其中，旺旺五期2条PET生产线已进行试生产；智能电网项目主体厂房已封顶，正在进行消防验收；小龙人糖果项目新上的3条生产线已投产；七匹狼商业街C-6、C-7、C-10、C-13地块均在建，部分已竣工；嘉欣全棉水刺无纺布生产线正式生产；安踏工业园内安鑫体育新建厂房基础已完工，泰亚鞋业共有8条线投产。

财税融资方面：积极研究融资政策，在寻求上级政策支持的同时，加强与金融机构对接，寻找新的合作模式和机遇，多管齐下化解债务。目前大桥开发区累计融资9000万元，通过债务置换等方式累计化解债务5.3亿元，其中偿还金融机构贷款2.82亿元、支付保障房建设款1.95亿元，偿还其他债务0.53亿元。当前正按照区政府要求积极向徽商银行、建设银行申报融资项目。积极应对和化解经济下行挑战与压力，始终坚持把组织收入工作摆在首要位置，在房地产和小额贷款公司税源大幅度下滑的严峻形势下，全力保障财政收入稳定增长。全力为企业服务，支持经济发展，积极申报市级工业及服务业激励政策奖励资金，为20余家企业落实奖励资金803万元。加强财务管理，制定《大桥开发区管委会机关财务管理办法》及《大桥开发区预算单位公务卡管理实施细则》，进一步规范各项报批程序，厉行节约，控制车辆、会议、公务接待等费用，努力压减行政运行成本。

园中园建设方面：大力推进食品产业园、创新产业园、机械制造产业园、电子商务园等园中园建设力度，2015年共计建设标准化厂房33万平方米。目前，上海小龙人糖果生产线、LED直驱灯具生产线、牛排生产线、南北快运、一品香食品加工项目、膨化食品生产线、江毛水饺等20多个项目已入驻加宝食品工业园；机械制造产业园已正式开工建设，数控卷板、新能源电动车等项目即将落户；556电商园已有50家企业招商入驻。

规划设计方面：审定了加宝实业公司小龙人项目D9#、D10#厂房建筑修改方案、电网生产基地门卫值班室建筑设计方案、光彩四期规划方案调整暨精品装饰建材城建筑设计方案、国瑞花苑小区南大门与西大门建筑设计方案、旺旺食品有限公司（食堂）规划建筑方案（修改）、汉明伯爵商务大酒店商业综合体规划建筑设计方案、安庆市立医院东院区修改设计方案、书香一品C-11-3地块规划建筑方案、学府花园16、17号楼规划建筑方案、英德利工业园11#-17#标准化厂房修改建筑方案、安徽556电商园区规划暨建筑方案、永安公馆大门修改方案。

（二）园区建设如火如荼，产城一体初现规模。紧紧围绕还迁安置、征地拆迁、城市文明创建、市政基础设施建设等方面，以转型升级为指导，攻坚克难，稳步推进园区建设发展。

还迁安置方面：C-2、C-3完成还建房管理及配套设施建设，小区亮化工程已完工并通过验收；农贸大市场已竣工验收并交付使用；C-4地块A区廉租房楼栋房建工程已完成封顶工作；开展A-15三期还建保障房建设工作，完成规划建筑方案初步审核；完成登记A-15一、二期被抢占的门面房，并进行了宣传和劝搬工作；完成朝阳小学建设的各项前期工作并已施工建设，楼栋基础即将完成；叶祠小学主体及附属工程已全部完工并已交付使用。

征地拆迁方面：以和谐拆迁为原则，与大桥街道办事处积极配合，做细、做深、做透群众工作，取得了可喜的成绩。朝阳路五标段完成征迁扫尾工作；原朝阳胶辊厂拆迁协议已签订，并进行拆除；独秀大道（中山大道—铁路桥）段的苗木征迁已完成；110kV高压改造租地工作已完成，待完善其他手续后即将组织施工；协调解决了C-6鳖池搬迁及独秀大道九塘段水系破坏农田补偿费事宜。

城市文明创建方面，积极响应创建“国家级文明城市”大局，凝聚共识，积极参与。启动文明城市创建及管理方案。不断扩大“三线三边”成果，对高铁沿线进行了综合整治，及时拆除C-2、C-3临时菜市场；对叶祠路、独秀大道、胜利路等路段设置了铁杆围栏，对园区内未硬化的人行道进行清除乱栽乱种；积极做好预防台风暴雨工作；加大宣传教育和执法力度，研究制定方案加强对园区内施工围墙及其他设施的日常管理和养护；加大对违规渣土运输的查处力度；完成C-20地块渣土外运及督促永安公馆活动板房搬迁，开展独秀大道两侧土方的招标及外运工作。

市政基础设施建设方面：完成了中山大道下穿雨水泵站提升工程设计招标工作，即将进场施工；已开工建设朝阳路五标段，将于年底完成主车道基础。完成了白泽路等道路改造的前期工作及招标，即将组织施工。基本完成华阳路等道路改造前期工作，即将进入招投标程序。排定“五化”建设方案，开展前期工作，相关工程即将进入招投标程序。

土地规划建设方面：截至目前共核发建设工程规划许可证40份，总建筑面积约124万平方米。其中核发了三鑫电力18栋标准化厂房，建筑面积31.2万平方米；宜秀都市（创新）产业园13栋标准化厂房，建筑面积31万平方米。

安全生产管理方面：多措并举，重视安全生产工作。与园区72家工业企业、在建工程项目签订了《安全生产目标管理责任书》；组织园区内70多家工业企业、建筑施工单位开展安全生产工作培训；共开展各类安全专项检查活动9次，对查处的安全隐患已要求企业整改落实到位。

（三）活动开展有声有色，非公党建成效显著。

主题教育活动成绩斐然。结合“践行三严三实，争做四有干部”的专题教育活动，集中开展了“守纪律、转作风、提效能、拼发展”主题教育活动，提升了党员干部的思想素质。通过编制发放学习读本、制作活动展板、开辟网站专栏、集中专题学习、领导讲授主题党课、走访企业调研、撰写心得体会以及“园区大发展，我该怎么办”大讨论等一系列活动，进一步增强了党员干部的纪律意识，转变了工作作风、提高了工作效能，形成了思想统一到发展上、心思集中到发展上、力量凝聚到发展上的良好氛围。

服务工作有序有效。排定了《大桥开发区2015年重点实事安排》，进一步确定了17项重点实事，由管委会领导领衔，排定时间表，明确责任人，实行挂图作战；每月各部门根据职能排定当月重点工作，月底反馈落实情况，做到拟定一项、跟踪一项、落实一项；根据区政府要求，确定了督办人员，及时督办和回复政府报告重点工作、区政府督办事项共计29项。紧扣园区发展中心，及时跟踪报道招商引资、经贸发展、拆迁安置、园区建设等方面的重大活动、重大事项，全年在各级媒体及管委会网站共刊发稿件约550篇次，不断扩大大桥开发区对外影响力。

调转促专题活动初见成效。贯彻学习市、区“调转促”电视电话会议精神，努力以“调结构、转作风”为动力，以“促发展、上水平”为目标，汇集全区转型升级之“精”、聚精会神之“气”、大力发展之“神”。通过专题辅导、集中培训等多种形式，深入研学省、市、区“调转促”行动计划，制定大桥开发区“调转促”实施方案。同时，以“三严三实”为根本遵循，进一步压紧压实工作责任，健全各项工作机制，为“调转促”各项任务的全面落实倾心注力，加速“调转促”各项方案部署尽快落地。

六、“十三五”重点发展方向

“十三五”期间大桥开发区将产立足现有产业基础，发挥区位优势，以项目为支撑，以创新为动力，主动适应新常态，抢抓长江经济带发展机遇，走创新发展之路，以创新统筹开发区全局工作。坚持产城一体导向，突出特色产业发展，把“调结构、转方式、促升级”作为开发区经济转型升级的主引擎和总抓手，推动传统产业提升、新兴产业壮大、主导产业集聚，同时完善城市基础配套，推进社会经济融合发展，推进经济社会生态化。按照整合、挖潜、创新、提升的路径有序推进，加速园区转型升级，不断提升发展层次，尽快把大桥开发区建成安庆市产城一体示范区、商业核心区、新兴业态引领区和食品工业生产基地。

【安徽安庆高新技术产业开发区〔安庆化工新材料产业集中区（安庆市承接产业转移集中示范园区）安徽安庆海口经济开发区〕】

近年来，安庆高新技术产业开发区〔安庆化工新材料产业集中区（安庆市承接产业转移集中示范园区）安徽安庆海口经济开发区〕不断加大招商引资和园区基础设施建设力度，开发区主要经济指标保持较快增长，园区综合竞争力和可持续发展能力不断提升，通过产业结构调整和产品升级改造，不断转变发展方式，并先后获评“安徽省化工新材料产业集聚发展基地”“国家级循环化改造重点支持园区”“安徽省第一批战略性新兴产业集聚发展基地”。

一、批准设立及调整情况

安徽安庆高新技术产业开发区位于安庆市主城区之西、长江之北、石门湖东岸。2004年成立，2006年2月被安徽省政府批准为省级开发区，2006年4月国家发展改革委员会公告为第五批通过审核的省级开发区，并纳入了中国开发区审核公告（2006年版）的公告目录。2013年12月31日，安徽省人民政府批准安徽安庆大观经济开发区更名为安徽安庆高新技术产业开发区。2014年12月30日，安徽省人民政府批准安徽安庆高新技术产业开发区扩区。

安徽安庆化工新材料产业集中区（安庆市承接产业转移集中示范园区）位于安庆市西部、石门湖西岸。2012年6月16日，安徽省人民政府批准同意设立安徽安庆化工新材料产业集中区（安庆市承接产业转移集中示范园区），为安徽省特别政策区之一。

安徽安庆海口经济开发区位于安庆市西部。2010年11月，安徽省人民政府批准同意设立安徽安庆海口经济开发区。

二、管理机构及核准、管辖面积情况

安庆高新技术产业开发区管委会为市人民政府派出机构。2013年12月31日，经省政府批准，安徽安庆大观经济开发区更名为安徽安庆高新技术产业开发区。2014年12月30日扩区获批，总体规划面积由1.02平方公里扩大至11.73平方公里，坐标实测面积9.588平方公里，管辖总面积11.73平方公里。四至范围为：西至环湖西路、南至蔡山路、东至茅清路与银杏路、北至丁香路。

安庆化工新材料产业集中区（安庆市承接产业转移集中示范园区）管委会为市人民政府派出机构，规划建设用地总面积15平方公里，坐标实测面积2.191平方公里，管辖总面积28.6平方公里。四至范围为：西至安皖快线、南至皖河、东至环湖西路与环城西路、北至站南路和合安铁路。

安庆海口经济开发区管委会为安庆市大观区政府派出机构。规划总面积为7平方公里，坐标实测面积为3.03平方公里，管辖总面积7平方公里。四至范围为:东至经七路，南至安江路，西至观港路，北至安九公路。

三、基础设施建设情况

区内332和360省道穿境而过，合安高速安庆北出口距开发区7公里，阜景铁路安庆北站距开发区5公里，紧邻石门湖，长江黄金水道距开发区5公里。建区以来，开发区累计投入10多亿元，实施45项基础设施工程建设，建成10万平方米安置房、35公里道路、6公里燃气管网、28公里供水管网、40万平方米绿化、3公里绿道、13公里10kV供电线路和110kV狮子山变电所、220kV晴岚变。目前，建成区8平方公里，实现供电、供水、排水、道路、燃气、通讯等“七通一平”。

四、主要经济指标及主导产业情况

2015年，安徽安庆高新技术产业开发区主导产业占比91.60%，地区生产总值147956万元，工业总产值508724万元，工业总产值占比47.99%。高新技术企业数量占比58.33%，高新技术企业产值占比62.52%，税收收入19420万元，区内就业人口0.52万人。

2015年，安庆化工新材料产业集中区（安庆市承接产业转移集中示范园区）主导产业占比96.3%，地区生产总值78023万元，工业总产值267576万元，工业总产值占比52.4%。税收收入6020万元，区内就业人口0.17万人。

2015年，安庆海口经济开发区结合当地实际，重点发展机械设备制造、化工、新材料产业，建成产业特色鲜明综合配套能力较强的产业集聚区。年度主导产业占比89%；地区生产总值87000万元；工业总产值280495万元；工业总产值占比64.6%；高新技术企业数量占比63.1%；高新技术企业产值占比33.26%；税收收入13400万元；区内就业人口0.35万人。

【安徽安庆临港经济开发区】安庆临港经济开发区2005年11月开工建设，2010年12月，安徽省人民政府批准将其升格为省级开发区。园区位于安庆市东部新城区，东至长风路，西至方兴路，北至皖江大道，南至长江大堤，一期规划面积4.24平方公里,目前已建成面积约2.7平方公里。园区距高速路口11公里（外环北路快速通道与高速入口相连通），火车站16公里，安庆民航机场22公里；紧靠长风深水港。与安庆市业已形成的水、陆、空立体化交通体系融为一体，对外交通便捷，区位优势明显。安庆宁安城际高铁已于2015年12月6日正式通车。

园区以智能制造、轻工纺织、新型材料为主导产业，与周边园区错位发展，形成优势产业带动特色新兴产业集群发展的布局。目前园区基础设施实现了“七通一平”，配套设施较为完善，承载能力得到增强。入驻的企业有安徽南风日化有限责任公司、安徽普瑞斯电工机械有限公司、安庆横电电缆有限公司、安庆阳光机械制造有限责任公司、安徽华茂织染有限公司、安徽华泰林浆纸公司、意大利佰斯特纺织科技公司等72家(含租赁厂房的企业)，主板上市子公司4家，其中，规模以上工业企业12家，高新技术企业3家。2015年全年完成工业总产值40亿元，完成固定资产投资10.8亿元，进出口总额达10000万美元，实现税收1亿元。华茂国际纺织工业城项目是政企合作的成果，由迎江区人民政府和安徽华茂集团有限公司共同建设。项目总投资70亿元。规划总用地2851亩。从织、染、后整理、研发、设计、面料、成衣等形成一条完整的产业链，目标是建成全国棉纺织高端产品中心、全市纺织产业集群发展示范区。目前已落户企业五家，总投资13亿元。2015年落户企业完成工业产值10亿元。

电力方面，园区西侧安庆大电厂发电能力260万kW，园区由220kV龙山变电所和110kV振风变电所供电，已实现双电源供电。供气方面，天然气管道已铺设整个园区。蒸汽方面，安庆电厂蒸汽管道已建至园区内，并正式供汽。管道直径325mm，蒸汽温度190℃～210℃，压力0.8～1.1MPA,每小时供汽量300余吨。

【安徽潜山经济开发区】 安徽省潜山经济开发区地处大别山东南麓，紧邻雄奇灵秀的世界地质公园、国家5A级风景区—天柱山；2002年11月经省政府批准设立，2006年通过国家发改委审核；2013年7月获安徽省政府批准扩区，总体规划面积达21.25平方公里；建区10多年来，开发区发展迅速，成效明显，目前正稳步向国家级高新技术开发区、绿色环保循环经济园区目标迈进。

一、以产业聚集为主导，以经济发展为目标

根据县委、县政府“工业强县”战略，潜山开发区充分发挥自然、区位、交通、产业优势，坚持强化规划引领，不断改善投资环境，着力完善基础设施，强势开展招商引资。先后成功引进工业企业228家，其中规模以上企业90家，初步形成了以医药健康、装备制造、传统轻工和现代服务业为主的产业格局，荣获“安徽省第二届投资环境十佳开发区”荣誉称号。2016当年实现产值201亿元，入库工商税金2.6亿元；荣获全市“先进开发园区”（全市获此项表彰园区仅2家）、“安徽省企业（外商）投资放心开发区”和“安徽信用建设示范园区”荣誉称号。目前全区拥有高新技术企业17家，高新技术产品50个，拥有博士后工作站、院士工作站各1个，省级以上企业技术中心11个，战略性新兴产业16家；当年新增专利授权量267件；海南卫康制药公司跻身全国医药百强，年纳税近5000万元；华业香料公司产能和销售均处亚洲第一，全球第三；钟南人防、宏昌机电等一批企业也处于同行业和本地区领先行列；正威集团、北斗星云大数据、高端汽车轮毂等一批重大项目也先后签约入区发展。开发区的龙头示范作用已经显现，开发区的产业基础已经奠定，开发区的聚集优势已经显效。

新扩区建设我们将按照“产城一体、功能完善、产业集聚”的原则，大力实施“一区多园”战略。探索多种投资模式，规划建成高新技术产业园、汽车拖拉机零部件产业园、轴承产业园、大众创新万众创业产业园，聚集发展高新技术产业和高端装备制造业；拓宽思路，运用互联网+思维，大力发展新型业态，引进发展跨境电子商务、总部经济和产业小镇；按照产业新城、城市新区的理念，完善居住功能、商业配套功能，建成一批宜居新区和商业小区。努力打造一个产业高地、创业乐土、宜居新城！

二、以设施完善为己任，以宜居宜业为目标

潜山开发区13年风雨兼程，累计投资逾60亿元，实现了“七通一平”。“六纵六横”主干路网覆盖全区，总长40多公里，铺设各类管线38公里，建成110kV潜山变电所和5座35kV无人值守变电所以及日产5万吨污水处理厂，较高标准完善了绿化、亮化，实现了“建一片、绿一片、亮一片、成一片”的目标。生活配套设施也日臻完善，全区建成公租房和其他保障性住房1304套、农民安置房69万平方米；建成标准化居住小区10个，建筑面积超过100万平方米；银行等金融机构齐全，工农中建四大国有银行和徽商、邮储、村镇等股份制银行都建有网点，汇丰、汇鑫、潜源、路桥、新天柱等投资担保机构与小额贷款公司先后落户；按五星级标准建设的王府国际大酒店已投入运营，基础教育、职业教育与中介培训机构也相辅相成，建有潜山第二中学和职业教育中心、金桥职业学校等多个职业教育培训机构，人才中心、劳动就业中心、潜山招聘网等人力资源服务中介；商业综合体与商业小区相互配套，和沐广场、金润万家生活广场、姚冲大市场为入区企业和民众提供商业服务，规划中的天柱山国际商贸中心、华农农批大市场正在开展前期工作。一个环境优美、设施完备、功能齐全、生活舒适的产业发展平台基本建成，产业承载能力可以满足各类重大项目入驻发展的需要。

三、以交通优势为依托，以物流通达为目标

潜山开发区地处皖西南中心，具备铁、公、

水、空多式联运交通优势。距合肥、南京、武汉、南昌四大省会城市均在3小时交通圈内；距长江水运码头、民航天柱山机场50公里；合九铁路、105国道、318国道、沪蓉高速、东香高速穿区而过，依规划，合安九高铁、阜景铁路、黄山、九华山、天柱山三山城际铁路、随麻安铁路以及岳武高速东延线、机场高速，将贯穿开发区全境；天柱山机场即将迁建至开发区东5公里内。区内物流、速递企业基本配套，建有全能国际物流园等规模以上物流中心3个，小微物流企业30多家，“四通一达”等速递公司在开发区均有网点，联通了入区企业与全国乃至全球大市场。开发区的核心交通枢纽优势将进一步助推经济发展，产业辐射功能将进一步有效提升。

四、以政策支撑为基础，以服务发展为目标

潜山开发区享有全国主体功能区规划（重点生态功能区）、大别山片区区域发展与扶贫攻坚规划、大别山革命老区振兴发展规划、促进中部地区崛起规划、皖江城市承接产业转移示范区规划、皖南国际文化旅游示范区建设发展规划、长江经济带建设发展规划等7项国家级层面的政策支持；省、市、县各层面，均有涉及固定资产投资、产业发展扶持、科技进步与创新、企业上台阶与管理上水平、人才引进与培养、品牌培育与推广等方面的资金、技术、人才扶持政策，这些为入区企业提供了良好政策和资金扶持。

开发区客商服务中心已运行两年，潜山县政府服务中心也正式迁址开发区办公，为投资客商的综合服务条件、环境均有飞跃式改善。我们对所有来开发区投资兴业的客商郑重承诺：一定全力支持企业，享受各级各种优惠政策，力争优惠多；一定全程代理，帮办、代办所有审批手续，力创环境优；一定全心服务，明确领导带头，专人专班全方位、全天候协调服务，力求服务好。

【安徽潜山源潭经济开发区】 源潭镇，是安庆市最具活力、最有潜力的重镇之一，又是全国唯一的“中国刷业基地”，制刷业享誉海内外。源潭镇先后获得“国家建制镇示范试点镇”、“全国重点镇”、“全国文明村镇”、“省扩权强镇试点镇”、“省制刷产业集群专业镇”、“省刷制品优质产品生产示范区”、“省新型工业化产业示范基地”和“省制刷产业集群专业镇建设示范点”等诸多荣誉。

一、批准设立及调整情况

源潭经济开发区位于源潭镇东部，2011年1月8日被省政府正式批准筹建省级经济开发区。

二、管理机构及核准、管辖面积情况

源潭经济开发区管委会为潜山县人民政府派出机构，管理机构类型是政区合一，被省政府正式批准筹建省级经济开发区总体规划面积7平方公里，其中一期规划面积3平方公里，坐标实测面积1.4956平方公里，管辖总面积7平方公里。四至范围为：东至黄鹤塘水库，南至源三路，西至红旗水库，北至双林村戴庄组。

三、基础设施建设情况

源潭开发区位于桐、怀、潜三县（市）交界处，209、253省道在境内交汇，扼黄柏山区四乡镇交通要道，岳武高速东延线高速出口即将在镇内设出口，距合九铁路、合安九高铁、沪渝、济广两大国家高速出口均不足30分钟车程，距即将规划的新天柱山机场仅30公里，此外，规划中还有黄山—九华山—天柱山“三山城际铁路”等3条铁路均途径潜山。同时，源潭镇是大别山片区衔接皖江城市带交汇的重要节点，西连地跨鄂豫皖三省的大别山革命老区，享有潜山县国家促进中部崛起、比照西部大开发、大别山片区区域发展与扶贫攻坚、大别山革命老区振兴发展规划、长江经济带等多区位政策支持。总投资超10亿元的国家重点水利工程下浒山水库已经在源潭动工建设。围绕水库建设和产业开发，结合库区和山区移民搬迁安置，为源潭开发区建设提供了独特机遇。源潭镇又是首批国家建制镇示范试点镇，源潭开发区对于推进新型城镇化和产业集群镇发展具有典型示范效应，意义重大！建区以来，开发区累计投入近6亿元，几年来累计修建道路16公里，供电线路16公里，建设垃圾填埋场、污水处理厂及11万伏变电站，预征收土地 4500亩，拆迁4.6万平方米，安装各类路灯900盏等。目前，建成区近2平方公里，现已拉开“六纵两横”的发展框架，实现供水、供电、排水、道路、燃气、通讯等“七通一平”建设。

四、主要经济指标及主导产业情况

源潭开发区以特色制刷业和劳保服装为主导产业，是源潭对外开放的窗口、皖江城市带承接产业转移的重要平台，也是县域经济社会发展的主引擎。2012、2013和2014年连续三年在全市同类开发区中考核第一，获市委、市政府表彰。2015年，源潭经济开发区实现地区生产总值为38.2亿元，实现工业总产值115.01亿元，占全县工业总产值的41.07%，主导产业产值达81.89亿元，占开发区工业总产值比重为71.2%。实现税收收入1.3106亿元，区内就业人口达1.76万人。

【安徽宿松经济开发区】

一、基本概况

安徽宿松经济开发区（原宿松工业园区）建立于2004年8月18日，2006年2月经安徽省人民政府批准为省级开发区，2012年8月8日更名为安徽宿松经济开发区。开发区近期总体规划面积13.74平方公里，全部纳入宿松县城总体规划控制范围，开发区辖社区居委会1个，总人口1.6万人，是安徽省新型城镇化建设和信用体系建设试点开发区。

二、投资环境

按照“理顺机制、以区为主、县里支持、区里管理”的原则，创新实行“政区合一”管理体制，持之以恒、不遗余力地推动发展要素不断向开发区整合、集聚，做好县域经济发展排头兵。

一是区位交通优越。开发区位于宿松县城西北，距中心城区仅1公里。对外交通便捷，105国道、沪蓉高速、合九铁路穿境而过，距合肥、武汉、南昌等中心城市均两个小时车程以内，区位优势得天独厚。

二是基础设施完备。目前，开发区基础设施覆盖面积9平方公里，修建道路23条38公里，形成了较为完善的道路、电力、通讯、供水、燃气和交通网络。建有学校、幼儿园、职业教育、医院、公租房、体育场、世贸商城等服务设施，配套功能日臻完善。

三是产业基础坚实。目前，开发区已形成电子信息、纺织服装、食品加工、机械制造、仓储物流等产业门类，企业集群，产业集聚，特色鲜明，已成为宿松县工业经济发展的重要增长极。

四是服务全面周到。打造双赢的投资载体和发展平台，出台“新30条”“28条”等系列优惠政策，服装标准化厂房、中小企业孵化器免费租、贴本卖，对现有规模重点企业量身定做服务方案，提供“一站式”全程帮办服务，发展环境持续优化。荣膺“第三届安徽投资环境十佳开发区”。

三、发展实力

开发区依托现有基础和产业优势，发挥企业主体，强化政策引导，着力提升自主创新能力，注重培育新兴产业和创新型产业，促进产业集聚发展。随着一批带动性、投资规模大的企业进区建设，通过不断提升自主创新能力，产业集聚发展日益凸显，园区发展质量明显提升。

近年来，开发区迎进的重大工业项目有：总投资1.98亿美元的香港互益集团公司的10万锭精纺项目，总投资5.56亿元的常熟锦绣经纬编公司的年产135万套高档床品类家纺项目，总投资10亿元的南方智能电子科技产业园的年产智能电视机约10万台、平板电脑约100万台、数码机顶盒约50万台、智能手机约200万部、车载GPS约40万部项目，总投资10亿元的深圳宝捷讯电子集团的年产200万部品牌智能手机、半导体生产线项目，总投资10.68亿元的安徽晨旺木业有限公司的木地板及配套生产项目等。截至2016年，开发区注册入区企业220家，实现规上工业总产值136.8亿元，工业增加值30.4亿元，固定资产投资35.1亿元，财政收入5.63亿元，一般预算收入1.96亿元。荣膺“安徽省纺织服装产业示范基地”、“安徽省中小微企业创业基地”和“安徽省电子信息产业基地”称号。

四、主导产业

开发区现有五大主导产业，分别是：

（1）电子信息产业。占比6.8%。依托南方电子、科宝电子和卡为电子等龙头企业。重点发展智能电子产品，包括智能手机、智能穿戴设备、掌上PC和无人遥控飞机等智能应用。

（2）纺织服装产业。占比42.3%。依托“中国新兴纺织产业基地县”品牌和红爱服饰、香港互益、锦绣经纬编等龙头企业。重点发展家用纺织品、高品质毛毯、中高档床上用品、手工艺制品等纺织业和中高档休闲服装、高档女装等服装制造业，积极推进建立设计创意中心、技术研发中心、品牌推广中心，拓展高端针织服装等领域。

（3）机械制造产业。占比4.7%。依托森达电气公司、恒达电气、安宝机械、柳溪工业等龙头企业。重点发展高压电气、节能电器、电线电缆、机械零部件等，远期围绕智能变压器、智能断路器、电子互感器等智能电网设备，产品具有竞争力强、附加值高等特点。

（4）新型建材产业。占比16.2%。依托晨旺木业、美螺建材、柯依竹木和精诚混凝土等龙头企业。重点发展环保型实木复合地板、绿色多功能门窗、蒸压加气混凝土砖等产品，积极发展轻质纳米碳酸钙、外装饰挂板等产品，进一步做大高档地板等家居产品。

（5）农副产品加工产业。占比20.3%。依托春润食品、皖蜀春酒业、乡园禽业和光华水生植物等龙头企业。重点发展粮食精深加工、油脂深加工、鲜活水产品加工和生禽猪肉加工等。

五、项目入园条件

完善新建工业项目评估机制，严把投资强度、环保、节能、产业布局和亩均收益五个关口，坚持入园新建工业项目投资额度达5000万元以上、亩均投资150万元以上、亩均税收10万元以上。鼓励服装、电子类工业项目租赁和购买标准化多层厂房，租赁的，依法纳税，免费出租；购买的，贴本按揭，分栋办理房产证、土地证。企业购买标准化厂房五年后，因发展需要确需转让的，所需税费县级所得部分全额奖励。亩均税收超过60万元的，根据需要可以单独供地。

六、优惠政策

（1）税收奖励。工业企业所得税、增值税。符合条件的实行“3+无限期”奖励。凡新落户我县的企业投产后，前3年年税收规模达到30万元以上的，地方所得财力企业所得税全额奖励、增值税50%奖励；3年奖励期满后，年度所得税、增值税合计达到30万元以上且其亩均税收超过3万元的部分，按其地方所得财力的一定比例，实现无限期超额累进奖励：亩均税收3—5万元的，奖30%；亩均税收5—8万元的，奖40%；亩均税收8—10万元的，奖50%；亩均税收10万元以上的，奖60%。工业企业土地使用税、房产税。年总税收亩均超过3万元的，实行无限期全额奖励。总部经济奖励。国内外企业在我县设立的直属机构或区域性分支机构，自注册登记之日起，以当年实时累计税额，按地方所得财力一定比例及时实行分段累进奖励：20万元以下的，奖励20%；20万～100万元的，奖励30%；100万～300万元的，奖励40%；300万元以上的，奖励50%；500万元以上的一事一议。县招商服务中心为总部经济企业提供“一站式”服务，为年纳税100万元以上的企业提供办公场所。

（2）减免涉企收费。免收工业企业行政事业性收费。

（3）重大项目“一事一议”。凡固定资产投资1亿元以上的工业项目享受“一事一议”项目享受优惠政策。项目根据议事规则，通过合同约定。县、乡财政每年从预算中安排专项资金，兑现项目合同。

（4）设立产业发展专项资金。县财政每年预算安排500万元工业发展专项资金，主要对企业的融资、技改、平台、人才、管理、市场和品牌等方面扶持和奖励。

【安徽宿松临江产业园】 临江产业园主动适应经济新常态，抢抓机遇，以招商引资促项目落地、在建项目投产达效为中心，以完善基础设施和征地拆迁为重点，创新投融资渠道，园区发展势头强劲，转型发展实力不断增强，节约集约发展水平不断提高，发展空间和优势不断彰显。

一、批准设立情况

安徽宿松临江产业园位于宿松县复兴镇，是2010年4月省政府批准筹建的省级开发区，2010年5月即派驻人员开展园区筹建工作。

二、管理机构及核准、管辖面积情况

宿松临江产业园管委会为宿松县人民政府派出机构。经安徽人民政府批准，总体规划面积按照608公顷控制，坐标实测面积为572.2公顷，管辖总面积608公顷。四至范围为：东至经九路，南至同马大堤，西至经一路，北至华阳河干沟。

三、基础设施建设情况

临江产业园自筹建以来，大力加快基础设施建设，园区已经基本形成了“九通一平”的条件。一是供水方面。目前由复兴自来水厂供水，日供水10万吨的滨江新城自来水厂正在建设中，一期日供水5万吨即将竣工投入使用；二是污水处理方面。日处理8万吨的污水处理厂正在建设中，一期日处理2万吨已经运营；三是道路方面。“三纵两横”的内部主干路网框架形成并全线通车，外部道路快速通道北沿江一级公路也已启动建设；四是供电方面。已建成110kV变电站一座并投入使用；五是通邮方面。套口邮政支局，离管委会仅500米，快递、物流等非常便捷；六是供气方面。中国燃气集团进驻园区，建成LNG燃气站一座并供气；七是通讯方面。已经实现了联通、移动、电信等网络全覆盖；八是热能方面。正在积极谋划热电项目；九是宽带、有线电视已经全部覆盖；十是土地平整方面。对所有用地一律平整后交地。另已经建成了安置房860套，公租房1000套；建成标准化厂房6万平方米；投资7.7亿元的首个PPP基础设施建设项目即将开工建设。

四、主要经济指标及主导产业情况

2015年，宿松临江产业园实现地区生产总值（GDP）24.99亿元，实现工业总产值109.67亿元，占宿松全县工业总产值的41.07%，其中，轻化工、新型建材和仓储物流等三大主导产业实现工业总产值77.79亿元，占园区工业总产值比重为70.93%。实现税收收入1.72亿元，区内就业人口达到8000人。

【安徽太湖经济开发区】 安徽太湖经济开发区位于太湖县县城所在地晋熙镇，紧邻沪蓉高速（G50国道），合九铁路，与太湖县中心城区连成一体，距即将动工建设的合安九高铁3公里。安徽太湖经济开发区2006年2月经安徽省人民政府批准为省级经济开发区，并通过了国家发改委审核公告，国土资源部核定的用地面积为1平方公里。2014年5月，省政府批准同意安徽太湖经济开发区调整区位并扩区，总体规划面积扩大至11平方公里（至2030年）。核准范围为两片，南片四至范围为：东至将军山路，南至东城大道 ，西至经二路 ，北至黑河大道；北片四至范围为：东至狮子山路 ，南至横山路、人民路，西至海会路 ，北至皖西南大道和龙山路。安徽太湖经济开发区的日常管理机构为安徽太湖经济开发区管理委员会，为太湖县人民政府派出机构，安徽太湖经济开发区管理委员会代管龙安村，管辖总面积为12平方公里。

十几年来，太湖经济开发区坚持“科学发展，产业聚集，集约节约用地”原则，大力加强区内基础设施建设，现区内已基本上达到“八通一平”，即通上下水、通路、通电、通邮、通气、通讯、宽带、有线电视、场地基本平整。截至2015年，已完成固定资产总投资17.4亿元，入区企业达到125家。2015年，太湖经济开发区地区生产总值和工业总产值分别达到283539万元和1085590万元，税收16625万元，就业人数达1.52万人，工业总产值占全县的比例为57.4%，太湖经济开发区已经成为太湖工业发展的主战场。安徽太湖经济开发区大力发展机械装备制造、轻工纺织和新材料等主导产业（省政府批复的三大主导产业）。2015年，区内三大主导产业即机械装备制造、轻工纺织和新材料产值的占比分别为26.9%、23.2%、20.3%，主导产业的优势日益明显。

为进一步加快发展，安徽太湖经济开发区根据相关规划和国家发改委等六部委《关于开展开发区审核公告目录修订工作的同志（发改外资〔2016〕815号）》要求，编制了《安徽太湖经济开发区总体规划（2016—2030年）》，规划建设面积为382.95公顷，分为东西两片，东片面积为52.60公顷，四至范围为：东至将军山路，南至横山路，西至罗河南路，北至龙山路；西片面积为330.35公顷，四至范围为东至罗河北路，南至横山路、人民路，西至海会路，北至皖西南大道.该规划范围符合《太湖县土地利用总体规划（2006—2020年）》和《太湖县城市总体规划（2012—2030年）》，且全部在太湖县中心城区土地利用总体规划确定的允许建设区内。

【安徽桐城双新经济开发区】 安徽桐城

双新经济开发区按照“高水平规划、高起点建设、高强度投入、低碳化发展”的原则，编制了《安徽桐城双新经济开发区总体规划》。由总体规划、控制性详规、土地利用规划、产业发展规划、给排水等各类专项规划组成的规划体系整体出炉，框架明晰、布局合理，前瞻有力。近年来，双新经济开发区不断加大招商引资和园区基础设施建设力度，开发区主要经济指标保持较快增长，转型升级创新发展能力不断增强，绿色集约发展水平显著提高，属安庆市筹建开发区佼佼者，多次获得省、市领导的表扬。

一、批准设立情况

安徽桐城双新经济开发区于2009年9月经安徽省人民政府批准成立（皖政秘【2009】222号），2010年4月启动筹建工作，2010年10月正式开工建设。位于“中国最具投资价值文化旅游名城、徽商最具投资潜力城市”——桐城市南部。

二、管理机构及核准、管辖面积情况

双新经济开发区管委会为桐城市人民政府派出机构。管辖总面积9.9平方公里，四至范围是东至双港镇白陂塘，南至柏年河，西至合安路，北至新安渡河支流。坐标实测面积为1.4378平方公里，四至范围是东至程庄路、南至中屋路以北、西至206国道、北至华表路。

三、基础设施建设情况

206国道、沪蓉高速和合九铁路穿境而过，水路经菜子湖通江达海，距合肥、安庆机场均在一小时路程内，公路、铁路、航空和水路运输方便快捷。建区以来，开发区累计投入7亿余元，先后平整土地4000多亩，挖填土石方8万余立方米，建成15.3万平方米安置房，建设主次干道15公里，完成绿化6.8万平方米，安装路灯280盏，铺设给排水、污水管道20公里，建设大型排水箱涵4座、自来水厂1座、跨高速大桥1座。目前，建成区3.5平方公里，实现供电、供水、排水、道路、燃气、通讯等“七通一平”。

四、主要经济指标及主导产业情况

2015年，双新经济开发区实现地区生产总值（GDP）82.96亿元，实现工业总产值253.26亿元，占桐城市工业总产值的40.9%，其中，塑料加工包装印刷、通用设备制造、新材料新能源三大主导产业工业总产值占开发区工业总产值比重为75.3%。实现税收收入7.49亿元，区内就业人口达到3.07万人。

【安徽望江经济开发区】 安徽望江经济开发区于2006年2月被省人民政府批准为省级经济开发区，现总体规划面积为11.46平方公里。经过10多年的建设和发展，开发区各项主要经济指标连年增长，相继被列入全国第一批承接纺织产业转移示范园区、国家农业产业化示范基地、安徽省中小企业促进工程创业基地、安徽省新型工业化产业示范基地、安徽省循环经济示范单位。

至2016年底，开发区累计引进工业项目102家，协议固定资产总投资143.7亿元，已完成投资额189.3亿元，现有78家企业投产，其中规模以上42家。2016年度完成固定资产投入19.06亿元（其中工业企业固定资产投资17.11亿元）；工业总产值完成128.05亿元，同比增长9.95%；财政收入完成1.62亿元，其中税收收入1.56亿元，同比增长17.1%；用电量1.31亿度，同比增长65.80%；企业用工人数达18260人。

一、平台建设

开发区自启动十多年来，共投入基础设施建设资金13.7亿元，修建和拓宽改造道路9纵13横近50公里，供水、排水、排污、电力、电信、有线电视等工程同步配套，实施了开发区已建道路绿化、亮化工程。新建35千伏、110千伏变电所各1座并完成手拉手双向供电，实现区内工、农电网分离和大工业专线供电，确保了供电的可靠性。建设污水提升泵站2座，在道路雨污水管道同步建设的基础上进一步完成企业污水纳管排放的配套建设，对区内所有建成企业和居民生活小区均实现了污水纳管排放。

二、主导产业

开发区通过近十年的建设和发展，已初步形成纺织及服装业、农副产品加工业、机械及装备等新兴制造业三大产业。

纺织服装产业：初步形成了集轧花、纺纱、织布、刺绣、水洗、成衣、包装为一体的纺织服装产业链，其中规上企业已达19家。纺织全行业产值占开发区整个工业总产值比重超过80%，已成为我县工业经济的“半壁江山”，成为区内工业主导产业。我县引进了全国针织行业龙头企业宁波申洲针织投资8亿元高档服装项目，现已成为安徽省最大的服装生产出口企业和安徽省百强企业，其三期项目于2016年3月份竣工投产，目前企业员工已达1万人。2016年产值达63亿元，税收实现超亿元的新突破。意达童装城坚持因势利导，抢抓童装产业要素升级、互联网＋结合、产业区域转移的良好机遇，按照先引进后配套、先培育后壮大、先产品后品牌、先规范后提升的思路务实推动，2016年初即迎来了大批童装生产、电商等企业入驻的良好发展势头，全年新注册企业155家，直接从业人员达1300人，带动就业近5000人，完成销售额达5亿元，初步形成线上线下互动、生产流通互促的局面，为延伸、壮大望江经济开发区纺织服装产业链探索了一条新路。

农副产品加工业：农业产业化龙头企业联河米业联河牌大米于2013年成功申报“中国驰名商标”，2016度再次获得全国大米加工50强。该企业与中国科学技术大学、安徽农业大学等高校产学研合作，实施科技成果转化，以创新驱动促发展，为企业创造了新的利润增长点。随着联河米业三期项目顺利投产，企业核心竞争力不断提升，将进一步发挥龙头企业作用。

新兴制造业：安达尔汽车项目总投资12亿元，已建成满足商用车生产需要的四大工艺及相关配套设施，一期工程及设备安装已完成投资6亿元，并于2016年9月18日成功举行汽车下线仪式，现正在试生产中。总投资2亿元的索维机电，通过现代化的管理和持续的技术创新，已经成功申报国家高新技术企业，龙珠包装、精英机械也通过努力成功申报国家高新技术企业。另有凯迪绿色能源、蓝通科技、博泰电路、鼎立汽车配件等一大批新兴工业企业，特别是新能源汽车项目的后续带动投资力度强劲，将为我县工业发展注入了新的强大活力，即将成为工业经济发展新的增长极。

【安徽望江桥港经济开发区】 安徽望江地处皖鄂赣三省交界的长江中下游北岸，总控制面积1357平方公里，辖8镇2乡，118个行政村和17个社区，人口63.5万，为全国新兴纺织基地县、农产品加工示范基地县、生态示范区试点县、皖江城市带承接产业转移示范区建设重点县、大别山连片扶贫开发片区县、中国金融生态县及安徽省投资环境十佳县。成语“不敢越雷池一步”即源于此。作为雷池故里、三孝之乡的滨江古邑，望江境内物产富饶、环境优美、民风淳朴、人文荟萃，宜人宜居、宜旅宜商。望江承东启西、连南接北、通江达海，区位独特，处于武汉、南京、杭州、合肥、南昌五大省会城市的中心位置，是长三角和珠三角地区经济对接交汇地、东部沿海产业向西转移的阳光腹地和安徽省东向发展战略的“桥头堡”。长江黄金水道过境流程65.3公里，望东长江大桥及济广高速北岸连接线项目建成通车，将与江南沿江高速、安景高速和江北沪蓉高速实现互融互通，全面融入全国现代交通网络。

安徽望江桥港经济开发区属省级经济开发区，规划面积按5.9平方公里控制，其中一期规划面积3.5平方公里。依托长江岸线资源独特优势和望东长江大桥区位优势以及济广高速连南通北的交通优势，重点发展以“装备制造、新材料、物流为主的现代服务业”为主导的，以“互联网+”为资源整合手段的新型产业体系，着力将桥港开发区打造成为科学承接的桥头富地、商贸物流的集散中心、生态宜居的美丽港区。其三大主导产业有：

（一）装备制造产业：积极对接武汉、合肥、南京等区域中心城市的整车制造行业产业链，以汽车零部件为突破，大力发展汽车配套产业。主动承接长三角产业转移，根据市场热点，吸引空调、空气净化器等家用电器生产企业入驻，满足巨大消费市场需求。结合区域产业需求，配套农业、化工等行业专用设备制造。

（二）新材料产业：通过与汽车制造、家电生产、食品加工、化工以及建筑行业的联动发展，重点发展新型金属材料、新型包装材料、新型环保建材，以及新型无污染的化工材料等产业类型。

（三）现代服务业：依托水陆联动优势，发展物流产业，整合周边农产品资源，发展大宗农产品物流；结合生鲜农产品需求，发展冷链物流；配套产业需求，发展生产服务型物流。引导商务服务、金融服务、科技研发、教育培训等生活、生产性服务业在开发区布局，为居民及企业提供所需的各类服务。

望江桥港经济开发区紧临长江黄金水道，占据望东长江大桥桥头堡，坐拥长江中下游天然深水良港——华阳港，省道S430穿区而过，新开通的济广高速在开发区设有互通出口，水陆交通便利，区位得天独厚。望江桥港经济开发区处在开发开放的前沿阵地，随着长江经济带沿江布局，望江县域经济厚积薄发和望东长江大桥竣工通车这个千载难逢的机遇到来，后发优势越发明显，大桥、高速、国道、港口、长江航运与沿江铁路、机场交汇，将构建形成现代水陆空一体的综合运输网络，这必将为桥港开发区的快速发展提供更为坚实的支撑。

近年来，望江县委、县政府高度重视桥港经济开发区建设，成立了以县委书记为政委、县长为指挥长的高规格的筹建工作指挥部，加速启动桥港开发区起步区建设，按照“产城一体、城乡一体”的要求，加快区内基础设施建设步伐，推进开发区“七通一平”建设，打造招商引资平台，树立桥港品牌形象，实现产城互动、产城融合。目前，桥港经济开发区正扎实推进总投资约7.23亿元的道路基础设施项目整体建设，积极谋求对外PPP合作。其中，总投资约1.35亿元望东长江大桥华阳互通连接线工程作为我县基础设施建设领域首个采用政府与社会资本合作（PPP）方式进行的建设项目，已顺利动工建设。建成后，将成为望江桥港经济开发区的中心大道、县城及望江地区与高速互通连接的景观大道。

望江是一个具有丰厚文化底蕴和优秀传统的历史文化名城，又是一个处在大开放、大开发、大发展中的年轻而充满活力的新兴城市。桥港经济开发区作为望江新一轮发展的着力点、落脚点和增长点，发展机遇千载难逢，我们将充分发挥长江经济带和皖江城市带承接产业转移示范区等国家发展战略的政策叠加作用，因势利导、乘势而上，以积极的税收政策、效能的政府服务、便捷的办事流程和优良的投资环境，热忱欢迎海内外广大有识之士来桥港投资兴业，携手并进，共同发展,共创美好！

【安徽岳西经济开发区】 安徽岳西经济开发区按照建设“生态园区、效率园区、和谐园区”的总体目标，坚持“生态优先，以人为本，产业立区”的发展理念，着力打造宜居宜业的工业园区。经过10年建设，管理体制顺畅，基础设施完善，投资环境优化，招商成果显著，配套功能加强，为承建产业转移、促进县域经济发展发挥了十分重要的作用。

一、批准设立情况

安徽岳西经济开发区于2006年8月21日由省政府《安徽省人民政府关于同意筹建安徽岳西经济开发区的批复》（皖政秘〔2006〕145号）批准筹建，坐落于莲云乡境内，距县城约2公里，属县城规划区内。

二、管理机构及管辖面积

安徽岳西经济开发区管理机构为岳西县经济开发区管理委员会，属县政府派出机构，设有开发区财政分局、规划建设（环保局）、国土资源分局、招商发展局、综合办公室（环境治理办公室）。《安徽岳西经济开发区总体规划》和《安徽岳西经济开发区控制性详细规划》编制结束，符合《岳西县土地利用总体规划》和《岳西县县城总体规划》，规划控制面积940公顷，坐标实测面积239.82公顷，管辖面积940公顷，四至范围为东至岳武高速，南至腾云村新桥组，西至长生村金龙组，北至腾云村国良组。

三、基础设施建设情况

105国道、318国道、济广高速、岳武高速穿境而过，距高速出口仅1公里，交通便利。供水由县自来水公司供给，雨、污管网进入县城主管网，区内建有110千伏、35千伏变电站各一座，天然气管网覆盖全区，建设道路11公里，建设安置房及保障房21万平方米，有线电视、电信、移动、联通光纤实现全覆盖，区内工业用地全部能实现七通一平。

四、主导产业

开发区主导产业为汽配电子、轻纺服装、农副产品精深加工。至2015年底，区内共有企业

145家，规模以上工业企业56家，其中高新技术企业9家， 2015年工业产值99.56亿元（其中主导产业产值占比84%）占全县工业产值47%，区内GDP为25.5亿元，占全县GDP的33.1%；税收收入1.63亿元。区内就业人口8250人。

五、2016年工作总结和2017年工作安排

2016年，岳西县经济开发区在县委、县政府重视和领导下， 紧紧围绕县委、县政府巩固提升生态文明、绿色发展、美好乡村、扶贫开发“四个示范县”和打造“从严治党示范县、作风建设根据地”的总体目标,以创建省级开发区为中心，按照“工业新城、城市新区”的发展定位，努力打造产业特色明显、比较优势突出、经济社会效益良好的生态型开发区。开发区综合实力不断壮大，社会事业协调发展，为县域经济和社会发展奠定了坚实基础。

（一）经济运行总体平稳

2016年，区内企业克服经济下行压力加大的影响，积极化解风险，保持平稳运行，总体实现了和谐稳定。预计到12月底，可完成工业总产值109亿元，同比增长10%；预计全年可实现工业增加值28.1亿元，同比增长10.1%，预计全年完成固定资产投资17.5亿元；1–10月完成财政收入5471.8万元，占全年任务（5500万元）的99.5%。预计全年完成一般预算收入7665万元，占全年任务数5500万元的139.4%，其中国税预计完成5685万元，地税预计完成2700万元。

（二）招商引资和项目建设有序推进

外出招商力度不断加大。全年实际到位招商引资固定资产投资1898.5万元，完成总任务的189.85%，多次到合肥、武汉、江苏、浙江、广东等地外出考察项目，接待外来客商20余次。洽谈静脉产业园、机械制造、PVC异形材、化妆品生产、电动汽车配件、自动纺纱、出口工艺品等工业项目40余个。谋划有瑞林汽配配套加工、精品雨伞生产、白酒深加工、航空用品等招商项目。上报易业水晶、国能搬迁、汇能压铸、PVC异形材四个亿元项目到市招商局。

在建工业项目稳步推进。国能混凝土搬迁项目快速推进，计划11月份实现新厂区试投产；太阳能电动车项目厂房招标完成，土地平整结束，待投资方资金到位后即可开工；民营三级医院已提供红线图，完成了立项、能评、环评等手续，规划方案基本完成，正在准备土地招拍挂手续。易业水晶项目一期建成投产，进展正常。中南公司租赁宝达集团厂房、天钰农艺工艺品生产租赁徐氏衣架厂房、PVC异形材项目租赁元海制衣厂房生产，玻璃杯底生产项目、荞麦茶、高档床上用品等项目租赁开发区标准化厂房进行生产，各项目进展顺利。

（三）基础设施更加完备，城乡面貌日益改观

1.重点工程。长生关畈产业园土地整理项目。长生关畈土地综合整理项目农发行贷款2亿元获批，积极申报省财政置换债券1.46亿元。现已平整土地500亩，滨河北路、王冲路一、二标已完成道路主体工程。完成11万伏变电站建设，大幅提升电力供应能力。1700万元的莲云河整治项目完工，防洪能力进一步提升，沿河生态体系更加完善。

2.安置区建设。凤形安置区1、2#楼已建设完成；王畈3#安置楼已完成工程招标，开工建设；王畈公租房配建安置房1#2#3#楼已建设完成，附属配套设施已开工建设；椅形公租房安置房配套附属道路排水工程已完成；王畈路、莲云路廉租房配套附属工程已建成完工；王畈安置区公租房配套道路排水工程已完成；易地扶贫搬迁二期配套道路排水工程已完成路。

3.规划编制及执行。根据开发区“去筹”工作需要，完成了开发区控规、总规的编制和报批工作。完成了关畈标准化厂房项目规划设计工作，腾云路安置区、莲云路廉租房、椅形安置房、公租房等通过了规划验收。开展区内建设规划定期巡查，审核了民营三级医院、瑞林二期等规划方案。积极开展生态乡镇申报、水资源保护、环保检查等工作，完成企业环评报告书初审4家，召开环评报告评审会2次。按省委巡视组提出的巡视意见和县纪检部门建议，梳理工程管理制度，进一步规范重点工程和零星工程管理，各项工程的实施严格按县政府44号令等规定进行。

4.“生态园区、美丽莲云”工程建设。完成千万亩森林增长工程84亩，完成“三线三边”绿化提升3公里；义务植树3万株；种植草皮3500平

方米，安装路灯180盏。一是坚持对违法建设零容忍。查处违法建设3起，拆除违法建筑110平方米；二是大力开展环境整治。管理流动摊点15处；整治国道318沿线脏乱差70处，安装围栏2500米，硬化居户门前空地6000平方米，提高沿线环境面貌;加大力度巡查县道083沿线环境面貌，整治、处置沿线的建筑垃圾堆28立方；三是城乡环卫保洁实现全覆盖。通过招投标与信天游物业公司达成合作协议，市场化运作保洁，将清扫保洁延伸到村组，新增垃圾池38个、垃圾桶300个；投入保洁资金达32万元。

（四）征地搬迁措施有力

征地工作。完成征地共计688.32亩。

1.步文大道二期项目：262.77亩，莲云境内涉及平岗村5个村民组，河湾、魏垅组已征地36亩；月形组已征地83.44亩，大堰组已征地88亩；炉弯组已征地55亩。

2.莲云大道改造升级项目：涉及平岗村东风组，已完成征地9.95亩。区域内苗圃也已签订搬迁协议，付款60%，待土方开挖时一并拆除和移栽苗木。迁坟工作已全面完成268棺。南北两侧地面附着物已清理完毕，工程建设有序进行。

3.莲云综合康复养老医院项目：涉及小龙，李龙等7个村民组。现小龙，李龙、高庄、老关等组已经完成征地335.62亩，征地补偿款已经发放到位，失地农民生活出路货币化安置正在进行公示和核实工作。

4.因区内工程和项目建设需要零星征地80.81亩。

5.年度迁坟共计434棺。

搬迁工作。完成拆迁24户。

1.莲云大道扩线项目：已签订搬迁协议3户（储诚奇、储六四、储诚基）并支付60%补偿款，储诚基户已拆除完毕。

2.步文大道和民营三级医院项目：开发区安排7个工作组对拟搬迁的40户（其中步文大道涉及搬迁户33户，民营三级医院7户）实施包干搬迁，目前，所有工作组均已与各自对接的搬迁户进行了走访和调查摸底，步文大道项目已经组织评估23户，签订搬迁协议8户。

3.因工程建设或项目落地需要，已签房屋搬迁协议13户。

（五）民生福祉持续增进

社会事业协调发展。一是大力推进扶贫开发建设。实现2016年度精准脱贫652户2101人；实施精准救助，资助贫困大学生40名，大力发展特色产业，共完成茶叶、百合等特色农产业发展741户1883.3亩，发放脱贫户产业发展资金665户187万元，2016年完成201户贫困户光伏到户项目，完成莲塘村120kWp光伏发电项目并网发电，可每年增加贫困村收入10多万元。二是优化教育资源配置。莲云中学运动场已完工；教师周转房已完工；辅导小学与苗红幼儿园完成土地置换。三是继续稳定生育水平，全乡人口出生率为14.28‰，出生人口素质改善明显。

民生保障全面深化。全年发放民生工程补助类资金669万元；城乡居民养老保险参保率94.63%；政策性农业保险分别承保各类农作物8320亩；2016年新农合参金筹集工作正在顺利推进。全面完成农村危房改造79户。

社会治理创新提升。安全生产常抓不懈。调整了《岳西县经济开发区、落实企业安全生产主体责任实施方案》。认真开展森林火灾、防洪防汛、企业生产、建筑施工等安全隐患大排查，实现了建设工地内无重大安全事故的发生。对重点企业、涉粉涉爆及木材加工企业等专项检查共11次，并联合县工会、县安监局开展了“安康杯”安全生产知识竞赛，参加企业70余家，参加人员共200余人，发放安全生产宣传册300余份。对园区内强装强卸、抢揽工程等违法行为，做到了坚持打击，有效保证开发区安全稳定

2017年，是“十三五”规划目标的关键之年，是全力争创省级开发区的关键之年。工作总体思路是：主动适应经济发展新常态，按照县委、县政府的工作部署和要求，坚持“稳中奋进、提质增效、改革创新”的工作总基调，紧紧围绕构建“生态园区、效率园区、和谐园区”三区理念，以争创省级开发区为抓手，主动作为，进一步扎实推进产业发展、科技创新、城乡建设、民生改善等各项工作，力争开发区发展再上新台阶。总体目标是：全年确保工农业总产值增

长8.5%以上，工业增加值增长8.5%以上，财政收入增长8.5%以上，固定资产投资增长7%以上，新入驻工业企业10家（其中5000万元以上5家，亿元以上项目2家）。全面统筹城乡社会协调发展，提高群众幸福指数，确保全乡全面脱贫，贫困人口应脱尽脱，农民人均纯收入增幅超过全县平均水平。

一是加快落地项目建设进度。加快友立太阳能电动助力车、PVC异形材、高档床上用品、可瑞实业、中阳电子车优净及高档中药饮片等项目建设进程。切实帮助企业解决困难，加快投资建设进度，尽快建成投产。加大主动招商力度，充分发挥招商主动性，搜集信息，挖掘资源，招大引强，为加快发展奠定基础。

二是全力推进重大项目。继续实行领导干部联系企业制度，企业考核奖惩制度、企业调度制度、企业分类管理制度，帮助企业提质增效，加快转型发展，以大项目牵头抓总，全力推进太阳能电动助力车项目，加快宝达商业街建设进程，开工建设瑞康林民营医院、进口木制品加工项目、国际航班航空用品生产线项目、中阳电子车优净等项目，谋划产城一体化项目、现代物流园项目，力争通过重大项目带动，进一步壮大经济总量和加快转型发展。

三是大力推进基础设施建设。加快建设长生、关畈综合产业园基础设施项目，新建东元、滨河南路等道路，创造企业入驻条件。启动投资4.26亿元康复养老医院一期工程建设，建设东风安置区、王畈安置区3#楼，建设房屋1.5万平方米。继续完善东风安置区、道班安置区配套设施等市政工程，建设道路2公里。

四是围绕重点工程、重点项目继续开展征地搬迁工作。着重推进步文（温莲）大道建设项目、民营三级医院养老项目、长生关畈产业园基础设施建设的征地搬迁工作，确保工程按时按质顺利完成。

五是完善服务体系建设，提升园区现代化功能品质牢固树立服务理念，努力做到面对困难有信心、服务企业有诚心、部门协同有热心，努力实现服务受理“零推诿”、服务方式“零距离”、服务事项“零积压”、服务质量“零差错”，努力形成园区与企业、与投资者的良性互动。一是认真抓好为民服务中心、客商服务中心管理。转变思想观念，提升为企业服务水平，从简单的为企业办理证件向争取优惠政策转变，积极为企业申报项目、争取扶持资金。二是继续实行“一费制”收费制度，切实减轻企业负担。三是继续完善企业分类管理制度。严格按照企业分类管理目标、奖惩措施，对达到标准的企业给予一定奖励，对未完成目标的企业限期整改到位。对整改不力不到位的低效企业实行劝退制度，通过“腾笼换鸟”盘活低效用地。四是加大企业员工培训力度。不定期组织对员工进行各项专业技能的培训，为企业解决用工难问题。

【安徽怀宁经济开发区】 为了促进怀宁县经济的快速发展，积极构筑产业发展平台，2013年安徽省人民政府同意安徽怀宁经济开发区扩区。经过十多年的建设，现在的怀宁经济开发区按照产城一体、城乡统筹、节约用地、优化生态、以人为本、宜居宜业的要求，已经建设成为特色鲜明、有较强竞争力的产业集聚区，开发开放和体制创新的先行区，以及功能完善、环境优美的新城区。2013年被省发改委批准为33家推进开发区产城一体化试点园区。

一、批准设立及调整情况

怀宁经济开发区（原怀宁综合经济开发区）位于怀宁县城的北部，于1998年11月经安徽省人民政府（皖政秘〔1998〕196号）批准设立，2006年经国家发改委第8号审核公告由怀宁综合经济开发区更名为安徽怀宁经济开发区。并纳入了中国开发区审核公告（2006年版）的公告目录。2013年9月安徽省人民政府（皖政秘〔2013〕198号）批准了安徽怀宁经济开发区以“一区一园”方式扩区。

二、管理机构及核准、管辖面积情况

安徽怀宁经济开发区开发区（原怀宁综合经济开发区）是怀宁县人民政府派出机构，于1998年11月经安徽省人民政府（皖政秘〔1998〕196号）批准设立，当时的规划面积为3.2569平方公里，2006年经国家发改委第8号审核公告由怀宁综合经济开发区更名为安徽怀宁经济开发区。2013年9月安徽省人民政府（皖政秘〔2013〕198号）批准了《安徽怀宁经济开发区总体发展规划（2012—2020）》，并同意安徽怀宁经济开发区以“一区一园”方式扩区，即怀宁经济开发区主区（位于怀宁县城）、茶岭园区（位于怀宁县茶岭镇境内），总体规划面积由原3.2569平方公里扩大至12.7989平方公里（至2020年）。其中主区规划面积9.9389平方公里，东至环一路和胜利路，南至月山大道，西至209省道，北至内环北路；茶岭园区规划面积为2.86平方公里，东至石如大道，南至望雀路，西至经七路，北至环湖南路。

在怀宁经济开发区12.7989平方公里用地内，符合《怀宁土地利用总体规划（2006—2020）》中允许建设用地面积为：718.7135公顷，其中主区两个地块，面积分别为地块一572.3282公顷和地块二111.9060公顷，茶岭园区为地块三，面积为34.4793公顷。

三、基础设施建设情况

开发区重点发展轻工纺织、新材料、机械电子等主导产业。园区自启动建设至今，1998年省人民政府批准的3.2569平方公里已全部建成，在2013年批准的扩区范围内，月山大道、雄山路、石牌大道、内环北路、稼先路、独秀大道等主干路以及陶亭路、东经二路、里仁西路、纬十二路、龙岗路等次干路均已建成通车，洪桥路、纬十三路、里仁东路等次干路也已陆续开工，给水、排水、供电、电信、燃气以及道路绿化都随道路同步建设，基本实现“八通一平”。园区新山安置区及配套设施已基本建成，汪洋安置区及相关配套设施正在建设中；园区内地块80%已平整结束。茶岭园区正在进行控制性详细规划的编制及相关项目的立项工作。

四、主要经济指标及主导产业情况

截至2015年底，已累计完成基础设施建设投入30亿元以上；已累计签约企业230家，协议总投资187亿元，其中投产企业150家、在建企业76家，规模以上企业99家。2015年，完成工业总产值184.9亿元，完成高新技术产业产值56.2亿元，实现地区生产总值544561万元，完成进出口总额5418万美元，完成固定资产投资24.1亿元，完成税收收入2.07亿元。区内就业人口达到2.1万余人。

【桐城经济技术开发区】 桐城经济技术开发区不断加大招商引资和园区基础设施建设力度，尤其在当前经济下行压力加大的情况下，我们注重转型升级、创新发展，开发区主要经济指标仍然保持快速增长态势，绿色集约发展水平显著提高。园区连续多年获安庆市人民政府园区发展综合评价一等奖，被人民网等单位评为“中国最具特色产业开发区”。2014年4月被授予“省级印刷包装产业园”，2015年12月，成功获批“安徽省新型工业化产业示范基地（环保装备）”，2016年4月被授予“安徽省知识产权示范园区”。

一、批准设立及调整情况

桐城经济技术开发区位于桐城市东部，于2001年9月经安徽省人民政府批准成立，原名安徽省桐城民营经济开发区，2002年5月开工建设。2006年元月经国家发改委、国土资源部审核保留，并更名为安徽桐城经济开发区。2013年11月经国务院批准正式升级为国家级经济技术开发区，定名为桐城经济技术开发区。

二、管理机构及核准、管辖面积情况

桐城经济技术开发区为桐城市人民政府派出机构。2001年安徽省人民政府批准起步区面积1.72平方公里（皖政秘〔2001〕135号），2013年11月国务院批准规划面积10平方公里（国办函〔2013〕110号），现管辖面积10平方公里，实测面积9.907009平方公里，四至范围为东至沪蓉高速公路，南至和平东路，西至合九铁路，北至桃园村。目前，区内就业人口16941人。

三、基础设施建设情况

区内206国道、沪蓉高速、合九铁路穿境而过，沪蓉高速在开区设有出口，合九铁路桐城火车站坐落于区内。合安城际高铁正在动工建设，紧邻园区设有车站。截至2015年底，全区共投入基础设施建设资金20亿元，平整土地9.5平方公里，已建设道路52公里，铺设市政管网100公里，架设电力线路70公里，安装路灯1000余盏，燃气管道25公里，宽带通讯建成55公里（全覆盖），新增绿地50万平方米，建成安置房150万平方米。目前，区内实现供电、供水、排水、道路、燃气、通讯等“七通一平”。

四、主要经济指标及主导产业情况

2015年，全区实现地区生产总值（GDP）121.6亿元，税收9.18亿元；实现工业总产值310.2亿元，占桐城市50.1%；装备制造、羽绒家纺、新材料三大主导产业实现工业总产值242.9亿元，占全区工业总产值78.3%。

区内现承接了中国建材集团、深圳海得威、北京汇源果汁、台湾信邦电子、武汉凯迪能源、浙江金田集团、上海东方希望、山西运城制版、杭州杭科光电、中为光电、上海晨兴国际、北京华威等一批外企、央企、上市公司和知名企业投资的项目。“鸿润”品牌进入2015年中国纺织服装品牌价值50强，并以12.28亿元夺得全国羽绒家纺行业冠军；盛运公司垃圾焚烧发电设备进入全国十强；丹凤电子科技园是全国最大的玻璃纤维生产基地之一；华祥汽配工业园正在打造国内一流的汽车发动机零部件研发和生产基地；盛运公司、白兔湖公司、艾瑞德公司等相继成功上市。

附：2014年安庆市开发园区主要经济指标表

开发区		一、全区经营（销售）收入	其中：规模以上工业销售收入	资质以内建筑业经营收入	限额以上贸易企业销售(经营)收入	房地产业经营收入	限额以上服务业企业销售（经营）收入
安庆	2014	24537055.8	17777106.5	578788	2964250	200498	612135
	2013	21712541.56	15386116.67	564971	2785221	221592	561852
1．安庆经济技术开发区	2014	9074388	5641591	277224	2525291	49067	209976
安庆经济技术开发区	2013	8202595	4844101	271522	2413083	59213	190282
2．安庆化工新材料产业集中区	2014	234013	205508		2771		25734
安庆化工新材料产业集中区	2013	204937	177760		2553		24091
3．安徽安庆临港经济开发区	2014	333573.8	318973.8			1300	
安徽安庆临港经济开发区	2013	310987.3	280525.8			1800	
4．安徽安庆高新技术产业开发区	2014	464469	404557		2771		25734
安徽安庆高新技术产业开发区	2013	403557.26	353011.07		2553		24624
5．安徽安庆海口经济开发区	2014						
安徽安庆海口经济开发区	2013						
6．安徽安庆长江大桥经济开发区	2014	2186353	579360	50804	345906	75030	151394
安徽安庆长江大桥经济开发区	2013	1920660	498155	46000	311088	60024	141448
7．安徽怀宁经济开发区	2014	1847286	1663952	3138	30883		64126
安徽怀宁经济开发区	2013	1559507	1404270	3005	20309		58708
8．安徽潜山经济开发区	2014	1791980	1483308	67058	5086	31873	57858
安徽潜山经济开发区	2013	1598376	1261403	65226		39507	52150
9．安徽潜山源潭经济开发区	2014	461208	252006	71965		8776	5743
安徽潜山源潭经济开发区	2013	347406	191925	54000		6789	4267
10．安徽太湖经济开发区	2014	1003270	935466		23439		16946
安徽太湖经济开发区	2013	860576	802593		20559		16635
11．安徽宿松经济开发区	2014	1139060	1086897				4681
安徽宿松经济开发区	2013	948610	904859				3896
12．安徽宿松临江产业园	2014	31309	28301				
安徽宿松临江产业园	2013	36364	31304				
13．安徽望江经济开发区	2014	1129355	1062014.7			5800	
安徽望江经济开发区	2013	1119626	1059344.8			5700	
14．安徽望江桥港经济开发区	2014	44052	42031				800
安徽望江桥港经济开发区	2013	38700	37130				800
15．安徽岳西经济开发区	2014	869638	781667	17203	416		
安徽岳西经济开发区	2013	713839	655986	15201	324		
16．安徽桐城经济开发区	2014	2976783	2518629	82701	21987	26301	47487
安徽桐城经济开发区	2013	2640284	2229182	106331	9703	46714	43445
17．安徽桐城双新经济开发区	2014	950318	772845	8695	5700	2351	1656
安徽桐城双新经济开发区	2013	806517	654567	3686	5049	1845	1506

续表

其中：主导产业经营(销售)收入	其中：主导产业一	主导产业二	主导产业三	二、工业总产值	其中：规模以上工业总产值	其中：高新技术产业产值	三、第二产业增加值	其中：工业增加值	其中：规模以上工业增加值
15382888.8	8818031.7	4048471.8	2516385.3	19079712.1	18084720.8	3451128	5700680	5416837	4948678.8
13571443.16	7370217.36	3881789.4	2285604.5	16440654.6	15569994.7	2881766.32	4994615.4	4731112.4	4319746.3
4269063	2787425	1032019	449619	5739437	5712136	540175	1929156	1829316	1639161
3877282	2449407	991563	436312	4929555	4877792	461811	1682074	1602208	1426902
231242	204000	1508	25734	250100	240000		68527	68527	67800
203539	177121	2327	24091	190700	190700		55303	55303	55303
318973.8	203809.2	70236.9	44927.7	340216.1	325616.1	118624.7	91858	91858	87916
280525.8	135688.4	104163.7	40673.7	311891.6	286430.1	78768.6	84210	84210	77336
333668	304072.9	29595.1		492380	450889	87276	135287	135287	123557.8
306656.66	128896.66	177760		399062.3	375286.8	63055.22	113644.4	113644.4	106987.3
786035	323073	117056	345906	656871	591184	175510	176919	164218	153708
704460	290192	103180	311088	564801	508321	162589	152700	141200	132163
1310313	425879	530725	353709	1779511	1690206	504661	490183	489273	474982
1090191	339201	446284	304706	1519329	1422765	449339	422661	421796	405968
1399023	543386	463758	391879	1549074	1491089	601617	529580	521004	472836
1207026	461127	401972	343927	1304237	1267533	501598	456775	436398	408938
267890	267890			374724	265784	18342	105450	82718	65520
205604	205604			282350	205026	13828	79338	63470	50054
630978	246849	225103	159026	997275	950588	261856	245357	245357	234846
547698	211341	194295	142058	854713	813850	207841	211208	211208	202371
892833	540346	225356	127131	1139060	1086897	198211	299962	296156	267828
683731	400939	179600	103386	948610	904859	160780	254175	250369	221846
28301	28301			32124	32124	32124	8511	8511	8511
31304	31304			37310	37310		9838	9838	9838
1091165	846998.6	143271.8	100894.6	1091165	1062014.7	58121.3	305525	305525	297363
1086366.7	746268.3	192256.7	113819.8	1086366.7	1059344.8	50033.5	304182	304182	296616
29225	29225			58320	47200		14850	11800	9587
25600	25600			54000	43700		13500	10800	8756
708521	399761	241772	66988	898142	788569	140485	276365	229805	189446
623232	347619	216875	58738	751410	659711	116103	258182	202881	164928
2315778	976179	897054	442545	2858917	2573026	695800	813203	731883	661267
2044455	843758	800861	399836	2509373	2258436	601486	713776	642399	580418
769880	690837	71017	8026	822396	777398	18325	209947	205599	194350
653772	576151	70652	6969	696946	658930	14534	183049	181206	171322

续表

四、第三产业增加值	其中：现代服务业增加值	五、进出口总额	其中：出口额	进口额	1. 税收总额	其中：国税收入	其中：工业税收（国税）	地税收入	其中：工业税收（地税）	2. 财政收入
1238526	680123	146030	120638	25392	416566.48	240197.63	189603.53	176368.85	56544.45	755816.16
1078862	581721	97996.64	73018.64	24978	401418.11	224042	174686.3	177376.11	48991.81	550712.56
875201	427592	45308	33065	12243	116374	79527	49636	36847	1024	284648
768223	366547	38268	26696	11572	150036	92693	57853	57343	1593	169467
7126	7126	15502	15475	27	5855	4981	3795	874	470	35077
5400	5400				3405.9	1610	1575	1795.9	424	8379.9
		10055	3891	6164	6268.5	4514.1	4514.1	1754.4	1754.4	8253.4
		7137	2009	5128	5125.1	4252.5	4252.5	872.6	872.6	13123.6
7126	7126	18791	18764	27	17755	14881	13695	2874	2470	54574.18
		1017.64	1017.64		10921.9	7083.65	7048.65	3838.25	2466.35	18448.54
73934	55450	2957	642	2315	62733	22891	21820	39842	3050	62733
65493	49120	1758	769	989	54709	19435	18063	35274	2605	54709
25728	4015	6102	5755	347	32499	23922	21595	8577	7830	42160
22341	3472	5566	4908	658	22853	15807	14363	7046	5795	32911
44947	26887	7154	6344	810	28926	17926	13043	11000	3766	45923
37255	22786	6454	5709	745	23932.5	15002.2	13125	8930.3	3064	44020.5
3671		912	912		6590	3700	3378	2890	902	12306
2930		808	808		6359	3509	3203	2850	889	11079
11920	9392	5231	3600	1631	15956	7084	6569	8872	4120	19196
11627	9281	3096	2195	901	14905	6632	6050	8273	3840	17865
11850	9311	6245	5841	404	17224	10171	5525	7053	6101	48206
10772	8465	5235	4624	611	15022	10499	6850	4523	2761	47633
		126	119	7	896.78	360.23	360.23	536.55	536.55	1596.78
		144	135	9	1062.91	606.45	316.35	456.46	456.46	5194.22
34006	33882	4532	4282	250	11762.2	6952.3	6733.2	4809.9	3665.5	12917.8
30522	30366	5884	3856	2028	11389.8	6850.2	6632.8	4539.6	3447.4	14641.8
980	610	696	451	245	700	450	82	250	43	1020
900	560	696	451	245	650	410	74	240	40	950
24630	17089	2885	2881	4	15588	13060	10187	2528	1860	21838
22908	15894	2177	2176	1	13211	11040	10187	2171	1860	18139
104060	80732	18901	18069	832	72096	27205	26114	44891	17100	98504
88941	69002	18857	16993	1864	64535	27997	24598	36538	17000	90251
13347	911	633	547	86	5343	2573	2557	2770	1852	6863
11550	828	899	672	227	3300	615	495	2685	1878	3900

续表

其中：土地收入	七、固定资产投资总额	其中：工业投资	基础设施投资	其中：财政投入	银行贷款	1. 当年新批进区外商投资企业	2. 当年建成投产企业	3. 新批外商投资项目投资总额	其中：合同外资金额	4. 当年实际利用外商直接投资额
330178.68	4808200.73	3768187	655088.73	218864.73	232427	9	7	40345	29516	20410
141830.45	4279286	3349543	600351	217246	198410	12	10	38502.04	19895.32	35505.2
165456	1531466	1157669	170859	39118	55612	2	2	5280	5168	3975
13986	1236382	893297	141176	31154	46313	2	2	5746	2850	15670
29222	171287	153693	17594		17594					
4974	109299	92204	15525		15525	1	2	4484.52	3139.16	1144.7
1984.9	152935	122880	30055		23000	1	3	1095	1095	971
7998.5	117595	90226	27359	6000	6000		1	500	500	745
36819.18	254832.73	233791	21041.73	3447.73	17594					412
7526.64	181957	161404	18983	3458	15525	1		4484.52	3139.16	1613
	339470	245988	55659			1		16680	16680	6426
	302436	235008	46308							6459
9661	225010	167062	57948	21095	3140	1		4800	4800	2302
10058	220787	181986	38801	18600	2950	1	1	420	420	2001
16997	338066	304472	28646	4989	23657	1	1	1710	860	245
20088	338964	286663	26230	3733	22497	1	1	2740	600	154
5716	93000	76936	16064	14356						400
4720	80190	65110	15080	13113		1		5000	3500	800
1445	166462	149636	16820	1850	4000					1996
2960	161752	144042	17710	1670	5500	1		1600	1600	1280
28239	247930	195140	52790	45790	7000					164
30592	265015	216221	48794	41428	5000					1784
700	72656	26792	45864	19866	8000					
4131.31	72387	26674	45713	19568	8000					
1155.6	263220	214620	23600	3000	20600					901
3252	356555	300165	30090	3090	27000	1	1	2000		1786
300	113800	92300	16530	5390	10930					
300	102000	83770	15000	5000	10000					
5779	143800	114460	11055	7500	3200					534
4928	121608	96800	9350	6200	2500					420
25184	603674	434799	77920	47820	30100	3	1	10780	913	1034
25716	544642	433958	78530	38530	31600	1	2	8300	920	1500.5
1520	90592	77949	12643	4643	8000					1050
600	67717	42015	25702	25702		2		3227	3227	148

续表

九、利用内资情况	1．当年新批进区省外境内项目	2．当年建成投产项目	3．在建省外境内投资项目个数	其中：亿元以上省外境内投资项目个数	4．在建省外境内投资项目总投资额	其中：亿元以上省外投资项目投资总额	5．当年实际利用省外境内资金额	十、专利申请授权情况	其中：亿元以上项目到位省外资金额	1．专利申请量	2．专利授权量
	183	122	322	196	9783381	8729363	3993149		3124814	3017	1434
	168	130	313	167	7524024	6544482	3166394		2205666	2097	934
	50	27	44	40	1817000	1817000	1031000		1031000	637	279
	49	26	43	39	1812876	1485646	1026400		952900	460	197
	4	5	18	17	1298500	1295500	508700		508700		
	3	2	14	12	672969	663600	20499		20499		
	7	8	10	8	233000	224550	73587		69837	50	35
	1	6	7	7	186275	186275	160000		160000	33	13
	3	8	21	19	1641900	1376400	524242		518742	7	4
	2	4	19	13	770669	725300	49429		44699	18	6
	15	8	30	21	1100340	1057440	183500		158000	48	33
	11	9	14	14	824600	811600	220900		212900	58	26
	11	16	66	16	497545	376650	127860		56061	315	152
	7	14	62	13	466357	244300	116395		54962	297	62
	28	15	54	25	634889	539648	369425		162432	567	176
	29	33	70	25	581005	487823	332719		144090	177	123
	9	3	13	7	177000	92167	70895		36962	26	19
	11	5	12	4	153000	129000	65110		29703	22	15
	9	6	4	2	175560	116000	149810		143250	82	100
	11	7	5	3	171200	110000	152100		144600	114	15
	10	4	8	4	129052	99052	247930		72344	271	122
	11	4	6	3	114541	78673	265015		25685	260	168
	11	1	11	5	166525	160256	89669		70523	8	6
	12	3	12	5	186732	161003	79600		68276	8	
	7	1	20	18	698780	609700	214600		151000	140	37
	6	6	20	17	625300	598700	300165		210000	30	3
			1	1	100000	100000	50000		30470		
			1	1	100000	100000	49000		30150		
	5	8	5	3	42000	35000	24500		3850	425	117
	3	7	3	2	38000	32000	22160		3500	303	166
	13	2	15	9	900000	670000	310160		99000	429	348
	11	3	21	8	650000	570562	276000		78000	307	135
	1	10	2	1	171290	160000	17271		12643	12	6
	1	1	4	1	170500	160000	30902		25702	10	5

附：2015年安庆市开发园区主要经济指标表

开发区		一、全区经营（销售）收入	其中：规模以上工业销售收入	资质以内建筑业经营收入	限额以上贸易企业销售(经营)收入	房地产业经营收入	限额以上服务业企业销售（经营）收入	其中：主导产业经营(销售)收入
安庆	2015	26602732.3	19226709	673015	3233848	342869	620534.6	15499728
	2014	24175295.8	17456127.5	578788	2995834	200498	579340.1	13944607.5
1．安庆经济技术开发区	2015	10013314	6265326	260491	2717326	44955	225173	4691351
安庆经济技术开发区	2014	9074388	5641591	277224	2525291	49067	209976	4269063
2．安庆化工新材料产业集中区	2015	247785	229896		1379		16510	237743
安庆化工新材料产业集中区	2014	238513	210008		2771		25734	235233
3．安徽安庆临港经济开发区	2015	388328.2	372128.2			250		372128.2
安徽安庆临港经济开发区	2014	333573.8	318973.8			1300		318973.8
4．安徽安庆高新技术产业开发区	2015	234570	208647					208647
安徽安庆高新技术产业开发区	2014	230456	199049					128160
5．安徽安庆海口经济开发区	2015							
安徽安庆海口经济开发区	2014							
6．安徽安庆长江大桥经济开发区	2015	2399951	638767	51820	384329	130027	163029	873632
安徽安庆长江大桥经济开发区	2014	2221990	598960	50804	345906	75030	151394	786035
7．安徽怀宁经济开发区	2015	1850027	1665078	3526	24618		65825	1347067
安徽怀宁经济开发区	2014	1847286	1663952	3138	30883		64126	1310313
8．安徽潜山经济开发区	2015	2059034	1726446	68582	6833	35826	81045	1701113
安徽潜山经济开发区	2014	1791980	1483308	67058	5086	31873	57858	1399023
9．安徽潜山源潭经济开发区	2015	525776	322567	81320		9829	6891	307732
安徽潜山源潭经济开发区	2014	461208	252006	71965		8776	5743	237528
10．安徽太湖经济开发区	2015	1092480	1049760		28780		12130	745536
安徽太湖经济开发区	2014	1003270	935466		23439		16946	630978
11．安徽宿松经济开发区	2015	1302607	1272126			10831	495.6	1003930
安徽宿松经济开发区	2014	1139060	1127023				468.1	892833
12．安徽宿松临江产业园	2015	32954	32954					32954
安徽宿松临江产业园	2014	31309	28301					28301
13．安徽望江经济开发区	2015	1186952.1	1136801.8			6300	2178	1136801.8
安徽望江经济开发区	2014	1129355	1062014.7			5800		1062014.7
14．安徽望江桥港经济开发区	2015	45350	43200				817	29900
安徽望江桥港经济开发区	2014	44052	42031				800	29225
15．安徽岳西经济开发区	2015	962002	865002	18581	445			781654
安徽岳西经济开发区	2014	869638	781667	17203	416			708521
16．安徽桐城经济开发区	2015	3216250	2538409	181261	66425	102039	46117	1226323
安徽桐城经济开发区	2014	2808899	2338932	82701	56342	26301	44639	1138526
17．安徽桐城双新经济开发区	2015	1045352	859601	7434	3713	2812	324	803216
安徽桐城双新经济开发区	2014	950318	772845	8695	5700	2351	1656	769880

续表

其中：主导产业一	主导产业二	主导产业三	二、工业总产值	其中：规模以上工业总产值	其中：高新技术产业产值	三、第二产业增加值	其中：工业增加值	其中：规模以上工业增加值	四、第三产业增加值
9168302.4	3679926.1	2651499.5	20538095.2	19497046.8	3968521.9	5990620.8	5736554.8	5237985.9	1327935.5
8131323.7	3411778.8	2401505	18648937.1	17722238.8	3533749	5468848	5239680	4785011.8	1232071
3121916	1095862	473573	6328169	6311592	573796	2090655	1988834	1785861	940225
2787425	1032019	449619	5739437	5712136	540175	1929156	1829316	1639161	875201
212080	9153	16510	267576	254383	250383	72245	72245	72123.4	5778
205508	3991	25734	250100	240000	239500	68527	66527	67800	7126
247490.8	77328.2	47309.2	409696	393496	121408.6	110617	110617	106243	
203809.2	70236.9	44927.7	340216.1	325616.1	118624.7	91858	91858	87916	
174863	28380	5404	241148	214631	92655	69933	69933	62243	
98564.9	29595.1		242280	210889	87276	70261	70261	61157.8	
369337	120339	383956	724226	651803	251291	194011	181056	170121	81195
323073	117056	345906	679093	611184	231877	182474	169773	158908	74605
480875	538822	327370	1781903	1692695	561938	490607	489580	475524	26840
425879	530725	353709	1779511	1690206	504661	490183	489273	474982	25728
684667	565784	450662	1904835	1791254	754285	619518	614321	559478	54678
543386	463758	391879	1549074	1491089	601617	529580	521004	472836	44947
307732			445893	329567	26342	128578	103445	82093	4671
237528			374724	265784	18342	105450	82718	65520	3671
289818	249286	206432	1085590	1036220	277062	268114	268114	255910	15425
246849	225103	159026	997275	950588	261856	245357	245357	234846	11920
537916	254868	211146	1302607	1272126	199136	336222	331678	307291	13250
540346	225356	127131	1139060	1127023	198211	299962	296156	267828	11850
32954			32954	32954	32954	8766	8766	8766	
28301			32124	32124	32124	8511	8511	8511	
924143.6	109589.9	103068.3	1172809.2	1136801.8	98563.3	327015.8	327015.8	318304.5	36930.5
862423.6	103984.8	95606.3	1091165	1062014.7	58121.3	305525	305525	297363	34006
29900			60050	48500		15222	12080	9800	1010
29225			58320	47200		14850	11800	9587	980
441192	266437	74025	995566	874338	155772	304805	263837	208327	26708
399761	241772	66988	898142	788569	140485	276365	229805	189446	24630
547826	341551	336946	2879437	2591494	545445	724924	670908	603953	115403
508408	297165	332953	2656020	2390418	482554	640842	616197	554800	104060
765592	22526	15098	905636	865192	27491	229388	224125	211948	5822
690837	71017	8026	822396	777398	18325	209947	205599	194350	13347

续表

其中：现代服务业增加值	五、进出口总额	其中：出口额	进口额	六、税收财政收入情况	1. 税收总额	其中：国税收入	其中：工业税收（国税）	地税收入	其中：工业税收（地税）	2. 财政收入
744905.5	131912	108695	23217		404592.06	219169.2	173611.4	185422.86	87235.5	671290.33
673500	130778	105413	25365		410711.48	235216.63	185808.53	175494.85	56074.45	721038.98
468903	42120	30651	11469		115004	73657	42570	41347	12533	273837
427592	45308	33065	12243		116374	79527	49636	36847	1024	284648
5778	17251	17079	172		6020	5000	4760	1020	780	9817
7126	15502	15475	27		5855	4981	3795	874	470	35077
	10314	4769	5545		9446	7061	7061	2385	2385	10383.84
	10055	3891	6164		6268.5	4514.1	4514.1	1754.4	1754.4	8253.4
	3543	3543			13400	9005	9005	4395	4395	16338.79
	3289	3289			11900	9900	9900	2000	2000	19797
60978	4257	2267	1990		63859	25998	24698	37861	2840	63859
55953	3207	892	2315		62733	22891	21820	39842	3050	62733
4135	5418	5049	369		20659	13471	10237	7188	6265	31286
4015	6102	5755	347		32499	23922	21595	8577	7830	42160
34566	8803	7742	1061		25764	14003	13896	11761	11000	54240
26887	7154	6344	810		28926	17926	13043	11000	3766	45923
	1144	1094	50		7100	3800	3420	3300	1028	13106
	912	912			6590	3700	3378	2890	902	12306
12056	5245	4235	1010		16685	7122	7080	9563	5340	19510
9392	5231	3600	1631		15956	7084	6569	8872	4120	19196
10411	4178	3798	380		16012	8646	3964	7366	4480	38506
9311	6245	5841	404		17224	10171	5525	7053	6101	48206
	180	98	82		2439	480	480	1959	1959	1804
	126	119	7		896.78	360.23	360.23	536.55	536.55	1596.78
36897.5	5195	5144	51		13303.06	8137.2	7862.4	5165.86	3931.5	19658.7
33882	4532	4282	250		11762.2	6952.3	6733.2	4809.9	3665.5	12917.8
625	708	459	249		716	460	83	256	45	1030
610	696	451	245		700	450	82	250	43	1020
18123	1414	1410	4		16356	13705	10389	2651	1983	22589
17089	2885	2881	4		15588	13060	10187	2528	1860	21838
92322	22067	21357	710		72509	25854	25354	46655	26568	85754
80732	18901	18069	832		72096	27205	26114	44891	17100	98504
111	75		75		5320	2770	2752	2550	1703	9571
911	633	547	86		5343	2573	2557	2770	1852	6863

续表

其中：土地收入	七、固定资产投资总额	其中：工业投资	基础设施投资	其中：财政投入	银行贷款	八、利用外商直接投资情况	1. 当年新批进区外商投资企业	2. 当年建成投产企业	3. 新批外商投资项目投资总额	其中：合同外资金额
252588.32	5012260.44	4201955	602877.44	178516.44	204526		8	8	45445	13476
300956.5	4636913.73	3614494	637494.73	218864.73	214833		9	8	40345	29516
153623	1537836	1309609	199362	47813	64781		2	2	5746	5746
165456	1531466	1157669	170859	39118	55612		2	2	5280	5168
3797	230582	194892	35690		35690					
29222	171287	153693	17594		17594					
937.84	108546	97978	10568							
1984.9	152935	122880	30055		23000		1	3	1095	1095
2938.79	82391.44	79951	2440.44	2440.44						
7597	83545.73	80098	3447.73	3447.73						
	346375	249931	56113				1	2	280	280
	339470	245988	55659				1		16680	16680
10627	241563	167813	73750	18754	3500					
9661	225010	167062	57948	21095	3140		1		4800	4800
28476	401831	370590	31241	5120	26121		1	1	2189	920
16997	338066	304472	28646	4989	23657		1	1	1710	860
5830	107680	81740	20325	18292						
5716	93000	76936	16064	14356						
1170	174230	157130	17100	1300	5000			1		
1445	166462	149636	16820	1850	4000			1		
20106	331436	299511	31925	23055	8870					
28239	247930	195140	52790	45790	7000					
1804	79195	37212	39169	28164	10040					
700	72656	26792	45864	19866	8000					
6355.69	266950	230830	9880	1350	8530		1	1	1000	
1155.6	263220	214620	23600	3000	20600					
300	122000	98000	17500	5700	11500					
300	113800	92300	16530	5390	10930					
5943	185100	128159	12492	8300	3400					
5779	143800	114460	11055	7500	3200					
6429	697701	611993	33094	11000	22094		3		36230	6530
25184	603674	434799	77920	47820	30100		3	1	10780	913
4251	98844	86616	12228	7228	5000			1		
1520	90592	77949	12643	4643	8000					

续表

4. 当年实际利用外商直接投资额	九、利用内资情况	1. 当年新批进区省外境内项目	2. 当年建成投产项目	3. 在建省外境内投资项目个数	其中：亿元以上省外境内投资项目个数	4. 在建省外境内投资项目总投资额	其中：亿元以上省外投资项目投资总额	5. 当年实际利用省外境内资金额	其中：亿元以上项目到位省外资金额	十、专利申请授权情况	1. 专利申请量	2. 专利授权量
12608		169	139	314	197	7922856	7051509	3615319	2900230		4911	1822
20406		180	117	304	179	8224881	7430863	3484449	2616114		3017	1434
3882		51	28	45	41	1817000	1817000	1031000	1031000		1538	640
3971		50	27	44	40	1817000	1817000	1031000	1031000		637	279
503		10	8	18	14	661800	577700	436650	429805		65	11
		4	5	18	17	1298500	1295500	508700	508700			
		5	9	11	7	155920	131350	66769	45949		184	104
971		7	8	10	8	233000	224550	73587	69837		50	35
2019			2	1	1	10027	10027	600	600		11	5
412			3	3	2	83400	77900	15542	10042		7	4
2994		17	18	39	32	1373900	1346200	224500	201200		237	64
6426		15	8	30	21	1100340	1057440	183500	158000		48	33
113		12	13	59	19	550600	361550	147944	110358		690	178
2302		11	16	66	16	497545	376650	127860	56061		315	152
28		17	12	48	19	707105	618524	393528	175818		626	267
245		28	15	54	25	634889	539648	369425	162432		567	176
		8	4	15	8	185000	95800	78230	44310		30	21
400		9	3	13	7	177000	92167	70895	36962		26	19
1726		8	7	4	2	181260	112450	136640	132780		83	77
1996		9	6	4	2	175560	116000	149810	143250		82	100
53		13	10	13	12	324128	316900	331436	188710		61	82
164		10	4	8	4	129052	99052	247930	72344		271	122
		12	1	11	6	183246	170324	90125	72153			
		11	1	11	5	166525	160256	89669	70523		8	6
300		3	1	22	20	830780	741700	260750	215300		149	39
901		7	1	20	18	698780	609700	214600	151000		140	37
				1	1	100000	100000	54000	33000			
				1	1	100000	100000	50000	30470			
550		6	9	5	3	45000	36000	26700	4126		702	157
534		5	8	5	3	42000	35000	24500	3850		425	117
192		5	8	17	9	569000	400000	295300	180480		520	168
1034		13	2	15	9	900000	670000	310160	99000		429	348
248		2	9	5	3	228090	215984	41147	34641		15	9
1050		1	10	2	1	171290	160000	17271	12643		12	6

黄山市

黄山市开发区发展报告

一、黄山市开发区建设发展总体情况

我市开发区建设从2003年开始起步，目前全市有经省政府批准设立的省级开发区1家，即安徽歙县经济开发区；经省政府批准筹建的省级开发区7家，即安徽黄山经济开发区（含屯溪九龙经济开发区）、安徽休宁经济开发区、安徽祁门经济开发区、安徽黟县经济开发区、安徽黄山工业园区、安徽徽州经济开发区、安徽歙县北岸经济开发区。

（一）园区经济平稳增长

全市8家开发区总规划面积91平方公里，截至2015年底，全市开发区累计完成固定资产投资898.82亿元，其中，基础设施建设完成投资174.45亿元，建成区面积41平方公里，累计入驻企业达到1197户，其中工业企业972户。各项经济指标持续增长。2015年全市开发区完成工业总产值558.17亿元，固定资产投资132.54亿元，实现税收17.34亿元。歙县和徽州区经济开发区园区总产值分别达到141和134亿元，连续三年成为百亿产值园区。

（二）招商引资取得新突破

完善招商项目预审机制、制定科学的考核办法，积极开展联动招商、驻点招商，以商引商，提升招商引资质量。开发区围绕主导产业，主动外出招商，赴北京、上海、广东、浙江、杭州、江苏等地考察项目，并邀请外地企业集中前来考察。积极联络长三角、珠三角地区的商会组织，依托“朋友圈”牵线搭桥，介绍企业来开发区考察。切实做好已签约项目跟踪工作，确定专人具体负责签约项目报送及联络。对暂时未成功引进的项目，建立客商信息库，及时问候联系客商，了解项目意向。积极组织干部学习研究招商政策，真正做到服务招商、环境留商。

（三）促进企业创新发展

引导企业增强创新意识，多家企业申报高新技术企业，高薪聘请职业经理人，加强企业管理，加大企业技改力度。配合经信委协助园区项目大、科技含量高、发展前景好的企业积极申报技改项目扶持，鼓励园区企业运用先进实用技术和高新技术改造提升传统业，促进新技术、新产品和新业态发展，通过增量投入带动存量调整，优化工业投资结构，推动工业整体素质迈上新台阶。

（四）推动绿色集约发展

结合清洁能源替代、集中供热建设等措施，实施集中供热二期、聚能供热等项目，以节能降耗改造项目为抓手，引导企业开展能源生产工艺改造；大力实施园区大气防治工程，督促园区企业新上或改造废气收集处理设备；扎实推进园区集约节约土地工作，提高单位土地产出效益，结合企业实际情况，对不同类型闲置及低效利用土地进行区别对待，按照采取限期自建、嫁接盘活、合作盘活、股权转让、政府收储、部分回收等6种方式分类处置。

（五）服务企业不断优化

始终秉持为广大企业提供“一站式”“保姆式”的服务理念，全方位、全过程，全面出击。加

大对企业的融资力度，修订于园区助金管理办法进行进一步修订，与金融办共同开展“金融支持工业、行长走进园区”活动。加大企业用工服务，联合人社局共同举办了“春风行动”“市体育馆”民营企业招聘周等多次招聘会，为园区企业引进各类人才。在多家企业开展专业技能培训指导。协调处理各类纠纷。

二、开发区面临的主要问题

我市园区存在“小、散、乱、差、低”等现象。存在综合实力不强、产业结构不优、产业配套不足、质量效益不高等突出问题。主要表现在：一是综合实力不强，全省参加考核的省级以上开发区160家，我市8家，2014年总收入505.43亿元，仅占全省开发区经营收入的1.7%。全省经营（销售）收入超过100亿元的园区75家，我市仅徽州区和歙县2家。二是产业结构不优。虽然多年来我市一直致力于发展优势产业，但优势产业不“优”、优势产业不“强”的情况仍十分明显。三是产业配套不足。目前我市园区还处在企业集聚的初级阶段，产业布局混乱，产业链较短，缺乏上下游配套企业和相关产业支持，专业化分工不明，有些企业“小而全”，不利于产业集群的形成。四是质量效益不高。从园区亩均税收看，市开发区的亩均税收为5.8万元/年，高一点的休宁县也仅6.7万元/年、歙县6.6万元/年，其他区县亩均税收每年4万元左右，与省里提出的市管省级开发园区预期亩均税收不少于20万元/年，县管省级开发园区预期亩均税收不少于10万元/年，存在不少差距。

三、开发区下一步发展思路

坚持特色发展、集约发展和集聚发展，以百亿园区培育行动计划为抓手，优化园区空间和功能布局，推动开发区由规模扩张向质量提升转变，把园区打造成战略性新兴产业集聚发展和产业转型升级的主要平台。到2020年，园区工业产值占全市工业产值比重超90%，年产值超亿元企业200家以上。

（一）推进园区集聚特色发展。修订完善园区规划，根据各园区产业基础、发展条件和人文特点，聚焦特色优势，科学选择2～3个主导产业，引导各类园区错位发展。调整优化对各区县和园区的招商引资考核办法，建立新增项目的布局协调机制和利益共享机制，促进同源、同类、关联度高的项目集聚建设，坚决避免同类项目无序竞争、盲目落地。围绕龙头企业和重点项目，优化区域要素资源配置，加快主导产业和首位产业培育，带动和促进上下游企业聚集与产业链延伸，着力打造特色鲜明的产业集群。2020年，产值超百亿元园区达到3个以上。

（二）推进园区集约高效发展。推进节约集约用地，严格规范土地出让行为，落实开发区单位土地面积投资强度的要求，继续抓好园区“双清双控”，盘活闲置和低效利用土地，提高单位土地面积产出。以科技含量、环境影响、投资强度、产业效益作为选资标准，提高入园项目档次和质量，建立健全园区“腾笼换鸟”倒逼机制，完善项目进入和退出机制。加大园区基础设施投入，加强园区公共平台建设，实现多种信息资源共享，完善园区配套功能，提升支撑能力。创新园区运行管理体制机制，赋予开发区更加灵活的管理自主权，探索建立“二号章”制度。

（三）推进园区产城融合发展。以市经济开发区、歙县经济开发区产城一体化试点为重点，将园区纳入城市总体规划控制范围，统筹安排基础设施建设，提升园区承载能力，形成以产兴城、以城促产、产城互动发展格局。市经济开发区按照“产业新城，城市新区”的发展要求，加大基础设施建设力度，坚持“建区造城”两轮驱动，完善“新城区、新产业、新生活”三大功能，成为全市经济发展极。歙县经济开发区加快推进二期建设，完善园区电子商务、仓储物流、金融等现代服务业，推动新型工业、现代服务业“两翼齐飞”，推动单一工业园区向综合性产业新区转变，积极争创国家级经济开发区。推进园区跨区域联动发展，整合周边相邻园区，探索与杭州及省内先进园区合作共建，推动市经济开发区与歙县、徽州区循环经济园联手打造国家级低碳高新开发区。

（四）推进服务业集聚发展。全力加快黄山现代服务业产业园建设，完成产业园管委会和运营开发公司两个主体组建，在总规基础上编制相关配套规划，建立运行机制，出台优惠政策。深入推进园区起步区基础设施和产业项目建设，围绕产业定位加大招商引资和重点项目谋划，积极推进智慧交通黄山基地、金融小镇等一批重点项目建设，推动黄山市现代服务业投资基金、安徽省文化旅游产业投资基金正式运营。继续推进7个省级服务业集聚区建设，加强区内公共服务平台建设，完善园区配套功能，推动错位发展，力争新增1～2个省级服务业集聚区。加快发展以信息服务、现代金融、现代物流、电子商务、为农服务、科技服务、商务服务为重点的生产性服务业，优化发展以社区服务、商贸服务等为重点的居民服务业。

（五）切实强化金融支撑作用。进一步优化财政收支结构，强化资金保障，切实增强服务经济发展的能力。一是做大平台。进一步理顺开发区管委会下属平台公司间的债权债务关系，盘活存量资产，推动平台公司做大做强。二是用好政策性贷款。谋划整合基础设施项目，积极争取国开行、农发行等低利率、中长期贷款，降低融资成本。三是做好地块出让工作。强化服务意识，围绕拟出让地块做好前期工作，为地块按期交付做好准备，奠定基础。四是拓展融资渠道。探索基金募集、融资租赁、股权融资等多种方式，引入资金血液，激活区域资本市场。五是推进PPP合作模式。加强与中铁四局、安徽建工集团等国有大企业的合作，借船出海。六是抓好开复工。以走访、拜年的形式对企业、项目开复工情况进行督查，通过政银企对接会形式，促进银企合作。七是抓好金融机构入驻工作。积极与市工行、市中行对接，争取早日入驻开发区。

黄山市开发区重点介绍

【安徽黄山经济开发区】 黄山经济开发区紧扣“五大指标”（固定资产投资、招商到位资金、规上工业总产值、规上工业增加值、财政收入），攻坚“四大战役”（高铁通车、一中搬迁、行政区划调整、重大项目建设），狠抓“三严三实”专题教育、落实“调转促”、谋划“十三五”、招大引强等重点工作，主动适应新常态，抢抓发展新机遇，奋力攻坚克难，经济社会实现平稳较快发展。

一、2015年主要工作

（一）经济指标完成情况

全年完成固定资产投资47.5亿元，完成年度目标；招商引资到位资金37亿元，同比增长15%；规上工业总产值61.4亿元，同比下降1.6%；规上工业增加值14.9亿元，同比下降3.7%；财政收入6.74亿元，同比增长9.6%。

（二）主导产业培育

“十三五”时期，在着力提升纺织服装、机械电子、新型材料三大传统产业实力的基础上，立足区域特色和优势，按照开发区产业发展“生态型、科技型、创新型”的原则，依据总体规划和产业规划的导向，发挥高新技术和自主创新的引领作用，重点发展绿色包装材料、智能装备制造、电子信息三大产业，发挥对整个开发区经济发展的带动作用。

1. 绿色包装材料

依托国家级绿色软包装产业基地等行业高新节能，以提高新材料自主创新能力为核心，以新型功能材料、高性能结构材料和先进复合材料为发展重点，大力发展产业基础好、市场潜力大、科技含量高的战略性新兴产业项目。坚持重点企业与下游产业的无缝衔接，着力引进关联研发机构企业、终端用户企业，强化产业发展带动作用，形成布局合理、特色鲜明、聚集度高的绿色新材料产业基地。

2. 智能装备制造

鼓励富田精工、屯阀公司等一批行业重点企业提升自主研发能力，重点突破关键智能技术、核心智能测控装置与部件，开发智能基础制造装备和重大智能制造成套装备，大力推进示范应用，提高制造过程的数字化、柔性化及系统集成水平，加快推进信息化综合集成和应用能力。重点引进成套设备及大型成套生产线系统生产企业、新型传感器、智能化仪器仪表、精密测量仪器、高性能液压件、工业机器人等典型智能装备制造企业。

3. 电子信息产业

未来重点培育电子信息工业、信息服务业、信息开发业（包括软件产业、数据库开发产业、电子出版业、其他信息内容业）。

重点发挥徽文化产业园的集聚带动作用，大力发展文化创意产业、推动众创空间梦工厂招商，着力引进一批创意公司和创意人才，融入现代科技，实现文化传承与文化产业效益的有机结合，推动开发区在信息服务业、文化艺术、创意设计、传媒产业方面的大发展，积极引进一批影响力大、知识性强、附加值高的现代服务业类龙头企业。

（三）围绕拓展发展空间，推进招大引强

目前在谈的产业实体经济项目55个，其中工业类16个，文化及现代服务业19个，旅游、公共服务业及金融服务类20个。一是立足产业招商。根据园区现有产业特点和未来产业定位，重点围绕绿色电子、绿色食品、高新技术和现代服务业等主导产业招商选资，积极引进家居生活广场、幼儿洗护用品等企业，重点洽谈小罐茶生产基地、冰雪大世界、电子芯片、金庸武侠世界影视基地暨主题公园等一批重大项目。二是领导带头招商。组建固定小分队10支30人，由管委会主要领导担任队长，赴北京、天津、上海、福州、厦门、上海等地开展招商，今年以来，小分队外出招商26次，拜访企业80余家，共接待客商93次430人，大力推介宣传了合福高铁开通带来的发展利好。三是拓宽平台招商。依托节会平台开展招商，2015年8月份厦门土地推介会上，邀请了当地及周边约50名企业家参会，会后，一些企业家先后慕名来到开发区考察。同时，积极联络长三角、珠三角地区的商会组织，依托“朋友圈”牵线搭桥，介绍客商来开发区考察。四是优化服务招商。切实做好已签约项目跟踪工作，确定专人具体负责签约项目报送及联络。对暂时未成功引进的项目，建立客商信息库，及时问候联系客商，了解项目意向。积极组织干部学习研究招商政策，真正做到服务招商、环境留商。

（四）围绕重点要素保障，助力园区平稳发展

一是确保安全稳定。定期开展建筑工地、企业、村居安全生产大检查，确保安全生产平稳有序；抓好重点领域、特殊群体的矛盾纠纷排查，落实维稳第一责任，保障园区和谐稳定。二是加强队伍建设。始终抓住干部队伍建设这个核心，优化结构，加强培养，按照《党政领导干部选拔任用条例》要求，本着“德才兼备”的原则，征求纪工委意见，公开透明任用干部。开展干部任前谈话和中层干部集体谈话，绷紧“廉”弦，警钟长鸣。三是抓好文明创建。扎实开展文明创建各项工作，2015年共清运生活垃圾3200余吨，印发《开发区文明创建任务分解表》，进一步明确各部门的职责任务，强化协作，抓好落实，确保文明创建工作取得实效。四是加强黄山北站综合管理。充分发挥高铁黄山北站综合管理办公室职能，加强对高铁片区的城市、交通运输及社会治安等方面管理，提升我市对外形象。五是做好区划调整后续工作。积极对接市直及相关区县部门，对三个区县涉及群众利益的问题进行全面梳理，在尊重事实的基础上本着“就高不就低”的原则，确保群众生活不受影响。

（五）围绕未来发展规划，做好“十三五”谋划

根据“产业新城、城市新区”核心定位，超前谋划好开发区“十三五”发展规划。以全面建成小康社会为总体目标，坚持创新、协调、绿色、开放、共享发展的基本原则，实施打造一座新城（强力推进四大板块建设，实现文化教育板块、高铁板块、新型工业板块和新潭板块的协同发展，逐步实现从纯粹的经济开发区向产城融合的新城区转型升级）、实施双轮驱动（产业发展方面以“两绿一高”产业为主抓手，大力发展绿色新材料、绿色食品和高新电子产业；在城市建设方面进一步拉大园区框架，提升基础设施配套能力，提升公共服务水平，利用总部经济、创意经济等新兴业态催热城市商圈，实现产城融合一体化发展）、构建三新模式（构建新产业、构建新城市、构建新生活）、强化四个路径（聚人、聚气、聚物、聚财）的发展战略，构建一核（以

高铁新区为建设核心）、两轴（形成绿色食品产业轴与绿色材料产业轴的产业集聚发展）、三组团（依山水地形建设现代娱乐业主题公园组团、依齐云大道沿线布局家居物流等业态形成现代服务业组团、依边尾水库构筑原生态现代休闲农业组团）的空间和产业布局，把开发区建设成为安徽省重点开发区产城融合的样板、国内顶级旅游城市高铁新区的典范和徽文化生态保护传承创新的标杆，为到2020年全面建成小康社会，实现更美更富黄山梦，奠定更加坚实的基础。

（六）围绕理顺体制机制，实施区划调整

在市委市政府的坚强领导和相关部门配合指导下，从2015年1月份开始，历时7个月，顺利将休宁县万安镇4个村、徽州区岩寺镇2个村和西溪南镇1个村等7个村，约35平方公里，1.4万人，调整至屯溪区新潭镇。一是加强组织领导，健全领导班子。市委市政府成立了市长任组长，市委5位常委参加的行政区划调整工作领导小组，下设10个专门工作组，具体承担区划调整实施和交接工作。二是加强团结协作，形成工作合力。借鉴学习外地成功管理经验，10个专门工作组密切配合、通力合作，加大宣传力度，制定工作方案，科学高效推进各项工作。三是明确具体要求，依法规范操作。严把“思想、程序、底数、财产、材料”五关，严格遵守各项政治纪律、财经纪律、干部人事工作纪律和群众工作纪律，确保依法规范做好区划调整工作。四是明确责任主体，有序完成交接。明确区划调整移交主体和接受主体职责，确保移交工作不推诿，对各地社会保障等方面差异，研究制定了统一政策标准和衔接措施，切实维护群众利益。2015年8月25日，开发区党工委、管委会与屯溪区委、区政府签订新潭镇行政托管协议，对新潭镇人、财、物实行全面管理（区划调整后的新潭镇包含14个村委会和2个社区居委会，面积69.09平方公里，人口约2.3万），进一步理顺了开发区的管理体制。

二、存在的主要问题

关于开发区“去筹”问题。黄山经济开发区目前是全省16个地市中唯一一个筹建的市本级开发区，黄山市政府已经将开发区“去筹”列入2016年的重点工作，恳请省发改委优先申请列入国家核定开发区目录，理顺机构设置。

三、2016年重点工作安排

（一）总体目标

2016年将按照“5515”的总体思路，扎实推进各项工作，具体为：全年新增50个项目，完成固定资产投资50亿元，新增财政收入1亿元，实现工业总产值50亿元。

（二）重点工作安排

2016年开发区将紧扣招商引资、项目建设、企业运行、基础设施完善、国计民生改善等重点工作，上增量、优存量、提质量，突出效益，加快转型，实现新常态下的新发展。

1.强推项目建设

项目建设是开发区建设发展的主引擎。一方面是盘活存量，一要“育好快马”，深入开展“专精特新”活动，进一步解放思想，通过引进战略投资，推动中小板、新三板上市，实施员工股权激励等途径，助推永新绿色包装、富田精工、瑞兴汽车电子、紫荆花壁纸、中鼎科技等龙头骨干企业做大做强。二要“养好小马”，用好徽文化产业园创客空间、科创孵化器等平台，改建、新建普米特、卓达、嵘峰等孵化标准厂房，用活黄山“人才10条”，吸引科技人才来黄创业，扶持中小微企业发展。三要“救活困马”，抓好奇立德、萃华科技、晶辉科技、蓝猫动漫等问题企业的帮扶，妥善处理历史遗留问题。四要“杀出黑马”。提振信心，突出抓好北斗科技园、昶恒科技园、五维科技园等科技园项目建设，创新产业业态，激发创新活力。另一方面是扩大增量，抓好甲骨文“腾笼换鸟”、海迦生物二期项目建设；深化2016年1月8日集中签约项目的后续谈判，尽快签订投资协议，尽早开工建设，尽力转化为现实投资。释放高铁通车和一中搬迁红利，加大联佳爱这城、浩创城、梅林国际等商服项目开发力度。启动高铁片区建设，集聚区域商气人气，催热城市商圈。第三要抓好基础设施建设，按照“1+1+N”的总体建设思路，强力推进“一环三桥八路”建设，切实抓好一季度四路建设。

2.持续招大引强

招商引资是打开开发区大门的金钥匙，招大引强是解决开发区发展不足、发展不快的秘方和药方。一要招大引强。要瞄准国家队，聚焦国企、央企和上市公司，弯道超车。二要打造特色。大力发展电子信息产业，打造产业集聚的“聚能环”，实现产业结构的“核裂变”。三要做强主导产业。要结合现有企业产业，开展产业链招商。2016年要进一步抓好绿色包装基材研发生产项目，推进中金公司绿色包装基地建设，打造包装行业的“航母”；做强智能装备制造产业，2016年春节后富田精工公司将启动与美国富乐公司的谈判，寻求合作机会，如果能够合作成功，将会带来卫生用纸行业的一场革命。四要联动招商。一是以商引商，利用已有客商、入园企业的人脉资源，串起“葫芦”串，做大信息流，寻找信息源。二是领导招商，主要领导及班子成员带队，缩短谈判时间，提高招商效率。三是精准会商，加强对招商客商的实力、意愿和投资项目的考察，研透客商对优惠政策的需求和心理底线，知己知彼，少走弯路。四是部门扶商，各部门协调联动，开辟绿色通道，提供“一条龙”服务，提高服务水平。

3.强化金融支撑

进一步优化财政收支结构，强化资金保障，切实增强服务经济发展的能力。一是做大平台。进一步理顺开发区管委会下属平台公司间的债权债务关系，盘活存量资产，推动平台公司做大做强。二是用好政策性贷款。谋划整合基础设施项目，积极争取国开行、农发行等低利率、中长期贷款，降低融资成本。三是做好地块出让工作。强化服务意识，围绕拟出让地块做好前期工作，为地块按期交付做好准备，奠定基础。四是拓展融资渠道。探索基金募集、融资租赁、股权融资等多种方式，引入资金血液，激活区域资本市场。五是推进PPP合作模式。加强与中铁四局、安徽建工集团等国有大企业的合作，借船出海。六是抓好开复工。以走访、拜年的形式对企业、项目开复工情况进行督查，通过政银企对接会形式，促进银企合作。七是抓好金融机构入驻工作。积极与市工行、市中行对接，争取早日入驻开发区。

4.抓好对上争取

对上争取，一是要对路，加大对政策的研究，找准国家、省、市鼓励和扶持的关键领域，掌握项目编报的信息、要件和程序，强化基础性工作，才能事半功倍。二是要对准，项目是一项系统性工程，从谋划到落地，方方面面都要考虑周全，要在精准申报上下功夫。

5.攻坚征地拆迁

征地拆迁既有政策的问题，也有历史遗留的问题。要正视问题，着力加以解决。受部分钉子户等不良风气影响，目前征地拆迁工作已成为制约项目落地的关键因素，必须下力气加以克服。一方面，要加大工作力度，多动脑筋，多想办法，多进户上门，取得群众的理解支持，推进征迁工作。另一方面，进一步健全完善《征地搬迁实施方案》，加强对社会事务局、新潭镇考核，对出色完成工作的给予奖励；合法合规、公平公正推进各项工作，在保障群众合理利益的前提下，坚决打击坐地要价等歪风恶习，决不让不良分子的企图得逞，弘扬正能量。同时，加大控违拆违工作力度，发现一处、打击一处，匡正社会风气。力争2016年完成征地不少于1200亩，搬迁300余户13万平方米。

【安徽黄山工业园区】 2015年，安徽黄山工业园区在区委、区政府坚强领导下，深入贯彻落实科学发展观，以转型升级、提质增效为中心，以项目建设、招商引资、腾笼换鸟为抓手，克难攻坚，奋力拼搏，有力推动了园区经济社会在困境中发展。

一、2015年工作

今年以来，工业园区紧紧围绕“提升存量、做大增量”要求，组织实施“1616”工程，奋力推进园区转型升级、提质增效，全年完成固定资产投资11.5亿元；实现工业总产值60.7亿元；实现税收0.93亿元；新签招商项目10个，完成招商引资到位资金6.2亿元。新增规上企业4户，投产企业9户。

1.基础设施建设全面开花：为进一步提升园区承载力，今年加大了园区基础设施建设，一是经一年的前期筹备，于7月份全面开工建设了总投资5000万元的园区S05道路建设工程，现已完成道路清表1000米，路基500米，争取年内完成全部2600米的路基建设；二是中央投资1100余万元的园区综合治理（湖保污水管网）项目已完工；三是投资400万元，完成了磁产业园三通一平、赵庄安置点进场道路、知铭路口交通信号灯等工程。

2.项目建设稳步推进：2015年累计组织实施项目19个，其中列入区“198”重点项目15个，计划投资5.4亿元，目前开工建设13个，全年完成投资5.56亿元。东明服饰、广印堂、鑫赢PET、金瑞泰3号生产线、天丰食品技改等一批项目相继建成投产，三邦金属、鼎瑞新技改扩规等项目全面开工建设，全年新增投产企业6个，其中宏磁、京佳、格莱登3个企业当年建设当年投产。

3.企业发展困中求进：积极应对经济下行压力，按照工业提质增效推进年活动要求，一方面加大在建企业的项目进度，做大增量，全年新增东明服饰、京佳磁业等新投产企业6户。同时，选择一批成长性好企业，加大规上企业的培育和扶持工作，全年新增鼎瑞新、众友耐磨等4户规上企业，另外奇瑞房车、京佳磁业等7户企业已达到规上企业条件，正在积极申报，有望在元月份晋升为规上企业。另一方面，加大对现在企业的扶持服务力度，引导其通过技改创新、市场营销、拓展市场等加快结构调整步伐，提升存量。如：金瑞泰三号线、天丰食品包装线等技改扩规项目全面完成；猴坑茶业、亿利工贸等14户结合互联网+模式，设立了电子商务，拓宽销售渠道；奇瑞房车、耐磨产业等企业订单充足，产值产量大幅增加；海安气门芯、鼎瑞新铝制品等技改扩规已基本完成，即将投产。亿利宏业、华绿园已与多家企业达成合作协议，生产逐渐步入常态。

4.招商引资稳扎稳打：全年新签京佳磁业、微生物饲料、香榧产业园、植物香精等10个项目。其中亿元项目1个，新签项目协议资金4.1亿元，到位资金1.3亿元。同时，积极鼓励企业通过合作、兼并等方式开展股权招商，大型央企中国航天收购波瑞电器、著名民企业天方茶业收购硒谷茶业已获得成功，合作协议已正式签订。

5.服务企业不断优化：始终秉持为广大企业提供“一站式”“保姆式”的服务理念，全方位、全过程，全面出击。一是解决了猴坑茶业、意新竹木等9户企业房产证办理，同时完成富联纺织、三邦金属土地房产过户手续、亿利宏业土地证办理。二是加大对企业的融资力度，于9月份对园区助金管理办法进行进一步修订，并为天丰、科宇等5户企业提供助保金续贷资金4100万元，同时，通过与金融办共同开展“金融支持工业、行长走进园区”活动，新增贷款0.75亿元；三是加大企业用工服务，联合区人社局共同举办了“春风行动”“市体育馆”民营企业招聘周等5次招聘会，为园区企业引进各类人才400余人。在奇瑞、银治新能源等6家企业开展专业技能培训指导，培训人数达440余人。协调处理各类纠纷10余起。

6.“腾笼换鸟”有序推进：全年清退了宝晟照明项目，收回土地15亩，用于鼎瑞新铝制品项目。启动了冠森工艺清理清退工作，目前完成了资产核算。截至目前，累计清理清退14家企业，收回土地900亩，同时已盘活存量土地483亩，厂房22620平方米，引进新企业14家。

二、存在问题

1.举全区之力建设园区意识不强。随着园区开发建设的深入，职能部门服务园区的意识有所削弱，办事效率有所减弱，许多行政审批明松暗紧，举全区之力建设园氛围减弱。

2.产业布局特色不鲜明。黄山工业园区虽然有了控制性详细规划、产业发展规划等，但缺乏前瞻性、整体性、可操作性。园区规划总体水平偏低，因此而引发一系列问题。部分项目在实施过程中，不能坚持规划的刚性原则，项目布局随意性大，人为定项目的多，规划定项目的少，规划跟着项目走的现象比较突出，导致进园区项目门类混杂、良莠不齐、结构不优。

3.招商引资目标不明确。园区主导产业尚未形成，招商引资仍然处于边走边看、顺其自然的状况。招商引资项目不少，重大项目不多，发展后劲不足，一些大项目甚至还处于意向签约阶段。

4.基础设施建设资金矛盾突出。园区实行独立财政后，只保证了园区的日常运转，基础设施建设资金依然难以解决，加上每年几百万元的贷款利息，导致开发区资金负债过重。园区资金日益窘迫。

5.拆迁征地工作难度大。因涉及部门利益拆迁主体积极性不高，拆迁标准难以满足群众诉求，拆迁政策调整也增大了征地拆迁难度。

6.人才流失严重，企业用工紧缺。由于企业用工要求高、待遇低、管理不规范等诸多因素，企业难以留住职工，人才流失严重，使园区招工形成招多用少的局面，报名的多，上班的少、实习的多，留下的少。

三、“十三五”工作打算及2016年工作计划

（一）指导思想

认真贯彻落实党的十八大和十八届三中、四中、五中全会和省、市、区委全会精神，以加快推进园区“转型升级、提质增效”统领全局，强基础、提功能，招好商、调结构，兴实体、促转型，以项目建设、招商选资、腾笼换鸟为主抓手，以优化服务为保障，全面推进园区功能升级、产业升级和企业升级。

（二）发展目标

力争到2020年，园区主要经济指标年增幅确保10%，力争达到20%。园区完成工业产值100亿元、工业增加值20亿元、竣工投产项目100个、实现税收2亿元。

园区投入产出率不断提高，园区的基础设施建设水平、集约化水平不断提升。到2020年园区新增就业岗位6000个，新增就业人口5000人左右，吸纳就业能力不断增强。

园区企业自主创新和市场竞争能力不断增强，科技创新型企业不断增多。到2020年国家、省、市民营科技企业分别达到2家、10家和20家，国内上市企业2户。

（三）2016年工作计划

2016年，是“十三五”规划开启之年，也是加快园区发展至关重要的一年。工业园区2016年的工作思路是：认真贯彻落实党的十八大和十八届三中、四中、五中全会和省、市、区委全会精神，以加快推进园区“转型升级、提质增效”统领全局，围绕“提升存量、做大增量”两条主线，以招商选资、项目建设、优化服务、腾笼换鸟为主抓手，组织实施“8616”工程，加快推进园区建设发展。

预期目标是：实现固定资产投资8亿元，工业总产值60亿元，税收1亿元，完成招商引资6亿元,培育规上企业3户，新增开发区建成面积0.5平方公里。

1.加快基础设施，提升园区承载功能。2016年将重点抓好三项重点基础设施项目：一是全面完成S05道路建设，拓展项目入驻空间；二是分步实施园区起步区道路升级改造工程，计划对慈光路进行黑化改造；三是适时启动沿河地块企业搬迁和商业招商工作，延伸园区服务功能。同时，继续做好赵庄安置点、食品饮料园、磁产业园土地平整等基础设施建设。

2.加快产业结构调整，助推企业转型升级。以推动产业升级为中心，以项目建设为抓手，坚持政府引导、企业主导的方针，加快结构调整步伐：一是提速项目建设，按照签约项目促建设、建设项目促投产、投产项目促发展的原则，重点抓好三邦金属、菱格上胶、磁产业园等在建项目加快进度，尽快投产；加强与龙华竹业、道路清扫车、微生物饮料的对接，尽快开工建设，做好亿利宏业、东明服饰的服务扶持工作，促其尽快达产增效。二是积极扶持华绿园、金瑞泰、道格麦等等高新技术、发展前景好的企业，以及耀利水上设施、御饮堂等成长型企业通过加大技

改创新，开拓市场，不断做大、做优、做强。三是积极鼓励奇瑞房车、天丰食品、鼎瑞新、耐磨等订单充足企业，扩大生产规模；四是支持猴坑、六百里、毛峰茶业加强品牌建设，加强电商建设，扩大销售渠道。五是做好兴乐铜业、科宇金属、海安机械等老牌劲旅企业的扶持，支持其通过技改实现产业转型，重新发挥作用。

3.加大招商选资。进一步营造全民招商氛围，按照“三个围绕、一个不上”和“三个集中”的要求，围绕园区产业定位，采取股权招商、驻点招商、以商以商和小分队招商等多种形式，进一步加大招商选资力度，注重招大商、招好商。重点加强与云计算、超高压电缆料、多解磁、功能饮料等项目的跟进与联系，力争签订一批科技含量高、发展前景广阔、带动性牵动性强的大项目。计划全年完成新签项目10个以上，其中亿元项目3个以上。总投资额6亿元以上，到位资金1.2亿元以上。

4.加强企业服务。以重点企业、重点项目为中心，抓住焦点难点和关键环节，充分依托联企制度、助保贷等载体，持之以恒做好为企服务工作，重点做好融资、用工、水、电、气等生产要素供给等服务，不断步优化发展环境，为企业发展提供宽松的发展环境。

5.加快“腾笼换鸟”。坚持将“腾笼换鸟”与产业招商、选商选资紧密结合，与产业结构调整、转型升级紧密结合，有序推进清理清退工作。2016年计划清退天林竹业、鸿越纺织等企业，收回土地200亩，并盘活原宝升照明、聚能新能源等地块存量土地150亩。

【安徽歙县北岸经济开发区】 2015年北岸经济开发区在县委、县政府的坚强领导下，在县直相关部门的大力支持、北岸镇人民政府的团结协作及各企业的共同努力下，紧紧围绕“腾笼换鸟、项目建设、招商引资、转型提升”，积极谋划园区建设新途径，各项工作稳步推进。

一、2015年重点工作完成情况

2015年全区实现经营性销售收入13.41亿元，其中规上工业企业经营性销售收入10.15亿元，工业总产值13.1亿元，其中规上工业总产值10.56亿元，高新技术产业产值3.19亿元，工业增加值完成2.99亿元，固定资产投资完成1.5亿元，招商引资到位资金1.5亿元，新增规上企业1户，上缴税收3300万元。同时，园区纳税超100万元以上的工业企业8户，纳税在20万元以上的工业企业9户，产值超亿元的企业6户。

一是重点项目建设继续稳步推进。今年5个重点项目计划投资10600元，截至12月底，项目全年累计完成投资10600万元，占计划的100%。其中，歙县宝成矿业项目今年计划投资4000万元，全年实际完成投4000万元，占计划的100%，完成微电网的建设；嘉宏新型建材加气砖项目完成办公楼建设，设备基础、厂房基础、配套设施等的建设，并同步完成了设备采购，全年完成投资4000万元；同乐生态养殖项目今年计划投资1200万元，全年实际完成投资1200万元，占计划的100%，新建厂房4000平方米，已投入使用；豪睿家具二期项目计划投入800万元，实际完成投资800万元，新建厂房3200平方米，新购设备两套；佛川贡菊二期项目计划投入600万元，实际完成投资600万元，新建厂房600平方米，新建烘房和烘干设备等。

二是重点企业运行平稳。重点抓好弘毅纺织集团旗下弘鑫毛纺、弘晖纺织及嘉城矿业、嘉宏新型建材等4个亿元企业。从全年工业用电量预计分析，园区工业企业运行总体平稳，用电量达672万千瓦时以上。其中，弘毅纺织集团旗下两家公司，全年实现产值3.65亿元，上缴税收510万元；嘉城矿业有限公司克服困难，全年实现产值0.88亿元，上缴税收达到157万元。小微企业方面，郎立富纺织、力神日用品、豪睿家具、锦富生物等已投产的小微企业和新进的规上企业生产、销售运行正常。全年还完成了黄山佛川贡菊有限公司等1户企业入规上企业工作。

三是招商引资有所突破。今年积极开展腾笼

换鸟工作，共引进项目3个，其中工业项目3个，协议资金26000万元，全年计划投资15000万元，到位资金15000万元。同时与园区2个搬迁项目和2户关停、1户低效企业商定初步置换方案。拟引进一家电动工程机械制造项目入驻已关停的元通鑫杰地块，已签订初步收购意向。

四是转型升级有所突破。我委强化服务和引导企业，牢固树立“只有转型才有发展”的理念，积极营造转型发展的浓厚氛围。全年园区共有5个企业申报实用型专利27项，最终授权15项；研发投入550万元，同比增加50万元，增长10%；高新技术产业产值实现3.19亿元，同比增加3400万元，增长11.9%；安徽雅盛堂贡菊有限公司进一步拓宽销售渠道，依托雅盛堂天猫旗舰店，通过网络打响企业品牌，“雅盛”牌贡菊被评为安徽省著名商标；“花满溪”牌黄山贡菊、“佛川牌”饮用菊花、“雅盛”牌贡菊被评为黄山名牌产品；黄山力神日用品有限公司通过技改，对部分设备进行改良升级，产能大大提高，产品质量更加稳定；黄山豪睿家具根据市场前景，投入二期建设，准备生产办公家具成品，提升产品竞争力。

二、面临的问题

（一）项目建设方面

主要存在3个问题：一是投资意愿不高。主要是受经济下行影响较大，市场、资金、工人稳定性影响，园区嘉宏新型建材项目建设进度较慢，预计2015年一期24万方投产的计划没能实现，现只完成办公楼的建设，厂房及设备基础建成后，由于资金短缺，采购的设备进不来；郎立富纺织、锦富生物虽都有发展的空间，但按照目前投资计划，仅只完成了一期投资，二期项目投资目前都还没有时间表，对园区固定资产投资影响较大。

（二）企业运行方面

目前，企业在运行当中反映较为突出的有三个方面问题：

1.重点企业受资金回笼慢影响，造成流动资金困难。以弘毅纺织为例，因有约3000万元应收账款回笼不进来，原料又必须现金采购，造成厂里的流动资金严重不足，影响生产；

2.快递不畅，物流成本高、车次少。虽然现在有申通、圆通、中通等快递在北岸设立了点，但必须自己上门取件，测算物流费用比江苏、杭州普遍高出三分之一，同时还配货难；

3.由于我区地处乡镇，流动人口不多，外出务工的观念根深蒂固，留在家中的都是年龄偏大，整体素质不高的工人，造成园区企业用工难，工人稳定性不高、流动性强、随意性大，制约企业发展；

（三）自身发展方面

随着2012年10月，省政府出台了《关于进一步加快全省开发区转型发展的指导意见》和《安徽省开发区考核评价暂行办法》把开发区的建设和发展纳入省级层面考核，近期省、市对开发区发展目标又进一步明确和黄山市深入实施“工业强市”的战略定位。对开发区的建设和发展提出了更高的要求。北岸开发区作为一个新建园区一切需从零开始，土地指标、资金保障、基础设施都需要很大的投入，按照我县现行经济发展现状和“二区一园”的发展态势，再建一个新园区压力不小。同时，从园区各项经济指标和目前园区现有企业发展现状分析，对完成省、市、县下达的各项指标任务压力非常大，若不新增用地面积，引进新企业入驻，加上园区配套设施严重缺失，下一步要有好的发展举步维艰。

三、2016年工作目标和主要措施

2016年北岸开发区以“质量和效益”为中心，重点抓好现有企业和在建项目的增资增效、转型升级、产业培育和腾笼换鸟四个方面工作。结合工作实际，提出以下工作实施意见：

（一）2016年目标

1.主要经济指标：2016年北岸开发区将力争盘活三家关停或搬迁企业的闲置用地85亩；固定资产投资完成1.6亿元；招商项目到位资金1亿元；净增规上企业2户；工业总产值14亿元(同比增长10%)；上缴税收3600万元。

2.转型升级指标：主导产业销售收入占全区

销售收入比重提高2个百分点，达到80%；高新技术产业产值占工业总产值比重提高1个百分点，达到12%；研发经费占全区销售收入比重提高0.2个百分点，达到0.6%；税收总额占财政收入比重达100%；申请专利数15件以上；申请有效发明专利数1件以上。

（二）主要措施

1.抓项目再增资工作。强化土地节约集约意识，一是抓好二个在建重点项目建设。力争完成投资8000万元。其中嘉宏新型建材完成投资4000万元、歙县宝成矿业有限公司完成投资4000万元等。二是抓好已投产项目再增资工作。全力做好企业服务工作，引导企业加大技改和增资投入，力争锦富生物、黄山力神、黄山丹顿等3个投产项目今年完成投资3000万元以上。

2.抓企业再增效工作。一是抓好弘毅集团等重点企业增产、增效工作，确保今年企业产值、税收增长达到20%以上。其中弘毅集团实现产值突破4亿元，上缴税收超800万元；二是抓好其他小微企业增产、增效工作，力争产值、税收增幅达到20%以上。

3.抓转型促提升工作。一是抓好现有投产企业转型升级工作，对园区弘毅纺织集团、嘉城矿业、雅盛堂贡菊、芽典生态农业、郎立富、力神等进行全面的分析，挖掘企业自身潜力，确保弘毅集团当年专利授权量达5件以上，协助企业与上海东华大学合作成立科研工作站，为企业转型和新产品研发提供科技支撑。二期新上项目以转型为目标，加大设备技改投入，全面提升产品附加值，当好北岸开发区企业“转型领头羊”。二是抓其他小微企业提升工作，以“安徽省小微企业创业基地”为契机，力争全年完成申请专利数十件以上，授权数8件以上，高新技术企业产值提高20%以上。

4.抓重点产业培育工作。一是重点以弘毅纺织集团、黄山郎立富纺织有限公司为龙头，大力发展纺织产业，引导企业加大技改投入，降低经营成本，提高产品附加值，力争纺织产业产值突破4.4亿元。二是抓好黄山雅盛堂贡菊、黄山芽典生态农业为龙头，发展好农副产品加工产业，引导和扶持企业做大做响品牌，做优品质，提高产品的竞争力和占有率，力争农副产品加工产业产值突破5.6亿元。

5.抓招商促发展工作。一是牢固树立“抓招商就是抓发展”的理念。紧抓“腾笼换鸟”不放，对黄山正杰、强能电源2户搬迁企业和元通鑫杰停产企业进行全面分析，力争全年引进4000万元以上工业项目3个，盘活存量用地85亩。利用好现有的园区企业人脉资源和开发区平台，拓宽视野，积极宣传。加强对招商信息的全面梳理，加强联系，对已来我县实地考察并有意向的浙江枫桥、台州客商加大跟踪服务力度，及时了解客商投资意愿，力争客商能早日确定投资意向。二是积极谋划园区开发建设新途径。以在建的宝成矿业和在谈的安徽和广机械电动工程机械项目为契机，带动起步区建设。

6.二点建议：健全机构，提升服务能力。现在北岸经济开发区是与镇经济发展办联合办公的，是二块牌子一套人马，机构严重缺失，且人员不齐，专业水平也达不到要求，强烈建议完善机构配置，配齐专业人员，为园区的发展提供保障。强化合作共建，合力共推园区发展。现在全省开发区受区域差距和要素保障制约的影响，存在发展不平衡，好的好、差的差，如何推进开发区健康可持续发展是摆在我们园区建设者面前重要的课题之一。像北岸开发区作为全省获批最晚的园区，受资金、人员、土地指标、基础设施等因素制约，发展举步维艰，如不开拓创新，通过招大商、寻出路或进行园区托管、整合、合作共建来实现园区突破，很难有所发展。建议上级政府组织相关部门摸清全省开发区发展的现状、优势、劣势，并有针对性采取产业合作、园区共建的方式集中大家的力量、智慧共同推进园区发展，并真正发挥开发区应有的作用。

【安徽徽州经济开发区】 2015年，徽州经济开发区按照省政府关于调结构转方式促升级的“4105”工作要求，结合省市政策下，围绕产业做大做强，企业扶持扶强战略目标，结合开发区实际，扎实推进招商引资项目建设等工作，实现开发区转型升级，快速发展。

一、2015年主要经济指标完成情况

截至目前开发区已建成面积达5.86平方公里，入驻项目累计达331个，其中建成投产工业实体企业222户，规模以上企业90家。2015年，开发区实现工业总产值132.3亿元，完成固定资产投资18.1亿元，开发区实现税收4.47亿元，入库税收超1000万元6户，超500万元13户，超100万元企业46户；实施工业技改建设项目53个，完成技改投产项目30个,完成工业投资7.5亿元；7家企业在新三板、省股权交易中心挂牌上市。2015年，徽州经济开发区荣获安徽省农业产业化先进区。

二、主要做法

1.做大做强主导产业

推动企业与上市公司兼并合作，实现扩产扩能，如神剑新材料与永佳三利的合作后，产值、税收翻倍增长；加快传统主导产业技术改造升级，实施工业技改建设项目53个，完成技改投产项目30个,完成工业投资7.5亿元，推进恒泰、锦峰、五环等环氧企业新上二步法环氧，提升企业竞争力；加快企业上市步伐，培育泰达、谢裕大、精强、绿康、养生源、斯特尔、竹溪堂等7家企业在新三板、省股权交易中心挂牌上市；突出产业特色，积极引导扶持企业做强做大，重点培育新型材料、高端装备制造、绿色包装、绿色食品精深加工等战略性新兴产业集聚发展。目前已有飞宇铜业、皖南机床、聚信节能、金地电子、日基装备、精工凹版、恒远新材料、安华机械、精制药业等9家企业纳入省战略性新兴产业企业统计目录。

2.推动招商选资

完善招商项目预审机制、制定科学的考核办法，积极开展联动招商、驻点招商，以商引商，提升招商引资质量。重点围绕开发区的精细化工、机械制造、农副产品加工等主导产业开展产业链招商，深入推进与区内上市公司永佳集团的战略合作，创建永佳产业园；充分利用上海驻点招商机遇，签订上海--徽州康桥产业园战略合作协议，积极承接产业转移。2013年以来，开发区共引进项目73个，总投资59.3亿元，到位资金19亿元。

3.推动创新驱动发展

围绕“五大发展理念”，坚持创新发展，注重引才引智，提升企业家综合素质，举办知识讲座、MBA培训，巩固与高校合作成果，倾力打造产学研合作平台，与黄山学院、南京农林大、浙大、合工大等大专院校建立了产学研合作关系，重点扶持皖机、恒远、日基、精工、同仁堂、金地电子等9户战略新兴企业，为开发区的建设发展提供了强有力的智力支持和人才保证。截至目前，开发区拥有国家高新技术企业18家，省级创新型（试点）企业9家，省级企业技术中心9家，工程技术研究中心6家。2013年以来被授权发明专利50件，同时积极推荐“安徽工业精品”和省级新产品，区内部门企业生产工艺达到国家、省级先进水平。

4.推动绿色集约发展

结合清洁能源替代、集中供热建设等措施，实施集中供热二期、聚能供热等项目，全面淘汰20蒸吨/时以下燃煤锅炉；以节能降耗改造项目为抓手，引导企业开展能源生产工艺改造；大力实施园区大气防治工程，督促园区20余户企业新上或改造废气收集处理设备；扎实推进园区集约节约土地工作，提高单位土地产出效益，结合企业实际情况，对不同类型闲置及低效利用土地进行区别对待，按照采取限期自建、嫁接盘活、合作盘活、股权转让、政府收储、部分回收等6种方式分类处置。2015年，共处置完成低效闲置企业13户，处置面积217亩；鼓励企业建设多层标准化厂房，推进土地集约节约利用。

5.推进体制机制创新

强化项目建设领导推进机制，一个项目，一名牵头领导一个工作组，形成工作合力；开发区实行网格化分片包保制度，全方位无缝对接服务企业，重点做好企业运行帮扶、安全环保等工作，确保无管理死角；完善招商项目预审机制、制定科学的考核办法，积极开展联动招商、驻点招商，以商引商，提升招商引资质量；实施企业帮扶机制，排定66个区直部门“一对一”服务帮扶工业企业，落实“一企一策”，形成长效帮扶机制。

三、主要问题

当前国际、国内市场需求不足、产能过剩、企业投资信心不足等是影响当前园区经济发展的重要因素，主要问题：

1.招大引强难度加大

近年来，由于受宏观经济形势和金融政策的影响，招商引资压力增大，尤其是工业实体经济项目成效不显，影响工业发展后劲。

2.两头在外成本增加

徽州区作为重要工业基地，原材料和市场都在区外，企业物流成本高，生产成本大，产品在市场价格竞争上处于劣势。

3.人才技术引留困难

受地方经济总量不大、人口不多等因素限制，人才引进难，留下更难，缺少发展经济的智力保障。

4.工业产业结构不优

传统产业比重大，高端产业比重小，缺乏具有较强带动能力的大企业、大集团。

5.开发区去“筹”工作难

开发区2008年批复成立以来，坚持工业立区、工业强区不动摇，明确四大主导产业。2011年率先在黄山市实现百亿园区，连续多年获黄山市最佳效益园区称号，但受政策限制，开发区“筹”上加“愁”，享受不到相关产业扶持政策，不利于对外招商和经济发展。

四、下一步工作

注重质量和效益，扎实推进新型工业化提升行动。坚定“工业强区”战略不动摇，围绕装备制造、精细化工、绿色包装、农产品深加工等重点产业，大力实施“互联网+”行动，促进信息化与工业化融合发展，推动主导产业规模高端化、传统产业品牌特色化、战略性新兴产业差别集聚化。

1.大力调整优化产业结构

围绕主导产业，不断壮大龙头、延伸链条，鼓励新一代信息技术与制造业融合，促进新型材料、机械电子、农副产品深加工三大主导产业集聚集群发展。妥善处置资不抵债、扭亏无望的企业，鼓励通过兼并重组、嫁接盘活等措施实现扭亏为盈；对产品有市场、有效益但暂时有困难的企业，积极予以帮助。支持企业综合利用新技术、新材料、新工艺、新装备、新商业模式，改造提升传统产业,组织实施50个工业技改项目。抢抓政策机遇，加快高端装备制造、汽车电子、绿色食品等战略性新兴产业发展，厚植发展优势，推动产业迈上中高端水平。

2.推进创新驱动发展

积极引导和支持企业提升创新能力，努力在质量品牌建设、新产品开发、新工艺研究上为企业升级提供支撑。突出企业创新主体，加大政策和资金扶持力度，引导企业增加技术研发投入，搭建各类创新平台，支持企业组建省级以上重点实验室、工程（技术）研究中心、企业技术中心等研发机构，鼓励企业与重点科研院所和高等院校开展产学研合作，推动高层次人才集聚。支持企业推进重大科技成果转化和应用，研发智能化、小型化、个性化、定制化创新产品，引导中小微企业走“专精特新”发展道路。深化知识产权工作。实施“互联网+”行动，依托置业大厦，鼓励发展众创空间，培育和建设小微企业创业示范基地和创业科技孵化器，推动大众创业、万众创新。力争全年新增规上企业6户，新增亿元企业4户，实施产学研合作项目18个以上。

3.着力推动园区提质增效

按照“一区三园”布局，突出产业特色，增强全产业链发展功能，提升园区专业化发展水平。围绕创建“最佳效益园区”目标，严格执行亩均投入和亩均税收准入制度，加大闲置低效土地清理，确保完成8户以上低效闲置企业处置工作。加大园区安全环保和节能减排工作力度，积极引导和鼓励企业加大投入，促进园区安全生态化发展。加快园区基础设施建设，完善配套功能，对入园项目严格按照园区整体规划实施建设。全面推进园区项目提速增效，精心谋划安排一批符合国家和省市产业政策导向、契合我区“十三五”规划的大项目，进一步加大项目的履约率，力争全年建成投产项目24个以上，园区固定资产投资12亿元。完善领导联系项目、区直单位服务项目和综合督查督办机制，加强一企一策精准帮扶。

4.加大财税金融扶持力度

创新财政扶持方式，研究出台产业发展扶持政策，引导社会资本投入实体经济，有效解决资金问题。加强银企对接，鼓励金融机构优化信贷结构，加大融资支持。全面推行“政银担”新型担保合作模式和“税融通”业务，切实发挥中小微企业还贷应急资金作用，为小微企业融资开辟绿色通道，降低企业融资成本。高度重视资本市场建设，加快企业上市步伐，力争有更多的企业通过资本市场直接融资。全力抓好对上争取工作，力争全年对上争资6.5亿元。

5.加快经济发展，加大争取力度，尽早实现开发区转正去“筹”，享受各项优惠政策，实现开发区经济快速腾飞。

【安徽歙县经济开发区】 歙县经济开发区以园区转型升级、提质增效为重点，一手抓基础设施建设和环境配套，一手抓招商引资和项目建设，加快推进新型工业化、城镇化步伐，战略新兴产业加速培育壮大，产业、企业加速转型升级，经济持续健康发展，园区社会和谐稳定。

一、2015年工作完成情况

截至10月底，开发区入驻项目累计195个，其中工业企业175户，建成投产162户，规模以上企业96家。全年实现产值141.5亿元，同比增10%；实现税收3..46亿元，同比减1.1%；完成固投19.2亿元，同比减15.5%；招商到位资金19亿元，同比减13.7%；进出口总额7093万美元，同比增11.4%，新增规上企业4户。主要工作体现在：

一是抓骨干促增长。坚持抓大抓主，园区规上企业1—10月实现产值141.5亿元，同比增长10%；工业税收3.46亿元，同比减1.1%；纳税100万以上工业企业31户。中链、博鑫、博晶、东仁、捷丰等企业税收增幅在50%以上，尤其是中链科技去年上缴税款545万元，连上台阶。薇薇茶业出口4330万美元，同比增29.9%，占全县的44%。金马股份狠抓国家产业振兴和技术改造、省战略性新兴产业专项引导资金等项目申报工作，8月初，金马股份公司嵌入式汽车自检故障诊断仪技术改造项目，成功获得了1799万元中央预算内资金支持。二期20户企业除联枫科技外已全部投产。

二是抓创新促后劲。引导企业增强创新意识，金马股份有限公司ZB83G1智能数字化汽车仪表成功入围第一批“安徽工业精品”，近期还获得第三届黄山市市长质量奖（全市仅5家）；盛锐重工、多杰电气、冠润转向器、震壹轴承、强峰铝业、马勒机车等6家申报高新技术企业，其中前5家已被认定，为建区以来单批次申报数、认定数最多一次。盛锐重工、明明德高薪聘请职业经理人，腾泰等企业聘请高中层管理团队，加强企业管理，加大企业技改力度。鼓励企业直接融资，9月12日徽药饮片在安徽省股交中心四板农业板成功挂牌，安达尔塑业、东仁塑胶、协同轴承等企业已与券商签订新三板挂牌协议，奥龙集团、杭罗机械等企业正按要求进行规范整改。

三是抓集聚促特色。扎实开展“招商引资百日大会战”活动，围绕主导产业，主动外出招商，先后赴广东佛山顺德、浙江温州台州、杭州宁波、江苏苏州等地考察项目，并邀请浙江萧山、临安地区等13户汽配、轴承企业老总集中前来考察。立国、康瑞、启富等6个汽配、轴承企业已落地，引进外资企业菲利克斯整体接盘多美绣品，联众汽配、孟宇汽配、海卓汽配、奥圣滤清器、曙光新材料等项目有望落地。目前在谈项目12个，主要是机械电子、新型材料产业，其中意向投资项目7个，总投资5.6亿元。

四是抓平台促活力。配合徽城、桂林两镇，加大工业一路及布射二桥、C1C9地块、二环路、练江大道与歙黟路连线征地工作力度，布射二桥进场施工，工业一路完成招投标。公租房、标化厂房全面投入使用，二期起步区亮化工程竣工在即，紫金路与练江大道污水管网施工即将完成，企业生产、职工生活配套设施进一步完善。

五是抓服务促稳定。抓好市政府“1+N”政策宣传，用好用活各类政策，助推产业转型升级。沉入园区企业走访，扎实开展“工业活动月”活动，现场帮助解决实际问题，涉及环评、消防、科技、房产证办理等问题，邀请相关部门上门服务。认真贯彻落实新《环保法》《安全生产法》，先后组织安全生产大检查、涉危企业专项检查、企业配电房大检查，督促企业抓整改，消除历欠，减少新欠，一批企业环评、消防已验收。扎实开展安全生产互评互查活动，聘请专家进行把脉问诊，引导企业进行安全生产标准化建设，落实隐患排查、整改，逐个销号，确保安全发展、和谐发展。推进220套公租房建设，首批16家企业、140户安排入住，抓好园区企业员工生产生活服务，以利职工安心、舒心工作。积极主动抓好港欣、天迈、春江花园等不稳定企业的劳资纠纷，及企业员工工伤纠纷等矛盾化解处理工作，切实维护职工合法权益。

六是抓责任促发展。坚持全面从严治党，认真落实“两个责任”，深入开展党风廉政建设和反腐败工作，强化“讲纪律守规矩”、底线意识和提醒警示教育，严格遵守“六大纪律”、“八项规范”，细化党风廉政建设目标任务，明确责任主体和责任分工，做到一把手履行第一责任人责任，党工委和班子成员落实主体责任，纪工委落实监督责任，做到层层传导压力，层层落实责任。强化制度执行，完善管理制度，规范服务行为，扎实开展“正风肃纪”、“制度执行监督年”和“三进一线”等活动，严格执行“三重一大”事项民主决策制度，落实项目联系、首问责任、限时办结等工作制度，完善机关干部请销假、财务支出实施细则等管理制度、公租房和标准化厂房入驻标准条件等制度，做到制度公开、决策公开、办事公开。强化党组织建设，着力抓好非公企业党组织组建和示范点建设，高标准建设好党群活动服务中心，发挥党组织战斗堡垒和党员先锋模范作用，推进企业党建强、发展强。强化跟踪督查，围绕“服务企业、服务群众”的“四风”问题，及项目建设、征地拆迁等重点工作，加大督促检查力度，切实转变干部作风，把干部的思想、行动和力量凝聚到任务制度的推进落实中、质量效能的服务上。

二、存在问题

总体来说，整个园区基本面是好的，但也存在难以想象、不容忽视的问题，指标增幅减缓，招商落地项目不多。今年以来，受经济下行持续，及资金、市场、产业等影响，企业因自身原因以及国内外市场等各方面因素影响，遇到前所未有的困难，部分企业抗风险能力已到脆弱地步，出现停产减产现象。加之，工业招商出现新常态，外地企业和资本外溢扩张减少，带动性大、牵动性强的大项目没有引进，保持投资持续增长压力很大，直接影响到全年乃至未来几年的工业产值、税收和固定资产投资指标的完成。项目推进力度不大，公租房、标准化厂房、博升、美澳、茗江等续建类项目进展较为顺利。但开发区练江大道与歙黟路连线、二期C1、C9地块、二环路、工业一路及布射二桥地块等基础设施建设项目，由于建设资金缺乏、土地指标缺口、征迁进展缓慢等影响，项目建设和固定资产投资进度不甚理想。服务企业力度减弱，随着安全、环保、文明创建、社会管理等方面要求越来越严，群众期盼越来越高，园区执法权限和力量薄弱，一些部门存在“是开发区的事”、“分管开发区的部门”等思想，造成园区的工作、服务和管理难度不断加大。尤其是当前，中小微企业发展面临的困难前所未有，如何帮助企业走出困境和生存下去，我们必须采取有效措施，形成合力共渡难关。

三、2016年工作打算

明年，我们将认真贯彻党的十八届五中全会精神、“创新、协调、绿色、开放、共享”发展战略和省委、省政府“调转促”行动计划，坚持“稳中求进、进中求好”的总基调，突出“转型升级、提质增效”这一主线，切实找准工作着力点，加快推进产城融合、产业集聚、转型升级，狠抓招商引资、项目建设、优化环境，推进园区持续、创新、安全、文明发展，努力打造“工业新城、产业新区”。

初步确定明年的工作目标是：着力抓好“422”工程，即强力推进重点项目、招商选资、精准服务、平台建设“四大主业”工作，突出机械电子及汽摩配、新型材料“两大产业”招商，力争实现工业税收2亿元，做到调速不减势、量增质更优。主要抓好以下重点工作：

（一）强力推进项目建设，提升园区发展动力。抓好项目开工，通过“抓项目，扩投资”的方式，按照“落地开工一批、竣工投产一批”的要求，继续抓好立国、润亿、联枫等工业类和标准化厂房、污水管网、亮化等基础设施类的18个、总投资6.5亿元重点项目建设，确保超额完成年度投资计划，保证园区经济不失速、稳增长。抓好项目入驻，进一步完善项目准入制度，建立企业（项目）退出机制和政企双向约束机制，严格执行园区项目入园、租赁审查工作流程，严把项目引进入口关，坚决将不符合条件项目拒之园外，提高入园项目质量。抓好项目退出，坚持集约节约用地，加大对高艺精密、鑫岳钢构、欧泰机械等闲置、低效用地项目的“腾笼换鸟”力度，保持常态化清理，为优质企业和今后发展腾出空间。

（二）强力推进招商选资，提升产业规模集聚。突出产业招商，围绕招商引资“一号工程”，加大以商引商、产业招商力度，关注产业转移集中地，深入重点地区进行招商，着力在产业链填平、补齐、延伸、配套中找项目，努力在机械电子及汽摩配、新型材料“两大产业”上求突破。突出质量招商，着力引进投资规模大、科技含量高、项目用地少、亩产税收多的优质产业项目，切实提高主导产业和首位产业带动力，确保盛丰塑胶、奥胜汽配、联众汽配、孟宇汽配、斑马家电、瑞联机械等在谈项目早落地。对符合园区主导产业、发展潜力好、经济效益高的小微企业，引进入驻标准化厂房孵化成长、壮大。突出信息跟踪，摸排和把握各类信息，及时抓住各种有价值的招商信息，加强对接，紧盯不放，跟进到位，抓出成效，尤其要发挥县驻杭州、温州招商小分队作用，力争在招大引强上取得新突破。

（三）强力推进精准服务，提升企业质量效益。加大项目服务，进一步完善项目帮办服务“四位一体”制度，对重大项目从签约、落地到投产实行全程帮办、全方位帮办，做到每个项目有联系领导和具体帮办人员，并明确项目推进计划，定期开展督查调度，发现问题，及时解决，确保项目按期建成投产。加大企业服务，主动深入企业、深入项目第一线、深入生产最前沿，及时掌握生产进展情况，进一步落实各项稳增长政策措施，进一步了解企业生产方面存在的困难和问题，加大企业上市、产业导向、政策扶持等宣传力度，支持、鼓励企业建立技术中心、研发中心，加快企业技术改造和产品升级，帮助企业申报项目、政策、资金扶持，帮助企业发展中转型升级，提高园区高新技术产值在工业产值中的比重。加大管理服务，按照“培育壮大一批、强力扶持一批”的要求，对企业进行分类、规范管理，做好“互联网+”推介、人才引进、银企对接，保障水、电、通讯等基础配套畅通，促进企业良性循环发展，实现企业管理创新提升。着力抓好“龙头企业”“领军企业”“亿元企业”的培育工程，对规模企业完成产值、实现利税和社会效益进行综合考评，凡纳税大户、社会效益好的企业，除给予用地、税费返还奖励外，优先上报争取上级项目资金、政策扶持，力争工业税收上2亿元台阶。

（四）强力推进平台建设，提升设施承载能力。抓好平台规划刚性约束，围绕《歙县十三五发展规划》和产城一体化发展要求，进一步完善开发区的发展规划，及开发区总体规划、控制性详细规划、产业规划等专业规划，做到既能满足工业发展需要，又能确保园区商业、居住、服务等各项城市功能区建设有足够的发展空间，体现园区发展规划的超前性、科学性，并加强刚性管理约束，力推开发区升级发展和可持续发展。抓好平台高标准建设，主动配合徽城、桂林两镇，加大C1、C9及二环路区块900亩、歙黟连接线170亩土地的征迁工作力度，加快总投资2.6亿元的布射二桥、工业一路、二环路、练江大道连接线、滨河路，及新征土地平整、道路、亮化、绿化、雨污水管网等基础设施建设，加快推进供电杆线、供水管线建设，确保工程建设和项目入驻需要，为打造城市副中心拉开框架。抓好平台设施完善，抓好一期污水管网提升工程，确保全覆盖达标排放。抓好上宅变电站建设和二期天然气管道铺设，不断完善开发区供水、供电、供气系统，为产业发展提供充足的保障。

（五）突出社会管理，确保安全和谐。加强安全生产监管，强化安全生产红线意识、底线思维，进一步健全责任落实体系，落实企业主体责任，加大督促检查、监督监管力度，对重点工程、重点项目勤督查、严督查，对安全生产大检查和专项整治工作中排查出来的问题，限期进行整改，实行销号制度，提升园区安全管理水平。同时，抓好典型引路，互查互学，确保全年无安全责任事故发生。加强信访维稳工作，进一步建立完善、落实信访维稳工作机制、包保责任制，做好矛盾纠纷排查、化解工作。加强文明创建工作，破解环境卫生、道路秩序整治等难题，进一步完善绿化、亮化、美化工程，继续开展“文明企业”创建活动，为文明县城奠定良好基础。加强民生工程工作，严格执行建设项目环境影响评价和“三同时”制度，加强环保网格化体系建设，确保企业达标排放，确保环保执行率、验收率达到上级要求。认真抓好小区居民医保、社保、计生等工作，强化农民劳动力转移就业技能培训，促进就业创业。

【安徽休宁经济开发区】 2015年，休宁经济开发区积极开展“园区转型升级年”活动，科学搭建招商引资和项目建设平台，抢抓机遇，借力发展，不断推动了园区经济健康持续发展。

一、2015年园区发展基本情况

（一）园区主要经济指标完成情况

2015年，开发区实现工业总产值511063.6万元，同比增长3.4%；外贸进出口总额11611.36万美元，比去年同期增3.16万美元；税收27135.4万元，同比增长1.7%；完成固定资产投资81208万元，同比减少50.2%；招商引资到位资金119185万元，同比减少44.3%；净增规上企业2户，同比增长6.3%。

（二）园区主要工作开展情况

1.狠抓转型升级，促工业发展

一是增强自主创新能力。自主创新是加快推进工业转型升级的中心环节。开发区紧紧围绕“中显、奥特斯、金视界、睿基新能源”等重点企业推进原始创新、集成创新和引进消化吸收再创新，支持企业真正成为技术创新的主体，在着力突破共性及关键核心技术的同时，加强创新型人才和技能人才队伍建设，为工业转型升级提供重要支撑。2015年，园区企业专利申请量82件，授权量91件，三佳谊华精密机械公司、安徽金视界光电科技公司和睿基新能源股份公司三家被认定为国家高新技术企业，中显成为继昌辉、松萝之后我县第三家获得省企业技术中心认定的企业。

二是加强企业技术改造。技术改造是促进企业走内涵式发展道路的重要途径。开发区配合县经信委协助园区项目大、科技含量高、发展前景好的企业积极申报技改项目扶持，鼓励园区企业运用先进实用技术和高新技术改造提升传统业，促进新技术、新产品和新业态发展，通过增量投入带动存量调整，优化工业投资结构，推动工业整体素质迈上新台阶。2015年，园区实施技改的项目有10个，计划总投资49740万元，完成37050万元，争取项目扶持资金230万元。

三是提高工业信息化水平。信息化与工业化深度融合是走中国特色新型工业化道路的重要内涵。要创新信息化推进机制，推动信息技术深度应用，加快发展支撑信息化发展的产品和技术，全面提高企业信息化水平，带动工业发展方式转变。2015年，奥特斯电气成为继昌辉汽车电器（黄山）股份公司、黄山三佳谊华精密机械有限公司、黄山市中显微电子有限公司及安徽金视界科技有限公司之后我县第五家跻身省“两化融合”示范企业的企业。

四是实施质量和品牌战略。提升质量品牌是工业转型升级的必然要求。要着力抓好品种开发、质量提升、品牌创建和服务改善，引领和创造市场需求，加强自主品牌培育，加强工业产品质量安全保障，不断提高工业产品附加值和竞争力。昌辉汽车集团的“昌辉”牌商标、新安源有机茶公司的“新安源有机茶及图”商标，松萝茶业公司的“松萝山”牌商标荣获中国驰名商标。

五是促进工业绿色低碳发展。发展资源节约型、环境友好型工业是实施可持续发展战略的重要内容。要围绕设计开发生态化、生产过程清洁化、资源利用高效化、环境影响最小化，大力推进工业节能降耗、减排治污、清洁生产，发展循环经济，积极推广低碳技术，加快淘汰落后产能，构建资源节约、环境友好、本质安全型产业体系。

2.推进节约集约，促园区发展

一是园区新上工业项目建设容积率一般不低于1.0，建筑密度一般不低于40%。严格按照县管省级开发区亩均投资强度150万元，亩均税收10万元标准执行选引工业项目。建立入园企业建设规划审查和用地监管制度，实施用地保证金制度，实施项目建设双向约束制度，积极发挥土地使用税的杠杆作用，建议提高土地使用税标准，鼓励开发区建设多层厂房，对适合多层标准厂房生产的建设项目，原则上不再单独供地。同时开发区积极争取县政府的支持，规划60亩用地用于高新电子产业园孵化器建设，总投资7000万元，一期已完成投资约3062万元，2万平方米的标准化厂房和7055平方米的公租房已投入使用，提高了园区主导产业配套协作能力。

二是建立健全开发区“腾笼换鸟”倒逼机制。园区创新闲置土地盘活方式，依法采取协议或定向转让、拍卖等多种方式回收闲置土地。对供而未建的闲置项目，依法征收土地使用税、土地闲置费直至收回土地使用权。2015年，园区计划将“黄山四联光电、胜宇光伏和鼎诚能源”3户企业项目用地向外推介招商，成功收回黄山四联光电项目用地土地99.4亩，胜宇光伏和鼎诚能源项目用地正在与金晖能源科技、江苏东安能源科技公司进行对接、洽谈，有望2016年初成功盘活转让。

三是严格执行国家环保法律法规，做好规划环评、项目环评等环境影响评价工作，严格落实建设项目污染防治设施“三同时”制度。充分发挥园区污水处理厂的作用，完善园区污染物排放在线监测体系，健全污染项目退出机制，严格执行环保“一票否决制”。强化节能评估，加大开发区能源消费总量和能耗的“双控”管理力度，加快推广国内外先进节能、节水、节材技术和工艺，提高能源资源利用效率，提高成熟适用清洁生产技术普及率。2015年园区项目能评、环评和环保“三同时”执行率达到100%。

3.培育主导产业，促产业集聚。

按照省级开发区重点培育2～3个主导产业的要求，园区经过不断培育和发展，目前已初步形成高新电子、汽车配件和有机食品三大主导产业。

一是以“中显、金视界”为代表的高新电子产业，现已入驻企业15户，其中规上企业10户，“中显、信德成、强路新材料、安徽金视界光电、三佳谊华精密机械、睿基新能源股份”荣获“国家高新技术企业”称号。休宁高新电子信息产业园先后被省财政厅、省经信委、省科技厅授予“安徽省高新电子特色产业基地”“安徽省电子信息产业园”“安徽省光电显示高新技术产业基地”等荣誉称号。2015年，高新电子产业完成工业总产值10.4亿元，实现税收3721万元。

二是以“昌辉、奥特斯”为代表的汽车零配件制造业，共入驻企业8户，其中规上企业3户，“昌辉、奥特斯”荣获“国家重点高新技术企业”称号。2015年，昌辉汽车电器（黄山）股份公司筹集4.8亿元启动的昌辉新区建设快速推进，项目一期研发中心、EPS、新增产能项目已基本建成，完成投资4019万元，昌辉汽车零部件产业园雏形已初步形成。2015年汽车配件产业完成工业总产值4.8亿元，实现税收2965万元。

三是以“松萝有机茶、徽山油业”为代表的有机食品精深加工业，现已入驻企业44户，其中规上企业17户，“松萝茶业”和“新安源茶业”荣获中国驰名商标。新安源与北京E人E本合作的《茶叶精深加工基地项目》已入户开发区，项目前期选址、立项、土地挂牌等工作已基本就绪，计划2016年初启动建设。2015年，绿色有机食品产业完成工业总产值12.9亿元，实现税收1990万元。

二、存在的主要问题

（一）转型升级方面：1.自主创新能力不强；技术对外依存度高，高新技术企业自主申报的发明专利少，研发经费占生产总值的比重低。2.传统产业转型升级难度大；传统产业企业规模大多偏小，且大部分产品仍处于产业链低端，行业定价能力不强。3.技术偏重于模仿创新和引进。4.传统产业企业的竞争力不强。

（二）集约发展方面：1.入驻项目投资强度、亩均效益偏低，多层标准化厂房很少。2.土地利用率低，占而未用的项目比较普遍，土地闲置费收取力度不大，“腾笼换鸟”工作艰巨。3.企业清洁生产技术普及率低，能源资源利用效率不高。

（三）产业发展方面：1.产业产值、税收所占园区比重偏低，产业中牵动性项目不多。2.产业链延伸不够，产业链条不齐全，特别是关键链条上的企业没有，影响产业的快速集聚。3.产业发展的保障因素不完善，公共服务体系未配套跟进。

三、2016年工业经济及园区发展思路

2016年县经济开发区将以深入贯彻县委十三届六次全会及县十六届人大四次会议精神，坚持稳中求进，主动适应经济发展新常态，扎实推进“园区提速年”活动，坚持打造高新电子产业集群目标不动摇，以发展百家规上企业、实现百亿产值的“双百工程”为抓手，加快促进产业集聚、整合和升级，努力在招商引资上求集聚，在项目建设上求突破、在平台建设上求完善、在技术进步上求发展、在服务发展上求跨越。

（一）园区主要预期目标

2016年，园区力争完成固定资产投资6亿元以上，实现工业总产值77亿元、税收3.8亿元，新增规上企业9户，引进项目10个，其中亿元以上高新电子企业2户，推动2户企业上市。

（二）2016年园区主要工作安排

1.大力推进园区转型升级，促进园区经济增值提效。

按照开发区年初工作安排，确定2016年为“园区提速年”。主要举措：首先是向平台建设要发展蓄力。坚持“政府投入与市场化结合”，积极抓住国家农发行10亿元放贷的契机，加大园区路网、管网、电网等建设，推进高新电子信息产业园“大十字架”路网及配套设施建设、使园区道路更加畅通，板块之间连接更加紧密。创新推进“园中园”开发模式，不断完善园区基础配套，提升园区综合承载力，加快高新电子孵化器4幢标准化厂房和综合办公楼建设力度，加速营造“产城一体、宜居宜商宜业”园区发展平台。其次是向招商引资要发展动力。充分发挥园区招商主战场作用，主动“走出去”“请进来”，加强与长三角、珠三角等经济发达地区的纵向联系，鼓励以商招商，加强与乡镇之间的横向联系，鼓励乡镇将项目引入园区，开发区2016年主要围绕现有存量土地、高新电子产业孵化器和“腾笼换鸟”三个方面精准招商，并在资金、税收、用工等方面予以倾斜，提高招商实效。2016年计划引进、签约10个以上项目，其中亿元以上高新电子类项目2个。第三是向项目建设要发展活力。2016年，开发区将继续开展重点项目建设攻坚战，始终坚持以大项目、大投资推动园区大发展。年初摸排重点项目20个，总投资6.9亿元。积极落实黄山智谷、凯盛科技一期、金视界SMT生产线及液晶显示配套整机生产线、年产3万吨生物质成型燃料和纳米级有机膨润土技术改造等项目建设，督促尽早开工建设；力促睿基新能源、展硕半导体、智能机器人等项目正尽快达产达标；加速推进中显、

金视界、奥特斯等企业扩规增产。第四是向结构调整要发展潜力。传统产业加强技改“二次创业”，新兴产业增强自我创新能力，提升造血功能，拓宽延伸产业链、缩短供应链、降低成本来链、提升价值链，实现产业结构调整。第五是向夯实服务要发展助力。把稳企业作为调结构稳增长项目攻坚的关键之举，强化与县直部门合作，加大企业帮扶力度，严格落实“一企一策”分类帮扶，及时协调解决企业项目建设中遇到的实际问题，确保企业加快生产、开拓市场。2016年力争园区就业人员达到8000余人，新增1000个就业岗位。健全园区经济发展联席会议制度，完善园区企业指导员派驻制度，推行一事一报的信息专报制度，开展文明创建，做好矛盾纠纷排查及时化解工作，加快安全生产监管，及时发现隐患整改，确保安全生产无事故。

2.强力推进园区节约集约，促进园区资源有效利用。

按照《省开发区转型升级的指导意见》《省政府关于进一步强化土地节约集约利用工作的意见》的有关要求，首先提高园区项目投资强度、亩均税收和土地使用税标准，鼓励企业建设多层标准化厂房。开发区继续加大投资，尽快完成高新电子信息产业园孵化器内职工宿舍和办公楼建设，规范孵化器项目入孵程序，吸引项目入驻，提高产业集聚度，做到“筑笼育鸟”，达到节约用地的目的。其次建立入园企业建设规划审查和用地监管制度，实施项目用地、项目开竣工履约保证金制度，实施项目建设双向约束制度。再次加大闲置土地处置力度，持续实施“腾笼换鸟”倒逼机制，加大闲置土地征收土地闲置费力度，直至依法收回。2016年，尽快清理“胜宇光伏、鼎诚能源”等闲置土地，盘活存量土地资产，提高土地投资效益。另外持续完善园区污染物排放在线监测体系，强化节能评估，加大开发区能源消费总量和能耗的“双控”管理力度，鼓励企业推广国内外先进节能、节水、节材技术和工艺，提高能源资源利用效率，提高成熟适用清洁生产技术普及率。

3.快速推进园区产业集聚，促进园区集群化发展。

立足园区三大主导产业现状，如何加速产业集聚，促进产业集群化发展，是园区目前面临的重大课题。按照年初工作部署，首先要围绕园区现有企业狠抓企业技术改造、自主创新、提高信息化水平、高度重视本地企业创新能力建设和先进技术的改造，积极孵化培养本地成长的高端产业，积极吸引、整合高校和科研机构的资源，设立更多的教育和科研机构，既可加强科技研发的力量，又能培养更多的人才为园区产业服务，从而为本地企业的发展打下坚实基础。其次要围绕园区三大主导产业狠抓产业招商，以重大产业项目引领园区产业集聚，特别要抓好产业链缺失环节和关键环节的招商，做好产业链的互补联动发展，已达到产业链纵向拉长，横向拉宽的产业格局，形成真正意义上的产业集聚。另外要围绕园区产业发展狠抓产业保障体制机制建设，充分利用好各级政府已出台的有关新型工业化发展的优惠政策，做好人力、财力扶持，同时要加强园区公共服务体系建设，为园区三大主导产业的快速发展做好坚实保障。

【安徽黟县经济开发区】 2015年黟县经济开发区积极围绕主导产业培育、招商引资、创新发展、绿色集约发展、体制机制创新等方面开展转型升级工作，全面完成开发区“十二五”发展规划目标，制定完成“十三五”发展规划，开发区经济实现健康平稳发展。

一、2015年经济指标完成情况

到2015年底，黟县经济开发区累计入园企业62家，其中：投产55家，在建7家；完成固定资产投资 5.86亿元；完成工业总产值26亿元；完成税收0.42亿元；招商签约项目12个，项目到位资金2.5亿元；全县新增规模以上工业企业2家，其中：开发区企业1家。

二、开发区各项工作开展情况及取得的成效

（一）在主导产业培育方面

1.加强政策保障。进一步梳理政策，适当调整政策导向，突出主导产业、重点企业和技术创新、品牌建设和服务绩效，提高政策针对性、有效性。加强财政资金支持，加快整合工业发展领域的各项配套资金，集中支持壮大我县工业主导产业。

2.着力培育主导产业。一是加快传统行业的转型升级。一方面我们在掌握和领会上级有关工业转型升级、技改等政策精神基础上，积极帮助企业争取项目资金，另一方面，落实好地方政府技改配套资金。二是强化招商引资抓项目。加强对沿海地区产业转移趋势的研究和把握，紧盯绿色食品、机械电子、丝绸纺织等产业，长期追踪，定期联络，努力捕捉新项目，做到"新上项目抓开工、在建项目抓进度、建成项目抓运营"，带动和促进开发区中小企业结构调整，促进开发区转型升级，激励和扶持企业做大做强。

按照布局集中、用地集约、产业集聚的原则，依托黟县旅游、文化、生态、物产等资源优势，科学规划产业发展方向，黟县经济开发区已初步形成以绿色食品、丝绸纺织、机械电子等优势产业集聚区，2015年三大产业销售收入占全区销售收入达到65.4%，比上年增加5.1个百分点。

（二）在招商引资方面

1.加强引商力度。按照"招大、引强、选优"的思路，围绕农副产品精深加工、旅游商品、茧丝绸、机械电子等重点产业，突出招商选资，提高引资质量和有效性，着力引进综合效益好、带动作用强、能源消耗低的新兴产业及产业链延伸类项目。

2.注重招商实效。通过（联合相关乡镇和部门）外出招商、以商招商等积极有效的措施，围绕延伸产业链开展产业招商，推进产业结构调整，促进工业经济转型发展。

2015年引进塑胶制品生产、蓝梦菓系列果酒生产加工、旺荣电子产业园二期、年产8000吨软磁性材料生产技术改造、中草药综合开发和继电器外壳生产等12个新签项目，完成园区招商到位资金2.5亿元。

（三）在创新发展方面

1.引导企业加大创新能力建设。桃源罐头、尚义橡塑、黟县丝业、信达丝线等企业争取到企业研发设备补助等专项资金15万元，同时获得县政府奖励资金23万元。尚义橡塑公司承担的"LED封装高导热橡胶基复合材料关键技术研发"项目和古黟黑茶公司承担的"古黟黑茶加工关键技术研究与品质提升"项目获得省市科技计划项目立项。

2.加快重大项目建设。2015年8月黄山旺荣电子有限公司新厂投产，其配套的黄山玳亚盟多电子有限公司10月投产，华盛丝绸集团公司正式完成整体搬迁并投产、龙昌塑业竣工投产。弋江源茶业有限公司、友和中药材有限公司、杏枫商贸公司等一批企业已投入百元以上用于设备更新改造，扩大生产能力，提升产品质量。

开发区企业创新能力进一步提升。黄山桃源罐头食品公司于今年5月顺利通过国家高新技术企业复审。同时重点将信达丝线、旺荣电子、越驰科技、弋江源茶叶等公司纳入高企培育库。园区企业申请专利 36项，其中发明专利 9项；授权专利 34项，其中发明专利8项。

（四）在绿色集约发展方面

1.严格项目准入。在按照国家产业发展导向和"三个围绕，一个不上"原则基础上，对工业项目明确有关投资强度、科技含量、容积率、节能减排、产出水平、财政贡献率等标准，严把项目准入关，为优化工业产业结构，积蓄工业后劲奠定基础。

2.盘活土地抓高效促开发区集约发展。一是开展"双清"活动，建立健全园区"腾笼换鸟"倒逼机制，加大低效用地，低效企业"双清"力度。二是严格落实投资强度和亩均税收政策，对达不到协议投资强度和纳税额度一般不单独供地，对新签订投资协议的企业，要求业主出具预期亩均税收达到的具体年限承诺书，为"双清双控"工作打下基础。三是做好开发区土地集约利用评价工作。由合肥天泽土地勘测规划有限公司承担黟县经济开发区土地集约利用评价项目成果编制工作，并于2015年11月13日，黟县经济开发区土地集约利用评价工作通过了省国土资源厅组织进行的评价成果验收评审。

3.以产业集聚促结构优化。开发区把工作重点由扶持单体项目转移到培植支柱产业，围绕机械电子和丝绢纺织、绿色食品及其绿色建材等产业，以旺荣电子、中绣飞梭、桃源罐头等一批拉动能力强、产业关联度高的现代化企业，推动要素资源和配套企业汇聚，带动产业规模和效益的持续增长。紧紧围绕主导产业、骨干企业、重大项目、知名品牌，优化资源配置，加速生产要素集聚和产业升级，不断提升园区工业发展水平和区域竞争能力。

4.加大平台建设。进一步完善五东殿新区和渔亭经济园区基础设施和配套服务设施建设，推进园区资源整合和扩容升级，提高开发区平台的承载力和吸引力，为转型升级提供保证。

通过采取分割、转租等腾笼换鸟方式使约100余亩土地得到了更好地利用，有效地缓解了供地紧张的局面。黄山市健力输送机械有限公司、黟县有农生态农业有限公司分别成功收购黄山精锐输送机械有限公司（其中土地29亩）、黄山润峰汽车部件有限公司（其中土地34.5亩）资产，并进行转型生产（经营）；黄山华基实业有限公司、黄山鑫源竹业有限公司分别租赁黄山港殿竹木制品有限公司（其中土地38.25亩）、黄山市健力输送机械有限公司（其中土地约6亩）部分资产进行经营；黄山市红立工贸有限公司回购黄山键力输送机械有限公司土地5.69亩，新上塑胶制品生产项目，预计该项目年底前完工。

（五）在体制机制创新方面

1.成立开发区经济发展领导组。由县委书记亲自挂帅，各职能部门参加，开展调研走访，定期召开经济开发区发展调度会，及时解决企业在办理“两证”、融资等方面存在问题。

2.成立了经济开发区党工委。2015年5月成立以来，建立了46家开发区非公企业花名册，组建单独企业党支部5个，调整组建企业联合党支部3个，发展党员9人，党员关系转入开发区企业党支部的15人。截至目前，开发区党工委下辖党支部21个，其中委机关党支部1个、单独企业党支部17个、企业联合党支部3个，共有党员87人，其中委机关党员6名，非公企业党员81人。

3.制定出台了开发区管理委员会党员领导干部联系企业的制度。将开发区企业划分为退城入园企业、五东殿一期、五东殿二期、黟七线北边、渔亭循环园区5个区域，责任领导即为网格员，要求网格员应全面掌握园区企业党建、统计、安全生产等情况，对园区企业建设、生产中出现的困难和问题尽最大努力做好协调工作，并将企业相关情况和需要解决的问题在每半个月召开的联系企业工作会上予以汇报。

4.积极开展各类培训活动。针对部分企业主提出的融资、工伤、诉讼及其如何做好非公企业党建工作和全市非公党建工作互学互查事项，分别召开了由非公企业主、非公企业党支部书记和党建工作指导员参加的培训会、座谈会和例会，对企业相关知识进行了专题培训、党建工作存在的问题进行了交流发言、全市非公党建工作互学互查工作进行了部署和安排，会议取得了预期效果。

2015年经济开发区整体工作环境得到了改善，企业服务水平进一步提升，据统计，已帮助10余个企业解决困难和问题，内容涉及项目建设、环评、安全、用工、融资、党建、职工工资等方面。协调县诚信担保公司，帮助企业解决融资难问题。截至目前，已通过县诚信融资担保公司为中绣飞梭、有农生态、佳源电子、恒夏混凝土等18户开发区企业提供30笔担保贷款，融资6235万元。配合县人社部门举办大型工业企业专场招聘会2场，会同旺荣电子、中绣飞梭等园区企业2次赴阜阳市颍东区正午镇为企业招工。园区基础设施建设、安全生产、精神文明创新、信访综治工作都取得了比较好的成绩，为企业发展提供一个优质、安全、卫生的环境。

三、存在问题和不足

（一）在主导产业培育方面主要存在：企业综合实力不强，多为技术含量低、资源消耗大、劳动力密集的初级产业，且小富即安思想较为普遍，发展意识不足；基础设施条件有待改善，受财力薄弱和融资渠道狭窄所限，基础设施投入严重不足；企业物流成本高，产品配套较差，用工尤其是专业技术人才匮乏，

（二）招商引资方面主要存在：受到地域优势不明显，产业上下游配套不完善，企业运营成本增加等诸多因素的限制，新型产业落户困难。

（三）创新发展方面主要存在：企业科技投入不足，高科技技术人才匮乏，企业创新能力不强。

（四）绿色集约发展主要存在：首先是传统产业转型升级困难，资源消耗大。同时土地利用率低，土地闲置现象存在。少数企业由于只有部分土地进行了项目建设，另一部分土地仍处于闲置状态，导致土地利用率低下，土地资源浪费。

（五）体制机制创新方面主要存在：开发区管理职能不健全，工作上存在有想法，没抓手，工作效率不高。

四、2016年工作打算

（一）目标

2016年计划完成固定资产总投资6.5亿元，比上年增长8%以上；开发区工业总产值达到30.8亿元，比上年增长8%以上；税收达到0.45亿元，比上年增长5%以上；招商项目到位资金2.7 亿元，比上年增长8%；新增规上企业2个。

（二）主要措施

1.推进园区基础设施建设。2016年计划投资1000万元，完善和提升五东殿新区配套设施建设，着力推进渔亭经济园区拓展区A、B地块基础设施建设。

2.坚持重点项目推动加快经济发展速度。狠抓重点项目建设，紧盯开工、竣工、投产三个环节，切实加大服务力度，推进项目的实质性进展。重点推进精密轴承套圈生产、旺荣电子产业园（二期）等重点项目建设，以项目服务为基础，以重点项目推进为关键，在思想上高度重视，在力量上优先配置，集中精力大抓项目，抓大项目，明确责任单位，重点协助办理项目审批、用地报批、施工许可、环境保护评价等前置手续，明确开工时间和竣工时间，将施工计划分解到月、细化到旬，并督促业主按协议履约，强化项目的时间节点控制，优化推进措施，力争早开工、早投产。

3.加大招商引资力度推进产业集聚发展，日益优化开发区发展环境。坚持把招商引资作为加快发展的“第一要事”，始终确立“服务也是招商的理念”，突出以商招商，引导产业招商。坚定不移抓招商，着力优化投资环境，引进一批牵动性、全局性项目。坚持不懈拓展项目信息，加强对沿海地区产业转移趋势的研究和把握，紧盯绿色食品、机械电子、丝绸纺织等产业，长期追踪，定期联络，努力捕捉新项目。带动和促进开发区中小企业结构调整，促进开发区经济发展方式的转变，激励和扶持开发区企业做大做强。坚持腾笼鸟,盘活存量促转型,力争2016年盘活土地面积100亩以上。坚持产业链招商：以已落户企业为桥梁纽带，通过“以商引商”招商方式，吸引更多同类或关联企业落户开发区，延伸产业链，力争2016年引进5家工业企业在开发区落户。

4.全面深化综合统筹增强园区可持续发展能力。以党的建设为统领、干部队伍为支撑、社会事业为重点、统筹推进各项事业协调发展。一是夯实党建工作。按照“抓管理、强服务，抓主线、强队伍，抓组织、强基础”的思路，深入推进黟县经济开发区非公企业党建工作，着力提升党建工作水平。二是强化廉政建设。认真贯彻落实中央和省市县有关廉洁从政、厉行节约、反对浪费等各项规定。扎实推进“三重一大”上报备案制度，重点加强工程建设等重点领域的督查力度，预防腐败的产生。三是积极协调县诚信担保公司等金融部门，做好企业融资，召开银行与企业对接会，加强银行与企业的对接，将银行适合的融资产品介绍给企业。同时加强对企业负责人和企业财务人员的财务融资知识的培训，合理利用现有的融资工具为企业服务。四是针对企业招工难的问题，通过网络等多种有效方式帮助企业招工。同时加强领导干部联系企业制度上门服务，帮助企

业整理内部资料。当企业在“两证”过程中出现问题时，及时进行协调解决，力争园区入园企业“办证”率达到75%以上。

5.积极推进黟县经济开发区（园区）转型升级。一是突出产业转型，建设特色园区。紧扣转型、特色二大主题，进一步明确开发区发展定位、创新发展路径、提升发展目标，用更加契合新常态特征的新理念、新思维指导开发区未来一个阶段的发展。二是优化发展环境，建设生态园区。坚持绿色低碳发展，推进开发区集约发展，严格落实省县关于节约集约用地的系列政策规定，建立入园企业建设规划审查和用地监管制度，实施项目建设双向约束制度，落实土地使用税杠杆调节作用。加快实现开发区从投资拉动向创新驱动转变，从数量扩张向质量提升转变，从粗放发展向集约发展转变。

【安徽祁门经济开发区】

一、基本情况

祁门经济开发区始建于2002年7月，原名为“祁门县工业园区”，2004年8月，更名为“祁门县城东工业走廊”，2005年8月筹建祁门县工业园区管理委员会，2006年8月经安徽省人民政府批准筹建省级经济开发区，2009年3月，正式成立安徽省祁门经济开发区管理委员会，2010年10月，组建祁门经济开发区党工委。

二、规划建设

祁门经济开发区位于县城以东，坐落在金东河畔，东至金字牌镇九里冲、西以县城驿驼山山脊为界、南连皖赣铁路、北邻黄祁高速。规划总面积5.3平方公里，黄祁高速互通口位于经济开发区境内，皖赣铁路线、休张公路线纵穿而过，距黄山高铁站、黄山机场56公里，新城区连接线将县城、新城区、经济开发区连为一体。2007年经济开发区规划环评通过安徽省环保局批准，2012年元月，完成经济开发区总体规划和绿色产业园控制性详细规划的编制，2015年2月启动总体规划修编和其他各产业园控制性详细规划的编制工作。

三、建设发展

一是园区经济持续快速发展。先后组织开展了三期“经济开发区建设大会战”“园区建设提速增效年”“园区转型发展、提质增效推进年”等活动，加快开发区区招商，推进项目建设，着力打造工业经济发展主平台，开发区发展效益不断显现。历经十多年建设，经济开发区已成为县域经济的重要增长极，支撑和拉动作用不断增强。截至2015年底开发区已建成面积达1.52平方公里,入驻园区企业75户，建成投产75户，规模以上企业39家，累计完成固定资产投资68亿元，其中基础设施投资13.7亿元，企业完成投资54.3亿元；2015年，实现工业总产值36.08亿元，占全县工业总产值55.1%上缴税收0.5009亿元，年均增幅9.5%以上。

二是产业集聚效应显现。开发区自启动建设以来，已新增承载能力1.52平方公里，累计入驻规模企业39户，其中销售收入超亿元以上企业10户；税收超千万元1户、500万以上4户，黄山电器、新飞电子、建兴竹木、祁红发展、祥源茶业等一批重点企业正加速成长，企业整体实力大幅提高，龙头带动作用不断增强，初步形成了电子电器、绿色食品、林产精深加工等三大主导产业，支柱产业实现产值占开发区企业总产值的73.8%，并在区内逐步建起绿色产业园、电子电器产业园等特色园，园中各企业优势互补、上下衔接，形成良好的集聚效应。2015年底，开发区电子电器企业总数达12户，占开发区工业户数68户的17.6%，实现年产值超10亿元。“十二五”期间，开发区共完成技改投入18亿元，新增国家级高新技术企业7家，占全县高新企业数100%，拥有省级博士后工作站1家、工程技术中心4家。

三是基础设施日臻完善。自2005年以来，开发区共计投入资金1.37亿元，建成了较为完善的水、电、气、路、雨污排水、通讯等基础设施，先后平整土地1980多亩，挖填土石方260余万立方米，建设园区主次干道11公里，实现全面亮化，完成绿　万平方米，铺设给排水、污水管道

50公里，架设110kV供电标线13公里，开发区建设框架全面拉开，发展空间进一步拓展。

四、招商引资

截至2015年末，开发区招商引资到位资金2.88亿元，其中，当年新增项目引进资金1.8亿元，年均递增7%。祥源祁红、谢裕大红茶、新飞电子、佳明木业等一批成长性较好的企业项目入驻，为开发区发展提供了新的支撑。“十二五”期间，先后被省经委列入全省第一批80个省级创业基地，被省科技厅授予“安徽省新型电子元器件高新技术产业基地”“安徽茶产业十强县”称号，被黄山市政府确定为最具特色园区，2012年在全省筹建省级经济开发区名录中排名18位。

五、发展远景

祁门经济开发区将围绕创新驱动，转型升级，加快转变经济发展方式。通过招商引资和政策引导，不断承接长三角产业转移；明确发展定位，充分发挥电子电器、祁门红茶等支柱产业竞争优势；努力构筑生态型、低碳型、科技型园区，实现开发区由速度数量向质量特色转变。将开发区建设成为“大众创业、万众创新”的高新技术产业集聚区和工业经济发展新高地，最终把开发区建成政策宽松、服务一流的先导区；发展快速、效益优良、生态和谐、最具活力的经济增长区。力争早日进入省级经济开发区先进行列。

池州经济技术开发区

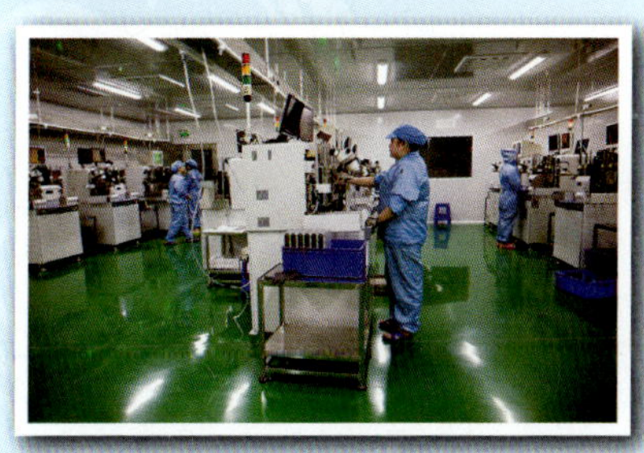

池州经济技术开发区位于池州市主城区东北部，全区规划控制面积55平方公里，分为东部园区和池州承接产业转移集中示范园区，东部园区规划面积40平方公里；池州承接产业转移集中示范园区（2012年11月省政府批准成立，挂靠池州开发区，为池州开发区区中园，独立运作，比照省级开发区进行管理）规划面积15平方公里。下辖平天湖社区和流坡村，总人口2万人。

池州经济技术开发区前身是1992年6月经池州行署批准设立的贵池市江口经济技术开发区，1995年12月经省政府批准为省级开发区，2000年11月池州撤地改市后收归市直接管理，2011年6月经国务院批准升级为国家级开发区。它是国家低碳工业试点园区、全国百佳科学发展示范区、安徽省半导体产业集聚发展基地、安徽省优秀电子信息产业基地、安徽省新型工业化产业基地、安徽省小微企业创业基地。区内拥有长江岸线20多公里，建有国家一类开放口岸——池州新港区，常年可停靠万吨级船舶。毗邻齐山—平天湖风景区，是绿色与工业为一体的生态园区。

池州经济技术开发区供水、排水、供电、供气、供热、排污等配套设施完善；与高校开展战略合作，实行免费订单式人才培训，人力资源充分保障；区内海关、边防、出入境检验检疫为产品进出口提供快捷便利的条件；城市金融、商贸、文体中心等服务功能配套齐全，产城一体，满足居住、购物、娱乐、休闲等多种需求。

池州经济技术开发区重点发展电子信息、高端装备制造和高端服务业“两高一首”产业，初步形成了以铜冠铜箔、安芯晶圆、中建材ITO导电膜玻璃、华钛半导体、信安科技为代表的电子信息首位产业为“龙头”，以中恒天福泰动力汽车发动机、沃佳数控机床、旭豪数控缝纫机为代表的高端装备制造产业，和以香港（池州）远航、广物池州物流基地、太平鸟总部经济为代表的现代服务业为“双翼”的发展格局。

合肥高新技术产业开发区

合肥高新技术产业开发区（以下简称“高新区”）位于合肥市西部，是1991年经国务院批准的首批国家级高新区，所辖面积128平方公里，常住人口20余万。2016年6月，在全国高新区的最新综合排名位居第7位，相比2015年再进一位，稳居全国10强。

高新区区位优势突出，北接4E级新桥国际机场，南临4A级紫蓬山森林公园，东距合肥高铁南站约10公里，西至六安市区仅半小时车程。合淮阜高速、长江西路高架贯穿而过，地铁2号线和规划中的4号、7号、8号线直通市中心。基础设施和综合配套完善，“七纵六横”骨干道路体系全面建成，拥有合肥七中、合肥加拿大国际学校、安医附院高新医院、砂之船奥特莱斯等优质配套，坐拥“生态绿肺”大蜀山国家森林公园，柏堰湖、王咀湖交相辉映，城区绿化覆盖率达45%。

2014年2月21日，全国人大常委会副委员长、全国妇联主席沈跃跃视察高新区

2014年3月18日，安徽省妇幼保健院国际妇女儿童医院项目签约

高新区产业体系完善，是安徽省最大的高新技术产业化基地，已形成智能家电、汽车及装备制造、新能源、公共安全、电子信息、节能环保、文化创意、生物医药、智能语音、新材料等高新技术产业集群，获批建设国家公共安全应急产业示范基地、国家首批区域“双创”示范基地、侨梦苑暨侨商产业集聚区、安徽省智能语音集成电路、生物医药和高端医疗器械产业集聚发展基地。园区高新技术企业迅速聚集，培育了科大讯飞、四创电子、安科生物、阳光电源、量子通信等高新技术企业，引进了格力电器、美的电器、惠而浦（中国）、大陆轮胎、长安汽车、晶澳、美国3M、日本NSK等知名龙头企业，一大批企业的技术水平处于行业领先水平。目前，园区企业16000余家，其中规模以上企业179家，外商投资企业400余家，世界500强投资企业19家。自主培育国家高新技术企业460家，国家及省市创新型企业285家，上市企业16家，新三板挂牌企业43家。

高新区科教资源丰富，集聚了中科大先研院、合工大智能院、中科院创新院等重大协同创新平台，园区企业建成省级以上技术（工程）研究中心109家，集聚国家“千人计划”21人，战略性

高新区创新产业园

中科大先进技术研究院 全景鸟瞰

新兴产业领军人才123人，海外留学人员和外国专家2000余人。区内建有合芜蚌自主创新综合试验区合肥创新平台，建成众创空间22家，各类孵化器19家，总面积260万平方米，在孵化企业2300余家。建设区域性金融中心，累计集聚基金70余支，总规模近800亿元，提供天使投资基金、省青年创业引导资金、创新贷、助保贷等全方位、全周期的投融资服务。在高新区开展风险投资业务的公司20余家，各类科技服务机构300余家，为区内企业提供了良好的创新创业服务。

“十二五”期间，高新区累计实现GDP1987.1亿元，是“十一五”的2.7倍，年均增长16.7%；实现工业总产值4654.4亿元，是“十一五”的2.9倍，年均增长16.4%；实现工业增加值1382.6亿元，是“十一五”的2.6倍，年均增长13.3%；完成固定资产投资1639.8亿元，是“十一五”的2.7倍，年均增长16.9%，其中工业投资961.1亿元，是“十一五”的4倍；累计招商引资超过900亿元，年均增长11.2%；完成全口径财政收入295.4亿元，是“十一五”的3.2倍，年均增长22.2%；城镇常住居民人均可支配收入29410元，农村常住居民人均可支配收入15880元。

2015年，实现GDP506亿元，增速11.2%。实现规模以上工业产值1169.2亿元（分成前1527.6亿元）；实现工业增加值330亿元，增速11.3%。完成固定资产投资415.3亿元，增速12.4%；其中工业投资236.3亿元，增速9.8%。实现社会消费品零售总额94亿元，增速10.8%；完成进出口总额23.6亿美元，增速20.4%；完成招商引资239.5亿元，其中，外商直接投资4.6亿美元，工业招商引资191亿元；全口径财政收入完成81亿元，公共财政预算收入24.8亿元，同比增长21.3%。规模以上工业企业实现利润95亿元，同比增长12%，增幅居全市首位；全区单位GDP能耗同比下降4%。

马鞍山经济技术开发区

马鞍山经济技术开发区成立于1995年10月，1999年3月正式启动建设，2010年3月经国务院办公厅批准升级为国家级开发区，2010年5月经省政府批准成立省级高新技术开发区，2012年成为全省首家省级电子信息产业园，2014年1月被国家工信部批准为国家新型工业化产业示范基地，2014年10月被国家环保部、商务部和科技部批准建设国家生态工业示范园区，2015年8月成为首批省战略性新兴产业集聚基地——轨道交通装备制造产业基地。现辖区面积43平方公里。

经开区自启动建设以来，通过提供良好的环境和高效的服务，吸引了一大批知名企业如蒙牛乳业、福建达利、江苏雨润、广东科达等来此投资兴业并获得长足发展；西安开米、台湾正崴、格力电工、康佳照明等一批国内知名企业成功落户；星马华菱汽车、方圆回转支承、泰尔重工、中钢天源等一批本土企业茁壮成长并成为行业中的领军企业。目前，已形成了汽车及汽车零部件制造业、食品加工业、装备制造业三大优势主导产业，电子信息、节能环保等产业集聚也已初具规模。

兴美利项目奠基

第五届电子展领导宣布开幕

2016年项目集中开工仪式

赴台招商推介

两岸车联网发展合作座谈会

两岸（马鞍山）“精密制造 引领未来”交流会

市经开区、示范园区党员干部中开展“讲看齐、见行动”学习讨论动员大会会议议程

茂迪二期竣工投产

海峡两岸（马鞍山）太阳能产业投资机遇与风险论坛

节能环保论坛

首届全国智能制造创新创业大赛

安庆经济技术开发区

安庆经开区始建于1992年8月，1993年4月批准为省级开发区，2010年3月升级为国家级开发区。总规划建设面积55平方公里，建成区15平方公里。经过20多年的发展，安庆经开区初步形成了汽车零部件、船舶和机械装备制造、数控自动化制造、生物医药、现代服务业等主导产业，入驻工业企业400多家，其中规模以上企业89家，高新技术企业35家，美国FM、Caterpillar,日本TPR、ART，德国Scherdel，富士康科技、软银赛富、中国航天工业集团、中国船舶工业集团等

新能源汽车产业园鸟瞰图

全球知名企业已在区内投资兴业。区内有全球最大的活塞环制造商ATG、亚洲最大的缸套制造商ATGL、中国最大的叉车转向桥、驱动桥制造商合力车桥厂、中国最大的船用中速柴油机制造商安庆中船等。新建有B型保税物流园区，中远集团万吨级船舶实现江海联运。“十三五”期间，安庆经开区重点开发三期（新城东区），重点建设新能源汽车及汽车零部件、高档数控机床和机器人、海工装备、智能家电、环保设备、集成电路等新型战略产业。

富士康研发中心主体建设完工

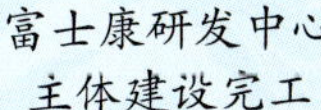

富士康研发中心
主体建设完工

B型保税区1

开发区道路建设

经开区4+X联勤清理僵尸车

国家级宁国经济技术开发区

宁国经济技术开发区于2000年12月经安徽省政府批准成立，2013年3月，经国务院批准，升级为国家级经济技术开发区。经过多年建设，已形成“一区三园一拓展”发展格局，建成区面积

省委常委、组织部长邓向阳视察开发区党群服务活动中心

已达20平方公里，中远期规划55.2平方公里。截至2016年底，园区注册企业2017家，其中工业企业823家，规模以上工业企业223家，高新技术企业66家，亿元企业56家，上市（挂牌）企业15家。开发区先后荣获全国百佳科学发展示范园区、国家知识产权试点示范园区、国家增量配电业务改革试点、安徽省投资环境十佳园区、安徽省创新型园区、安徽省新型工业化产业示范基地、安徽省文明单位、安徽信用建设示范园区等荣誉称号，通过了ISO9001质量管理体系认证和ISO14000环境管理体系认证，2015年9月，成功入选安徽省第一批14个战略性新兴产业集聚发展基地。

宁国市省级开发区南山园区鸟瞰

凤宁产业园规划图

中鼎院士工作站授牌

福莱特玻璃效果图

安徽合肥商贸物流开发区

合肥市人大副主任林存安亲临华东文博城开工庆典现场

安徽合肥商贸物流开发区位于安徽省合肥市肥东县撮镇镇，2010年，经安徽省人民政府批准（皖政秘〔2010〕184号文）设立，是全省唯一以商贸物流业为主导产业的省级开发区，采取“两个机构、一套人员”的“镇区合一”管理模式。它是安徽省重点打造的省级现代服务业集聚区。开发区总体规划面积55平方公里，其中一期规划面积为7.4平方公里。截至2015年，开发区建成区面积7.12平方公里。历年来，撮镇镇先后荣膺国家重点镇、国家改革发展试点镇和安徽省产业集群专业示范镇等多项荣誉称号，是全县镇域经济发展的排头兵，2016年被合肥市确定为合肥主城区的重要组成部分。连续五年，被合肥市评为科学发展先进乡镇，在肥东县乡镇（园区）综合考评中获得第一名。2016年7月，获得国家级示范物流园区荣誉称号。现在园区被批准为省级现代服务业集聚区和合肥市快递产业园，发展定位明确为：合肥东部商品展示交易、公铁水运货运枢纽、区域内物流配送、面向各优势产业的加工、多元化配套仓储、国际贸易及公共信息平台，并努力建成区域物资转运、物流信息服务和文化休闲人居“三大中心”。开发区产业结构正加快向以商贸物流为主导、以现代制造业为基础的格局转变。

截至2016年10月，安徽商贸物流开发区建成区面积达7.14平方公里，仓储总面积达到269万平方米。物流运营总收入148.5亿元，创造利润3.75亿元，就业人数1.75万人，带动相关产业就业岗位超百万。园区货运量达1642.6万吨、吞吐量达5678.6万吨，单位面积物流强度达到650万吨/平方公里•年，投资强度280万元/亩，实现税收总额4.8亿元。入驻深国际、普洛斯等各类企业达361家，规模以上工业企业达69家，其中入驻重点物流企业达52家，年营业收入超过2亿元的物流企业7家，AAAAA级1家，AAAA级3家，A级及以上物流企业20家。

2015深国际签约

宝湾物流合肥（华东）高端电子商务运营中心项目签约落户我镇

肥东县宝翠园校区奠基典礼

裕隆大市场

美凯龙外广场

撮镇全景图

奋力打造龙岗都市新区

——合肥龙岗综合经济开发区

时任省委常委、副省长吴存荣出席瑶海区重点项目集中开工仪式。图为龙岗开发区尚荣医疗产业园建设基地

合肥龙岗开发区于1992年元月经合肥市政府批准设立，2001年10月经省政府批准晋升为省级开发区，更名为“合肥龙岗综合经济开发区”，属肥东县管辖，2009年11月1日，龙岗开发区划归瑶海区管辖。面积22平方公里，辖14个社区，总人口约20万人。

龙岗开发区位于合肥市东大门，东接肥东经济开发区，北与新站综合试验区为邻，地理位置优越，对外交通便捷，是合肥市融入长三角的桥头堡，合肥市“1331”城市发展战略的重要组成部分。

近年来，龙岗开发区按照“商居新区、东城明珠、产业新城”的发展定位，主动融入合肥打造长三角世界级城市群副中心、合肥东部新中心建设大格局，坚持抓管理、保稳定、促建设、谋发展的工作思路，强力推进城中村改造、道路网建设，大力发展现代服务业和都市工业，全面提升城市综合承载力，加快产城一体进程，都市新区建设初具规模。开发区前期主导产业以新能源新材料、家电及配件、农副产品深加工、服装加工等为主，随着开发区产城一体化推进，经济结构逐步升级为现代都市产业、高端服务业、总部经济为主，逐步打造成合肥东部组团的重要节点和区域发展的重要增长极。

龙岗开发区开展书记讲党课活动

瑶海区区长单虎察看轨道2号线工程——龙岗开发区大彭停保场建设

龙岗开发区开展社会主义核心价值观教育——主题广场汇演。图为东方韵舞蹈队演绎《红旗颂》

安徽淮北杜集经济开发区

安徽淮北杜集经济开发区是2006年经省政府批准筹建的省级筹建开发区。2015年，杜集区委、区政府对全区工业园区进行优化整合，整合后的安徽淮北杜集经济开发区，下辖“一区三园”，即：杜集经济开发区、段园工业园、众帮创业园和杭淮纺织工业园，规划面积30平方公里，产业定位重点发展高端装备制造、新材料、新能源和现代纺织等产业。截止2015年底，开发区建成区面积达10平方公里，拥有规模以上工业企业160家，初步建立了以安徽矿机、山河矿装等骨干企业为支柱的机械装备制造产业集群；以海螺水泥、金达新材料等为代表的新型材料产业集群和以宏大特纺、宏远纺织为依托的现代纺织服装产业集群。工业产值超过200亿元。

2015年，杜集开发区被国家科技部认定为“国家火炬杜集高端矿山装备制造特色产业基地”。

濉溪芜湖现代产业园

已建成试生产的安徽海韵新材料科技有限公司

已建成试生产的濉溪县博城包装制品有限公司

已建成投产的安徽艾瑞库车业有限公司

濉溪芜湖现代产业园区（以下简称园区）是省委、省政府为加强南北共建、统筹区域协调发展建设的七个合作共建园区之一，由濉溪县与芜湖县合作共建，独立运作，享受省级开发区各项政策。2012年8月8日，安徽省人民政府正式批复设立濉溪芜湖现代产业园区（皖政秘〔2012〕373号）。园区为濉溪县委、县政府派出机构，园区设立管委会和党工委，党工委第一书记由濉溪县委书记担任。当前，管委会领导暂为一正两副，管委会下设两办七局，人员分别由两县选派。当前，管委会有领导3名、主任助理1名、正式工作人员25名。

园区坚持以高端装备制造业为首位战略性产业，全力打造成为最具竞争力的特色产业，重点发展汽车零部件及机械、新材料制造业等；围绕产城融合需要，大力发展现代物流、金融服务、咨询服务、科技服务、电子商务等为生产服务及现代商贸、文化旅游、居民服务房地产等为生活服务的现代服务业，形成产业特色明显，主导产业突出，高新技术产业与现代服务业协调发展的产业格局。

截至当前，园区累计完成房屋征收45万平方米、土地征收4528亩，发放征地补偿款、拆迁补偿费、安置过渡费等3.97亿元，土地获批4528亩、组卷上报375亩；23个重点招商项目正有序推进，其中3个企业已试生产，1个企业正在安装设备，9个在建项目正稳步推进，10个项目已洽谈完毕即将签约；园区累计完成财政收入1.88亿元，税收6759万元。

园区坚持创新发展、绿色发展、协调发展，通过艾瑞库、赛宇、中建等汽车零部件企业及海韵新材料、万润新材料等科技新材料企业和超快物流企业、濉溪大市场的引领，不断提高装备制造业和现代服务业的比重，力争到“十三五”末，形成高端装备制造及现代服务业的产业集群，建成一批市场影响力大、产业配套能力和创新活力强的特色产业基地。

安徽谯城经济开发区

区委常委、副区长、
管委会党工委书记、主任吴海洋

2006年4月经省人民政府批准，设立省级亳州工业园区，核准面积5.6平方公里。2014年8月省政府批准更名为“安徽谯城经济开发区”，批准扩区面积13.07平方公里。在城市规划区内6.22平方公里，现规划面积24.89平方公里，建成区约20平方公里。总体规划在空间布局结构上形成“一轴、两核、三带、五大片区”。重点培育三大主导产业：现代中医药制造业、食品及农副产品加工业、劳动密集型电子鞋服加工制造业。申报国家级经开区工作2015年8月省政府上报国务院已批转商务部。

谯城经开区设置了党工委（辖1个非公党委、2个机关支部、28个企业支部）和纪工委。管委会内设规划建设局、经济发展局、办公室及管理服务中心，并设有经开区派出所、地税分局、市场监督管理分局、行政执法分局。

2014年11月被评为“第三届安徽省投资环境十佳开发区”。2015年9月被省政府批准为安徽省战略性新兴产业（现代中药）集聚发展基地。2015年10月被省科技厅、经信委、商务厅、知识产权局确定为第二批省知识产权示范培育园区。2015年12月被科技部批准为“安徽亳州国家农业科技园区”。

联滔电子生产现场

建设发展中的谯城经开区

安徽涡阳经济开发区

经开区于2015年1月28日在原工业园区的基础上，整合了南部新区，托管了城东、城西、涡北11个社区，经省政府批准成立。成立初衷是打造涡阳经济发展的先行区，城镇化、工业化的主战场、主引擎。两年来，我们按照征地拆迁先行、规划先行、基础设施先行、项目建设先行的原则，通过抓政风带民风，初步实现了“一年打基础，两年上台阶”的目标。

一、征地拆迁先行。在坚持完善政策、把政策交给群众、公开公平公正操作的基础上，两年来共拆迁村庄27个，拆迁面积近200万平方米，征地近1.5万亩，为项目落地及城市发展提供了保障。

组织开展廉政教育，筑牢法纪观念

二、规划先行。在县城总体规划的基础上，制定了城南新区控制性详规、工业园区产业规划、一区五园总体规划、环境保护规划，切实做到在规划引领的基础上开展工作。

三、基础设施先行。新建及续建安置小区11个，可容纳安置人口4.8万人。新建道路14条，完善水、电、气配套设施，完成育英河水系建设，有力保障城市建设的需要。

四、项目建设先行。两年来，共完成招商引资总额130亿，签约项目47个，其中亿元以上19

到龙山烈士陵园，缅怀革命先烈，重温入党誓词，接受革命传统教育

非公企业“两学一做”座谈会

个，完成了续建和新建工业项目20个。光机电、现代中药及绿色食品加工、绿色生态建筑、循环经济科技四个产业集聚区相继启动，三鑫光电、修正健康饮品、恒明新材料等一批战略性新兴项目先后建成投产，产业结构更加优化。

另外，两年来经开区共清理盘活闲置低效用地1200亩，清退盘活僵尸企业11家，基本上没有通过新征用土地的途径就实现了工业项目用地需要。

展望2017年及“十三五”期间的工作，经开区将继续坚持建城和建园齐头并进，继续实施城镇化和工业化追赶战略，加快“一区五园一城”的融合步伐。

工业方面，围绕三年百亿和五年双百亿的工业产值目标，依托四大产业集聚区，培育战略性新兴产业，实施精准招商，实现产业集聚效应，带动5个乡镇工业园向特色产业功能区升级，形成“一区五园”相互协作、联动开发的工业发展格局。预计2017年规模企业数达到68家，工业产值达到55亿元，财政收入达到3.9亿元。

城镇化方面，2017年新城区“六横八纵”的主干网络将全面贯通，新增德和、南外环两水系，五馆三中心、农商大厦、社区服务中心等公共服务项目基本建成。碧桂园龙城、凤凰酒店，绿城蘭园、青牛广场，城改天河金街、示范小区等一大批高端商住项目落户城南新区，城市形象品位不断提升；新建4所学校和1家医院，社会事业配套日趋完善。

三志制动生产厂房

三鑫光电

安徽创酷通讯手机装配生产线

安徽界首高新技术产业开发区

安徽界首高新技术产业开发区，2016年7月经安徽省人民政府批准由界首经济开发区更名设立，坐落在京九经济带中段，泛长三角经济区与中原经济区交汇处、素有“小上海”之称的中原古驿界首市，沙颍河黄金水道、南洛高速、漯阜铁路穿城而过，郑合高铁设站城南2019年通车。

高新区总体规划面积32.78平方公里，辖田营、西城、光武、东城四个产业园和工业投资公司、中小企业担保公司2家融资服务平台，建有省级科技孵化器、创业广场和出口加工基地、机械

产业园、铝基产业园等特色产业平台，以资源循环利用、营养与健康、机械智能制造、纺织服装等为主导产业，现入驻规模以上企业288家，吸纳就业5.5万人。预计2016年，完成工业产值518亿元、税收14.56亿元、外贸进出口额11028万美元，其中高新技术企业40家，完成产值264亿元，在全省开发区综合实力排名位居第11位、皖北第3位。

“十三五”期间，界首高新区将以“双千双百、四区同创”为统领，以传统产业升级和战略性新兴产业壮大为重点，集聚要素，优化环境，加快建成出口加工基地、机械产业园、皮具产业

园和2处就业创业园，推进工业、装备、产品创新，加强产业、基地、品牌塑造，促进产城融合。到2020年，入驻企业500家，其中高新技术企业100家，高新技术产业产值比重超过60%，打响循环经济产业全国品牌、营养与健康产业区域品牌、先进机械制造产业特色品牌、纺织服装产业地区品牌，打造“双创高地、产业新城”。

安徽颍州经济开发区

安徽颍州经济开发区是2009年4月经省政府批准设立的省级开发区，位于阜阳城东南，东临合阜高速入口，西连阜阳市经济技术开发区，南接阜合现代产业园，北靠阜阳目前最大港口——颍州港，距阜阳机场和高铁站仅15分钟车程，区位优越、交通便捷。

园区总体定位是打造一流的新型工业化示范区和产城一体新城区，主导产业为机械电子、纺织服装、家居建材等。园区起步区5.89平方公里已全部建成，2014年10月30日省政府批复了11.07平方公里的扩区规划，中期规划到2020年建成20平方公里，远期规划到2030年建成30平方公里。

几年来，在市委、市政府和区委、区政府的正确领导下，安徽颍州经济开发区紧紧围绕加速构建“新型工业示范区和产城一体新城区”的战略目标，始终坚持强基础、优服务、重创新、严管理，有力地促进了园区快速健康发展，已经多年被评为“工业园区综合评比先进单位”，并荣获“安徽省新型工业化产业示范基地”“2016中国产业园区营商环境百佳”等荣誉称号。

截至目前，建成区面积已达7.8平方公里，形成了“十纵六横”路网框架，通车总里程达38公里，给水、排水、绿化、亮化、燃气、蒸汽、强电、弱电等配套设施得到了进一步完善,基本实现“八通一平”全覆盖，园区承载能力明显提高。上半年，新签入园项目8个，总投资40.5亿元，累计入驻项目176个，总投资261.5亿元；新开工项目9个，开工项目累计96个；新投产项目6个，投产项目累计77个。园区初步形成了机械电子、服装鞋帽、家居磁材、食品医药四大产业集群。

2016年园区经济继续保持平稳健康的发展态势，各项主要经济指标稳步增长。今年1—6月分，完成固定资产投资23.3亿元，同比增长43.5%；工业总产值29亿元，同比增长22.8%；规模以上工业产值26.7亿元，同比增长16.5%；规模以上企业增加值6.3亿元，增长16.5%；规模以上工业企业55家，限上商贸企业10家；实现外贸进出口6092万美元（含异地报关），同比增长19.4%。

下一步，我们将在区委、区政府的坚强领导下，进一步适应新常态、理清新思路、匡定新目标，继续秉承“一站式、全程化、全天候、终身制、保姆型”服务理念，以强化招商引资为总抓手、以抓好项目建设为硬支撑，以优化园区发展环境为生命线，切实做好“三个服务”，即一是服务好客商，二是服务好项目，三是服务好企业，为建成阜阳一流的新型工业化示范区和产城一体的新城区而努力奋斗。

全市固定资产投资及建设观摩会与会人员到颍州经济开发区观摩指导

全市招商引资工作观摩推进会走进颍州经济开发区

美联德生产车间

安徽芜湖三山经济开发区

安徽芜湖三山经济开发区于2006年4月被批准为省级开发区。2009年7月1日，安徽芜湖三山经济开发区经省政府批准正式挂牌，由原省级安徽芜湖绿色食品经济开发区和市级芜湖临江工业区合并成立，总规划面积46.16平方公里，经省政府批准面积为27.72平方公里，是国务院确定的皖江城市带承接转移示范区之核心示范园区。

开发区2012年被省政府批准为“芜湖承接产业转移集中示范园区”，2014年度入选第五批安徽省新型工业化产业示范基地，2014年度省（市）发改委批准设立芜湖市三山物流园为省（市）级物流集聚服务区，2015年被省政府批准为现代农业机械产业集聚发展芜湖基地。

开发区北靠长江，南至三山政务中心，西临建设中的滁黄高速和长江二桥，东接城市主城区，区位优势得天独厚，位于皖江城市带产业转移示范区“一轴双核两翼”的核心区域。随着区内城市快速路和主次干道的建设，正在形成内外联系便捷、水路联运方便的综合交通体系。长江深水岸线资源为发展造船工业、现代物流业和工业产品输出提供极其优越的条件；辽阔的腹地为承接产业转移提供良好的发展空间。

开发区按照产城融合发展理念，全力打造“一心、一带、三园区”。“一心”指占地9平方公里的莲花湖新城，建设学校、医院、商场、银行、公园、蓝领公寓、公租房等，为工业企业服务，打造宜业宜居的产业新城。“一带”指总长20000余米的开发区小江绿化景观带，突出莲花湖和三华山两个景观节点，将三个园区连成一片，打造宜业宜游的园林景观。“三园区”指临江产业园、中部产业园和东部产业园。三个园区按照产业布局，错位发展。目前，三山经济开发区产城一体化建设快速推进，一座充满勃勃生机的现代化产业新城即将屹立在皖江南岸。

开发区已入驻企业近400家，着力发展汽车及装备制造产业、电子电器产业、材料产业、食品制药产业及现代物流业。三山开发区首位产业为汽车及装备制造业，集中了以中联重机、集瑞联合重工、玉柴联合动力和新联造船等40余家企业，已经形成完整的产业链。同时，还集中了以格力电器为龙头的电子电器产业；以新兴铸管、君华科技为主的材料产业；以双汇食品、华润啤酒、双鹤药业、先声药业为龙头的食品制药产业；以宇培物流、三山港口物流和海螺港口物流为主的现代物流产业。一批投资20亿元、50亿元、100亿元以上的大项目建设投产，吸引相关企业纷纷落户，正在实现龙头企业—产业链—产业集群—产业基地的转化。基本形成规划布局合理、产业导向明确、三产设施配套、集聚效能强劲、转型协调发展的特色园区，成为芜湖市承接东南沿海和国外产业转移的重要载体之一。

凤阳宁国现代产业园

省委组织部副部长肖超英莅临凤宁现代产业园（硅工业园）调研非公企业党建及企业运行情况

凤阳宁国现代产业园是省委、省政府为实施振兴皖北、加速崛起战略而建设的四个县域现代产业园之一。产业园2012年3月经省政府批准建设。园区以原有的安徽凤阳硅工业园为基础，由凤阳县与宁国市合作共建，力争通过3~5年努力，着力建设一个“产城一体、宜业宜居、特色鲜明、配套完善”的现代新城。

园区交通区位优越。产业园位于凤阳县板桥镇境内，园区背倚“两淮一蚌”，面朝“南京都市圈”和长三角经济核心区，距凤阳县城15公里，离“农村改革发源地”——小岗村8公里。园区西部沿淮河建有“千里淮河第一港”——凤阳港，北部宁洛高速设有凤阳、小岗村出口，307省道、京沪铁路穿境而过，距高铁蚌埠南站仅30分钟车程。

园区规划体系健全。产业园规划面积约22平方公里，东起板桥河，西滨淮河黄金水道，南临京沪铁路，北沿宁洛高速。规划以凤宁大道形象展示轴、钟离大道产城联系轴、307省道公共设施发展轴、淮河大道产业发展轴和沿淮观光风景带、沿板桥河生态绿带，形成“四轴两带”的发展脉络。北部发展以硅加工制造业、现代物流业为主导、特色鲜明的产业园；南部建设以商业、居住为主导、配套完善的新城区，形成“北园南城”的空间布局。

园区基础设施完善。建成道路近20公里，建成安置房工程9万平方米。220kV洪武变电站、35kV变电站及开关站、70万立方米／日的天然气管网、1万吨／日的取水泵站、0.7万吨／日的生活用水、1.5万吨／日的工业用水管网以及污水处理厂一期工程先后建成投入使用。

园区产业特色鲜明。按照“大定位、大项目、大招商”的产业定位，园区在坚持狠抓硅产业和现代物流业两大主导产业的同时，大力引进产业关联度高的中小企业。目前，园区累计签约项目61个，协议总投资近425.2亿元；新开工项目48个，投资额78亿元；建成企业28家，其中规模以上企业6家。世界最大的单体玻璃生产线、最大的单体“白碳黑”生产线、最大的硅酸钙板生产线均建成投产。项目全部建成后，园区将成为全国最大最先进的浮法玻璃生产基地和硅酸钙板生产基地、全国重要的光纤光缆生产基地和光伏玻璃生产基地、皖北沿淮地区重要的物流基地。

园区要素瓶颈破解。土地方面，省政府每年直接下达园区土地指标1250亩，专项用于园区建设与发展。融资方面，省政府每年投入5000万元，宁国市政府每年投入3000万元，凤阳县政府每年投入5000万元，连续投入5年。同时，省农发行每年提供不少于3个亿的融资额度。

合作共建期间，现代产业园将按照“高起点规划、高品位建设、高水平承接、高强度投入、高效率服务、高效益产出”的原则，立足“皖北打头阵、率先求突破、园区争一流”的发展目标，依托优质的石英砂资源和坚实的硅产业基础，坚持开发区与新城区“双轮驱动”、制造业与服务业“两业并举”，努力将园区建设成为全省提高资源产出率示范园区、循环经济示范园区和安徽省南北合作共建示范园区，打造凤阳的“城市副中心、产业主战场”，中国的“绿色硅都，千亿元硅产业基地”。

省加快皖北地区发展领导小组办公室专职副主任殷君伯一行来凤阳县开展调研园区专项活动

园区大门

凤宁产业园总体效果图

安徽舒城经济开发区

市委书记孙云飞深入快乐蜂指导工作

安徽舒城经济开发区是2006年经省政府批准建立的省级开发区，系国家农产品加工创业基地、安徽省新型工业化童车童床示范基地、安徽省50家创业基地和9家循环经济园区之一。园区是合肥经济圈和皖江城市带承接产业转移示范区。

舒城经济开发区位于县城北部，总规划面积60平方公里，2002年开始筹建，2006年2月被省政府正式批准为省级开发区，批准规划面积为2平方公里，2012年11月，省政府批准开发区扩区升级，同意扩区至13平方公里，目前已建成区面积10平方公里，下辖7个村、一个社区，常住人口3.8万人。

舒城经济开发区是县城规划区重要组成部分，与县城核心区紧密相连，是产城一体化园区。近年来，舒城经济开发区累计完成基础设施建设投入13亿元，实现了路、水、电、气、网络通讯、亮化、绿化全覆盖。园区内医院、学校、商场、公租房等生活设施应有尽有，为工业发展提供丰富的配套元素；拥有110万千伏及35万千伏变电所2座，拥有日供水4万吨自来水厂和日处理1万吨污水处理厂各1座。园区规划和建设了中小企业创业园、新马食品产业园、电动车产业园、童车童床产业园和五金产业园。初步形成了以三乐童车为代表的童车童床类、以快乐蜂食品为代表的食品加工类和以汇联机械为代表的汽摩配件类三大主导产业。园区产业布局合理、功能齐全、相互促进。

至2015年底，入区企业152家，其中规模企业60家，年产值亿元以上企业20家；全年实现工业总产值100亿元，税金4亿元。2016年，舒城经济开发区全力以赴，努力实现工业总产值120亿元，实现各类税收5亿元，完成固定资产投资25亿元以上；新增标准化厂房项目20万平方米，新引进亿元以上项目10个以上；到年底实现入区企业达170家，其中投产企业达150家，规模以上工业企业达65家。

市长毕小斌视察食品产业园标准化厂房项目

必斐艾食品有限公司

新加坡食品产业园

舒城县电商产业园

舒城宏峰纸板有限公司

舒城五金产业园

安徽舒城经济技术开发区

舒城浩缘朋纺织品有限公司

安徽马鞍山雨山经济开发区

2015年12月18日时任省委常委、
省纪委书记王宾宜参观园区工业设计中心

雨山经济开发区是在2002年市政府批准建设的雨山工业园基础上扩建而成，2010年10月正式获省政府批准筹建省级开发区，规划总面积33平方公里，建成区面积10.2平方公里。自建成后，先后被评为全国模范劳动关系和谐园区、国家级再生资源集散市场、国家863计划新材料成果产业化基地、省级现代服务业集聚区、省级文化产业示范基地、省级科技企业孵化器、省新型工业化产业示范基地。

园区坚持科技引领、创新驱动，按照“转型升级、加快发展”的要求，积极培育壮大主导产业，加快推进制造业与服务业融合发展，不断增强产业综合竞争力，现已形成智能装备制造、电子信息、节能环保三大主导产业，汽车及零部件交易产业园、电子信息产业园、安全应急产业园、青年电商产业园、化工新材料产业园和雨山现代农业示范园等六大特色园区也已初现雏形。目前，累计入驻各类企业760余家，规模以上工业企业90家，国家高新技术企业20家，上市公司9家（港华燃气、首创水务、青岛啤酒、亚星锚链、中钢天源、雨山冶金、黄河水处理、云天冶金、威龙再制造）。

2015年，完成固定资产投资55.4亿元，同比增长11.91%；完成财政收入7.01亿元（其中税收5.21亿元，非税收入1.80亿元），与去年同期相比基本持平；完成规模以上工业总产值135.5亿元，与去年同期相比基本持平；新增规模以上企业7家，另有7家正向国家统计局申报，正在等待审批。实际利用外资3.03亿美元，同比增长102%；实际利用内资124.4亿，同比增长12.57%；新签约项目52个，其中工业项目47个；新开工项目34个，其中工业项目30个；竣工项目20个，其中工业项目17个。新开工工业项目实现固定资产投资15.384亿元，工业类项目14.81亿元；续建项目实现固定资产投资21.6亿元，其中工业类项目20.4亿元；完成社会消费品零售总额7.8亿元，新增限上企业数1户。外贸进出口总额3228万美元，同比增长43.4%；新发展中小企业42户，个体私营企业纳税2.316亿元；各项经济指标均达到或超过去年同期水平。

园区始终坚持以转型升级为主线，以科技创新为动力、以持续发展为目标，以区“324”转型升级计划为抓手，积极贯彻落实省市“调转促”会议精神，聚焦工业倍增，坚持规划引领、产城融合，着力机制创新、市场运作，提升承载能力、综合效益，努力把开发区建设成为新型工业集中区、优质企业集成区、现代产业集聚区、产城融合示范区。

2015年7月27日下午，时任副省长花建慧、海协会会长陈德铭（左一）一行在马鞍山工业设计中心调研

2015年马鞍山市获得省轨道交通战略性新兴产业示范基地，图为轨道交通龙头企业——双益地铁车轮加工现场

2014年12月18日，新建成的雨山经济开发区东区智能装备产业园

2015年8月18日开发区七大项目集中开工仪式

安徽芜湖鸠江经济开发区

顺丰芜湖电商产业园项目正式开工

芜湖鸠江经济开发区位于芜湖城东，于2006年3月经省政府批准设立。2014年1月省政府批复以开发区主区、桥北工业园、电器部件工业园“一区两园”的方式扩区，规划总面积18.216平方公里，已建成区域面积约15平方公里。

近年来，开发区紧紧抓住皖江城市带承接产业转移示范区建设发展契机，坚持高起点规划、高标准建设、高效率服务、可持续性发展理念，按照“基础设施完备、配套服务良好、生态环境优美、经济社会效益提升”的目标，大力发展环保型、研发型高新技术产业及为之配套的现代服务业，经济保持了持续平稳健康发展的良好势头。2013年初，开发区成功入选全省“电子信息产业基地”和“两化融合示范区”。2013年10月，国家发改委财政部批复省政府实施战略性新兴产业集聚发展试点，国家芜湖机器人产业园开工建设。2015年9月，获批全省第一批战略性新兴产业集聚发展基地，依据国家试点和省级基地双叠加政策、机器人及智能装备产业加快集聚发展。2016年6月，国家工业机器人产品质量监督检验中心（安徽）获批筹建，国检中心部分建成投入运营；2016年7月，获批工信部中德（芜湖）中小企业国际合作区，中德中心建成投入使用，中德产业园启动建设；2016年12月，芜湖皖南快递产业园获批省级现代服务业集聚区，快递物流电商等三产服务业加快发展。

开发区加大政策支持力度，全面推进自主创新，到2016年全社会研发投入占地区生产总值的比重达到2.4%；高新技术企业达56家；高新技术产业增加值占规模以上工业增加值的比重达到60%以上。培育省级技术中心、省级以上工程（技术）研究中心、重点（工程）实验室15家；2016年专利申请达3800件以上，新增省级名牌产品5个。

截至2016年底，开发区共引进各类企业637家，其中规模以上工业企业158家，世界500强企业5家。2016年开发区完成新开工亿元以上项目33个，其中3亿元以上项目7个，5亿元以上项目3个，10亿元项目1个；完成全社会固定资产投资168.26亿元；2016年实现工业总产值473.8亿元，实现财政收入19.4亿元。

哈工大芜湖机器人产业技术研究院

中德中心

高端装备制造产业再添劲旅

机器人产业大会

鸠江经济开发区用“微笑服务”全面提升服务品质

安徽新芜经济开发区

博仕通电梯有限公司

科创中心

安徽新芜经济开发区设立于2001年，目前是省级高新技术产业开发区、省级重点经济开发区、省级创新型园区。先后荣获“国家汽车零部件出口加工基地”“安徽省装备制造业产业集群研究基地”“安徽省新型工业化产业示范基地”“安徽省中小企业创业基地”等50余项称号，2016年5月份入选长江经济带国家级转型升级示范开发区，目前正在积极申报国家级经济技术开发区。开发区扩区后建成面积20平方公里，以装备制造业为特色，目前已形成高端装备制造及汽车零部件、电子电器和新能源新材料三大产业集群，现有入园企业657家，其中投产企业463家，在建企业53家。

2016年，在县委、县政府的坚强领导和高度重视下，开发区主动适应经济新常态，加快调结构、转方式、促升级步伐，经济运行总体呈现平稳较快发展态势。1—9月份规模以上企业累计294家，完成规模以上工业总产值389.3亿元，同比增长13.7%；完成规模以上工业增加值92.33亿元，同比增长16.8%；完成新增规模以上工业企业24家；完成税收9.14亿元，占年度目标任务63.5%，同比增长15.9%。预计1—9月份完成固定资产投资137亿元，同比增长1.5%；实现重点服务业营业收入30亿元，同比增长38%；完成新增服务业企业10家。实现税收8.26亿元，占年度目标任务的57.3%。

“十三五”期间，开发区将紧密围绕全县建设“长三角创新创业活力区、全省产业转型升级领先区、市域绿色协调发展实践区、城乡居民共享发展示范区”的发展定位，以“四个更加注重”为指导，以“创建国家级开发区”为中心，力争到“十三五”末，成功实现“千百十”奋斗目标，即打造千亿元级开发区，实现工业总产值1000亿元；打造6个百亿级产业集群，实现规模以上工业增加值200亿元；培育10个产值10亿元以上企业，实现财政收入30亿元。

芜湖红光输配电设备有限公司大门

安徽华星集团公司大门

英派瑞塑料有限公司大门

安徽工程大学

德力西大门

开发区一角

中电科芜湖钻石飞机

安徽省郎溪经济开发区

郎溪经济开发区2005年底启动建设，2006年8月被省政府正式批准建设省级经济开发区。开发区一期规划面积10平方公里，现已成功扩区升级至20.07平方公里。开发区先后被批准为“安徽省第一批新型工业化产业示范基地”“安徽省电子信息产业园”。荣膺“长三角最具投资价值开发区”“安徽省投资环境十佳开发区”“中国最具发展潜力开发区100强”和“最佳投资服务环境开发区”。

开发区现已建成面积达17.3平方公里，区内产业发展基础逐步夯实，公用设施配套逐步完善。建成区域内道路、给排水管道、供气管道、电力线路等道路、管网基本实现全覆盖，形成了配套齐全、功能完善的工业集聚发展平台。建成并投入使用2个110kV和1个220kV变电站；东、西区各建成并投入运营日处理污水能力分别为2万吨和1万吨的污水处理厂；建成并投入使用12.2万平方米科技孵化器；规划建设了金桥、钟新、大梁、复兴、汤桥5个安置区；钢材物流园、金属表面处理中心等一批重点配套服务项目已建成并投入运营。

2016年，全区新签约项目47个，协议资金72.8亿元；28个项目主体开工；嫁接项目11个；技改项目25个。完成固定资产投资101亿元；财政收入全年完成3.15亿元；93户规模以上企业累计实现工业总产值91.55亿元。

安徽省第一批新型工业化产业示范基地

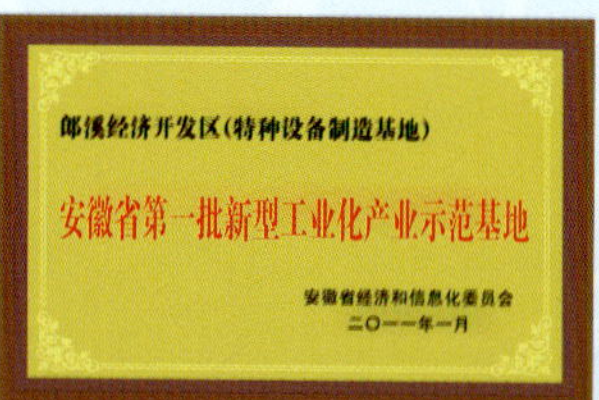

安徽省投资环境十佳开发区

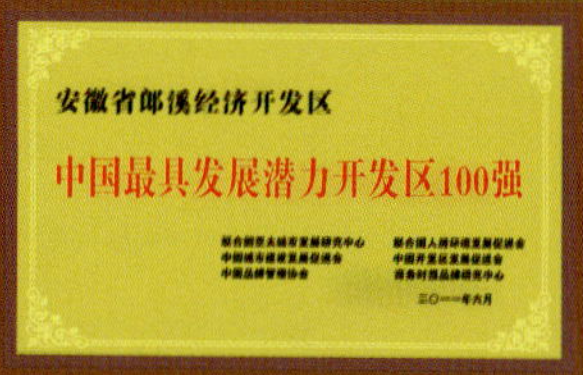

中国最具发展潜力开发区100强

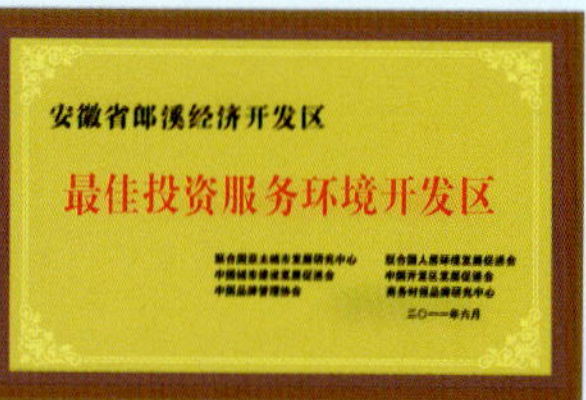

最佳投资服务环境开发区

安徽东至经济开发区

中央政治局委员、北京市委书记、时任安徽省委书记郭金龙来区调研

2015年池州市市委书记赵馨群来园区考察

安徽东至经济开发区位于安徽西南长江南岸香隅镇，2006年经省政府批准设立为省级开发区，也是安徽省专业化工园区。2010年列入国家皖江城市带承接产业转移示范区、国家循环经济试点工程单位、安徽省首批循环经济示范单位，2012年省政府批准更名为安徽东至经济开发区，2013年列入安徽省新型化工基地，安徽省新型工业化基地，2013年12月省政府批准开发区扩区，2015年被评为安徽省首批知识产权示范园区。园区的创办与设立主要依托原上海小三线留存下来的大量的基础设施、闲置厂房以及周边的土地资源，对全县的化工资源整合而成。

园区规划建设始终遵循“规划先行、注重配套、分步实施”的原则，按照示范区规划要求，大手笔、高标准规划园区。2009年第二轮规划调整按15.32平方公里编制总体规划，以35.55平方公里作规划控制。2010年《皖江城市带承接产业转移示范区规划》获国务院批准后，为进一步承接产业转移，快速做大做强化工园区，按照“组团发展、拉大框架、增强功能、改善环境、提升档次”的发展思路，推进园区扩规和产业升级，总体规划面积扩充为50.55平方公里，其中工业区面积35.55平方公里、配套服务区（化工新城）面积15平方公里。目前园区已拉开框架面积15平方公里，建成区面积10平方公里。

目前园区协议引资企业47家，协议引资总额达435.5亿元（其中超100亿元企业1家，超10亿元企业8家，超亿元企业17家），项目全部建成后可实现1011亿元的销售产能。园区现有投产企业38家，全部为规模以上企业。现有高新技术企业7家，省级科技研发中心2家，市级科技研发中心10家，省级以上新产品17个，技术专利300余项。

2010年实现工业总产值35.02亿元，财政税收1.05亿元，分别是2005年的35倍、10倍。2011年实现产值44.27亿元，税收1.31亿元。2012年实现产值55亿元，税收2.08亿元。2013年实现产值72.47亿元，税收2.86亿元，2014年实现产值85.48亿元，税收3.12亿元。2015年实现产值100亿元，税收3.2亿元。

安徽省潜山经济开发区

安徽省潜山经济开发区地处大别山东南麓，紧邻雄奇灵秀的世界地质公园、国家AAAAA级风景区——天柱山；2002年11月经省政府批准设立，2006年通过国家发改委审核；2013年7月获安徽省政府批准扩区，总体规划面积达21.25平方公里；建区10多年来，开发区发展迅速，成效明显，目前正稳步向国家级高新技术开发区、绿色环保循环经济园区目标迈进。

2015开发区工作会议召开

一、以产业聚集为主导，以经济发展为目标

根据县委、县政府“工业强县”战略，潜山开发区充分发挥自然、区位、交通、产业优势，坚持强化规划引领，不断改善投资环境，着力完善基础设施，强势开展招商引资。先后成功引进工业企业228家，其中规模以上企业90家，初步形成了以医药健康、装备制造、传统轻工和现代服务业为主的产业格局，荣获“安徽省第二届投资环境十佳开发区”荣誉称号。2016年当年实现产值201亿元，入库工商税金2.6亿元；荣获全市“先进开发园区”（全市获此项表彰园区仅2家）、“安徽省企业（外商）投资放心开发区”和“安徽信用建设示范园区”荣誉称号。目前全区拥有高新技术企业17家，高新技术产品50个，拥有博士后工作站、院士工作站各1个，省级以上企业技术中心11个，战略性新兴产业16家；当年新增专利授权量267件；海南卫康制药公司跻身全国医药百强，年纳税额近5000万元；华业香料公司产能和销售均处亚洲第一，全球第三；钟南人防、宏昌机电等一批企业也处于同行业和本地区领先行列；正威集团、北斗星云大数据、高端汽车轮毂等一批重大项目也先后签约入区发展。开发区的龙头示范作用已经显现，开发区的产业基础已经奠定，开发区的聚集优势已经显效。

新扩区建设我们将按照“产城一体、功能完善、产业集聚”的原则，大力实施“一区多园”战略。探索多种投资模式，规划建成高新技术产业园、汽车拖拉机零部件产业园、轴承产业园、大众创新万众创业产业园，聚集发展高新技术产业和高端装备制造业；拓宽思路，运用“互联网+”思维，大力发展新型业态，引进发展跨境电子商务、总部经济和产业小镇；按照产业新城、城市新区的理念，完善居住功能、商业配套功能，建成一批宜居新区和商业小区。努力打造一个产业高地、创业乐土、宜居新城！

二、以设施完善为己任，以宜居宜业为目标

潜山开发区13年风雨兼程，累计投资逾60亿元，实现了“七通一平”。“六纵六横”主干路网覆盖全区，总长40多公里，铺设各类管线38公里，建成110千伏潜山变电所和5座35千伏无人值守变电所以及日产5万吨污水处理厂，较高标准完善了绿化、亮化工程，实现了“建一片、绿一片、亮一片、成一片”的目标。生活配套设施也日臻完善，全区建成公租房和其他保障性住房

2016年5月20日开发区举行项目集中开工仪式

1304套、农民安置房69万平方米；建成标准化居住小区10个，建筑面积超过100万平方米；银行等金融机构齐全，工农中建四大国有银行和徽商、邮储、村镇等股份制银行都建有网点，汇丰、汇鑫、潜源、路桥、新天柱等投资担保机构与小额贷款公司先后落户；按五星级标准建设的王府国际大酒店已投入运营，基础教育、职业教育与中介培训机构也相辅相成，建有潜山第二中学和职业教育中心、金桥职业学校等多个职业教育培训机构，人才中心、劳动就业中心、潜山招聘网等人力资源服务中介；商业综合体与商业小区相互配套，和沐广场、金润万家生活广场、姚冲大市场为入区企业和民众提供商业服务，规划中的天柱山国际商贸中心、华农农批大市场正在开展前期工作。一个环境优美、设施完备、功能齐全、生活舒适的产业发展平台基本建成，产业承载能力可以满足各类重大项目入驻发展的需要。

三、以交通优势为依托，以物流通达为目标

潜山开发区地处皖西南中心，具备铁、公、水、空多式联运交通优势。距合肥、南京、武汉、南昌四大省会城市均在3小时交通圈内；距长江水运码头、民航天柱山机场50公里；合九铁路、105国道、318国道、沪蓉高速、东香高速穿区而过，依规划，合安九高铁、阜景铁路、黄山、九华山、天柱山三山城际铁路、随麻安铁路以及岳武高速东延线、机场高速，将贯穿开发区全境；天柱山机场即将迁建至开发区东5公里内。区内物流、速递企业基本配套，建有全能国际物流园等规模以上物流中心3个，小微物流企业30多家，“四通一达”等速递公司在开发区均有网点，联通了入区企业与全国乃至全球大市场。开发区的核心交通枢纽优势将进一步助推经济发展，产业辐射功能将进一步有效提升。

四、以政策支撑为基础，以服务发展为目标

潜山开发区享有全国主体功能区规划（重点生态功能区）、大别山片区区域发展与扶贫攻坚规划、大别山革命老区振兴发展规划、促进中部地区崛起规划、皖江城市承接产业转移示范区规划、皖南国际文化旅游示范区建设发展规划、长江经济带建设发展规划等7项国家级层面的政策支持；省、市、县各层面，均有涉及固定资产投资、产业发展扶持、科技进步与创新、企业上台阶与管理上水平、人才引进与培养、品牌培育与推广等方面的资金、技术、人才扶持政策，这些为入区企业提供了良好政策和资金扶持。

开发区客商服务中心已运行两年，潜山县政府服务中心也正式迁址开发区办公，为投资客商提供的综合服务条件、环境均有飞跃式改善。我们对所有来开发区投资兴业的客商郑重承诺：一定全力支持企业，享受各级各种优惠政策，力争优惠多；一定全程代理，帮办、代办所有审批手续，力创环境优；一定全心服务，明确领导带头，专人专班全方位、全天候协调服务，力求服务好。

安徽望江经济开发区

县委书记李跃云率团参加安庆（北京）经贸活动并开展招商活动

安徽望江经济开发区于2006年2月被省人民政府批准为省级经济开发区，现总体规划面积为11.46平方公里。经过10多年的建设和发展，开发区各项主要经济指标连年增长，相继被列入全国第一批承接纺织产业转移示范园区、国家农业产业化示范基地、安徽省中小企业促进工程创业基地、安徽省新型工业化产业示范基地、安徽省循环经济示范单位。

至2016年底，开发区累计引进工业项目102家，协议固定资产总投资143.7亿元，已完成投资额189.3亿元，现有78家企业投产，其中规模以上42家。2016年度完成固定资产投入19.06亿元（其中工业企业固定资产投资17.11亿元）；工业总产值完成128.05亿元，同比增长9.95%；财政收入完成1.62亿元，其中税收收入1.56亿元，同比增长17.1%；用电量1.31亿度，同比增长65.80%；企业用工人数达18260人。

一、平台建设

开发区自启动十多年来，共投入基础设施建设资金13.7亿元，修建和拓宽改造道路9纵13横近50公里，供水、排水、排污、电力、电信、有线电视等工程同步配套，实施了开发区已建道路绿化、亮化工程。新建35千伏、110千伏变电所各1座并完成手拉手双向供电，实现区内工、农电网分离和大工业专线供电，确保了供电的可靠性。建设污水提升泵站2座，在道路雨、污水管道同步建设的基础上进一步完成企业污水纳管排放的配套建设，对区内所有建成企业和居民生活小区均实现了污水纳管排放。

二、主导产业

开发区通过近十年的建设和发展，已初步形成纺织及服装业、农副产品加工业、机械及装备等新兴制造业三大产业。

纺织服装产业：初步形成了集轧花、纺纱、织布、刺绣、水洗、成衣、包装为一体的纺织服装产业链，其中规上企业已达19家。纺织全行业产值占开发区整个工业总产值比重超过80%，已成为我县工业经济的“半壁江山”，成为区内工业主导产业。我县引进了全国针织行业龙头企业宁波申洲针织投资8亿元高档服装项目，现已成为安徽省最大的服装生产出口企业和安徽省百强企业，其三期项目于2016年3月份竣工投产，目前企业员工已达1万人。2016年产值达63亿元，税收实现超亿元的新突破。意达童装城坚持因势利导，抢抓童装产业要素升级、互联网＋结合、产业区域转移的良好机遇，按照先引进后配套、先培育后壮大、先产品后品牌、先规范后提升的思路务实推动，2016年初即迎来了大批童装生产、电商等企业入驻的良好发展势头，全年新注册企业155家，直接从业人员达1300人，带动就业近5000人，完成销售额达5亿元，初步形成线上线下互动、生产流通互促的局面，为延伸、壮大望江经济开发区纺织服装产业链探索了一条新路。

农副产品加工业：农业产业化龙头企业联河米业联河牌大米于2013年成功申报“中国驰名商标”，2016度再次获得全国大米加工50强。该企业与中国科学技术大学、安徽农业大学等高校产学研合作，实施科技成果转化，以创新驱动促发展，为企业创造了新的利润增长点。随着联河米业三期项目顺利投产，企业核心竞争力不断提升，将进一步发挥龙头企业作用。

新兴制造业：安达尔汽车项目总投资12亿元，已建成满足商用车生产需要的四大工艺及相关配套设施，一期工程及设备安装已完成投资6亿元，并于2016年9月18日成功举行汽车下线仪式，现正在试生产中。总投资2亿元的索维机电，通过现代化的管理和持续的技术创新，已经成功申报国家高新技术企业，龙珠包装、精英机械也通过努力成功申报国家高新技术企业。另有凯迪绿色能源、蓝通科技、博泰电路、鼎立汽车配件等一大批新兴工业企业，特别是新能源汽车项目的后续带动投资力度强劲，将为我县工业发展注入新的强大活力，即将成为工业经济发展新的增长极。

开发区党工委紧扣党建工作年度目标任务，以开发区转型发展为中心，牢牢把握班子建设、作用发挥两大工作重点，聚焦非公党建工作难点和薄弱点，逐项狠抓落实。稳步实施组织工作“双覆盖”，全面部署完成了企业党支部的换届工作；扎实促进基层组织规范化建设，建立非公党建工作指导站，促企业支部日常活动规范化。因企制宜地进行分类指导、梯次推进，建立了党建工作示范点。2016年新成立企业党委1个，独立党支部2个，使区内非公企业党组织达到44个。目前，区内团组织27个、企业妇委会18个、企业工会58个。

望东长江公路大桥正式通车 济广高速在安徽境内全贯通

哈尔滨博强机器人技术有限公司来我县调研

安达尔新能源汽车正式下线

望江县新式钢瓶生产与检测基地、新奥能源综合利用等两个亿元以上项目签约仪式

安徽宿松临江产业园

安徽宿松临江产业园是安徽省政府2010年4月批准筹建的省级工业园区。位于县城东南47公里的复兴镇境内，南临长江、北依黄湖、东靠长江绝岛小孤山。一期规划面积6.04平方公里，四至范围为：北至华阳河干沟，西至经一路，南至同马大堤，东至经九路。

临江产业园处于皖、鄂、赣三省交会点，既是皖江西首首埠园区，又是皖江城市带承接产业转移示范区的桥头堡，与环鄱阳湖生态示范区隔江相望，和武汉城市圈北岸牵手，为长江经济带重要新兴园区。临江产业园与省属华阳河农场毗邻，特定的区位条件、长江黄金水道和省属华阳河农场用地，赋予了临江产业园先天禀赋。临江产业园陆路便捷，通过省道宿复线与105国道、沪蓉高速和合九铁路相连，建设中的北沿江一级公路穿境而过，距九江、安庆分别为40公里、100公里。向西达九江接武汉，向东达安庆、经望东长江大桥接通安景高速直达江南抵闽粤。

根据规划，临江产业园将重点发展轻化工、新型建材、仓储物流三大产业。

宿松中燃LNG气化站

港口路

园区用地布局图

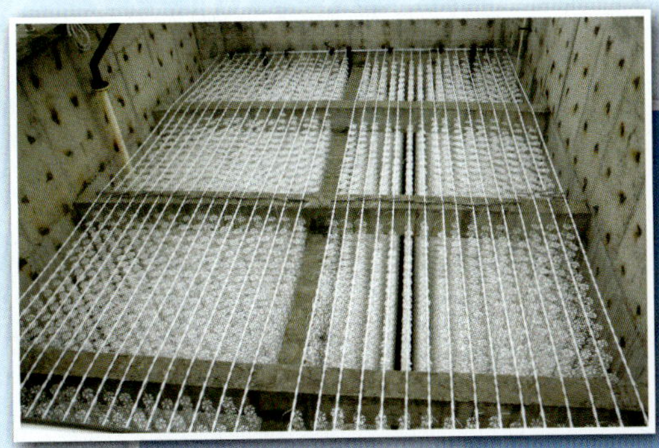

亿博污水处理厂

公租房二期

安徽宿松经济开发区

2011年12月，时任省委书记张宝顺到开发区视察

2015年9月，时任省委书记王学军到开发区视察

安徽宿松经济开发区（原宿松工业园区）建立于2004年8月18日，2006年2月经安徽省人民政府批准为省级开发区，2012年8月8日更名为安徽宿松经济开发区。开发区近期总体规划面积13.74平方公里，全部纳入宿松县城总体规划控制范围，开发区辖社区居委会1个，总人口1.6万人，是安徽省新型城镇化建设和信用体系建设试点开发区。

按照“理顺机制、以区为主、县里支持、区里管理”的原则，创新实行“政区合一”管理体制，持之以恒、不遗余力地推动发展要素不断向开发区整合、集聚，做好县域经济发展排头兵。

一是区位交通优越。开发区位于宿松县城西北，距中心城区仅1公里。对外交通便捷，105国道、沪蓉高速、合九铁路穿境而过，距合肥、武汉、南昌等中心城市均两个小时车程以内，区位优势得天独厚。

二是基础设施完备。目前，开发区基础设施覆盖面积9平方公里，修建道路23条38公里，形成了较为完善的道路、电力、通讯、供水、燃气和交通网络。建有学校、幼儿园、职业教育、医院、公租房、体育场、世贸商城等服务设施，配套功能日臻完善。

三是产业基础坚实。目前，开发区已形成电子信息、纺织服装、食品加工、机械制造、仓储物流等产业门类，企业集群，产业集聚，特色鲜明，已成为宿松县工业经济发展的重要增长极。

四是服务全面周到。打造双赢的投资载体和发展平台，出台“新30条”“28条”等系列优惠政策，服装标准化厂房、中小企业孵化器免费租、贴本卖，对现有规模重点企业量身定做服务方案，提供“一站式”全程帮办服务，发展环境持续优化。荣膺“第三届安徽投资环境十佳开发区”。

开发区现有五大主导产业，分别是：

（1）电子信息产业。占比6.8%。依托南方电子、科宝电子和卡为电子等龙头企业。重点发展智能电子产品，包括智能手机、智能穿戴设备、掌上PC和无人遥控飞机等智能应用。

（2）纺织服装产业。占比42.3%。依托“中国新兴纺织产业基地县”品牌和红爱服饰、香港互益、锦绣经纬编等龙头企业。重点发展家用纺织品、高品质毛毯、中高档床上用品、手工艺制品等纺织业和中高档休闲服装、高档女装等服装制造业，积极推进建立设计创意中心、技术研发中心、品牌推广中心，拓展高端针织服装等领域。

（3）机械制造产业。占比4.7%。依托森达电气公司、恒达电气、安宝机械、柳溪工业等龙头企业。重点发展高压电气、节能电器、电线电缆、机械零部件等，远期围绕智能变压器、智能断路器、电子互感器等智能电网设备，产品具有竞争力强、附加值高等特点。

（4）新型建材产业。占比16.2%。依托晨旺木业、美螺建材、柯依竹木和精诚混凝土等龙头企业。重点发展环保型实木复合地板、绿色多功能门窗、蒸压加气混凝土砖等产品，积极发展轻质纳米碳酸钙、外装饰挂板等产品，进一步做大高档地板等家居产品。

（5）农副产品加工产业。占比20.3%。依托春润食品、皖蜀春酒业、乡园禽业和光华水生植物等龙头企业。重点发展粮食精深加工、油脂深加工、鲜活水产品加工和生禽猪肉加工等。

标准化厂房吸引大批企业入驻

九年一贯制龙山学校

入园项目集中开工

安徽桐城双新经济开发区

座谈会

桐城双新经济开发区2009年9月由安徽省人民政府批准设立，规划面积10平方公里，辖3个村，常住人口1.2万人，是桐城市南部新区未来发展的核心区域，也是桐城市发展的重要增长极。

区位优势独特。是合肥都市圈和皖江城市带承接产业转移示范区发展前沿，也是长三角经济圈和长江中游城市群叠加辐射区域。206国道、沪蓉高速、合安高铁穿境而过。毗邻长江黄金水道，水上交通可直达沿江各港口城市，距合肥、安庆机场仅1小时车程。300公里经济圈辐射武汉、南昌、南京、合肥、扬州、九江等城市，覆盖近亿人。

产业特色鲜明。这里是桐城市乃至安徽省民营经济的发源地，是全国三大包装印刷产业基地，是中国塑料之乡。现已入驻产值亿元以上塑包企业40余家。

投资环境优越。双新经济开发区“七通一平”、完善的基础设施配套能够满足各类项目入区。区域内劳动力资源和技能型人才资源丰富，成本合理。开发区管委会秉承“企业内部的事法人办，企业外部的事管委会办”的服务理念，推行首问负责制、限时办结制、企业联系员等制度，代办各项手续，为投资者提供一站式优质高效服务。

安徽桐城双新经济开发区正按照“高水平规划、高起点建设、高强度投入、低碳化发展”的原则，不断加快建设步伐。未来，这里将主要发展包装印刷、塑料加工、先进制造、纺织服装、现代物流等产业，努力打造承接产业转移的新高地，先行先试的大舞台，科学发展的示范区，市域经济的增长极，宜居宜业的新城市。

开发区领导到企业调研

开发区领导到企业调研

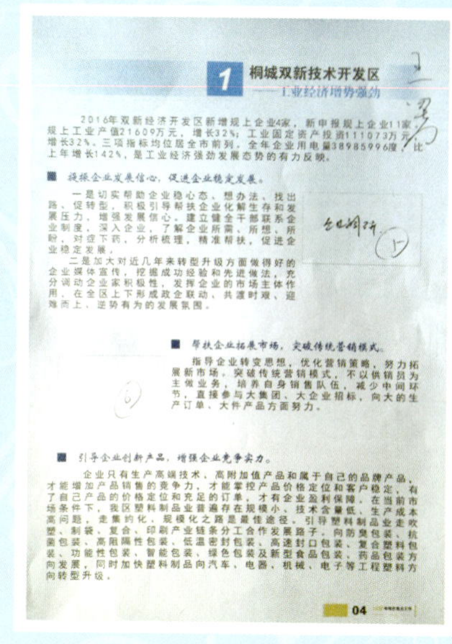

1 桐城双新技术开发区

——工业经济增势强劲

2016年双新经济开发区新增规上企业4家，新申报规上企业11家，规上工业产值21609万元，增长32%；工业固定资产投资111073万元，增长32%，三项指标均位居全市前列。全年企业用电量38985996度，比上年增长142%，是工业经济强劲发展态势的有力反映。

■ 提振企业发展信心，促进企业稳定发展。

一是切实帮助企业稳心态、想办法、找出路、促转型，积极引导帮扶企业化解生存和发展压力，增强发展信心。建立健全干部联系企业制度，深入企业，了解企业所需、所想、所盼，对症下药，分析梳理，精准帮扶，促进企业稳定发展。

二是加大对近几年来转型升级方面做得好的企业媒体宣传，挖掘成功经验和先进做法，充分调动企业家积极性，发挥企业的市场主体作用，在全区上下形成政企联动、共渡时艰、迎难而上、逆势有为的发展氛围。

■ 帮扶企业拓展市场，突破传统营销模式。

指导企业转变思想，优化营销策略，努力拓展新市场，突破传统营销模式，不以供销员为主做业务，培养自身销售队伍，减少中间环节，直接参与大集团、大企业招标，向大的生产订单、大件产品方面努力。

■ 引导企业创新产品，增强企业竞争实力。

企业只有生产高端技术、高附加值产品和属于自己的品牌产品，才能增加产品销售的竞争力，才能掌控产品价格定位和客户稳定，有了自己产品的价格定位和充足的订单，才有企业盈利保障。在当前市场条件下，我区塑料制品业普遍存在规模小、技术含量低、生产成本高问题，走集约化、规模化之路是最佳途径。引导塑料制品业走吹塑、制袋、复合、印刷产业链条分工合作发展路子，向防臭包装、抗菌包装、高阻隔性包装、低温密封包装、高速封口包装、复合塑料包装、功能性包装、智能包装、绿色包装及新型食品包装、药品包装方向发展，同时加快塑料制品向汽车、电器、机械、电子等工程塑料方向转型升级。

04

政策法规选辑

国务院办公厅关于促进国家级经济技术开发区转型升级创新发展的若干意见

国办发〔2014〕54号

各省、自治区、直辖市人民政府，国务院各部委、各直属机构：

为适应新的形势和任务，进一步发挥国家级经济技术开发区（以下简称国家级经开区）作为改革试验田和开放排头兵的作用，促进国家级经开区转型升级、创新发展，经国务院同意，现提出如下意见。

一、明确新形势下的发展定位

（一）明确发展定位。以邓小平理论、“三个代表”重要思想、科学发展观为指导，贯彻落实党的十八大和十八届三中、四中全会精神，按照党中央、国务院有关决策部署，努力把国家级经开区建设成为带动地区经济发展和实施区域发展战略的重要载体，成为构建开放型经济新体制和培育吸引外资新优势的排头兵，成为科技创新驱动和绿色集约发展的示范区。

（二）转变发展方式。国家级经开区要在发展理念、兴办模式、管理方式等方面加快转型，努力实现由追求速度向追求质量转变，由政府主导向市场主导转变，由同质化竞争向差异化发展转变，由硬环境见长向软环境取胜转变。

（三）实施分类指导。东部地区国家级经开区要率先实现转型发展，继续提升开放水平，在更高层次参与国际经济合作和竞争，提高在全球价值链及国际分工中的地位。中西部地区国家级经开区要依托本地区比较优势，着力打造特色和优势主导产业，提高承接产业转移的能力，防止低水平重复建设，促进现代化产业集群健康发展。

（四）探索动态管理。各地区、各有关部门要加强指导和规范管理，进一步强化约束和倒逼机制，细化监督评估工作。支持经济综合实力强、产业特色明显、发展质量高等符合条件的省级开发区按程序升级为国家级经开区。对土地等资源利用效率低、环保不达标、发展长期滞后的国家级经开区，予以警告、通报、限期整改、退出等处罚，逐步做到既有升级也有退出的动态管理。

（五）完善考核体系。进一步完善《国家级经济技术开发区综合发展水平评价办法》，把创新能力、品牌建设、规划实施、生态环境、知识产权保护、投资环境、行政效能、新增债务、安全生产等作为考核的主要内容，引导国家级经开区走质量效益型发展之路。对申请升级的省级开发区实施与国家级经开区同样的综合评价标准。

二、推进体制机制创新

（六）坚持体制机制创新。各省、自治区、直辖市应根据新形势要求，因地制宜出台或修订本地区国家级经开区的地方性法规、规章，探索有条件的国家级经开区与行政区融合发展的体制机制，推动国家级经开区依法规范发展。鼓励国家级经开区创新行政管理体制，简政放权，科学设置职能机构。国家级经开区管理机构要提高行政效率和透明度，完善决策、执行和监督机制，加强事中事后监管，强化安全生产监管，健全财政管理制度，严控债务风险。

（七）推进行政管理体制改革。进一步下放审批权限，支持国家级经开区开展外商投资等管理体制改革试点，大力推进工商登记制度改革。鼓励国家级经开区试行工商营业执照、组织机构代码证、税务登记证“三证合一”等模式。鼓励在符合条件的国家级经开区开展人民币资本项目可兑换、人民币跨境使用、外汇管理改革等方面试点。

三、促进开放型经济发展

（八）提高投资质量和水平。稳步推进部分服务业领域开放，提升产业国际化水平。推动国家级经开区“走出去”参与境外经贸合作区建设，引导有条件的区内企业“走出去”。国家级经开区要充分利用外资的技术溢出和综合带动效应，积极吸引先进制造业投资，努力培育战略性新兴产业，大力发展生产性服务业。

（九）带动区域协调发展。鼓励国家级经开区按照国家区域和产业发展战略共建跨区域合作园区或合作联盟。建立国家级经开区产业发展信息平台，引导企业向中西部地区有序转移。研究支持中西部地区国家级经开区承接产业转移的金融、土地、人才政策，继续对中西部地区国家级经开区基础设施建设项目贷款予以贴息。支持符合条件的国家级经开区按程序申报设立海关特殊监管区域。

四、推动产业转型升级

（十）优化产业结构和布局。国家级经开区要按照新型工业化的要求，以提质增效升级为核心，协调发展先进制造业和现代服务业。大力推进科技研发、物流、服务外包、金融保险等服务业发展，增强产业集聚效应。在培育战略性新兴产业的同时，要因地制宜确定重点领域，避免同质竞争。

（十一）增强科技创新驱动能力。国家级经开区要坚持经济与技术并重，把保护知识产权和提高创新能力摆在更加突出的位置。鼓励条件成熟的国家级经开区建设各种形式的协同创新平台，形成产业创新集群。支持国家级经开区创建知识产权试点示范园区，推动建立严格有效的知识产权运用和保护机制。探索建立国际合作创新园，不断深化经贸领域科技创新国际合作。

（十二）加快人才体系建设。加快发展现代职业教育，提升发展保障水平，深化产教融合、校企合作，鼓励中外合作培养技术技能型人才。支持国家级经开区通过设立创业投资引导基金、创业投资贴息资金、知识产权作价入股等方式，搭建科技人才与产业对接平台。鼓励国家级经开区加大高端人才引进力度，形成有利于人才创新创业的分配、激励和保障机制。

（十三）创新投融资体制。继续鼓励政策性银行和开发性金融机构对符合条件的国家级经开区基础设施项目、公用事业项目及产业转型升级发展等方面给予信贷支持。允许符合条件的国家级经开区开发、运营企业依照国家有关规定上市和发行中期票据、短期融资券等债券产品筹集资金。支持国家级经开区同投资机构、保险公司、担保机构及商业银行合作，探索建立投保贷序时融资安排模式。鼓励有条件的国家级经开区探索同社会资本共办“区中园”。

（十四）提高信息化水平。支持国家级经开区发展软件和信息服务、物联网、云计算等产业，吸引和培育信息技术重点领域领军企业，利用信息科技手段拓展传统产业链、提升产业增值水平。积极推进国家级经开区统计信息系统应用拓展和功能提升。国家级经开区要保证信息基础设施和其他基础设施同步规划、同步建设。

五、坚持绿色集约发展

（十五）鼓励绿色低碳循环发展。支持国家级经开区创建生态工业示范园区、循环化改造示范试点园区等绿色园区，开展经贸领域节能环保国际合作，制订和完善工作指南和指标体系，加快推进国际合作生态园建设。国家级经开区要严格资源节约和环境准入门槛，大力发展节能环保产业，提高能源资源利用效率，减少污染物排放，防控环境风险。

（十六）坚持规划引领。制订国家级经开区中长期发展规划、重点产业投资促进规划。严格依据土地利用总体规划和城市总体规划开发建设，坚持科学、高效、有序开发，严禁擅自调整规划。国家级经开区内控制性详细规划应经依法批准并实现全覆盖，重点地区可开展城市设计并纳入控制性详细规划。应依法开展规划的环境影响评价。

（十七）强化土地节约集约利用。国家级经开区必须严格土地管理，严控增量，盘活存量，坚持合理、节约、集约、高效开发利用土地。加强土地开发利用动态监管，加大对闲置、低效用地的处置力度，探索存量建设用地二次开发机制。省级人民政府要建立健全土地集约利用评价、考核与奖惩制度，可在本级建设用地指标中对国家级经开区予以单列。允许符合条件且确有必要的国家级经开区按程序申报扩区或调整区位。

六、优化营商环境

（十八）规范招商引资。国家级经开区要节俭务实开展招商引资活动，提倡以产业规划为指导的专业化招商、产业链招商。加强出国（境）招商引资团组管理，加大对违规招商的巡查和处罚力度。严格执行国家财税政策和土地政策，禁止侵占被拆迁居民和被征地农民的合法利益。不得违法下放农用地转用、土地征收和供地审批权，不得以任何形式违规减免或返还土地出让金。

（十九）完善综合投资环境。国家级经开区要健全政企沟通机制，以投资者满意度为中心，完善基础设施建设，着力打造法治化、国际化的营商环境。鼓励国家级经开区依法依规开办各种要素市场，促进商品和要素自由流动、平等交换。国务院商务主管部门要发布国家级经开区投资环境建设指南，建立国家级经开区投资环境评价体系。

各地区、各有关部门要进一步深化对促进国家级经开区转型升级、创新发展工作重要意义的认识，切实加强组织领导和协调配合，明确任务分工，落实工作责任，尽快制定具体实施方案和配套政策措施，确保工作取得实效。

国务院办公厅
2014年10月30日

国家发展和改革委员会发布关于建设长江经济带国家级转型升级示范开发区的实施意见

国办发〔2014〕54号

上海市、江苏省、浙江省、安徽省、江西省、湖北省、湖南省、重庆市、四川省、云南省、贵州省发展改革委:

开发区的建设和发展是我国改革开放的成功实践，对产业集中集聚、发展开放型经济、改善投资环境、促进区域经济发展和体制改革创新发挥了重要作用。为贯彻落实《国务院关于依托黄金水道推动长江经济带发展的指导意见》（国发〔2014〕39号），引导长江经济带产业转型升级和分工协作，促进产业转移和生产要素跨区域合理流动和优化配置，推动经济提质增效升级，对以长江经济带国家级、省级开发区为载体开展国家级转型升级示范开发区（以下简称“示范开发区”）建设工作，提出以下具体实施意见：

一、建设目标

（一）落实党中央和国务院的决策部署，顺应国际国内产业发展新趋势，依托长江经济带现有合规设立的国家级、省级开发区，规划建设示范开发区。充分发挥市场配置资源的决定性作用，更好发挥政府规划和政策的引导作用，经过3-5年努力，示范开发区的发展规模、建设水平、园区特色、主体地位显著提升，示范引领和辐射带动效应日益增强，参与国际分工地位和国际影响力明显提升，转型升级走在全国开发区前列。

（二）以示范开发区为引领和示范，推动长江经济带产业优化升级，实现长江上中下游地区良性互动，逐步形成以示范开发区为主、省级开发区为辅，且分工合理、特色鲜明、优势互补的长江经济带产业协同发展格局。

二、主要任务

（三）承接国际产业转移，促进开放型经济发展。长江下游经济发达省份，对接国际分工要求和可能，利用沿海、沿江岸线资源，重点发展现代服务业、先进制造业和战略性新兴产业。选择建设示范开发区，形成一批特色支撑点，开放型经济迈进新水平。

（四）承接国际、沿海产业转移，带动区域协调发展。长江中、上游省市按“一带一路”、向西开放等战略的要求，与东部开发区建立协同跨区域联动机制和合作联盟。选择建设示范开发区，引导企业向示范区集聚，促进人口归流、本地就业和经济社会协调发展。

（五）产城互动，引导产业和城市同步融合发展。以依托示范开发区为主，在地、县两级按工业集中、产业聚集、用地集约的要求，建立利益共享机制，提高工业集中度、产业集聚度，突出主导产业特色。选择建设示范开发区，通过产城互动、产城融合，建设美丽乡村、旅游古镇等配套，吸引人才回归。

（六）低碳减排，建设绿色发展示范开发区。加强生态建设和环境保护，推进节能减排，发展循环经济。加大沿江化工、造纸、印染、有色金属等排污行业治理力度，经过专业化、园区化处理，切实减少排污大户。选择建设示范开发区，建立低碳循环经济试点和生态园区，推动流域绿色循环低碳发展，保护长江生态。

（七）创新驱动，建设科技引领示范开发区。顺应全球新一轮科技革命和产业变革趋势，大力发展战略性新兴产业，推动沿江产业由要素驱动向创新驱动转变。选择建设示范开发区，发展建设公共企业研发平台，有效保护知识产权，支持建设国际科技合作中心，增强长江经济带产业竞争力。

（八）制度创新，建设投资环境示范开发区。大力推进投资、贸易、金融、综合监管等领域制度创新，试行负面清单管理模式和商事改革。建立与国际投资、贸易通行规则相衔接的基本制度框架，形成可复制、可推广的成功经验。选择建设示范开发区，加快上海自贸区27项改革措施的复制、推广和落地，打造国际化、法治化的营商环境，带动长江经济带更高水平开放，增强国际竞争力。

三、组织实施

（九）按上述目标任务，长江经济带各省（直辖市）发展改革委对本省（直辖市）内的国家级、省级开发区进行初审并推荐2-3家符合条件的开发区，于今年6月30日前将创建示范开发区的申报材料一式三份（含上报文件、创建示范开发区的建设方案及相关发展规划）报送国家发展改革委。

（十）国家发展改革委会同推动长江经济带发展领导小组办公室对申报材料进行研究审核和必要的实地调研，择优选取相关开发区，授予示范开发区称号，向社会公告后纳入《中国开发区审核公告目录》。

四、监督管理

（十一）各示范开发区每年2月底前将上一年度发展情况及需要协调解决的问题报送国家发展改革委。国家发展改革委将组织考核，对成绩突出的示范开发区，予以通报表彰。

（十二）国家发展改革委对示范开发区实行动态管理，每年进行复核，对合格的示范开发区予以确认，对不合格的撤销称号，发布有关公告并摘牌。同时，根据长江经济带各省（直辖市）的发展情况，适时对示范开发区的规划布局进行调整完善。

五、组织保障

（十三）各地区、各有关部门要进一步深化对推动长江经济带产业转型升级和分工协作重要意义的认识，切实加强组织领导和协调，落实工作责任，全面推进示范开发区建设和规范发展，确保工作取得实效。

国家发展改革委

2015年6月9日

国务院办公厅关于发展众创空间推进大众创新创业的指导意见

国办发〔2015〕9号

各省、自治区、直辖市人民政府，国务院各部委、各直属机构：

为加快实施创新驱动发展战略，适应和引领经济发展新常态，顺应网络时代大众创业、万众创新的新趋势，加快发展众创空间等新型创业服务平台，营造良好的创新创业生态环境，激发亿万群众创造活力，打造经济发展新引擎，经国务院同意，现提出以下意见。

一、总体要求

（一）指导思想。全面落实党的十八大和十八届二中、三中、四中全会精神，按照党中央、国务院决策部署，以营造良好创新创业生态环境为目标，以激发全社会创新创业活力为主线，以构建众创空间等创业服务平台为载体，有效整合资源，集成落实政策，完善服务模式，培育创新文化，加快形成大众创业、万众创新的生动局面。

（二）基本原则。

坚持市场导向。充分发挥市场配置资源的决定性作用，以社会力量为主构建市场化的众创空间，以满足个性化多样化消费需求和用户体验为出发点，促进创新创意与市场需求和社会资本有效对接。

加强政策集成。进一步加大简政放权力度，优化市场竞争环境。完善创新创业政策体系，加大政策落实力度，降低创新创业成本，壮大创新创业群体。完善股权激励和利益分配机制，保障创新创业者的合法权益。

强化开放共享。充分运用互联网和开源技术，构建开放创新创业平台，促进更多创业者加入和集聚。加强跨区域、跨国技术转移，整合利用全球创新资源。推动产学研协同创新，促进科技资源开放共享。

创新服务模式。通过市场化机制、专业化服务和资本化途径，有效集成创业服务资源，提供全链条增值服务。强化创业辅导，培育企业家精神，发挥资本推力作用，提高创新创业效率。

（三）发展目标。到2020年，形成一批有效满足大众创新创业需求、具有较强专业化服务能力的众创空间等新型创业服务平台；培育一批天使投资人和创业投资机构，投融资渠道更加畅通；孵化培育一大批创新型小微企业，并从中成长出能够引领未来经济发展的骨干企业，形成新的产业业态和经济增长点；创业群体高度活跃，以创业促进就业，提供更多高质量就业岗位；创新创业政策体系更加健全，服务体系更加完善，全社会创新创业文化氛围更加浓厚。

二、重点任务

（一）加快构建众创空间。总结推广创客空间、创业咖啡、创新工场等新型孵化模式，充分利用国家自主创新示范区、国家高新技术产业开发区、科技企业孵化器、小企业创业基地、大学科技园和高校、科研院所的有利条件，发挥行业领军企业、创业投资机构、社会组织等社会力量的主力军作用，构建一批低成本、便利化、全要素、开放式的众创空间。发挥政策集成和协同效应，实现创新与创业相结合、线上与线下相结合、孵化与投资相结合，为广大创新创业者提供良好的工作空间、网络空间、社交空间和资源共享空间。

（二）降低创新创业门槛。深化商事制度改革，针对众创空间等新型孵化机构集中办公等特点，鼓励各地结合实际，简化住所登记手续，采取一站式窗口、网上申报、多证联办等措施为创业企业工商注册提供便利。有条件的地方政府可对众创空间等新型孵化机构的房租、宽带接入费用和用于创业服务的公共软件、开发工具给予适当财政补贴，鼓励众创空间为创业者提供免费高带宽互联网接入服务。

（三）鼓励科技人员和大学生创业。加快推进中央级事业单位科技成果使用、处置和收益管理改革试点，完善科技人员创业股权激励机制。推进实施大学生创业引领计划，鼓励高校开发开设创新创业教育课程，建立健全大学生创业指导服务专门机构，加强大学生创业培训，整合发展国家和省级高校毕业生就业创业基金，为大学生创业提供场所、公共服务和资金支持，以创业带动就业。

（四）支持创新创业公共服务。综合运用政府购买服务、无偿资助、业务奖励等方式，支持中小企业公共服务平台和服务机构建设，为中小企业提供全方位专业化优质服务，支持服务机构为初创企业提供法律、知识产权、财务、咨询、检验检测认证和技术转移等服务，促进科技基础条件平台开放共享。加强电子商务基础建设，为创新创业搭建高效便利的服务平台，提高小微企业市场竞争力。完善专利审查快速通道，对小微企业亟须获得授权的核心专利申请予以优先审查。

（五）加强财政资金引导。通过中小企业发展专项资金，运用阶段参股、风险补助和投资保障等方式，引导创业投资机构投资于初创期科技型中小企业。发挥国家新兴产业创业投资引导基金对社会资本的带动作用，重点支持战略性新兴产业和高技术产业早中期、初创期创新型企业发展。发挥国家科技成果转化引导基金作用，综合运用设立创业投资子基金、贷款风险补偿、绩效奖励等方式，促进科技成果转移转化。发挥财政资金杠杆作用，通过市场机制引导社会资金和金融资本支持创业活动。发挥财税政策作用支持天使投资、创业投资发展，培育发展天使投资群体，推动大众创新创业。

（六）完善创业投融资机制。发挥多层次资本市场作用，为创新型企业提供综合金融服务。开展互联网股权众筹融资试点，增强众筹对大众创新创业的服务能力。规范和发展服务小微企业的区域性股权市场，促进科技初创企业融资，完善创业投资、天使投资退出和流转机制。鼓励银行业金融机构新设或改造部分分（支）行，作为从事科技型中小企业金融服务的专业或特色分（支）行，提供科技融资担保、知识产权质押、股权质押等方式的金融服务。

（七）丰富创新创业活动。鼓励社会力量围绕大众创业、万众创新组织开展各类公益活动。继续办好中国创新创业大赛、中国农业科技创新创业大赛等赛事活动，积极支持参与国际创新创业大赛，为投资机构与创新创业者提供对接平台。建立健全创业辅导制度，培育一批专业创业辅导师，鼓励拥有丰富经验和创业资源的企业家、天使投资人和专家学者担任创业导师或组成辅导团队。鼓励大企业建立服务大众创业的开放创新平台，支持社会力量举办创业沙龙、创业大讲堂、创业训练营等创业培训活动。

（八）营造创新创业文化氛围。积极倡导敢为人先、宽容失败的创新文化，树立崇尚创新、创业致富的价值导向，大力培育企业家精神和创客文化，将奇思妙想、创新创意转化为实实在在的创业活动。加强各类媒体对大众创新创业的新闻宣传和舆论引导，报道一批创新创业先进事迹，树立一批创新创业典型人物，让大众创业、万众创新在全社会蔚然成风。

三、组织实施

（一）加强组织领导。各地区、各部门要高度重视推进大众创新创业工作，切实抓紧抓好。各有关部门要按照职能分工，积极落实促进创新创业的各项政策措施。各地要加强对创新创业工作的组织领导，结合地方实际制定具体实施方案，明确工作部署，切实加大资金投入、政策支持和条件保障力度。

（二）加强示范引导。在国家自主创新示范区、国家高新技术产业开发区、小企业创业基地、大学科技园和其他有条件的地区开展创业示范工程。鼓励各地积极探索推进大众创新创业的新机制、新政策，不断完善创新创业服务体系，营造良好的创新创业环境。

（三）加强协调推进。科技部要加强与相关部门的工作协调，研究完善推进大众创新创业的政策措施，加强对发展众创空间的指导和支持。各地要做好大众创新创业政策落实情况调研、发展情况统计汇总等工作，及时报告有关进展情况。

国务院办公厅

2015年3月2日

安徽省人民政府关于加快建设战略性新兴产业集聚发展基地的意见

（皖政〔2015〕48号）

各市、县人民政府，省政府各部门、各直属机构：

为贯彻落实中央加快实施创新驱动发展和“中国制造2025”战略部署，充分发挥战略性新兴产业的引领带动作用，省政府决定加快建设一批战略性新兴产业集聚发展基地。战略性新兴产业集聚发展基地是指在相对集中的区域，汇聚产业配套完备、创新优势突出、区域特色明显、规模效益显著的产业群体。建设战略性新兴产业集聚发展基地，是提升产业竞争力的切入点和突破口，是推进调结构、转方式、促升级的强大动力，也是建设美好安徽的重要任务。现提出如下意见：

一、基地条件

根据“战略思维、遵循规律、立足现有、放眼前沿、市场引领、政策支持”的基本原则，坚持高水平起步、高标准要求，按照产业领域、产业基础、龙头企业、创新能力、支撑项目等5个方面条件，在现有各类园区中比选确定省战略性新兴产业集聚发展基地（以下简称基地）。

（一）产业领域。符合国家提升制造业竞争力战略方向，具有广阔成长空间，现有和未来预期增长明显高于全省规模以上工业增速，主要产品市场需求旺盛或能替代进口的战略性新兴产业。

（二）产业基础。区内已经形成较为完整的产业链和初具规模的产业集群，技术研发、检验检测、金融服务、市场开拓、现代物流、人才培养、社会保障等公共服务体系相对完善，水电路网和污染物处理等基础设施较为完备。

（三）龙头企业。区内拥有（或者近期有明确投资意向）1家或几家产业规模、技术水平、产品质量和性能处在国际先进、国内一流水平，在行业内有重要影响力，对上下游企业有较强辐射带动作用的优势骨干企业。

（四）创新能力。拥有一定数量的国家级或省级创新平台，拥有高水平的创新创业团队、行业领军人才和持续丰富的创新资源，具备较强的技术成果转化能力，主导或参与国家、行业标准制定，在本领域创新体系中有较强话语权。

（五）支撑项目。围绕产业链发展的关键环节，有一批重大项目开工建设，一批前期项目顺利推进，能在较短时间大幅提升产业规模和核心竞争力。

二、发展目标

到2017年，单个基地的产业链上下游企业总产值达到500亿元或3年（2014—2017年）翻一番，税收累计增长不低于50%。到2020年，单个基地的产业链上下游企业总产值超过1000亿元或3年（2017—2020年）再翻一番，税收累计增长不低于30%。通过加大建设力度，力争在若干重点领域掌握一批关键核心技术并实现产业化，建立一批具有持续创新能力的产业联盟，培育一批具有国际影响力的领军企业，打造一批安徽制造的知名品牌，形成支撑安徽经济发展新的增长极。

三、支持政策

（一）设立专项引导资金。设立省战略性新兴产业集聚发展基地建设专项引导资金，自2015年起每年安排20亿～30亿元，支持重大项目建设、新产品研发和关键技术产业化、重大技术装备和关键零部件及新工艺示范应用、关键共性技术研发平台和第三方检验检测平台建设等。省级其他相关专项资金优先向基地倾斜。

（二）做大产业投资基金规模。通过财政注资、引进社会资本等方式，将省高新技术产业基金规模逐步扩大到200亿元以上。省高新技术产业基金通过参股等方式引导支持市、园区设立产业基金，对基地内符合条件的企业和重大项目予以支持。

（三）强化要素保障。在地方政府债券规模中安排一定额度，支持基地所在市政府筹集资金专项用于基地公共服务项目建设。鼓励金融机构为基地建设制定系统性融资规划，合理提高综合授信额度。引导保险资金参与基地建设。支持基地符合条件的企业在境内外资本市场上市融资和发行各类债务融资工具。基地重大项目建设用地按需申报，在省级预留建设用地指标中优先安排解决。

（四）优先争取国家支持。优先申报国家战略性新兴产业集聚发展试点等国家级示范基地。优先争取基地内符合条件的企业或建设项目申报国家重点产业技术与开发、重大科技专项、发行战略性新兴产业债券等各类支持。优先争取国家重大项目、重大创新平台在基地布局。

（五）支持创新能力建设。省扶持高层次科技人才团队在皖创新创业等各类人才激励政策优先向基地倾斜。支持基地以龙头企业为主体，联合科研院所、上下游企业、重要用户建设各类创新平台。鼓励境内外龙头企业在基地设立地区总部和研发中心，支持基地企业在境内外兼并重组拥有核心技术、高端品牌、营销渠道的企业和科研机构。

（六）创新体制机制。充分发挥企业在基地建设中的主体作用，完善以企业为主体的产业技术创新机制。深化行政审批制度改革，改进新技术新产品新商业模式准入管理。完善和落实优先使用创新产品的采购政策。提高科研人员成果转化收益比例，加大科研人员股权激励力度。支持基地推进全面创新改革试验。

四、组织实施

（一）加强组织领导。省政府成立基地建设工作领导小组，由省政府负责同志任组长，省发展改革委、省科技厅、省经济和信息化委、省财政厅、省国土资源厅、省国资委、省政府金融办、省投资集团等单位负责同志为成员，负责政策制定、指导协调和督促检查工作。领导小组办公室设在省发展改革委，具体承担协调落实领导小组议定的各项任务和日常服务工作。

（二）明确工作责任。基地采取“申报制”，由所在市组织相关园区申报。园区是推进主体，负责编制基地实施方案，推进基地建设。相关市政府是责任主体，承担基地规划、建设管理和要素保障等任务。基地方案由市政府报送，领导小组办公室集中组织评估，择优选择初选名单，报省政府审议确定后，在园区加挂“安徽省×××（产业名称）产业集聚发展基地”的牌子，实行“两块牌子、一套人马”。

（三）强化考核评估。建立优胜劣汰、动态调整机制，突出奖惩激励导向。基地获批后，按照实施方案，领导小组与所在市政府签订工作目标责任书。领导小组办公室每年委托第三方对基地建设工作推进情况和产业发展情况进行检查督促和考核评估。对考评结果优秀的加大资金支持，对连续2年考评不合格的予以摘牌，对弄虚作假的追回省财政支持资金本息。

安徽省人民政府

2015年4月25日

安徽省人民政府办公厅关于促进全省开发区转型升级的实施意见

（皖政办〔2015〕7号）

各市、县人民政府，省政府各部门、各直属机构：

为贯彻落实《国务院办公厅关于促进国家级经济技术开发区转型升级创新发展的若干意见》（国办发〔2014〕54号），加快我省各类开发区转型升级步伐，促进区域协调发展，经省政府同意，现提出以下实施意见：

一、把握发展方向，加强分类指导

1.明确发展定位。主动适应经济发展新常态，注重发挥市场在资源配置中的决定性作用，努力实现开发区由政府主导向市场主导转变、由速度数量向质量特色转变，将开发区建设成为先进制造业和高新技术产业的集聚区、创新驱动和绿色集约发展的示范区、产城一体和带动区域发展的新城区、开放型经济和体制机制创新的先行区。

2.提升发展目标。到2020年，全省开发区平均经营（销售）收入比2014年翻一番，进出口总额占全省比重达到60%，规模以上工业增加值占全省比重达到70%，高新技术产业产值占开发区工业总产值比重达到50%，形成一批千亿元级园区。

3.加强分类指导。国家级开发区要着力提升核心竞争力，在更高层次参与合作和竞争，发挥示范引导作用；实力较强的省级开发区要做大做强主导产业，提升带动区域经济发展能力，成为转型升级的重要力量；发展初期的开发区要注重发挥比较优势，积极承接产业转移，打造特色产业集群。

二、加强管理整合，提升质量效益

4.严格扩区管理。提高省级开发区扩区标准，申请扩区的工业用地投资强度须不低于200万元/亩、亩均税收不少于15万元/年，符合土地节约集约利用评价要求。支持符合条件的国家级开发区按程序申报扩区或区位调整。

5.推进开发区整合。严控开发区无序扩张，原则上不再新设各类工业园区、现代产业园区、乡镇工业集聚区等。支持地理相近、产业互补的开发区进行整合，推进国家级开发区和实力较强的省级开发区整合周边乡镇工业集聚区。

6.争创国家级开发区。支持转型升级水平高的省级开发区，按照国家标准争创国家级经济技术开发区、国家级高新技术产业开发区。支持符合条件的开发区申报设立海关特殊监管区。到2020年，实现国家级开发区在设区的市全覆盖。

7.建立动态管理机制。研究制定省筹建开发区转为省级开发区办法，完善约束和倒逼机制，强化监督评估。对转型升级水平较高的省筹建开发区，优先转为省级开发区；对发展长期滞后、资源利用率低、环境保护出现重大问题的省级开发区予以警告、通报、限期整改，直至摘牌。

三、培育壮大主导产业，增强产业综合竞争力

8.突出发展主导产业。以国家发布的《产业结构调整指导目录》为依据，进一步明确各开发区主导产业。培育发展主导产业，推动制造业与服务业融合发展，促进产业集聚发展。省战略性新兴产业、技术改造等专项资金重点支持开发区主导产业发展。

9.强化项目支撑。开发区要按照“经济工作项目化、项目工作责任化”要求，把握产业结构、消费结构升级方向和科技进步趋势，科学谋划转型升级项目，全面提高投资项目工作质量和水平。要拓宽项目融资渠道，引导各类产业投资基金和创业投资基金等参与开发区建设。

10.加快发展特色园区。鼓励开发区根据当地资源优势和产业基础，打造专业特色园区、产业配套园区。研究制定特色园区认定办法和激励措施，开展特色产业园区认定工作。推进特色产业园区的公共服务平台和标准化厂房建设，引导小微企业向特色园区集聚。

11.加强创新能力建设。支持开发区联合科研院所共建产业技术研究院，建立产学研用相结合的协同创新体系。支持开发区完善各类创业服务中心、企业孵化器等产业促进机构。支持以企业为主体的工程研究（技术）中心、工程（重点）实验室、企业技术中心和工业设计中心建设。鼓励开发区创建创新型园区和知识产权试点示范园区，探索建立国际合作创新园。省各类产业技术研发和产业化专项资金重点支持开发区创新能力建设。

四、坚持绿色集约发展，建设现代产城新区

12.推动绿色低碳发展。严把项目、环境等准入关，投资强度、容积率、建筑密度、能耗等规定不达标的项目不准入园。加快开发区环保基础设施建设，逐步实现开发区污染物集中处置。鼓励开发区创建国家级循环化改造示范试点园区、低碳工业园区、生态工业园区、新能源应用示范产业园区等绿色园区，积极开展国际合作生态园建设。到2020年，全省50%以上的开发区完成循环化改造。

13.切实提高土地利用效率。对投资强度超过500万元/亩或亩均税收超过30万元的项目、新建标准化厂房容积率超过20的项目，优先保障所需新增建设用地年度计划。加强土地利用动态监管，加大对闲置和低效用地的处置力度，建立存量建设用地二次开发机制。实行新增工业用地弹性出让年期制，重点推行工业用地长期租赁，对近五年供地率小于60%的开发区，除国家重点项目和民生保障项目外，暂停安排新增建设用地指标。

14.加快产城融合发展。优化开发区产业功能、城市功能、生态功能，合理确定产业、公共服务、居住和生态用地比例。坚持基础设施建设适度超前，统筹建设主城区和开发区医院、学校、文化娱乐、职业培训、就业（人才）和社保服务、城市综合体、交通出行等公共服务设施。集中建设保障性住房、商住房，提高开发区人口密度。鼓励具备条件的开发区开展城市功能区转型试点。

五、加强对外合作，促进开放型经济发展

15.提升引资引智水平。围绕开发区主导产业，有针对性地开展精准招商、产业链招商，引导亿元以上重点项目向园区集聚，着力引进和培育处于产业链关键环节的领军企业，提高招商引资工作实效。

16.提升开发区开放合作水平。开发区要充分利用外资的技术溢出和综合带动效应，积极探索利用外资新方式，提升产业增值能力和国际化水平。推动国家级开发区、有条件的省级开发区与国内外发达地区的政府、开发区、战略投资者共建合作园区或合作联盟。积极拓展海关特殊监管区功能，发展国际中转、物流配送、转口贸易和保税加工等业务。

六、创新体制机制，争创发展新优势

17.强化人才支撑。支持开发区依托重点人才项目、高技能人才培训基地、科技创业园，引进优秀人才和优秀团队到开发区创业。鼓励开发区深化产教融合、校企合作，加大培养技术、技能型人才力度。

18.创新投融资体制。引导民营资本参与开发区基础设施和公用工程建设，逐步将开发区建设、招商、运营、管理及园区服务委托给专业化运营公司管理。鼓励开发区同商业银行、担保机构、投资机构合作，探索建立投保贷序时融资安排模式。加强对开发区的债务监管，严控债务风险。

19.优化营商环境。开发区要以投资者满意度为中心，健全政企沟通机制，探索建立信息共享和综合执法机制，实施企业年度报告和经营异常名录制度，打造法治化的营商环境。鼓励开发区实行“一个公章管审批、一个窗口管流转、一支队伍管执法”，完善投资服务和审批监管体系。大力培育发展社会中介组织，为开发区转型升级提供高效服务。

20.健全保障机制。建立开发区转型升级部门联席会议制度和各级政府开发区工作年度例会制度。制定开发区投资环境建设指南，完善开发区转型升级考核评价体系。

各地、各有关部门要进一步深化对促进开发区转型升级、创新发展工作重要意义的认识，加强组织领导，明确任务分工，落实工作责任，强化督促检查，确保开发区转型升级工作取得实效。

安徽省人民政府办公厅

2015年2月16日

统 计 资 料

2015年安徽省开发园区基本情况表

开发区		一、开发区占地面积	二、开发区已建成面积	其中：工业用地面积	其中：当年新增工业用地面积	三、工业项目建筑面积	其中：当年新增工业项目建筑面积	四、总人口	其中：农业人口	五、企业个数	其中：高新技术企业个数
安徽省	2015	4479.888	1821.974	1115.198	89.06529	79414.81	6634.537	5905701	2400493	88310	3019
	2014	4239.886	1678.587	1026.737	105.5781	71859.82	8025.557	5542959	2611622	76007	2592
合肥	2015	752.55	313.8068	163.977	11.706	11335.39	671.21	1354706	319717	33605	1051
	2014	674.42	276.77	138.8666	10.0796	11044.54	764.9639	1221222	450018	26204	869
1. 合肥高新技术产业开发区	2015	128.32	57.6	27.8	1.3	1847.4	156	87918	1538	9972	460
合肥高新技术产业开发区	2014	128.32	54.3	26.5	1.2	1691.4	126.1	87090	23318	8071	365
2. 合肥经济技术开发区	2015	35.5	35.5	19.2		1850	97	518915	72362	7210	80
合肥经济技术开发区	2014	35.5	35.5	15.62		1766.5	95.3	444609	188722	5692	85
3. 合肥出口加工区	2015										
合肥出口加工区	2014										
4. 合肥新站综合开发试验区	2015	204.73	63.7	24.34	2.27	2059.43	76.96	160658	88167	6785	52
合肥新站综合开发试验区	2014	204.73	58.7	22.0656	3.7136	1892.4739	85.4739	146080	89809	5088	38
5. 安徽巢湖经济开发区	2015	61	19.87	8.134	0.7	200	55.32	41000	24400	236	7
安徽巢湖经济开发区	2014	61	18.52	7.434	0.857	594.725	117.12	48900	23985	221	6
6. 合肥承接产业转移集中示范园区	2015										
合肥承接产业转移集中示范园区	2014										
7. 合肥庐阳工业园区	2015	11.92	9.7	5.14	0.01	412.23	24.8	44139	1584	1239	29
合肥庐阳工业园区	2014	11.92	9.67	5.13	0.06	387.43	19.19	42038	1993	1210	27
8. 合肥蜀山经济开发区	2015	11.4	10.17	5		355	25	62542	1778	1026	197
合肥蜀山经济开发区	2014	11.4	10.17	5		330	30	60334	1874	854	152
9. 合肥包河工业园区	2015	37.33	15.3168	6.633	0.186	541.76	12.23	88794	14133	2802	39
合肥包河工业园区	2014	37.33	15.09	6.447	0.179	536.34	29.39	88468	14850	1379	39
10. 安徽长丰双凤经济开发区	2015	42.99	32.9	20.1	0.53	820.18	35	106779	15503	686	47
安徽长丰双凤经济开发区	2014	42.99	32.09	19.57	1.29	785.18	49.5	105932	15380	640	41
11. 安徽肥东经济开发区	2015	15.05	12.5	8.19	0.14	559.9	16.1	54062	9874	1326	27
安徽肥东经济开发区	2014	15.05	12.2	8.05	0.25	543.8	33.9	53257	10152	1151	28
12. 安徽合肥商贸物流开发区	2015	55	7.75	3.72	0.3	420	45	52742	32243	752	45
安徽合肥商贸物流开发区	2014	55	7.12	3.42	0.5	375	68	52105	32316	603	27
13. 安徽肥西桃花工业园区	2015	97	31.5	22.12	3.04	1820.8	75.6	87159	29127	1190	52
安徽肥西桃花工业园区	2014	19.1	9.57	9.26	1.26	1745.2	74.6	47375	20550	938	47
14. 安徽巢湖富煌工业园区	2015	2	1.79	1.32		46.2		7790	3100	21	4
安徽巢湖富煌工业园区	2014	2	1.79	1.32		46.2		7920	3210	21	4
15. 安徽居巢经济开发区	2015	6.08	5.15	4.02	2.16	123.3	10.3			155	2
安徽居巢经济开发区	2014	6.08	2.76	1.86	0.06	113	3.1			153	2
16. 安徽庐江经济开发区	2015	20.23	6.2	4.4	0.51	197.79	40	15552	5110	181	9
安徽庐江经济开发区	2014	20	5.69	3.89	0.31	157.79	31.79	11035	2985	161	7
17. 安徽庐江龙桥工业园区	2015	24	4.16	3.86	0.56	81.4	1.9	26656	20798	24	1
安徽庐江龙桥工业园区	2014	24	3.6	3.3	0.4	79.5	1.5	26079	20874	22	1

续表

其中：工业企业个数	其中：规模以上工业企业个数	其中：资质以内建筑业企业个数	其中：限额以上贸易企业个数	其中：限额以上服务业企业个数	其中：出口型企业个数	其中：上海来皖投资企业个数	其中：浙江来皖投资企业个数	其中：江苏来皖投资企业个数	六、全区从业人员	其中：工业企业从业人员	其中：规模以上工业企业从业人员	其中：具有大专以上学历人员	其中：具有高、中级职称人员	其中：研究与开发人员
35317	10267	652	1992	1143	3994	2265	5796	4474	3655670	2712241	2018524	929714	270225	161134
32124	9360	624	1743	920	3545	1974	5395	4042	3416072	2547431	1902745	859073	255607	144306
8644	1461	191	451	384	732	287	366	322	924036	621788	450943	310235	85160	50135
7470	1408	190	366	285	702	266	329	292	838229	593918	434291	288423	81605	43081
2733	179	57	84	139	342	39	62	38	187511	102301	91613	46841	19871	17931
2130	173	56	66	111	280	30	56	34	159942	95000	84051	44784	19193	12795
1026	237	21	98	82	93	29	16	18	183000	138500	128900	82108	27638	13926
917	239	28	65	51	119	36	15	21	179051	140225	130511	80337	27041	13527
981	131	25	47	22	45				153228	73790	49830	45219	13183	2610
841	130	21	36	16	49				134164	69635	52206	39593	11543	2261
141	42	3	29	7	16		2	7	18944	9904	7433	2894	323	195
132	45	3	30	5	53	3	6	11	16823	8795	6954	2708	303	182
348	69	9	21	10	20	9	3	5	29966	22071	20666	6281	738	2012
299	69	9	20	5	18	7	1	4	28534	22395	19974	5013	695	1903
206	50	3	35	21	20	78	78	80	33650	8228	5247	31854	7885	2866
213	53	3	30	10	15	74	68	70	25474	8433	5433	21854	6073	2057
437	88	23	62	55	37	37	19	15	66652	55422	31590	42258	3801	4201
333	86	21	56	43	43	32	19	15	46849	39190	22723	37950	3005	3701
618	233	12	15	10	54	25	78	38	58323	54404	45360	16598	2680	2760
566	214	12	15	10	49	22	70	31	55304	51496	42741	15772	2559	2310
903	145	12	19	11	35	33	47	71	40265	34362	20953	11263	1548	381
867	140	12	13	9	26	29	38	63	39864	34167	20509	10857	1523	342
375	61	7	17	8	9	19	24	15	17312	6589	3792	2465	538	273
325	52	7	17	9	8	16	21	14	15401	6324	3682	2273	526	262
623	161	11	11	13	36	5	16	8	107510	93534	29931	13958	5683	1883
610	147	11	10	11	19	4	14	7	109752	95645	30223	19146	7903	2681
19	4	1	1		1	1	1	1	6810	6250	5952	3590	198	613
19	4	1	1		2	1	1		7020	6350	6045	3520	185	582
68	13		7	1	6	1	1	1	4928	3409	2636	1753	94	35
66	13		5		4	1	2		4762	3876	2383	1588	89	31
149	45	6	5	2	18	11	19	23	10951	8667	5700	2500	859	408
137	40	5	2	2	17	11	18	20	10811	8517	5560	2416	850	407
17	3	1		3				2	4986	4357	1340	653	121	41
15	3	1		3				2	4478	3870	1296	612	117	40

续表

七、当年科技活动经费支出总额	其中：研究与发展经费（R&D）	其中：规模以上工业企业研究与发展经费	八、全区从业人员劳动报酬	其中：在岗职工工资总额	九、项目建设情况	1.当年开工项目数	2.当年开工项目总投资额	3.当年开工项目征地总面积	十、环保情况	1.环保执行率	2.“三同时”执行率	3.能评执行率
4785929	3917713	3381462	14417897	13281843		5045	108113010.8	159744.1		99.33129	99.05828	99.37423
4359435	3499999	3000967	12872736	11842924		4762	90466636	183162		99.33129	99.06804	99.3681
1355424	1049333	764191	3943881	3565861		468	39763604	22165.89		100	99.37333	99.93333
1284722	964525	703957	3672959	3312132		449	14427605	22891.9		100	99.25267	99.93333
330000	247000	232000	859000	807000		32	2870000	1857		100	100	100
319000	240000	228000	795691	747950		30	2050000	916		100	100	100
436950	339780	212200	789200	612000		71	2037963	2210		100	100	100
431610	332801	206020	785904	610574		78	2055607	2406		100	100	100
102227	90172	90172	599432	518734		18	5444212	3354		100	100	100
78332	53890	53890	547427	471576		11	975640	5102		100	100	100
41318	31580	4500	49919	48435		10	607000	2600		100	100	100
20000	15400	5400	42556	40580		14	1940300	2752		100	100	100
63302	11431	9181	131851	114355		6	297819	339		100	100	100
62110	11133	8915	121513	107255		3	181630	143		100	100	100
32055	17885	7011	117942	117942		39	788745	1800		100	100	100
28954	15241	7422	89287	89287		38	685524	1600		100	100	100
200550	184521	91016	326025	303203		104	23818100	620		100	90.6	100
198260	172440	77448	310500	288765		71	2678000	612		100	88.79	100
41756	25715	23143	335918	331506		39	418132	1650		100	100	100
39768	23810	20773	265442	261956		47	497252	1022		100	100	100
22187	19265	18520	132454	121649		17	356480	596		100	100	99
19672	17436	16795	118197	108835		24	634942	1285		100	100	99
5143	4718	2975	67248	63890		38	928819	450		100	100	100
3941	3273	2745	56786	53387		41	867772	873		100	100	100
61649	59183	56414	433453	433453		67	1109034	4937		100	100	100
62531	59423	57609	439608	439608		66	1470138	5303		100	100	100
9790	9775	9775	43540	38620						100	100	100
9350	9332	9332	44650	40866						100	100	100
1108	1108	961	15147	14879		5	168100	315.59		100	100	100
952	952	867	14600	13500		5	92000	211.9		100	100	100
6120	5987	5110	29607	27351		20	392000	765.3		100	100	100
9184	8468	7815	29553	27040		17	181000	556		100	100	100
1269	1213	1213	13145	12844		2	527200	672		100	100	100
1058	926	926	11245	10953		4	117800	110		100	100	100

续表

开发区		一、开发区占地面积	二、开发区已建成面积	其中：工业用地面积	其中：当年新增工业用地面积	三、工业项目建筑面积	其中：当年新增工业项目建筑面积	四、总人口	其中：农业人口	五、企业个数	其中：高新技术企业个数	其中：工业企业个数	其中：规模以上工业企业个数
芜湖	2015	520.97	221.16	143.43	4.36	7295.569	493.53	714681	312036	10100	392	4329	1344
	2014	519.88	213.3	138.878	16.416	6863.48	777.74	666531	295875	9380	354	4073	1267
18. 芜湖经济技术开发区	2015	118.28	54.3	38.9	0.2	3264.16	79.93	177646		3021	97	891	208
芜湖经济技术开发区	2014	118.28	53.07	38.7	0.1	3184.23	73.03	151000		2626	93	771	206
19. 芜湖高新技术产业开发区	2015	178	39.4	12.3	0.95	812.3	85.3	228189	72315	3412	65	985	164
芜湖高新技术产业开发区	2014	178	36.77	11.478	0.87	791.42	73.06	223714	74215	3398	58	935	150
20. 芜湖出口加工区	2015												
芜湖出口加工区	2014												
21. 安徽芜湖长江大桥经济开发区	2015	53.4	17	8.21	0.11	9.35	1.35	34877	32494	17		17	2
安徽芜湖长江大桥经济开发区	2014	53.4	17	8.1	3.3	8	3	34842	32335	15		15	2
22. 安徽芜湖鸠江经济开发区	2015	18.21	3.88	3.76	0.15	856	162			388	58	302	113
安徽芜湖鸠江经济开发区	2014	18.21	2.83	2.8		679	185			327	50	289	110
23. 安徽芜湖三山经济开发区	2015	27.71	13.97	9.97	0.6	1067.1	60.1	53630	23720	382	24	246	66
安徽芜湖三山经济开发区	2014	27.71	13.1	9.37	0.78	1007	291	36312	6201	351	22	231	66
24. 安徽新芜经济开发区	2015	20	17.25	14.65	0.27	633	22	8542	6834	657	40	599	288
安徽新芜经济开发区	2014	20	16.91	14.38	0.41	611	20	8375	6358	611	37	587	262
25. 安徽省江北产业集中区	2015	20	12	8		100	30			422		40	2
安徽省江北产业集中区	2014	20	12	8	4.5	70	65			315		30	
26. 芜湖市承接产业集中示范园区	2015												
芜湖市承接产业集中示范园区	2014												
27. 安徽芜湖孙村经济开发区	2015	13	10	10	0.3	14.25	6.22	57226	55232	670	14	422	132
安徽芜湖孙村经济开发区	2014	13	10	10	0.3	13.13	6.35	58226	55212	626	12	423	123
28. 安徽繁昌工业园区	2015	10.65	6.3	4.47	0.11	60	11	28012	12998	192	18	156	63
安徽繁昌工业园区	2014	10.54	6.25	4.55	0.15	49	18	27920	13235	178	15	129	54
29. 安徽南陵工业园区	2015	16.47	13.26	8.59	0.07	215.809	18.23	15547	12284	196	21	179	119
安徽南陵工业园区	2014	15.59	13.17	8.52	0.88	197.6	24	15359	12168	203	15	184	111
30. 安徽芜湖许镇经济开发区	2015	5	2.05	2.05		39.6	4	5432	5228	73	3	73	45
安徽芜湖许镇经济开发区	2014	5	2.05	2.05		35.6	4	5410	5220	71	3	71	41
31. 安徽无为经济开发区	2015	24.05	15.55	11.33	1.5	80	5.5	6435		67	3	54	17
安徽无为经济开发区	2014	24.05	14.05	9.83	5.026	74.5	7.5	6228		60	3	47	17
32. 安徽无为高沟经济开发区	2015	16.2	16.2	11.2	0.1	144	7.9	99145	90931	603	49	365	125
安徽无为高沟经济开发区	2014	16.1	16.1	11.1	0.1	143	7.8	99145	90931	599	46	361	125

续表

其中：资质以内建筑业企业个数	其中：限额以上贸易企业个数	其中：限额以上服务业企业个数	其中：出口型企业个数	其中：上海来皖投资企业个数	其中：浙江来皖投资企业个数	其中：江苏来皖投资企业个数	六、全区从业人员	其中：工业企业从业人员	其中：规模以上工业企业从业人员	其中：具有大专以上学历人员	其中：具有高、中级职称人员	其中：研究与开发人员
73	325	162	601	386	1511	1315	497668	398613	313615	140773	54675	25401
64	312	130	553	337	1379	1212	472052	367053	286023	133170	52860	24589
13	45	34	100	4	19	25	165000	137257	103107	72879	34996	13079
10	43	31	98	5	13	28	160614	120000	95000	72000	34800	12851
47	165	41	79	189	815	985	66522	38834	29961	19025	3765	4285
39	162	37	39	172	734	917	60374	35245	27192	17295	3715	4107
		1		1			568	342	118	102	28	6
		1		1			496	270	117	75	31	3
3	39	11	36	48	78	45	16580	15360	12050	5900	1725	1102
3	34	10	40	41	62	32	15200	14800	11020	5100	1321	989
3	5	15	32	37	46	58	30611	26912	25861	12152	2462	2637
2	5	6	23	34	43	55	27705	24212	21719	10096	2395	2568
3	30	21	108	42	446	125	72839	69925	69657	14568	7284	381
6	37	12	95	41	432	121	66167	64182	60544	13233	6617	379
	8	3		29	17	29	6100	2400	1700	2000	500	220
	1	2	1	7	12	16	3000	1500		1200	300	200
	6	10	212	2	8	12	23102	21105	14152	805	421	332
	5	9	223	2	6	8	22156	20122	13155	755	324	276
	5	3	10	5	16	9	12653	11897	9985	6117	825	563
	4	3	10	5	15	8	13520	12900	11032	6238	734	448
	10	9	16	24	62	25	15547	14612	13741	2592	1619	693
	9	5	18	24	60	26	15359	14631	13655	2617	1598	678
			3		2	1	11552	11552	8548	896	725	75
			3		2	1	11057	11057	8056	854	702	72
1	1	1	5	5	2	1	6418	5028	4250	1385	138	135
1	1	1	3	5			6228	4745	4048	1355	136	125
3	11	13					70176	43389	20485	2352	187	1893
3	11	13					70176	43389	20485	2352	187	1893

续表

其中：资质以内建筑业企业个数	其中：限额以上贸易企业个数	其中：限额以上服务业企业个数	其中：出口型企业个数	其中：上海来皖投资企业个数	其中：浙江来皖投资企业个数	其中：江苏来皖投资企业个数	六、全区从业人员	其中：工业企业从业人员	其中：规模以上工业企业从业人员	其中：具有大专以上学历人员	其中：具有高、中级职称人员	其中：研究与开发人员
892233.7	735129.8	693834	2557317	2421733		1125	12469309	13160.1		100	100	100
839303	675156	640533	2215238	2099689		1128	18276526	13613.2		100	100	100
331264	298153	262137	792330	758047		97	2939201	2199		100	100	100
327510	290037	258021	718989	692359		88	3036759	2209		100	100	100
162541	152380	147560	356210	336250		509	1841459	2100		100	100	100
149560	134490	132520	344132	329108		517	7276363	2010		100	100	100
			4067	2766		4	271000	170		100	100	100
			3764	2413		2	22064	212		100	100	100
46341	27826	27826	106112	106112		38	1009806			100	100	100
33186	25412	25412	83904	83904		39	1423646			100	100	100
125526	52630	52630	206699	204395		82	1586040	1305		100	100	100
124524	41339	41339	160981	159137		89	2364861	1170		100	100	100
27786	27684	27684	419297	419297		25	525547	1342		100	100	100
25260	25167	25167	316476	316476		28	506421	1466		100	100	100
2400	1573	1573	22000	22000		33	1277539	450		100	100	100
200	100		10000	10000		29	443920	1079		100	100	100
7212	6615	6212	65126	65126		38	261200	280		100	100	100
6973	6563	6117	52156	52156		42	321260	220		100	100	100
22156	22156	22156	59625	59625		25	866173	1006		100	100	100
12013	12013	12013	57328	57328		30	1001047	1209		100	100	100
10398.66	9358.8	9302	73024	65895		69	576010	1920.1		100	100	100
10080	9072	8981	58459	53128		64	618950	2063.2		100	100	100
1705	1320	1320	70100	69200		6	24000			100	100	100
1650	1285	1285	65200	60800		6	22000			100	100	100
5475	2575	2575	28755	23825		7	181000	500		100	100	100
5336	2525	2525	25656	22508		5	152000	90		100	100	100
149429	132859	132859	353972	289195		192	1110334	1888		100	100	100
143011	127153	127153	318193	260372		189	1087235	1885		100	100	100

开发区		一、开发区占地面积	二、开发区已建成面积	其中：工业用地面积	其中：当年新增工业用地面积	三、工业项目建筑面积	其中：当年新增工业项目建筑面积	四、总人口	其中：农业人口	五、企业个数	其中：高新技术企业个数	其中：工业企业个数
蚌埠	2015	341.97	136.84	63.4301	7.1201	4053.794	448.5139	370033	126166	6280	158	1659
	2014	338.54	130.3076	57.156	7.5646	3631.76	659.4433	371686	124488	5573	137	1492
33.蚌埠高新技术产业开发区	2015	60.74	32.46	12.41	0.61	680.66	27.8	90124	58044	1381	59	486
蚌埠高新技术产业开发区	2014	60.74	31.56	11.8	0.95	652.86	49.5	89211	56856	1126	57	422
34.安徽蚌埠经济开发区	2015	99.9	44.3	0.84		71.57	6.57	170232	37064	3214	4	134
安徽蚌埠经济开发区	2014	99.9	44.3	0.84		71.57	6.57	166417	36415	2937	3	107
35.安徽蚌埠高新技术产业开发示范园区	2015											
安徽蚌埠高新技术产业开发示范园区	2014											
36.安徽蚌埠工业园区	2015	45	27.61	26.8501	1.7601	1539.5835	135.6939	26230	4563	639	33	323
安徽蚌埠工业园区	2014	45	25.8	25.09	2.1386	1403.89	244.0733	24378	4699	622	24	311
37.安徽怀远龙亢经济开发区	2015	8.73	3.5	3	1.5	300	100	1531		91	1	45
安徽怀远龙亢经济开发区	2014	5.3	2.6	2.2	0.8	220	80	1412		76	1	34
38.安徽怀远经济开发区	2015	36	10	9.1	0.9	97.82	21.41	5493		486	38	267
安徽怀远经济开发区	2014	36	9	8.2	1	76.41	55.67	5459		377	31	242
39.安徽五河经济开发区	2015	16	7.12	5.1	1.05	565.26	61.54	36000	6700	149	12	137
安徽五河经济开发区	2014	16	7.0176	4.096	0.676	503.73	81.13	45500	7000	132	12	124
40.安徽固镇经济开发区	2015	30	5.85	4.23	1	631.9	78.5	19874		283	11	241
安徽固镇经济开发区	2014	30	5.03	3.33	1.4	553.3	110.5	19048		274	9	232
41.固镇铜陵现代产业园	2015	45.6	6	1.9	0.3	167	17	20549	19795	37		26
固镇铜陵现代产业园	2014	45.6	5	1.6	0.6	150	32	20261	19518	29		20

续表

其中：规模以上工业企业个数	其中：资质以内建筑业企业个数	其中：限额以上贸易企业个数	其中：限额以上服务业企业个数	其中：出口型企业个数	其中：上海来皖投资企业个数	其中：浙江来皖投资企业个数	其中：江苏来皖投资企业个数	六、全区从业人员	其中：工业企业从业人员	其中：规模以上工业企业从业人员	其中：具有大专以上学历人员	其中：具有高、中级职称人员	其中：研究与开发人员
571	42	120	60	242	83	283	140	182093	92263	68066	63529	13479	4720
466	46	96	51	213	73	270	129	176089	88476	64541	61088	13019	4121
129	13	43	6	68	25	20	19	39012	24766	18906	7010	2086	1085
102	12	33	5	56	22	19	17	37642	23548	17684	6714	1926	824
12	25	38	51	31	8	1	2	67533	3124	1369	37523	7421	635
9	30	36	45	28	7	6	6	65712	3073	1299	36171	7259	612
148				30	4	6	8	15592	14139	12437	7413	1236	1382
120				25	3	5	7	14831	13170	11814	6904	1172	1116
15		5	1		2	2	3	1531	1451	1393	134	32	132
12		5			2	2		1412	1343	1286	121	26	129
104		13		40	24	92	48	14722	13345	11556	3978	1103	297
89		5	1	36	21	85	44	14157	12833	11112	3826	1061	286
81		9		18	3	24	10	17771	15229	11580	4545	1263	365
69		7		15	2	21	8	17270	14800	10793	4530	1250	361
74	3	9	2	53	15	134	47	23478	19846	10528	2874	326	820
58	3	7		52	14	129	44	22652	19374	10278	2773	315	791
8	1	3		2	2	4	3	2454	363	297	52	12	4
7	1	3		1	2	3	3	2413	335	275	49	10	2

续表

七、当年科技活动经费支出总额	其中：研究与发展经费（R&D）	其中：规模以上工业企业研究与发展经费	八、全区从业人员劳动报酬	其中：在岗职工工资总额	九、项目建设情况	1. 当年开工项目数	2. 当年开工项目总投资额	3. 当年开工项目征地总面积	十、环保情况	1. 环保执行率	2. “三同时”执行率	3. 能评执行率
134391.7	130059.7	125998.1	533490.8	500481.5		207	8996902	13053.2		100	100	100
124151	119416	116506	483301	449805.9		200	10050774	11660		100	100	100
41573	41573	41573	146341	131707		40	4925000	1350		100	100	100
45169	45169	45169	127354	114618		35	4801900	1979		100	100	100
3788	2057	1602	135587	125489		19	699957	3047.2		100	100	100
4621	2149	1527	129057	119106		37	2009834	1276		100	100	100
18320.66	18320.66	16898.06	49087.84	45840.48		18	465782	1807		100	100	100
14914.95	14914.95	13714.95	44493.99	39352.89		14	418005	1608		100	100	100
2664	2397	2157	3512	3453		21	138900	711		100	100	100
2496	2246	2021	3424	3360		17	98660	203		100	100	100
45105	44257	43770	53751	52704		44	728613	2371		100	100	100
36739	36048	35664	51668	50722		40	662375	2155		100	100	100
9711	9711	8254	53555	51742		42	1692440	1801		100	100	100
8101	8101	7625	52046	50284		34	1459000	1521		100	100	100
12975	11514	11514	77043	77043		17	265210	1482		100	100	100
12100	10780	10780	60786	60786		17	372000	2100		100	100	100
255	230	230	14614	12503		6	81000	484		100	100	100
10	8	5	14472	11577		6	229000	818		100	100	100

开发区		一、开发区占地面积	二、开发区已建成面积	其中：工业用地面积	其中：当年新增工业用地面积	三、工业项目建筑面积	其中：当年新增工业项目建筑面积	四、总人口	其中：农业人口	五、企业个数	其中：高新技术企业个数	其中：工业企业个数	其中：规模以上工业企业个数
淮南	2015	119.4543	56.6298	29.3935	3.1565	2833.101	128.01	241345	102656	1556	70	803	214
	2014	118.87	46.4784	24.507	2.2364	2252.091	113.1794	195631	85906	1413	71	796	238
42. 安徽淮南经济开发区	2015	20	11.8458	5.859	0.5	2007.2607	50	28542		1123	40	510	116
安徽淮南经济开发区	2014	20	11.3458	5.359	0.3121	1507.2607	47.8794	24746	18369	1006	43	482	142
43. 淮南高新技术产业开发区	2015	10.75	4.8	0.5873	0.1502	62.63	24.2	90307	66622	74	4	7	5
淮南高新技术产业开发区	2014	7.6	0.9306	0.4371	0.079	38.43	21	50000	30000	49	3	7	2
44. 安徽淮南现代煤化工产业园	2015	12.7	4.84	4.26	0.33	12.5	0.5	3356		3		2	1
安徽淮南现代煤化工产业园	2014	12.7	2.79	2.2	0.2	12	1.57	3390		2		2	
45. 安徽淮南工业园区	2015	3.15	3.15	3.1		279	3.84	29570	22196	58	6	58	26
安徽淮南工业园区	2014	3.15	3.15	3.1	0.2	272.16	4.38	29568	22196	57	6	57	25
46. 安徽淮南平圩经济开发区	2015	7.91	7.2	1.2392	0.0313	76.8	1.6			35	3	31	14
安徽淮南平圩经济开发区	2014	7.91	7.2	1.2079	0.1353	75.2	4.3			32	2	29	13
47. 安徽凤台经济开发区	2015	20.69	4.888	1.918	0.03	129	2	18907		81	6	53	15
安徽凤台经济开发区	2014	23.38	4.888	1.888		127		18733		105	6	86	24
48. 安徽淮南毛集经济开发区	2015	12.23	3.5	1.603	0.073	46.55	5.5	44280	65	45	1	40	19
安徽淮南毛集经济开发区	2014	12.23	3.5	1.53	0.116	41.05	8.5	44287	64	42	1	41	16
49. 安徽寿县工业园区	2015	6.2	4.406	4.137	0.452	113.6	17.27	4610		58	5	51	8
安徽寿县工业园区	2014	6.2	3.954	3.685	0.224	96.33	17.55	4530		56	5	49	8
50. 安徽寿县新桥国际产业园	2015	13	8	5	0.6	60.4	6.7	17500	9500	58	5	33	10
安徽寿县新桥国际产业园	2014	13	6.7	4.4	0.6	53.7	8	15100	10000	52	5	32	8
51. 寿县蜀山现代产业园	2015	12.8243	4	1.69	0.99	45.36	16.4	4273	4273	21		18	
寿县蜀山现代产业园	2014	12.7	2.02	0.7	0.37	28.96		5277	5277	12		11	

续表

其中：资质以内建筑业企业个数	其中：限额以上贸易企业个数	其中：限额以上服务业企业个数	其中：出口型企业个数	其中：上海来皖投资企业个数	其中：浙江来皖投资企业个数	其中：江苏来皖投资企业个数	六、全区从业人员	其中：工业企业从业人员	其中：规模以上工业企业从业人员	其中：具有大专以上学历人员	其中：具有高、中级职称人员	其中：研究与开发人员
9	45	16	56	50	51	48	49789	39758	35719	7589	2345	981
8	46	12	54	41	42	40	51553	42395	38272	6099	2183	918
6	37	5	36	40	35	40	23039	17132	17132			
7	36	5	35	32	30	35	26699	20067	20067			
2	1	7	2	1	1	2	1610	1200	1200	1100	200	350
	2	4	2			1	1400	1150	1150	1000	140	270
							3356	3327	3325	696	175	
							3390	3356	3356	716	91	46
			5				3612	3582	3582	1680	651	272
			5				3496	3466	3466	1587	631	272
		1	2	2	3	1	1273	1174	1123	338	101	42
	1		2	2	3	1	1158	1067	1021	307	92	39
	6	2			3	1	4375	2214	1019	373	421	37
	6	2		3	1	1	5234	3925	1827	548	523	54
		1	3	1	2	1	4085	3808	3125	1587	185	85
		1	2		1	1	3231	3185	2450	648	150	72
1	1		5	3	3	1	5136	4811	4263	786	402	65
1	1		5	3	3	1	4959	4705	4185	712	396	55
			3	3	4	2	2360	1750	950	800	210	130
			3	1	4		1860	1400	750	500	160	110
							943	760		229		
							126	74		81		

续表

七、当年科技活动经费支出总额	其中：研究与发展经费（R&D）	其中：规模以上工业企业研究与发展经费	八、全区从业人员劳动报酬	其中：在岗职工工资总额	九、项目建设情况	1.当年开工项目数	2.当年开工项目总投资额	3.当年开工项目征地总面积	十、环保情况	1.环保执行率	2.“三同时”执行率	3.能评执行率
51702	42663	41478	188138	178085		78	1441852	2125		100	100	99.9
47539.05	41153.54	40032.6	165146	159551		78	1649819	3344.62		100	99.95	99.9
25896	25896	25896	89002	86642		23	773026	750		100	100	100
24663	24663	24663	78439	78439		23	794400	669.3		100	100	100
6459	5965	5965	4830	4830		17	230000			100	100	100
6225	5570	5570	3696	3696		5	221052	318		100	100	100
			28463	28463						100	100	100
540	540	540	27880.7	27880.7						100	100	100
2036	1857	1760	10966	8839		1	31000	60		100	100	100
2035	1857	1755	10196	7936						100	100	100
1670	1670	1670	5640	5090		3	10500	47		100	100	100
1520	1520	1520	5130	4630		4	51000	203		100	100	100
316	185	185	8781	8781		2	15500	65		100	100	100
404	273	273	12189	12189		13	99151	150		100	100	100
8050	1240	1240	13085	13085		6	88000	154		100	100	100
5622.05	867.54	856.6	6754.3	6754.3		2	13500	77.32		100	100	100
6475	5350	4462	16725	12409		11	51526	316		100	100	99
5530	5163	4315	14231	11896		10	46757	289		100	99.5	99
800	500	300	7500	6800		6	103600	400		100	100	100
1000	700	540	6000	5500		15	148658.5	500		100	100	100
			3146	3146		9	138700	333		100	100	100
			630	630		6	275300	1138		100	100	100

开发区		一、开发区占地面积	二、开发区已建成面积	其中：工业用地面积	其中：当年新增工业用地面积	三、工业项目建筑面积	其中：当年新增工业项目建筑面积	四、总人口	其中：农业人口	五、企业个数	其中：高新技术企业个数	其中：工业企业个数	其中：规模以上工业企业个数
马鞍山	2015	331.02	76.377	54.546	2.61	3738.54	213.5	276898	184026	4968	206	2359	600
	2014	331.02	70.237	51.926	3.0551	3524.94	295.19	271910	198949	4455	203	2214	529
52. 马鞍山经济技术开发区	2015	33	10.44	8.05	0.3	615	30	17773	10771	1175	43	292	67
马鞍山经济技术开发区	2014	33	10.44	7.75	0.46	585	40	17335	12340	988	39	288	63
53. 安徽博望高新技术产业开发区	2015	6	2.95	2.95	0.12	234.1	12	7800	1100	155	20	155	53
安徽博望高新技术产业开发区	2014	6	2.83	2.83	0.52	222.1	31.9	7500	1100	136	17	136	45
54. 马鞍山郑蒲港现代产业园区	2015	180	7	1.95	0.95	54	35	123479	107320	313	3	106	17
马鞍山郑蒲港现代产业园区	2014	180	2	1	0.27	19	6.5	119881	110539	245	2	95	14
55. 马鞍山承接产业转移集中示范园区	2015	15	5	2	0.4	217.7	47.2	40136	37124	644	14	245	53
马鞍山承接产业转移集中示范园区	2014	15	4.5	1.6	0.2	170.4	18.4	39875	37286	564	8	226	42
56. 安徽花山经济开发区	2015												
安徽花山经济开发区	2014												
57. 安徽马鞍山雨山经济开发区	2015	14.32	7.237	3.546		304.14		3525	1922	766	18	498	84
安徽马鞍山雨山经济开发区	2014	14.32	7.237	3.546	0.2651	304.14	25.59	2656	1550	752	16	486	73
58. 安徽马鞍山慈湖高新技术产业开发区	2015	29	17.93	14.67	0.12	796	17	22331		1025	57	498	89
安徽马鞍山慈湖高新技术产业开发区	2014	29	17.75	14.54	0.24	779	19.2	23052	9539	975	74	466	77
59. 安徽当涂经济开发区	2015	18	12	10.16	0.08	870.6	38.3	30894	7029	508	30	258	123
安徽当涂经济开发区	2014	18	12	10.08	0.2	832.3	109.1	30741	7228	430	28	221	114
60. 安徽含山工业园区	2015	5.8	4.5	4	0.2	316	20	12050	5231	142	8	139	50
安徽含山工业园区	2014	5.8	4.2	3.8	0.1	296	20	11995	5758	158	6	151	45
61. 安徽含山经济开发区	2015	26	6.5	4.7	0.4	166	3	13785	13529	145	3	92	30
安徽含山经济开发区	2014	26	6.5	4.3	0.5	163	4.5	13865	13609	120	3	75	24
62. 安徽和县经济开发区	2015	3.9	2.82	2.52	0.04	165	11	5125		95	10	76	34
安徽和县经济开发区	2014	3.9	2.78	2.48	0.3	154	20	5010		87	10	70	32

续表

其中：资质以内建筑业企业个数	其中：限额以上贸易企业个数	其中：限额以上服务业企业个数	其中：出口型企业个数	其中：上海来皖投资企业个数	其中：浙江来皖投资企业个数	其中：江苏来皖投资企业个数	六、全区从业人员	其中：工业企业从业人员	其中：规模以上工业企业从业人员	其中：具有大专以上学历人员	其中：具有高、中级职称人员	其中：研究与开发人员
40	85	65	180	145	167	297	174008	133216	87335	43668	13066	13381
44	86	64	128	117	156	260	167360	123542	84122	40755	12302	12171
10	29	15	64	58	45	111	42097	33981	27512	5683	788	2409
15	29	16	44	37	44	96	41816	27623	26308	5227	569	1633
							14360	14360	8324	4597	316	182
							13090	13090	7754	3935	265	145
	7	2	7	3	3	7	17132	5470	1434	3923	467	146
	7	2	5	1	2	7	13179	4208	1103	3018	359	112
	1	8	6		8	2	6497	5143	3937	1202	496	189
	2	8	4	3	9	7	6188	4889	3120	1052	435	142
2	10	11	18	18	17	49	11962	8625	7212	5511	810	415
2	10	11	15	16	16	45	10824	7856	6588	5312	754	396
19	13	16	28	36	19	62	34102	22000	10894	6910	3350	6482
19	14	15	13	33	15	48	33315	21450	11880	6580	3213	6294
5	23	11	22	13	24	32	23883	21973	16480	12415	5144	2573
4	21	11	20	12	22	28	25443	23246	17069	12321	5142	2531
			15	8	32	14	12050	12050	3862	2522	1422	580
	3		8	6	26	10	11995	11995	3650	2450	1300	520
4	2	1	9	8	8	14	6800	4760	3584	320	90	210
4			9	8	8	13	6500	4360	2630	312	88	208
		1	11	1	11	6	5125	4854	4096	585	183	195
		1	10	1	14	6	5010	4825	4020	548	177	190

续表

七、当年科技活动经费支出总额	其中：研究与发展经费（R&D）	其中：规模以上工业企业研究与发展经费	八、全区从业人员劳动报酬	其中：在岗职工工资总额	九、项目建设情况	1. 当年开工项目数	2. 当年开工项目总投资额	3. 当年开工项目征地总面积	十、环保情况	1. 环保执行率	2. "三同时"执行率	3. 能评执行率
518997.5	433851.4	373866.4	674908.2	626049.7		527	6413147	11721.1		100	100	100
498535	426114	364948	627049	582312.2		474	6416951	12866		100	100	100
116693	93358	59969	198251	178930		40	626400	1987		100	100	100
125441	102871	66912	190931	170816		43	1005841	2310		100	100	100
29215	26289	21619	53850	50080		12	96000	380		100	100	100
24745	22275	18560	47650	44210		10	64000	280		100	100	100
23241	16400	9120	62117	53744		43	1214087	3603		100	100	100
19368	13336	7589	47080	41341		41	1214010	3598		100	100	100
37074.5	5442.4	5442.4	20280.2	19058.7		24	634500	787.6		100	100	100
40229	11050	11050	19314	18151.2		28	678000	557		100	100	100
45662	38559	30225	40070	37546		13	183300	382		100	100	100
41790	35790	27687	38156	36350		17	331100	2340		100	100	100
175095	166340	161349	127470	114723		312	1928000	1008		100	100	100
165810	163723	157132	111540	100381		261	1615800	526		100	100	100
43112	42524	42524	83120	82288		30	1079260	2478.5		100	100	100
40482	39143	39143	85944	84689		26	882100	2378		100	100	100
21280	20600	19650	50120	50120		16	212000	300		100	100	100
14500	14500	14000	49179	49179		13	182500	150		100	100	100
8920	8295	8012	21760	21690		21	215600	585		100	100	100
8060	7536	7240	20150	20090		18	188600	277		100	100	100
18705	16044	15956	17870	17870		16	224000	210		100	100	100
18110	15890	15635	17105	17105		17	255000	450		100	100	100

开发区		一、开发区占地面积	二、开发区已建成面积	其中：工业用地面积	其中：当年新增工业用地面积	三、工业项目建筑面积	其中：当年新增工业项目建筑面积	四、总人口	其中：农业人口	五、企业个数	其中：高新技术企业个数	其中：工业企业个数
淮北	2015	146.61	67.04	38.3	2.28	2826.09	157.95	137173	68686	979	67	641
	2014	153.71	69.04	37.03	1.85	2431.69	163.24	136188	68458	919	56	639
63.安徽淮北经济开发区	2015	44.08	15.01	6.88	0.7	275.2	23	72101	25321	241	14	148
安徽淮北经济开发区	2014	44.08	14.28	6.18	0.3	252.2	21.1	71912	25199	216	12	134
64.安徽淮北临涣工业园	2015	20.4	4.7	3.45	0.17	80.05	2.03	4399		9		8
安徽淮北临涣工业园	2014	20.4	4.53	3.28	0.28	78.69	3.27	4350		9		8
65.安徽淮北龙湖高新技术产业开发区	2015											
安徽淮北龙湖高新技术产业开发区	2014											
66.安徽淮北杜集经济开发区	2015	10	7.1	4.2	0.1	210.17	4.32	15600	7000	118	15	113
安徽淮北杜集经济开发区	2014	10	7	4.1	0.2	205.85	6.25	15600	7000	115	12	110
67.安徽淮北凤凰山经济开发区	2015	19.4	13	3.37	0.36	668.4	15	13904	13776	187	14	153
安徽淮北凤凰山经济开发区	2014	19.4	13	3.01	0.32	653.4	31.3	13548	13420	182	9	148
68.安徽淮北烈山经济开发区	2015	17	6.5	5.3	0.26	424	21			68	4	31
安徽淮北烈山经济开发区	2014	24.1	9.5	6.05		174	38			65	4	61
69.安徽濉溪经济开发区	2015	20.95	16.7	12.8		1122.4	60	23560	15008	338	20	172
安徽濉溪经济开发区	2014	20.95	16.7	12.8	0.75	1062.4	62.2	23150	15211	318	19	168
70.濉溪芜湖现代产业园	2015	14.78	4.03	2.3	0.69	45.87	32.6	7609	7581	18		16
濉溪芜湖现代产业园	2014	14.78	4.03	1.61		5.15	1.12	7628	7628	14		10

续表

其中：规模以上工业企业个数	其中：资质以内建筑业企业个数	其中：限额以上贸易企业个数	其中：限额以上服务业企业个数	其中：出口型企业个数	其中：上海来皖投资企业个数	其中：浙江来皖投资企业个数	其中：江苏来皖投资企业个数	六、全区从业人员	其中：工业企业从业人员	其中：规模以上工业企业从业人员	其中：具有大专以上学历人员	其中：具有高、中级职称人员	其中：研究与开发人员
427	3	24	5	53	17	106	27	92349	84720	75208	24351	6178	7655
424	3	22	3	52	17	109	24	87816	79569	69905	21373	5397	6829
124				12	9	38	14	25412	23123	20636	7215	2413	1554
110				16	7	37	13	24599	21819	18462	6625	2001	1115
8					1			4399	4374	4374	1913	639	225
8					1			4250	4220	4220	1896	635	225
80						1	1	9950	9040	8360	1010	610	520
78						2		9660	8800	8250	930	570	500
91	2	10	2	11	2	24	3	15731	13698	11995	1685	238	525
80	2	12	1	9	1	24	3	16273	14124	12520	1639	241	537
31		1	1	4		5	2	12041	11945	10588	3485	98	120
59				3	4	15	3	9989	9601	8439	1990	95	111
87	1	13	2	24	5	27	5	24060	21880	18890	8620	2010	4666
86	1	10	2	24	4	23	4	22865	20870	17904	8182	1845	4341
6				2		11	2	756	660	365	423	170	45
3						8	1	180	135	110	111	10	

续表

七、当年科技活动经费支出总额	其中：研究与发展经费(R&D)	其中：规模以上工业企业研究与发展经费	八、全区从业人员劳动报酬	其中：在岗职工工资总额	九、项目建设情况	1.当年开工项目数	2.当年开工项目总投资额	3.当年开工项目征地总面积	十、环保情况	1.环保执行率	2.“三同时”执行率	3.能评执行率
118042	97036	88647	257207.4	248332.4		151	2005497	3233		100	97.42857	100
111186	89712	82416	238917.5	231881.5		71	1837969	5320		100	98.57143	100
17550	11822	10032	53249	50961		115	720301	610		100	90	100
16320	10710	9650	47123	45501		20	434878	1456		100	98	100
6500	6000	6000	24021.36	24021.36						100	100	100
6200	5600	5600	24668.54	24668.54						100	100	100
17766	15023	14326	32442	30364		3	37500	150		100	100	100
16824	14240	13580	25382	23756		5	56300	300		100	100	100
12651	12124	11689	38406	37156		13	204250	671		100	100	100
12105	11055	10050	41179	39546		26	362000	1050		100	100	100
4819	4207	4182	30252	30227		5	179146	390		100	100	100
4417	3297	3183	29173	29077		5	133591	570		100	100	100
58480	47620	42228	76560	73326		10	586000	900		100	92	100
55280	44780	40328	70788	68729		12	763200	1475		100	92	100
276	240	190	2277	2277		5	278300	512		100	100	100
40	30	25	604	604		3	88000	469		100	100	100

续表

开发区		一、开发区占地面积	二、开发区已建成面积	其中：工业用地面积	其中：当年新增工业用地面积	三、工业项目建筑面积	其中：当年新增工业项目建筑面积	四、总人口	其中：农业人口	五、企业个数	其中：高新技术企业个数	其中：工业企业个数	其中：规模以上工业企业个数
铜陵	2015	94.71	52.66	38.14	1.05	2007.84	80.02	213022	42244	1908	121	937	227
	2014	94.71	51.49	37.09	1.5	1927.82	137.72	148443	37394	1844	109	862	232
71. 铜陵经济技术开发区	2015	33	23	12.75	0.68	868.2	21.2	92300	12000	910	52	415	78
铜陵经济技术开发区	2014	33	22.2	12.07	0.37	847	38	46720	12500	860	51	380	78
72. 铜陵承接产业转移集中示范园区	2015	14.27	1.13	0.16		33.83	0.03	3145	2045	19		12	1
铜陵承接产业转移集中示范园区	2014	14.27	0.97	0.16	0.16	33.8	17.2	2228	2090	19		12	1
73. 安徽铜陵狮子山高新技术产业开发区	2015	5	3.11	2.71	0.06	67.5	18	31252	7052	90	22	72	37
安徽铜陵狮子山高新技术产业开发区	2014	5	3.05	2.65	0.2	49.5	14	29562	7052	76	16	62	35
74. 安徽铜陵大桥经济开发区	2015	5.74	3.7	2.6		199.06	0.59	32682		559	16	134	21
安徽铜陵大桥经济开发区	2014	5.74	3.7	2.6		198.47	2.52	30107		601	13	129	19
75. 安徽铜陵金桥经济开发区	2015	14.2	6	4.8	0.16	357.25	19.2	35527	14015	172	15	146	47
安徽铜陵金桥经济开发区	2014	14.2	6	4.64	0.2	338.05	24	22199	9015	142	19	133	50
76. 安徽枞阳经济开发区	2015	22.5	15.72	15.12	0.15	482	21	18116	7132	158	16	158	43
安徽枞阳经济开发区	2014	22.5	15.57	14.97	0.57	461	42	17627	6737	146	10	146	49

续表

其中：资质以内建筑业企业个数	其中：限额以上贸易企业个数	其中：限额以上服务业企业个数	其中：出口型企业个数	其中：上海来皖投资企业个数	其中：浙江来皖投资企业个数	其中：江苏来皖投资企业个数	六、全区从业人员	其中：工业企业从业人员	其中：规模以上工业企业从业人员	其中：具有大专以上学历人员	其中：具有高、中级职称人员	其中：研究与开发人员
27	54	24	121	42	105	91	99828	80648	60323	18647	3076	2290
27	55	19	109	38	99	79	90655	72482	55485	15603	2833	1999
10	17	17	67	7	32	30	43081	33210	21586	10258	1315	1350
10	17	13	63	7	29	26	41028	30287	19994	8354	1288	1158
	1					1	1100	783	87	643	142	22
						1	138	87	51	74	13	19
2	4	1	5	4	9	5	13260	11563	10003	1350	501	261
2	4	1	5	4	9	5	11230	10560	9763	1260	450	201
14	23	4	11	12	11	15	11421	5019	831	2977	203	57
14	25	3	11	12	11	15	10713	4861	726	2864	203	57
1	9	2	18		18	6	13649	13201	10944	1232	90	74
1	9	2	12		18	2	10500	10155	8419	986	72	59
			20	19	35	34	17317	16872	16872	2187	825	526
			18	15	32	30	17046	16532	16532	2065	807	505

续表

七、当年科技活动经费支出总额	其中：研究与发展经费（R&D）	其中：规模以上工业企业研究与发展经费	八、全区从业人员劳动报酬	其中：在岗职工工资总额	九、项目建设情况	1.当年开工项目数	2.当年开工项目总投资额	3.当年开工项目征地总面积	十、环保情况	1.环保执行率	2.“三同时”执行率	3.能评执行率
103285.7	90284.1	87423.8	384928	359812		207	2259339	2177		100	100	100
92158.7	80304.6	77813	333688.6	309665.8		185	2358755	4420.2		100	100	100
68998	65030	63950	206789	184003		170	1488320	1600		100	100	100
62070	58580	57610	188890	166550		140	1422600	1500		100	100	100
230	230	230	4126	3046		2	45000			100	100	100
170	170	170	517	345		2	96500	1155		100	100	100
10203.1	3452	3452	45825	44996		20	480000	90		100	100	100
8863.2	2450	2450	41274	40236		18	450000	905		100	100	100
522	522	522	34269	34269		1	9117			100	100	100
326	326	326	25793	25793		8	136000			100	100	100
15217.6	12935.1	11154.8	50176	49755		4	59102	120		100	100	100
13006.5	11055.6	9534	38745.6	38272.8		7	91670	452.2		100	100	100
8115	8115	8115	43743	43743		10	177800	367		100	100	100
7723	7723	7723	38469	38469		10	161985	408		100	100	100

开发区		一、开发区占地面积	二、开发区已建成面积	其中：工业用地面积	其中：当年新增工业用地面积	三、工业项目建筑面积	其中：当年新增工业项目建筑面积	四、总人口	其中：农业人口	五、企业个数	其中：高新技术企业个数	其中：工业企业个数	其中：规模以上工业企业个数
安庆	2015	236.57	101.26	58.3875	3.4435	3767.697	230.435	371870	151038	4808	129	2108	803
	2014	171.42	94.7505	54.784	2.976	3532.99	273.3964	328261	170203	5160	97	1990	760
77.安庆经济技术开发区	2015	12.4	12.09	3.74	0.03	229.3812	2.6868	97747	33678	2134	23	317	87
安庆经济技术开发区	2014	12.4	12.06	3.71	0.03	227.2636	2.4164	75269	28875	2859	17	323	93
78.安庆化工新材料产业集中区	2015	15	4.19	2.54	0.54	113.3	4.9	835	230	40	3	26	5
安庆化工新材料产业集中区	2014	15	3.4	2	0.4	86.6	3.5	780	230	24	1	14	2
79.安徽安庆临港经济开发区	2015	4.24	2.7	2.7		163.5655	6.8082	3653		73	3	56	12
安徽安庆临港经济开发区	2014	4.24	2.53	2.53		153.5166	5.22	3476		52	3	45	11
80.安徽安庆高新技术产业开发区	2015	2.47	2.32	1.27		89		271		68	5	68	25
安徽安庆高新技术产业开发区	2014	2.47	2.32	1.27		89		271		72	5	72	22
81.安徽安庆海口经济开发区	2015												
安徽安庆海口经济开发区	2014												
82.安徽安庆长江大桥经济开发区	2015	11.8	9.6	6.68		294.26	12.76	39771	10650	280	16	145	41
安徽安庆长江大桥经济开发区	2014	11.8	9.5	6.68		281.5	53.5	39691	11300	221	9	127	37
83.安徽怀宁经济开发区	2015	15.83	9.6	6.85	0.45	666	39	33570	28532	248	11	231	92
安徽怀宁经济开发区	2014	15.83	9	6.4	0.4	627	37	33049	28185	241	6	225	84
84.安徽潜山经济开发区	2015	21.25	11.9	5.0225	0.4295	659	30	26432	11786	228	14	225	91
安徽潜山经济开发区	2014	21.25	11.4705	4.593	0.208	645	29	25348	12474	223	11	221	90
85.安徽潜山源潭经济开发区	2015	7	6.87	6	0.3	36.9	6.9	27880	24905	128	4	112	49
安徽潜山源潭经济开发区	2014	7	6.53	5.7	0.33	30.3	30.3	27080	24105	122	4	106	41
86.安徽太湖经济开发区	2015	4.9	4.2	3	0.12	275	23	10982	1559	125	7	98	54
安徽太湖经济开发区	2014	4.75	4.05	2.88	0.17	249	18	9792	1552	105	4	95	46
87.安徽宿松经济开发区	2015	13.74	6.68	3.36	0.18	201.66	20	13998	1708	140	5	136	66
安徽宿松经济开发区	2014	13.74	6.5	3.18	0.28	181.66	4.7	13939	1650	134	5	128	61
88.安徽宿松临江产业园	2015	6.08	2.63	2.16	0.29	38.95	3.1	4863	4418	20	3	19	1
安徽宿松临江产业园	2014	6.08	2.33	1.87	0.39	35.85	2.96	4798	4427	13	1	11	1
89.安徽望江经济开发区	2015	11.46	7.98	4.11	0.31	45.9	4.9	24800		159	9	98	44
安徽望江经济开发区	2014	11.46	7.26	3.8		42.9	4.6	21520		134	8	96	46
90.安徽望江桥港经济开发区	2015	6	1.3	0.7	0.14	64	14	6300	6140	9		7	2
安徽望江桥港经济开发区	2014	6	1.1	0.6	0.12	55	12	6250	6150	9		7	2
91.安徽岳西经济开发区	2015	9.4	4.4	3.19	0.22	243	38	21030	18665	145	9	97	56
安徽岳西经济开发区	2014	9.4	4.2	2.94	0.19	205	37	21010	18650	139	9	91	53
92.安徽桐城经济开发区	2015	85	11.3	6.3	0.3	617.98	17.98	50390		920	17	391	131
安徽桐城经济开发区	2014	20	10	6	0.3	600	26	39686	26850	737	14	363	129
93.安徽桐城双新经济开发区	2015	10	3.5	0.765	0.134	29.8	6.4	9348	8767	91		82	47
安徽桐城双新经济开发区	2014	10	2.5	0.631	0.158	23.4	7.2	6302	5755	75		66	42

续表

其中：资质以内建筑业企业个数	其中：限额以上贸易企业个数	其中：限额以上服务业企业个数	其中：出口型企业个数	其中：上海来皖投资企业个数	其中：浙江来皖投资企业个数	其中：江苏来皖投资企业个数	六、全区从业人员	其中：工业企业从业人员	其中：规模以上工业企业从业人员	其中：具有大专以上学历人员	其中：具有高、中级职称人员	其中：研究与开发人员
50	108	52	265	137	244	126	255551	183439	160601	50072	18740	10697
43	95	50	237	127	228	118	257499	181489	155754	44230	16129	9293
13	56	15	95	22	32	27	80618	42252	40824	19977	1775	2413
13	48	19	93	21	31	26	78058	40666	39131	18537	1622	2263
	2	4	1	4			1925	1418	1358	1246	508	177
	1	3	1	4			984	576	576	350	141	100
1		2	5	5	3	4	3653	3653	2738	1242	89	98
1		2	4	5	2	4	3476	3476	2502	1181	86	95
			5	2	2	1	3500	3500	2610	1827	1044	175
			5	2	2	1	3121	3121	2116	1250	689	104
5	37	1	11	18	14	14	20931	16117	9385	3140	2093	1120
5	35	1	9	15	14	13	20391	15562	9337	3058	2039	884
1	1	4	36	19	34	16	20256	19573	16220	4257	2015	534
1	1	2	26	17	30	14	19774	19208	15387	3796	1831	417
2	1	10	18	18	34	28	16784	13958	11005	2402	3853	904
2		9	18	16	28	24	16953	12874	10312	2202	3653	838
11		5	12	3	8	4	16801	14280	13181	605	90	336
11		5	12	3	8	4	18216	15108	12012	426	78	316
	5	2	7	11	12	6	9360	8245	7760	1436	470	339
	4	2	6	11	11	6	8210	7275	6830	1218	435	323
		1	12	4	9	5	12299	12062	9896	3920	1477	1300
		1	9	4	9	5	12289	12052	9885	3916	1475	1299
			1	6	8		212	172	70	51	14	15
			1	6	7		188	145	62	38	12	13
		2	7	5	58	2	21097	14122	13463	6135	4229	1527
			7	5	57	2	21266	15625	13721	4912	3175	1086
					3		910	790	460	125	34	33
					3		900	780	455	122	33	33
1	1		16	2	2	2	8250	5250	4948	802	205	180
1	1		14	2	2	2	8230	5230	4941	790	201	175
15	3	5	38	16	22	16	37590	26841	25741	2422	603	1273
8	3	5	31	14	21	16	44319	28800	27855	2038	461	1122
1	2	1	1	2	3	1	1365	1206	942	485	241	273
1	2	1	1	2	3	1	1124	991	632	396	198	225

续表

七、当年科技活动经费支出总额	其中：研究与发展经费（R&D）	其中：规模以上工业企业研究与发展经费	八、全区从业人员劳动报酬	其中：在岗职工工资总额	九、项目建设情况	1.当年开工项目数	2.当年开工项目总投资额	3.当年开工项目征地总面积	十、环保情况	1.环保执行率	2.“三同时”执行率	3.能评执行率
204721.4	145218.1	134096.2	1046261	986684		219	4140516	9452.53		94.11765	94.11765	94.11765
177147.2	115245.1	104463.6	973443	916945		236	3988391	8938.2		94.11765	94.11765	94.11765
50426	30352	30352	453830	414180		43	1178095	3354.5		100	100	100
47462	27050	27050	432152	399098		41	1123300	3198.4		100	100	100
1270	1257	1257	10205	9868		14	661800	1060		100	100	100
60	60	60	5006	4484		11	434400	752		100	100	100
4059.7	3817.6	3759.7	11291	11291		9	95030	144		100	100	100
4053.9	3669.2	3469.2	11266	11266		9	246618	315		100	100	100
5000	1500	1000	10000	9000		2	25372	100		100	100	100
4879	1478	1040	9000	8000		1	41000	120		100	100	100
24000	9600	9408	65079	61825		8	103500			100	100	100
21863	8745	8570	56423	53736		15	385600			100	100	100
12490	11923	11923	70491	70003		13	106300	296.55		100	100	100
10514	9741	9741	61694	61182		15	201700	480.9		100	100	100
19010	13547	9055	50352	49830		48	613552	452		100	100	100
18070	12495	8573	46132	45346		54	634889	484		100	100	100
4050	3480	3132	52148	50637		15	123000	300		100	100	100
3186	3022	2814	39745	38760		16	146000	950		100	100	100
18620	7550	7550	31850	30210		11	214500	220		100	100	100
14960	6240	6240	25517	24156		10	207600	342		100	100	100
8094.7	7955.5	7955.5	43208	43208		13	324128	666		100	100	100
6825.1	2011.7	1900.6	43172	43172		10	69524	420		100	100	100
517	374	374	917	735		5	81340	575		100	100	100
402	273	273	766	612		6	76890	360		100	100	100
7536	7536	7325	75949	73810		2	132000	623		100	100	100
5947.2	5947.2	5768.8	59550	57760		2	15200	134.4		100	100	100
1600	980	720	2850	2850		2	28900	322		100	100	100
1510	950	700	2794	2794		2	28100	321		100	100	100
10900	9010	7675	18020	12010		13	72158	500		100	100	100
10830	8965	7441	17080	11666		11	70686	300		100	100	100
26685	25950	23949	145075	142275		17	355781	729.48		100	100	100
17000	15084	13084	159099	150903		22	254947	600.5		100	100	100
10463	10386	8661	4996	4952		4	25060	110		100	100	100
9585	9514	7739	4047	4010		11	51937	160		100	100	100

开发区		一、开发区占地面积	二、开发区已建成面积	其中：工业用地面积	其中：当年新增工业用地面积	三、工业项目建筑面积	其中：当年新增工业项目建筑面积	四、总人口	其中：农业人口	五、企业个数	其中：高新技术企业个数	其中：工业企业个数	其中：规模以上工业企业个数
黄山	2015	65.748	31.5158	22.9519	1.0103	993.5313	49.0461	94364	47137	1521	81	969	407
	2014	66.708	30.2991	21.9986	1.5739	944.4852	79.9602	73339	41589	1455	66	931	393
94. 安徽黄山经济开发区	2015	13.32	7.66	5.1962	0.1612	254.983	12.414	28137	10812	570	23	240	80
安徽黄山经济开发区	2014	13.32	7.4694	5.035	0.391	242.569	14.954	8935	6061	568	16	249	78
95. 安徽黄山工业园区	2015	7.64	6.14	6.14	0.29	106.15	2.8	6293	5097	135	3	95	31
安徽黄山工业园区	2014	7.64	5.85	5.85	0.29	103.35	6.15	5381	4689	127	3	89	19
96. 安徽黄山徽州经济开发区	2015	12	5.86	3.93	0.23	58.37	13.28	14178		331	19	222	90
安徽黄山徽州经济开发区	2014	12	5.63	3.76	0.3	45.09	9.26	14007		301	17	194	93
97. 安徽歙县经济开发区	2015	9.358	4.62	3.51	0.08	305.58	8.32	6787	5850	195	16	175	96
安徽歙县经济开发区	2014	9.358	4.4	3.42	0.28	297.26	29.8	6675	5490	187	11	168	91
98. 安徽歙县北岸经济开发区	2015	4.07	0.4	0.4	0.007	24.32	0.92	13566	13329	48		30	9
安徽歙县北岸经济开发区	2014	4.07	0.4	0.4	0.011	23.4	1.05	13523	13302	45		29	10
99. 安徽休宁经济开发区	2015	10	3.7258	1.3257	0.1121	80.8383	1.8221	9266	3412	89	8	67	26
安徽休宁经济开发区	2014	10	3.6097	1.2136	0.0219	79.0162	6.7462	8825	3405	87	7	66	24
100. 安徽黟县经济开发区	2015	5.02	1.59	1.29	0.11	91	8	4264		66	3	63	38
安徽黟县经济开发区	2014	5.02	1.48	1.18	0.2	83	10.4	4158		63	3	61	37
101. 安徽祁门经济开发区	2015	4.34	1.52	1.16	0.02	72.29	1.49	11873	8637	87	9	77	37
安徽祁门经济开发区	2014	5.3	1.46	1.14	0.08	70.8	1.6	11835	8642	77	9	75	41

续表

其中：资质以内建筑业企业个数	其中：限额以上贸易企业个数	其中：限额以上服务业企业个数	其中：出口型企业个数	其中：上海来皖投资企业个数	其中：浙江来皖投资企业个数	其中：江苏来皖投资企业个数	六、全区从业人员	其中：工业企业从业人员	其中：规模以上工业企业从业人员	其中：具有大专以上学历人员	其中：具有高、中级职称人员	其中：研究与开发人员
4	48	22	222	43	318	52	63491	56347	46691	16334	2879	5159
4	41	23	193	36	305	52	61448	55311	43324	15763	2896	4678
2	12	5	56	14	65	5	11400	9260	7793	2945	579	493
2	11	7	32	10	64	6	11567	10170	7532	2805	581	383
	2	1	9	2	20	14	4112	3835	3265	1705	268	346
	2	1	10	1	18	13	3694	3495	2231	1529	262	336
	13	4	62	7	58	8	13858	13581	11720	4756	968	871
	11	4	60	6	50	8	13728	13461	11620	4725	963	865
1	6	8	50	11	99	7	18190	16210	12968	4830	398	2593
1	5	8	46	9	93	7	16900	15120	10700	4670	390	2231
	3		8		10	8	904	845	561	189	74	36
	5		8		10	8	892	822	535	186	73	38
	9	1	16	2	20	2	6401	5219	3800	1097	393	484
	7	1	15	3	24	3	6285	4656	3963	1068	434	485
	1	2	13	1	15	3	4143	3982	3563	223	91	63
		2	12	1	15	3	4037	3889	3351	218	90	62
1	2	1	8	6	31	5	4483	3415	3021	589	108	273
1			10	6	31	4	4345	3698	3392	562	103	278

续表

七、当年科技活动经费支出总额	其中：研究与发展经费（R&D）	其中：规模以上工业企业研究与发展经费	八、全区从业人员劳动报酬	其中：在岗职工工资总额	九、项目建设情况	1.当年开工项目数	2.当年开工项目总投资额	3.当年开工项目征地总面积	十、环保情况	1.环保执行率	2.“三同时”执行率	3.能评执行率
69029	49718.4	46420.4	222029	206366		130	558339	1025.2		98.875	98.875	100
61502	43422	39952	192804.5	178838.7		111	496027	1822		98.875	98.875	100
11148	10972	10680	39819	32987		33	113500	47.6		100	100	100
8091	7795	7532	39539.5	32716.7		31	97790	716.2		100	100	100
3356	2978.4	2670.4	14395	14395		9	83800	234		100	100	100
3095	2786	2276	8795	8795		13	75300	164		100	100	100
16530	16143	15402	41574	40958		36	126960	257		100	100	100
16130	15363	14094	37016	36358		28	113370	277		100	100	100
25750	8630	7720	65593	65593		14	91800	223		100	100	100
23221	7850	7022	54956	54956		15	106300	305		100	100	100
680	520	500	2721	2668		1	15000	30		91	91	100
770	550	530	2675	2622		4	10100	50		91	91	100
8725	8269	7490	27365	22160		11	38029	38.6		100	100	100
7165	6667	6197	21051	17793		8	34967	32.8		100	100	100
720	310	230	12928	11640		5	12500	75		100	100	100
680	286	186	12130	10800		5	16700	127		100	100	100
2120	1896	1728	17634	15965		21	76750	120		100	100	100
2350	2125	2115	16642	14798		7	41500	150		100	100	100

开发区		一、开发区占地面积	二、开发区已建成面积	其中：工业用地面积	其中：当年新增工业用地面积	三、工业项目建筑面积	其中：当年新增工业项目建筑面积	四、总人口	其中：农业人口	五、企业个数	其中：高新技术企业个数	其中：工业企业个数
滁州	2015	298.02	144.298	94.049	9.5023	15609.33	1330.19	301018	62878	4182	161	2840
	2014	287.8223	134.1743	85.5024	9.9341	13856.05	1455.03	280153	60596	3453	130	2429
102. 滁州经济技术开发区	2015	81.3	14.73	10.4	0.59	1057.35	91.5	77837	10840	1724	43	816
滁州经济技术开发区	2014	81.3	14.14	9.81	0.87	965.85	88.82	74649	11141	1360	39	693
103. 苏滁现代产业园	2015	36	9.3	7.13	1.62	88.2	51.4	17300	12960	63	9	49
苏滁现代产业园	2014	36	7.5	5.51	1.57	36.8	15.2	15320	13000	41	8	28
104. 滁州承接产业转移集中示范园区	2015											
滁州承接产业转移集中示范园区	2014											
105. 安徽滁州琅琊经济开发区	2015	4.1	4.1	1.78	0.5	230.1	33			82	5	82
安徽滁州琅琊经济开发区	2014	4.1	4.1	1.28	0.28	197	30			64	4	64
106. 安徽滁州南谯工业园区	2015	9.8	7.35	3.86	0.6	518.31	27.22	23189	9185	260	8	185
安徽滁州南谯工业园区	2014	9.8	6.86	3.8	0.4	491.09	24.39	20914	8267	225	7	160
107. 安徽来安汊河经济开发区	2015	16.27	16.27	6.88	0.308	703.4	31.43	9275	223	281	7	194
安徽来安汊河经济开发区	2014	15.9623	15.9623	6.5723	0.2023	235.58	24.28	9221	221	261	5	222
108. 安徽来安经济开发区	2015	18	8.5	5.85	0.51	327.21	24.16	19266	216	168	15	156
安徽来安经济开发区	2014	18	8.4	5.75	0.41	303.05	12.06	19847	412	164	8	151
109. 安徽全椒经济开发区	2015	11.8	9	6.4	0.5	640	50	16372		255	17	244
安徽全椒经济开发区	2014	11.8	8.5	5.9	2.74	590	274	16335		170	15	159
110、安徽定远盐化工业园	2015	17.6	14.3	9.2	0.3	91.2	9.8	4850		45	1	36
安徽定远盐化工业园	2014	17.6	13.8	8.9	0.4	81.4	10.5	4745		35	1	28
111. 安徽定远经济开发区	2015	10	10	6.37	0.29	33.5	14.5	18120	6857	155	5	144
安徽定远经济开发区	2014	10	10	6.08	0.08	32.4	13.8	17915	6857	145	4	135
112. 安徽凤阳硅工业园	2015	27.6	15	12.3	2.1483	10098	762	18647	8132	42	2	37
安徽凤阳硅工业园	2014	27.6	12.5	10.1571	0.9588	9336	683	16058	7095	30	1	25
113. 安徽凤阳工业园区	2015	14.55	11.5	4.2	0.4	305	19	31250	12543	205	6	125
安徽凤阳工业园区	2014	12.66	11.5	3.8	0.3	286	35	29930	12050	195	1	110
114. 凤阳宁国现代产业园	2015											
凤阳宁国现代产业园	2014											
115. 安徽天长秦栏经济开发区	2015	8	4.048	3.259	0.126	449	20	26452		291	4	273
安徽天长秦栏经济开发区	2014	8	3.922	3.133	0.233	429	52	21691		239	4	232
116. 安徽天长经济开发区	2015	23	7.7	6.92	1.31	894.66	181.28	20935	1922	475	30	366
安徽天长经济开发区	2014	21	6.39	5.61	1.29	713.38	179.38	16128	1553	389	26	290
117. 安徽明光工业园区	2015	20	12.5	9.5	0.3	173.4	14.9	17525		136	9	133
安徽明光工业园区	2014	14	10.6	9.2	0.2	158.5	12.6	17400		135	7	132

续表

其中：规模以上工业企业个数	其中：资质以内建筑业企业个数	其中：限额以上贸易企业个数	其中：限额以上服务业企业个数	其中：出口型企业个数	其中：上海来皖投资企业个数	其中：浙江来皖投资企业个数	其中：江苏来皖投资企业个数	六、全区从业人员	其中：工业企业从业人员	其中：规模以上工业企业从业人员	其中：具有大专以上学历人员	其中：具有高、中级职称人员	其中：研究与开发人员
703	37	133	41	445	245	426	781	265455	226106	164274	67142	15214	9565
637	41	129	38	372	216	390	682	247947	210119	153713	62514	13999	8679
160	33	53	16	102	135	215	238	63247	48102	41325	35314	5612	3903
145	37	53	14	99	124	202	224	61756	46779	39869	34342	5468	3765
6		3		7	8	4	15	6900	1784	509	865	176	146
		2		4	5	1	7	5708	769		514	103	92
31		5		5	1	5	6	2214	2108	1654	1090	285	90
23					1	4	6	1912	1890	1390	850	280	87
53		7	2	26			22	14096	9912	7449	1139	1829	481
48		8	2	25			18	12061	8740	6474	998	1422	376
58		44		16	6	13	197	14213	7213	4529	2990	301	573
45		45		13	6	12	181	12745	5892	4145	2677	282	502
49	1	3	3	23	1	21	5	18922	16764	4512	3386	1685	342
45	1	4	2	20	1	20	4	19420	17024	4860	3445	1620	285
69	2	1	1	25	21	18	24	19736	19353	17681	5185	729	287
78	2	1		15	19	20	23	19675	19285	17664	5177	725	278
9		1			3	5	16	3895	3505	2630	1420	155	43
6		1			2	4	13	3550	3210	2480	1390	142	40
46		9	8	11	12	24	28	10845	10056	9721	2235	2032	144
44		9	7	10	11	22	25	11058	9910	9520	2198	1915	135
7			1	3	1	6	4	6258	5988	4815	780	296	122
6			1	2	1	5	2	4580	4140	3750	540	255	95
28		2	1	10	25	29	32	23140	22158	18420	3140	196	190
27		2	2	9	17	18	25	22125	21083	17530	2510	185	180
39				130	5	4	121	20370	19621	5908	1160	44	568
35		1		101	4	3	95	16936	16880	5250	928	32	478
97	1	3	8	73	23	14	58	44094	43142	34921	5906	1553	2403
86	1	2	8	65	21	12	48	39021	38177	31041	4629	1256	2106
51		2	1	14	4	68	15	17525	16400	10200	2532	321	273
49		1	2	9	4	67	11	17400	16340	9740	2316	314	260

续表

七、当年科技活动经费支出总额	其中：研究与发展经费（R&D）	其中：规模以上工业企业研究与发展经费	八、全区从业人员劳动报酬	其中：在岗职工工资总额	九、项目建设情况	1.当年开工项目数	2.当年开工项目总投资额	3.当年开工项目征地总面积	十、环保情况	1.环保执行率	2.“三同时”执行率	3.能评执行率
344091	316122	291281	1029526	992232		361	6973083	13856.23		100	99.85	100
272218	246431	223067	911842	875959		343	7081403	20868.99		100	99.84286	100
54548	46913	39842	245781	230147		80	2015461	3115		100	100	100
47271	40276	33164	224253	208663		78	1956198	2986		100	100	100
1410	1410	393	29187	25200		33	896700	1500		100	100	100
890	890		22832	19320		30	887388	4240.74		100	100	100
4461	4461	4108	8716	8716		16	224650	373		100	100	100
4391	4391	4013	7345	7345		10	276000	580		100	100	100
9800	9800	9800	47996	47996		14	368000	523.1		100	100	100
8400	8400	8400	37224	37224		12	214000	453.35		100	100	100
12137	10792	7243	72581	70632		17	256890	859		100	97.9	100
10687	9356	5662	66735	65771		18	457903	1275		100	97.8	100
11645	9625	9328	57022	55425		13	249658	412		100	100	100
11820	10118	9860	58393	56640		21	332650	446		100	100	100
14198	13875	13875	73319	72557		28	376800	1863		100	100	100
13522	13215	13215	73093	72333		24	323000	4110		100	100	100
4530	2630	2500	17550	13050		26	201500	750		100	100	100
3780	2200	2100	15970	11880		27	232500	2400		100	100	100
9600	9600	9600	38548	38548		13	310300	153.5		100	100	100
5030	5030	5030	34695	34695		9	320100	123.9		100	100	100
8600	7250	7250	20756	19580		14	286500	1380		100	100	100
7000	6800	6800	11350	10320		10	154000	958		100	100	100
8560	8240	8240	75210	74340		22	521124	252		100	100	100
7050	6800	6800	55240	54080		35	999580	300		100	100	100
36811	29736	21707	68301	68301		37	338600	190		100	100	100
33359	26687	18681	57360	57360		33	295500	486		100	100	100
150158	144380	139985	215036	214095		36	702000	1965		100	100	100
101458	94987	92061	189412	187638		28	560600	1930		100	100	100
17633	17410	17410	59523	53645		12	224900	520.63		100	100	100
17560	17281	17281	57940	52690		8	71984	580		100	100	100

开发区		一、开发区占地面积	二、开发区已建成面积	其中：工业用地面积	其中：当年新增工业用地面积	三、工业项目建筑面积	其中：当年新增工业项目建筑面积	四、总人口	其中：农业人口	五、企业个数	其中：高新技术企业个数	其中：工业企业个数	其中：规模以上工业企业个数
阜阳	2015	221.256	120.55	68.49446	7.69926	3970.84	701.85	446697	206428	5003	82	2139	1008
	2014	217.726	113.06	63.8932	5.8932	3353.02	743.61	420928	214623	3652	65	1855	759
118. 安徽阜阳经济开发区	2015	36.1	25	4.29	0.47	302.2	27.3	75900	18200	2575	3	206	49
安徽阜阳经济开发区	2014	47	25	4.82	0.12	274.9	36.2	80193	26154	1639	2	197	39
119. 阜阳合肥现代产业园	2015	28	6.2	2.98		231	20	52688	39224	118	1	71	3
阜阳合肥现代产业园	2014	25.1	6.2	2.98		192.5	108.8	56285	49085	98		58	3
120. 安徽颍州经济开发区	2015	13.46	9.9	6.93	0.87	116.9	53.25	11144	8027	199	10	153	56
安徽颍州经济开发区	2014	13.46	9.11	6.33	0.67	63.65	48.9	8993	7339	236	11	195	44
121. 安徽颍东经济开发区	2015	12.5	7.26	6.68	0.62	891.3	114.9	42835	37075	195	5	182	96
安徽颍东经济开发区	2014	8.3	7.05	6.47	0.71	776.4	132.7	41544	37785	180	4	178	91
122. 安徽颍泉经济开发区	2015	26.3	9.46	4.55	0.488	183.2	32.8	40133	18000	186	3	129	69
安徽颍泉经济开发区	2014	26.3	8.86	4.48	0.17	170.7	31.7	35950	13000	181	6	118	66
123. 安徽临泉经济开发区	2015	32.36	7.34	5.18	0.61	511	81	45723	21387	170	5	149	70
安徽临泉经济开发区	2014	25.03	6.7	4.85	0.62	474	85	33888	16082	159	5	136	62
124. 安徽太和经济开发区	2015	13.206	10.96	8.85	1.65	200.9	71.2	30669	18321	598	13	425	191
安徽太和经济开发区	2014	13.206	9.01	7.2	1.51	129.7	50.4	30286	22945	424	10	315	121
125. 安徽阜南工业园区	2015	20	16.33	6.73446	0.69126	162.34	59.6	48161	28908	398	7	318	157
安徽阜南工业园区	2014	20	16.33	6.0432	0.3032	80.97	52.4	43761	26731	207	5	185	93
126. 安徽颍上经济开发区	2015	25	15	9.8	1	885	109	38263	17286	271	10	234	86
安徽颍上经济开发区	2014	25	13	9.12	0.99	836	99	33624	15502	246	5	228	71
127. 安徽界首经济开发区	2015	14.33	13.1	12.5	1.3	487	132.8	61181		293	25	272	231
安徽界首经济开发区	2014	14.33	11.8	11.6	0.8	354.2	98.51	56404		282	17	245	169

续表

其中：资质以内建筑业企业个数	其中：限额以上贸易企业个数	其中：限额以上服务业企业个数	其中：出口型企业个数	其中：上海来皖投资企业个数	其中：浙江来皖投资企业个数	其中：江苏来皖投资企业个数	六、全区从业人员	其中：工业企业从业人员	其中：规模以上工业企业从业人员	其中：具有大专以上学历人员	其中：具有高、中级职称人员	其中：研究与开发人员
35	171	48	253	102	429	186	312085	241911	172641	61970	25584	10943
23	140	28	161	100	411	182	273748	205058	139807	50726	23329	8838
8	53	5	23	15	25	10	36284	14276	9660	5972	906	672
6	47	2	29	27	36	26	31015	13209	8687	5867	842	576
	2		3	2	3	4	12710	12000	800	1700	850	510
	2			2	1	1	12306	2206	227	232	123	26
2	12		9	17	72	16	10402	6867	5563	967	478	30
1	8		7	17	72	14	8472	6072	4863	848	447	29
4	4	6	24	8	18	16	18284	18082	14841	5012	849	609
4	4	1	20	5	14	14	17611	17611	14689	4615	838	601
2	13	17	11	4	12	4	13975	10380	9050	2510	290	435
1	12	6	11	4	12	4	13150	9863	8730	2203	238	434
	12	2	12	7	5	6	21716	16129	7528	1862	316	312
	15	2	12	6	4	6	19967	14626	6911	1700	312	280
13	52	8	35	11	27	20	42234	29079	22833	8915	2096	789
6	36	7	24	8	24	18	35195	23451	18266	8031	1941	539
2	9	6	87	22	101	38	44061	29032	20585	6631	1575	737
2	6	6	18	19	98	34	40616	26701	16359	4914	1278	652
	7		25	11	151	56	51238	44885	29410	11697	13012	4099
	4		21	9	137	51	39012	34915	24686	9580	12343	3548
4	7	4	24	5	15	16	61181	61181	52371	16704	5212	2750
3	6	4	19	3	13	14	56404	56404	36389	12736	4967	2153

续表

七、当年科技活动经费支出总额	其中：研究与发展经费（R&D）	其中：规模以上工业企业研究与发展经费	八、全区从业人员劳动报酬	其中：在岗职工工资总额	九、项目建设情况	1.当年开工项目数	2.当年开工项目总投资额	3.当年开工项目征地总面积	十、环保情况	1.环保执行率	2.“三同时”执行率	3.能评执行率
284457.5	262195	233296.6	1043031	980690		504	4837748	15102.1		100	100	100
191774.5	178311	143534.8	806804	749913		357	3951404	14779.49		100	99.6	100
8214	7951	7858	126994	122119		13	107888	420		100	100	100
2013	1790	1638	102350	98389		11	135743	532		100	100	100
14692	11753	7052	39326	28218		15	471000	1609		100	100	100
12243	12243	26	25236	18108		25	532100	2300		100	100	100
1368.5	1301	1213	33994	30548		45	379700	1080		100	100	100
989.5	927	854	27344	24726		34	316626	2821		100	100	100
18263	15195	14643	56681	53846		64	746858	1625		100	100	100
16765	13519	12708	53192	51248		54	490420	1063		100	100	100
780	498	470	52333	52333		38	592800	1813.21		100	100	100
710	463	440	45920	45920		33	564690	1693		100	100	100
17200	17200	12891	67169	63126		14	280190	916		100	100	100
14000	14000	11960	47918	42637		11	217963	555		100	100	100
105485	91334	88374	136838	123154		205	608436	2925		100	100	100
63868	56657	53508	105585	81206		106	420673	1568		100	100	100
28561	27069	26853	118087	102685		31	217281.8	1036.89		100	100	100
14619	12145	12145	99509	92103		27	300119	1007.99		100	100	100
61083	61083	46370	169333	162385		41	818294	2345		100	100	100
44607	44607	29833	105801	101627		25	396070	2118.5		100	96	100
28811	28811	27572.6	242276	242276		38	615300	1332		100	100	100
21960	21960	20422.8	193949	193949		31	577000	1121		100	100	100

开发区		一、开发区占地面积	二、开发区已建成面积	其中：工业用地面积	其中：当年新增工业用地面积	三、工业项目建筑面积	其中：当年新增工业项目建筑面积	四、总人口	其中：农业人口	五、企业个数	其中：高新技术企业个数	其中：工业企业个数	其中：规模以上工业企业个数
宿州	2015	223.27	101.89	57.75	6.9	1975.3	562	321163	219975	2075	56	847	306
	2014	201.37	87.47	52.7	6.34	1547.2	395.03	372554	280691	2083	38	803	262
128.宿州马鞍山现代产业园	2015	30	8.42	2.62	1	274	97	135121	130915	82	5	58	16
宿州马鞍山现代产业园	2014	30	6	1.62	1.08	177	117	133000	130370	58	3	18	9
129.安徽宿州经济开发区	2015	46.5	39	22.75	0.2	412	149	37995	26397	1208	14	313	91
安徽宿州经济开发区	2014	32	32	22.55	0.15	263	8	99102	85544	1385	14	370	86
130.安徽宿州高新技术产业开发区	2015	35	4.9	1.19	0.09	37.8	13.1	20343	20343	69	2	21	7
安徽宿州高新技术产业开发区	2014	27.6	4.55	1.1	0.16	24.7	5.2	22314	22314	41	1	14	3
131.安徽宿州埇桥经济开发区	2015	15.35	9.33	7.45	1.95	211	141	20321	11632	68	8	57	31
安徽宿州埇桥经济开发区	2014	15.35	9.23	7.35	1.85	209.3	134.93	20156	11657	63	7	55	29
132.安徽砀山经济开发区	2015	5.52	5.52	4.35	0.5	324	46	16776	631	142	6	104	43
安徽砀山经济开发区	2014	5.52	5.52	3.85	0.7	313	53	16754	634	131	3	94	42
133.安徽萧县经济开发区	2015	20.7	8.62	7.2	1.12	387	68.6	27668	3812	82	5	80	42
安徽萧县经济开发区	2014	20.7	7.5	6.08	0.49	278	33	19786	4562	58	2	56	26
134.安徽灵璧经济开发区	2015	35	6	4.91	0.91	246	38	37943	16976	281	10	102	36
安徽灵璧经济开发区	2014	35	4.5	4	1.07	208	35	36552	16354	211	3	97	34
135.安徽泗县经济开发区	2015	35.2	20.1	7.28	1.13	83.5	9.3	24996	9269	143	6	112	40
安徽泗县经济开发区	2014	35.2	18.17	6.15	0.84	74.2	8.9	24890	9256	136	5	99	33

续表

其中：资质以内建筑业企业个数	其中：限额以上贸易企业个数	其中：限额以上服务业企业个数	其中：出口型企业个数	其中：上海来皖投资企业个数	其中：浙江来皖投资企业个数	其中：江苏来皖投资企业个数	六、全区从业人员	其中：工业企业从业人员	其中：规模以上工业企业从业人员	其中：具有大专以上学历人员	其中：具有高、中级职称人员	其中：研究与开发人员
37	70	57	66	111	213	193	105837	75391	52753	19682	4994	2179
33	55	39	62	96	229	188	100019	77144	63683	19874	5550	2436
2	3		4	15	5	6	9678	2231	1845	5326	762	315
1	3			2	3	4	7253	1356	980	3523	546	201
26	42	28	13	60	151	120	45500	30510	19418	8500	2510	1010
26	33	21	19	66	177	132	50973	41970	36774	11350	3540	1460
		15		8	1	4	1556	709	433	1009	238	86
		11		2	1		1015	343	147	715	186	65
		2	8			18	1852	1565	1326	465	259	201
		1	8			19	1758	1526	1345	452	258	198
2	12	6	7	18	18	9	7231	7080	6907	1522	739	182
1	10	2	6	18	17	8	7102	5732	5684	1329	573	161
			15	4	22	13	16805	12926	7325	828	189	171
			13	3	19	6	10112	8287	4208	622	172	155
3	10	2	12	5	12	22	12235	11250	6956	1520	134	183
2	8	2	10	5	9	18	11981	9204	6500	1400	123	172
4	3	4	7	1	4	1	10980	9120	8543	512	163	31
3	1	2	6		3	1	9825	8726	8045	483	152	24

续表

七、当年科技活动经费支出总额	其中：研究与发展经费（R&D）	其中：规模以上工业企业研究与发展经费	八、全区从业人员劳动报酬	其中：在岗职工工资总额	九、项目建设情况	1.当年开工项目数	2.当年开工项目总投资额	3.当年开工项目征地总面积	十、环保情况	1.环保执行率	2.“三同时”执行率	3.能评执行率
32497	25338	23763	337908	280835		177	3572941	8655.7		100	100	100
28068	20572	19388	279076	235399		155	3553564	9364.6		100	100	99.875
1000	1000	1000	48716	30448		40	757000	2016.7		100	100	100
			35760	22350		31	586670	2271.6		100	100	100
5100	5100	5100	136500	128600		28	523500	790		100	100	100
6540	5980	5980	125500	118884		40	1133000	1040		100	100	100
2891	2612	2033	4855	4173		21	412335	752		100	100	100
630	510	430	3190	2510		19	463500	1750		100	100	100
302	129	121	5935	5759		18	263584	696		100	100	100
296	126	118	5864	4852		17	256314	685		100	100	100
841	581	430	22561	22561		15	318022	310		100	100	100
781	570	390	20453	19843		14	267420	240		100	100	100
7020	5286	5286	48233	32128		17	276500	730		100	100	100
4990	3236	3236	27385	18055		12	189560	655		100	100	100
7723	6530	5693	39052	28705		15	267000	1148		100	100	100
7381	6250	5334	37341	26443		17	497100	1463		100	100	99
7620	4100	4100	32056	28461		23	755000	2213		100	100	100
7450	3900	3900	23583	22462		5	160000	1260		100	100	100

开发区		一、开发区占地面积	二、开发区已建成面积	其中：工业用地面积	其中：当年新增工业用地面积	三、工业项目建筑面积	其中：当年新增工业项目建筑面积	四、总人口	其中：农业人口	五、企业个数	其中：高新技术企业个数	其中：工业企业个数
六安	2015	372.98	147.04	118.69	15.06	7633.043	705.2202	393536	194586	2608	132	1887
	2014	355.68	138.21	109.1	16.438	6345.692	812.8312	380334	189558	2469	115	1815
136. 六安经济技术开发区	2015	90	36	31	5.2	276	36	48975	28574	541	25	412
六安经济技术开发区	2014	90	36	30	5.3	275	35	47256	27584	521	19	398
137. 六安承接产业集中示范园区	2015	80	18	12.5	1.4	600	73.5	103832	11905	304	17	203
六安承接产业集中示范园区	2014	80	16.8	11.1	1.6	526.5	75.5	91927	12103	290	15	199
138. 安徽六安金安经济开发区	2015	11.7	6	3.7	1.2	80	11.2	34863	34848	101	10	75
安徽六安金安经济开发区	2014	11.7	4.5	2.5	0.8	68.8	8.13	34829	34827	95	10	70
139. 安徽裕安经济开发区	2015	36.9	13.2	11.2	2	1721	114	36522	13520	223	14	167
安徽裕安经济开发区	2014	36.9	12.5	11.2	0.5	1012	97	35680	12087	210	13	156
140. 安徽霍邱经济开发区	2015	5.2	5.2	4.9	0.19	131.0125	23.5202	21500	7107	131	1	35
安徽霍邱经济开发区	2014	5.2	5.2	4.9	0.768	130.4623	23.2012	21120	7131	123	1	33
141. 安徽舒城经济开发区	2015	13	10.5	8.2	0.7	722	75	33264	22815	213	13	162
安徽舒城经济开发区	2014	13	9.8	7.5	1	647	102	32581	21996	186	12	149
142. 安徽舒城杭埠经济开发区	2015	30	10	6.8	0.4	748	44	23345	16170	101	8	91
安徽舒城杭埠经济开发区	2014	30	9.5	6.6	1.1	660	66	23145	15970	97	6	87
143. 安徽金寨经济开发区	2015	57.91	17.74	15.69	1.75	1458	164	24447	23099	189	11	185
安徽金寨经济开发区	2014	57.91	15.93	13.94	2.77	1294	220	23954	21508	196	9	192
144. 金寨现代产业园	2015											
金寨现代产业园	2014											
145. 安徽霍山经济开发区	2015	20.15	13.5	11.3	0.5	990	80	32362	13185	456	17	262
安徽霍山经济开发区	2014	20.15	13	10.8	1	910	100	35615	13072	428	17	249
146. 安徽霍山高桥湾现代产业园	2015	8.62	5.5	5.5	1.02	37.03	5	12631	2643	123	15	95
安徽霍山高桥湾现代产业园	2014	5.46	4.48	3.36	1	32.93	6	12542	2646	102	12	85
147. 安徽叶集经济开发区	2015	19.5	11.4	7.9	0.7	870	79	21795	20720	226	1	200
安徽叶集经济开发区	2014	5.36	10.5	7.2	0.6	789	80	21685	20634	221	1	197

续表

其中：规模以上工业企业个数	其中：资质以内建筑业企业个数	其中：限额以上贸易企业个数	其中：限额以上服务业企业个数	其中：出口型企业个数	其中：上海来皖投资企业个数	其中：浙江来皖投资企业个数	其中：江苏来皖投资企业个数	六、全区从业人员	其中：工业企业从业人员	其中：规模以上工业企业从业人员	其中：具有大专以上学历人员	其中：具有高、中级职称人员	其中：研究与开发人员
542	28	81	56	213	203	256	213	238049	181014	113009	35958	9531	3373
501	28	67	46	223	142	219	161	229692	177541	110251	34143	8592	3191
108	1	33	12	41	65	58	46	46925	40251	28754	6125	625	298
96	1	26	9	39	62	55	44	46971	39912	25564	5987	588	268
60	3	20	10	48	13	13	18	33059	21135	15933	11136	872	903
54	3	18	8	48	12	13	20	31857	20707	15764	10805	849	882
15	1	6	4	4	10	9	5	13216	8529	3739	862	195	128
13	1	6	4	4	9	8	2	12275	8336	3652	821	187	108
56	7	5	11	42	17	37	25	23541	16414	9011	4855	3650	160
54	7	5	11	41	16	35	21	22355	15163	8631	4121	2907	163
11							1	15871	7109	6961	1901	421	380
10							1	15657	7728	7496	1890	423	384
60	8	3		24	21	42	20	16247	14802	11219	1991	1136	283
60	8	3		24	19	39	18	14085	12963	10337	1782	1011	242
23	1	1	6	11	4	5	9	15761	13280	9830	573	53	61
20	1	1	1	10	2	4	8	12673	11634	9560	515	46	57
49				9	52	26	59	9815	7349	5036	856	621	223
38				11	4	4	21	9630	7105	4963	805	682	208
50	2	4		18	7	28	12	18532	13626	8565	2412	1245	438
50	2	1		30	7	28	12	20686	16502	10634	2865	1214	422
24	1	2	1	5	8	20	9	9672	7523	5866	3320	256	200
22	1	1	1	4	5	15	6	8978	7206	5755	2701	236	160
86	4	7	12	11	6	18	9	35410	30996	8095	1927	457	299
84	4	6	12	12	6	18	8	34525	30285	7895	1851	449	297

续表

七、当年科技活动经费支出总额	其中：研究与发展经费（R&D）	其中：规模以上工业企业研究与发展经费	八、全区从业人员劳动报酬	其中：在岗职工工资总额	九、项目建设情况	1.当年开工项目数	2.当年开工项目总投资额	3.当年开工项目征地总面积	十、环保情况	1.环保执行率	2."三同时"执行率	3.能评执行率
155342	109454	93015	802686	612489		275	5355786	19800.4		100	98.63636	100
157544	107394	94561	749162	587862		274	5813232	23877		100	98.63636	100
68952	55896	46587	182574	107999		36	1462587	1989		100	100	100
67842	53263	45869	179258	107250		35	1425463	1988		100	100	100
12934	11927	9987	98927	73532		33	1396500	4210		100	100	100
12637	11373	9666	93531	71487		24	1347600	3539		100	100	100
1241	984	529	41648	34292		14	359261	1804.4		100	100	100
1189	725	482	38821	32247		4	192185	694		100	100	100
10556	5655	4657	82661	36551		25	395540	1250		100	100	100
10321	5242	4421	70285	36287		22	325200	965		100	100	100
14421	4477	3967	48212	33998		5	55000	99		100	100	100
16524	4442	3916	46988	33725		4	58000	863		100	100	100
10048	2776	2647	47946	44806		15	256400	730		100	100	100
8981	2454	2189	42525	39889		23	297800	980		100	100	100
1921	1736	1663	48337	47383		16	184000	600		100	100	100
1763	1686	1686	39020	38356		14	485000	2370		100	100	100
3410	3410	3125	31539	31539		34	631144	3584		100	85	100
4025	4025	3819	25609	25609		31	1018008	6027		100	85	100
20324	16256	14360	59302	54145		45	236000	150		100	100	100
25252	18813	17250	65781	60836		68	296850	2250		100	100	100
3200	1687	963	35980	27894		40	181354	4234		100	100	100
1202	1006	963	27894	26346		38	150126	3008		100	100	100
8335	4650	4530	125560	120350		12	198000	1150		100	100	100
7808	4365	4300	119450	115830		11	217000	1193		100	100	100

开发区		一、开发区占地面积	二、开发区已建成面积	其中：工业用地面积	其中：当年新增工业用地面积	三、工业项目建筑面积	其中：当年新增工业项目建筑面积	四、总人口	其中：农业人口	五、企业个数	其中：高新技术企业个数	其中：工业企业个数
亳州	2015	179.41	79.02	53.03	5.99	3495.5	475.9	185652	122776	1225	62	906
	2014	152.98	68.2	49.64	5.57	3099.6	505.8	220462	162019	1101	59	813
148.安徽亳州经济开发区	2015	50	30	17.5	2.6	936	70	75254	68011	281	19	240
安徽亳州经济开发区	2014	50	25	17.5	2.5	866	128	115324	104225	275	19	237
149.亳州芜湖现代产业园	2015	34.32	6.77	3.85	0.22	173.8	23.1			106	14	81
亳州芜湖现代产业园	2014	30	6.43	3.63	0.43	150.7	29.7			74	14	51
150.安徽谯城经济开发区	2015	25	20.15	12.9	1.28	936	203	27568	3049	267	21	192
安徽谯城经济开发区	2014	25	17.07	11.62	0.89	813	178	23572	5912	248	20	181
151.安徽涡阳工业园区	2015	37.1	7.5	6.14	0.29	548.8	24	41524	39462	109	2	92
安徽涡阳工业园区	2014	14.99	6.9	5.85	0.25	524.8	28.8	40636	39042	92	1	77
152.安徽蒙城经济开发区	2015	23.79	9.3	8.4	1.2	711	130	25306	8054	223	4	134
安徽蒙城经济开发区	2014	23.79	7.9	7.2	1.1	581	120	25190	8660	215	4	122
153.安徽利辛工业园区	2015	9.2	5.3	4.24	0.4	189.9	25.8	16000	4200	239	2	167
安徽利辛工业园区	2014	9.2	4.9	3.84	0.4	164.1	21.3	15740	4180	197	1	145
池州	2015	352.75	68.71	40.85	5.02	3664.67	233.76	158900	115420	2863	91	1477
	2014	338.53	56.64	35.89	7.66	3456.91	533.13	154706	111674	2598	84	1317
154.池州经济技术开发区	2015	63	6.53	4.54	0.47	447.21	14.5	9184	3853	657	18	237
池州经济技术开发区	2014	50	6.03	4.07	0.4	432.71	14.39	8867	3869	603	18	219
155.安徽省江南产业集中区	2015	200	20	8	1	375	20	56052	48652	355	1	145
安徽省江南产业集中区	2014	200	12	7	5.17	355	189	55991	48733	291		94
156.池州承接产业转移集中示范园区	2015											
池州承接产业转移集中示范园区	2014											
157.安徽贵池工业园区	2015	40.3	15	8	0.5	702	37	12758	5316	188	20	150
安徽贵池工业园区	2014	40.3	14.5	7.5	0.5	685	45	12015	5436	175	17	138
158.安徽贵池前江工业园区	2015	11.52	8.6	6.7	2.26	556	55.2	12100	7865	58	1	32
安徽贵池前江工业园区	2014	10.3	6.4	4.44	0.43	500.8	48.5	11800	5303	45	1	28
159.安徽池州大渡口经济开发区	2015	15	2.36	2.14	0.25	243.28	44.16	40303	29458	552	5	189
安徽池州大渡口经济开发区	2014	15	2.11	1.89	0.26	199.12	45.92	40102	29282	526	5	178
160.安徽东至香隅化工产业园区	2015	6.71	2.39	1.79	0.18	179	18	9675	8038	336	35	150
安徽东至香隅化工产业园区	2014	6.71	2.27	1.67	0.17	167	17	8752	7998	300	32	139
161.安徽青阳经济开发区	2015	16.22	13.83	9.68	0.36	1162.18	44.9	18828	12238	717	11	574
安徽青阳经济开发区	2014	16.22	13.33	9.32	0.73	1117.28	173.32	17179	11053	658	11	521

续表

其中：规模以上工业企业个数	其中：资质以内建筑业企业个数	其中：限额以上贸易企业个数	其中：限额以上服务业企业个数	其中：出口型企业个数	其中：上海来皖投资企业个数	其中：浙江来皖投资企业个数	其中：江苏来皖投资企业个数	六、全区从业人员	其中：工业企业从业人员	其中：规模以上工业企业从业人员	其中：具有大专以上学历人员	其中：具有高、中级职称人员	其中：研究与开发人员
391		94	63	77	42	56	44	82240	62366	51486	17551	1921	2166
350		78	53	73	39	47	42	76739	58001	47542	15717	1776	1968
77		15	6	7	8	9	7	16832	12953	10218	4031	414	576
76		11	6	7	8	9	7	16809	12946	10213	4026	413	573
3		3			2	3	6	1706	1035	586	826	102	51
2		3			1	2	4	1318	802	460	784	98	45
106		28	36	29	8	10	8	24248	15683	13332	5334	527	986
99		20	28	28	8	9	12	20246	13095	11132	4454	476	863
40		5	7	9	2	7	4	7319	6015	5574	1684	389	175
31		7	7	8		3	2	6836	5724	5371	1549	372	158
87		28	13	17	22	25	19	20035	15680	13276	3316	229	150
77		24	11	15	20	24	17	19970	15004	12301	3010	201	140
78		15	1	15		2		12100	11000	8500	2360	260	228
65		13	1	15	2			11560	10430	8065	1894	216	189
384	25	88	37	130	132	447	189	109327	60129	46040	16627	7315	5950
345	25	80	35	118	123	405	168	103186	55295	42751	15251	6688	5332
65	16	61	13	31	13	80	52	19582	8879	8009	1297	571	394
62	14	60	12	29	9	76	46	18051	8316	7484	1289	564	391
12	1	2		3	10	20	20	9422	2852	735	465	140	96
12	1	1		1	13	18	23	9355	1788	523	425	136	82
60		3	2	20	16	58	21	9952	8968	6789	925	378	293
49		2	1	18	13	52	19	9716	8723	6412	865	329	268
17		1	1	1	3	9	3	5990	5220	4959	690	210	55
16		1	1	1	3	7	1	5910	4750	4012	710	205	50
50	4	9	4	15	2	15	3	33930	7480	4202	1606	533	315
43	4	8	3	13	2	14	2	32009	6926	4018	1515	523	307
65		6	7	29	2	18	15	12188	9928	8241	2695	735	596
59		3	7	27	1	15	12	11182	9025	8011	2406	674	562
115	4	6	10	31	86	247	75	18263	16802	13105	8949	4748	4201
104	6	5	11	29	82	223	65	16963	15767	12291	8041	4257	3672

续表

七、当年科技活动经费支出总额	其中：研究与发展经费（R&D）	其中：规模以上工业企业研究与发展经费	八、全区从业人员劳动报酬	其中：在岗职工工资总额	九、项目建设情况	1.当年开工项目数	2.当年开工项目总投资额	3.当年开工项目征地总面积	十、环保情况	1.环保执行率	2.“三同时”执行率	3.能评执行率
83976	75170	61363	283112	272093		126	2161393	10634.2		100	100	100
75128	67473	55969	239231	225595		133	3110480	10053.6		100	100	100
26001	22113	20608	53515	53515		27	640010	2780		100	100	100
25439	21786	20513	51839	51839		27	638420	2776		100	100	100
996	996	562	5872	5872		14	466129	1133.2		100	100	100
786	786	260	4644	4644		18	407800	1367.6		100	100	100
33988	33018	23346	101236	96488		19	141654	3062		100	100	100
32065	30573	21617	78573	72287		28	1274560	2585		100	100	100
5579	5127	5127	24152	24152		18	202900	442		100	100	100
5048	4889	4889	22056	22056		10	80600	371		100	100	100
6182	4956	4870	60585	54314		32	564700	2560		100	100	100
5090	4069	4000	49520	42170		31	539100	2340		100	100	100
11230	8960	6850	37752	37752		16	146000	657		100	100	100
6700	5370	4690	32599	32599		19	170000	614		100	100	100
154075	143479	130193	392062	364313		190	3352800	4882		100	100	100
146533	135353	120374	359586	332770		182	2997471	8219		100	100	100
54895	46112	37614	70422	58643		25	507000	750		100	100	100
54773	46009	37505	64604	53864		20	408000	670		100	100	100
782	612	612	39220	35450		32	574720			100	100	100
755	588	588	39112	35221		18	473865	1578		100	100	100
30115	30115	28635	39759	35759		25	485632	628		100	100	100
27445	27445	25965	36920	33147		26	512635	1926		100	100	100
5510	4860	4860	26100	24795		16	373648	900		100	100	100
5026	4523	4523	23640	22458		18	254221	952		100	100	100
14645	14498	14353	108576	105183		12	187500	604		100	100	100
12103	11132	9132	99228	96027		10	157100	561		100	100	100
36257	35768	33066	50457	48106		14	157500	350		100	100	100
35235	34828	32134	43497	40425		26	228350	530		100	100	100
11871	11514	11053	57528	56377		66	1066800	1650		100	100	100
11196	10828	10527	52585	51628		64	963300	2002		100	100	100

开发区		一、开发区占地面积	二、开发区已建成面积	其中：工业用地面积	其中：当年新增工业用地面积	三、工业项目建筑面积	其中：当年新增工业项目建筑面积	四、总人口	其中：农业人口	五、企业个数	其中：高新技术企业个数
宣城	2015	222.6	103.177	69.77849	2.15733	4214.572	153.4014	324643	124724	4629	160
	2014	216.5	98.16	67.77516	6.49116	4047.55	315.2926	300611	119581	4248	139
162.安徽宣城经济开发区	2015	40	15.58	7.73	0.18	103.5	1.36	56434	42972	567	12
安徽宣城经济开发区	2014	33.9	14.81	7.55	1.469	97.1	49.02	52608	37967	549	8
163.宣城承接产业转移集中示范园区	2015										
宣城承接产业转移集中示范园区	2014										
164.安徽宣州经济开发区	2015	33.85	8.46	6.07	0.34	445.91	3.92	15600	3500	232	11
安徽宣州经济开发区	2014	33.85	8.03	5.73	0.72	441.99	2.78	13000	3450	219	9
165.安徽宣州狸桥经济开发区	2015	6.95	4.34	3.22	0.07	186.13	7.05	8832	4016	101	2
安徽宣州狸桥经济开发区	2014	6.95	4.27	3.15	0.25	179.08	6	8694	4167	98	2
166.安徽郎溪经济开发区	2015	20.07	12.177	8.79	0.22	774.99	10.82	69080	5041	541	8
安徽郎溪经济开发区	2014	20.07	11.34	8.57	1.13	755.59	55.57	57145	4923	572	9
167.安徽郎溪十字经济开发区	2015	11.93	6	3.457	0.38	381.92	18.62	61542	31746	234	5
安徽郎溪十字经济开发区	2014	11.93	4.1	3.077	0.1	363.3	41.7	60744	32175	210	5
168.安徽广德经济开发区	2015	43	22	18	0.3	747.7	21.5	34280	4408	342	24
安徽广德经济开发区	2014	43	22	17.7	0.7	726.2	28.1	33424	4300	329	24
169.安徽广德新杭经济开发区	2015	16.2	3.93	3.71	0.24	342.9	19.4	6854	2570	129	1
安徽广德新杭经济开发区	2014	16.2	3.69	3.47	0.51	323.5	25.9	6700	2800	121	
170.安徽泾县经济开发区	2015	10	9.5	4.47149	0.05333	93.0008	1.8794	10347	2142	232	13
安徽泾县经济开发区	2014	10	9	4.41816	0.05816	91.1214	2.0306	10210	1950	203	10
171.安徽泾县云岭经济开发区	2015	6.19	1.32	1.22	0.12	30.2	2.8	1800		72	1
安徽泾县云岭经济开发区	2014	6.19	1.18	1.1	0.15	27.4	2.2	1600		68	1
172.安徽绩溪经济开发区	2015	8	4.5	2.99	0.154	275.6	14.2	8247	7354	170	16
安徽绩溪经济开发区	2014	8	4.5	2.99	0.514	261.4	13.6	7749	6607	159	12
173.安徽旌德经济开发区	2015	5	2.52	1.63		69.47	2.3	3982	2915	74	1
安徽旌德经济开发区	2014	5	2.52	1.63	0.33	67.17	13.07	4039	3010	79	1
174.安徽宁国经济开发区	2015	7.77	7.4	4.5		594.2	39.4	33525	16420	1741	65
安徽宁国经济开发区	2014	7.77	7.4	4.5		554.8	19.2	32483	16412	1405	57
175.安徽宁国港口生态工业园区	2015	13.64	5.45	3.99	0.1	169.051	10.152	14120	1640	194	1
安徽宁国港口生态工业园区	2014	13.64	5.32	3.89	0.56	158.899	56.122	12215	1820	236	1

续表

其中：工业企业个数	其中：规模以上工业企业个数	其中：资质以内建筑业企业个数	其中：限额以上贸易企业个数	其中：限额以上服务业企业个数	其中：出口型企业个数	其中：上海来皖投资企业个数	其中：浙江来皖投资企业个数	其中：江苏来皖投资企业个数	六、全区从业人员	其中：工业企业从业人员	其中：规模以上工业企业从业人员	其中：具有大专以上学历人员	其中：具有高、中级职称人员	其中：研究与开发人员
2772	879	51	95	51	338	240	818	450	203864	174532	119820	35586	6068	6539
2625	789	45	75	44	295	206	777	413	182040	160038	113281	34344	6449	6183
251	75	14	22	10	43	18	43	77	23376	14791	9136	1734	401	262
230	66	12	12	6	40	16	39	76	17453	12484	7180	1346	323	215
199	86	9	15	7	25	36	118	60	13000	10500	8900	5100	451	830
187	79	10	12	8	23	24	138	55	12000	10000	8700	5000	1220	810
88	23		1	2	3	2	1	3	7465	5814	4029	2713	591	88
83	20		1	1	2			8	7217	5621	3644	2603	577	64
382	123	1	2		24	52	105	197	33176	30814	12781	614	227	247
388	103		1	1	22	50	98	184	26748	24156	10084	406	155	205
154	40				23	8	81	26	12630	10754	4377	1415	132	156
129	34	1			28	6	59	18	7845	7651	3824	1324	107	139
303	128	2	3	2	62	35	120	33	26992	25240	21050	5640	92	220
292	117	2	3	2	58	33	112	31	26920	25232	20980	5398	86	212
93	47	4	3	5	5	2	44	6	4085	2910	2130	497	265	145
88	44	3	2	4	5	1	43	4	3650	2700	2095	485	259	125
142	40	5	12	2	9	15	61	7	8219	7679	4621	917	308	689
137	33		9	2	8	13	58	6	8106	7500	4481	820	257	652
66	7			2		14	21	5	1800	1800	116	562	159	128
53	6					14	21	4	1600	1600	94	510	134	115
148	55	5	5	6	17	4	82	6	7859	6941	5462	1354	201	
139	53	6	9	5	20	4	82	7	7218	6502	5246	1227	192	
50	18		2		5	1	9	2	1856	1554	871	214	47	139
51	14		2		5	1	9	2	2073	1686	1087	243	51	146
797	214	11	29	13	93	50	118	25	51374	46822	42122	12696	2854	3385
727	197	10	23	13	72	41	105	16	50385	46086	41616	12452	2773	3275
99	23		1	2	29	3	15	3	12032	8913	4225	2130	340	250
121	23	1	1	2	12	3	13	2	10825	8820	4250	2530	315	225

续表

七、当年科技活动经费支出总额	其中：研究与发展经费（R&D）	其中：规模以上工业企业研究与发展经费	八、全区从业人员劳动报酬	其中：在岗职工工资总额	九、项目建设情况	1. 当年开工项目数	2. 当年开工项目总投资额	3. 当年开工项目征地总面积	十、环保情况	1. 环保执行率	2. “三同时”执行率	3. 能评执行率
283663.7	212661.5	192595.9	721411.6	685786.8		300	3810755	8700.4		100	100	100
251926	189417	173451.8	624488.5	594604.8		386	4456265	11123.15		100	100	100
25661	21405	20429	82174	81142		27	313328	290		100	100	100
22207	18542	17688	47527	47423		42	373749	1711		100	100	100
12350	10212	8306	41600	38000		40	326253	831		100	100	100
10232	9126.5	8025	37700	34000		43	358020	1263		100	100	100
2673	2673	1948	24068	23334		9	69350	359		100	100	100
1125	1125	862	22487	21807		8	44500	94		100	100	100
20156	20156	20156	100424	96337		33	500029	785		100	100	100
17401	17401	17401	74105	72914		49	1164091	501		100	100	100
3215	3215	3017	38317	38041		34	597569	1058		100	100	100
2742	2742	2742	25926	25926		31	250745	812		100	100	100
43162	34530	29039	94628	86595		59	872408	1258		100	100	100
37532	30026	25251	94327	86026		83	715510	1005		100	100	100
5850	2954.5	668.3	12954.5	11350		8	95340	435		100	100	100
4526	2645	565	11580	11095		19	142300	778		100	100	100
16680	16680	11028.6	28674	27987		14	41978	307		100	100	100
13900	13900	9190.5	28209	27400		20	53038	333		100	100	100
462	462	406	10170	10170		4	26000			100	100	100
360	360	320	8800	8800		7	62000	140		100	100	100
36954.7	28970	28042	23558	22491		20	161000	420		100	100	100
36293.8	28146	27944	21220	20779		11	260000	369		100	100	100
1596	1404	1211	6679	6679		2	27800	20		100	100	100
1681	1384	1112	7059	7059		4	30386	41.95		100	100	100
93364	51650	51225	219040	208520		40	681500	2283.4		100	100	100
83090	45700	45323	207661	197277		43	309015	1624		100	100	100
21540	18350	17120	39125.1	35140.8		10	98200	654		100	100	100
20836.2	18319.5	17028.3	37887.5	34098.75		26	692911	2451.2		100	100	100

2015年安徽省开发园区主要经济指标表

开发区		一、全区经营（销售）收入	其中：规模以上工业销售收入	资质以内建筑业经营收入	限额以上贸易企业销售(经营)收入	房地产业经营收入	限额以上服务业企业销售（经营）收入	其中：主导产业经营(销售)收入	其中：主导产业一	主导产业二	主导产业三
安徽省	2015	372359379.8	256624073.99	15551658	42793440	10214478	13746725	207990074.149999	120318701.99	51551579	36119794
	2014	334890603.4	231578855.15	14714281	39865440	9402050	10750878	183593055.869999	106228130.5	45259516	32105409
合肥	2015	109534347.2	69185061	8075854	15252918	3760596	6503007	51382412	32294777	10667915	8419720
	2014	97124005	60974889	7985095	14833704	3696083	4842889	45638300	28298490	9344059	7995751
1. 合肥高新技术产业开发区	2015	22463829	13100439	2394337	1913670	935448	2527166	9450688	7453101	1351135	646452
合肥高新技术产业开发区	2014	19839751	11320530	2075061	1571667	681680	2357460	7710168	6263850	749943	696375
2. 合肥经济技术开发区	2015	38165942	26732809	2490110	7179688	825921	556134	19124795	11714519	2596963	4813313
合肥经济技术开发区	2014	34671515	24037025	2517192	6947614	602415	501790	17594547	10649563	2360876	4584108
3. 合肥出口加工区	2015										
合肥出口加工区	2014										
4. 合肥新站综合开发试验区	2015	10440531	6909213	1170157	1046953	470518	73690	5145910	2844671	1704172	597067
合肥新站综合开发试验区	2014	9459780	5836880	1113227	1281144	397553	60976	4250923	1917655	1829365	503903
5. 安徽巢湖经济开发区	2015	1150000	764039	15479	191955	42037	41433	313603	114178	106993	92432
安徽巢湖经济开发区	2014	1050000	672500	15347	208250	52914	21842	335197	140550	102466	92181
6. 合肥承接产业转移集中示范园区	2015										
合肥承接产业转移集中示范园区	2014										
7. 合肥庐阳工业园区	2015	2722027	1442424	2341	990130	188752	98380	1689776	990130	470736	228910
合肥庐阳工业园区	2014	3206623	1270118	284516	1429025	222964	36764	2120676	1429025	459255	232396
8. 合肥蜀山经济开发区	2015	4803547	702980	15690.1	1374060	118290	1790526	2585731	1342551	1125340	117840
合肥蜀山经济开发区	2014	2843080	717644	11491.2	1036000	252082	666683	1545736	830224	607758	107754
9. 合肥包河工业园区	2015	6505129	1996854	896650	1773269	228281	1060228	1451498	1142371	201788	107339
合肥包河工业园区	2014	5508808	1982276	895027	1713363	292850	941857	1347947	1051399	194027	102521
10. 安徽长丰双凤经济开发区	2015	6629819	5501751	139530	100968	546065	208909	2479512	1154262	789200	536050
安徽长丰双凤经济开发区	2014	5785551	4679993	137480	89958	609194	163722	3089001	1422479	1107772	558750
11. 安徽肥东经济开发区	2015	6154827	4044451	477076.9	68342.9	250352	6650.8	3025580	1265586	1354621	405373
安徽肥东经济开发区	2014	5577358	3614089	471703.8	55642	327025	5203	2504270	1019781	1113710	370779
12. 安徽合肥商贸物流开发区	2015	2905922	1960283	123026	194764	41250	44354	759054	194796	283186	281072
安徽合肥商贸物流开发区	2014	2605272	1724059	122549	198297	42670	31608	672251	198297	239902	234052
13. 安徽肥西桃花工业园区	2015	5852497	4621013	277195.5	328011.6	30765	87515.1	4062122	3017699	562282	482141
安徽肥西桃花工业园区	2014	5089705	3946875	285265	222958	144561	48260	3381726	2462569	475371	443786
14. 安徽巢湖富煌工业园区	2015	691215	686402		880	2893		686402	679202	4620	2580
安徽巢湖富煌工业园区	2014	617990	609775		706	2459		604320	595438	4077	4805
15. 安徽居巢经济开发区	2015	456446	283512		71972	26836		263071	217286	23096	22689
安徽居巢经济开发区	2014	371057	207475		61633	34099		192615	163666	18184	10765
16. 安徽庐江经济开发区	2015	488659.2	345156.4	71016	18254.8	51718	2514	250935	70689.8	93783	86462.2
安徽庐江经济开发区	2014	397985	265151	53268.3	17447	33617	2361	198424	63495	81353	53576
17. 安徽庐江龙桥工业园区	2015	103957	93735	3245		1470	5507	93735	93735		
安徽庐江龙桥工业园区	2014	99530	90499	2968			4363	90499	90499		

二、工业总产值	其中：规模以上工业总产值	其中：高新技术产业产值	三、第二产业增加值	其中：工业增加值	其中：规模以上工业增加值	四、第三产业增加值	其中：现代服务业增加值	五、进出口总额	其中：出口额	进口额	六、税收财政收入情况	1. 税收总额	其中：国税收入	其中：工业税收（国税）
282574782.5	262217475.95	133294230.15	75116201	71146893	65275665	16295092	9602671	2905385	2200033	705352		10998688	6310699	4644150
253202434.72	236356794.119999	114703081.8	68304828	64571345	59326804	13988236	7898550	2693224	1923768	769456.1		9842210	5760588	4171392
73223797	69863165	40354076	19386785	18013474	16925771	5642183	4567832	1116636	751821	364815		3002099	1682384	1089927
64281252	61780121	33810382	17845918	16355734	15250500	4792709	3725081	1006069	591083	414986		2788384	1674172	1055732
12349592	11692594	8301742	3887119	3557942	3300046	1168581	1013952	236260	167990	68270		797523	466241	312733
10559185	10259185	7104686	3529622	3231637	3009480	913735	793332	165981	105794	60187		762086	390063	241563
27166310	27166310	16945999	6973045	6706136	6418444	1148920	1148920	474580	295040	179540		1026030	615000	368500
24602929	24602929	13284710	6614397	6136688	5824511	1054049	1054049	445955	268455	177500		941755	734568	438351
7922000	7502000	5364450	1877881	1609872	1609872	406608	355383	242767	147474	95293		236095	127923	98172
6575242	6155242	4715333	1694075	1419616	1419616	400999	341904	240478	81268	159210		197327	92535	56555
851210	828593	214992	204520	201210	195142	79047	49822	12933	11236	1697		43875	21355	5499
750000	722309	243078	180933	177180	166769	74527	46561	11000	9500	1500		39337	19406	5334
1688018	1563994	435998	451380	406057	352848	12391	8578	13400	13400			62808	39229	19910
1667979	1587647	434278	478923	433579	405369	7843	5431	16100	16100			58516	36548	18547
888166	710532.9	522062	306003	244853	195883	787149	787149	30058	27761	2297		96452	33765	8562
832775	736576	475520	366931	366931	197158	542683	486988	4883	4468	415		90312	33370	8577
2186160	2019274	1334436	518665	503105	467176	503762	503762	29000	18701	10299		166732	73659	38117
2088023	2007716	1425477	501126	486092	461787	409563	409563	28000	17278	10722		147710	76063	43557
6542055	5822429	1615729	1603489	1563551	1397382	322468	225728	25006	22911	2095		135534	55316	42474
5468621	4849758	1285956	1346276	1315642	1169075	231726	162208	19755	18143	1612		127357	65145	62206
4789250	4285447	1654251	1325841	1096782	989846	448237	236515	7116	6611	505		64719	29908	14202
4174456	3807496	1472123	1174630	951776	899703	464860	233426	8584	8216	368		78400	29705	15425
2289064	2037327	531898	599706	567951	505193	419885	221342	1836	1243	593		45811	15198	9278
2031707	1787887	462517	539178	504716	443320	361962	176228	854	254	600		39407	12849	7977
4990674	4813555	3340161	1230285	1156468	1135999	292292	7078	28604	25312	3292		281527	180911	149644
4218663	4068943	2766495	1061578	997892	960271	268703	5588	43067	41091	1976		265010	163804	138006
697140	695436	15843	166920	166617	166287	2206	2152	5789	5789			7891	4905	4896
622996	617886	14185	150229	149519	149124	2056	2012	5419	5419			4366	1406	1396
339349	265223	20267	84835.6	84835.6	66304	17993		2726	1990	736		11558	4974	4300.34
258803	207336	20714	64699.7	64699.7	40926	26450		8714	7978	736		11449	5704	5484.73
428571	364212.5	56248	121051	112050	89304.6	31213	7451	6561	6363	198		14288.8	6770.6	6770.6
337803	277843	105310	108375	85416	69187	32462	7791	7279	7119	160		11592.3	6000.9	6000.9
96238	96238		36044	36044	36044	1431						11255	7229	6869
92070	91368		34945	34350	34204	1091						13760	7005	6752

开发区		地税收入	其中：工业税收（地税）	2、财政收入	其中：土地收入	七、固定资产投资总额	其中：工业投资	基础设施投资	其中：财政投入	银行贷款	八、利用外商直接投资情况
安徽省	2015	4687989	2264394	14569192	3175261	105042589.4	71186940	10554420	6061539	2762791	
	2014	4081621	1808178	13687490	3594181	96873330.53	64228664	10540583	5998915	2926942	
合肥	2015	1319715	578411.9	5062421	1938077	25445106	14117577	2374738	1351264	407755	
	2014	1114212	390815.1	4456511	1521732	23968828	13888582	2227868	1266932	489018	
1. 合肥高新技术产业开发区	2015	331282	85443	1426246	605990	4152976	2362557	384551	230730	153821	
合肥高新技术产业开发区	2014	372023	66789	1100519	311485	3750426	2205839	734347	440608	293739	
2. 合肥经济技术开发区	2015	411030	321963	1521290	408570	5670654	3005339	268720	143270		
合肥经济技术开发区	2014	207187	167836	1408608	367565	5115766	2804120	245195	130700		
3. 合肥出口加工区	2015										
合肥出口加工区	2014										
4. 合肥新站综合开发试验区	2015	108172	28563	902301	613611	3200070	1828636	308261			
合肥新站综合开发试验区	2014	104792	30650	668294	425774	2800969	1644039	183777			
5. 安徽巢湖经济开发区	2015	22520	3658	48217	1140	1210628	705000	322490	322490		
安徽巢湖经济开发区	2014	19931	3175	45353		932055	605745	138500	138500		
6. 合肥承接产业转移集中示范园区	2015										
合肥承接产业转移集中示范园区	2014										
7. 合肥庐阳工业园区	2015	23579	12045	98858	36050	906342	475660	73948	28026	45922	
合肥庐阳工业园区	2014	21968	11222	91807	32634	888534	468877	57837	25511	21886	
8. 合肥蜀山经济开发区	2015	62687	15725	103520	6868	1307960	450675	153325	13000	32587	
合肥蜀山经济开发区	2014	56942	15748	90926	524	1095462	435451	143280	12000	33524	
9. 合肥包河工业园区	2015	93073	19655	225513	58781	1721550	780542	353261	220341	80524	
合肥包河工业园区	2014	71647	11544	206325	58615	1613201	801231	271970	205217	54100	
10. 安徽长丰双凤经济开发区	2015	80218	18156	195552	60018	2001638	1036293	90545	50545	40000	
安徽长丰双凤经济开发区	2014	62212	33226	214749	87392	2486869	1512011	103680	60680	43000	
11. 安徽肥东经济开发区	2015	34811	19698	73169	6101.9	1394893	970587	106542	106542		
安徽肥东经济开发区	2014	48695	6693	220852	135126	1437213	1031855	98590	98590		
12. 安徽合肥商贸物流开发区	2015	30613	3598	39026	38737	734819	381463	88953	66259	16901	
安徽合肥商贸物流开发区	2014	26558	2166	39715	39431	609947	318811	86149	54283	16226	
13. 安徽肥西桃花工业园区	2015	100616	34336	365764	84237	1942482	1285893	97530	97530		
安徽肥西桃花工业园区	2014	101206	22150	307796	42786	2187496	1272750	34755	34755		
14. 安徽巢湖富煌工业园区	2015	2986	2679	7891		19800	14600				
安徽巢湖富煌工业园区	2014	2960	2506	4366		159032	88210	15140	15140		
15. 安徽居巢经济开发区	2015	6584	1416.7	14217	2659.3	461056	293013	10650	10650		
安徽居巢经济开发区	2014	5745	4811.74	13684.8	2235.76	303777	250498	33548	33548		
16. 安徽庐江经济开发区	2015	7518.2	7518.2	29602.3	15313.5	543479	386522	80000	25919	38000	
安徽庐江经济开发区	2014	5591.4	5591.4	29756	18164	457991	335055	65100	1400	26543	
17. 安徽庐江龙桥工业园区	2015	4026	3958	11255		176759	140797	35962	35962		
安徽庐江龙桥工业园区	2014	6755	6707	13760		130090	114090	16000	16000		

1.当年新批进区外商投资企业	2.当年建成投产企业	3.新批外商投资项目投资总额	其中：合同外资金额	4.当年实际利用外商直接投资额	九、利用内资情况	1.当年新批进区省外境内项目	2.当年建成投产项目	3.在建省外境内投资项目个数	其中：亿元以上省外境内投资项目个数	4.在建省外境内投资项目总投资额	其中：亿元以上省外投资项目投资总额	5.当年实际利用省外境内资金额	其中：亿元以上项目到位省外资金额	十、专利申请授权情况	1.专利申请量	2.专利授权量
179	145	762905.5	428382	962426		4391	3021	5738	3593	202163290.7	171510551	80584762	64734690		75660	40694
170	148	622060.4	365347.3	816564.3		4287	2809	5431	3328	184748675	162961392	76442924	59533698		62849	34051
60	56	191502.5	101395	159713		669	261	678	424	44403993	35785004	15854762	14156363		20270	12515
41	48	136500	68533	135178		474	220	528	360	33975494	31991026	15154826	12891457		15359	8794
22	12	39294	7583	45005		42	26	117	88	7076034	6937929	2107622	2024844		6749	3712
11	9	27500	16645	42046		36	22	95	83	6655048	6533055	2342768	2245172		4924	2501
18	9	45680	42390	45001		33	25	53	39	2018675	1990100	1857720	1723000		3931	2119
12	8	27830	7977	42019		34	21	47	27	1645000	1604255	1696331	1654122		2898	1472
4		4756.5	4589	13000		170	13	159	16	13979000	6926577	2979165	2679409		1855	747
3		10947	3716	12015		28	3	91	16	6788462	6058677	2694287	1990785		1640	587
1	1	20	16	10500		37	7	57	52	3218500	3182500	1706490	1670490		349	130
1		1623	1623	8503		70		43	26	2472000	2472000	1406400	1406400		108	60
2	1	2200	705			27	15	8	7	690580	685580	690580	685580		523	347
4	2	24194	3226			26	18	6	5	660000	620000	516000	507000		492	331
	5	51613	6233	5066		61	27	46	35	1300612	1076352	575583	235411		751	694
	4	5500	5200	3014		59	26	38	25	1266854	1035545	735264	303247		744	684
7	22	34560	26500	7711		165	38	44	27	5360000	4850000	1296000	1025000		1165	864
5	19	28260	19500	4000		74	25	22	16	4258000	3950600	1258000	1188000		1270	851
1	1	5863	5863	6480		58	37	39	30	2834225	2353518	1008952	690059		830	689
1	1	4446	4446	4446		61	34	36	27	2725265	2302769	1126701	566327		695	592
				10000		5	13	38	35	2211814	2165247	802602	794102		753	293
				6300		4	17	40	32	2324566	2324566	731840	731840		428	229
	1			1000		15	10	22	22	928819	928819	343675	343675		324	97
				444		11	9	20	20	844319	844319	288287	288287		162	55
	1			8314		25	35	47	32	2801634	2758982	1380000	1280000		2814	2678
	3			7157		32	26	52	50	3076454	3076454	1290300	1060000		1761	1288
						3	1	2	2	51000	51000	39200	39200		54	26
						7	3	6	3	146974	65624	82950	60250		34	26
2	2	3016	3016	3016		5	1	19	19	734200	734200	431676	431676		23	11
	1	2000	2000	2000		6	3	9	9	477000	477000	440340	440340		53	16
3	1	4500	4500	4620		22	12	22	15	494700	440000	494700	393120		149	108
4	1	4200	4200	3234		24	12	18	16	449053	439663	434868	339197		150	102
						1	1	5	5	704200	704200	140797	140797			
						2	1	5	5	186499	186499	110490	110490			

开发区		一、全区经营（销售）收入	其中：规模以上工业销售收入	资质以内建筑业经营收入	限额以上贸易企业销售(经营)收入	房地产业经营收入	限额以上服务业企业销售（经营）收入	其中：主导产业经营(销售)收入	其中：主导产业一	主导产业二	主导产业三
芜湖	2015	60280467	47523717	764672	5325338	800398	1848675	35006859	17775145	9016735	8214979
	2014	55721664	43815093	785135	5809241	876717	1341470	30230397	14926176	8140798	7163423
18.芜湖经济技术开发区	2015	22962783	16444449	252497	2070912	162595	739055	12792735	5001401	4036546	3754788
芜湖经济技术开发区	2014	21625915	15336525	227301	2753208	159014	572052	11506081	4474298	3868856	3162927
19.芜湖高新技术产业开发区	2015	10158798	7865351	364996	1074617	603320	250514	4630392	1898348	1424780	1307264
芜湖高新技术产业开发区	2014	9385285	7313652	372332	888429	682272	128600	2922375	611446	1214583	1096346
20.芜湖出口加工区	2015										
芜湖出口加工区	2014										
21.安徽芜湖长江大桥经济开发区	2015	97032	26126.2				35846.7	26126.2	26126.2		
安徽芜湖长江大桥经济开发区	2014	81362	20411				29612	20411	20411		
22.安徽芜湖鸠江经济开发区	2015	5021251	3853107	113200	709343		204528	2314178	623677	823215	867286
安徽芜湖鸠江经济开发区	2014	4330698	3400266	129080	631751		139148	1904153	510652	564996	828505
23.安徽芜湖三山经济开发区	2015	3866010	3356878	5971	194501	207	159761	2202760	1171321	629779	401660
安徽芜湖三山经济开发区	2014	3669790	3118812	12876	261326	338	132204	1812155	732988	693989	385178
24.安徽新芜经济开发区	2015	5484965	4869170	12373	53197	25628	288402	2459186	1370021	547042	542123
安徽新芜经济开发区	2014	4611004	4193978	28645	47007	26851	162934	1988759	1189740	417543	381476
25.安徽省江北产业集中区	2015	1190541	87947		1052624		49970	1183632	1052624	85994	45014
安徽省江北产业集中区	2014	1182551	15279		1081724		85548	1175126	1081724	9110	84292
26.芜湖市承接产业集中示范园区	2015										
芜湖市承接产业集中示范园区	2014										
27.安徽芜湖孙村经济开发区	2015	2028122	1868135		28500		65225	1271451	951210	170128	150113
安徽芜湖孙村经济开发区	2014	1855232	1735029		25200		50162	1180905	883311	156678	140916
28.安徽繁昌工业园区	2015	1712292	1661368		10481		16443	1255382	625152	415401	214829
安徽繁昌工业园区	2014	1544307	1505597.5		5167		7456	1147634	560920	388769	197945
29.安徽南陵工业园区	2015	1690139	1565273.2		105864		9873	1100781	299856	152468	648457
安徽南陵工业园区	2014	1499942	1394494		90190		6099	969600	248567	144671	576362
30.安徽芜湖许镇经济开发区	2015	290314	280842					206952	116476	56705	33771
安徽芜湖许镇经济开发区	2014	268774	260216					181274	97057	56297	27920
31.安徽无为经济开发区	2015	765415	727787				3118	646000	289234	135923	220843
安徽无为经济开发区	2014	888432	834436		1128		2934	735527	369599	111849	254079
32.安徽无为高沟经济开发区	2015	5012805	4917284	15635	25299	8648	25939	4917284	4349699	538754	28831
安徽无为高沟经济开发区	2014	4778372	4686397	14901	24111	8242	24721	4686397	4145463	513457	27477

二、工业总产值	其中：规模以上工业总产值	其中：高新技术产业产值	三、第二产业增加值	其中：工业增加值	其中：规模以上工业增加值	四、第三产业增加值	其中：现代服务业增加值	五、进出口总额	其中：出口额	进口额	六、税收财政收入情况	1.税收总额	其中：国税收入	其中：工业税收（国税）
49942023	48806082	30440420	12813236	12459702	12012641	1759451	633255	594947	474146	120801		2178143	1400052	1086733
45806605	44875311	27156863	11878361	11485056	11022996	1585913	557447	568702.2	432187.9	136514.3		1823383	1150625	901193.8
17103805	16873804	14790752	3981093	3882199	3829299	321405	128562	333760	250157	83603		913136	676344	541075
15864358	15707362	13395958	3669936	3669866	3571077	303179	120000	356958	250260	106698		677544	502867	403561
8225946	8058646	3283835	2714377	2507835	2357635	651200	306897	56058	45944	10114		327579	183827	100453
7654859	7489448	2812737	2626017	2300766	2162968	586254	275000	44190	36172	8018		324649	182509	98154
9025.9	9025.9		12101	12101	2211	7191						4622.41	505.77	130.5
15947	15947		13782	3913	3913	6816						4513.77	131.81	60.6
4120021	4044226	2137791	1008092	988805	970614	228468	51132	29901	27298	2603		166098	78067	66992
3580436	3543051	1668728	876602	859305	850332	192725	34787	14157	11405	2752		144295	51931	47967
3621187	3521336	1113252	790661	790061	760159	103962	73062	75478	65578	9900		155521	111996	103257
3154737	3033401	1116485	718536	715961	688424	93923	66081	66297	58519	7778		141267	103111	98838
5182819	4958850	3155608	1288049	1262793	1224035	79531	11929	41203	39768	1435		120106	67196	41659
4475510	4340711	2587215	1149018	1126488	1067519	69157	10373	40381	38792	1589		100118	56954	35309
110253	90697	88007	22645	20498	16771	274399	33579	131	128	3		157964	74820	40628
14854	13862	6891	8960	3029	2831	246566	24374	1852	1849	3		119332	50035	35204
2028122	1795288	160128	661211	661211	647211	55312	12105	15000	14760	240		70000	36000	32122
1857232	1688653	153766	571365	571365	565955	51172	11222	11000	10760	240		55176	29175	19881
1685348	1661639	1055729	415653	415653	408696.4	4113		10500	9056	1444		98059	68895	68895
1501272	1463964	920934	376779	376779	370297	3600		8123.15	7510.89	612.26		102405	74931	73869
1630263.6	1630263.6	467082.3	384960.9	384960.9	384960.9	16274	9435	19560	18827	733		35230.44	21892.5	18280.17
1508636	1499477	501555	360857	360857	360857	15781	9316	15664	14610	1054		33101.8	15896.1	12272.2
296328	285545	67145	80547	80547	77854			1620	1620			2670	1280	1280
270858	263012	63274	77667	77667	74699			1550	1550			2414	1126	1126
869119	869119	143655	203780	203780	200050	1280	970	11228	502	10726		18445	6727	6727
1065431	1043911	138641	232464	223455	219645	1125	950	8296	526	7770		20751	12068	12068
5059785	5007642	3977436	1250066	1249258	1133145	16316	5584	508	508			108712	72502	65234
4842475	4772512	3790679	1196378	1195605	1084479	15615	5344	234	234			97816	69890	62884

开发区		地税收入	其中：工业税收（地税）	2.财政收入	其中：土地收入	七、固定资产投资总额	其中：工业投资	基础设施投资	其中：财政投入	银行贷款	八、利用外商直接投资情况
芜湖	2015	778090.6	462913.3	2251444	100618	16544695	11713549	638699	491781	102041	
	2014	672757.7	382909.7	2229168	506864.7	15014392	10171318	807868	547776	161710	
18.芜湖经济技术开发区	2015	236792	194169	919617	21319	3560050	2904371	141460	124560		
芜湖经济技术开发区	2014	174677	148915	780112	117046	3070118	2319556	123369	83263		
19.芜湖高新技术产业开发区	2015	143752	73389	327579	55432	3077948	1062557	91000	32000	59000	
芜湖高新技术产业开发区	2014	142140	73369	324649	110515	2723239	948980	85000	25000	60000	
20.芜湖出口加工区	2015										
芜湖出口加工区	2014										
21.安徽芜湖长江大桥经济开发区	2015	4116.64	1808.75	5701.99	1079.98	118022	94981	23041		23041	
安徽芜湖长江大桥经济开发区	2014	4381.96	2015.7	5272.84	759.07	109360	33650	75710		75710	
22.安徽芜湖鸠江经济开发区	2015	88031	32376	166098		1649704	900508				
安徽芜湖鸠江经济开发区	2014	92364	18329	144295		1451792	765806				
23.安徽芜湖三山经济开发区	2015	43525	23753	155521		2063778	1637205	26947	26947		
安徽芜湖三山经济开发区	2014	38156	35866	141267		1927709	1674752	54811	23326		
24.安徽新芜经济开发区	2015	52910	24274	126849	6743	1683138	1545705	81157	74160		
安徽新芜经济开发区	2014	43164	19803	115188	15070	1695718	1365491	72462	66214		
25.安徽省江北产业集中区	2015	83144	7510	178540	9576	1397721	737640	195729	195729		
安徽省江北产业集中区	2014	69297	5219	374708	255376	1246778	438605	284223	284223		
26.芜湖市承接产业集中示范园区	2015										
芜湖市承接产业集中示范园区	2014										
27.安徽芜湖孙村经济开发区	2015	34000	30121	70000		511221	500712	10000	10000		
安徽芜湖孙村经济开发区	2014	26001	19282	55176		420235	410917	3211	3211		
28.安徽繁昌工业园区	2015	29164	28289	103060	1000	538973	538973				
安徽繁昌工业园区	2014	27474	27063	103405	1000	459990	428765	31225	31225		
29.安徽南陵工业园区	2015	13337.94	9371.54	35230.44		587606	490785	12943	12943		
安徽南陵工业园区	2014	17205.7	6339	35280.42	2178.62	534000	472511	14689	14689		
30.安徽芜湖许镇经济开发区	2015	1390	1390	18500		162000	162000				
安徽芜湖许镇经济开发区	2014	1288	1288	15414		158818	158818				
31.安徽无为经济开发区	2015	11718	11718	18445		84200	59200	25000	5000	20000	
安徽无为经济开发区	2014	8683	7345	20757		129400	97000	32400	6400	26000	
32.安徽无为高沟经济开发区	2015	36210	24744	126303	5468	1110334	1078912	31422	10442		
安徽无为高沟经济开发区	2014	27926	18076	113644	4920	1087235	1056467	30768	10225		

1.当年新批进区外商投资企业	2.当年建成投产企业	3.新批外商投资项目投资总额	其中：合同外资金额	4.当年实际利用外商直接投资额	九、利用内资情况	1.当年新批进区省外境内项目	2.当年建成投产项目	3.在建省外境内投资项目个数	其中：亿元以上省外境内投资项目个数	4.在建省外境内投资项目总投资额	其中：亿元以上省外投资项目投资总额	5.当年实际利用省外境内资金额	其中：亿元以上项目到位省外资金额	十、专利申请授权情况	1.专利申请量	2.专利授权量
22	4	144340	56211	194004		851	767	1329	657	40345631	32825164	16364830	11709569		16100	8326
33	7	88133	44735	167805		765	720	1313	656	37149365	31745163	14774137	10239833		13899	7976
5	2	73205	27759	69049		157	383	109	79	6424508	6418260	2150263	1988623		4733	2424
9	1	33548	17666	70726		155	380	108	76	5303911	5300160	2067123	1628137		3928	2355
		1826	1826	18000		144	95	617	136	11511730	7487645	2526385	1367162		3158	1642
1	2	2351	2351	9844		169	85	647	134	10311729	7418289	2386021	1263173		2160	1033
				567				1	1	50000	50000	13130	13130			
								1	1	50000	50000	14850	14850			
5	1	4581	3843	10651		22	36	38	36	1674910	1251310	1738664	1729112		2988	1782
2	1	19000	3575	2074		21	31	50	40	1102545	932561	1495328	1487107		2274	1353
5	1	29204	9859	19495		54	39	49	42	3576665	3515895	2007542	1952262		1125	434
2	1	2948	642	16040		42	36	87	63	5714204	5554945	1747999	1644074		989	651
2		982	532	21100		312	54	312	247	8514641	7421453	3806460	1788670		1354	669
9		4451	4451	18600		225	39	201	195	6549292	5625033	2934200	1298520		1550	1231
3		25542	8298	12000		22	35	75	45	4762530	4048151	1310850	1153548		36	
5	1	18782	9144	9740		19	35	74	74	4111030	4111030	1058647	1058647			
1		1000	1000	1000		32	22	16	6	521522	271522	500870	165202		592	433
2		6000	6000	6000		35	16	15	6	476232	251645	431255	112542		588	412
				3949		25	27	25	13	866173	810067	764010	685223		373	83
				2181		29	30	29	17	1061152	1028152	1153258	1007328		156	48
1		8000	3094	17000		45	43	42	29	1177300	905300	580450	451450		315	214
				14000		36	35	60	30	1248351	854000	536959	303980		414	206
				93		5	2	15	6	58800	32020	17040				
						4	2	13	5	48600	30520	13580				
				21100		7		4	4	218000	218000	59200	59200		25	25
3	1	1053	906	18600		5	1	3	3	221500	208500	79180	79180		88	21
						26	31	26	13	988852	395541	889966	355987		1401	620
						25	30	25	12	950819	380328	855737	342295		1752	666

开发区		一、全区经营（销售）收入	其中：规模以上工业销售收入	资质以内建筑业经营收入	限额以上贸易企业销售(经营)收入	房地产业经营收入	限额以上服务业企业销售（经营）收入	其中：主导产业经营(销售)收入	其中：主导产业一	主导产业二	主导产业三
蚌埠	2015	22112950	15582332	2755037	1243243	709001	405839.6	14939820	7754926	3827409	3357485
	2014	18971493.2	12964986	2708415	1107683	707274	362055.3	12687200	7071504	3183570	2432126
33. 蚌埠高新技术产业开发区	2015	4529240	2045168	1237468	854011	104769	113881	1151118	206844	426959	517315
蚌埠高新技术产业开发区	2014	4176080	1819763	1172500	799402	166891	87125	1101232	518283	253238	329711
34. 安徽蚌埠经济开发区	2015	3054631	65964	1486344	109668	604039	277886	1764230	1486344	277886	
安徽蚌埠经济开发区	2014	2832249	52287	1501630	84714	540217	260952	1762582	1501630	260952	
35. 安徽蚌埠高新技术产业开发示范园区	2015										
安徽蚌埠高新技术产业开发示范园区	2014										
36. 安徽蚌埠工业园区	2015	4557607	4427353					4176272	1967442	1142628	1066202
安徽蚌埠工业园区	2014	3605426	3558639					3303771	1552772	925056	825943
37. 安徽怀远龙亢经济开发区	2015	461231	387585		54713.2		3435.6	383484	375971	4138	3375
安徽怀远龙亢经济开发区	2014	407564	352053		40562.7		3123.3	339210	339210		
38. 安徽怀远经济开发区	2015	3886001	3556418		166421.8			3264240	1670980	930338	662922
安徽怀远经济开发区	2014	3346539	3057595		133062		10855	2783610	1437200	911306	435104
39. 安徽五河经济开发区	2015	2231376	2141752		44266			1528493	892744	304920	330829
安徽五河经济开发区	2014	1834554.2	1716727		37513.5			1249553	747425	260268	241860
40. 安徽固镇经济开发区	2015	3281633	2862074	18860	11508		10637	2619288	1106456	735990	776842
安徽固镇经济开发区	2014	2666079	2319096	22187	10517			2106218	933960	572750	599508
41. 固镇铜陵现代产业园	2015	111231	96018	12365	2655	193		52695	48145	4550	
固镇铜陵现代产业园	2014	103002	88826	12098	1912	166		41024	41024		

二、工业总产值	其中：规模以上工业总产值	其中：高新技术产业产值	三、第二产业增加值	其中：工业增加值	其中：规模以上工业增加值	四、第三产业增加值	其中：现代服务业增加值	五、进出口总额	其中：出口额	进口额	六、税收财政收入情况	1.税收总额	其中：国税收入	其中：工业税收（国税）
17020979	16101129	5669648	4585288	4353523	4126564	1282061	453042	91753.26	85317.43	6435.83		440446.6	187333.5	142607.8
14225376	13378586	4838154	3850846	3643708	3419111	1138239	381670	76750.65	69910.79	6839.86		394993.6	166887.5	133445.1
2309289	2253225	1402106	765950	684844	668025	236515	91065	43002	38306	4696		134309	81215	61392
2062952	1964404	1253840	644798	575967	546403	223622	85775	38672	33857	4815		121916	69253	61223
94588	70760	26969	237846	89865	17621	743800	298338	12780	12779	1		130816	17704	1013
70854	56575	25388	221438	83131	14080	666516	243325	9688	9501	187		115336	20022	1842
4612253	4484507	1342166	1134614	1134614	1103189			4412	4216	196		59501	25109	25109
3631838	3605802	1055802	895223	895223	888453			3520	3346	174		57231	24609	24609
470657	458124	40875	93653	93653	91824	12868	831					1579.53	443.32	201.67
403458	395045	33450	81654	81654	79658	9676	756					1138.43	387.42	223.23
3611604	3578061	1321142	871439	871439	863335	263369	54868	7763.36	7208.13	555.23		27350	14160	10004
3148366	3119124	1121446	768644	768644	761574	216765	45159	5190.65	4280.79	909.86		24348	11009	8800
2267657	2170930	351087	564647	564647	540562	17568.5		9178.9	9153.3	25.6		23311	18172	17327
1805012	1724342	295038	451253	451253	431086	15005.4		7394	7394			20431.7	17726.6	15067
3550736	2981327	1185303	889215	886537	814084	7197	7197	12892	11930	962		58634	29452	26843
3009116	2419514	1053190	762498	762498	672519	6120	6120	10450	9696	754		51556	22732	21360
104195	104195		27924	27924	27924	743	743	1725	1725			4946.09	1078.14	718.14
93780	93780		25338	25338	25338	535	535	1836	1836			3036.42	1148.48	320.85

开发区		地税收入	其中：工业税收（地税）	2.财政收入	其中：土地收入	七、固定资产投资总额	其中：工业投资	基础设施投资	其中：财政投入	银行贷款	八、利用外商直接投资情况
蚌埠	2015	253113.2	114430.1	613131	130654.4	6964046	5168612	483771	219530	129542	
	2014	228106.1	111313.8	732071.6	311782	6531973	4221724	557327	259676	154690	
33.蚌埠高新技术产业开发区	2015	53094	40189	203667	31644	2368545	1694584	156180	45000	75000	
蚌埠高新技术产业开发区	2014	52663	39497	255433	109466	1721551	1038745	128550	42000	65000	
34.安徽蚌埠经济开发区	2015	113112	1029	214742	85292	741937	16406	37298	32535		
安徽蚌埠经济开发区	2014	95314	846	307759	197353	1036636	55062	87779	76786		
35.安徽蚌埠高新技术产业开发示范园区	2015										
安徽蚌埠高新技术产业开发示范园区	2014										
36.安徽蚌埠工业园区	2015	34392	34392	59501		1570010	1457364	112646	72646		
安徽蚌埠工业园区	2014	32622	32622	57231		1549860	1138198	110301	62035		
37.安徽怀远龙亢经济开发区	2015	1136.21	535.27	3390.53	1811	86783	55360	12770	4420	8350	
安徽怀远龙亢经济开发区	2014	751.01	388.63	1138.43		76490	68490	4500	1550	2950	
38.安徽怀远经济开发区	2015	13190	6595	33032		890421	825632	5550	5550		
安徽怀远经济开发区	2014	13339	8000	28887		920383	842171	78212	32285	45927	
39.安徽五河经济开发区	2015	5139	4483	30063.5	6752.5	407677	360284	47393	9000	6000	
安徽五河经济开发区	2014	2705.1	2299	25874.7	3807	359094	316799	42295	8000	5000	
40.安徽固镇经济开发区	2015	29182	26916	58634		762463	684840	49866	13138	15365	
安徽固镇经济开发区	2014	28824	27380	51556		749516	679359	70157	15700	21600	
41.固镇铜陵现代产业园	2015	3867.95	290.85	10101.01	5154.92	136210	74142	62068	37241	24827	
固镇铜陵现代产业园	2014	1887.94	281.13	4192.44	1156.02	118443	82900	35533	21320	14213	

1.当年新批进区外商投资企业	2.当年建成投产企业	3.新批外商投资项目投资总额	其中：合同外资金额	4.当年实际利用外商直接投资额	九、利用内资情况	1.当年新批进区省外境内项目	2.当年建成投产项目	3.在建省外境内投资项目个数	其中：亿元以上省外境内投资项目个数	4.在建省外境内投资项目总投资额	其中：亿元以上省外投资项目投资总额	5.当年实际利用省外境内资金额	其中：亿元以上项目到位省外资金额	十、专利申请授权情况	1.专利申请量	2.专利授权量
6	3	46017	26232	104247		260	117	291	214	15835656	13675834	5331766	4646190		4551	1985
6	12	35254	18613	85408		246	102	276	194	15410432	13459061	5154208	4230035		3920	1830
1		9862	5217	25629		118	25	70	40	5215000	3326510	1310010	1120000		1469	636
3	1	8646	3613	21645		112	23	68	30	5102300	3285100	1282250	925000		1008	492
				23167		12	1	18	18	3297600	3297600	818784	818784		717	385
				19590		7	2	17	17	3445040	3445040	800153	800153		641	247
1	3	1338		14754		12	7	34	14	765613	679638	860261	498533		488	331
	10			12050		12	2	46	14	746548	665127	844600	431169		396	267
1		5015	5015	915		5	4	1	1	25500	25500	36783	19853		43	27
						2	2					31050	25850		33	21
				10483		35	23	70	55	2539687	2488290	925052	856439		942	318
				7426		30	20	61	50	2418750	2369800	881002	847960		877	316
1		13802		13700		55	38	42	36	1692440	1673480	619276	586336		405	190
1	1	11608		11608		51	34	35	34	1459000	1455200	508053	480603		340	172
1		16000	16000	15399		18	13	46	40	1938816	1927816	692480	677125		486	97
1		15000	15000	12989		22	17	36	36	1758794	1758794	745600	657800		625	315
1				200		5	6	10	10	361000	257000	69120	69120		1	1
1				100		10	2	13	13	480000	480000	61500	61500			

开发区		一、全区经营（销售）收入	其中：规模以上工业销售收入	资质以内建筑业经营收入	限额以上贸易企业销售(经营)收入	房地产业经营收入	限额以上服务业企业销售（经营）收入	其中：主导产业经营(销售)收入	其中：主导产业一	主导产业二	主导产业三
淮南	2015	3432850.02	1758528	29546.66	1147937	121938	167352	1358828	651061.1	232379.3	475387.6
	2014	3766426.4	1896266	29712	1229049	151512	207172.1	1401423	656417.5	238747.2	506257.9
42.安徽淮南经济开发区	2015	2687812	1160290	23325	1101025	110482	164699	853937	368906	110897	374134
安徽淮南经济开发区	2014	2984839	1278829	29712	1192097	136081	205985	907781	377356	99342	431083
43.淮南高新技术产业开发区	2015	3639.1	1847.1		670		1122	1847.1			1847.1
淮南高新技术产业开发区	2014	43336	42566		546		74	42790	42566	150	74
44.安徽淮南现代煤化工产业园	2015	12800	12800								
安徽淮南现代煤化工产业园	2014										
45.安徽淮南工业园区	2015	146401	107101					86401	48960	20891	16550
安徽淮南工业园区	2014	172176	116795					72635	42674	16557	13404
46.安徽淮南平圩经济开发区	2015	80364	75575					61879	44553	7641	9685
安徽淮南平圩经济开发区	2014	102885	96754		668			79221	57040	9783	12398
47.安徽凤台经济开发区	2015	132905	92509		29276	439	1521	69526	47580	6293	15653
安徽凤台经济开发区	2014	184530	134808		19103	9532	953	95921	34454	59700	1767
48.安徽淮南毛集经济开发区	2015	120516	118303			120	10	98120	37488	32237	28395
安徽淮南毛集经济开发区	2014	64224	62777				160.1	46024.4	6256.5	15364	24403.9
49.安徽寿县工业园区	2015	147698.92	105880.3	6221.66	16966.35	6671		99263.86	51863.1	30150.25	17250.51
安徽寿县工业园区	2014	139156.4	97439.56		16635	5899		94329.19	49870.96	27823.23	16635
50.安徽寿县新桥国际产业园	2015	96350	84222.8					87854	51711	24270	11873
安徽寿县新桥国际产业园	2014	75280	66297					62721	46200	10028	6493
51.寿县蜀山现代产业园	2015	4364				4226					
寿县蜀山现代产业园	2014										

二、工业总产值	其中：规模以上工业总产值	其中：高新技术产业产值	三、第二产业增加值	其中：工业增加值	其中：规模以上工业增加值	四、第三产业增加值	其中：现代服务业增加值	五、进出口总额	其中：出口额	进口额	六、税收财政收入情况	1.税收总额	其中：国税收入	其中：工业税收（国税）
1973432	1830984	726369.2	600786.9	553813.9	503029.1	156084.6	108828	19562.1	15149.2	4412.9		133677.7	75594.21	46467.61
2137372	1974489	770984.7	646394	601395	551550	131755.6	103567.2	29708.4	22244.4	7464		117798.7	73505.96	47647.83
1275735	1214986	529998	416092	369119	342179	129786	106425	17910	13896	4014		96205	58850	30602
1381076	1315310	535158	440648	395649	379208	126710	102198	20899	14123	6776		79196	53728	28609
7808.4	7808.4	7808.4	2230.9	2230.9	2230.9			283.7	120.4	163.3		1350		
46677	46677	46677	12589	12589	12589			924.3	254	670.3		1727.2	850.4	850.4
15800	15800		10586	10586	10586							2826.83		
								6419.7	6419.7			3984.36	0.7	0.7
146401	112826	32860	34600	34600	27762			80	80			6746	5888	5888
172176	141283	33865	48652	48652	36621			72	72			9630	7770	7770
81019	76430	25679	21183	21183	20892			32.4	10.8	21.6		4224.3	3223	3061.2
103723	97848	32875	27946	27946	27561			24.4	6.7	17.7		3705.3	2860.7	2860.7
100109	94909	59771	30033	30033	28472	21100						5655	3217	2879
159586	136919	58979	45642	45642	39425	849						5868	3757	3280
123137	112157	7872	25425	25425	23882			350	350			672.38	356.78	356.78
82040	63638	5470.4	16810	16810	15418			548	548			814.82	331.11	331.11
120784.98	109980.58	41980.65	33851.95	33851.95	29035.18	4485.6	1689.98	906	692	214		4713.88	1545.43	1180.63
111343.6	101214.05	40265.4	31666.96	31666.96	27327.97	4196.57	1369.2	821	821			4673.6	1367	1107.87
102500	86087	20400.1	26750	26750	17990							8108.27	2500	2500
80750	71600	17694.9	22440	22440	13400							7461.38	2838.05	2838.05
138			35	35		713	713					3176	14	
												738	3	

开发区		地税收入	其中：工业税收（地税）	2.财政收入	其中：土地收入	七、固定资产投资总额	其中：工业投资	基础设施投资	其中：财政投入	银行贷款	八、利用外商直接投资情况
淮南	2015	58083.45	22989.64	144319.1	5693.71	2626065	1890501	257618	214167	5000	
	2014	44292.7	23482.67	133404.4	8348.08	2471212	1552717	412933	305905	8888	
42.安徽淮南经济开发区	2015	37355	11580	99846		993283	520803	120488	120488		
安徽淮南经济开发区	2014	25468	8253	82947		948513	466628	102759	102759		
43.淮南高新技术产业开发区	2015	1350	1350	1350		277212	173533	24539	24539		
淮南高新技术产业开发区	2014	876.8	876.8	1727.2		192297	121402	40818	40818		
44.安徽淮南现代煤化工产业园	2015	2826.83	189	2826.83		796836	782180	14656		5000	
安徽淮南现代煤化工产业园	2014	3983.66	3983.66	3984.36		569888	544330	25558		8888	
45.安徽淮南工业园区	2015	858	858	6746		80248	80248				
安徽淮南工业园区	2014	1860	1860	9630		80975	80975				
46.安徽淮南平圩经济开发区	2015	1001.3	995.9	4889.7	665.4	48170	47597	573	573		
安徽淮南平圩经济开发区	2014	844.6	843.4	4514.8	809.5	84410	60409	24001	24001		
47.安徽凤台经济开发区	2015	2438	284	5655		3033		514	514		
安徽凤台经济开发区	2014	2111	262	5868		102261	27862	13394	13394		
48.安徽淮南毛集经济开发区	2015	315.6	315.6	672.38		60885	45385	15500	4600		
安徽淮南毛集经济开发区	2014	483.71	483.71	814.82		50554	35974	14580			
49.安徽寿县工业园区	2015	3168.45	2441.64	5170.11	456.23	83436	74936	8500	8500		
安徽寿县工业园区	2014	3306.6	2783.11	5302.18	628.58	92684	84684	8000	8000		
50.安徽寿县新桥国际产业园	2015	5608.27	4975.5	12513.07	3098.08	152495	93492	41400	23505		
安徽寿县新桥国际产业园	2014	4623.33	4136.99	15335	4238	275319	122878	120890	54000		
51.寿县蜀山现代产业园	2015	3162		4650	1474	130467	72327	31448	31448		
寿县蜀山现代产业园	2014	735		3281	2672	74311	7575	62933	62933		

1.当年新批进区外商投资企业	2.当年建成投产企业	3.新批外商投资项目投资总额	其中：合同外资金额	4.当年实际利用外商直接投资额	九、利用内资情况	1.当年新批进区省外境内项目	2.当年建成投产项目	3.在建省外境内投资项目个数	其中：亿元以上省外境内投资项目个数	4.在建省外境内投资项目总投资额	其中：亿元以上省外投资项目投资总额	5.当年实际利用省外境内资金额	其中：亿元以上项目到位省外资金额	十、专利申请授权情况	1.专利申请量	2.专利授权量
1	2	850	500	6554		47	31	102	85	8400056	7365896	1906593	1466807		271	250
4	2	4956	1484	7032		45	73	89	71	6483078	5769063	2197426	1758323		320	218
				5694		23	17	49	42	1613096	1229096	773026	389026		165	187
2	1	4056	984	5407		23	49	38	30	1396449	1197759	794400	475290		221	146
						1		9	9	1550500	1550500	432000	432000		15	12
						7	2	9	9	1550500	1065500	299350	207657		23	14
						3		2	2	2670000	2670000	395918	395918			
								5	5	2750000	2750000	280515	280515			
															9	6
															8	5
						1	1	1	1	11000	11000	10390	10390		8	6
						1	1	4	4	81000	81000	76261	76261		15	23
								8	4	219300	207320	16856			2	2
							5	10	5	247504	240304	70173	62935			
						4	1	3	2	85000	72000	47585	34585		12	8
						1	9			3000		2000			17	10
1	1	850	500	860		10	8	11	6	108760	83580	108760	83580		27	16
1	1	900	500			10	7	11	6	98625	78500	97562	78500		26	14
	1						4	15	15	2000000	1400000	65649	64899		33	13
1				1625				10	10	270000	270000	570000	570000		10	6
						5		4	4	142400	142400	56409	56409			
						3		2	2	86000	86000	7165	7165			

开发区		一、全区经营（销售）收入	其中：规模以上工业销售收入	资质以内建筑业经营收入	限额以上贸易企业销售(经营)收入	房地产业经营收入	限额以上服务业企业销售（经营）收入	其中：主导产业经营(销售)收入	其中：主导产业一	主导产业二	主导产业三
马鞍山	2015	18307084	13280243	606934	1306082	191666	747979	8760347	3662364	3345055	1752928
	2014	17684212	12811391	508851	1371151	91375	634042.1	8489966	3865549	3029064	1595353
52. 马鞍山经济技术开发区	2015	4484254	2879285	43623	662008	6672	375066	1941058	476500	893100	571458
马鞍山经济技术开发区	2014	4162964	2865192	97670	595397	20363	288436	2127015	683683	872076	571256
53. 安徽博望高新技术产业开发区	2015	606503	561769					485135	318800	100975	65360
安徽博望高新技术产业开发区	2014	564916	502775					440600	301439	88188	50973
54. 马鞍山郑蒲港现代产业园区	2015	537474	199390		6235	146575	1963	141254	80234	42710	18310
马鞍山郑蒲港现代产业园区	2014	447895	161766		5819	14126	1510	128404	72940	38827	16637
55. 马鞍山承接产业转移集中示范园区	2015	1127575	470739		583		69972	269921	145934	87441	36546
马鞍山承接产业转移集中示范园区	2014	1008792	382087		685.4		79493.1	231541	120734	65328	45479
56. 安徽花山经济开发区	2015										
安徽花山经济开发区	2014										
57. 安徽马鞍山雨山经济开发区	2015	1686180	1392639	38570	172297	8655	63187	1003108	411274	381177	210657
安徽马鞍山雨山经济开发区	2014	1603128	1346432	36309	157032	8013	55244	950561	390153	360887	199521
58. 安徽马鞍山慈湖高新技术产业开发区	2015	2988580	2035432	383005	199246		130901	1356135	679647	460889	215599
安徽马鞍山慈湖高新技术产业开发区	2014	3465113	2487127	231821	258381		122199	1785427	1111816	433704	239907
59. 安徽当涂经济开发区	2015	4482874	3824802	53509	261614	13903	101103	1937813	801719	821578	314516
安徽当涂经济开发区	2014	4437196	3536762	53751	295911	20399	82291	1515466	536138	703063	276265
60. 安徽含山工业园区	2015	1208000	969500					916000	369000	282000	265000
安徽含山工业园区	2014	1017220	769500		55147			767100	359165	262435	145500
61. 安徽含山经济开发区	2015	549204	342929	88227	4099	15861	1967	303210	167245	120070	15895
安徽含山经济开发区	2014	462714	265995	89300	2779	28474	1859	234251	135907	82805	15539
62. 安徽和县经济开发区	2015	636440	603758				3820	406713	212011	155115	39587
安徽和县经济开发区	2014	514274	493755				3010	309601	153574	121751	34276

二、工业总产值	其中：规模以上工业总产值	其中：高新技术产业产值	三、第二产业增加值	其中：工业增加值	其中：规模以上工业增加值	四、第三产业增加值	其中：现代服务业增加值	五、进出口总额	其中：出口额	进口额	六、税收财政收入情况	1.税收总额	其中：国税收入	其中：工业税收（国税）
14869732	13641558	6056127	4080153	3875451	3499395	520605	209601	86923	72995	13928		540906	296342	238346
14105607	13063261	5865176	3806852	3659701	3367587	515249.4	174149.6	73500	54990	18510		524821	307483	224447
3093697	2942569	1765542	916328	848112	796583	164973	43920	31025	22986	8039		149220	97745	68698
3080993	2915232	1749139	829821	804819	791351	134700	35199	19262	7519	11743		147060	97634	66879
667285	587211	354777	180332	180322	157668			5997	5895	102		17146	12889	10469
603965	528469	313006	162467	162467	142158			5995	5975	20		16447	12484	10343
385430	206106	92933	116366	102940	45294	93580	65250	950	589	361		40300	2277	1570
309680	161766	72940	90701	80236	35230	78047	54375	1107	761	346		35417	2832	1365
609940	494824	311462	158749	157528	129238	61050	28688	6134	5911	223		33140	7344	4727
493249	399293	255454	126960.5	125790.9	100879	50524.4	26023.6	6658	6647	11		31770	5774	2136
1576728	1498858	225666	445533	415661	366136	56415	49014	3228	3034	194		83534	35492	31942
1418396	1351526	191340	416845	378326	338290	46027	41538	2251	2138	113		78800	45304	29447
2230000	2083375	486459	648000	590000	533747	54522	1780	18666	14812	3854		65052	44150	35320
2642117	2534069	1035896	749805	715032	655442	93271		17657	12311	5346		75291	55293	39811
4008690	3869397	2048513	1034337	1017143	991146	83233	18446	8920	8453	467		88722	63400	54062
3725856	3595445	1707487	966072	945817	920974	88090	15014	8706	8607	99		83829	57348	45043
1221000	978400	323500	331000	331000	265000			1520	1520			22300	17850	17850
961850	769500	192435	259000	259000	208800	19130		510	510			18280	15045	14850
426680	355567	137232	100143	83380	69483	5360	1480	5680	5680			26894	9820	8350
339425	296735	95190	83329	66362	56872	4250	1180	4576	4576			24150	8768	7572
650282	625251	310043	149365	149365	145100	1472	1023	4803	4115	688		14598	5375	5358
530076	511226	252289	121851	121851	117591	1210	820	6778	5946	832		13777	7001	7001

开发区		地税收入	其中：工业税收（地税）	2.财政收入	其中：土地收入	七、固定资产投资总额	其中：工业投资	基础设施投资	其中：财政投入	银行贷款	八、利用外商直接投资情况
马鞍山	2015	244564	138084	619513	39035	7401444	5467879	820223	340725	464802	
	2014	217338	109494.8	635734.2	94098	7500700	5168083	1003816	374326.1	579758.9	
52.马鞍山经济技术开发区	2015	51475	22092	157298		1791000	1325000	76000	45000	31000	
马鞍山经济技术开发区	2014	49426	19730	155510	1475	1631000	1219000	88000	40000	4800	
53.安徽博望高新技术产业开发区	2015	4257	3893	17146		359577	345556	7643	7643		
安徽博望高新技术产业开发区	2014	3963	3677	16447		284800	276000	8800	8800		
54.马鞍山郑蒲港现代产业园区	2015	38023	19593	43172		686984	190385	290563	84370	206193	
马鞍山郑蒲港现代产业园区	2014	32585	17961	36140		655004	171050	250105	74652	175453	
55.马鞍山承接产业转移集中示范园区	2015	25796	3651	49587	8973	518102	431016	87086	17417	69669	
马鞍山承接产业转移集中示范园区	2014	25996	1186.8	41580.2	3804	1211290	638576	275107	18157.1	256949.9	
56.安徽花山经济开发区	2015										
安徽花山经济开发区	2014										
57.安徽马鞍山雨山经济开发区	2015	48042	33629	91140	7606	554463	304954	91486	54850	21940	
安徽马鞍山雨山经济开发区	2014	33496	21772	82600	3800	495110	277256	83175	53232	23422	
58.安徽马鞍山慈湖高新技术产业开发区	2015	20902	16722	65135		1970135	1514985	120345	47345	73000	
安徽马鞍山慈湖高新技术产业开发区	2014	19998	14399	104478	29123	1882309	1472108	103670	43326	60334	
59.安徽当涂经济开发区	2015	25322	11980	124659	15383	860840	744120	101720	61720	40000	
安徽当涂经济开发区	2014	26481	11726	133662	48499	802957	640583	154009	104009	50000	
60.安徽含山工业园区	2015	4450	4450	24300	2000	212500	191500	21000	10000	11000	
安徽含山工业园区	2014	3235	3025	20280	2000	172000	159200	12800	7000	5800	
61.安徽含山经济开发区	2015	17074	13246	30603	3709	227300	209300	18000	6000	12000	
安徽含山经济开发区	2014	15382	11832	27100	2950	163480	148480	15000	12000	3000	
62.安徽和县经济开发区	2015	9223	8828	16473	1364	220543	211063	6380	6380		
安徽和县经济开发区	2014	6776	4186	17937	2447	202750	165830	13150	13150		

1.当年新批进区外商投资企业	2.当年建成投产企业	3.新批外商投资项目投资总额	其中：合同外资金额	4.当年实际利用外商直接投资额	九、利用内资情况	1.当年新批进区省外境内项目	2.当年建成投产项目	3.在建省外境内投资项目个数	其中：亿元以上省外境内投资项目个数	4.在建省外境内投资项目总投资额	其中：亿元以上省外投资项目投资总额	5.当年实际利用省外境内资金额	其中：亿元以上项目到位省外资金额	十、专利申请授权情况	1.专利申请量	2.专利授权量
17	10	59362	28874	137471		401	243	410	313	14484671	13485070	5928975	4529370		5001	2875
9	10	68996	25512	107587		384	223	386	260	15101782	13728987	6248477	4843421		3948	2025
9	1	40645	16509	46629		62	23	61	61	1879418	1879418	615425	615425		794	603
2	4	60727	19889	44695		59	17	44	44	2315807	2315807	1100806	1100806		625	472
	1			1650		31	11	20	14	972103	949744	611258	596154		415	322
2		850	850	850		23	4	34	23	941679	920679	592759	578959		454	226
1	2	7305	3382	4120		26	15	26	16	1805173	1605813	703015	651283		30	20
1	1	1630	978	3271		21	10	21	10	1400000	1400000	500000	483800		28	17
2	2	700	356	7150		88	20	41	41	2512000	2512000	567000	567000		213	91
1	2	2000	1000	6510		94	19	47	47	2975000	2975000	674800	674800		153	25
2	1	4712	3627	26659		68	57	56	11	822255	761172	1314000	266320		81	57
1	1	289	195	15010		71	59	57	11	775540	698700	1105000	218850		95	66
				27032		44	25	80	77	2477685	2458686	647788	635204		967	657
				25050		48	30	65	54	2756356	2162201	880508	745160		638	313
1	1	500	500	16193		24	26	56	48	3140237	2570737	841679	709074		1915	727
1	1	1500	600	7636		21	25	56	37	3053200	2518600	803304	642476		1485	564
1	1	3500	2500	3838		22	17	7	7	102500	102500	191500	162000		108	72
				1065		18	16	6	6	96000	96000	182500	126800		95	67
1	1	2000	2000	4200		18	38	35	10	436300	308000	215600	105200		108	96
1	1	2000	2000	3500		15	35	33	8	408200	285000	188600	88360		95	82
						18	11	28	28	337000	337000	221710	221710		370	230
						14	8	23	20	380000	357000	220200	183410		280	193

开发区		一、全区经营（销售）收入	其中：规模以上工业销售收入	资质以内建筑业经营收入	限额以上贸易企业销售(经营)收入	房地产业经营收入	限额以上服务业企业销售（经营）收入	其中：主导产业经营(销售)收入	其中：主导产业一	主导产业二	主导产业三
淮北	2015	12067424.84	10976501	3719	343687.9	77509.7	12933.8	7817417	4697085	1867683	1252649
	2014	11566404.36	10563123	3537	298981.6	54452	8494.1	7523413	4588951	1921814	1012649
63. 安徽淮北经济开发区	2015	2776396	2538970			778.7		1047876	535519	269543	242814
安徽淮北经济开发区	2014	2495716	2282292			380		941941	479931	231102	230908
64. 安徽淮北临涣工业园	2015	1497652.64	1497652.6					1255327.8	763516.09	324692.73	167119
安徽淮北临涣工业园	2014	1479362.36	1479362.4					1226412.4	741712.36	319700	165000
65. 安徽淮北龙湖高新技术产业开发区	2015										
安徽淮北龙湖高新技术产业开发区	2014										
66. 安徽淮北杜集经济开发区	2015	1364293	1194536					1055495	1055495		
安徽淮北杜集经济开发区	2014	1294244	1122728					1006010	1006010		
67. 安徽淮北凤凰山经济开发区	2015	2358572.2	2074392.5	3339	277767.9		3072.8	1498821.1	713215.9	639469.2	146136
安徽淮北凤凰山经济开发区	2014	2104461	1826419.3	3061	254245.6		3895.1	1274822.6	626936.4	525687.6	122198.6
68. 安徽淮北烈山经济开发区	2015	1132109	1131982					1023621	411041	398683	213897
安徽淮北烈山经济开发区	2014	1662147	1661853					1430571	703613	633468	93490
69. 安徽濉溪经济开发区	2015	2915960	2521235	380	65920	72022	9861	1918543	1200565	235295	482683
安徽濉溪经济开发区	2014	2502720	2165468	476	44736	51318	4599	1626192	1013284	211856	401052
70. 濉溪芜湖现代产业园	2015	22442	17733			4709		17733	17733		
濉溪芜湖现代产业园	2014	27754	25000			2754		17464	17464		
铜陵	2015	13499085.5	10028836	342985	583627.2	36077	125714.5	9130602	6606615	1734647	789339.6
	2014	13104092.3	9887256	336078.4	448698.2	53864.5	79966	8846096	6248263	1871570	726262.7
71. 铜陵经济技术开发区	2015	8100000	6373180	217643	159353	17416	90785	5447202	3968260	1216800	262142
铜陵经济技术开发区	2014	8260000	6588982	222412	135698	40646	68354	5674479	4023286	1400999	250194
72. 铜陵承接产业转移集中示范园区	2015	13500	2300		10000	1060		12300	10000	2300	
铜陵承接产业转移集中示范园区	2014	4540	2100			2440		2175	2100	75	
73. 安徽铜陵狮子山高新技术产业开发区	2015	689963	575236		51444		13241	437786	283945	85984	67857
安徽铜陵狮子山高新技术产业开发区	2014	612744	479564		41491		10896	367887	238609	72255	57023
74. 安徽铜陵大桥经济开发区	2015	1057769	135758	119342	260614	3399	12527	341670	260614	65892	15164
安徽铜陵大桥经济开发区	2014	968705	121032.2	113476.5	236022			322185	236022	75360.9	10801.8
75. 安徽铜陵金桥经济开发区	2015	2853807.5	2321729	6000	102216.2	789	9161.5	2283350.6	1718440.6	303627.4	261282.6
安徽铜陵金桥经济开发区	2014	2494687.3	2043426.7	189.9	35487.2	8458.5	716	1891297.1	1394594.1	272021.1	224681.9
76. 安徽枞阳经济开发区	2015	784046	620633			13413		608293	365355	60044	182894
安徽枞阳经济开发区	2014	763416	652151			2320		588073	353652	50859	183562

二、工业总产值	其中：规模以上工业总产值	其中：高新技术产业产值	三、第二产业增加值	其中：工业增加值	其中：规模以上工业增加值	四、第三产业增加值	其中：现代服务业增加值	五、进出口总额	其中：出口额	进口额	六、税收财政收入情况	1.税收总额	其中：国税收入	其中：工业税收（国税）
11508899	11261935	4489312	2748852	2712440	2658617	178015.3	89601.6	33627	30229	3398		225567.1	151024.7	139293.7
11080804	10846628	3796247	2702772	2644971	2598175	194469	73309	31882	28519	3363		211104.8	140736.8	124285.8
2692319	2636477	1581886	656532	656049	646123	27708	25830	10151	8270	1881		24941	16873	16873
2371189	2322007	1277440	621227	597122	588088	67998	23510	8738	6652	2086		20642	15537	12880
1502351.4	1502351.4		338029.06	338029.06	338029.06							40956.07	34812.66	34812.66
1483562.5	1483562.5		333801.56	333801.56	333801.56							38950.93	33688.3	33688.3
1305951	1235347	931427	356454	341447	328361	44599		1020	620	400		29042	21781	20632
1218238	1157326	873759	330050	316742	307240	41181		930	560	370		29770	22498	21313
2131569	2106856.9	618953.6	469046	468945	463508	29488.3	491.6	2347	2342	5		34704	14815	6069
1892968	1852001	575711.4	416405	415763	407617	24455	619	1738	1726	12		33654	14382	5893
1158690	1158256	218661	254183	253964	253261			691	691			9045	4072	3889
1725247	1724081	72515	392708	392362	392070			2531	2156	375		10596	6026	3383
2692855	2597483	1138384	668008	647406	622735	76220	63280	19418	18306	1112		83046	58231	56780
2362600	2280651	996822	601580	582180	562358	60835	49180	17945	17425	520		75700	48463	46986
25164	25164		6600	6600	6600							3833	440	238
27000	27000		7000	7000	7000							1791.9	142.5	142.5
11278191	10399169	7402608	2605870	2515043	2316838	351936.1	187846.1	74805.2	45683.2	29122		361568.4	204966.9	117878.5
10481341	9788905	6610912	2308389	2232054	2076585	278983.6	141794.4	85816	55119	30697		328442.1	197395.7	122848.2
6800000	6582399	4838051	1408784	1362934	1332957	151605	92600	46063	28569	17494		147273	65708	40039
6500000	6317831	4652482	1263483	1221267	1191204	133227	81947	54113	35001	19112		130660	63715	42950
2800	2600		630	630	600	548	548	1.2	1.2			4855.87	120	19.1
2340	2100		520	520	500	300	300					2041	945	476
678549	577809	397466	151364	142496	130596	18703	3891	3982	2996	986		34563	17981	15369
584639	484213	331290	122453	118276	110756	11525	2397	3760	2787	973		31506	16823	14362
236353	135758	80314	106805	70696	37229	93497	12819	588	391	197		59132	54995	4051
217224	121033	95732.5	95109	65167	33206	84269	11661	2542	1498	1044		55373.6	50014.9	3743.4
2772196.4	2462310	1969848	709682.3	709682.3	630351.4	87583.1	77988.1	18846	8963	9883		79498.48	50440.88	43917.4
2400606	2192681	1425243	601630.2	601630.2	546315.9	49662.6	45489.4	17056	8112	8944		60289.52	42879.83	38591.8
788293	638293	116929	228605	228605	185105			5325	4763	562		36246	15722	14483
776532	671047	106164	225194	225194	194603			8345	7721	624		48572	23018	22725

开发区		地税收入	其中：工业税收（地税）	2、财政收入	其中：土地收入	七、固定资产投资总额	其中：工业投资	基础设施投资	其中：财政投入	银行贷款	八、利用外商直接投资情况
淮北	2015	74542.41	51070.41	237905.1	8553	3813983	3378956	197963	148480	41900	
	2014	70368.03	47210.03	230354.8	16698	3344244	3040942	181035	149535	31500	
63.安徽淮北经济开发区	2015	8068	7656	25547	202	1557950	1449635	21033	11550	1900	
安徽淮北经济开发区	2014	5105	3212	20642		1378717	1286734	47626	41126	6500	
64.安徽淮北临涣工业园	2015	6143.41	6143.41	40956.07		202356	193356	8500	8500		
安徽淮北临涣工业园	2014	5262.63	5262.63	38950.93		200293	192293	8000	8000		
65.安徽淮北龙湖高新技术产业开发区	2015										
安徽淮北龙湖高新技术产业开发区	2014										
66.安徽淮北杜集经济开发区	2015	7261	6897	31754	2712	181587	148150	33437	33437		
安徽淮北杜集经济开发区	2014	7272	6908	35751	5500	163592	131689	31903	31903		
67.安徽淮北凤凰山经济开发区	2015	19889	7553	35056		405365	286769	17360	17360		
安徽淮北凤凰山经济开发区	2014	19272	7139	34246	22	266690	251654	650	650		
68.安徽淮北烈山经济开发区	2015	4973	4822	11527		406709	367059	39650	39650		
安徽淮北烈山经济开发区	2014	4570	3224	14573	3976	434702	399341	35361	35361		
69.安徽濉溪经济开发区	2015	24815	17704	85852	2806	840021	781628	10347	10347		
安徽濉溪经济开发区	2014	27237	19815	82900	7200	784139	706315	14300	9300	5000	
70.濉溪芜湖现代产业园	2015	3393	295	7213	2833	219995	152359	67636	27636	40000	
濉溪芜湖现代产业园	2014	1649.4	1649.4	3291.9		116111	72916	43195	23195	20000	
铜陵	2015	156601.5	108058.1	479565.5	32805.6	3929939	2946845	140761	26955.3	74655.7	
	2014	131046.4	73639.1	474270.6	106352	3573183	2656184	194918	56393.4	70606.6	
71.铜陵经济技术开发区	2015	81565	47013	184252	12808	1780372	1213727	50270	20270	30000	
铜陵经济技术开发区	2014	66945	19308	198320	53888	1530439	1048966	45927	25927	20000	
72.铜陵承接产业转移集中示范园区	2015	4735.87	120.53	10245.87	5390	101880	60693	41187		20000	
铜陵承接产业转移集中示范园区	2014	1096	731.8	8530	6370	200407	147915	52492		5400	
73.安徽铜陵狮子山高新技术产业开发区	2015	16582	14026	37052	1530	520071	513571	6500	1000	5500	
安徽铜陵狮子山高新技术产业开发区	2014	14683	11236	33001	1420	460013	455013	5000	1000	4000	
74.安徽铜陵大桥经济开发区	2015	4137	1526	64692		612456	365174	17963			
安徽铜陵大桥经济开发区	2014	5358.7	1412.6	59223.6		550682	322985	19926			
75.安徽铜陵金桥经济开发区	2015	29057.6	26096.6	146647.6	12647.6	701381	587781	16961	805.3	16155.7	
安徽铜陵金桥经济开发区	2014	17409.69	15668.7	119985	38035	621596	500058	42774	10667.4	31206.6	
76.安徽枞阳经济开发区	2015	20524	19276	36676	430	213779	205899	7880	4880	3000	
安徽枞阳经济开发区	2014	25554	25282	55211	6639	210046	181247	28799	18799	10000	

1.当年新批进区外商投资企业	2.当年建成投产企业	3.新批外商投资项目投资总额	其中：合同外资金额	4.当年实际利用外商直接投资额	九、利用内资情况	1.当年新批进区省外境内项目	2.当年建成投产项目	3.在建省外境内投资项目个数	其中：亿元以上省外境内投资项目个数	4.在建省外境内投资项目总投资额	其中：亿元以上省外投资项目投资总额	5.当年实际利用省外境内资金额	其中：亿元以上项目到位省外资金额	十、专利申请授权情况	1.专利申请量	2.专利授权量
1		18594	686	31208		58	40	104	94	3953965	3920032	1307758	1263931		954	508
3	2	33016	22102	28838		82	35	110	87	3395050	3313535	1330582	1235228		1369	796
1		1514	686	11888		10	10	30	28	1099356	1091023	409874	400874		128	75
3		14233	6449	10347		33	10	28	26	1097559	1086744	362000	353000		106	148
								7	7	429000	429000	90000	90000			
								2	2	232000	232000	98000	98000			
						4	5	9	9	216400	216400	110618	84253		320	169
						7	6	14	13	213900	205900	105351	80625		656	374
				1850		12	8	17	9	328600	303000	169850	161388		128	92
	2			1550		8	11	26	13	362000	341300	230390	171762		125	90
				509		6	5	10	10	191854	191854	179146	179146		68	39
				934		5	2	5	5	133591	133591	104634	104634		196	75
		17080		16961		10	10	23	23	1321000	1321000	210000	210000		290	133
		18783	15653	16007		15	6	32	25	1268000	1226000	408000	405000		286	109
						16	2	8	8	367755	367755	138270	138270		20	
						14		3	3	88000	88000	22207	22207			
3	1	5850	850	14203		68	88	336	154	6586934	6300135	2602315	2538630		2968	1561
4	2	8611.6	3290	18775		205	90	280	132	5696757	5357847	2552684	2259556		2593	1423
2		850	850	8049		36		255	77	3500000	3308129	1300000	1270000		800	446
1		3000	3000	7743		176		230	86	3241672	2945000	1200000	1125000		604	455
								5	5	785500	785500	206220	206220		3	2
1		321.6		200		2	2	7	7	907500	907500	300660	300660		114	42
1	1	5000		2592		10	5	6	5	400000	326345	312363	284636		579	302
1	1	5000		833		9	4	5	4	315200	288526	283152	264536		482	251
				1000			67	25	25	609800	609800	214117	214117		264	137
				4915			59					193220			219	113
				2383		5	2	33	33	1082998.5	1082998.5	391019	391019		810	350
				4218		3	13	28	28	1051138	1051138	413717.9	413717.9		712	346
				179		17	14	12	9	208635	187362	178596	172638		512	324
1	1	290	290	866		15	12	10	7	181247	165683	161934	155642		462	216

开发区		一、全区经营（销售）收入	其中：规模以上工业销售收入	资质以内建筑业经营收入	限额以上贸易企业销售(经营)收入	房地产业经营收入	限额以上服务业企业销售（经营）收入	其中：主导产业经营(销售)收入	其中：主导产业一
安庆	2015	26602732.3	19226709	673015	3233848	342869	620534.6	15499728	9168302
	2014	24175295.8	17456128	578788	2995834	200498	579340.1	13944608	8131324
77. 安庆经济技术开发区	2015	10013314	6265326	260491	2717326	44955	225173	4691351	3121916
安庆经济技术开发区	2014	9074388	5641591	277224	2525291	49067	209976	4269063	2787425
78. 安庆化工新材料产业集中区	2015	247785	229896		1379		16510	237743	212080
安庆化工新材料产业集中区	2014	238513	210008		2771		25734	235233	205508
79. 安徽安庆临港经济开发区	2015	388328.2	372128.2			250		372128.2	247490.8
安徽安庆临港经济开发区	2014	333573.8	318973.8			1300		318973.8	203809.2
80. 安徽安庆高新技术产业开发区	2015	234570	208647					208647	174863
安徽安庆高新技术产业开发区	2014	230456	199049					128160	98564.9
81. 安徽安庆海口经济开发区	2015								
安徽安庆海口经济开发区	2014								
82. 安徽安庆长江大桥经济开发区	2015	2399951	638767	51820	384329	130027	163029	873632	369337
安徽安庆长江大桥经济开发区	2014	2221990	598960	50804	345906	75030	151394	786035	323073
83. 安徽怀宁经济开发区	2015	1850027	1665078	3526	24618		65825	1347067	480875
安徽怀宁经济开发区	2014	1847286	1663952	3138	30883		64126	1310313	425879
84. 安徽潜山经济开发区	2015	2059034	1726446	68582	6833	35826	81045	1701113	684667
安徽潜山经济开发区	2014	1791980	1483308	67058	5086	31873	57858	1399023	543386
85. 安徽潜山源潭经济开发区	2015	525776	322567	81320		9829	6891	307732	307732
安徽潜山源潭经济开发区	2014	461208	252006	71965		8776	5743	237528	237528
86. 安徽太湖经济开发区	2015	1092480	1049760		28780		12130	745536	289818
安徽太湖经济开发区	2014	1003270	935466		23439		16946	630978	246849
87. 安徽宿松经济开发区	2015	1302607	1272126			10831	495.6	1003930	537916
安徽宿松经济开发区	2014	1139060	1127023				468.1	892833	540346
88. 安徽宿松临江产业园	2015	32954	32954					32954	32954
安徽宿松临江产业园	2014	31309	28301					28301	28301
89. 安徽望江经济开发区	2015	1186952.1	1136801.8			6300	2178	1136801.8	924143.6
安徽望江经济开发区	2014	1129355	1062014.7			5800		1062014.7	862423.6
90. 安徽望江桥港经济开发区	2015	45350	43200				817	29900	29900
安徽望江桥港经济开发区	2014	44052	42031				800	29225	29225
91. 安徽岳西经济开发区	2015	962002	865002	18581	445			781654	441192
安徽岳西经济开发区	2014	869638	781667	17203	416			708521	399761
92. 安徽桐城经济开发区	2015	3216250	2538409	181261	66425	102039	46117	1226323	547826
安徽桐城经济开发区	2014	2808899	2338932	82701	56342	26301	44639	1138526	508408
93. 安徽桐城双新经济开发区	2015	1045352	859601	7434	3713	2812	324	803216	765592
安徽桐城双新经济开发区	2014	950318	772845	8695	5700	2351	1656	769880	690837

主导产业二	主导产业三	二、工业总产值	其中：规模以上工业总产值	其中：高新技术产业产值	三、第二产业增加值	其中：工业增加值	其中：规模以上工业增加值	四、第三产业增加值	其中：现代服务业增加值	五、进出口总额	其中：出口额	进口额	六、税收财政收入情况	1.税收总额	其中：国税收入	其中：工业税收（国税）
3679926	2651500	20538095	19497047	3968522	5990621	5736555	5237986	1327936	744905.5	131912	108695	23217		404592.1	219169.2	173611.4
3411779	2401505	18648937	17722239	3533749	5468848	5239680	4785012	1232071	673500	130778	105413	25365		410711.5	235216.6	185808.5
1095862	473573	6328169	6311592	573796	2090655	1988834	1785861	940225	468903	42120	30651	11469		115004	73657	42570
1032019	449619	5739437	5712136	540175	1929156	1829316	1639161	875201	427592	45308	33065	12243		116374	79527	49636
9153	16510	267576	254383	250383	72245	72245	72123.4	5778	5778	17251	17079	172		6020	5000	4760
3991	25734	250100	240000	239500	68527	66527	67800	7126	7126	15502	15475	27		5855	4981	3795
77328.2	47309.2	409696	393496	121408.6	110617	110617	106243			10314	4769	5545		9446	7061	7061
70236.9	44927.7	340216.1	325616.1	118624.7	91858	91858	87916			10055	3891	6164		6268.5	4514.1	4514.1
28380	5404	241148	214631	92655	69933	69933	62243			3543	3543			13400	9005	9005
29595.1		242280	210889	87276	70261	70261	61157.8			3289	3289			11900	9900	9900
120339	383956	724226	651803	251291	194011	181056	170121	81195	60978	4257	2267	1990		63859	25998	24698
117056	345906	679093	611184	231877	182474	169773	158908	74605	55953	3207	892	2315		62733	22891	21820
538822	327370	1781903	1692695	561938	490607	489580	475524	26840	4135	5418	5049	369		20659	13471	10237
530725	353709	1779511	1690206	504661	490183	489273	474982	25728	4015	6102	5755	347		32499	23922	21595
565784	450662	1904835	1791254	754285	619518	614321	559478	54678	34566	8803	7742	1061		25764	14003	13896
463758	391879	1549074	1491089	601617	529580	521004	472836	44947	26887	7154	6344	810		28926	17926	13043
		445893	329567	26342	128578	103445	82093	4671		1144	1094	50		7100	3800	3420
		374724	265784	18342	105450	82718	65520	3671		912	912			6590	3700	3378
249286	206432	1085590	1036220	277062	268114	268114	255910	15425	12056	5245	4235	1010		16685	7122	7080
225103	159026	997275	950588	261856	245357	245357	234846	11920	9392	5231	3600	1631		15956	7084	6569
254868	211146	1302607	1272126	199136	336222	331678	307291	13250	10411	4178	3798	380		16012	8646	3964
225356	127131	1139060	1127023	198211	299962	296156	267828	11850	9311	6245	5841	404		17224	10171	5525
		32954	32954	32954	8766	8766	8766			180	98	82		2439	480	480
		32124	32124	32124	8511	8511	8511			126	119	7		896.78	360.23	360.23
109589.9	103068.3	1172809.2	1136801.8	98563.3	327015.8	327015.8	318304.5	36930.5	36897.5	5195	5144	51		13303.06	8137.2	7862.4
103984.8	95606.3	1091165	1062014.7	58121.3	305525	305525	297363	34006	33882	4532	4282	250		11762.2	6952.3	6733.2
		60050	48500		15222	12080	9800	1010	625	708	459	249		716	460	83
		58320	47200		14850	11800	9587	980	610	696	451	245		700	450	82
266437	74025	995566	874338	155772	304805	263837	208327	26708	18123	1414	1410	4		16356	13705	10389
241772	66988	898142	788569	140485	276365	229805	189446	24630	17089	2885	2881	4		15588	13060	10187
341551	336946	2879437	2591494	545445	724924	670908	603953	115403	92322	22067	21357	710		72509	25854	25354
297165	332953	2656020	2390418	482554	640842	616197	554800	104060	80732	18901	18069	832		72096	27205	26114
22526	15098	905636	865192	27491	229388	224125	211948	5822	111	75		75		5320	2770	2752
71017	8026	822396	777398	18325	209947	205599	194350	13347	911	633	547	86		5343	2573	2557

开发区		地税收入	其中：工业税收（地税）	2.财政收入	其中：土地收入	七、固定资产投资总额	其中：工业投资	基础设施投资	其中：财政投入	银行贷款	八、利用外商直接投资情况
安庆	2015	185422.9	87235.5	671290.3	252588.3	5012260.44	4201955	602877.4	178516.4	204526	
	2014	175494.9	56074.45	721039	300956.5	4636913.73	3614494	637494.7	218864.7	214833	
77.安庆经济技术开发区	2015	41347	12533	273837	153623	1537836	1309609	199362	47813	64781	
安庆经济技术开发区	2014	36847	1024	284648	165456	1531466	1157669	170859	39118	55612	
78.安庆化工新材料产业集中区	2015	1020	780	9817	3797	230582	194892	35690		35690	
安庆化工新材料产业集中区	2014	874	470	35077	29222	171287	153693	17594		17594	
79.安徽安庆临港经济开发区	2015	2385	2385	10383.84	937.84	108546	97978	10568			
安徽安庆临港经济开发区	2014	1754.4	1754.4	8253.4	1984.9	152935	122880	30055		23000	
80.安徽安庆高新技术产业开发区	2015	4395	4395	16338.79	2938.79	82391.44	79951	2440.44	2440.44		
安徽安庆高新技术产业开发区	2014	2000	2000	19797	7597	83545.73	80098	3447.73	3447.73		
81.安徽安庆海口经济开发区	2015										
安徽安庆海口经济开发区	2014										
82.安徽安庆长江大桥经济开发区	2015	37861	2840	63859		346375	249931	56113			
安徽安庆长江大桥经济开发区	2014	39842	3050	62733		339470	245988	55659			
83.安徽怀宁经济开发区	2015	7188	6265	31286	10627	241563	167813	73750	18754	3500	
安徽怀宁经济开发区	2014	8577	7830	42160	9661	225010	167062	57948	21095	3140	
84.安徽潜山经济开发区	2015	11761	11000	54240	28476	401831	370590	31241	5120	26121	
安徽潜山经济开发区	2014	11000	3766	45923	16997	338066	304472	28646	4989	23657	
85.安徽潜山源潭经济开发区	2015	3300	1028	13106	5830	107680	81740	20325	18292		
安徽潜山源潭经济开发区	2014	2890	902	12306	5716	93000	76936	16064	14356		
86.安徽太湖经济开发区	2015	9563	5340	19510	1170	174230	157130	17100	1300	5000	
安徽太湖经济开发区	2014	8872	4120	19196	1445	166462	149636	16820	1850	4000	
87.安徽宿松经济开发区	2015	7366	4480	38506	20106	331436	299511	31925	23055	8870	
安徽宿松经济开发区	2014	7053	6101	48206	28239	247930	195140	52790	45790	7000	
88.安徽宿松临江产业园	2015	1959	1959	1804	1804	79195	37212	39169	28164	10040	
安徽宿松临江产业园	2014	536.55	536.55	1596.78	700	72656	26792	45864	19866	8000	
89.安徽望江经济开发区	2015	5165.86	3931.5	19658.7	6355.69	266950	230830	9880	1350	8530	
安徽望江经济开发区	2014	4809.9	3665.5	12917.8	1155.6	263220	214620	23600	3000	20600	
90.安徽望江桥港经济开发区	2015	256	45	1030	300	122000	98000	17500	5700	11500	
安徽望江桥港经济开发区	2014	250	43	1020	300	113800	92300	16530	5390	10930	
91.安徽岳西经济开发区	2015	2651	1983	22589	5943	185100	128159	12492	8300	3400	
安徽岳西经济开发区	2014	2528	1860	21838	5779	143800	114460	11055	7500	3200	
92.安徽桐城经济开发区	2015	46655	26568	85754	6429	697701	611993	33094	11000	22094	
安徽桐城经济开发区	2014	44891	17100	98504	25184	603674	434799	77920	47820	30100	
93.安徽桐城双新经济开发区	2015	2550	1703	9571	4251	98844	86616	12228	7228	5000	
安徽桐城双新经济开发区	2014	2770	1852	6863	1520	90592	77949	12643	4643	8000	

1.当年新批进区外商投资企业	2.当年建成投产企业	3.新批外商投资项目投资总额	其中：合同外资金额	4.当年实际利用外商直接投资额	九、利用内资情况	1.当年新批进区省外境内项目	2.当年建成投产项目	3.在建省外境内投资项目个数	其中：亿元以上省外境内投资项目个数	4.在建省外境内投资项目总投资额	其中：亿元以上省外投资项目投资总额	5.当年实际利用省外境内资金额	其中：亿元以上项目到位省外资金额	十、专利申请授权情况	1.专利申请量	2.专利授权量
8	8	45445	13476	12608		169	139	314	197	7922856	7051509	3615319	2900230		4911	1822
9	8	40345	29516	20406		180	117	304	179	8224881	7430863	3484449	2616114		3017	1434
2	2	5746	5746	3882		51	28	45	41	1817000	1817000	1031000	1031000		1538	640
2	2	5280	5168	3971		50	27	44	40	1817000	1817000	1031000	1031000		637	279
				503		10	8	18	14	661800	577700	436650	429805		65	11
						4	5	18	17	1298500	1295500	508700	508700			
						5	9	11	7	155920	131350	66769	45949		184	104
1	3	1095	1095	971		7	8	10	8	233000	224550	73587	69837		50	35
				2019			2	1	1	10027	10027	600	600		11	5
				412			3	3	2	83400	77900	15542	10042		7	4
1	2	280	280	2994		17	18	39	32	1373900	1346200	224500	201200		237	64
1		16680	16680	6426		15	8	30	21	1100340	1057440	183500	158000		48	33
				113		12	13	59	19	550600	361550	147944	110358		690	178
1		4800	4800	2302		11	16	66	16	497545	376650	127860	56061		315	152
1	1	2189	920	28		17	12	48	19	707105	618524	393528	175818		626	267
1	1	1710	860	245		28	15	54	25	634889	539648	369425	162432		567	176
						8	4	15	8	185000	95800	78230	44310		30	21
				400		9	3	13	7	177000	92167	70895	36962		26	19
	1			1726		8	7	4	2	181260	112450	136640	132780		83	77
	1			1996		9	6	4	2	175560	116000	149810	143250		82	100
				53		13	10	13	12	324128	316900	331436	188710		61	82
				164		10	4	8	4	129052	99052	247930	72344		271	122
						12	1	11	6	183246	170324	90125	72153			
						11	1	11	5	166525	160256	89669	70523		8	6
1	1	1000		300		3	1	22	20	830780	741700	260750	215300		149	39
				901		7	1	20	18	698780	609700	214600	151000		140	37
								1	1	100000	100000	54000	33000			
								1	1	100000	100000	50000	30470			
				550		6	9	5	3	45000	36000	26700	4126		702	157
				534		5	8	5	3	42000	35000	24500	3850		425	117
3		36230	6530	192		5	8	17	9	569000	400000	295300	180480		520	168
3	1	10780	913	1034		13	2	15	9	900000	670000	310160	99000		429	348
	1			248		2	9	5	3	228090	215984	41147	34641		15	9
				1050		1	10	2	1	171290	160000	17271	12643		12	6

开发区		一、全区经营（销售）收入	其中：规模以上工业销售收入	资质以内建筑业经营收入	限额以上贸易企业销售(经营)收入	房地产业经营收入	限额以上服务业企业销售（经营）收入	其中：主导产业经营(销售)收入	其中：主导产业一	主导产业二	主导产业三
黄山	2015	5846022.23	4602834	32055	307200.8	90074	117724.5	3270544	1749747	885122.5	635674.3
	2014	5552261.61	4476522	45209	310789.5	77918	108461.4	2929052	1748688	688812.9	491551.8
94.安徽黄山经济开发区	2015	897812	588262	797	81873	24853	78578	201564	79510	68776	53278
安徽黄山经济开发区	2014	880812	599583	622	63496	11239	83439	209794	80581	54530	74683
95.安徽黄山工业园区	2015	582436.43	382571.3		20047.8		2492	471087.87	265292.5	103719.26	102076.11
安徽黄山工业园区	2014	533216.61	448062.63		23051.9		2037.3	431175.63	301827.83	49800.7	79547.1
96.安徽黄山徽州经济开发区	2015	1402615	1202816		101412	14071	4474	908722	591925	242176	74621
安徽黄山徽州经济开发区	2014	1398963	1179929		109706	13287	3476	836392	603419	157104	75869
97.安徽歙县经济开发区	2015	1609386	1313675	11637	55782	38181	15162	898568	467661	200256	230651
安徽歙县经济开发区	2014	1476790	1198924	28837	62806	33567	12618	719077	428506	173649	116922
98.安徽歙县北岸经济开发区	2015	140000	102527.9		8546.6			122151.4	38631.8	54714.9	28804.7
安徽歙县北岸经济开发区	2014	141303	106497.3		12528.9			106497.3	35314	50404.3	20779
99.安徽休宁经济开发区	2015	556732.8	473066		37755.4	12409	7166.5	350384.4	196795	113966.4	39623
安徽休宁经济开发区	2014	545077	459599.6		39200.7	19225	6891.1	341121	195293.9	109305.4	36521.7
100.安徽黟县经济开发区	2015	255145	198600		300	560	6285	147700	47980	41200	58520
安徽黟县经济开发区	2014	214000	171000			600		120351	46183	35468	38700
101.安徽祁门经济开发区	2015	401895	341316	19621	1484		3567	170366.4	61952	60313.9	48100.5
安徽祁门经济开发区	2014	362100	312926.7	15750				164644.4	57562.9	58551.5	48530

二、工业总产值	其中：规模以上工业总产值	其中：高新技术产业产值	三、第二产业增加值	其中：工业增加值	其中：规模以上工业增加值	四、第三产业增加值	其中：现代服务业增加值	五、进出口总额	其中：出口额	进口额	六、税收财政收入情况	1.税收总额	其中：国税收入	其中：工业税收（国税）
5357152	4727759	1993422	1228458	1212624	1099229	237726.4	106742.4	57612.59	47534.91	10077.68		192935	114584.3	69458.87
5144237	4648803	1848988	1185763	1163413	1074850	222369.8	93370	53868.85	45604.49	8264.36		189699.9	113870.5	63112.06
726011	614104	232571	171879	171879	148656	55928	31127	19248	15631	3617		63904	41510	17941
725745	627404	166834.7	182134	179606	154203	54454.8	24616	19190.3	16840.7	2349.6		59511	35243	12120
602359.5	386412.35	385944	108930.9	108301.5	73576.17	2699.4	2699.4	2438.6	2438.55	0.05		9344.8	4571.27	4571.27
567675.05	453727.69	361807	101071.32	101071.32	87787.81	1020	1020	1219.19	1219	0.19		9277.58	5093.33	4670.56
1322700	1237973	461555	309843	309526	303215	102459	31589	12261	9745	2516		44679	30166	19073
1348799	1248428	505776	309245	307298	299327	98765	31201	9402	7544	1858		43103	26969	17266
1415003	1344533	617380	345052	334991	319998	60587	33965	7093	6927	166		34610	16555	12164
1286438	1237627	552088	318323	304098	291810	57592	31088	6365	5930	435		35009	17633	12359
131123	105321.3	31877.9	29900	29900	24200	7800	3702	886.23	863.02	23.21		3306.9	2490.6	1600
130293.7	112059.3	28583.9	29967.5	29967.5	25773.6	8020	3805	850.94	818.73	32.21		3600	2700	2100
511063.6	479978.9	98760.2	104381.5	104381.5	96891.4	2770	1800	11611.36	7889.74	3721.62		27135.4	12773.9	8352.9
494386.4	464563.8	92549.4	100714.6	100714.6	94160.8	2518	1640	11608.22	8037.66	3570.56		26686.9	17622.3	5989.9
260000	209000	28750	57000	57000	45800	1860	1860	1970	1970			4237	3399	2644
228900	183200	26860	51658	51658	41340			2982	2982			4100	3120	3120
388892	350436	136584	101472	96645	86892	3623		2104.4	2070.6	33.8		5717.9	3118.5	3112.7
362000	321793.6	114488.9	92650	89000	80448			2251.2	2232.4	18.8		8412.4	5489.9	5486.6

开发区		地税收入	其中：工业税收（地税）	2.财政收入	其中：土地收入	七、固定资产投资总额	其中：工业投资	基础设施投资	其中：财政投入	银行贷款	八、利用外商直接投资情况
黄山	2015	78350.73	33577.23	206552.2	13524.3	1184670	685094	163858	95423	35050	
	2014	75829.35	28290.52	210329.7	20629.8	1398628	818000	163403	61597	43450	
94.安徽黄山经济开发区	2015	22394	6952	67401	3497	474827	143446	70481	45481	25000	
安徽黄山经济开发区	2014	24268	6270	61482	1971	504796	148847	66683	33581	33102	
95.安徽黄山工业园区	2015	4773.53	4773.53	9344.8		115114	108419	6695	1695	1400	
安徽黄山工业园区	2014	4184.25	3975.39	9277.58		110951	104530	6421	1567	900	
96.安徽黄山徽州经济开发区	2015	14513	7917	49016	4337	181896	116742	21647	21647		
安徽黄山徽州经济开发区	2014	16134	5806	48671	5568	180785	109826	22739	2600	1648	
97.安徽歙县经济开发区	2015	18055	7504	37520	2910	192910	165760	23250	18250	2000	
安徽歙县经济开发区	2014	17376	6700	38366	3357	228275	195254	21679	15679	2000	
98.安徽歙县北岸经济开发区	2015	816.3	700	3400		15000	12700	2300	2300		
安徽歙县北岸经济开发区	2014	900	500	3645	45	21100	19000	2100	2100		
99.安徽休宁经济开发区	2015	14361.5	3769.9	29057.7	1922.3	81208	47162	6635	2500		
安徽休宁经济开发区	2014	9064.6	2853.3	34495.7	7808.8	163063	74385	20281	2370		
100.安徽黟县经济开发区	2015	838	686	4857	620	58600	50400	8200	1600	5000	
安徽黟县经济开发区	2014	980	810	4700	600	51000	43000	8000	1200	4000	
101.安徽祁门经济开发区	2015	2599.4	1274.8	5955.7	238	65115	40465	24650	1950	1650	
安徽祁门经济开发区	2014	2922.5	1375.83	9692.4	1280	138658	123158	15500	2500	1800	

1.当年新批进区外商投资企业	2.当年建成投产企业	3.新批外商投资项目投资总额	其中：合同外资金额	4.当年实际利用外商直接投资额	九、利用内资情况	1.当年新批进区省外境内项目	2.当年建成投产项目	3.在建省外境内投资项目个数	其中：亿元以上省外境内投资项目个数	4.在建省外境内投资项目总投资额	其中：亿元以上省外投资项目投资总额	5.当年实际利用省外境内资金额	其中：亿元以上项目到位省外资金额	十、专利申请授权情况	1.专利申请量	2.专利授权量
3		1676	1356	9324		61	55	178	119	3201477	2523227	928327	716118		608	558
8	2	10722.64	8829.14	14574.4		88	54	180	120	3728219	2991698	1022836	745722		674	541
3		1676	1356	3102		24	6	57	45	1119817	1050717	370622	294767		103	100
3	1	4501.64	3001.14	5864		24	9	47	43	1361400	1311700	322184	269486		132	96
						6	9	6	3	69400	12000	24240	9200		40	33
						3	4	5	3	108100	73900	26880	7300		35	27
				3045		11	12	62	34	561400	517000	164780	149500		138	123
3	1	3541	3428	2632		19	8	58	33	550329	506018	151922	136711		123	82
				3177		8	14	25	18	841170	394690	190100	118120		141	130
1		280		3036		11	17	31	20	724390	453080	220180	110960		125	118
						1		1	1	15000	15000	5000	3000		27	15
						4	3	1	1	14500	13000	4000	2000		30	20
						2	9	15	13	431190	417820	119185	108631		82	91
1		2400	2400	2727.4		14	8	20	14	766500	526000	214070	188065		126	128
						3	2	7	2	65000	31000	25600	11600		36	36
				200		5	1	6	2	68000	31000	22400	9600		49	22
						6	3	5	3	98500	85000	28800	21300		41	30
				115		8	4	12	4	135000	77000	61200	21600		54	48

开发区		一、全区经营（销售）收入	其中：规模以上工业销售收入	资质以内建筑业经营收入	限额以上贸易企业销售(经营)收入	房地产业经营收入	限额以上服务业企业销售（经营）收入	其中：主导产业经营(销售)收入	其中：主导产业一	主导产业二	主导产业三
滁州	2015	21036363.9	14338600	634653	1322803	905758	251290.1	9909296	6046080	2556446	1306771
	2014	18085480.4	12265867	509779	1187097	617525.5	234292	8215156	4911909	2103645	1199602
102.滁州经济技术开发区	2015	7203560	4464712	506476	742585	242736	189527	2755954	1172764	1165115	418075
滁州经济技术开发区	2014	6086300	3639496	402686	697854	150301	184904	2185040	895422	907141	382477
103.苏滁现代产业园	2015	108758	16195		43822.2			16195	16195		
苏滁现代产业园	2014	24765			19178.6						
104.滁州承接产业转移集中示范园区	2015										
滁州承接产业转移集中示范园区	2014										
105.安徽滁州琅琊经济开发区	2015	290584	284188					124738	62156	33139	29443
安徽滁州琅琊经济开发区	2014	218175	216284					91713	37529	32266	21918
106.安徽滁州南谯工业园区	2015	1069790	721740		57205	262915	6954	338023	155345	101740	80938
安徽滁州南谯工业园区	2014	853295	609285		37338	198561	5515	278724	127705	85768	65251
107.安徽来安汊河经济开发区	2015	1141915	620308		194270	221583		630757	252342	194270	184145
安徽来安汊河经济开发区	2014	1027261	457887		171574	121995		437752	83707	168638	185407
108.安徽来安经济开发区	2015	1072836	885067	16589	10695	25542	11549	717553	551231	101754	64568
安徽来安经济开发区	2014	956547	777063	13252	10234	19857	7719	587724	412508	105508	69708
109.安徽全椒经济开发区	2015	1422335	1192833	61119	48752	16679	14110	702340	349300	243224	109816
安徽全椒经济开发区	2014	1226151	1048826	53201	37847	16212	11506	596271	278666	208042	109563
110.安徽定远盐化工业园	2015	504975	378309		119656			469849	350193	119656	
安徽定远盐化工业园	2014	457605	336760		114290			448329	334039	114290	
111.安徽定远经济开发区	2015	520385	307134		85269	88508	7443	168077	80511	50852	36714
安徽定远经济开发区	2014	426336	247328		81344	69989.5	6772	127520	63387	32393	31740
112.安徽凤阳硅工业园	2015	238056.9	203180.4		418.4	21115		197465.9	115461.5	52447.5	29556.9
安徽凤阳硅工业园	2014	162781.4	146080			14054		108850.8	87864.9	20985.9	
113.安徽凤阳工业园区	2015	659873	518939		7148.1	1425	5617.1	409510.5	310498	65230.3	33782.2
安徽凤阳工业园区	2014	591201	471388		6651	6283	5157	368881	270280	64311	34290
114.凤阳宁国现代产业园	2015										
凤阳宁国现代产业园	2014										
115.安徽天长秦栏经济开发区	2015	1596421	485878					453545	338713	65809	49023
安徽天长秦栏经济开发区	2014	1474125	481166					361943	259673	54552	47718
116.安徽天长经济开发区	2015	4455240	3609222	50469	3740	4532	15314	2592105	2149544	258794	183767
安徽天长经济开发区	2014	3866596	3244653	40640	3238		12103	2302895	1903194	227174	172527
117.安徽明光工业园区	2015	751635	650895		9242	20723	776	333184	141826	104415	86943
安徽明光工业园区	2014	714342	589651		7548	20273	616	319513	157934	82576	79003

二、工业总产值	其中：规模以上工业总产值	其中：高新技术产业产值	三、第二产业增加值	其中：工业增加值	其中：规模以上工业增加值	四、第三产业增加值	其中：现代服务业增加值	五、进出口总额	其中：出口额	进口额	六、税收财政收入情况	1.税收总额	其中：国税收入	其中：工业税收（国税）
17991545	14595193	9104743	4622709	4448044	3460556	505275	349168	189946.5	131633.2	58313.31		777516.4	411162.2	339654.1
15391974	12517772	7489339	4048416	3901436	3013993	460524	327055	180653.7	111803.3	68850.4		631447.3	316715.4	257089
5264318	4547714	2931627	1438072	1280874	1013618	277601	224610	63495	44441	19054		236412	155927	110985
4345277	3746173	2320220	1279694	1149630	865504	256886	213960	63299	37972	25327		197931	123254	87727
35837	16195	16195	8960	8960	4123	10617	771	699.06	58.17	640.89		15265	4539	1449
4295			838	838		4094	236	277.91	102.88	175.03		6384	1248	165.6
315894	293307	67807	74867	74867	72726			1793.3	1593.5	199.8		12115.6	9052.9	9052.9
267289	225533	66360	57598	57598	55904			1403	91	1312		8941	5742	5742
735731	731343	345296	194121	194121	180808	14979	3253	3609	3569	40		60819	27522	21341
616248	613174	284182	154120	154120	151799	12080	2645	2840	2771	69		48911	21083	16443
726062	622459	154233	188776	188776	125680	75263	75263	3522	1070	2452		51172	11969	10825
603584	457887	143572	168745	168745	103696	67977	67977	1482	747	735		41909	7150	6592
1003561	888304	606982	265911	262925	233623	13418	3615	9496	7012	2484		45969	26729	26729
872610	774130	513841	233665	231220	205144	16364	4253	5640	2366	3274		40465	21160	21160
1414206	1227818	779840	325479	311991	270985	19629	6349	5141	4516	625		61907	37545	30233
1219143	1086444	637239	282213	269858	243289	15554	5177	12121	4671	7450		50848	21465	15824
398356	392076	225637	94602	94602	93393	29910		53.4	53.4			17740	9014	7305
341532	335282	187597	80333	80333	78863	28550		236	236			14175	6965	5644
345428	310272	82743	76356	76356	71701	24576	24576	2012.18	1785.59	226.59		21031.4	5083.26	5083.26
273029	253636	34011	62448	62448	58018	24123	24123	1109.95	1109.55	0.4		16023.99	3190	3190
203581	200381	88398	55068	55068	53787			4.24	3.01	1.23		14595.87	1939.9	1939.9
148748	146748	52606.7	43400	43400	42800			1.17		1.17		11471.31	3540.4	3540.4
689785	553210.3	214490	219836	219038	166488	24156	7935	5493.3	5348.5	144.8		25131.5	14209.1	13891
602588	490939	76420	194546	193839	147908	23467	7213	2647.7	1570.9	1076.8		24858	14444	10110
1600854	501678	492124	409819	409624	133877	2816	1221	14915	14566	349		17630	12706	12409
1476280	501475	488463	377917	376508	123362	2181	589	13633	13414	219		14538	11650	11379
4499982	3622485	2894731	1089496	1089496	875148	7013	1575	75806	43728	32078		158136	76805	72965
3916028	3265218	2538607	947678	947678	787323	4268	882	73639	44464	29175		124680	62921	58516
757950	687951	204640	181346	181346	164599	5297		3907	3889	18		39592	18121	15446
705323	621133	146220	165221	165221	150383	4980		2324	2288	36		30312	12903	11056

开发区		地税收入	其中：工业税收（地税）	2.财政收入	其中：土地收入	七、固定资产投资总额	其中：工业投资	基础设施投资	其中：财政投入	银行贷款	八、利用外商直接投资情况
滁州	2015	366354.2	142936.9	966526.1	159637.4	7128336	4988057	818304	460870	269003	
	2014	314731.9	105944.4	687110.1	42629.46	5936569	4038212	771774	507252	268415	
102. 滁州经济技术开发区	2015	80485	19137	243127		1789237	1254802	256514	43000	162140	
滁州经济技术开发区	2014	74677	17753	200981		1486941	928600	214990	42100	155000	
103. 苏滁现代产业园	2015	10726	956	141198	113965	217895	134501	23610		23610	
苏滁现代产业园	2014	5136	310.7	17647	11037	162927	98698	64229	7864	56365	
104. 滁州承接产业转移集中示范园区	2015										
滁州承接产业转移集中示范园区	2014										
105. 安徽滁州琅琊经济开发区	2015	3062.7	3062.7	12115.6		196190	171548	24642	980	23662	
安徽滁州琅琊经济开发区	2014	3199	1841	8941		149432	136548	12884	12884		
106. 安徽滁州南谯工业园区	2015	33297	4323	74800	6082	676471	408858	42071	42071		
安徽滁州南谯工业园区	2014	27828	3048	61228	3577	536365	309200	34645	32080		
107. 安徽来安汊河经济开发区	2015	39203	3605	54660	1488	770009	416115	71168	71168		
安徽来安汊河经济开发区	2014	34759	2508	45131	3222	618017	216802	58331	58331		
108. 安徽来安经济开发区	2015	19240	13278	48120	2151	592888	432549	26720	6825		
安徽来安经济开发区	2014	19305	10301	44100	3365	581734	445824	21196	8828		
109. 安徽全椒经济开发区	2015	24362	18499	71371	8655.7	613596	466547	64712	64712		
安徽全椒经济开发区	2014	29383	14332	53491.5	2642.5	467020	384625	68666	68666		
110. 安徽定远盐化工业园	2015	8726	7222	17740		299556	240696	38999	13928	25071	
安徽定远盐化工业园	2014	7210	5968	14175		250127	207337	32480	11480	21000	
111. 安徽定远经济开发区	2015	15948.14	1658.25	23758.51	2745.11	218351	103839	10102			
安徽定远经济开发区	2014	12833.99	1267.555	16743.49	719.5	176130	119325	7305	7305		
112. 安徽凤阳硅工业园	2015	12655.97	12655.97	19425.49	4829.62	245520	139489	71546	71546		
安徽凤阳硅工业园	2014	7930.91	7137.82	17842.14	5778.46	202575	105846	91992	82452		
113. 安徽凤阳工业园区	2015	10922.4	8948	25131.5		258948	242503	5610	4090	1520	
安徽凤阳工业园区	2014	10414	4410.3	25012		270785	239165	25337	24988	1050	
114. 凤阳宁国现代产业园	2015										
凤阳宁国现代产业园	2014										
115. 安徽天长秦栏经济开发区	2015	4924	4796	17630		223352	194892	28460	28460		
安徽天长秦栏经济开发区	2014	2888	2773	14538		181225	159300	21925	21925		
116. 安徽天长经济开发区	2015	81331	39038	173105	14969	748617	666637	78060	38000	33000	
安徽天长经济开发区	2014	61759	28822	133021	8341	657433	597433	60000	36000	21000	
117. 安徽明光工业园区	2015	21471	5758	44344	4752	277706	115081	76090	76090		
安徽明光工业园区	2014	17409	5472	34259	3947	195858	89509	57794	92349	14000	

1.当年新批进区外商投资企业	2.当年建成投产企业	3.新批外商投资项目投资总额	其中：合同外资金额	4.当年实际利用外商直接投资额	九、利用内资情况	1.当年新批进区省外境内项目	2.当年建成投产项目	3.在建省外境内投资项目个数	其中：亿元以上省外境内投资项目个数	4.在建省外境内投资项目总投资额	其中：亿元以上省外投资项目投资总额	5.当年实际利用省外境内资金额	其中：亿元以上项目到位省外资金额	十、专利申请授权情况	1.专利申请量	2.专利授权量
7	13	47808	43808	98150		383	276	346	280	10472100	9436750	6734971	4565295		4878	2406
10	12	52973	43076	79138		337	258	349	233	9534765	8375706	6472255	4245908		4844	2466
1	2	200	200	27884		98	65	59	53	2784213	2705425	2762411	1083915		1289	628
2	3	1548	1290	24032		97	63	57	38	2192015	2040674	2673144	1015795		1254	616
3	3	3648	3648	2960		18	11	16	16	651100	651100	267765	267765		10	17
2	2	6500	6500	1340		16	10	14	14	596000	596000	228000	228000			
						11	7	4	4	196287	196287	144400	144400		85	45
				2676		9	8	4	3	156846	155918	222324	222324		69	36
				8134		24	8	20	20	657000	657000	374000	374000		573	242
				7818		22	8	18	18	540000	540000	395698	395698		561	237
				12773		18	32	38	24	632523	544242	347869	336391		203	49
1		3226	3226	6086		15	27	37	18	819606	748751	310057	280641		138	68
1		380	380	10056		20	17	22	17	445790	390380	355325	325232		102	75
				8467		21	23	31	23	398410	349635	389600	354960		98	70
				4200		35	30	38	31	1340639	962400	488347	342509		442	250
1	1	959	470	2767		33	28	36	29	1218763	871820	443952	311372		307	285
	1			600		12	8	18	18	301500	301500	167245	167245		36	31
1		8500	5500	800		13	8	20	20	354300	354300	174280	174280		28	25
				1602		16	11	10	10	310300	310300	164240	164240		170	30
				2070		8	10	8	8	699500	687500	334360	318890		310	68
1		17480	17480	1890		15	3	19	19	686000	686000	426000	426000		26	12
1		1290	1290	1645		13	1	16	16	444000	444000	360000	360000		21	8
				3200		18	10	18	18	361825	342416	301245	281598		131	127
		650		1650		16	9	16	16	349825	320724	287636	264750		104	101
1	1	3100	3100	3100		47	30	38	18	503600	279000	321400	104123		469	217
1	1	3300	3300	1900		33	26	41	4	325500	50000	295300	31500		505	233
	5	23000	19000	14896		36	32	23	23	1134800	1134800	452140	452140		1067	502
	5	22000	18000	15596		30	25	17	17	1025000	1025000	234570	234570		1182	543
	1			6855		15	12	23	9	466523	275900	162584	95737		275	181
1		5000	3500	2291		11	12	34	9	415000	191384	123334	53128		267	176

开发区		一、全区经营（销售）收入	其中：规模以上工业销售收入	资质以内建筑业经营收入	限额以上贸易企业销售(经营)收入	房地产业经营收入	限额以上服务业企业销售（经营）收入	其中：主导产业经营(销售)收入	其中：主导产业一	主导产业二	主导产业三
阜阳	2015	25506008.5	14192672	509627	6513760	1048580	869856	16947033	11101709	3507562	2337762
	2014	20124600	11649868	190022	4678379	634059	561076	13683819	8803522	2725953	2154344
118.安徽阜阳经济开发区	2015	2821392	699749	230550	1369211	142318	39706	1660082	1494211	96417	69454
安徽阜阳经济开发区	2014	2597316	753317	58049	1259790	147798	3769	1494976	1259824	124924	110228
119.阜阳合肥现代产业园	2015	165180	20056.6			40500		27470	2300	2045	23125
阜阳合肥现代产业园	2014	76000	12849			38000		17151			17151
120.安徽颍州经济开发区	2015	965441.5	667939.7	33209	179320.3	64437		496898.2	261368.4	134162.5	101367.3
安徽颍州经济开发区	2014	749027.1	567651.7	26753	109193.8	12785		444352.2	232498.8	119051	92802.4
121.安徽颍东经济开发区	2015	2431092	1778165	137213	20469	286887	208358	1576531	894817	231099	450615
安徽颍东经济开发区	2014	1695688	1606561	17058	18770	19405	4514	1447152	784563	201168	461421
122.安徽颍泉经济开发区	2015	2699188	699313	7067	1501498	120000	186913	1849785	1500000	132000	217785
安徽颍泉经济开发区	2014	2169320	474600	7000	1245360	105000	218000	1558406	1200000	111000	247406
123.安徽临泉经济开发区	2015	1076855	969353		81176	24622	1004	837078	443110	320602	73366
安徽临泉经济开发区	2014	996872	866582		81175	16095	766	744918	418805	254850	71263
124.安徽太和经济开发区	2015	6571013	2573123	68581	3256174	221113	412022	4558356	2603784	1277936	676636
安徽太和经济开发区	2014	5016041	1935616	52352	1867036	168789	314521	3304311	1854811	902554	546946
125.安徽阜南工业园区	2015	1910124.4	1390124.6	8654	14247	67146	6441	1108426.7	436353.1	356405.6	315668
安徽阜南工业园区	2014	1547487.9	1067268.3	7541	12451	64854	5582	827656.3	317843.4	246792.6	263020.3
126.安徽颍上经济开发区	2015	2088809	1504315		56320	23115		1074594	493215	339053	242326
安徽颍上经济开发区	2014	1486923	1193345		53885	17059		827884	365402	256682	205800
127.安徽界首经济开发区	2015	4776913.6	3890533.1	24353	35344.8	58441.6	15412	3757812.1	2972550.5	617842.2	167419.4
安徽界首经济开发区	2014	3789925	3172077.5	21269	30718	44274	13924	3017012	2369775	508931	138306

二、工业总产值	其中：规模以上工业总产值	其中：高新技术产业产值	三、第二产业增加值	其中：工业增加值	其中：规模以上工业增加值	四、第三产业增加值	其中：现代服务业增加值	五、进出口总额	其中：出口额	进口额	六、税收财政收入情况	1.税收总额	其中：国税收入	其中：工业税收（国税）
17021259	14600206	5763014	4837683	4525858	3878984	1165852	466162	139616.7	126282.5	13334.2		786961.1	587993.1	487472.4
13831454	11988038	4133134	3876141	3690408	3226958	756211	257247.3	131222.3	118222.3	13000		631243.6	482084.8	379704.2
754657	710405	153724	207818	149410	147924	140556	55420	5546	4304	1242		102749	60702	8437
817876	788794	203983	209745	183657	163022	112228	45249	27498	26004	1494		110217	64412	15618
148210	21558.9	2045	28500	27000	6021	18315	980	2500	650	1850		16276.25	2861.7	323.68
86880	13152		24200	21000	2716	16000	720	1700	556	1144		14527	2801	73
704523.2	654956.8	233385.1	183996.3	172140.3	152664.9	40655.5	10078.6	17697.7	15165.5	2532.2		26811.2	14163.6	9070.5
609324.3	557452.7	165195.1	153565.8	143244.8	128614.1	32397.1	5065.9	14654.3	12035.3	2619		23590	10502	8267
1800594	1793147	646370	554675	520372	518220	321836	138228	12695	10634	2061		199354	190880	190880
1661299	1631079	650737	490077	490077	481168	31507	10623	5547	4033	1514		161447	157069	157069
808486	725788	140005	248644	229924	186273	140000	19450	3327	3094	233		47441	25527	25198
508585	437201	120480	155146	131146	108315	120000	15000	5410	5319	91		34710	25323	7173
1014380	996087	484741	259874	257312	249014	8861	1709	6500	6500			30791	21100	16121
938127	905444	439563	236467	234531	225455	8129	1564	4361	4361			29632	19992	14059
3203201	2655871	1886121	1026982	938537	746253	334488	139509	35306	31603	3703		126123	95853	82432
2426667	2024444	1216641	779103	715866	597211	301341	124562	32923	29384	3539		83128	71074	61123
1735117.1	1430128.4	480751.6	476323.5	473294.5	392949.9	82452.1	58541.2	28777	28163	614		39367.4	23319	11872
1380329.1	1094834.7	295204.4	406109.4	403163.4	320415.3	70492.6	22527.5	7822	7356	466		26473.77	14233.25	7721.4
2036127	1523915	738736	476711	476711	368937	35938	20390	12391	12314	77		39464.8	25673.8	21875.1
1504379	1221031	452350	354246	354246	293245	28270	14980	9350	9232	118		26184	18536	16218
4815963.2	4088349.2	997135.2	1374159.4	1281157.3	1110726.8	42750	21856.2	14877	13855	1022		158583.44	127913.03	121263.08
3897987.2	3314605.5	588980.7	1067481.6	1013476.7	906797	35846.3	16955.9	21957	19942	2015		121334.83	98142.59	92382.79

开发区		地税收入	其中：工业税收（地税）	2.财政收入	其中：土地收入	七、固定资产投资总额	其中：工业投资	基础设施投资	其中：财政投入	银行贷款	八、利用外商直接投资情况
阜阳	2015	198968	84168.65	1006739	217379.9	4758045.79	2609060	590296	382106.7	130529.3	
	2014	149158.8	58297.65	958111.9	300481.1	4091822	2313291	650600	466883	106786	
118.安徽阜阳经济开发区	2015	42047	3106	106154	3236	453574	50452	68600			
安徽阜阳经济开发区	2014	45805	3048	171483	53340	469431	58753	84530	8599		
119.阜阳合肥现代产业园	2015	13414.55	3626.14	53396.25	37120	259345	149623	94787	66287	28500	
阜阳合肥现代产业园	2014	11726	305	52590	38063	203612	72721	100036	76036	24000	
120.安徽颍州经济开发区	2015	12647.6	3497.2	55091.8	28280.6	359290	230454	4770	4770		
安徽颍州经济开发区	2014	13088	2482	78246	54656	400704	282843	36069	36069		
121.安徽颍东经济开发区	2015	8474	8474	205178	5824	310247	268307	41940	41940		
安徽颍东经济开发区	2014	4378	4378	178175	16577	284556	213623	70933	70933		
122.安徽颍泉经济开发区	2015	21914	1949	59441	12000	490000	73182	7000	5940		
安徽颍泉经济开发区	2014	9387	3027	56428	10038	378500	65219	6850	5850		
123.安徽临泉经济开发区	2015	9691	8906	52538	19952	206855	126779	20111	20111		
安徽临泉经济开发区	2014	9640	8801	35641	4429	164362	112117	39272	39272		
124.安徽太和经济开发区	2015	30270	19293	135307	9184	851058	543741	103865	25135	78730	
安徽太和经济开发区	2014	12054	7683	96994	12846	656691	504755	80189	19898	60291	
125.安徽阜南工业园区	2015	16048.4	2088.6	71736.1	31935	641228	399500	105376	97376		
安徽阜南工业园区	2014	12240.52	1599.4	85223.77	58750	688675	424800	121196	121196		
126.安徽颍上经济开发区	2015	13791	10658.3	63513.2	24048.4	426269	347013	79256	79256		
安徽颍上经济开发区	2014	7648	7459	40635	14451	307426	252214	55212	55212		
127.安徽界首经济开发区	2015	30670.41	22570.41	204383.34	45799.9	760179.79	420009.1	64591	41291.7	23299.3	
安徽界首经济开发区	2014	23192.24	19515.25	162696.09	37331.07	537865	326246	56313	33818	22495	

1.当年新批进区外商投资企业	2.当年建成投产企业	3.新批外商投资项目投资总额	其中：合同外资金额	4.当年实际利用外商直接投资额	九、利用内资情况	1.当年新批进区省外境内项目	2.当年建成投产项目	3.在建省外境内投资项目个数	其中：亿元以上省外境内投资项目个数	4.在建省外境内投资项目总投资额	其中：亿元以上省外投资项目投资总额	5.当年实际利用省外境内资金额	其中：亿元以上项目到位省外资金额	十、专利申请授权情况	1.专利申请量	2.专利授权量
5	5	2703	2703	15380		262	167	348	210	6686956	5209022	3492253	2524099		3806	1688
10	9	18175.2	10925.2	7509.9		213	137	282	173	5214989	3881763	2765080	2010363		2408	959
				1155		10	6	20	12	900000	600000	368700	351500		76	38
						19	8	11	7	560000	450000	270000	180000		53	40
				5		7	5	7	7	386000	386000	150000	150000		12	4
1		1300	1300	1.7		6	5	5	5	359000	359000	125825	125825			1
						38	31	34	28	833300	805300	335281	314133		317	118
				1659.2		33	26	25	25	707095	586632	288808	235444		58	37
	1			508		25	19	64	23	1088900	563700	301262	301262		570	185
1		1111	1111	589		21	18	54	18	960000	490420	265336	265336		271	92
				4623		13	5	13	11	350000	260000	256000	200000		160	77
3	4	4000	4000			3	8	7	4	250000	200000	233000	200000		130	61
				521		18	8	15	9	337797	291038	159658	112536		186	91
						16	6	10	8	305766	278822	137376	108229		98	59
4	3	2203	2203	2178		84	52	73	56	892564	785426	485681	398954		351	198
3	3	2135	2135	1069		65	35	51	42	583743	501629	363817	302729		236	143
1	1	500	500	330		29	18	41	26	622013	476864	360065	176542		312	190
1	1	1629.2	1629.2	803		18	14	48	37	684005	596005	415753.2	221641		195	94
				1887		26	14	49	19	887990	745500	309679	245608		509	226
				2536		20	11	46	12	513070	191183	235834	191183		406	182
				4173		12	9	32	19	388392.2	295193.5	765926.5	273563.5		1313	561
1	1	8000	750	852		12	6	25	15	292310	228072	429331	179976		961	250

开发区		一、全区经营（销售）收入	其中：规模以上工业销售收入	资质以内建筑业经营收入	限额以上贸易企业销售(经营)收入	房地产业经营收入	限额以上服务业企业销售（经营）收入	其中：主导产业经营(销售)收入	其中：主导产业一	主导产业二	主导产业三
宿州	2015	5915467.2	4015867	206324	1011183	190657	113910	3708726	1756134	1143702	808890.4
	2014	5584354.8	3512737	207119	1428109	153634	45199	2794950	1360344	836413.9	598192.1
128.宿州马鞍山现代产业园	2015	255082	102768	24000	30314	18000	52600	102768	66920	25692	10156
宿州马鞍山现代产业园	2014	82822	46690.7	5000	27131.3	4000		46690.7	30348.7	11673	4669
129.安徽宿州经济开发区	2015	2575544	1525741	160117	830310	43566	15810	1391545	558768	320237	512540
安徽宿州经济开发区	2014	3077542	1543649	188116	1273414	51126	21237	1130910	551017	244794	335099
130.安徽宿州高新技术产业开发区	2015	168860	35235			9121	28960	142707	113704	21618	7385
安徽宿州高新技术产业开发区	2014	30999	7290			11105	12604	15284	12604	2680	
131.安徽宿州埇桥经济开发区	2015	280671	229997				1037	211058	77654	68697	64707
安徽宿州埇桥经济开发区	2014	231960	191421				850	158690	58387	51652	48651
132.安徽砀山经济开发区	2015	808153	632351	5869	105564	43772	9865	518322	310991	207331	
安徽砀山经济开发区	2014	698342	561892	4316	90226	27461	4927	443011	256567	186444	
133.安徽萧县经济开发区	2015	810568.2	654258.2					558938.1	266850.1	235362.6	56725.4
安徽萧县经济开发区	2014	654550.8	520600.8					400146.1	196490.1	167558.9	36097.1
134.安徽灵璧经济开发区	2015	617969	474446	11628	23081	68123	4973	422317	201080	130057	91180
安徽灵璧经济开发区	2014	506530	371526	5919	17595	52029	5063	330551	157388	93970	79193
135.安徽泗县经济开发区	2015	398620	361071	4710	21914	8075	665	361071	160167	134707	66197
安徽泗县经济开发区	2014	301609	269667	3768	19743	7913	518	269667	97542	77642	94483

二、工业总产值	其中：规模以上工业总产值	其中：高新技术产业产值	三、第二产业增加值	其中：工业增加值	其中：规模以上工业增加值	四、第三产业增加值	其中：现代服务业增加值	五、进出口总额	其中：出口额	进口额	六、税收财政收入情况	1.税收总额	其中：国税收入	其中：工业税收（国税）
4283576	4094408	1185014	1089164	1031054	988365.1	306677	223016	34690.14	29290.23	5399.91		244987.9	116178	102276.3
3645395	3531927	932771.8	960118.8	927750.8	908032.8	147586	112819	23070.19	20342.41	2727.78		201431.2	95263.48	76470.03
142385	108756	48940	38582	38582	27178	30930	26282	2041.6	2039.19	2.41		27564	2781	1982
46690.7	46690.7	18676	10372.6	10372.6	10372.6							17583	1522	38
1556879	1556879	721112	401123	379443	379443	120510	94850	12009	9638	2371		136487	78303	77861
1568842	1568842	731080	456389	443089	443089	114658	94603	6498	4998	1500		124461	69130	60373
47735	36335	11388	13819	13819	10208	59126	59126	2000.3		2000.3		12789	3671	436
8019	8019	2948	2005	2005	2005	6554	6554					6824	614	270
211129	178368	2611	37988	35507	34555	685	529	1615	978	637		5713	3349	3119
191936	159258	2565	35431	32576	31996	650	520	1522	953	569		4865	2818	2254
709812	694811	127432	149060	146714	145910	76469	27891	9086	9086			13843	5392	4726
617432	609113	40075	128080	127086	126203	11400	438	7700	7700			11411	2998	1082
710703.96	679203.96	130717.8	198977.11	198977.11	190177.1	4200	2250	520.04	520.04			16491.73	8227.14	6668.44
509011.5	498811.5	32128.8	142523.2	142523.2	139667.2	2350	1110	228.41	196.41	32		8725.88	5771.88	5771.88
515028	478984	131708	150321	122584	107608	13841	12088	61.2		61.2		6542.12	2601.85	2569.9
412032	371526	95642	109812	98016	83455	11253	9594	115.78		115.78		5942.3	2387.6	2259.15
389904	361071	11105	99294	95428	93286	916		7357	7029	328		25558	11853	4914
291432	269667	9657	75506	72083	71245	721		7006	6495	511		21619	10022	4422

开发区		地税收入	其中：工业税收（地税）	2.财政收入	其中：土地收入	七、固定资产投资总额	其中：工业投资	基础设施投资	其中：财政投入	银行贷款	八、利用外商直接投资情况
宿州	2015	128809.9	37863.62	371619	105132	3342014	2383306	488312	354063	86932	
	2014	106167.7	33935	308904.7	98742	2998084	1983605	434594	240562	164849	
128.宿州马鞍山现代产业园	2015	24783	663	120177	87107	530602	221728	171036	141036	30000	
宿州马鞍山现代产业园	2014	16061	252	93488	73189	373000	128000	55000	25000	30000	
129.安徽宿州经济开发区	2015	58184	22166	150961		798786	544573	46600	11500	12000	
安徽宿州经济开发区	2014	55331	21133	130640		937996	590097	56547	11500	35100	
130.安徽宿州高新技术产业开发区	2015	9118	237	14176		284864	175379	54580	20339	34241	
安徽宿州高新技术产业开发区	2014	6210	603	7100		245810	116364	96366	38546	57820	
131.安徽宿州埇桥经济开发区	2015	2364	1863	7104	1391	260866	190556	70310	47123		
安徽宿州埇桥经济开发区	2014	2047	1637	5562	1265	256314	185654	65258	46528		
132.安徽砀山经济开发区	2015	8451	6418	23247	9404	524296	475555	27421	16730	10691	
安徽砀山经济开发区	2014	8413	5012	30306	18895	444319	337421	83642	41713	41929	
133.安徽萧县经济开发区	2015	8264.59	3158.02	23721.73	7230	668650	586050	82600	82600		
安徽萧县经济开发区	2014	2954	2954	14118.88	5393	505640	460640	45200	45200		
134.安徽灵璧经济开发区	2015	3940.27	2135.6	6674.3		196785	129857	25735	25735		
安徽灵璧经济开发区	2014	3554.7	1200	6070.8		172580	113560	22025	22025		
135.安徽泗县经济开发区	2015	13705	1223	25558		77165	59608	10030	9000		
安徽泗县经济开发区	2014	11597	1144	21619		62425	51869	10556	10050		

1.当年新批进区外商投资企业	2.当年建成投产企业	3.新批外商投资项目投资总额	其中：合同外资金额	4.当年实际利用外商直接投资额	九、利用内资情况	1.当年新批进区省外境内项目	2.当年建成投产项目	3.在建省外境内投资项目个数	其中：亿元以上省外境内投资项目个数	4.在建省外境内投资项目总投资额	其中：亿元以上省外投资项目投资总额	5.当年实际利用省外境内资金额	其中：亿元以上项目到位省外资金额	十、专利申请授权情况	1.专利申请量	2.专利授权量
8	20	20571	19291	33663		204	90	211	148	8451952	7654649	2832628	2446127		657	327
3	15	8780	8280	17256		234	88	195	130	8078398	7389385	2031079	1621729		600	248
3	3	9860	8580	7155		21	6	16	14	752700	699920	148300	137900		35	4
1		3000	2500	1024		14	2	10	8	342000	282000	92580	75690			
1		471	471	12171		85	31	56	32	2055894	1904388	696856	626886		126	69
				9154		116	39	68	49	2509163	2366333	715627	620559		201	76
2	1	9000	9000	2800		21	10	43	33	2610346	2550746	267609	248959		75	20
2	1	5780	5780	2300		35	20	38	27	3017325	2912325	251200	224800		45	7
	15														12	6
	14														3	3
						21	7	18	15	417310	403255	442043	420302		130	95
						18	6	15	13	307510	303627	333395	307890		111	83
1		1200	1200	4825		17	17	29	25	837000	802000	690820	672820		77	43
				1299		12	8	20	9	437000	429000	135500	91500		55	27
				1542		16	8	26	21	1023702	874340	253500	220260		198	90
						28	11	33	22	830400	786100	218277	183290		185	52
1	1	40	40	5170		23	11	23	8	755000	420000	333500	119000		4	
				3479		11	2	11	2	635000	310000	284500	118000			

开发区		一、全区经营（销售）收入	其中：规模以上工业销售收入	资质以内建筑业经营收入	限额以上贸易企业销售(经营)收入	房地产业经营收入	限额以上服务业企业销售（经营）收入	其中：主导产业经营(销售)收入	其中：主导产业一	主导产业二	主导产业三
六安	2015	15761883.07	10325091	239468.6	1221223	466463.5	1247666	9714775	6372252	2139577	1202946
	2014	14767255.7	9865091	201200	1159813	312480	1212382	9400380	6210997	2008903	1180480
136. 六安经济技术开发区	2015	4207845	1705841	7841	1014512	58647	1182587	1700541	985874	588710	125957
六安经济技术开发区	2014	3896983	1632546	7854	985870	54871	1153135	1622567	957055	552547	112965
137. 六安承接产业集中示范园区	2015	1462351	928545	32319	127735	73289	1819	709435	323359	258341	127735
六安承接产业集中示范园区	2014	1377679	897891	30157	106888	65863	1437	650510	307606	236016	106888
138. 安徽六安金安经济开发区	2015	651125	453258	2241	12581		8629	440402	226321	154056	60025
安徽六安金安经济开发区	2014	632587	386245	2158	10025		7764	384352	193141	132248	58963
139. 安徽裕安经济开发区	2015	999673	735299	35211	28325	25674	11256	727077	469526	183446	74105
安徽裕安经济开发区	2014	898860	668454	32010	25750	23340	10233	657342	426845	163128	67369
140. 安徽霍邱经济开发区	2015	631002	627324					627324	612381	10817	4126
安徽霍邱经济开发区	2014	910034	888402					888402	867525	13355	7522
141. 安徽舒城经济开发区	2015	1161307	742915	117452	7300	206364		709756	314067	235126	160563
安徽舒城经济开发区	2014	877396	690302	94853	6200	71041		628151	273273	193052	161826
142. 安徽舒城杭埠经济开发区	2015	669398.07	486782.4	27354.6	14312.7	17431.5	39724.6	462443.3	161937.3	99284.4	201221.6
安徽舒城杭埠经济开发区	2014	608543.7	429179.7	18645.4	9637.5	14365	36713	420596.1	142886.4	104987.5	172722.2
143. 安徽金寨经济开发区	2015	736520	669835					517093	399472	65575	52046
安徽金寨经济开发区	2014	715883	664418					550498	432116	61193	57189
144. 金寨现代产业园	2015										
金寨现代产业园	2014										
145. 安徽霍山经济开发区	2015	2050136	1182776		5899	53120		1077320	431320	384200	261800
安徽霍山经济开发区	2014	2000118	1170756		5544	52650		1194400	485600	401200	307600
146. 安徽霍山高桥湾现代产业园	2015	1576697	1488932		893			1456472	1286859	90350	79263
安徽霍山高桥湾现代产业园	2014	1395307	1289882		798			1283000	1124338	80670	77992
147. 安徽叶集经济开发区	2015	1615829	1303584	17050	9665	31938	3650	1286912	1161136	69672	56104
安徽叶集经济开发区	2014	1453865	1147015	15522.56	9100	30350	3100	1120562	1000612	70506.5	49443.5

二、工业总产值	其中：规模以上工业总产值	其中：高新技术产业产值	三、第二产业增加值	其中：工业增加值	其中：规模以上工业增加值	四、第三产业增加值	其中：现代服务业增加值	五、进出口总额	其中：出口额	进口额	六、税收财政收入情况	1.税收总额	其中：国税收入	其中：工业税收（国税）
12056521	10578997	4915207	3522480	3208093	2871131	1204921	388206.3	57572.94	50844.74	6728.2		410298.9	231529.3	147816.3
11444697	10210132	4499953	3391877	3124219	2868512	1117117	351134.1	56244.5	54285.5	1959		420910	237130.8	172918.9
1722589	1722589	1396325	486254	440721	440721	508931	12471	11270	9564	1706		133754	99769	25114
1638987	1638987	1356478	439998	401249	401249	486897	11254	10160	8856	1304		116706	78564	25120
1110827	966527	339342	311514	242933	216059	263206	189350	6934	6836	98		28477	3960	2376
1068544	916454	273007	293629	231967	207119	240406	174350	6189	5935	254		24566	3839	2254
572256	450384	385025	223654	190458	132259	8126	3298	6452	6452			5462	2642	2110
512565	395958	300258	186547	165247	145879	6897	2965	6148	6148			4700	2500	2300
1125673	825495	167541	306172	280016	239393	56107	4972	2647	2647			23906	12695	9546
938061	750450	152310	278339	254560	210126	51007	4520	2407	2407			21733	11541	8670
676210	674313	168195	301112	301112	301112	9211	7863					40137	19299	19269
1024573	1024573	211914	477717	477717	477717	10422	8500					80557	47749	47676
941824	779120	193309	280315	263710	225914	33858	8924	7371	7305	66		35099	5841	5264
817044	715632	177557	235426	228772	207437	27905	7826	8146	8077	69		32750	8236	7235
573576.1	486782.4	132586.7	204497	197691	179013	32160.9	22074.3	7653	3306	4347		11500	6900	6900
500057.7	429179.7	113885.3	180173.5	174023.5	157028.7	27321.9	20985.1	5936	5936			9700	6500	6500
745632	683063	73966	180293	180293	169113	10459	10459	3398	3343	55		32322	16085	16085
725784	674097	75464	169179	167179	157131	1650	1650	2788	2708	80		27464	12717	11072
1562025	1217488	850162	472645	415811	326135	148215	32826	5907.94	5601.74	306.2		54906.9	41014.3	40861.3
1530216	1195843	764255	468654	397862	317898	140426	30285	6685.5	6468.5	217		62253	45102.8	44800.9
1528298	1489936	1040216	417927	395230	372484	102356	93354	3493	3343	150		20349	13448	12326
1352476	1310562	928765	378696	357432	346361	94455	86439	1845	1810	35		18007	11900	10865
1497611	1283300	168539	338097	300118	268928	32291	2615	2447	2447			24386	9876	7965
1336389	1158396	146060	283518	268210	240566	29730	2360	5940	5940			22474	8482	6426

开发区		地税收入	其中：工业税收（地税）	2.财政收入	其中：土地收入	七、固定资产投资总额	其中：工业投资	基础设施投资	其中：财政投入	银行贷款	八、利用外商直接投资情况
六安	2015	178769.6	99538.6	450804	59051.1	3887105	2797840	772023	660195	108211	
	2014	183779.2	109657	491935	90768	3610292	2721707	665798	559302	106016	
136.六安经济技术开发区	2015	33985	15289	133799		684720	528654	125478	125478		
六安经济技术开发区	2014	38142	14324	116706		653046	533653	119393	119303		
137.六安承接产业集中示范园区	2015	24517	1200	28788	27591	551237	300516	76598	60134	14726	
六安承接产业集中示范园区	2014	20727	1100	31595	31060	500814	298607	69271	55417	13854	
138.安徽六安金安经济开发区	2015	2820	2120	175	128	162583	92513	52472	22472	30000	
安徽六安金安经济开发区	2014	2200	2100	158	135	110032	61235	46582	12000	34582	
139.安徽裕安经济开发区	2015	11211	5018	37480	935	275816	234588	41228	41228		
安徽裕安经济开发区	2014	10192	4562	34073	850	250742	213262	37480	37480		
140.安徽霍邱经济开发区	2015	20838	18823	40137		90113	66458	23655	23655		
安徽霍邱经济开发区	2014	32808	31908	80766		207779	177079	30700	30700		
141.安徽舒城经济开发区	2015	29258	23692	39500	4300	338200	261400	40065	24700	14000	
安徽舒城经济开发区	2014	24514	21175	38373	3696	335300	255200	39800	26800	13000	
142.安徽舒城杭埠经济开发区	2015	4600	4600	11500		243319	141740	101579	101579		
安徽舒城杭埠经济开发区	2014	3200	3200	13300	3600	190716	139408	51308	51308		
143.安徽金寨经济开发区	2015	16237	3517	33087		528944	339432	189512	189512		
安徽金寨经济开发区	2014	14747	5344	27677		431200	271566	159634	159634		
144.金寨现代产业园	2015										
金寨现代产业园	2014										
145.安徽霍山经济开发区	2015	13892.6	11227.6	68000	13093.1	495000	422000	30250	13618	16500	
安徽霍山经济开发区	2014	17150.2	13317	95930	33677	482716	409895	39885	21185	18700	
146.安徽霍山高桥湾现代产业园	2015	6901	1394	27937	7589	210153	154059	56094	32459	23635	
安徽霍山高桥湾现代产业园	2014	6107	1243	26607	8600	159407	120642	38765	21385	17380	
147.安徽叶集经济开发区	2015	14510	12658	30401	5415	307020	256480	35092	25360	9350	
安徽叶集经济开发区	2014	13992	11384	26750	9150	288540	241160	32980	24090	8500	

1. 当年新批进区外商投资企业	2. 当年建成投产企业	3. 新批外商投资项目投资总额	其中：合同外资金额	4. 当年实际利用外商直接投资额	九、利用内资情况	1. 当年新批进区省外境内项目	2. 当年建成投产项目	3. 在建省外境内投资项目个数	其中：亿元以上省外境内投资项目个数	4. 在建省外境内投资项目总投资额	其中：亿元以上省外投资项目投资总额	5. 当年实际利用省外境内资金额	其中：亿元以上项目到位省外资金额	十、专利申请授权情况	1. 专利申请量	2. 专利授权量
10	6	19436	16548	35367		210	164	236	134	5217652	3830138	2775276	2303248		2590	1577
10	6	34680	19666	24374		252	169	239	144	5285816	3997468	3098198	2623304		2171	1333
1	1	2995	2995	3458		12	11	11	11	679587	485970	442198	345671		835	459
1	1	2881	2881	2965		14	13	13	13	658295	465414	461256	365471		628	329
						14	32	37	33	1034659	1029976	350213	345847		135	74
1		1000	800	152		13	29	36	35	962576	946576	339687	335847		126	66
				7601		1	1	13	6	252261	228000	52550	39100		1	1
1		14814		2156		1	1	2	1	36000	30000	15000	13000		1	1
5	3	1120	1120			12	9	8	3	357505	166892	134601	98450		240	175
3	2	1015	1015	604		13	10	8	4	325005	151720	122365	89500		220	142
				730		2	3	6	6	61000	51000	475000	460000		10	10
				1850		4	2	4	4	36000	36000	803000	803000		21	21
1	1	10430	10430	12760		17	12	36	22	555000	406000	245200	195000		412	263
1	1	12860	12860	6000		15	10	35	20	532310	381000	230400	188100		391	255
1		2888				8	6	7	5	247000	247000	108000	108000		43	13
						4		3	3	276000	276000	176000	176000		86	57
				5935		38	20	34	17	631140	555069	354126	275451		171	101
				2508		55	21	39	16	778505	662130	328502	196526		93	92
				2700		60	38	60	20	764500	386000	360520	255661		458	226
1	1	300	300	6215		95	62	75	36	1063125	786342	381662	270234		416	208
1	1	2003	2003	2003		30	25	8	5	350000	135231	71568	71568		220	220
1	1	1810	1810	1810		20	15	6	4	320000	124686	70026	70026		127	127
1				180		16	7	16	6	285000	139000	181300	108500		65	35
1				114		18	6	18	8	298000	137600	170300	115600		62	35

开发区		一、全区经营（销售）收入	其中：规模以上工业销售收入	资质以内建筑业经营收入	限额以上贸易企业销售(经营)收入	房地产业经营收入	限额以上服务业企业销售（经营）收入	其中：主导产业经营(销售)收入	其中：主导产业一	主导产业二	主导产业三
亳州	2015	9195830	4381027		2435615	966620	426782	6743289	2710312	3207236	825741
	2014	7562666	3761934		1684194	1243826	284825	5658469	2341107	2591472	725890
148. 安徽亳州经济开发区	2015	3500010	532993		1710032	425542	138041	2975008	518023	2387950	69035
安徽亳州经济开发区	2014	2592660	417172		1083320	677116	94903	2320039	415170	1836884	67985
149. 亳州芜湖现代产业园	2015	103608	36702		7974			36702	23196	13506	
亳州芜湖现代产业园	2014	54761	11436		6589			11436	8684	2752	
150. 安徽谯城经济开发区	2015	3015892	1965144		244210	437460	263520	1940753	1556778	164295	219680
安徽谯城经济开发区	2014	2557097	1674326		174116	436547	172108	1767355	1406726	162438	198191
151. 安徽涡阳工业园区	2015	415138	280987		8745	78018	5874	186129	66288	55200	64641
安徽涡阳工业园区	2014	338198	228550		4628	66682.6	4518	120851	45894	23301	51656
152. 安徽蒙城经济开发区	2015	1196544	833715		349982		12847	1007327	208853	459820	338654
安徽蒙城经济开发区	2014	1125020	781860		319021		9136	908575	144390	450577	313608
153. 安徽利辛工业园区	2015	964638	731486		114672	25600	6500	597370	337174	126465	133731
安徽利辛工业园区	2014	894930	648590		96520	63480	4160	530213	320243	115520	94450
池州	2015	7346339.9	5634789	247870	436137.4	156682	177037.5	5286721	3616385	1203485	466850.5
	2014	6587552.4	4989032	231088	401608.4	179841.8	167257	4579064	3000849	1169795	408420
154. 池州经济技术开发区	2015	2065081	1093141	183002	363174	123296	95960	976022	747013	180437	48572
池州经济技术开发区	2014	1912866	1001025	169279	331917	129118	90240	895701	716556	135609	43536
155. 安徽省江南产业集中区	2015	94588	71402	588	609	3072		51820	30771	13820	7229
安徽省江南产业集中区	2014	58841	38714	822	254	16051		21982	14819	7163	
156. 池州承接产业转移集中示范园区	2015										
池州承接产业转移集中示范园区	2014										
157. 安徽贵池工业园区	2015	601258	544238		5275	14826	8335	366958	158346	134536	74076
安徽贵池工业园区	2014	562123	508372		4856	15236	7725	342999	147623	125423	69953
158、安徽贵池前江工业园区	2015	1139868	1116054		6173		7925	1114799	1064656	42218	7925
安徽贵池前江工业园区	2014	989690	953327		18325		12838	936526	729710	187325	19491
159. 安徽池州大渡口经济开发区	2015	524874.6	412573	35168	25635.1	10839	4563	441577	231012.5	175396.5	35168
安徽池州大渡口经济开发区	2014	469476.4	369833	36456	16801.1	12073.6	4628	393241	192863	163922	36456
160. 安徽东至香隅化工产业园区	2015	1304561.3	1124156		9769.3	2016	37887.5	1121036	882547.6	160183.9	78304.5
安徽东至香隅化工产业园区	2014	1159610	1011218		5990.3	3731.2	32083	1008861	791275	159660	57926
161. 安徽青阳经济开发区	2015	1616109	1273225	29112	25502	2633	22367	1214509	502039	496894	215576
安徽青阳经济开发区	2014	1434946	1106543	24531	23465	3632	19743	979754	408003	390693	181058

二、工业总产值	其中：规模以上工业总产值	其中：高新技术产业产值	三、第二产业增加值	其中：工业增加值	其中：规模以上工业增加值	四、第三产业增加值	其中：现代服务业增加值	五、进出口总额	其中：出口额	进口额	六、税收财政收入情况	1.税收总额	其中：国税收入	其中：工业税收（国税）
4785530	4507732	2388953	1358957	1258317	1163206	683301	469554	47119	42467	4652		248202	90464	64254
4156419	3977611	2004451	1188896	1102553	1025604	599278	407941	40050	34189	5861		210352	80101	65196
600000	545957	454690	229700	187900	158327	230000	107900	7361	6381	980		65975	15125	
461300	449600	359680	185841	147952	130004	207394	82957	4514	2832	1682		52221	8789	
58934	36702	13506	62478	14733	9542	9842	6874					14129	2436	2065
26145	11436		54281	6536	3087	5621	3820					11340	431	208
2096152	2054341	1320423	566375	564280	542291	352780	307682	25662	23646	2016		90533	46337	42681
1855340	1818006	1119182	505341	504632	479904	296513	278648	25204	21949	3255		80593	41759	41215
315361	283825	13229	71806	71806	64626	2089	1880	5476	4860	616		21975	2718	1268
259126	233214	6700	59598	59598	53639	1506	1355	3096	2354	742		17138	5313	5008
850692	834223	338720	217650	217650	212593	51897	43593	3445	3445			49320	19728	14120
803272	781860	291058	201354	201354	200568	47202	40121	2824	2824			42893	19100	14056
864391	752684	248385	210948	201948	175827	36693	1625	5175	4135	1040		6270	4120	4120
751236	683495	227831	182481	182481	158402	41042	1040	4412	4230	182		6167	4709	4709
6469949	5701201	2664915	1868085	1657419	1464274	239373.6	161442.5	49792	19251	30541		324607.1	153314.9	103676.2
5767129	5067902	1914846	1673744	1484819	1313987	229627	156274.5	41521	26267	15254		325080.3	148601.4	104121
1189267	1070340	633034	472842	350724	316782	125384	82566	14524	2861	11663		100899	58778	22903
1087776	978998	575928	435600	321801	289621	116000	76560	13732	3915	9817		95885	51196	20034
90252	71809	44736	24093	23917	19029	2150	2150	564	564			27654	1486	408
43726	39115	20982	12052	11806	10452	11235	11235	499	449	50		25696	1954	129
568652	549856	295586	149076	144456	139156	23168	718	7634	7589	45		43595	9575	8268
531421	513782	273452	139286	134886	129925	21121	654	10441	10366	75		41460	9043	7623
1146103	1146103	478410	286526	286526	286526	350		12104		12104		46141	34569	31462
1007406	1007406	24037	251852	251852	251852	540		154		154		52730	35512	33915
456539	397081	63005	142895	101724	95555	7413	3806.5	8379	1663	6716		24171.1	12901.9	12004.2
411738	360144	56042	122533	90866	88131	6649	3324.5	8324	3328	4996		24610.3	13534	12993
1448232.2	1163418	769968	398042.4	355461.4	279965	3361.6	1780	3510	3497	13		35793	17463	16950
1291911	1035129	638980	355078	316265	253307	2827		3507	3435	72		39564	18974.4	18026
1570904	1302594	380176	394611	394611	327261	77547	70422	3077	3077			46354	18542	11681
1393151	1133328	325425	357343	357343	290699	71255	64501	4864	4774	90		45135	18388	11401

开发区		地税收入	其中：工业税收（地税）	2.财政收入	其中：土地收入	七、固定资产投资总额	其中：工业投资	基础设施投资	其中：财政投入	银行贷款	八、利用外商直接投资情况
亳州	2015	157738	44100	257592	4980	3499318	1819289	618962	455992	162970	
	2014	130251	38781	226205	11287	2982492	1494612	506733	354188	129545	
148. 安徽亳州经济开发区	2015	50850		66006		1306688	349552	169001	169001		
安徽亳州经济开发区	2014	43432		52588		1100909	280172	168862	168862		
149. 亳州芜湖现代产业园	2015	11693	990	14539		303544	196956	95088	32688	62400	
亳州芜湖现代产业园	2014	10909	778	11716		258489	161491	63704	16204	47500	
150. 安徽谯城经济开发区	2015	44196	24683	95513	4980	704784	530640	168985	68415	100570	
安徽谯城经济开发区	2014	38834	23303	85740	5147	616433	456827	158510	53465	82045	
151. 安徽涡阳工业园区	2015	19257	5575	22351		482297	150141	88657	88657		
安徽涡阳工业园区	2014	11825	4591	17335		350206	94877	18632	18632		
152. 安徽蒙城经济开发区	2015	29592	10702	52913		554505	465500	76231	76231		
安徽蒙城经济开发区	2014	23793	8651	46519		537805	406515	73105	73105		
153. 安徽利辛工业园区	2015	2150	2150	6270		147500	126500	21000	21000		
安徽利辛工业园区	2014	1458	1458	12307	6140	118650	94730	23920	23920		
池州	2015	171292.2	52142	429515.7	50513	3946308	2844609	689748	219567	333279	
	2014	176478.9	58711	442545.7	62507	3805844	2718305	662756	257353	252187	
154. 池州经济技术开发区	2015	42121	5747	159361	9692	897070	567823	152908	32000	55500	
池州经济技术开发区	2014	44689	5523	148951	13938	793881	507290	150837	29268	54000	
155. 安徽省江南产业集中区	2015	26168	2401	44769	8585	700839	475613	181125	21050	160075	
安徽省江南产业集中区	2014	23742	977	63634	22927	717789	458137	214862	96687	118175	
156. 池州承接产业转移集中示范园区	2015										
池州承接产业转移集中示范园区	2014										
157. 安徽贵池工业园区	2015	34020	11156	48475	4880	599026	475686	50214	10000	15000	
安徽贵池工业园区	2014	32417	10423	48420	6960	597203	465336	55023	11200	14000	
158. 安徽贵池前江工业园区	2015	11572	4555	45552		391448	290764	100684	50000	40000	
安徽贵池前江工业园区	2014	17218	15517	52730		438523	348407	90116	40000	25000	
159. 安徽池州大渡口经济开发区	2015	11269.2	816	27789		349729	270391	12089			
安徽池州大渡口经济开发区	2014	11076.3	665	27347.5		363238	227082	18625			
160. 安徽东至香隅化工产业园区	2015	18330	16621	42010.7		400902	337330	13470			
安徽东至香隅化工产业园区	2014	20589.6	15442	42839.2		367965	316005	11820			
161. 安徽青阳经济开发区	2015	27812	10846	61559	27356	607294	427002	179258	106517	62704	
安徽青阳经济开发区	2014	26747	10164	58624	18682	527245	396048	121473	80198	41012	

1.当年新批进区外商投资企业	2.当年建成投产企业	3.新批外商投资项目投资总额	其中：合同外资金额	4.当年实际利用外商直接投资额	九、利用内资情况	1.当年新批进区省外境内项目	2.当年建成投产项目	3.在建省外境内投资项目个数	其中：亿元以上省外境内投资项目个数	4.在建省外境内投资项目总投资额	其中：亿元以上省外投资项目投资总额	5.当年实际利用省外境内资金额	其中：亿元以上项目到位省外资金额	十、专利申请授权情况	1.专利申请量	2.专利授权量
4	3	53900	53900	6332		127	101	140	123	6872746	6519442	2234083	2014388		1628	903
3	3	45940	41028	4300		118	105	133	112	6245751	5693711	1930244	1666874		1346	707
2		26900	26900	5931		37	26	49	46	2818740	2804416	802387	798407		234	182
1		17800	17800	4000		37	26	48	46	2705900	2693300	624900	624800		90	54
	1			401		16	10	24	24	586756	586756	169652	169652		5	4
1	2	6140	1228	300		16	13	25	19	567491	516467	146642	138492			2
2	2	27000	27000			24	18	36	28	2578650	2365470	659412	503647		561	326
1	1	22000	22000			21	17	34	26	2218760	1996884	587625	399585		502	301
						11	9	7	5	267600	263800	68472	65472		105	77
						5	11	3	2	185600	180000	39567	38117		90	64
						36	23	22	19	605000	489000	468560	468560		570	185
						36	22	21	19	553000	297060	460250	460250		518	169
						3	15	2	1	16000	10000	65600	8650		153	129
						3	16	2		15000	10000	71260	5630		146	117
8	6	26512	16337	27687		230	188	282	187	9889638	7662280	2911325	2349474		2477	1303
9	4	22264	8219	26378		263	174	274	168	12469996	10476871	2972606	2303424		2136	1145
1		5000	5000	8454		31	35	62	43	1501874	1354400	567120	541400		357	218
				7260		30	31	55	34	1400100	1136900	540278	421650		263	146
1	2	5000	4000	3800		21	27	82	72	3240263	2855263	847050	801525		108	47
5	2	17830	3785	3150		63	26	88	67	5753610	5709000	884860	840250		50	14
3	1	3012	3012	2011		36	27	44	21	1002563	892569	476784	394568		618	309
3	1	4134	4134	2989		35	25	42	19	984563	878572	472563	390711		612	305
				3020		7	9	6	5	322648	315648	129871	125771		5	6
	1			3577		4	7	6	6	950599	950599	260043	220043		4	5
1	1	3000		1250		27	18	21	10	276810	187500	172580	116800		223	74
				1183		26	16	19	9	253000	157100	167532	108100		202	109
1	1	10000	3825	1300		32	19	25	15	1627000	1357100	263000	182900		492	217
				1040		30	18	24	13	1310524	977100	251900	164500		374	141
1	1	500	500	7852		76	53	42	21	1918480	699800	454920	186510		674	432
1		300	300	7179		75	51	40	20	1817600	667600	395430	158170		631	425

开发区		一、全区经营（销售）收入	其中：规模以上工业销售收入	资质以内建筑业经营收入	限额以上贸易企业销售(经营)收入	房地产业经营收入	限额以上服务业企业销售（经营）收入	其中：主导产业经营(销售)收入	其中：主导产业一	主导产业二	主导产业三
宣城	2015	15914524.1	11571265	429898.2	1108837	349589.6	110423.9	8513677	4355808	2536698	1621171
	2014	14512839.4	10688675	394252.6	921108.6	350990.1	81957.3	7570764	4064041	1993121	1513603
162. 安徽宣城经济开发区	2015	1457841	604638	127212	412488	58738	25641	821545	409208	218638	193699
安徽宣城经济开发区	2014	1202503	529879	100020	333234	50368	23520	696140	332518	196447	167175
163. 宣城承接产业转移集中示范园区	2015										
宣城承接产业转移集中示范园区	2014										
164. 安徽宣州经济开发区	2015	1568808	1042245	28512	167708		17760	612320	160671	302660	148989
安徽宣州经济开发区	2014	1448668	957667	32509	160749		6781	529146	253420	178750	96976
165. 安徽宣州狸桥经济开发区	2015	140826	124207		1083	1301	4025	112661	75498	20034	17129
安徽宣州狸桥经济开发区	2014	115198	105814		526	1154	3097	87746	58538	15531	13677
166. 安徽郎溪经济开发区	2015	1350440.1	1089856.5	2814.4	7745.9	27064		455087.3	163325.5	156609.2	135152.6
安徽郎溪经济开发区	2014	1242842	1057195	2714	7490	26887		354880	169782.2	52720.2	132377.6
167. 安徽郎溪十字经济开发区	2015	516637.3	322944			6447		147658.3	68408.8	41400.2	37849.3
安徽郎溪十字经济开发区	2014	456847.6	299965.7			5172		103074.8	26772.5	41422.6	34879.7
168. 安徽广德经济开发区	2015	2623323	1624349	80035	8378	82350	2408	1285428	465873	513792	305763
安徽广德经济开发区	2014	2364275	1492342	69596	7047	71460	1998	1044638	366289	441762	236587
169. 安徽广德新杭经济开发区	2015	897354.5	790042.3	10207.4	277.5		8065.5	731656.7	511435.5	123452.4	96768.8
安徽广德新杭经济开发区	2014	882745.2	741834.5	8950	230		7140	710957.4	471320.5	132543.5	107093.4
170. 安徽泾县经济开发区	2015	921479	702149	40058	35987	67816	2117	463456	286848	135096	41512
安徽泾县经济开发区	2014	869319	662531	36799	28021	71747	1770	480489	265560	158456	56473
171. 安徽泾县云岭经济开发区	2015	124460	49285				3191	52476	41159	8126	3191
安徽泾县云岭经济开发区	2014	96285	40102				3085	43187	33005	7097	3085
172. 安徽绩溪经济开发区	2015	699767.4	528321.9	53182.4	55041.6	40923.1	9172.5	525154.9	352742.3	87837.4	84575.2
安徽绩溪经济开发区	2014	754656	543352.3	51316.6	53181.7	49057.1	8134.2	538441.3	360755.6	91535.1	86150.6
173. 安徽旌德经济开发区	2015	167739	90808		7593.2			46031.2	16361.8	15673	13996.4
安徽旌德经济开发区	2014	177910	104461		1218.7	3896		79348.89	17008.2	54790.69	7550
174. 安徽宁国经济开发区	2015	4536316	3745822	87877	404187	63904	36832	2600498	1542713	704273	353512
安徽宁国经济开发区	2014	4143838	3445087	92348	320163	70131	25457	2380629	1444595	535623	400411
175. 安徽宁国港口生态工业园区	2015	909532.8	856597		8347.4	1046.5	1211.9	659704.2	261563.7	209106.8	189033.7
安徽宁国港口生态工业园区	2014	757752.6	708444.6		9248.2	1118	975.1	522086.8	264476.6	86443	171167.2

二、工业总产值	其中：规模以上工业总产值	其中：高新技术产业产值	三、第二产业增加值	其中：工业增加值	其中：规模以上工业增加值	四、第三产业增加值	其中：现代服务业增加值	五、进出口总额	其中：出口额	进口额	六、税收财政收入情况	1.税收总额	其中：国税收入	其中：工业税收（国税）
14254102	12010911	6171881	3777073	3585482	3069080	733695.4	443468.5	178870	168694	10176		726180.3	388607.2	294677.6
13053836	10985069	5497131	3471493	3314448	2823352	586133.5	362190.8	163387.5	153587.1	9800.4		632406.8	340798.5	257372.6
703642	604638	343578	241453	147637	132940	59453	46520	13800	13193	607		136165	64697	27548
626501	535444	296319	203713	129361	116924	50421	38654	11157	10585	572		118405	47347	24620
1332196	1066932	799318	323303	315026	252021	106406	7459	13927	12187	1740		60604	43811	43204
1243969	1000412	746392	287722	286113	238024	87486	2845	11064	9622	1442		53948	33757	31912
136324	130418	17269	36012	35891	34529	1059	1006	1114	1088	26		15827	8007	7314
107130	106841	13286	29801	28773	27649	816	774	167.1	167.1			14500	7050	6645
1232646.1	1125051.5	559076.3	358714.4	353125.03	284612.94	33869.55	5037.46	19385	19286	99		65449.35	37235.68	32276.68
1125748	1062513	451094	331574	325241	266903	30125	4207	17408	17281	127		56129.9	32855.9	22310
472543.7	322841.3	104186.9	122861.2	122861.2	83938.7	2945.3	589	6948	6542	406		18070.98	4732.9	3873.59
451675.6	300197.4	86287.7	117435.7	117435.7	78051.3	2644.7	548	5701	5350	351		15167	6315	3246.9
2761393	1709841	919240	718520	704155	500306	77348	68935	35012	33387	1625		86070	42025	35511
2503072	1522798	905334	661198	653377	441538	63504	54280	34550	33031	1519		73108	43129	34158
930243.5	817853.5	1487.9	243254.5	240152.2	234215.4	12594.4	8642.5	6908	6613	295		27723	18579.4	15973.6
927359.4	791934.5	1305	241753.2	237143.5	221579.5	11034	7450	5913.4	4928	985.4		27681.8	20832.5	16745.3
758032	714066	564215	183100	176200	164233	50320	1058	3433	2266	1167		52836	25306	12224.9
709768	669839	531689	170156	163246	154062	21930	902.7	3051	2984	67		42211.5	22693	11588.7
131280	51047	13576	35445	35445	13783	2362						3806	3282	2506
103285	39292	8041	27763	27763	11563							2818	1760	1760
652342.7	578135.4	165370.2	164841.2	159925.1	141984.4	23947	19956	8282	8017	265		25525.7	13808.8	13794.5
621225.3	569772.8	137706.7	149384.6	149384.6	140024.1	13764	13764	8070	7812	258		21347.1	13071.3	13062.9
103819.5	93372	46968.8	25711.3	24916.7	22409	2865.9	1615	490	490			9237	6267.2	3079
120088.4	110675.3	59738.3	28842.2	28220.77	25820.75	2884	2068	1199	1199			8808.1	6228.8	3047.8
4117593	3917915	2188072	1055845	1022012	972451	295380	254026	65708	61844	3864		177879	102838	82194
3742021	3549676	1873444	979386	943832	891943	243214	211575	61670	57504	4166		156459	85624	71441
922046.3	878799.8	449522.6	268012.1	248135.6	231656.3	65145.2	28624.5	3863	3781	82		46987.3	18017.2	15178.3
771993.2	725673.6	386494.6	242764.5	224557.1	209270.1	58310.81	25123.1	3437	3124	313		41823.4	20135	16835

开发区		地税收入	其中：工业税收（地税）	2.财政收入	其中：土地收入	七、固定资产投资总额	其中：工业投资	基础设施投资	其中：财政投入	银行贷款	八、利用外商直接投资情况
宣城	2015	337573.2	206873.9	800254.9	57018.87	5559254.2	4173810	896266.8	461903.2	206594.6	
	2014	291608.3	179621.9	749794.3	100305.7	5008153.8	3826888	661665.5	372369.6	144689.9	
162.安徽宣城经济开发区	2015	71468	23840	139515		439887	291179	139839	99885	39954	
安徽宣城经济开发区	2014	71058	19979	121868		354139	244189	97237	65258	31979	
163.宣城承接产业转移集中示范园区	2015										
宣城承接产业转移集中示范园区	2014										
164.安徽宣州经济开发区	2015	16793	16261	77913	6509	230523	186781	43742	39214	4528	
安徽宣州经济开发区	2014	20191	19096	104404	42455	219146	206878	12033	10033	2000	
165.安徽宣州狸桥经济开发区	2015	7820	7349	18327	2500	201076	105595	16213	5306		
安徽宣州狸桥经济开发区	2014	7450	6815	16630	2130	134405	98686	14712	4105		
166.安徽郎溪经济开发区	2015	28213.67	18098.7	74317.7	8868.37	1098831	795612	257434	134713		
安徽郎溪经济开发区	2014	23274	15485	59647.9	3518	1005479	711521	201551	100000		
167.安徽郎溪十字经济开发区	2015	13338.08	8912.38	19152.98	1082	395638	349967	45671	854		
安徽郎溪十字经济开发区	2014	8852	7763	16091	924	360307	305584	4723	4723		
168.安徽广德经济开发区	2015	44045	31756	100989	14919	534950	430278	104672	70117	34555	
安徽广德经济开发区	2014	29979	23384	90750	16592	524273	419418	104855	77496	27359	
169.安徽广德新杭经济开发区	2015	9143.6	7339.6	32155.2	5185.5	251054.5	211540.4	39514.1	31500.5	8013.6	
安徽广德新杭经济开发区	2014	6849.3	5652.1	32058.5	4099.5	241587.3	210155.3	31432	29282	2150	
170.安徽泾县经济开发区	2015	27530	5905	56024	315	220316	97245	22900	6000	16900	
安徽泾县经济开发区	2014	19518.5	6319	46559	1149	227388	57792	11735	3000	7000	
171.安徽泾县云岭经济开发区	2015	524	298	5262	670	41520	37740	3780	3780		
安徽泾县云岭经济开发区	2014	1058	1058	3910		34000	30800	3200	3200		
172.安徽绩溪经济开发区	2015	11716.9	8091.4	31374.7	5849	159026	155506	3520	3520		
安徽绩溪经济开发区	2014	8275.8	5091.5	25597.1	4250	204021	200021	4000	4000		
173.安徽旌德经济开发区	2015	2969.8	2306	9648	411	71436.7	71193	243.7	243.7		
安徽旌德经济开发区	2014	2579.3	2026.8	9096.15	288	69180.5	67733	1447.5	1447.5		
174.安徽宁国经济开发区	2015	75041	50143	185789	7910	1418181	1022557	140540	44798	46418	
安徽宁国经济开发区	2014	70835	46620	175409	18950	1153547	859027	109143	38580	39850	
175.安徽宁国港口生态工业园区	2015	28970.1	26573.8	49787.3	2800	496815	418617	78198	21972	56226	
安徽宁国港口生态工业园区	2014	21688.4	20332.5	47773.6	5950.2	480681	415084	65597	31245.1	34351.9	

1.当年新批进区外商投资企业	2.当年建成投产企业	3.新批外商投资项目投资总额	其中：合同外资金额	4.当年实际利用外商直接投资额	九、利用内资情况	1.当年新批进区省外境内项目	2.当年建成投产项目	3.在建省外境内投资项目个数	其中：亿元以上省外境内投资项目个数	4.在建省外境内投资项目总投资额	其中：亿元以上省外投资项目投资总额	5.当年实际利用省外境内资金额	其中：亿元以上项目到位省外资金额	十、专利申请授权情况	1.专利申请量	2.专利授权量
16	8	78339	46215	76515		391	294	433	254	9437008	8266400	5763582	4604851		3990	2090
8	6	12714	11539	72005		401	244	493	309	8753902	7359245	5253836	4242408		4245	2156
3	1	16100	3163	8195		65	43	56	26	1435743	1321106	577718	470800		289	115
				7073		49	19	91	62	1349562	1243573	455103	357814		100	72
2	1	2643	2643	6329		35	36	34	13	428522	316261	206175	179414		220	134
1	1	1846	1450	8427		47	37	38	13	375608	274194	205994	158393		136	120
1		30000	30000	1171		8	6	14	13	830450	821622	60495	60164		58	22
						8	3	12	11	641172	633040	46766	46287		42	20
3		4697	1857	4607		74	83	88	39	1438093	1172032	1098831	851033		376	187
1	1	550	550	4005		54	55	66	52	1421536	1200527	904584	811428		447	231
1		2752	1089	2700		12	17	28	24	581759	560239	507270	496533		247	141
				2130		13	16	30	22	594523	525492	512475	471722		287	178
2	2	1600	800	21646		63	30	68	40	745640	729903	633014	563950		681	400
				20318		73	42	83	50	954422	715510	855425	765180		658	338
						7	11	10	6	293000	285000	275450.5	263425.3		452	204
				1500		38	8	22	11	291740	258500	263728.4	254937.5		433	197
				5109		18	12	30	13	812430	585460	276430	233560		172	55
				4323		13	9	39	9	509400	369800	105553	92804		75	45
	1			1034		1	4					8000	8000			
1		1200	1200	166		4	1	3	1	18000	18000	11000	3000			
						25	10	22	11	604880	388000	374560	125500		157	40
				1445		17	10	24	9	567210	304500	359100	108910		100	81
				1415		2	1	7	7	177120	177120	89740	89640		90	61
				1189		2	1	8	7	155126	148326	55000	52000		82	58
2	1	5070	1006	21835		54	30	54	44	1089156	1008404	804356	781627		1087	660
2	1	1460	730	19160		58	33	57	44	972692	860772	720588	687150		1740	753
2	2	15477	5657	2474		27	11	22	18	1000215	901253	851542	481205		161	71
3	3	7658	7609	2269		25	10	20	18	902911	807011	758520	432782		145	63